OEUVRES

COMPLÈTES

DE BOSSUET

PUBLIÉES

D'APRÈS LES IMPRIMÉS ET LES MANUSCRITS ORIGINAUX

PURGÉES DES INTERPOLATIONS ET RENDUES A LEUR INTÉGRITÉ

PAR F. LACHAT

ÉDITION

RENFERMANT TOUS LES OUVRAGES ÉDITÉS ET PLUSIEURS INÉDITS

VOLUME XIII

PARIS

LIBRAIRIE DE LOUIS VIVÈS, ÉDITEUR

RUE DELAMBRE, 5

1863

ŒUVRES COMPLÈTES
DE BOSSUET.

Besançon, imprimerie d'Outhenin Chalandre fils.

ŒUVRES
COMPLÈTES
DE BOSSUET

PUBLIÉES

D'APRÈS LES IMPRIMÉS ET LES MANUSCRITS ORIGINAUX

PURGÉES DES INTERPOLATIONS ET RENDUES A LEUR INTÉGRITÉ

PAR F. LACHAT

ÉDITION

RENFERMANT TOUS LES OUVRAGES ÉDITÉS ET PLUSIEURS INÉDITS

VOLUME XIII

PARIS

LIBRAIRIE DE LOUIS VIVÈS, ÉDITEUR

RUE DELAMBRE, 5

1863

EXPOSITION

DE LA

DOCTRINE DE L'ÉGLISE CATHOLIQUE SUR LES MATIÈRES DE CONTROVERSE.

RÉFUTATION DU CATÉCHISME

DU SIEUR PAUL FERRY,

MINISTRE DE LA RELIGION PRÉTENDUE RÉFORMÉE,

CONFÉRENCE AVEC M. CLAUDE,

MINISTRE DE CHARENTON,

SUR LA MATIÈRE DE L'ÉGLISE.

REMARQUES HISTORIQUES.

I.

Réfutation du Catéchisme de Ferry. — Lorsque Bossuet eut couronné les cours de théologie par le doctorat, comme plusieurs sermons lui avoient obtenu de grands applaudissemens, saint Vincent de Paul et son maître Cornet lui conseillèrent de ne point s'arrêter à ces premiers succès, de fortifier son talent par de nouveaux travaux et de ne paroître dans les chaires de la capitale qu'après des études plus larges et plus profondes. Il alla chercher la solitude à Metz, où l'influence de sa famille et son mérite l'avoient mis en possession d'un canonicat. Dans cette heureuse retraite, loin du monde et de ses préoccupations, il étudia pendant plusieurs années l'Ecriture sainte, les Pères et les Docteurs, ne quittant son cabinet de travail que pour se rendre au chœur, dans la chaire ou dans les asiles de charité.

Alors vivoit à Metz un homme de science et de talent, ministre de l'évangile, estimé des catholiques comme des protestans. D'une éloquence forte et persuasive, parce qu'il avoit un cœur ardent et doux tout à la fois, il prêchoit la Réforme avec succès parmi les siens depuis quarante ans. En 1654, il fit paroître à Sedan le *Catéchisme général de la réformation de la religion*. Dans cet ouvrage, s'oubliant pour ainsi dire lui-même, Paul Ferry dépassoit les bornes de la modération qu'il avoit respectées jusqu'alors: chose incroyable et pourtant naturelle dans la Réforme, parce que la calomnie lui fournit ses armes les plus puissantes, il prêtoit à l'Eglise des maximes qu'elle n'a jamais professées, des erreurs qu'elle a toujours combattues. Deux propositions résument le fond de son livre : « La réformation étoit nécessaire; » puis, « encore qu'avant la réformation on pût se sauver dans l'Eglise romaine, on ne le peut plus depuis la réformation, surtout après l'année 1543. »

Pour réfuter ces aphorismes avec les accusations qui les appuient, Bossuet voulut, non pas déployer de longs raisonnemens, mais « exposer en toute simplicité, comme il le dit lui-même, la véritable doctrine de la sainte Eglise [1]. » A l'encontre des deux propositions du ministre, il établit deux vérités : la première, « que la réformation, comme nos adversaires l'ont entreprise, est pernicieuse; » la seconde, « que si l'on a pu se sauver en la communion de l'Eglise romaine avant leur réformation prétendue, il s'ensuit qu'on y peut encore faire son salut. » D'abord la réformation est pernicieuse, et parce qu'elle brise les liens de la charité fraternelle en établissant le schisme, et parce qu'elle arrache les chrétiens d'entre les bras de l'Eglise qui forme seule des enfans pour le ciel. Ensuite on peut encore se sauver dans l'Eglise romaine, par la raison bien simple qu'elle a toujours, après comme avant la réformation, gardé la même doctrine, la même morale et le même culte. Un trait particulier de la discussion, c'est que le théologien catholique trouve ses principales preuves dans les aveux du ministre protestant. Il termine l'ouvrage par une exhortation touchante, qui le montre déjà tel qu'on le vit plus tard, joignant la majesté de l'éloquence à la sévérité de la doctrine.

Le maréchal de Schomberg, dont on verra le nom dans la dédicace, étoit gouverneur de Metz. Aussi pieux que brave, après s'être couvert de gloire sur les champs de bataille, il consacroit le repos de sa vieillesse aux œuvres de la religion, au soulagement des pauvres, à la conversion des hérétiques.

Tel est le premier ouvrage sorti de cette plume qui devoit produire tant de chefs-d'œuvre. Bossuet le composa à l'âge de 25 ans, et le fit paroître à Metz, chez Jean Antoine, en 1655, in-4°. Réimprimé à Paris, en 1729 [2].

Cet écrit porte les caractères qui distinguent les sermons de la même époque. On n'accusera donc pas notre édition d'infidélité, quand on y trouvera des tournures et des expressions comme celles-ci : « Est-ce pas? — Faut-il pas? — Et ce que la vie éternelle est donnée gratuitement, ce n'est pas qu'elle ne soit donnée aux mérites. — Lavement de régénération, nettoyer les péchés, purger du péché, raser les péchés. »

---

[1] *Entrée en discours et proposition du sujet.* — [2] L'exemplaire de la Bibliothèque impériale porte à la première page ces mots écrits de la main de l'auteur : « Pour Monsieur de Méridat, conseiller du roi en son grand conseil. — Par son très-obéissant serviteur et cousin. — Bossuet. »

II.

Exposition de la doctrine catholique. — Nous avons vu que, dans la réfutation de Paul Ferry, Bossuet ne voulut faire autre chose qu'exposer la doctrine de l'Eglise catholique. Instruit par l'expérience, il savoit que le raisonnement, en dépit ou plutôt à cause de ses procédés scientifiques, n'atteint pas toujours la raison, et que la dispute provoque plus souvent la résistance de l'orgueil qu'elle n'amène l'assentiment de la volonté; à ses yeux, montrer la vérité catholique dans sa simplicité majestueuse, dégagée de tout mélange étranger, sans aucun ornement de l'éloquence humaine, c'étoit la revêtir de tous les charmes de sa beauté divine et lui donner toute la force de son empire sur les intelligences et sur les cœurs. Telle est la méthode qu'il suivoit dans l'instruction de ses frères égarés par la prétendue Réforme : il racontoit le dogme, si l'on peut ainsi dire; il définissoit, il exposoit.

Le grand nombre des protestans qui recouroient à son ministère, l'impossibilité de se faire entendre à tous, les conversions qu'il obtenoit chaque jour, tout lui commandoit de mettre par écrit son enseignement. En 1668, la même année qu'il prêcha l'Avent à Saint-Thomas du Louvre, il écrivit une exposition de la doctrine catholique. Son dessein dans cet écrit fut : « 1° de proposer les vrais sentimens de l'Eglise catholique, et de les distinguer de ceux qui lui ont été faussement imputés ; 2° afin qu'on ne doutât pas qu'il ne proposât véritablement les sentimens de l'Eglise, de les prendre dans le concile de Trente, où l'Eglise a parlé décisivement sur les matières dont il s'agit; 3° de proposer à Messieurs de la religion prétendue réformée, non en général toutes les matières, mais celles dont ils ont fait le sujet de leur rupture; 4° enfin de ne rien dire, pour faire mieux entendre les décisions du concile, qui ne fût approuvé dans l'Eglise et manifestement conforme à la doctrine du même concile [1]. » On voit tout d'abord les avantages de ce plan : fixant nettement le point de la controverse, il prévient une foule de questions qui prolongent inutilement le débat; il écarte les discussions que provoquent les opinions particulières des théologiens; il coupe court aux objections que les protestans fondent sur les faits tronqués de l'histoire, sur l'exagération des abus, sur la calomnie.

Lu avec empressement dans un grand nombre de copies, l'ouvrage de Bossuet dissipoit partout les ténèbres de l'erreur. Un descendant du fameux Duplessis-Mornay, le marquis de Dangeau avoit hérité de sa mère la haine du catholicisme; le maréchal de Turenne, aussi ferme dans ses principes qu'inébranlable sur les champs de bataille, étoit retenu dans la Réforme par les préjugés de l'honneur et par les liens du sang :

---

[1] *Exposition*, 1ᵉʳ *Avertissement*.

l'*Exposition* leur montra notre sainte croyance dans sa simplicité majestueuse; ils devinrent, l'un prêtre vertueux, l'autre enfant soumis de l'Eglise.

Ainsi l'*Exposition* se lisoit depuis trois ans, qu'elle n'avoit encore reçu d'autre publicité que celle de la transcription; Bossuet refusoit de la mettre au jour par la voie de la presse : car il n'écrivoit pas pour obtenir les vains honneurs de la renommée, mais pour procurer le bien de l'Eglise : « Je ne comprends pas, disoit-il, qu'on puisse se donner la peine de composer un livre dans le seul but de faire un peu de bruit [1]. » Cependant Turenne lui représentoit la nécessité d'imprimer son ouvrage, l'impossibilité de donner à tous des copies, les dangers que faisoient courir à la doctrine des transcriptions multiples, faites par des mains peu sûres; des savans, des évêques, des personnages élevés joignoient leurs instances à celles du grand homme; une édition peu correcte venoit de paroître à Toulouse, et l'on en préparoit d'autres dans la capitale : Bossuet se rendit.

Mais quelle difficulté ne lui présentoit pas la publication de son ouvrage? C'est la doctrine de l'Eglise qu'il alloit exposer à la face du monde : il devoit employer la précision qu'apporte l'Eglise dans la définition de sa doctrine; il devoit éviter les formules vagues, les phrases équivoques, tout ce qui n'offre pas une idée claire à l'esprit; il devoit parler avec la simplicité de la vérité et la rigueur de la foi. Honoré de la confiance générale et se défiant de lui-même, il fit tirer son ouvrage à douze exemplaires, qu'il soumit à l'examen des évêques et des théologiens les plus renommés : c'est là ce qu'on appelle l'*Edition des amis*. Turenne envoya son exemplaire en Angleterre dans un but de propagande religieuse; M. de Harlay, archevêque de Paris, retint le sien, parce qu'il ne voyoit pas sans peine, dit-on, grandir l'influence du grand écrivain; les autres exemplaires revinrent à l'auteur chargés de notes et portant plusieurs approbations. Bossuet corrigea l'ouvrage sur les remarques de ses amis et d'après ses propres réflexions; puis il le fit publier chez Sébastien Marbre-Cramoisy, dans le mois de décembre 1671. Il étoit alors précepteur du dauphin, et venoit de résigner l'évêché de Condom.

Les protestans firent au livre de Bossuet un accueil froid et prudent. Ils dirent que l'*Exposition* se rapprochoit de leurs sentimens, qu'elle écartoit de grandes erreurs et levoit bien des difficultés; mais ils disoient aussi qu'elle corrigeoit la doctrine catholique, qu'elle l'adoucissoit dans la rigueur de ses dogmes, qu'elle en cachoit l'odieux par des tours adroits, plus propres à tromper les simples qu'à convaincre les sages; ils annonçoient enfin qu'elle seroit condamnée par tous les organes de l'Eglise. Vaines menaces de prophètes aux abois : l'*Exposi-*

---

[1] *Mémoires* de Ledieu, sur l'*Exposition*.

tion reçut de nouvelles approbations; bien mieux, elle fut sanctionnée par l'autorité suprême. Bossuet profita de cette occasion pour réimprimer son livre. C'est ici la deuxième édition, qui parut en 1674. Elle donnoit, avec l'approbation du souverain Pontife, le premier *Avertissement* qui se trouve à la tête de l'ouvrage.

Battus dans leurs prévisions de l'avenir, les ministres du saint évangile se replièrent sur les contes du passé; les fables après les prophéties. On sait qu'un exemplaire de l'édition des amis, destinée à la correction de l'ouvrage, fut envoyé en Angleterre par Turenne. Longtemps après l'édition véritable, faite pour le public, cet exemplaire tomba dans les mains d'un docteur Wake, qui cherchoit depuis longtemps l'occasion d'attirer sur lui l'attention publique. Sur ses révélations faites avec la prudence convenable, on dit mystérieusement en Angleterre, puis triomphalement en Hollande, que Bossuet, tout en criant contre les variations de la Réforme, avoit lui-même varié dans la foi; la preuve certaine en étoit que la première édition de son livre différoit dans des dogmes essentiels de la seconde, et qu'il avoit dû la supprimer pour obtenir l'approbation de la Sorbonne. Un bénédictin anglois, le P. Johnston fit connoître à Bossuet, par une lettre de 1686, la grande découverte des ministres; et le sieur de la Croze se chargea de l'annoncer au genre humain, en 1688, dans la *Bibliothèque historique universelle*. De là deux nouvelles pièces, la lettre au P. Johnston, et le second *Avertissement* de l'*Exposition*. Bossuet montre, dans ces deux pièces, qu'il avoit le droit de corriger son ouvrage sur l'édition des amis comme sur son manuscrit; « d'ailleurs ses corrections, dit-il, ne touchoient pas au dogme, elles ne regardoient que l'expression et la netteté du style [1]. »

[1] Il suffit d'une simple comparaison pour s'en convaincre. Le premier imprimé porte dans le titre : *Exposition de la doctrine de l'Eglise catholique*; le second ajoute : *sur les matières de controverse*. Et plus loin, dans le corps de l'ouvrage :

Edition des amis.

Après plus d'un siècle de contestations avec Messieurs de la religion prétendue réformée, il semble qu'on ne puisse mieux faire que de leur proposer simplement la doctrine de l'Eglise catholique, en séparant les questions qu'elle a décidées de celles qui n'appartiennent pas à la foi; et comme l'aversion que ces Messieurs ont pour la plupart de nos sentimens est attachée... (Section I.)

Nos adversaires, qui appréhendent

Edition pour le public.

Après plus d'un siècle de contestations avec Messieurs de la religion prétendue réformée, les matières dont ils ont fait le sujet de leur rupture doivent être éclaircies, et les esprits disposés à concevoir les sentimens de l'Eglise catholique. Ainsi il semble qu'on ne puisse mieux faire que de les proposer simplement, et les bien distinguer de ceux qui lui ont été faussement imputés. En effet j'ai remarqué en différentes occasions que l'aversion que ces Messieurs ont...

Les prétendus réformés, qui voient

C'est dans ces conjonctures, en 1686, que Bossuet fit paroître la sixième édition de son livre, la dernière revue par lui, celle qui donna

les conséquences importantes que nous pourrons tirer de cet aveu, tâchent de les prévenir en disant que nous détruisons ces articles, parce que nous en posons d'autres qui leur sont contraires. (Section II.)

les avantages que nous pouvons tirer de cet aveu, veulent nous les ôter en disant que nous détruisons.....

La fin de la section, qui se trouve dans le second imprimé, n'est pas dans le premier.

Edition des amis.

La même Eglise enseigne que tout culte religieux doit se terminer à Dieu comme à sa fin nécessaire; et c'est pourquoi l'honneur qu'elle rend à la sainte Vierge et aux Saints n'est religieux, qu'à cause qu'elle leur rend cet honneur par rapport à Dieu et pour l'amour de lui. (Sect. III.)

Le Catéchisme du concile de Trente, qui l'enseigne ainsi, conclut de cette doctrine que, si l'intercession des Saints qui règnent avec Dieu blessoit la médiation de Jésus-Christ, elle ne seroit pas moins affoiblie par celle des fidèles qui vivent avec nous.

Ainsi à parler précisément et selon le style ecclésiastique, nous n'honorons pas tant l'image d'un apôtre ou d'un martyr que nous honorons l'apôtre ou le martyr en présence de son image. (Sect. IV.)

Si cette justice qui est en nous par le Saint-Esprit n'étoit justice qu'aux yeux des hommes, ce seroit une hypocrisie. (Sect. VI.)

Voilà ce qu'il y a de plus nécessaire dans la doctrine de la justification; et nos adversaires seroient extraordinairement contentieux, s'ils ne confessoient qu'il n'en faut pas savoir davantage pour être solidement chrétien. (Sec. VII.)

Le Fils de Dieu ayant voulu que son Eglise fût une et solidement bâtie sur l'unité, a établi et institué la primauté

Edition pour le public.

La même Eglise enseigne que tout culte religieux se termine à Dieu comme à sa fin nécessaire; et si l'honneur qu'elle rend à la sainte Vierge et aux Saints peut être appelé religieux, c'est à cause qu'il se rapporte nécessairement à Dieu.

Le Catéchisme du concile de Trente conclut de cette doctrine que, si la qualité de médiateur donnée à Jésus-Christ recevoit quelque préjudice de l'intercession des Saints qui règnent avec Dieu, elle n'en recevroit pas moins de l'intercession des fidèles qui vivent avec nous.

Ainsi à parler précisément et selon le langage ecclésiastique, quand nous rendons honneur à l'image d'un apôtre ou d'un martyr, notre intention n'est pas tant d'honorer l'image que d'honorer l'apôtre ou le martyr en présence de l'image.

Si la justice qui est en nous n'étoit justice qu'aux yeux des hommes, ce ne seroit pas l'ouvrage du Saint-Esprit.

Voilà ce qu'il y a de plus nécessaire dans la doctrine de la justification; et nos adversaires seroient fort déraisonnables, s'ils ne confessoient que cette doctrine suffit pour apprendre aux chrétiens qu'ils doivent rapporter à Dieu par Jésus-Christ la gloire de leur salut.

Le Fils de Dieu ayant voulu que son Eglise fût une et solidement bâtie sur l'unité, a établi et institué la primauté

l'*Exposition* dans sa forme définitive, telle qu'elle devoit passer à la postérité. Cette édition renfermoit la lettre du P. Johnston et d'autres, avec les réponses. On n'y trouva pas le second *Avertissement* : il parut en 1689, après la nouvelle donnée par le sieur de la Croze, à la fin du sixième *Avertissement aux protestans*. Les éditeurs modernes ne sont point allés le chercher là ; leurs réimpressions ne le donnent pas. Une fois abandonnée au public, l'*Exposition* fut reproduite coup sur coup ; pendant un an l'imprimerie royale, dirigée par Anisson, ne livra point au public d'autre ouvrage, et les provinces en firent de nombreuses éditions. En même temps les savans de l'étranger la traduisirent dans plusieurs langues : le premier *Avertissement* donne d'intéressans détails sur ces traductions.

Il nous reste à signaler en peu de mots différens écrits qui suivent l'*Exposition*. Dans toutes les controverses qu'il eut à soutenir, Bossuet repoussa toujours les coups de l'erreur avant qu'elle eût pu faire à la vérité des blessures profondes; toujours il paralysoit l'effet de l'objection par la promptitude de la réponse; quelquefois même il paroissoit sur la brèche avant l'ennemi. Comme il pensoit que les ministres attaqueroient les principaux dogmes exposés dans son ouvrage, préparant d'avance les moyens de la défense, il écrivit cinq dissertations sur le culte dû à Dieu, sur la vénération des images, sur la satisfaction de Jésus-Christ, sur l'Eucharistie et sur la tradition. Le judicieux controversiste se trompa cette fois-là : les protestans ne s'avancèrent pas sur le terrain du dogme; en général ils restèrent loin de la question, plai-

Edition des amis.	*Edition pour le public.*
de saint Pierre pour l'entretenir et la cimenter. C'est pourquoi notre profession nous oblige sur ce sujet à reconnoître l'Eglise romaine comme la mère et la maîtresse (*magistram*) de toutes les églises, et à rendre une véritable obéissance au souverain Pontife, successeur de saint Pierre et vicaire de Jésus-Christ. Les autres droits ou prétentions que les ministres ne cessent d'alléguer pour rendre cette puissance odieuse, n'étant pas de la foi catholique, ne sont pas aussi énoncées dans la profession que nous en faisons. (Sect. XXI.)	de saint Pierre pour l'entretenir et la cimenter. C'est pourquoi nous reconnoissons cette même primauté dans les successeurs du prince des apôtres, auxquels on doit pour cette raison la soumission et l'obéissance que les saints conciles et les saints Pères ont toujours enseignée aux fidèles. Quant aux autres choses dont on sait qu'on dispute dans les écoles, quoique les ministres ne cessent de les alléguer pour rendre cette puissance odieuse, il n'est pas nécessaire d'en parler ici, puisqu'elles ne sont pas de la foi catholique.

Les ministres protestans répéteront-ils encore, après ce parallèle, la fable de Wake? Certainement oui. Pourquoi donc avons-nous rapporté les variantes qu'on vient de lire? Parce qu'elles font entrer plus avant dans les réponses de Bossuet, parce qu'elles renferment une précieuse leçon de style, et qu'elles ne se trouvent dans aucune édition.

dant des fins de non-recevoir, débitant des contes et prophétisant. Les choses se passant ainsi, Bossuet laissa les cinq dissertations dans ses portefeuilles ; c'est l'abbé Leroi qui les publia dans les *Œuvres posthumes*, en 1753.

De ces cinq morceaux théologiques, celui de la satisfaction de Jésus-Christ et celui de la tradition peuvent seuls être considérés comme complets ; les autres n'épuisent pas, tant s'en faut, le sujet que l'auteur s'étoit proposé. Ainsi le travail sur le culte des images devoit avoir six sections ; il n'en a guère qu'une et demie. D'ailleurs ces pièces seroient moins longues, si elles avoient subi une seconde rédaction.

Bossuet cite dans les mêmes ouvrages et dans l'*Exposition* plusieurs écrivains protestans, nommons-les : l'*Anonyme*, c'est-à-dire M. de la Bastide, né à Milhau, et mort à Londres en 1704, qui écrivoit sous le patronage du consistoire de Charenton; Noguier, ministre de l'évangile, qui avoit de la réputation parmi les siens; Daillé, né et mort à Châtellerault, aussi ministre; Jurieu, professeur de théologie protestante d'abord à Sedan, puis à Rotterdam; Brueis, auteur dramatique et théologien réformé; Valentin Albert, qui écrivit en latin contre l'*Exposition*; enfin le susnommé Wake, prélat anglois, docteur d'Oxford, qui découvrit l'édition des amis, et expliqua sa découverte dans une *Exposition de la doctrine de l'Eglise anglicane*.

III.

Conférence avec M. Claude. C'est mademoiselle de Duras qui mit Claude aux prises avec Bossuet. Fille d'un maréchal de France et nièce de Turenne, mademoiselle de Duras joignoit à la distinction de la naissance la noblesse de l'esprit : docile aux préjugés de sa race, elle professoit avec simplicité les dogmes désespérans de Calvin ; du reste pure de cœur, droite d'intention, bienfaisante, charitable, elle étoit digne de connoître la vérité. — Le ministre Claude fut un des hommes les plus honorables de la Réforme ; né à Sauvetat, aujourd'hui dans le Lot-et-Garonne, après avoir été pasteur d'abord à Nimes, puis à Montauban, il devint en 1666 membre du consistoire de Charenton ; l'étendue de ses connoissances, la facilité de sa parole, les ressources de son imagination, la subtilité de son esprit le mirent à la tête du parti protestant.

Profondément ébranlée par la lecture de l'*Exposition*, mademoiselle de Duras conçut des doutes sur la Réforme et des sentimens favorables au catholicisme ; mais avant de porter un jugement définitif, elle voulut en avoir pour ainsi dire la confrontation officielle, elle voulut voir les deux croyances mises en parallèle dans une lutte entre les deux plus habiles controversistes qu'il y eût alors. Le ministre Claude consentit à sa demande, et Bossuet se rendit aux vœux du duc de Richelieu. Il fut convenu que la discussion porteroit sur l'autorité de l'Eglise ; dogme fondamental, qui devoit entraîner la décision de tous les autres. Fixée au dernier février 1678, la conférence n'eut pas lieu ce jour-là, parce que le ministre Claude avoit reçu, dit son messager, la défense de s'y rendre. Bossuet, présent à l'heure dite, profita du moment pour donner à mademoiselle de Duras, sur la matière de l'Eglise, une instruction qu'on lira dans l'ouvrage. Le jour suivant, les deux adversaires se trouvèrent en face l'un de l'autre; et la conférence eut lieu chez la comtesse de Roye, devant un petit nombre de témoins, tous calvinistes, excepté la maréchale de Lorge. Tâchons de résumer brièvement la dispute.

— Bossuet. D'après les principes de la Réforme, il n'y a point d'autorité infaillible en matière de foi; le simple particulier a donc le droit de soumettre les décisions de l'Eglise à l'examen de sa raison? — Claude. Oui.— Alors le simple particulier pourra croire qu'il entend mieux l'Ecriture, par conséquent qu'il a plus de science, plus de lumière, plus de graces, plus enfin le Saint-Esprit que tous les docteurs, tous les saints, toute l'Eglise! — Pourquoi non? A la venue du Messie, qui le reconnut pour le Sauveur du monde? des particuliers; qui le condamna? les docteurs revêtus de l'autorité? Les individus comprirent donc mieux l'Ecriture que le corps enseignant, que l'interprète de la parole de Dieu, que la synagogue. — La synagogue n'avoit reçu l'autorité que pour un temps : les prophètes l'annoncent de la manière la plus claire et la plus formelle. A la venue du divin Maître, elle tombe pour faire place à une plus haute autorité. Donnez-nous Jésus-Christ enseignant lui-même, nous n'avons plus besoin de l'Eglise; mais si vous ôtez l'Eglise, il nous faut Jésus-Christ en personne. — Ici, à la demande de mademoiselle de Duras, le débat s'engagea sur la séparation des réformés d'avec l'Eglise romaine. — Bossuet. Vous ne pouvez non plus que tous les hérétiques, répondre à la question que les Pères faisoient aux ariens : « Où étiez-vous hier? » Pourquoi êtes-vous sortis de l'Eglise? — Claude. Nous n'en sommes pas sortis : on nous en a chassés. — Si on ne vous en avoit pas chassés, y seriez-vous restés? — Oui. — Vous y étiez donc dans la voie de la vérité et du salut; mais encore une fois, comme communion séparée de l'Eglise, « où étiez-vous hier? » — Rien ne nous oblige de répondre à cette question : les Juifs et les païens ne pouvoient-ils pas l'adresser aux premiers chrétiens? ne pouvoient-ils pas dire à Jésus-Christ même : On ne parloit pas de vous hier? — Quoi ! lorsque Jésus-Christ commença sa prédication, on pouvoit lui dire, comme je vous le dis, qu'on ne parloit pas hier de lui ni de sa venue! Qu'étoit-ce donc que saint Jean-Baptiste, et Anne la prophétesse, et Siméon, et les mages, et les pontifes qui indiquèrent Bethléem comme le lieu de sa naissance? Y a-t-il eu un seul moment où Jésus-Christ n'ait été attendu dans l'Eglise où il est né, si bien attendu que les Juifs l'attendent encore? Les prophètes l'ont constamment rendu présent dans le cours des âges : « Il étoit hier, il est aujourd'hui et sera aux siècles des siècles [1]. »

Là finit la discussion. Elle avoit duré cinq heures. Les jours suivans, Bossuet donna de nouvelles instructions à mademoiselle de Duras, et reçut son abjuration dans le mois même de la controverse, le 22 mars 1678.

Après avoir raconté la conférence à plusieurs de ses amis, Bossuet l'écrivit, de même que les instructions, pour mademoiselle de Duras. Son écrit se répandit à l'aide de copies, et Claude en profita pour raconter à son tour la dispute et pour combattre les instructions: dans le récit il changea sa défaite en victoire, et défigura les vérités les plus claires dans l'attaque. Bossuet revit sa *Relation de la conférence*, et défendit son enseignement dans un petit ouvrage intitulé : *Réflexions sur un écrit de M. Claude*. Il dit dans l'*Avertissement* qui précède la *Relation* : « Partout où M. Claude dira qu'il n'a pas avoué ce que je lui fais avouer dans le récit de la conférence, je m'engage dans une seconde conférence à tirer de lui encore le même aveu; et partout où il dira qu'il n'est pas demeuré sans réponse, je le forcerai, sans autre argument que ceux qu'il a déjà ouïs, à des réponses si visiblement absurdes, que tout homme de bon sens avouera qu'il valoit encore mieux se taire que de s'en être servi. » Claude n'accepta pas ce défi.

La *Relation* et les *Réflexions* furent publiées chez Sébastien Marbre-Cramoisy, en 1682, dans un volume in-12. Seconde édition, 1686. L'écrit de Claude, portant ce titre : *Réponse au livre de M. de Meaux*, etc., parut à La Haye en 1683. On voit que Bossuet prévint, dans la publicité, l'objection par la réponse.

[1] *Hebr.*, XIII, 8.

AVERTISSEMENT

POUR LA DEUXIÈME ÉDITION.

Il sembloit que Messieurs de la religion prétendue réformée, en lisant ce traité, devoient du moins avouer que la doctrine de l'Eglise y étoit fidèlement exposée. La moindre chose qu'on pût accorder à un évêque, c'est qu'il ait su sa religion, et qu'il ait parlé sans déguisement dans une matière où la dissimulation seroit un crime. Cependant il n'en est pas arrivé ainsi. Ce traité n'étant encore écrit qu'à la main, fut employé à l'instruction de plusieurs personnes particulières, et il s'en répandit beaucoup de copies. Aussitôt on entendit les honnêtes gens de la religion prétendue réformée dire presque partout, que s'il étoit approuvé, il lèveroit à la vérité de grandes difficultés ; mais que l'auteur n'oseroit jamais le rendre public ; et que, s'il l'entreprenoit, il n'éviteroit pas la censure de toute sa communion, principalement celle de Rome, qui ne s'accommoderoit pas de ses maximes. Il parut néanmoins quelque temps après avec l'approbation de plusieurs évêques, ce livre qui ne devoit jamais voir le jour ; et l'auteur, qui savoit bien qu'il n'y avoit exposé que les sentimens du concile de Trente, n'appréhendoit pas les censures dont les prétendus Réformés le menaçoient.

Il n'y avoit certainement guère d'apparence que la foi catholique eût été trahie plutôt qu'exposée par un évêque, qui après avoir prêché toute sa vie l'Évangile sans que sa doctrine eût jamais été suspecte, venoit d'être appelé à l'instruction d'un prince, que le plus grand Roi du monde et le plus zélé défenseur de la religion de ses ancêtres fait élever pour en être un jour l'un des principaux appuis. Mais Messieurs de la religion prétendue réformée ne laissèrent pas de persister dans leurs premiers sentimens. Ils attendoient à toute heure un soulèvement des catholiques contre ce livre, et même des foudres de Rome.

Ce qui leur a donné cette pensée, c'est que la plupart d'entre eux qui ne connoissent notre doctrine que par les peintures affreuses que leur en font leurs ministres, ne la reconnoissent plus quand elle leur est montrée dans son naturel. C'est pourquoi il n'a pas été malaisé de leur faire passer l'auteur de l'*Exposition* pour un homme qui adoucissoit les sentimens de sa religion, et qui cherchoit des tempéramens propres à contenter tout le monde.

Il a paru deux réponses à ce traité. L'auteur de la première n'a pas voulu dire son nom au public; et jusqu'à ce qu'il lui ait plu de se déclarer, nous ne révélerons pas son secret. Il nous suffit que cet ouvrage soit approuvé par les ministres de Charenton [1], et qu'il ait été envoyé à l'auteur de l'*Exposition* par feu M. Conrart, en qui les catholiques n'ont rien eu à désirer qu'une meilleure religion. L'autre réponse a été faite par M. Noguier, ministre considéré dans son parti, et qui a parmi les siens la réputation d'un habile théologien. Tous deux ont prétendu que l'*Exposition* étoit contraire aux décisions du concile de Trente [2] : tous deux soutiennent que le dessein même d'en exposer la doctrine est réprouvé par les papes [3]; et tous deux affectent de dire que M. de Condom ne fait qu'*adoucir et exténuer* les dogmes de sa religion [4]. A les entendre parler, il semble *se relâcher* partout; « il se rapproche, il abandonne les sentimens de son Eglise, et il entre dans ceux des prétendus réformés [5]. » Enfin, son traité ne s'accorde pas avec la profession de foi que l'Eglise romaine propose à tous ceux de sa communion, et on lui en fait combattre tous les articles [6].

Si on en croit l'anonyme [7], ce prélat est de bonne composition

---

[1] Mess. Claude, De Langle, Daillé et Allix. — [2] Anonyme, p. 3, 112, 113, 124, 137, etc.; Noguier, p. 63, 94, 95, 109, 110, etc. — [3] An., p. 10; Nog., p. 40. — [4] Nog., p. 20, 37; An., *Avertiss.*, p. 24. — [5] Rep., p. 3; An., p. 137; Nog., p. 94. [6] An., *Avertiss.*, p. 25-29. — [7] An., *Avertiss.*, p. 27.

sur la transsubstantiation. Il est prêt à se contenter de la réalité du corps de Jésus-Christ, telle que les prétendus réformés la croient dans le sacrement. Quand il parle de l'invocation des saints, « il tâche d'adoucir et d'exténuer le culte de l'Eglise romaine, tant dans le dogme que dans la pratique [1]. » Avec le culte des saints, « il exténue celui des images, l'article des Satisfactions, celui du Sacrifice de la messe et de l'autorité des papes [2]. » Sur les images, « il a honte des excès où on a porté tant le dogme que le culte [3]. » L'anonyme, qui lui fait changer les expressions du concile dans la matière de la *Satisfaction,* veut que « ce changement dans les expressions procède du changement qu'il apporte dans la doctrine [4]. » Enfin il le représente comme un homme qui revient aux sentimens de la nouvelle réforme, ou pour me servir de son expression, « comme la colombe qui revient à l'arche, ne sachant où poser son pied [5]. »

Non-seulement il lui attribue des sentimens particuliers sur le mérite des œuvres et sur l'autorité du Pape [6]; mais si l'on vouloit se réduire à la doctrine de l'*Exposition,* il semble prêt à passer ces deux articles, qui font tant de peine à ceux de sa communion.

En général il n'y a rien de plus répandu dans son livre, que le reproche qu'il fait à l'auteur de l'*Exposition* de s'éloigner de « la doctrine commune de l'Eglise romaine [7]. » Il souhaite « que tous ceux de cette Eglise veuillent bien s'accommoder aux adoucissemens de ce livre, et qu'ils écrivent dans le même sens [8]. Ce seroit, ajoute-t-il un peu après, un heureux commencement de réformation qui pourroit avoir des suites beaucoup plus heureuses. »

Bien plus, il tire avantage de ces prétendus adoucissemens. « Ces adoucissemens de M. de Condom, loin, dit-il [9], de nous donner mauvaise opinion de notre réformation, nous confirment

---

[1] An., p. 24. — [2] An., *Avertiss.*, p. 24. — [3] An., p. 65. — [4] An., p. 114. — [5] P. 110. — [6] An., p. 104, 368. — [7] An., *Avertiss.*, p. 23, 26. — [8] Rép., p. 3, etc.; An., *Avertiss.*, p. 30. — [9] An., p. 85.

encore davantage que les personnes honnêtes et modérées condamnent elles-mêmes, du moins une bonne partie de ce que nous condamnons, et que par conséquent elles avouent par là en quelque manière que la réformation en seroit utile et nécessaire. »

Il devroit conclure tout le contraire : car une réformation comme la leur, qui tend à un changement dans la doctrine, ne peut jamais regarder des choses qu'on voit déjà condamnées d'un commun accord. Mais les prétendus réformés veulent se persuader que *les personnes honnêtes et modérées* de la communion romaine, parmi lesquelles ils rangent M. de Condom, abandonnent en beaucoup de points les sentimens de leur Eglise, et reviennent le plus qu'ils peuvent à la nouvelle réforme.

Voilà ce que leur fait croire la manière étrange dont on leur dépeint la doctrine catholique. Accoutumés à la forme hideuse et terrible qu'on lui donne dans leurs prêches, ils croient que les catholiques qui l'exposent dans sa pureté naturelle, la changent et la déguisent : plus on la leur montre telle qu'elle est, plus ils la méconnoissent ; et ils s'imaginent qu'on revient à eux, quand on les désabuse de leurs préjugés.

Il est vrai qu'ils ne tiennent pas toujours un même langage. L'anonyme, qui accuse M. de Condom d'avoir fait des changemens si considérables dans la doctrine de l'Eglise, ne laisse pas de dire [1], que « cette *Exposition* n'a rien de nouveau qu'un tour adroit et délicat ; et enfin qu'elle ne contient que de ces sortes d'adoucissemens apparens, qui n'étant que dans quelque termes, ou dans des choses de peu de conséquence, ne contentent personne, et ne font qu'exciter de nouveaux doutes, au lieu de résoudre les anciens. »

Il semble qu'il se repente d'avoir parlé de l'*Exposition* comme d'un livre qui altéroit la foi de l'Eglise en tous ses points principaux, non-seulement dans les termes, mais dans le dogme.

Qu'il le prenne comme il lui plaira. S'il persiste à croire qu'un

[1] An., p. 61, 62.

livre aussi catholique que l'*Exposition*, soit contraire à tant de points importans de la croyance romaine, il montre qu'il n'a jamais eu que de fausses idées de cette doctrine; et s'il est vrai qu'en adoucissant seulement les termes, ou en retranchant comme il dit, *des choses de peu de conséquence*, la doctrine catholique lui paroisse si radoucie, il se trouvera à la fin que le fond en étoit meilleur qu'il ne pensoit.

Mais voici la vérité. M. de Condom n'a point trahi sa conscience, ni déguisé la foi de l'Eglise où le Saint-Esprit l'a établi évêque; et les prétendus réformés n'ont pu se persuader qu'une doctrine que sa seule exposition, et encore une exposition si simple et si courte, leur rend déjà moins étrange, fût la doctrine que tous leurs ministres leur représentent si pleine de blasphème et d'idolâtrie.

Nous devons sans doute louer Dieu d'une telle disposition, puisque, encore qu'elle fasse voir dans ces Messieurs une étrange préoccupation contre nous, elle nous fait espérer qu'ils regarderont nos sentimens avec un esprit plus équitable, quand ils seront convaincus que la doctrine de ce traité, qui déjà leur paroît plus douce, est la pure doctrine de l'Eglise. Ainsi loin de nous fâcher de la peine qu'ils ont à nous croire lorsque nous leur proposons notre foi, la charité nous oblige à leur donner de tels éclaircissemens, qu'ils ne puissent plus douter qu'elle ne leur ait été fidèlement proposée.

La chose parle d'elle-même; et il n'y a qu'à leur dire que le livre de l'*Exposition* qu'ils croyoient contraire, « non-seulement à la doctrine commune des docteurs de l'Eglise romaine, mais encore aux termes et à la doctrine du concile [1], » est approuvé dans toute l'Eglise; et qu'après avoir reçu diverses marques d'approbation à Rome aussi bien qu'ailleurs, il a enfin été approuvé par le Pape même de la manière la plus authentique et la plus expresse qu'on pût attendre.

[1] An., p. 3.

Ce livre n'eut pas plutôt été publié, que l'auteur connut les bons sentimens qu'on en avoit dans toute la France, par les lettres qu'il en reçut de toutes sortes de personnes, laïques, ecclésiastiques, religieux et docteurs, mais surtout des plus grands prélats et des plus savans de l'Eglise, dont il auroit pu dès lors rapporter les témoignages, si la chose eût été tant soit peu douteuse ou nouvelle.

Mais comme les prétendus réformés veulent croire qu'on a en France des sentimens particuliers et plus approchans des leurs, en ce qui regarde la foi, que dans le reste de l'Eglise, et surtout à Rome, il est bon de leur rapporter comment les choses s'y sont passées.

Aussitôt que ce traité eut paru, M. le cardinal de Bouillon l'envoya à M. le cardinal Bona, qu'il pria de l'examiner en toute rigueur. Il ne fallut que le temps nécessaire à recevoir les réponses de Rome à Paris, pour avoir de ce docte et saint cardinal, dont la mémoire sera éternellement en bénédiction dans l'Eglise, l'approbation honorable qui se verra dans la suite avec les autres pièces dont on va parler.

Le livre fut imprimé pour la première fois sur la fin de l'année 1671. La réponse de ce cardinal est du 26 janvier 1672.

M. le cardinal Sigismond Chigi, dont toute l'Eglise regrette encore la perte, en écrivit à M. l'abbé de Dangeau d'une manière qui n'étoit pas moins favorable. Il dit expressément que *M. de Condom a très-bien parlé sur l'autorité du Pape:* et sur ce que cet abbé lui avoit écrit, que quelques personnes trop scrupuleuses craignoient ici qu'on ne regardât à Rome cette *Exposition* comme une de ces explications du concile défendues par Pie IV, il montre combien ce scrupule est mal fondé. Il ajoute qu'il a trouvé dans le même sentiment le maître du sacré Palais, le secrétaire et les consulteurs de la congrégation *dell' Indice,* tous les cardinaux qui la composent, et nommément le docte cardinal Brancas qui en étoit le président; et qu'ils donnoient tous de grandes louanges au traité de l'*Exposition*. La lettre est du 5 avril 1672.

Le Maître du sacré Palais étoit alors le R. P. Hyacinthe Libelli, célèbre théologien, que son mérite et son grand savoir élevèrent un peu après à la dignité d'archevêque d'Avignon. Sa lettre du 26 avril 1672, écrite à M. le cardinal Sigismond, montre assez combien il approuva ce livre, puisqu'il dit qu'il n'y a pas seulement « une ombre de faute; et que si l'auteur souhaite qu'il soit imprimé à Rome, il donnera toutes les permissions nécessaires, sans y changer la moindre parole. »

En effet M. l'abbé Nazari, célèbre par son *Journal des Savans*, qu'il fait avec tant de politesse et d'exactitude, travailla dès lors à une version italienne que M. le cardinal d'Estrées faisoit revoir, et dont il prenoit lui-même la peine de revoir quelques endroits principaux, afin qu'elle fût entièrement conforme à l'original.

Le livre étoit déjà tourné en anglois par feu M. l'abbé de Montaigu, dont tout le monde a connu le zèle et la vertu, et il a eu plusieurs témoignages que sa version étoit bien reçue de tous les catholiques d'Angleterre. Cette version fut imprimée en 1672. Et en 1675 il se fit encore une version irlandaise du même livre, qui fut imprimée à Rome de l'impression de la congrégation *De propagandâ Fide*.

Le R. P. Porter, de l'Ordre de Saint-François, et supérieur du couvent de Saint-Isidore, auteur de cette version, avoit déjà fait imprimer à Rome même un livre latin, intitulé *Securis evangelica*, où une grande partie du traité de l'*Exposition* étoit insérée pour prouver que les sentimens de l'Eglise fidèlement exposés, loin de renverser les fondemens de la foi, les établissoient invinciblement.

Cependant on travailloit à la version italienne avec toute l'exactitude que méritoit une matière si importante, où un seul mot mal rendu pouvoit gâter tout l'ouvrage, et le R. P. Raimond Capisucchi, Maître du sacré Palais, donna sa permission pour l'imprimer dès l'an 1675, comme il paroît par une réponse qu'il fait du 27 juin de la même année à M. de Condom, qui l'en avoit remercié.

Ce prélat, qui avoit appris de divers endroits d'Allemagne que le traité y avoit été approuvé, en reçut un plus ample témoignage par une lettre du 27 avril 1673, de M. l'évêque et prince de Paderborn, pour lors coadjuteur et depuis évêque de Munster, où ce prélat, dont le nom seul porte la louange, marquoit qu'il faisoit traduire l'ouvrage en latin, pour le répandre partout, et principalement en Allemagne. Mais les guerres survenues, ou d'autres occupations ayant retardé cette traduction, M. l'évêque de Castorie, vicaire apostolique dans les Etats des Provinces-Unies, souhaita de faire imprimer une version latine que l'auteur avoit revue, et l'impression s'en fit à Anvers en 1678.

Un peu après et dans la même année, par les soins de cet évêque, le traité fut encore imprimé à Anvers en langue flamande, avec l'approbation des théologiens et de l'ordinaire des lieux ; et ce prélat, qui fait lui-même de si beaux ouvrages, jugea celui-ci utile à l'instruction de son peuple.

M. l'évêque et prince de Strasbourg, à qui les malheurs de la guerre ne faisoient point oublier le soin de son troupeau, conçut dans ce même temps le dessein de faire traduire ce livre en allemand, avec une lettre pastorale adressée à ses diocésains ; et ayant rendu compte au Pape de ce dessein, Sa Sainteté lui fit dire, « qu'elle connoissoit ce livre il y avoit déjà longtemps ; et que comme on lui rapportoit de tous côtés qu'il faisoit beaucoup de conversions, la traduction ne pouvoit manquer d'en être utile à son peuple. »

La version italienne fut achevée avec une fidélité et une élégance à laquelle il ne se peut rien ajouter. M. l'abbé Nazari la dédia aux cardinaux de la congrégation *De propagandà Fide*, par l'ordre desquels elle parut dans la même année 1678, imprimée à l'imprimerie de cette congrégation.

On mit à la tête de cette version la lettre du cardinal Bona, dont la minute fut trouvée à Rome entre les mains de son secrétaire, avec les approbations de M. l'abbé Ricci, consulteur du saint Office; du R. P. M. Laurent Brancati de Laurea, religieux de l'Ordre de Saint-François, consulteur et qualificateur du saint Office, et bibliothécaire de la bibliothèque Vaticane; et de M. l'abbé Gradi, consulteur de la congrégation *dell' Indice*, et bibliothécaire de la bibliothèque Vaticane : c'est-à-dire des premiers hommes de Rome en piété et en savoir.

Le livre fut présenté au Pape, à qui la version latine avoit déjà été présentée. Il eut la bonté de faire écrire à l'auteur par M. l'abbé de Saint-Luc qu'il en étoit satisfait, ce qu'il a répété plusieurs fois à M. l'ambassadeur de France.

L'auteur, qui sembloit n'avoir plus rien à désirer après une telle approbation, en fit avec un profond respect ses très-humbles remercîmens au Pape, par une lettre du 22 novembre 1678, dont il reçut réponse par un bref de Sa Sainteté du 4 janvier 1679, qui contient une approbation si expresse de son livre, que personne ne peut plus douter qu'il ne contienne la pure doctrine de l'Eglise et du Saint-Siège.

Après cette approbation, il n'eût plus été nécessaire de parler des autres : mais on est bien aise de faire voir comment ce livre, que les ministres menaçoient d'une si grande contradiction dans l'Eglise, et qu'ils croyoient si contraire à sa *doctrine commune*, a passé pour ainsi dire naturellement par tous les degrés d'approbation, jusqu'à celle du Pape même, qui confirme toutes les autres.

Messieurs de la religion prétendue réformée peuvent voir maintenant combien on les abusoit, quand on leur disoit [1] « qu'on savoit une personne catholique qui écrivoit contre l'*Exposition* de M. de Condom. » Ce seroit certainement une chose rare, que ce bon catholique, que les catholiques n'ont jamais connu, eût été faire confidence aux ennemis de l'Eglise de l'ouvrage qu'il

---

[1] An., *Avertiss.*, p. 23.

méditoit contre un évêque de sa communion. Mais il y a trop longtemps que cet écrivain imaginaire se fait attendre ; et les prétendus réformés seront de facile créance, s'ils se laissent dorénavant amuser par de semblables promesses.

Ainsi une des questions qu'il s'agissoit de vider, au sujet de l'*Exposition*, est entièrement terminée. On n'a plus besoin de réfuter les ministres qui soutenoient que la doctrine de l'*Exposition* n'étoit pas celle de l'Eglise. Le temps et la vérité ont réfuté leurs sentimens d'une manière qui ne souffre point de réplique.

M. Noguier, pour être assuré que M. de Condom a bien expliqué la croyance catholique, vouloit entendre parler l'oracle de Rome. « Je ne fais pas, dit-il, [1] un grand fondement sur l'approbation que Messieurs les évêques ont donnée par écrit. Les autres docteurs ne manquent pas de pareilles approbations ; et après tout il faut que l'oracle de Rome parle sur les matières de la foi. » L'anonyme a eu la même pensée ; et tous deux ont supposé qu'il n'y auroit plus de procès à faire sur ce sujet à M. de Condom, quand cet oracle auroit parlé. Il a parlé cet oracle que toute l'Eglise catholique a écouté avec respect dès l'origine du christianisme ; et sa réponse a fait voir que ce qu'avoit dit ce prélat n'a rien de nouveau ni de suspect, rien enfin qui ne soit reçu dans toute l'Eglise.

Mais en vidant cette question ; la décision des autres se trouve insensiblement bien avancée.

M. de Condom a soutenu que la doctrine catholique n'avoit jamais été bien entendue par les prétendus réformés, et que les auteurs de leur schisme leur avoient grossi les objets, afin d'exciter leur haine. La chose ne peut maintenant recevoir de difficulté, puisqu'il est constant d'un côté que le livre de l'*Exposition* leur propose la foi catholique dans sa pureté, et de l'autre qu'elle leur a paru moins étrange qu'ils ne se l'étoient figurée.

Que s'ils reconnoissent que leurs prétendus réformateurs, pour

[1] Nog., p. 41.

les animer contre l'Eglise où leurs ancêtres avoient servi Dieu, et où ils avoient eux-mêmes reçu le baptême, ont eu besoin de recourir à des calomnies qui paroissent maintenant insoutenables; comment peuvent-ils se dispenser d'en venir à un nouvel examen? et comment ne craignent-ils pas de persévérer dans un schisme qui est fondé manifestement sur de faux principes, même dans les choses principales?

Ils ont cru, par exemple, être bien fondés à se séparer de l'Eglise, sous prétexte qu'en enseignant le mérite des bonnes œuvres, elle détruisoit la justification gratuite et la confiance que le chrétien doit avoir en Jésus-Christ seul. C'est principalement sur cet article qu'a été fondée leur rupture. L'anonyme se contente de dire « que l'article de la justification est un des principaux qui ont donné lieu à la réformation [1]. » Mais M. Noguier tranche plus net. « Ceux, dit-il, qui ont été les auteurs de notre réformation, ont eu raison de proposer l'article de la justification, comme le principal de tous, et comme le fondement le plus essentiel de leur rupture [2]. » Maintenant donc que M. de Condom leur dit avec toute l'Eglise, « qu'elle croit n'avoir de vie, et qu'elle n'a d'espérance qu'en Jésus-Christ seul; qu'elle demande tout, qu'elle espère tout, qu'elle rend graces de tout par Notre-Seigeur Jésus-Christ; enfin qu'elle met en lui toute l'espérance du salut [3] : » que demande-t-on davantage? Elle dit « que tous nos péchés nous sont pardonnés par une pure miséricorde, à cause de Jésus-Christ; que nous devons à une libéralité gratuite la justice qui est en nous par le Saint-Esprit; et que toutes les bonnes œuvres que nous faisons, sont autant de dons de la grace [4]. » L'auteur de l'*Exposition*, qui enseigne cette doctrine, ne l'enseigne pas comme sienne : à Dieu ne plaise. Il l'enseigne comme la doctrine claire et manifeste du saint concile de Trente; et le Pape approuve son livre. Après cela on dira encore que le concile de Trente et l'Eglise romaine renversent la justification gratuite, et la confiance que le

[1] An., p. 86. — [2] Nog., p. 83. — [3] *Expos.*, n. 7. — [4] *Expos.*, ibid.

fidèle doit avoir en Jésus-Christ seul : est-ce une chose supportable? et quand nous nous tairions, les pierres ne crieront-elles pas qu'on nous fait tort ?

Aussi faut-il avouer, comme il a été remarqué dans l'*Exposition* [1], que les disputes qu'ont excitées les prétendus réformés sur un point si capital, sont de beaucoup diminuées, pour ne pas dire tout à fait anéanties. Personne n'en doutera, si on considère ce qu'a écrit l'anonyme sur le mérite des œuvres, avec l'approbation de quatre ministres de Charenton. « Nous reconnoissons, dit-il, de bonne foi que M. de Condom, et ceux de l'Eglise romaine qui font paroître des sentimens plus purs sur la grace, parlent presque partout comme nous. Nous convenons avec eux du principal [2]. » Mais puisqu'il promettoit tant de bonne foi, il devoit donc reconnoître que M. de Condom, qu'il fait ici d'une secte particulière, n'a pas dit un mot sur le mérite des œuvres qui ne fût tiré du concile. Il a dit « que la vie éternelle doit être proposée aux enfans de Dieu, et comme une grace qui leur est miséricordieusement promise par le moyen de notre Sauveur Jésus-Christ, et comme une récompense qui est fidèlement rendue à leurs bonnes œuvres et à leurs mérites, en vertu de cette promesse. » Il a dit « que les mérites sont des dons de Dieu. » Il a dit « que nous ne pouvons rien par nous-mêmes, mais que nous pouvons tout avec celui qui nous fortifie, et que toute notre confiance est en Jésus-Christ : » et le reste, qu'on pourra voir en son lieu. C'est par là qu'il a satisfait les prétendus réformés, et leur a fait dire qu'ils étoient d'accord avec lui *du principal*. Comme donc ces propositions sont tirées de mot à mot du concile, ils ne peuvent plus s'empêcher de reconnoître qu'on a fait cesser *le principal* sujet de leurs plaintes, en proposant seulement les décrets et les propres termes de ce concile tant haï et tant blâmé parmi eux.

Qu'est-ce qui les choque le plus dans les satisfactions que l'Eglise exige des fidèles, si ce n'est l'opinion qu'ils ont que les catholiques

---

[1] *Expos.*, n. 7. — [2] An., p. 104. — [3] *Expos.*, n. 7.

regardent celle de Jésus-Christ comme insuffisante? Nieront-ils qu'elle leurs catéchismes et leurs confessions de foi ne s'appuient sur ce fondement? Que diront-ils donc maintenant que l'auteur de l'*Exposition* leur crie avec toute l'Eglise, que « Jésus-Christ Dieu et homme étoit seul capable, par la dignité infinie de sa personne, d'offrir à Dieu pour nos péchés une satisfaction suffisante; que cette satisfaction est infinie; que le Sauveur a payé le prix entier de notre rachat; que rien ne manque à ce prix, puisqu'il est infini; et que les réserves de peines qu'il fait dans la pénitence, ne proviennent d'aucun défaut du paiement, mais d'un certain ordre qu'il a établi pour nous retenir par de justes appréhensions et par une discipline salutaire [1] ? »

Ces choses et toutes les autres, qui font dire à l'anonyme que l'auteur *exténue* la doctrine de la satisfaction, et qu'*il retourne à l'arche comme la colombe,* sont la pure doctrine de l'Eglise et du concile de Trente, reconnue pour telle par le Pape même. Comment donc veut-on faire croire qu'elle regarde comme un supplément de la satisfaction de Jésus-Christ ce qu'elle donne seulement comme un moyen de l'appliquer; et en quelle sûreté de conscience les prétendus réformés ont-ils pu, sous de si fausses présuppositions, violer la sainte unité que Jésus-Christ a tant recommandée à son Eglise?

Ils regardent avec horreur le sacrifice de nos autels, comme si on y faisoit mourir Jésus-Christ encore une fois. Qu'a fait l'auteur de l'*Exposition*, pour diminuer cette horreur injuste, que de leur représenter fidèlement la doctrine de l'Eglise? Il leur a dit que ce sacrifice est de nature à n'admettre qu'une mort mystique et spirituelle de notre adorable victime [2], qui demeure toujours impassible et immortelle; et que bien loin de diminuer la perfection infinie du sacrifice de la croix, « il est établi seulement pour en célébrer la mémoire et en appliquer la vertu [3]. » L'anonyme assure sur cela que M. de Condom *exténue* la doctrine de

[1] *Expos.*, n. 8. — [2] *Expos.*, n. 12. — [3] *Ibid.*

l'Eglise catholique ; et M. Noguier assure aussi qu'il n'en a pas exposé la vérité [1]. Cependant il n'a fait que suivre la doctrine du concile, dont il a produit les propres termes [2]; et toute l'Eglise approuve son *Exposition.* Qui ne voit donc qu'elle n'a semblé plus accommodante et plus adoucie aux prétendus réformés, qu'à cause qu'ils n'y trouvent plus les monstres qu'ils s'y étoient figurés ?

L'anonyme nous a dit lui-même que « l'article de l'invocation des Saints est un des plus essentiels de la religion [3]. » C'est aussi un de ceux où il lui paroît que M. de Condom « adoucit le plus les dogmes de son Eglise; » car il l'en accuse jusqu'à trois fois [4]. Mais qu'a dit M. de Condom ? Ce que dit le *Catéchisme* du concile, ce que dit le concile même et la confession de foi qui en est tirée, ce que disent tous les catholiques, « que les Saints offrent des prières pour nous [5]; » voilà ce que dit la confession de foi, « qu'ils les offrent par Jésus-Christ; » voilà ce que dit le concile : en un mot, que nous les prions dans le même esprit que nous prions « nos frères qui sont sur la terre, de prier avec nous et pour nous notre commun Maître, au nom de notre commun Médiateur, qui est Jésus-Christ [6]. » Voilà ce qu'a tiré M. de Condom du concile, du *Catéchisme*, de tous les actes publics de l'Eglise catholique; et c'est pourquoi sa doctrine a été si approuvée.

Cette réponse suffit pour renverser par les fondemens ce qui a causé tant d'horreur aux prétendus réformés.

Leur catéchisme nous accuse « d'idolâtrie, à cause que par le recours que nous avons aux Saints, nous mettons en eux une partie de notre confiance, et leur transférons ce que Dieu s'est réservé [7]. »

Mais au contraire, il paroît qu'en priant les Saints, nous les prions seulement de prier pour nous; prière qui par sa nature ne se peut jamais adresser à l'Être indépendant, loin qu'il se la soit

---

[1] Nog., p. 286. — [2] *Expos.*, ibid. — [3] An., p. 61. — [4] An., p. 24, 35; *Rép.*, p. 24. — [5] *Expos.*, n. 4. — [6] *Ibid.* — [7] *Catéch.*, Dim. 34.

réservée. Que si cette forme de prier : *Priez pour nous*, diminuoit la confiance qu'on a en Dieu, elle ne seroit pas moins condamnable envers les vivans qu'envers les morts; et saint Paul n'auroit pas dit si souvent : « Mes frères, priez pour nous[1]. » Toute l'Ecriture est pleine de prières de cette nature.

Mais, dit leur confession de foi, c'est renverser la médiation de Jésus-Christ, « qui nous commande de nous retirer privément en son nom vers son Père[2]. » Comment le peut-on penser, puisque les Saints qui sont au ciel, non plus que les fidèles qui sont sur la terre, n'interviennent pas par eux-mêmes, ni en leur propre nom, mais au nom de Jésus-Christ, comme l'enseignent tous les catholiques après le concile[3] ?

Ainsi l'Eglise catholique n'a qu'à déclarer, comme elle fait, que son intention n'a jamais été de demander autre chose aux Saints que d'humbles prières faites au nom de Jésus-Christ, et de la nature de celles que les fidèles font sur la terre les uns pour les autres : ce peu de mots convaincront éternellement les prétendus réformés d'avoir eu pour elle une haine injuste.

Aussi M. Noguier nous déclare-t-il, « que quoi qu'en dise M. de Condom, il ne se persuadera jamais que l'Eglise romaine n'ait point d'autre intention, en disant qu'il est utile d'invoquer les Saints, si ce n'est que nous leur demandions le secours de leurs prières, comme l'on demande celui des fidèles qui vivent parmi nous[4]. » Que dira-t-il maintenant qu'il voit l'Eglise romaine approuver si visiblement ce qu'en effet M. de Condom n'a fait que puiser dans la croyance universelle de sa communion? Mais « pourquoi donc, poursuit M. Noguier, les catholiques demandent-ils, non les prières seulement, mais l'aide, la protection et le secours de la Vierge et des Saints[5], comme si ce n'étoit pas une sorte d'aide, de secours et de protection, » que de recommander des malheureux à celui qui seul les peut soulager? Telle est la

---

[1] I *Thess.*, v, 25; II *Thess.*, III, 1; *Hebr.*, XIII, 18. — [2] *Confess.*, art. 24. — [3] *Expos.*, n. 4. — [4] *Nog.*, p. 54. — [5] *Nog.*, p. 57.

protection que nous pouvons recevoir de la sainte Vierge et des Saints. Ce n'est pas un petit secours d'être aidé de leurs prières, puisqu'elles sont tout ensemble si humbles, si agréables et si efficaces. Mais pourquoi disputer des mots, puisque la chose est constante? L'*Exposition* produit aux ministres des témoignages certains, où il paroît « qu'en quelques termes que soient conçues les prières que nous adressons aux Saints, l'intention de l'Eglise et de ses fidèles les réduit toujours à cette forme : *Priez pour nous* [1]. » N'importe, les ministres « ne se le persuaderont jamais. » Il faudroit rayer dans leurs catéchismes et dans leur profession de foi ces accusations d'idolâtrie dont elles sont pleines; il faudroit retrancher de leurs prêches tant d'invectives sanglantes qui n'ont que ce fondement : ils ne peuvent s'y résoudre; et quelque déclaration que nous puissions faire de nos sentimens, ils n'en croiront ni le concile, ni son *Catéchisme*, ni notre confession de foi, ni les évêques, ni le Pape même.

Il n'est pas besoin de répéter ce qui est dit dans l'*Exposition* [2] sur les autres objections, principalement sur celle où l'on accuse l'Eglise d'attribuer aux Saints une science et une puissance divine, pendant qu'elle enseigne qu'ils ne savent ni ne peuvent rien par eux-mêmes. Mais le reproche d'idolâtrie a encore un autre fondement, qu'on accuse M. de Condom *d'avoir exténué* [3] comme les autres. C'est l'article des images, où toutefois il n'a cherché aucun autre adoucissement que d'avoir fidèlement exposé le sentiment de l'Eglise.

Il n'en faut pas davantage pour faire évanouir tout le soupçon d'idolâtrie selon les propres principes des prétendus réformés, et ils n'ont pour cela qu'à confronter avec la doctrine de leur catéchisme celle du concile de Trente représentée dans l'*Exposition*.

Leur catéchisme demande si dans ce précepte : « Tu ne te feras image taillée, » Dieu défend de faire aucune image. Il répond que « non, mais que Dieu défend seulement d'en faire, ou pour

[1] *Expos.*, n. 4. — [2] *Ibid.* — [3] An., *Avertiss.*, p. 24; *Rép.*, p. 65.

figurer Dieu, ou pour adorer [1]. » Voilà les deux choses qu'ils croient condamnées dans ce précepte du Décalogue.

Peut-être nous feront-ils la justice de croire que nous ne prétendons pas figurer Dieu ; et que s'ils voient dans quelques tableaux le Père éternel dans la forme où il lui a plu de paroître si souvent à ses prophètes, nous ne prétendons non plus déroger à sa nature invisible et spirituelle que lui-même, quand il s'est montré sous cette forme. Le concile leur explique assez sur ce sujet, « qu'on ne prétend pas pour cela figurer ou exprimer la Divinité,... ni lui donner de couleurs [2] ; » et je croirois leur faire tort d'en venir à un plus grand éclaircissement.

Passons donc à la seconde partie de leur doctrine, et apprenons de leur catéchisme « quelle forme d'adoration est condamnée. C'est, dit la *Réponse*, de se prosterner devant une image pour faire son oraison, de fléchir le genou devant elle, ou faire quelque autre signe de révérence, comme si Dieu se démontroit là à nous. » Voilà en effet l'erreur des Gentils et le propre caractère de l'idolâtrie. Mais qui croit avec le concile « que les images n'ont ni divinité ni vertu pour laquelle on les doive révérer [3] ; » et qui en met toute la vertu à rappeler la mémoire des originaux, ne croit pas que Dieu « s'y démontre à nous. » Il n'est donc pas idolâtre de l'aveu des prétendus réformés, et selon la propre définition de leur Catéchisme.

L'anonyme semble avoir senti cette vérité à l'endroit où, nous objectant ce commandement du Décalogue, il dit lui-même que Dieu « défend de faire des images et de les servir [4]. » Il a raison. Les paroles de ce précepte sont expresses : et les images dont il y est parlé sont celles qu'il est défendu *de faire,* aussi bien que *de servir,* c'est-à-dire, selon l'explication de son Catéchisme, celles qui sont faites « pour figurer Dieu, celles qui sont faites pour le démontrer présent, » et qu'on sert dans cet esprit comme pleines de divinité. Nous n'en faisons, ni n'en souffrons de cette

[2] *Dim.* 23. — [2] Sess. xxv. — [3] *Expos.,* n. 5. — [4] P. 67.

sorte. Nous ne servons pas les images ; à Dieu ne plaise : mais nous nous servons des images pour nous élever aux originaux. Notre concile, si odieux à l'Eglise prétendue réformée, ne nous en apprend pas un autre usage : en est-ce assez pour dire, comme elle fait dans sa propre Confession de foi [1], que « toutes sortes d'idolâtries ont vogue dans l'Eglise romaine ? » Est-ce pour cela que sa discipline nous appelle les *Idolâtres* [2], et notre religion l'*Idolâtrie* [3] ? Sans doute ils ont autre chose que notre doctrine dans l'esprit, quand ils nous donnent le nom de *Gentils :* ils croient que nous suivons leurs abominables erreurs, et que nous croyons comme eux que Dieu se démontre à nous dans les images.

Sans ces funestes préjugés, sans ces noires idées qu'ils se forment des sentimens de l'Eglise, des chrétiens n'auroient jamais cru que baiser la croix en mémoire de celui « qui a porté nos iniquités sur le bois [4], » fût un crime si détestable, ni qu'une démonstration si simple et si naturelle des sentimens de tendresse que ce pieux objet tire de nos cœurs, nous dût faire considérer comme si nous adorions Baal, ou les veaux d'or de Samarie.

Dans cette étrange préoccupation des prétendus réformés, le Traité de l'*Exposition* leur devoit paroître, comme en effet il leur a paru, un livre plein d'artifice, qui ne faisoit qu'adoucir et exténuer les sentimens catholiques. Maintenant qu'ils voient clairement que tout l'artifice de ce livre est de démêler les sentimens qu'on a imputés à l'Eglise d'avec ceux dont elle fait profession, comme tout l'adoucissement qu'il apporte dans la doctrine est de lui avoir ôté le masque affreux dont les ministres la couvrent, qu'ils confessent que cette Eglise n'étoit pas digne de l'horreur qu'ils ont eue pour elle, et qu'elle mérite du moins d'être écoutée.

Il ne faut plus qu'ils accusent le Pape ni le Saint-Siége de diminuer l'adoration qui est due à Dieu, ni la confiance que le chrétien doit établir en sa bonté seule par Notre-Seigneur Jésus-

---

[1] Art. 28. — [2] *Discip.*, art. 11, 13. — [3] Art. 42. — [4] 1 *Petr.*, II, 24.

Christ, puisqu'ils voient sans aller plus loin que le Traité de l'*Exposition*, qui n'est fait que pour expliquer ces deux vérités, a reçu dans Rome et du Pape même une approbation si authentique.

Cela étant, ils auront honte du titre qu'ils donnent au Pape. On n'y peut penser sans horreur, ni entendre sans étonnement que les prétendus réformés, qui se vantent de suivre l'Ecriture de mot à mot, voyant que l'apôtre saint Jean qui a seul nommé l'Antechrist, nous répète trois ou quatre fois que « l'Antechrist est celui qui nie que Jésus-Christ soit venu en chair[1], » osent seulement penser que celui qui enseigne si pleinement le mystère de Jésus-Christ, c'est-à-dire sa divinité, son incarnation, la surabondance de ses mérites, la nécessité de sa grâce et la confiance absolue qu'il y faut avoir, ne laisse pas d'être l'Antechrist que saint Jean nous a désigné.

Mais on objecte aux papes qu'ils sont « ce méchant et cet homme d'iniquité qui s'est assis dans le temple de Dieu et se fait adorer comme Dieu[2], » eux qui se confessent non-seulement mortels, mais pécheurs ; qui disent tous les jours avec tous les autres fidèles : « Pardonnez-nous nos offenses ; » et qui n'approchent jamais de l'autel, sans confesser leurs péchés et sans dire dans la partie la plus sainte du sacrifice, qu'ils espèrent la vie éternelle, « non par leurs mérites, mais par la bonté de Dieu, au nom de Notre-Seigneur Jésus-Christ[3]. »

Il est vrai qu'ils soutiennent la primauté que Jésus-Christ leur a donnée en la personne de saint Pierre : mais c'est par là qu'ils avancent l'œuvre de Jésus-Christ même; œuvre de charité et de concorde, qui n'eût jamais été parfaitement accomplie, si l'Eglise universelle et tout l'ordre épiscopal n'avoit sur la terre un chef du gouvernement ecclésiastique pour faire agir les membres en concours, et consommer dans tout le corps le mystère de l'unité

---

[1] I *Joan.*, II, 22; IV, 3; II *Joan.*, 7. — [2] II *Thess.*, II, 3, 4. — [3] Canon de la messe.

tant recommandée par le Fils de Dieu. Ce n'est rien dire que de répondre que l'Eglise a dans le ciel son Chef véritable qui l'unit en l'animant de son Saint-Esprit : qui en doute? Mais qui ne sait que cet Esprit, qui dispose tout avec autant de douceur que d'efficace, sait préparer des moyens extérieurs proportionnés à ses desseins? Le Saint-Esprit nous enseigne et nous gouverne au dedans : c'est pour cela qu'il établit des pasteurs et des docteurs qui agissent au dehors. Le Saint-Esprit unit le corps de l'Eglise et le gouvernement ecclésiastique : c'est pour cela qu'il met à la tête un Père commun et un économe principal qui gouverne toute la famille de Jésus-Christ. Nous prenons ici à temoin la conscience de Messieurs de la religion prétendue réformée. Dans ce siècle malheureux où tant de sectes impies tâchent de saper peu à peu les fondemens du christianisme, et croient que c'est assez d'avoir seulement nommé Jésus-Christ, pour ensuite introduire dans le sein de la Chrétienté l'indifférence des religions et l'impiété manifeste, qui ne voit l'utilité d'avoir un Pasteur qui veille sur le troupeau, et qui soit autorisé d'en-haut pour exciter tous les autres, dont la vigilance se relâcheroit? Qu'ils nous disent de bonne foi, si ce ne sont pas les sociniens, les anabaptistes, les indépendans, ceux qui sous le nom de la liberté chrétienne veulent établir l'indifférence des religions, et tant d'autres sectes pernicieuses qu'ils improuvent aussi bien que nous, qui s'élèvent avec le plus d'ardeur contre le Siége de saint Pierre, et qui crient le plus haut que son autorité est tyrannique. Je ne m'en étonne pas : ceux qui veulent diviser l'Eglise, ou la surprendre, ne craignent rien tant que de la voir marcher contre eux sous un même chef comme une armée bien rangée. Ne faisons querelle à personne, mais songeons seulement d'où viennent les livres où cette dangereuse licence et ces doctrines antichrétiennes sont enseignées : du moins on ne niera pas que le Siége de Rome, par sa propre constitution, ne soit incompatible avec toutes ces nouveautés; et quand nous ne saurions pas par l'Evangile que la primauté de ce Siége nous est nécessaire, l'expérience nous en convaincroit. Au reste il ne faut pas s'étonner si l'on a approuvé sans peine l'auteur de l'*Exposition*, qui met l'autorité essentielle de ce Siége dans les choses dont on est d'accord dans toutes les écoles catholiques. La Chaire de saint Pierre n'a pas besoin de disputes : ce que tous les catholiques y reconnoissent sans contestation, suffit à maintenir la puissance qui lui est donnée pour édifier, et non pour détruire. Les prétendus réformés ne devroient plus avoir ces vains ombrages dont on leur fait peur. Que leur sert d'aller rechercher dans les histoires les vices des Papes? Quand ce qu'ils en racontent seroit véritable, est-ce que les vices des hommes anéantiront l'institution de Jésus-Christ et le privilége de saint Pierre? L'Eglise s'élèvera-t-elle contre une puissance qui maintient son unité, sous prétexte qu'on en aura abusé? Les chrétiens sont accoutumés à raisonner sur des principes plus hauts et plus véritables, et ils savent que Dieu est puissant pour maintenir son ouvrage au milieu de tous les maux attachés à l'infirmité humaine.

Nous conjurons donc Messieurs de la religion prétendue réformée, par la charité qui est Dieu même et par le nom chrétien qui nous est commun, de ne plus juger de la doctrine de l'Eglise par ce qu'on leur en dit dans leurs prêches et dans leurs livres, où l'ardeur de la dispute et la prévention, pour ne rien dire de plus, font souvent représenter les choses autrement qu'elles ne sont; mais d'écouter cette *Exposition* de la doctrine catholique. C'est un ouvrage de bonne foi, où il ne s'agit pas tant de disputer que de dire nettement ce qu'on croit; et où pour voir combien l'auteur a procédé simplement, il n'y a qu'à considérer son dessein.

Il a promis dès l'entrée, 1° de proposer les vrais sentimens de l'Eglise catholique, et « de les distinguer de ceux qui lui ont été faussement imputés[1]. »

2° Afin qu'on ne doutât pas qu'il ne proposât véritablement les

[1] *Expos.*, n. 1.

sentimens de l'Eglise, il a promis de les prendre « dans le concile de Trente, où l'Eglise a parlé décisivement sur les matières dont il s'agit. »

3° Il a promis de proposer à Messieurs de la religion prétendue réformée, non en général toutes les matières, mais « celles qui les éloignent le plus de nous; » et pour parler plus précisément, celles dont « ils ont fait le sujet de leur rupture. »

4° Il a promis que ce « qu'il diroit, pour faire mieux entendre les décisions du concile, seroit approuvé dans l'Eglise, et manifestement conforme à la doctrine du même concile. »

Tout cela paroît simple et droit. Et premièrement personne ne peut trouver étrange *qu'on distingue les sentimens de l'Eglise d'avec ceux qui lui sont faussement imputés.* Quand on s'échauffe démesurément faute de s'entendre, et que de fâcheux préjugés causent de grandes disputes, il n'y a rien de plus naturel, ni rien de plus charitable que de s'expliquer nettement. Les saints Pères ont pratiqué un moyen si doux et si innocent de ramener les esprits. Pendant que les ariens et les demi-ariens décrioient le symbole de Nicée et la *consubstantialité* du Fils de Dieu par les fausses idées qu'ils y attachoient, saint Athanase et saint Hilaire, les deux plus illustres défenseurs de la foi de Nicée, leur représentoient le sens véritable du concile; et saint Hilaire leur disoit : « Condamnons tous ensemble les mauvaises interprétations; mais ne détruisons pas la sûreté de la foi...... Le consubstantiel peut être mal entendu : Etablissons de quelle manière on pourra le bien entendre..... Nous pouvons poser entre nous l'état véritable de la foi, si on ne renverse pas ce qui a été bien établi et qu'on ôte la fausse intelligence [1]. »

C'est la charité elle-même qui dicte de telles paroles, et qui suggère de tels moyens de réunir les esprits. Nous pouvons dire de même à Messieurs de la religion prétendue réformée : Si le mérite des œuvres, si les prières adressées aux Saints, si le sacri-

[1] Hilar., lib. *de Syn.*, n. 88, 91, col. 1201, 1202 et 1205.

fice de l'Eucharistie et ces humbles satisfactions des pénitens qui tâchent d'apaiser Dieu, en vengeant volontairement sur eux-mêmes par des exercices laborieux sa justice offensée; si ces termes que nous tenons d'une tradition qui a son origine dans les premiers siècles, faute d'être bien entendus, vous offensent, l'auteur de l'*Exposition* se présente à vous pour vous en donner la simple et naturelle intelligence, que l'Eglise catholique a toujours fidèlement conservée. Il ne dit rien de lui-même; il n'allègue pas des auteurs particuliers; et afin qu'on ne puisse le soupçonner d'altérer les sentimens de l'Eglise, il les prend dans les propres termes du concile de Trente, où elle s'est expliquée sur les matières dont il s'agit. Qu'y avoit-il de plus raisonnable?

C'est la seconde chose qu'il avoit promise, et en cela il n'a fait que suivre l'exemple des prétendus réformés. Ces Messieurs se plaignent, aussi bien que nous, qu'on entend mal leur doctrine; et le moyen qu'ils proposent pour s'en éclaircir n'est pas différent de celui dont se sert M. de Condom. Leur synode de Dordrecht demande « qu'on juge de la foi de leurs églises, non par des calomnies qu'on ramasse deçà et delà, ou par les passages des auteurs particuliers, que souvent on cite de mauvaise foi, ou qu'on détourne à un sens contraire à l'intention des auteurs; mais par les confessions de foi des églises, par la déclaration de la doctrine orthodoxe qui a été faite unanimement dans ce synode [1]. »

C'est donc des décrets publics qu'il faut apprendre la foi d'une Eglise, et non des auteurs particuliers, qui peuvent être mal allégués, mal entendus, et même mal expliquer les sentimens de leur religion. C'est pourquoi pour exposer aux prétendus réformés ceux de la nôtre, il n'y avoit qu'à produire les décisions du concile de Trente.

Je sais que le nom seul de ce concile choque ces Messieurs; et l'anonyme témoigne souvent ce chagrin [2]. Mais que lui servent

---

[1] *Conclusio synodi Dordr.*, in *Syntagm. Confess. fidei*; édit. Genev., part. II, p. 46. — [2] Anon., p. 7.

ses reproches? Il ne s'agit pas ici de justifier le concile : il suffit, pour l'usage qu'en a voulu faire l'auteur de l'*Exposition*, que la doctrine de ce concile soit reçue sans contestation par toute l'Eglise catholique, et que sur les matières controversées elle ne reconnoisse point d'autres décisions que les siennes.

Les prétendus réformés ont toujours voulu faire croire que ces décisions étoient ambiguës; et l'anonyme nous reproche encore « !qu'elles peuvent recevoir un double et un triple sens [1]. » Ceux qui n'ont lu ce concile que dans les invectives des ministres et dans l'histoire de Fra Paolo, son ennemi déclaré, le croiront ainsi : mais un mot les va satisfaire. Il est vrai qu'il y a eu des matières que le concile n'a pas voulu décider; et ce sont celles dont la tradition n'étoit pas constante, et dont on disputoit dans les écoles : il avoit raison de les laisser indécises.

Mais pour celles qu'il a décidées, il a parlé si précisément, que parmi tant de décrets de ce concile, qui sont produits dans le livre de l'*Exposition*, l'anonyme n'en a pu remarquer un seul où il ait trouvé *ces doubles et ces triples* sens qu'il nous objecte. En effet on n'a qu'à les lire; on verra qu'ils n'ont aucune ambiguïté et qu'on ne peut pas s'expliquer plus nettement.

On peut mettre à la même épreuve l'*Exposition* elle-même; et par là on pourra juger si l'anonyme a raison de reprocher à l'auteur de ce Traité « ces termes vagues et généraux dont il enveloppe, dit-il, les choses les plus difficiles [2]. »

La troisième chose qu'a promise l'auteur de l'*Exposition*, c'est de traiter les matières *qui ont donné sujet à la rupture*. C'est précisément ce qu'il falloit faire. Il n'y a personne qui ne sache que dans les disputes il y a toujours certains points capitaux auxquels les esprits s'arrêtent. C'est à ceux-là que doit s'attacher celui qui songe à finir ou à diminuer les contestations. Aussi l'auteur de l'*Exposition* a-t-il déclaré d'abord aux prétendus réformés, qu'il leur exposeroit les matières *dont ils ont fait le sujet de*

---

[1] Anon., p. 11, 12. — [2] *Avert.*, p. 24; *Rép.*, p. 12.

leur rupture [1]; et afin qu'il n'y eût aucune surprise, il déclare encore à la fin, « que pour s'attacher à ce qu'il y a de principal, il laissoit quelques questions que Messieurs de la religion prétendue réformée ne regardoient pas comme un sujet légitime de rupture [2]. » Il a fidèlement tenu sa parole, et les seuls titres de l'*Exposition* peuvent faire voir qu'il n'a omis aucun de ces articles principaux.

Ainsi l'anonyme ne devoit pas dire que « M. de Condom a des termes choisis pour passer à côté des difficultés qui lui font le plus de peine; qu'il laisse plusieurs questions; et se hâte de passer à celle de l'Eucharistie, où il a cru pouvoir s'étendre avec moins de désavantage [3]. »

Quelle idée il voudroit donner du livre de l'*Exposition!* Mais elle se détruit par elle-même. On voit assez que M. de Condom devoit s'étendre sur la matière de l'Eucharistie, non parce qu'il croyoit le pouvoir faire *avec moins de désavantage,* mais parce que cette matière est en effet la plus difficile et la plus remplie de grandes questions. Ainsi il se trouvera qu'il traite les choses avec plus ou moins d'étendue, selon qu'elles paroissent plus ou moins embarrassantes, non à lui, mais à ceux pour qui il écrit. Que s'il est vrai qu'*il passe à côté des difficultés qui lui font le plus de peine,* il demeurera pour constant que celles qui lui en font le moins, sont justement les plus essentielles, et celles où les prétendus réformés se sont toujours crus les plus forts. Il a traité du culte qui est dû à Dieu, des prières que nous adressons aux Saints, de l'honneur que nous leur rendons, aussi bien qu'à leurs reliques et à leurs images. Il a parlé de la grace qui nous justifie, du mérite des bonnes œuvres, de la nécessité des œuvres satisfactoires, du purgatoire et des indulgences, de la confession et de l'absolution sacramentale, de la présence réelle du corps et du sang de Jésus-Christ dans l'Eucharistie, de l'adoration qui lui est due, de la transsubstantiation et du sacrifice de l'autel, de la com-

[1] *Expos.*, n. 1. — [2] *Expos.*, Concl. — [3] *Avert.*, p. 22; *Rép.*, p. 168.

munion sous une espèce, de l'autorité de la tradition et de celle de l'Eglise, de l'institution divine de la primauté du Pape, où il a dit en un mot ce qu'il falloit croire de celle de l'épiscopat. Il a exposé toutes ces matières; et il ne faut qu'un peu d'équité pour lui avouer que, loin d'éviter les difficultés, comme l'anonyme le veut faire croire, il s'est attaché au contraire principalement à celles où les prétendus réformés ont le plus de peine. L'anonyme nous dit lui-même « que l'invocation des Saints est un des articles les plus essentiels de la religion; » et il ajoute en même temps que « c'est un de ceux sur lesquels M. de Condom s'est le plus arrêté[1]. » Quelle matière est traitée plus exactement dans l'*Exposition* que celle de l'Eucharistie et du Sacrifice, celle des images, celle du mérite des œuvres et des satisfactions? Et n'est-ce pas sur ces points que les prétendus réformés souffrent le plus de difficulté? Enfin nous leur demandons à eux-mêmes s'il n'est pas vrai qu'étant satisfaits sur les matières traitées dans l'*Exposition*, ils n'hésiteroient plus à embrasser la foi de l'Eglise? Il est donc certain que l'auteur y a traité les points capitaux sur lesquels nous convenons tous que roulent toutes nos disputes. Bien plus, il s'est toujours attaché à ce qui fait le nœud principal de la difficulté, puisqu'il s'applique principalement, comme il l'a promis d'abord[2], aux endroits où l'on accuse la doctrine catholique d'attaquer les fondemens de la foi et de la piété chrétienne. Ce n'est donc point pour éviter les difficultés, qu'il a laissé quelques questions qui ne sont que des suites et de plus amples explications de celles qu'il a traitées, ou en tout cas qui sont telles qu'elles n'arrêteront jamais personne : mais au contraire, c'est pour s'attacher avec moins de distraction aux difficultés capitales, d'où dépend la décision de nos controverses.

L'auteur de l'*Exposition* n'a pas été moins fidèle à exécuter la quatrième chose qu'il avoit promise, qui étoit de ne rien dire, pour mieux faire entendre le concile, « qui n'y fût ma-

---

[1] Anon., p. 61. — [2] Expos., n. 2.

nifestement conforme, et qui ne fût approuvé dans l'Eglise [1]. »

L'anonyme prend ces paroles, et tout le dessein de l'*Exposition*, pour « une preuve qui montre que la doctrine de l'Eglise romaine, tout éclaircie et toute décidée qu'elle étoit dans le concile de Trente, n'est pas pourtant si claire, qu'elle n'ait besoin d'explication [2]. » M. Noguier semble aussi tirer une pareille conséquence [3] ; et ils ont tous deux regardé l'*Exposition* comme une explication dont l'obscurité du concile a eu besoin.

Mais on sait que ce n'est pas toujours l'obscurité d'une décision, surtout en matière de foi, qui fait qu'elle est prise à contre-sens: c'est la préoccupation des esprits, c'est l'ardeur de la dispute, c'est la chaleur des partis qui fait qu'on ne s'entend pas les uns les autres, et que souvent on attribue à son adversaire ce qu'il croit le moins.

Ainsi quand l'auteur de l'*Exposition* propose aux prétendus réformés les décisions du concile de Trente, et qu'il y ajoute ce qui peut servir à leur ôter les impressions qui les empêchent de les bien entendre, on ne doit pas conclure de là que ces décisions sont ambiguës; mais seulement qu'il n'y a rien de si bien digéré, ni de si clair, qui ne puisse être mal entendu quand la passion ou la prévention s'en mêlent.

Que sert donc à M. Noguier et à l'anonyme [4] d'objecter à l'auteur de l'*Exposition la bulle de Pie IV*? Le dessein de l'*Exposition* n'a rien de commun avec les gloses et les commentaires que ce Pape a défendus avec beaucoup de raison. Car qu'ont fait ces commentateurs et ces glossateurs, surtout ceux qui ont glosé sur les lois? qu'ont-ils fait ordinairement, sinon de charger les marges des livres de leurs imaginations, qui ne font le plus souvent qu'embrouiller le texte et qu'ils nous donnent cependant pour le texte même? Ajoutons que pour conserver l'unité, ce même Pape n'a pas dû permettre à chaque docteur de proposer

---

[1] *Expos.*, n. 1. — [2] An., *Rép.*, p. 11. — [3] Nog., p. 39, 40. — [4] An., p. 10; Nog., p. 40.

des décisions sur les doutes que la suite des temps et les vaines subtilités pouvoient faire naître. Aussi n'a-t-on rien de semblable dans l'*Exposition*. C'est autre chose d'interpréter ce qui est obscur et douteux, autre chose de proposer ce qui est clair et de s'en servir pour détruire de fausses impressions. Ce dernier est précisément ce que l'auteur de l'*Exposition* a voulu faire. Que s'il a joint ses réflexions aux décisions du concile, pour les faire mieux entendre à des gens qui n'ont jamais voulu les considérer de bonne foi, c'est que leur préoccupation avoit besoin de ce secours. Mais pourquoi parler plus longtemps sur une chose qui n'a plus de difficulté? Nous avons donné en trois mots un moyen certain pour éclaircir ceux qui s'opiniâtreront à soutenir cette ambiguïté du concile. Ils n'ont qu'à lire dans l'*Exposition* les décrets qui y sont produits, et à se convaincre par leurs propres yeux.

Ce qu'il y a ici de plus important, c'est que l'auteur de l'*Exposition* ne s'est point trompé, quand il a promis que ce qu'il diroit pour faire entendre le concile, seroit manifestement du même esprit et approuvé dans l'Eglise. La chose parle d'elle-même, et les pièces suivantes le feront paroître.

Il ne faut donc plus penser que les sentimens exposés dans cet ouvrage *soient des adoucissemens ou des relâchemens* d'un seul homme. C'est la doctrine commune, qu'on voit aussi pour cette raison universellement approuvée. Il ne sert de rien après cela à M. Noguier, ni à l'anonyme de nous objecter [1], ni ces pratiques qu'ils prétendent générales, ni les sentimens des docteurs particuliers. Car sans examiner ces faits inutiles, il suffit de dire en un mot que les pratiques et les opinions, quelles qu'elles soient, qui ne se trouveront pas conformes à l'esprit et aux décrets du concile, ne font rien à la religion, ni au corps de l'Eglise catholique, et ne peuvent par conséquent, de l'aveu même des prétendus réformés [2], donner le moindre prétexte de se séparer d'avec nous,

---

[1] An. p. 2, etc.; Nog., p. 38, etc. — [2] *Expos.*, n. 1; Daillé, *Apol.*, c. 6; Nog., p. 8.

puisque personne n'est obligé ni de les approuver ni de les suivre.

Mais il faudroit, disent-ils, réprimer tous ces abus : comme si ce n'étoit pas un des moyens de les réprimer que d'enseigner simplement la vérité, sans préjudice des autres remèdes que la prudence et le zèle inspire aux évêques.

Pour le remède du schisme pratiqué par les prétendus réformateurs, quand il ne seroit pas détestable par lui-même, les malheurs qu'il a causés et qu'il cause encore dans toute la Chrétienté nous en donneroient de l'horreur.

Je ne veux point reprocher ici aux prétendus réformés les abus qui sont parmi eux. Cet ouvrage de charité ne permet pas de semblables récriminations. Il nous suffit de les avertir que, pour nous attaquer de bonne foi, il faut combattre, non les abus que nous condamnons aussi bien qu'eux, mais la doctrine que nous soutenons. Que si en l'examinant de près, ils trouvent qu'elle ne donne pas un champ assez libre à leurs invectives, ils doivent enfin avouer qu'on a raison de leur dire que la foi que nous professons est plus irréprochable qu'ils n'avoient pensé.

Reste maintenant à prier Dieu qu'il leur fasse lire sans aigreur un ouvrage qui leur est donné seulement pour les éclaircir. Le succès est entre les mains de celui qui seul peut toucher les cœurs. Il sait les bornes qu'il a données aux progrès de l'erreur et aux maux de son Eglise affligée de la perte d'un si grand nombre de ses enfans. Mais on ne peut s'empêcher d'espérer quelque chose de grand pour la réunion des chrétiens, sous un Pape qui exerce si saintement et avec un désintéressement si parfait le plus saint ministère qui soit au monde, et sous un Roi qui préfère à tant de conquêtes, qui ont augmenté son royaume, celles qui lui feroient gagner à l'Eglise ses propres sujets.

AVERTISSEMENT

DES ÉDITIONS PUBLIÉES APRÈS 1689.

Je n'aurois rien à remarquer sur cet ouvrage, ni sur l'*Avertissement* qui a été mis à la tête de la seconde édition avec les approbations, si les protestans n'avoient affecté de relever depuis peu dans leurs journaux ce que quelques-uns d'eux avoient avancé, qu'il y avoit eu une première édition de ce livre fort différente des autres et que j'avois supprimée : ce qui est très-faux.

Ce petit livre fut d'abord donné manuscrit à quelques personnes particulières : et il s'en répandit plusieurs copies. Lorsqu'il le fallut imprimer, de peur qu'il ne s'altérât et aussi pour une plus grande utilité, je résolus de le communiquer, non-seulement aux prélats qui l'ont honoré de leur approbation, mais encore à plusieurs personnes savantes pour profiter de leurs avis, et me réduire, tant dans les choses que dans les expressions, à la précision que demandoit un ouvrage de cette nature. C'est ce qui me fit résoudre à en faire imprimer un certain nombre, pour mettre entre les mains de ceux que je faisois mes censeurs. La petitesse du livre rendoit cela fort aisé, et c'étoit un soulagement pour ceux dont je demandois les avis. Le plus grand nombre de ces imprimés m'est revenu ; et je les ai encore, notés de la main de ces examinateurs que j'avois choisis, ou de la mienne, tant en marge que dans le texte. Il y a deux ou trois de ces exemplaires qui ne m'ont point été rendus ; aussi ne me suis-je pas mis fort en peine de les retirer. Messieurs de la religion prétendue réformée, qui se plaisent assez à chercher de la finesse et du mystère dans ce qui vient de nous, ont pris de là occasion de débiter que c'étoit là une édition que j'avois supprimée, quoique ce ne fût qu'une impression qui devoit être particulière, comme on vient de voir, et qui en effet l'a tellement été que mes adversaires n'en rapportent qu'un seul exemplaire, tiré à ce qu'ils disent, de la prétendue bibliothèque de feu M. de Turenne, à qui cette impression ne fut point cachée pour les raisons que tout le monde peut savoir.

Voilà tout le fondement de cette édition prétendue. On a embelli la fable de plusieurs inventions, en supposant que cet ouvrage avoit été extrêmement concerté, et en France, et avec Rome, et même que cette impression avoit été portée à la Sorbonne, qui, au lieu d'y donner son approbation, y avoit changé beaucoup de choses : d'où l'on a voulu conclure que j'avois varié moi-même dans ma foi, moi qui accusois les autres de variations. Mais premièrement, tout cela est faux. Secondement, quand il seroit vrai, au fond, il n'importeroit en rien.

Premièrement donc, cela n'est pas. Il n'est pas vrai qu'il y ait eu autre concert que celui qu'on vient de voir, ni qu'on ait consulté la Sorbonne, ni qu'elle ait pris aucune connoissance de ce livre, ni que j'aie eu besoin de l'approbation de cette célèbre compagnie. En général elle sait ce qu'elle doit aux évêques, qui sont par leur caractère les vrais docteurs de l'Eglise ; et en particulier il est public que ma doctrine, que j'ai prise dans son sein, ne lui a jamais été suspecte, ni quand j'ai été dans ses assemblées simple docteur, ni quand j'ai été élevé, quoique indigne, à un plus haut ministère. Ainsi tout ce qu'on dit de l'examen de ce corps, ou même de ses censures, est une pure illusion, autrement les registres en feroient foi : on n'en produit rien, et je ne m'exposerois pas à mentir à la face du soleil sur une chose où il y auroit cinq cents témoins contre moi si j'en imposois au public.

C'est donc déjà une évidente calomnie que cette prétendue censure ou répréhension de la Sorbonne, comme on voudra l'appeler. Le reste n'est pas plus véritable. Toutes les petites corrections qui ont été faites dans mon EXPOSITION, se sont faites par moi-même sur les avis de mes amis, et pour la plupart, sur mes propres réflexions. Au reste ceux qui voudront examiner les changemens qu'on m'objecte, n'ont qu'à consulter le propre exemplaire qu'on m'oppose, entre les mains de ceux qui s'en sont servis : ils verront que ces changemens ne regardent que l'expression et la netteté du style, et ils demeureront d'accord qu'il n'y a non plus de conséquence à tirer des corrections de cet imprimé, que de celles que j'aurois faites sur mon manuscrit, dont il tenoit lieu.

Mais après tout, supposé qu'il y eût eu quelque correction digne de remarque, au lieu que toutes celles qu'on a rapportées ne méritoient même pas qu'on les relevât : quand a-t-il été défendu à un particulier de se corriger soi-même, et de profiter des réflexions de ses amis ou des siennes ? Il est vrai qu'il est honteux de varier sur l'exposition de sa croyance dans les actes qu'on a dressés, examinés, publiés, avec toutes les formalités nécessaires pour servir de règle aux peuples : mais il n'y a rien de semblable dans mon Exposition : c'est en la forme où elle est que je l'ai donnée au public, et qu'elle a reçu l'approbation de tant de savans cardinaux et évêques, de tant de docteurs, de tout le Clergé de France, et du Pape même. C'est en cette forme que les protestans l'ont trouvée pleine des *adoucissemens*, ou plutôt des *relâchemens* qu'ils y ont voulu remarquer ; et cela étant posé pour indubitable, comme d'ailleurs il est certain que ma doctrine est demeurée en tous ses points irrépréhensible parmi les catholiques, elle sera un monument éternel des calomnies dont les protestans ont tâché de défigurer celle de l'Eglise ; et on ne doutera point qu'on ne puisse être très-bon catholique en suivant cette *Exposition*, puisque je suis avec elle depuis vingt ans dans l'épiscopat, sans que ma foi soit suspecte à qui que ce soit.

APPROBATIONS.

APPROBATION

De Messeigneurs les Archevêques et Evêques.

Nous avons lu le traité qui a pour titre : *Exposition de la Doctrine de l'Eglise catholique sur les matières de controverse*, composé par messire Jacques-Bénigne Bossuet, *évêque et seigneur de Condom, précepteur de Monseigneur le Dauphin;* et nous déclarons qu'après l'avoir examiné avec autant d'application que l'importance de la matière le mérite, nous en avons trouvé la doctrine conforme à la foi catholique, apostolique et romaine. C'est ce qui nous oblige de la proposer comme telle aux peuples que Dieu a soumis à notre conduite. Nous sommes assurés que les fidèles en seront édifiés; et nous espérons que ceux de la religion prétendue réformée qui liront attentivement cet ouvrage, en tireront des éclaircissemens très-utiles pour les mettre dans la voie du salut.

CHARLES-MAURICE LE TELLIER, *archev. duc de Rheims.*
C. DE ROSMADEC, *archevêque de Tours.*
FÉLIX, *évêque et comte de Châlons.*
DE GRIGNAN, *évêque d'Usez.*
D. DE LIGNY, *évêque de Meaux.*
NICOLAS, *évêque d'Auxerre.*
GABRIEL, *évêque d'Autun.*
MARC, *évêque de Tarbes.*
ARMAND-JEAN, *évêque de Béziers*
ETIENNE, *évêque et prince de Grenoble.*
JULES, *évêque de Tulle.*

LETTERA

Dell' Eminent. Cardinale Bona all' Eminent. Cardinale di Bouillon.

Ho ricevuto il libro di Monsignor vescovo di Condom, che V. E. si è degnati inviarmi; e sì come conosco la qualità del favore, e mene pregio, così rendo alla sua gentilezza infinite grazie e per il dono, e per il pensiero che si prende di accrescere la mia libraria. L'ho letto con attenzione particolare, e perchè V. E. mi accenna che alcuni lo accusano di qualche mancamento, ho voluto particolarmente osservare in che potesse esser ripreso. Ma realmente non so trovarci, se non materia di grandissima lode, perchè senza entrare nelle questioni spinose delle controversie, con una maniera ingegnosa, facile e famigliare, e con methodo, per così dire, geometrica da certi principii communi et approvati, convince i Calvinisti, e li necessita a confessare la verità della fede cattolica. Assicuro V. E. di averlo letto con mia indicibile soddisfazione; nè mi maraviglio che gli abbino trovato a dire, perchè tutte le opere grandi, e che sormontano l'ordinario, sempre hanno contradittori. Vince però finalmente la verità, e da frutti si conosce la qualità dell'albero. Me ne rallegro con l'autore, il quale ha dato saggio del suo gran talento con questa opera, e potrà con molte altre servire lodevolmente a santa Chiesa. Roma, 19 gennaro 1672.

LETTERA

Dell' Eminent. Cardinale Sigismondo Chigi, al signor abbate di Dangeau.

Ricevei con la sua lettera il libro della Esposizione della Dottrina cattolica del vescovo di Condom, molto erudito e molto utile per convertire gl' heretici, più con le vive ragioni, che con l'asprezza del discorso. Parlai al padre Maestro di sacro Palazzo, e al segretario della Congregazione dell' Indice, e conobbi veramente, che non vi era stato chi avesse a questi padri parlato in disfavore del medesimo. Anzi li trovai pieni di estimazione per il medesimo: e avendo poi parlato con questi signori Cardinali della Congregazione, trovai, fra gl' altri, il signor Cardinale Brancaccio molto inclinato a pregiarlo, e molto propenso a lodarne l'autore. Onde io tengo certo che quà ancora Monsignor di Condom ottenga quella lode, che è dovuta alla sua fatica et alla sua dottrina. Resto per tanto obligato alla sua gentilezza che mi ha dato modo di ammirarla medesima. Mentre mi pare che l'autore stringa bene i suoi argomenti, e mostri chiaro i punti nei quali i divisi discordano della Chiesa. Nè credo chè il modo che tien l'autore, sia da condamnarsi

LETTRE

De Monseigneur le Cardinal Bona à Monseigneur le Cardinal de Bouillon.

J'ai reçu le livre de M. l'évêque de Condom, que V. E. m'a fait l'honneur de m'envoyer; et comme je connois la qualité de cette faveur et m'en estime très-honoré, je vous rends graces de tout mon cœur, et du présent, et du soin que vous prenez d'augmenter ma bibliothèque. Je l'ai lu avec une attention particulière : et parce que V. E. me marque que quelques-uns y trouvent quelques fautes, j'ai voulu particulièrement observer en quoi il pouvoit être repris. Mais en effet je n'y saurois trouver que la matière de très-grandes louanges, puisque sans entrer dans les questions épineuses des controverses, il se sert d'une manière ingénieuse, facile et familière, et d'une méthode pour ainsi dire géométrique, pour convaincre les calvinistes par des principes communs et approuvés, et les forcer à confesser la vérité de la foi catholique. Je puis assurer V. E. que j'ai senti, en le lisant, une satisfaction que je ne puis exprimer; et je ne m'étonne pas que l'on y ait trouvé à redire, puisque tous les ouvrages qui sont grands et au-dessus du commun, ont toujours des contradicteurs. Mais la vérité l'emporte à la fin, et la qualité de l'arbre se fait connoître par les fruits. Je m'en réjouis avec l'auteur, qui par cet ouvrage a donné un essai de ses grands talens, et pourra par plusieurs autres rendre de grands services à l'Eglise. A Rome, le 19 janvier 1672.

LETTRE

De Monseigneur le Cardinal Sigismond Chigi, à M. l'abbé de Dangeau.

J'ai reçu avec votre lettre le livre de l'*Exposition de la Doctrine catholique*, composé par l'évêque de Condom. Je l'ai trouvé plein d'érudition, et d'autant plus propre à convertir les hérétiques, qu'il les presse par de vives raisons sans aucune aigreur. J'en ai parlé au Père Maître du sacré Palais et au Secrétaire de la Congrégation *dell' Indice* : j'ai connu que personne n'en avoit mal parlé à ces Pères, qui me parurent au contraire remplis d'estime pour cet ouvrage. Je m'en suis aussi entretenu avec Messeigneurs les Cardinaux de la Congrégation; et j'ai trouvé entre tous les autres Monseigneur le Cardinal Brancas très-porté à estimer le livre, et à donner des louanges à l'auteur. Ainsi je ne doute pas que M. de Condom ne reçoive ici la même approbation qui lui a été accordée partout ailleurs, et qui est si légitimement due à son savoir et à son travail. Je vous suis très-obligé de m'avoir donné le moyen de l'admirer, et j'ai reconnu en cela votre honnêteté ordinaire. L'auteur est serré dans ses preuves et explique très-nettement le sujet qu'il traite, en

nell' esplicazione di qualche dottrina insegnata dal concilio di Trento, essendo praticato da molti scrittori, ed essendo da lui maneggiato molto regolatamente; in oltre che l'autore non ha avuto in mente d'interpretarè i dogmi di quel concilio; ma solo importarli nel suo libro esplicati perchè gl' heretici restino convinti, ed in chiaro di tutto quello che la santa Chiesa gl' obliga di credere. Dell' autorità del Papa, ne parla bene e con il dovuto rispetto della Sede romana ogni volta chè parla del Capo visibile della Chiesa; unde torno a dire chè non è capace chè di lode. Roma, 5 aprile 1672.

LETTERA

Del River. Padre Giacinto Libelli, allora Maestro del sacro Palazzo, ed ora Arcivescovo d' Avignone, all' Emin. Cardinale Sigismondo Chigi.

Ho letto il libro del Signore di Condom, continente l'*Esposizione della dottrina della Chiesa*. Devo infinite grazie à V. E. chè mi abbia fatte consumare quattro hore de tempo sì virtuosamente, e con tanto mio diletto. Mi è piaciuto soprà modo, e per l'argomento singolare, e per le prove, che a quello correspondono. La dottrina è tutta sana, nè v'ha ombra di mancamento. Nè per me so quello che possa opporvisi; e se l'autore desidererà chè si ristampi in Roma, da me otterrà tutte le facoltà che gli saranno necessarie ad effetto chè si ristampi senza mutarne nè pure una parola. L'autore, chè ha molto ingegno, si è servito in questa operetta del giudizio, perchè lasciate da parte le dispute, che sogliono quasi sempre accrescer le discordie, trovandosi di raro chi voglia cedere le prerogative del ingegno al compagno, ha trovato un' altro modo più facile di trattar co' Calvinisti, dal quale può sperarsi maggior frutto. Perchè ogni volta chè perdin quel orrore a nostri dogmi che hanno succhiato col latte, a noi più volentieri s'accostano, e posta in mala fede la dottrina che hanno appresa de loro maestri, di cui la massima principale è essere i nostri dogmi orrendi ed incredibili, si pongono con minor passion d'animo a cercar la verità cattolica, che è quello a che devono esortarsi accio chè rineghino gli errori; perchè, come V. E. discorreva l' altro giorno, la verità cattolica vince appresso ogn' uomo prudente, riconosciuta a petto dell' eresia, ogni volta chè sia esaminata senza preoccupazione di spirit. Ho preso ardire di fare a V. E. questa lunga diceria per uno sfogo del contento ch' ho avuto di leggere il suddetto libro, che ella hà fatto grazia di participarmi; e

faisant voir la véritable différence qui est entre la croyance des catholiques et celle des ennemis de l'Eglise. Je ne pense pas qu'on puisse condamner la méthode dont il se sert pour expliquer la doctrine enseignée dans le concile de Trente; cette méthode ayant été pratiquée par plusieurs autres écrivains, et étant maniée dans tout son livre avec beaucoup de régularité. Certainement il n'a jamais eu dans l'esprit de donner des interprétations aux dogmes du concile, mais seulement de les rapporter très-bien expliqués dans son ouvrage, en sorte que les hérétiques en demeurent convaincus, et de tout ce que la sainte Eglise les oblige de croire. Il parle bien de l'autorité du Pape, et toutes les fois qu'il traite du Chef visible de l'Eglise, on voit qu'il est plein de respect pour le Saint-Siége. Enfin, je vous redis encore une fois que M. de Condom ne peut être trop loué. A Rome, le 5 avril 1672.

LETTRE

Du Révérendissime Père Hyacinthe Libelli, alors Maître du sacré Palais et maintenant Archevêque d'Avignon, à Monseigneur le Cardinal Sigismond Chigi.

J'ai lu le livre de M. de Condom, qui contient l'*Exposition de la doctrine de l'Eglise*. Je dois à V. E. une reconnoissance infinie de ce qu'elle m'a fait employer quatre heures si utilement et si agréablement. Il m'est impossible d'exprimer combien cet ouvrage m'a plu, et par la singularité du dessein, et par les preuves qui y correspondent. La doctrine en est saine dans toutes ses parties, et l'on ne peut pas y apercevoir l'ombre d'une faute. Pour moi, je ne vois pas ce qu'on y pourroit objecter; et quand l'auteur voudra que le livre soit imprimé à Rome, j'accorderai toutes les permissions nécessaires, sans y changer un seul mot. Cet auteur, qui a beaucoup d'esprit, a montré un grand jugement dans ce traité, où laissant à part les disputes qui ne font d'ordinaire qu'accroître la discorde, parce qu'il est rare de trouver des hommes qui veuillent céder les prérogatives de l'esprit à leurs compagnons, il a trouvé un autre moyen plus facile de traiter avec les calvinistes, dont on doit espérer bien plus de fruit. En effet, dès qu'on leur fait perdre l'horreur qu'ils ont sucée avec le lait pour nos dogmes, ils s'approchent de nous plus volontiers; et découvrant la mauvaise foi de la doctrine qu'ils ont apprise de leurs maîtres, dont la maxime principale est que nos dogmes sont horribles et incroyables, ils s'appliquent avec plus de tranquillité d'esprit à chercher la vérité catholique. C'est à quoi il faut soigneusement les exhorter, n'y ayant point de meilleur moyen de les faire renoncer à leurs erreurs; et V. E. avoit grande raison de dire ces derniers jours que la vérité catholique sera toujours victorieuse dans l'esprit de tout homme sage qui

preggandola a continuarmi simili favori, le baccio riverentemente le vesti. Roma, 26 aprile 1672.

LETTERA

Illustrissimo et Reverendissimo Domino Jacobo Benigno, Episcopo Condomensi, S. P. D. Ferdinandus, Episcopus et Princeps Paderbornensis, Coadjutor Monasteriensis.

Quamquam ad virtutem ac eruditionem tuam toti terrarum orbi omnique posteritati commendandam sufficiat judicium Regis Christianissimi, qui filium suum, in spem tantæ fortunæ genitum, tibi instituendum erudiendumque commisit; tu tamen immortali proprii ingenii monimento, aureo videlicet illo libello, cui titulus est : *Expositio Doctrinæ Ecclesiæ catholicæ*, nomen tuum pariterque christianam disciplinam magis illustrare voluisti ; eoque non solùm ab omnibus catholicis maximos plausus tulisti, sed etiam ex ipsis heterodoxis verissimas ingenii atque doctrinæ tuæ laudes expressisti. Elucet enim in admirabili illo opusculo incredibilis quædam res difficiles et planè cœlestes atque divinas explicandi facilitas, et gratissimus candor, ac verè christiana charitas atque benignitas, quâ sedentes in tenebris et umbrâ mortis tam suaviter allicis et illuminas, ac dirigis in viam pacis, ut unus Episcoporum ad hostes catholicæ fidei sub jugum suave veritatis mittendos fictus et factus esse videaris. Quapropter ut eximii operis fructus longiùs manaret, atque per universam Germaniam, aliasque gentes sese diffunderet, libellum tuum in latinum sermonem convertendi impetum cepi. Sed ubi litteras tuas VIII kalendas maii datas perlegi, dubitavi sanè utrùm progredi oporteret, an incepto abstinere ; quia te non solùm gallici, sed etiam latini sermonis nitore ac elegantiâ tantoperè pollere perspexi, ut quicumque præter temetipsum tua scripta de gallico verteret, is pulcherrimum ingenii tui partum deformaturus potiùs, quàm ornaturus esse videretur. Quare tu potissimùm esses orandus, ut fœtum quem in lucem edidisti, latinitate donares. Sed quia forsitan id tibi per occupationes non licet, et siquidem tantum tibi sit otii, obsecrandus es potiùs ut plura scribas, quàm ut scripta convertas : faciam id quod tibi pergratum esse significas, et illum cui hanc provinciam dedi urgebo, ut inchoata perficiat ; tibique versionem libelli tui censendam corrigendamque transmittam. Te verò, Præsul illustrissime longèque doctissime, maximoperè semper observabo, et amicitiam tuam, ad quam hic meus conatus et tua benignitas aditum mihi patefecit, omni officio

saura la considérer sans préoccupation, par comparaison à l'hérésie. Je prends la liberté d'adresser à V. E. ce long discours, ne pouvant renfermer en moi-même le plaisir que m'a donné la lecture du livre dont elle a bien voulu me faire part. Je la prie de me continuer de semblables faveurs. A Rome, le 26 avril 1672.

LETTRE

De Monseigneur l'Evêque et Prince de Paderborn, alors Coadjuteur et depuis Evêque de Munster, à l'Auteur.

Le Roi très-Chrétien vous ayant confié l'instruction et l'éducation de son fils, né pour une si grande fortune, son jugement suffit pour rendre recommandable à tout le monde et à toute la postérité votre mérite et votre savoir. Mais vous avez donné un nouveau lustre à votre réputation et à la doctrine chrétienne, par un monument immortel de votre esprit, je veux dire par cet excellent livre qui porte pour titre : *Exposition de la Doctrine de l'Eglise catholique*, qui n'a pas seulement attiré de très-grands applaudissemens de tous les catholiques, mais a forcé les hérétiques mêmes de donner à votre génie et à votre érudition des louanges très-véritables. On voit éclater dans cet admirable traité une facilité incroyable à développer les choses les plus difficiles, les plus hautes et les plus divines, et en même temps une aimable sincérité et une charité vraiment chrétienne, capables d'attirer doucement ceux qui sont assis dans les ténèbres et dans l'ombre de la mort, les éclairer et les conduire dans le chemin de la paix : de sorte que vous paroissez choisi entre les évêques, pour soumettre les ennemis de la foi catholique au joug de la vérité, qui est si doux. Afin donc que l'utilité de ce bel ouvrage fût plus étendue, et qu'elle pût se répandre par toute l'Allemagne et dans les autres nations, j'ai conçu le dessein de le faire traduire en latin : mais après avoir lu votre lettre du 24 avril, j'ai douté si je devois passer plus avant ou quitter mon entreprise, parce que j'ai reconnu que vous possédiez parfaitement la langue latine aussi bien que la françoise, et que vous l'écrivez si purement, que si quelqu'autre que vous vouloit traduire vos ouvrages, au lieu d'orner ces belles productions de votre esprit, il les défigureroit. Il faudroit plutôt vous prier de mettre en latin ce que vous avez mis au jour. Mais parce que vous n'en avez peut-être pas le loisir, et que si vous l'aviez, il vaudroit mieux vous prier de composer un plus grand nombre d'ouvrages que de traduire ceux que vous avez déjà composés, puisque vous l'avez agréable, je presserai celui à qui j'ai donné cette charge d'achever ce qu'il a commencé, et je vous enverrai la version de votre livre, pour la revoir et la corriger vous-même. Au reste j'honorerai toujours infiniment

colere studebo. Vale, Antistes eximie, ac de republicâ christianâ optimè merite, et me, ut facis, ama, atque Serenissimo Delphino cum optimis artibus atque præceptis nostram quoque memoriam et amorem instilla, et ducem Montauserium meis verbis jube salvere plurimùm. In arce meâ ad Confluentes Luppiæ, Paderæ et Alisonis, III kalendas junii 1673.

LETTERA

Del Riv. Padre Raimondo Capisucchi, Maestro del sacro Palazzo, all' Autore.

Il merito sublime di V. S. illustr. da me ammirato, doveva esser anchè servito nell' occasione del dottissimo et eruditissimo libro da lei composto in difesa della fede cattolica, e tradotto per beneficio di tutti anchè nella lingua italiana; onde io devo render singolarissime grazie, come faccio a V. S. ill. dell' occasione che mi ha dato di servirla. Stiamo tutti attendendo la publicazione di questo bellissimo libro, per godere delle sue nobilissime fatiche, ed io in particolare che vivo e vivero sempre ambizioso di altri suoi commendamenti, e quì per fine con ogni ossequio la riverisco. Roma, 20 giugno 1675.

APPROVAZIONI

DELL' EDIZIONE ROMANA DELL' ANNO 1678.

APPROVAZIONE

Del signor Michel Angelo Ricci, Segretario della sacra Congregazione dell' Indulgenze et sacre Reliquie, e Consultore del santo Uffizio.

Quod Tridentina Synodus magno studio assecuta est, ut doctrinam fidei ab opinionibus et controversiis inter catholicos omnino secerneret, ac eamdem apertiùs et significantiùs explicaret; ac Tertullianus olim, ut hæreticorum secessionem ab Ecclesiâ certis præscriptionibus improbaret; alii, ut principia quædam hæreticorum et regulas ad refutatio-

votre vertu et votre doctrine; et je m'appliquerai à cultiver votre amitié par toutes sortes de moyens, puisque cette version que j'ai fait commencer, et votre bonté m'y ont donné une ouverture si favorable. Continuez de m'aimer, grand prélat, qui servez si bien l'Eglise; et en donnant à Monseigneur le Dauphin tant de belles instructions, ménagez-moi quelque part dans le souvenir et dans l'affection d'un si grand prince. Faites aussi, s'il vous plaît, mes complimens à M. le Duc de Montausier. En mon château, aux confluens de la Lippe, de la Padère et de l'Alise, le 29 mai 1673.

LETTRE

Du Révérendissime Père Raimond Capisucchi, Maître du Sacré Palais, à l'Auteur.

Après avoir admiré avec tous les autres un mérite aussi rare que le vôtre, il falloit encore que je vous marquasse l'inclination particulière que j'ai à vous servir à l'occasion de l'excellent et docte ouvrage que vous avez composé pour la défense de la foi catholique, qui vient d'être traduit en italien, pour être utile à tout le monde. Je vous dois une reconnoissance infinie de l'occasion que vous m'avez fait naître de vous rendre quelque service. Nous sommes tous ici en attente de la publication de ce bel ouvrage, pour jouir du fruit de vos nobles travaux. Personne n'en aura plus de joie que moi, qui ressens et ressentirai toute ma vie un désir ardent de me rendre digne de l'honneur de vos commandemens. Je finis en vous assurant de mes respects, etc. A Rome, le 20 juin 1675.

APPROBATIONS

DE L'ÉDITION ROMAINE DE 1678.

APPROBATION

Du seigneur Michel-Ange Ricci, Secrétaire de la sacrée Congrégation des Indulgences et des saintes Reliques, et Consulteur du saint Office.

Ce que le concile de Trente a fait avec un grand soin, quand il a entièrement séparé la doctrine de la foi d'avec les opinions et les disputes de l'Ecole, et qu'il a expliqué cette doctrine de foi en termes clairs et précis; ce qu'avoit fait autrefois Tertullien, en condamnant par des préjugés certains la conduite des hérétiques qui se sont séparés de l'E-

nem ipsorum ingeniosè contorquerent : ea clarissimus quoque vir Jacobus Benignus Bossuet, Condomi episcopus, præstitit in hoc opere, perspicuâ methodo, brevi et ad persuadendum accommodatâ, quæ quidem præclarum auctoris ingenium refert. Quod opus Italorum commoditati nunc eleganter versum è gallicâ in maternam linguam prælo ac luce dignum existimo. Romæ, die quintâ augusti 1678.

MICHAEL-ANGELUS RICCIUS.

APPROVAZIONE

Del P. M. Lorenzo Brancati da Laurea, delle Congregazioni Consistoriale, Indulgenze, Riti, Visita, e santo Uffizio, Consultore e Qualificatore, e Pr. Cust. della Libreria Vaticana, etc.

Luce dignum existimo opusculum seu discursum gallicè et variis linguis impressum, nunc autem ex gallico in italicum idioma conversum, in quo illustrissimus Dominus Jacobus-Benignus Bossuet, episcopus et toparcha Condomi, nobili sed gravi ac solido stylo religionis prætensæreformatæ ministros et asseclas, tam communibus Ecclesiæ fundamentalibus regulis, quàm propriis eorumdem principiis fortiter perstringit, ostendens, non catholicos, ut ii ministri autumant, sed ipsosmet ministros per improprias consequentias recessisse ab Ecclesiæ dogmatibus, nobis ipsisque communibus, et ex pravis ejusmodi Scripturæ vel conciliorum intelligentiis, catholicam communionem reliquisse. Et si ipsi ministri catholicorum regulas in conciliis, præsertim in Tridentino fundatas, absque passione scrutarentur, procul dubio, ex Dei auxilio, ad sanctam redirent unitatem. Et discurrens per singulas controversias, suaviter sed palmariè id exequitur. Datum in conventu sanctorum XII Apostolorum, Romæ, die 25 julii 1678.

F. LAURENTIUS DE LAUREA,
Min. Conventualis.

APPROVAZIONE

Del signor abate Stefano Gradi.

Legi diligenter et studiosè egregium summi viri Jacobi Benigni, Condomensis antistitis opus, in sermonem italicum fideliter eleganterque conversum, quo doctrina Ecclesiæ breviter, enucleatè, luculenter expo-

glise; ce que d'autres ont pratiqué, quand ils ont ingénieusement combattu les hérétiques par leurs propres principes et leurs propres règles : c'est ce que messire Jacques-Bénigne Bossuet, évêque de Condom, a fait en cet ouvrage avec un ordre très-clair et d'une manière courte et persuasive, qui fait connoître l'excellent esprit de l'auteur. Cet ouvrage étant maintenant traduit élégamment, pour la commodité des Italiens, du françois en leur langue maternelle, je l'estime digne d'être imprimé et mis en lumière. A Rome, le 5 août 1678.

MICHEL-ANGE RICCI.

APPROBATION

Du P. M. Laurent Brancati de Laurea, Consulteur et Qualificateur des Congr. Consist., des Indulg., des Rites, de la Visite, et du saint Office, et Bibliothécaire de la Bibliothèque Vaticane.

J'estime digne de lumière le petit traité ou discours imprimé en françois et en diverses langues, et maintenant traduit du françois en italien, dans lequel Monseigneur l'illustrissime Jacques-Bénigne Bossuet, évêque et seigneur de Condom, combat fortement d'un style noble, mais grave et solide, les ministres de la religion prétendue réformée et leurs sectateurs, tant par les règles communes et fondamentales de l'Eglise que par leurs propres principes, montrant que ce ne sont pas les catholiques, comme le pensent les ministres, mais les ministres eux-mêmes, qui n'ont pas su tirer les conséquences nécessaires des dogmes qui leur sont communs avec nous, et qui ensuite, pour avoir mal pris l'Ecriture et les conciles, ont quitté la communion de l'Eglise catholique. Que s'ils examinoient sans passion les règles des catholiques, fondées sur les conciles, principalement sur celui de Trente, ils reviendroient sans doute, avec la grace de Dieu, à la sainte unité : ce que cet auteur leur fait voir d'une manière douce, mais victorieuse, en parcourant tous les points de controverse. Fait au couvent des douze Apôtres, à Rome, le 25 juillet 1678.

F. LAURENT DE LAUREA.
Min. Convent.

APPROBATION

De M. l'abbé Etienne Gradi.

J'ai lu avec soin et avec application l'excellent ouvrage de Messire Jacques-Bénigne, évêque de Condom, fidèlement et élégamment traduit en italien, où la doctrine de l'Eglise est expliquée d'une manière nette

nitur. Indeque sic affectus animo discessi, ut legentes optima quæque, atque à sanâ doctrinâ et summâ ratione optimè parata, solent discedere, ut non alia se dicturos, nec aliter locuturos, si ad scribendum de talibus se contulissent, existiment. Super omnia verò me cepit scriptoris, ut ita dicam, sobrietas in delectu rerum quas promit, dùm circumcisis quæ lites extendere, et meliori causæ invidiam conflare nata sunt, ipsam veritatis arcem capessit, tutamque et inaccessam præstat : totus in rectè constituendo controversiæ statu, quam eâ re dijudicatu facilem et expeditam efficit. Hunc itaque librum, si me audient, quibus concordi Ecclesiâ christianâ, et salvâ suâ ipsorum animâ opus est, diurnâ nocturnâque manu versare non desinent ; neque non fieri potest, ne eos diversa à fide orthodoxâ sentire non pigeat, pudeatque.

Ita sentio ego STEPHANUS GRADIUS, S. Congregat. Indicis Consultor, et Biblioth. Vatic. Præf.

Imprimatur, si videbitur Reverendiss. P. S. P. Apost. Magistro.
I. DE ANGELIS, Archiep. Urb. Vicesger.

Imprimatur.
F. RAIMUNDUS CAPISUCCHUS, Ordin. Præd. S. P. A. Magister.

BREVE

SANCTISSIMI DOMINI NOSTRI PAPÆ.

INNOCENTIUS PP. XI.

Venerabilis Frater, salutem et apostolicam benedictionem. Libellus *de Catholicæ Fidei Expositione* à fraternitate tuâ compositus, nobisque oblatus, eâ doctrinâ eâque methodo ac prudentiâ scriptus est, ut perspicuâ brevitate legentes doceat, et extorquere possit etiam ab invitis catholicæ veritatis confessionem. Itaque non solùm à nobis commendari, sed ab omnibus legi, atque in pretio haberi meretur. Ex eo sanè non mediocres in orthodoxæ fidei propagationem, quæ nos præcipuè curâ intentos ac sollicitos habet, utilitates redundaturas, Deo benè juvante, confidimus : ac vetus interim nostra de tuâ virtute ac pietate opinio comprobatur, magno cum incremento spei jampridem susceptæ fore ut institutioni tuæ creditus, eximiâ, hoc est, paternâ avitâque præditus indole Delphinus, cam à te hauriat disciplinam, quâ maximè infor-

et précise. Il a fait sur moi l'impression que font d'ordinaire les meilleurs écrits produits par la saine doctrine et la souveraine raison, où le lecteur se persuade qu'il n'auroit pu dire autre chose, ni parler autrement, s'il avoit entrepris de traiter le même sujet. Ce qui m'a le plus ravi, c'est la modération et la sagesse avec laquelle l'auteur a choisi les choses qu'il avance. Il a retranché tout ce qui ne sert qu'à allonger les disputes et rendre la bonne cause odieuse, et s'est renfermé dans la vérité, comme dans un fort qu'il ne met pas seulement hors de péril, mais hors d'atteinte. Il s'applique tout entier à bien établir l'état de la question qu'il débarrasse par là, et la rend facile à juger. Ainsi tous ceux qui s'intéressent à la paix de l'Eglise et au salut de leur ame, ne doivent point cesser, s'ils m'en croient, de feuilleter ce livre jour et nuit, et il est impossible qu'il ne leur donne de la honte et du regret d'avoir des sentimens différens de la foi orthodoxe.

Je suis de cet avis, moi ETIENNE GRADI, Consulteur de la sacrée Congrég. de l'Index, et Préfet de la Biblioth. Vatic.

Soit imprimé, s'il plaît au Révérendissime Père Maître du sacré Palais apostol.
I. DES ANGES, Archev. Vicegér. de Rome.

Soit imprimé.
F. RAIMOND CAPISUCCHI, Maître du sacré Palais apostolique.

BREF

DE NOTRE SAINT PÈRE LE PAPE.

INNOCENT XI, PAPE.

Vénérable Frère, salut et bénédiction apostolique. Votre livre de l'*Exposition de la Foi catholique*, qui nous a été présenté depuis peu, contient une doctrine, et est composé avec une méthode et une sagesse qui le rendent propre à instruire nettement et brièvement les lecteurs, et à tirer des plus opiniâtres un aveu sincère des vérités de la foi. Aussi le jugeons-nous digne, non-seulement d'être loué et approuvé de nous, mais encore d'être lu et estimé de tout le monde. Nous espérons que cet ouvrage, avec la grace de Dieu, produira beaucoup de fruit, et servira à étendre la foi orthodoxe; chose qui nous tient sans cesse occupés, et qui fait notre principale inquiétude. Cependant nous nous confirmons de plus en plus dans la bonne opinion que nous avons toujours eue de votre vertu et de votre piété, et nous sentons augmenter l'espérance que

matum esse decet Christianissimi Regis filium, in quem unà cum florentissimo regno catholicæ religionis defensio perventura est : idque perenni cum Regis ipsius decore, qui fraternitatem tuam inter tot egregios viros, quibus Gallia abundat, ad opus potissimum elegit, in quo publicæ felicitatis fundamenta jacerentur, cùm divino doceamur oraculo, patris gloriam esse filium sapientem. Tu perge alacriter in incepto ad quod incitare te præter alia magnoperè debet, qui jam apparet laborum atque industriæ tuæ fructus. Audivimus enim, et quidem ex omnium sermone, ac magno cum animi nostri solatio inter tot prementia mala audimus, Delphinum ipsum magno ad omnem virtutem impetu ferri, et paria pietatis atque ingenii documenta præbere. Illud tibi pro certo affirmamus, nulla in re devincire te arctiùs posse paternam nostram erga te voluntatem, quàm in regio adolescente bonis omnibus et rege maximo dignis artibus imbuendo, ut is adultâ posteâ ætate barbaras gentes et christiani nominis inimicas, quas parentem inclytum redditâ Europæ pace, et translatis in Orientem invictis armis, imperio latè suo adjecturum speramus, victor et ipse sanctissimis legibus moribusque componat. Devotionem interim atque observantiam, quam erga sanctam hanc Sedem, nosque ipsos qui in ea catholicæ Ecclesiæ immeritò præsidemus, tuæ ad nos litteræ luculenter declarant, mutuæ charitatis affectu complectimur, cujus profectò in occasionibus quæ se dederint fraternitati tuæ argumenta non deerunt, tibique apostolicam benedictionem peramanter impertimur. Datum Romæ, apud sanctum Petrum, sub annulo Piscatoris, die IV januarii MDCLXXIX, pontificatûs nostri anno III.

Marius Spinula.

Et erat inscriptio : Venerabili Fratri Jacobo, episcopo Condomensi.

nous avons conçue depuis longtemps de l'éducation du Dauphin de France, qui confié à vos soins avec des inclinations si dignes du Roi son père et de ses ancêtres, se trouvera rempli des instructions convenables au fils du Roi très-Chrétien, que sa naissance appelle à gouverner un royaume si florissant, et tout ensemble à servir de protecteur à la religion catholique. Le Roi, qui vous a choisi parmi tant de grands hommes dont la France est pleine pour un emploi où il s'agit de jeter les fondemens de la félicité publique, recevra une éternelle gloire du bon succès de vos soins, selon cet oracle de l'Ecriture qui nous apprend qu'un sage fils est la gloire de son père. Continuez donc toujours à travailler fortement à un si important ouvrage, puisque même vous voyez un si grand fruit de votre travail. Car nous apprenons de tous côtés, et nous ne pouvons l'apprendre sans en ressentir une extrême consolation au milieu des maux qui nous environnent, que ce jeune prince se porte avec ardeur à la vertu, et qu'il donne chaque jour de nouvelles marques de son esprit et de sa piété. Nous pouvons vous assurer que rien n'est plus capable de vous attirer notre affection paternelle, que l'emploi de vos soins à lui inspirer tous les sentimens qui font un grand roi, afin que dans un âge plus mûr, heureux et victorieux aussi bien que le Roi son père, il règle par de saintes lois, et réduise à de bonnes mœurs les nations barbares et ennemies du nom chrétien, que nous espérons voir bientôt assujetties à l'empire de ce grand Roi, maintenant que la paix qu'il vient de rendre à l'Europe lui laisse la liberté de porter dans l'Orient ses armes invincibles. Au reste soyez persuadé que la dévotion et le respect que votre lettre fait si bien paroître envers le Saint-Siége, et envers nous-même, qui y présidons, quoiqu'indigne, au gouvernement de l'Eglise catholique, trouve en nous une affection mutuelle, dont vous recevrez des marques dans toutes les occasions qui se présenteront : et nous vous donnons de bon cœur notre bénédiction apostolique. Donné à Rome à Saint-Pierre, sous l'anneau du Pêcheur, le IV janvier MDCLXXIX, le III° de notre pontificat.

Signé MARIUS SPINULA.

Et au-dessus : A notre vénérable Frère Jacques, évêque de Condom.

ALTERUM BREVE

SANCTISSIMI DOMINI NOSTRI PAPÆ.

INNOCENTIUS PP. XI.

Venerabilis Frater, salutem et apostolicam benedictionem. Accepimus libellum *de Catholicæ Fidei Expositione*, quem piâ, eleganti, sapientique ad hæreticos in viam salutis reducendos, oratione auctum reddi nobis curavit fraternitastua. Et quidem libenti animo confirmamus uberes laudes, quas tibi de præclaro opere meritò tribuimus, et susceptas spes copiosi fructûs exindè in Ecclesiam profecturi. Quanquam à præstantissimâ disciplinâ quâ egregiam Delphini indolem continenter excolis, auspicari imprimis juvat ingentia catholicæ religionis incrementa : magna enim cum nominis tui laude in absolutum religiosissimi ac sapientissimi Principis exemplar in dies magis ipsum institui, constantis famæ testimonio undique comprobari intelligimus. Ex quo opportunum, inter tot christianæ reipublicæ mala et pericula, gravissimis curis nostris solatium haurimus : quas etiam non parùm levant novæ, eæque præclaræ filialis observantiæ significationes, quas litteris septimâ junii ad nos datis consignasti, in quibus priscum illum sanctorum Galliæ episcoporum spiritum sensusque apertè deprehendimus. Quæ verò vicissim sit erga te voluntas nostra, et quo in pretio habeamus perspectas virtutes tuas, præcipuis, ubi se offerat occasio, pontificiæ benevolentiæ documentis, testatum tibi facere non omittemus, venerabilis Frater, cui interim apostolicam benedictionem peramanter impertimur. Datum Romæ, apud sanctam Mariam Majorem sub annulo piscatoris, die xii julii MDCLXXIX, pontificatûs nostri anno iii.

MARIUS SPINULA.

Et in dorso : Venerabili Fratri Jacobo Benigno, episcopo Condomensi.

SECOND BREF

DE NOTRE SAINT PÈRE LE PAPE.

INNOCENT XI, PAPE.

Vénérable Frère, salut et bénédiction apostolique. Nous avons reçu le livre de l'*Exposition de la Foi catholique,* que vous nous avez fait présenter avec le discours dont vous l'avez augmenté, où il paroît une grace, une piété et une sagesse propres à ramener les hérétiques à la voie du salut. Ainsi nous confirmons volontiers les grandes louanges que nous vous avons données pour cet excellent ouvrage, espérant de plus en plus qu'il sera d'une grande utilité à l'Eglise. Mais c'est surtout de votre application continuelle à cultiver les bonnes inclinations du Dauphin de France, que nous attendons de grands avancemens de la religion catholique ; car nous apprenons de toutes parts le merveilleux progrès de ce Prince, qui vous donne beaucoup de gloire, en devenant tous les jours par vos soins un parfait modèle de piété et de sagesse. Une si sainte éducation nous console dans les extrêmes peines que nous ressentons à la vue des maux que l'Eglise souffre et des périls dont elle est menacée. Mais vous-même vous adoucissez nos inquiétudes par le beau témoignage que vous nous donnez de votre obéissance filiale dans votre lettre du septième de juin, où nous avons reconnu cet ancien esprit et ces sentimens des saints évêques de l'Eglise gallicane. De notre part nous pouvons vous assurer, vénérable Frère, que vous reconnoîtrez dans l'occasion, par des marques particulières de notre bienveillance, l'affection que nous avons pour vous, et l'estime que nous faisons de votre vertu universellement reconnue. Et cependant nous vous donnons de bon cœur notre bénédiction apostolique. Donné à Rome, à Sainte-Marie-Majeure, sous l'anneau du Pêcheur, le XIIe jour de juillet MDCLXXIX, et le troisième de notre pontificat.

Signé MARIUS SPINULA.

Et sur le dos : A notre vénérable Frère Jacques-Bénigne, évêque de Condom.

EXTRAIT des Actes de l'Assemblée générale du Clergé de France de 1682, *concernant la religion, Monseigneur l'Archevêque de Paris président, imprimés en la même année chez Léonard, imprimeur du Clergé, titre :* Mémoire contenant les différentes méthodes dont on peut se servir très-utilement pour la conversion de ceux qui font profession de la religion prétendue réformée, *dressé dans cette Assemblée et envoyé par toutes les provinces, avec l'Avertissement pastoral de l'Eglise gallicane.*

La dixième méthode est celle de M. l'Evêque de Meaux, ci-devant évêque de Condom, dans son livre intitulé : *Exposition de la Doctrine de l'Eglise catholique ;* par laquelle, en démêlant sur chaque article ce qui est précisément de la foi de ce qui n'en est pas, il fait voir qu'il n'y a rien dans notre créance qui puisse choquer un esprit raisonnable, à moins que de prendre pour notre créance des abus de quelques particuliers que nous condamnons, ou des erreurs qu'on nous impute très-faussement, ou des explications de quelques docteurs, qui ne sont pas reçues ni autorisées de l'Eglise.

EXPOSITION
DE LA DOCTRINE
DE L'ÉGLISE CATHOLIQUE
SUR LES MATIÈRES DE CONTROVERSE.

I. — Dessein de ce Traité.

Après plus d'un siècle de contestations avec Messieurs de la religion prétendue réformée, les matières dont ils ont fait le sujet de leur rupture doivent être éclaircies, et les esprits disposés à concevoir les sentimens de l'Eglise catholique. Ainsi il semble qu'on ne puisse mieux faire que de les proposer simplement, et de les bien distinguer de ceux qui lui ont été faussement imputés. En effet j'ai remarqué en différentes occasions que l'aversion que ces Messieurs ont pour la plupart de nos sentimens, est attachée aux fausses idées qu'ils en ont conçues, et souvent à certains mots qui les choquent tellement, que s'y arrêtant d'abord, ils ne viennent jamais à considérer le fond des choses. C'est pourquoi j'ai cru que rien ne leur pourroit être plus utile que de leur expliquer ce que l'Eglise a défini dans le concile de Trente, touchant les matières qui les éloignent le plus de nous, sans m'arrêter à ce qu'ils ont accoutumé d'objecter aux docteurs particuliers, ou contre les choses qui ne sont ni nécessairement ni universellement reçues. Car tout le monde convient, et M. Daillé même [1], que « c'est une chose déraisonnable d'imputer les sentimens des particuliers à un corps entier; » et il ajoute qu'on ne peut se séparer que pour des articles établis authentiquement, à la croyance et observation desquels toutes sortes de personnes sont obligées. Je ne m'arrêterai donc qu'aux décrets du concile de Trente, puisque c'est là que l'Eglise a parlé décisivement sur les matières dont il s'agit : et ce

[1] *Apol.*, cap. VI.

que je dirai pour faire mieux entendre ces décisions est approuvé dans la même Eglise, et paroîtra manifestement conforme à la doctrine de ce saint concile.

Cette exposition de notre doctrine produira deux bons effets. Le premier, que plusieurs disputes s'évanouiront tout à fait, parce qu'on reconnoîtra qu'elles sont fondées sur de fausses explications de notre croyance. Le second, que les disputes qui resteront ne paroîtront pas, selon les principes des prétendus réformés, si capitales qu'ils ont voulu d'abord le faire croire et que selon ces mêmes principes elles n'ont rien qui blesse les fondemens de la foi.

II. — Ceux de la religion prétendue réformée avouent que l'Eglise catholique reçoit tous les articles fondamentaux de la religion chrétienne.

Et pour commencer par ces fondemens et articles principaux de la foi, il faut que Messieurs de la religion prétendue réformée confessent qu'ils sont crus et professés dans l'Eglise catholique.

S'ils les font consister à croire qu'il faut adorer un seul Dieu Père, Fils et Saint-Esprit, et qu'il faut se confier en Dieu seul par son Fils incarné, crucifié et ressuscité pour nous, ils savent en leur conscience que nous professons cette doctrine. Et s'ils veulent y ajouter les autres articles qui sont compris dans le Symbole des apôtres, ils ne doutent pas non plus que nous ne les recevions tous sans exception, et que nous n'en ayons la pure et véritable intelligence.

M. Daillé a fait un traité intitulé : *La Foi fondée sur les Ecritures*, où après avoir exposé tous les articles de la croyance des Eglises prétendues réformées, il dit, « qu'ils sont sans contestation ; que l'Eglise romaine fait profession de les croire ; qu'à la vérité il ne tient pas toutes nos opinions, mais que nous tenons toutes ses créances [1]. »

Ce ministre ne peut donc nier que nous ne croyions tous les articles principaux de la religion chrétienne, à moins qu'il ne veuille lui-même détruire sa foi.

Mais quand M. Daillé ne l'auroit pas écrit, la chose parle d'elle-même, et tout le monde sait que nous croyons tous les articles

[1] III⁰ part., cap. I.

que les calvinistes appellent fondamentaux ; si bien que la bonne foi voudroit qu'on nous accordât, sans contestation, que nous n'en avons en effet rejeté aucun.

Les prétendus réformés, qui voient les avantages que nous pouvons tirer de cet aveu, veulent nous les ôter, en disant que nous détruisons ces articles, parce que nous en posons d'autres qui leur sont contraires. C'est ce qu'ils tâchent d'établir par des conséquences qu'ils tirent de notre doctrine. Mais le même M. Daillé, que je leur allègue encore, moins pour les convaincre par le témoignage d'un de leurs plus doctes ministres que parce que ce qu'il dit est évident de soi-même, leur apprend ce qu'il faudroit croire de ces sortes de conséquences, supposé qu'on en pût tirer de mauvaises de notre doctrine. Voici comme il parle dans la lettre qu'il a écrite à M. de Monglat sur le sujet de son *Apologie :* « Encore que l'opinion des luthériens sur l'Eucharistie induise selon nous, aussi bien que celle de Rome, la destruction de l'humanité de Jésus-Christ, cette suite néanmoins ne leur peut être mise sus sans calomnie, vu qu'ils la rejettent formellement. »

Il n'y a rien de plus essentiel à la religion chrétienne, que la vérité de la nature humaine en Jésus-Christ; et cependant, quoique les luthériens tiennent une doctrine d'où l'on infère la destruction de cette vérité capitale, par des conséquences que les prétendus réformés jugent évidentes, ils n'ont pas laissé de leur offrir leur communion, parce que leur opinion *n'a aucun venin*, comme dit M. Daillé dans son *Apologie*[1] *;* et leur synode national, tenu à Charenton en 1631, les admet *à la sainte table,* sur ce fondement, « qu'ils conviennent ès principes et points fondamentaux de la religion. » C'est donc une maxime constamment établie parmi eux, qu'il ne faut point en cette matière regarder les conséquences qu'on pourroit tirer d'une doctrine, mais simplement ce qu'avoue et ce que pose celui qui l'enseigne.

Ainsi quand ils infèrent par des conséquences qu'ils prétendent tirer de notre doctrine, que nous ne savons pas assez reconnoître la gloire souveraine qui est due à Dieu, ni la qualité de Sauveur et de Médiateur en Jésus-Christ, ni la dignité infinie de son sacri-

[1] Cap. VII.

fice, ni la plénitude surabondante de ses mérites, nous pourrions nous défendre sans peine de ces conséquences, par cette courte réponse que nous fournit M. Daillé, et leur dire que l'Eglise catholique les désavouant, elles ne peuvent lui être imputées *sans calomnie*.

Mais je veux aller plus avant, et faire voir à Messieurs de la religion prétendue réformée, par la seule exposition de notre doctrine, que, bien loin de renverser les articles fondamentaux de la foi, ou directement ou par conséquence, elle les établit au contraire d'une manière si solide et si évidente, qu'on ne peut sans une extrême injustice lui contester l'avantage de les bien entendre.

III. — Le culte religieux se termine à Dieu seul.

Pour commencer par l'adoration qui est due à Dieu, l'Eglise catholique enseigne qu'elle consiste principalement à croire qu'il est le Créateur et le Seigneur de toutes choses, et à nous attacher à lui de toutes les puissances de notre ame par la foi, par l'espérance et par la charité, comme à celui qui seul peut faire notre félicité par la communication du bien infini, qui est lui-même.

Cette adoration intérieure, que nous rendons à Dieu en esprit et en vérité, a ses marques extérieures, dont la principale est le sacrifice, qui ne peut être offert qu'à Dieu seul, parce que le sacrifice est établi pour faire un aveu public et une protestation solennelle de la souveraineté de Dieu et de notre dépendance absolue.

La même Eglise enseigne que tout culte religieux se doit terminer à Dieu comme à sa fin nécessaire; et si l'honneur qu'elle rend à la sainte Vierge et aux Saints peut être appelé religieux, c'est à cause qu'il se rapporte nécessairement à Dieu.

Mais avant que d'expliquer davantage en quoi consiste cet honneur, il n'est pas inutile de remarquer que Messieurs de la religion prétendue réformée, pressés par la force de la vérité, commencent à nous avouer que la coutume de prier les Saints et d'honorer leurs reliques, étoit établie dès le quatrième siècle de l'Eglise. M. Daillé, en faisant cet aveu dans le livre qu'il a fait contre la tradition des Latins touchant l'objet du culte religieux, accuse saint Basile, saint Ambroise, saint Jérôme, saint Jean

Chrysostome, saint Augustin et plusieurs autres grandes lumières de l'antiquité qui ont paru dans ce siècle, et surtout saint Grégoire de Nazianze, qui est appelé le *Théologien* par excellence, d'avoir changé en ce point la doctrine des trois siècles précédens. Mais il paroîtra peu vraisemblable que M. Daillé ait mieux entendu les sentimens des Pères des trois premiers siècles, que ceux qui ont recueilli pour ainsi dire la succession de leur doctrine immédiatement après leur mort; et on le croira d'autant moins que bien loin que les Pères du quatrième siècle se soient aperçus qu'il s'introduisît aucune nouveauté dans leur culte, ce ministre au contraire nous a rapporté des textes exprès par lesquels ils font voir clairement qu'ils prétendoient, en priant les Saints, suivre les exemples de ceux qui les avoient précédés. Mais sans examiner davantage le sentiment des Pères des trois premiers siècles, je me contente de l'aveu de M. Daillé, qui nous abandonne tant de grands personnages qui ont enseigné l'Eglise dans le quatrième. Car encore qu'il se soit avisé, douze cents ans après leur mort, de leur donner par mépris une manière de nom de secte, en les appelant *Reliquaires*, c'est-à-dire gens qui honorent les reliques, j'espère que ceux de sa communion seront plus respectueux envers ces grands hommes. Ils n'oseront du moins leur objecter qu'en priant les Saints et en honorant leurs reliques, ils soient tombés dans l'idolâtrie, ou qu'ils aient renversé la confiance que les chrétiens doivent avoir en Jésus-Christ : et il faut espérer que dorénavant ils ne nous feront plus ces reproches, quand ils considéreront qu'ils ne peuvent nous les faire, sans les faire en même temps à tant d'excellens hommes, dont ils font profession, aussi bien que nous, de révérer la sainteté et la doctrine. Mais comme il s'agit ici d'exposer notre croyance plutôt que de faire voir quels ont été ses défenseurs, il en faut continuer l'explication.

IV. — L'invocation des Saints.

L'Eglise en nous enseignant qu'il est utile de prier les Saints, nous enseigne à les prier dans ce même esprit de charité, et selon cet ordre de société fraternelle, qui nous porte à demander le secours de nos frères vivans sur la terre ; et le *Catéchisme* du concile de Trente conclut de cette doctrine [1], que si la qualité de Médiateur que l'Ecriture donne à Jésus-Christ, recevoit quelque préjudice de l'intercession des Saints qui règnent avec Dieu, elle n'en recevroit pas moins de l'intercession des fidèles qui vivent avec nous.

Ce *Catéchisme* nous fait bien entendre l'extrême différence qu'il y a entre la manière dont on implore le secours de Dieu, et celle dont on implore le secours des Saints : « Car, dit-il, nous prions Dieu, ou de nous donner les biens, ou de nous délivrer des maux ; mais parce que les Saints lui sont plus agréables que nous, nous leur demandons qu'ils prennent notre défense, et qu'ils obtiennent pour nous les choses dont nous avons besoin. De là vient que nous usons de deux formes de prier fort différentes, puisqu'au lieu qu'en parlant à Dieu, la manière propre est de dire : AYEZ PITIÉ DE NOUS, ÉCOUTEZ-NOUS, nous nous contentons de dire aux Saints : PRIEZ POUR NOUS [2]. » Par où nous devons entendre qu'en quelques termes que soient conçues les prières que nous adressons aux Saints, l'intention de l'Eglise et de ses fidèles les réduit toujours à cette forme, ainsi que ce *Catéchisme* le confirme dans la suite [3].

Mais il est bon de considérer les paroles du concile même, qui voulant prescrire aux évêques comme ils doivent parler de l'invocation des Saints, les oblige d'enseigner que « les Saints qui règnent avec Jésus-Christ, offrent à Dieu leurs prières pour les hommes ; qu'il est bon et utile de les invoquer d'une manière suppliante, et de recourir à leur aide et à leur secours, pour impétrer de Dieu ses bienfaits, par son Fils Notre-Seigneur Jésus-Christ, qui seul est notre Sauveur et notre Rédempteur [4]. » Ensuite le concile condamne ceux qui enseignent une doctrine contraire. On voit donc qu'invoquer les Saints, suivant la pensée de ce concile, c'est recourir à leurs prières pour obtenir les bienfaits de Dieu par Jésus-Christ. En effet nous n'obtenons que par Jésus-Christ et en son nom, ce que nous obtenons par l'entremise

---

[1] *Cat. Rom.*, part. III, tit. *De cultu et invoc. Sanct.* — [2] Part. IV, tit. *Quis orandus sit.* — [3] *Ibid.* — [4] Sess. XXV, *Decr. de invoc.*. etc.

des Saints, puisque les Saints eux-mêmes ne prient que par Jésus-Christ, et ne sont exaucés qu'en son nom. Telle est la foi de l'Eglise, que le concile de Trente a clairement expliquée en peu de paroles. Après quoi nous ne concevons pas qu'on puisse nous objecter que nous nous éloignons de Jésus-Christ, quand nous prions ses membres qui sont aussi les nôtres, ses enfans qui sont nos frères, et ses Saints qui sont nos prémices, de prier avec nous et pour nous notre commun Maître au nom de notre commun Médiateur.

Le même concile explique clairement et en peu de mots, quel est l'esprit de l'Eglise, lorsqu'elle offre à Dieu le saint Sacrifice pour honorer la mémoire des Saints. Cet honneur que nous leur rendons dans l'action du sacrifice, consiste à les nommer comme de fidèles serviteurs de Dieu dans les prières que nous lui faisons, à lui rendre graces des victoires qu'ils ont remportées, et à le prier humblement qu'il se laisse fléchir en notre faveur par leurs intercessions. Saint Augustin avoit dit, il y a déjà douze cents ans, qu'il ne falloit pas croire qu'on offrît le sacrifice aux saints martyrs [1], encore que selon l'usage pratiqué dès ce temps-là par l'Eglise universelle, on offrît ce sacrifice sur leurs saints corps et à leurs mémoires, c'est-à-dire devant les lieux où se conservoient leurs précieuses reliques. Ce même Père avoit ajouté qu'on faisoit mémoire des martyrs à la sainte table, dans la célébration du sacrifice, « non afin de prier pour eux, comme on fait pour les autres morts, mais plutôt afin qu'ils priassent pour nous [2]. » Je rapporte le sentiment de ce saint évêque, parce que le concile de Trente se sert presque de ses mêmes paroles, pour enseigner aux fidèles que « l'Eglise n'offre pas aux Saints le sacrifice, mais qu'elle l'offre à Dieu seul, qui les a couronnés; qu'aussi le prêtre ne s'adresse pas à saint Pierre ou à saint Paul pour leur dire : *Je vous offre ce sacrifice,* mais que rendant graces à Dieu de leurs victoires, il demande leur assistance, afin que ceux dont nous faisons mémoire sur la terre, daignent prier pour nous dans le ciel [3]. » C'est ainsi que nous honorons les Saints, pour obtenir par

---

[1] *De Civit. Dei,* lib. VIII, cap. XXVII. — [2] Tract. LXXXIV, *in Joan.*, n. 1; serm. XVII, *De verb. Apost.,* nunc serm. CLIX. — [3] *Conc. Trid.,* sess. XXII, cap. III.

leur entremise les graces de Dieu ; et la principale de ces graces que nous espérons obtenir, est celle de les imiter : à quoi nous sommes excités par la considération de leurs exemples admirables, et par l'honneur que nous rendons devant Dieu à leur mémoire bienheureuse.

Ceux qui considéreront la doctrine que nous avons proposée, seront obligés de nous avouer que, comme nous n'ôtons à Dieu aucune des perfections qui sont propres à son essence infinie, nous n'attribuons aux créatures aucune de ces qualités, ou de ces opérations qui ne peuvent convenir qu'à Dieu : ce qui nous distingue si fort des idolâtres, qu'on ne peut comprendre pourquoi on nous en donne le titre.

Et quand Messieurs de la religion prétendue réformée nous objectent qu'en adressant des prières aux Saints, et en les honorant comme présens par toute la terre, nous leur attribuons une espèce d'immensité, ou du moins la connoissance du secret des cœurs, qu'il paroît néanmoins que Dieu se réserve par tant de témoignages de l'Ecriture, ils ne considèrent pas assez notre doctrine. Car enfin sans examiner quel fondement on peut avoir d'attribuer aux Saints jusqu'à certain degré la connoissance des choses qui se passent parmi nous, ou même de nos secrètes pensées, il est manifeste que ce n'est point élever la créature au-dessus de sa condition, que de dire qu'elle a quelque connoissance de ces choses par la lumière que Dieu lui en communique. L'exemple des prophètes le justifie clairement, Dieu n'ayant pas même dedaigné de leur découvrir les choses futures, quoiqu'elles semblent bien plus particulièrement réservées à sa connoissance.

Au reste, jamais aucun catholique n'a pensé que les Saints connussent par eux-mêmes nos besoins, ni même les désirs pour lesquels nous leur faisons de secrètes prières. L'Eglise se contente d'enseigner avec toute l'antiquité, que ces prières sont très-profitables à ceux qui les font, soit que les Saints les apprennent par le ministère et le commerce des anges, qui suivant le témoignage de l'Ecriture, savent ce qui se passe parmi nous, étant établis par ordre de Dieu esprits administrateurs pour concourir à l'œuvre de notre salut, soit que Dieu même leur fasse connoître nos désirs par une révélation particulière ; soit enfin qu'il leur en découvre le secret dans son essence infinie, où toute vérité est comprise. Ainsi l'Eglise n'a rien décidé sur les différens moyens dont il plaît à Dieu de se servir pour cela.

Mais quels que soient ces moyens, toujours est-il véritable qu'elle n'attribue à la créature aucune des perfections divines, comme faisoient les idolâtres, puisqu'elle ne permet de reconnoître dans les plus grands Saints aucun degré d'excellence qui ne vienne de Dieu, ni aucune considération devant ses yeux que par leurs vertus, ni aucune vertu qui ne soit un don de sa grace, ni aucune connoissance des choses humaines que celle qu'il leur communique, ni aucun pouvoir de nous assister que par leurs prières, ni enfin aucune félicité que par une soumission et une conformité parfaite à la volonté divine.

Il est donc vrai qu'en examinant les sentimens intérieurs que nous avons des Saints, on ne trouvera pas que nous les élevions au-dessus de la condition des créatures ; et de là on doit juger de quelle nature est l'honneur que nous leur rendons au dehors, le culte extérieur étant établi pour témoigner les sentimens intérieurs de l'ame.

Mais comme cet honneur que l'Eglise rend aux Saints paroît principalement devant leurs images et devant leurs saintes reliques, il est à propos d'expliquer ce qu'elle en croit.

V. — Les images et les reliques.

Pour les images, le concile de Trente défend expressément « d'y croire aucune divinité ou vertu pour laquelle on les doive révérer, de leur demander aucune grace, et d'y attacher sa confiance, » et veut que « tout l'honneur se rapporte aux originaux qu'elles représentent [1]. »

Toutes ces paroles du concile sont autant de caractères qui servent à nous faire distinguer des idolâtres, puisque bien loin de croire comme eux que quelque divinité habite dans les images, nous ne leur attribuons aucune vertu que celle d'exciter en nous le souvenir des originaux.

[1] *Conc. Trid.*, sess. xxv, *Decr. de invoc.*, etc.

C'est sur cela qu'est fondé l'honneur qu'on rend aux images. On ne peut nier, par exemple, que celle de Jésus-Christ crucifié, lorsque nous la regardons, n'excite plus vivement en nous le souvenir de « celui qui nous a aimés jusqu'à se livrer pour nous à la mort [1]. » Tant que l'image présente à nos yeux fait durer un si précieux souvenir dans notre ame, nous sommes portés à témoigner par quelques marques extérieures, jusqu'où va notre reconnoissance; et nous faisons voir, en nous humiliant en présence de l'image, quelle est notre soumission pour son divin original. Ainsi à parler précisément et selon le style ecclésiastique, quand nous rendons honneur à l'image d'un apôtre ou d'un martyr, notre intention n'est pas tant d'honorer l'image, que « d'honorer l'apôtre ou le martyr en présence de l'image. » C'est ainsi que parle le *Pontifical romain* [2]; et le concile de Trente exprime la même chose, lorsqu'il dit, « que l'honneur que nous rendons aux images, se rapporte tellement aux originaux, que par le moyen des images que nous baisons, et devant lesquelles nous nous mettons à genoux, nous adorons Jésus-Christ, et honorons les Saints dont elles sont la ressemblance [3]. »

Enfin on peut connoître en quel esprit l'Eglise honore les images, par l'honneur qu'elle rend à la croix et au livre de l'Evangile. Tout le monde voit bien que devant la croix elle adore celui *qui a porté nos crimes sur le bois* [4]; et que si ses enfans inclinent la tête devant le livre de l'Evangile; s'ils se lèvent par honneur quand on le porte devant eux, et s'ils le baisent avec respect, tout cet honneur se termine à la vérité éternelle qui nous y est proposée.

Il faut être peu équitable pour appeler idolâtrie ce mouvement religieux qui nous fait découvrir et baisser la tête devant l'image de la croix, en mémoire de celui qui a été crucifié pour l'amour de nous; et ce seroit être trop aveugle que de ne pas apercevoir l'extrême différence qu'il y a entre ceux qui se confioient aux idoles, par l'opinion qu'ils avoient que quelque divinité ou quelque vertu y étoit pour ainsi dire attachée, et ceux qui déclarent comme

---

[1] *Galat.*, II. 20. — [2] *Pont. Rom.*, *De bened. imag.*— [3] Sess. xxv, *Decr. de invoc.*, etc. — [4] I *Petr.*, II, 24.

V. LES IMAGES ET LES RELIQUES.

nous qu'ils ne se veulent servir des images que pour élever leur esprit au ciel, afin d'y honorer Jésus-Christ ou les Saints, et dans les Saints Dieu même, qui est l'auteur de toute sanctification et de toute grace.

On doit entendre de la même sorte l'honneur que nous rendons aux reliques, à l'exemple des premiers siècles de l'Eglise; et si nos adversaires considéroient que nous regardons les corps des Saints comme ayant été les victimes de Dieu par le martyre ou par la pénitence, ils ne croiroient pas que l'honneur que nous leur rendons par ce motif, pût nous détacher de celui que nous rendons à Dieu même.

Nous pouvons dire en général, que s'ils vouloient bien comprendre de quelle sorte l'affection que nous avons pour quelqu'un, s'étend, sans se diviser, à ses enfans, à ses amis et ensuite par divers degrés à ce qui le représente, à ce qui reste de lui, à tout ce qui en renouvelle la mémoire; s'ils concevoient que l'honneur a un semblable progrès, puisque l'honneur en effet n'est autre chose qu'un amour mêlé de crainte et de respect; enfin s'ils considéroient que tout le culte extérieur de l'Eglise catholique a sa source en Dieu même, et qu'il y retourne : ils ne croiroient jamais que ce culte que lui seul anime, pût exciter sa jalousie. Ils verroient au contraire que si Dieu, tout jaloux qu'il est de l'amour des hommes, ne nous regarde pas comme si nous nous partagions entre lui et la créature, quand nous aimons notre prochain pour l'amour de lui; ce même Dieu, quoique jaloux du respect des fidèles, ne les regarde pas comme s'ils partageoient le culte qu'ils ne doivent qu'à lui seul, quand ils honorent par le respect qu'ils ont pour lui ceux qu'il a honorés lui-même.

Il est vrai néanmoins que, comme les marques sensibles de révérence ne sont pas toutes absolument nécessaires, l'Eglise sans rien altérer dans la doctrine, a pu étendre plus ou moins ces pratiques extérieures, suivant la diversité des temps, des lieux et des occurrences, ne désirant pas que ses enfans soient servilement assujettis aux choses visibles, mais seulement qu'ils soient excités, et comme avertis par leur moyen de se tourner à Dieu, pour lui offrir en esprit et en vérité le service raisonnable qu'il attend de ses créatures.

On peut voir par cette doctrine avec combien de vérité j'ai dit qu'une grande partie de nos controverses s'évanouiroit par la seule intelligence des termes, si on traitoit ces matières avec charité; et si nos adversaires considéroient paisiblement les explications précédentes, qui comprennent la doctrine expresse du concile de Trente, ils cesseroient de nous objecter que nous blessons la médiation de Jésus-Christ, et que nous invoquons les Saints, ou que nous adorons les images d'une manière qui n'est propre qu'à Dieu. Il est vrai que comme, en un certain sens, l'adoration, l'invocation et le nom de médiateur ne convient qu'à Dieu et à Jésus-Christ, il est aisé d'abuser de ces termes pour rendre notre doctrine odieuse. Mais si on les réduit de bonne foi au sens que nous leur avons donné, ces objections perdront toute leur force; et s'il reste à Messieurs de la religion prétendue réformée quelques autres difficultés moins importantes, la sincérité les obligera d'avouer qu'ils sont satisfaits sur le principal sujet de leurs plaintes.

Au reste il n'y a rien de plus injuste que d'objecter à l'Eglise qu'elle fait consister toute la piété dans cette dévotion aux Saints, puisque, comme nous l'avons déjà remarqué, le concile de Trente se contente d'enseigner aux fidèles que cette pratique leur est *bonne et utile*[1], sans rien dire davantage. Ainsi l'esprit de l'Eglise est de condamner ceux qui rejettent cette pratique par mépris ou par erreur. Elle doit les condamner, parce qu'elle ne doit pas souffrir que les pratiques salutaires soient méprisées, ni qu'une doctrine que l'antiquité a autorisée, soit condamnée par les nouveaux docteurs.

VI. — La justification.

La matière de la justification fera paroître encore dans un plus grand jour, combien de difficultés peuvent être terminées par une simple exposition de nos sentimens.

Ceux qui savent tant soit peu l'histoire de la Réformation pré-

---
[1] Sess. xxv, *Decr. de invoc.*, etc.

tendue, n'ignorent pas que ceux qui en ont été les premiers auteurs, ont proposé cet article à tout le monde comme le principal de tous, et comme le fondement le plus essentiel de leur rupture; si bien que c'est celui qu'il est le plus nécessaire de bien entendre.

Nous croyons premièrement que « nos péchés nous sont remis gratuitement par la miséricorde divine, à cause de Jésus-Christ [1]. » Ce sont les propres termes du concile de Trente, qui ajoute que « nous sommes dits justifiés gratuitement, parce qu'aucune de ces choses qui précèdent la justification, soit la foi, soit les œuvres, ne peut mériter cette grace [2]. »

Comme l'Ecriture nous explique la rémission des péchés, tantôt en disant que Dieu les couvre, et tantôt en disant qu'il les ôte, et qu'il les efface par la grace du Saint-Esprit qui nous fait de nouvelles créatures [3] : nous croyons qu'il faut joindre ensemble ces expressions, pour former l'idée parfaite de la justification du pécheur. C'est pourquoi nous croyons que nos péchés, non-seulement sont couverts, mais qu'ils sont entièrement effacés par le sang de Jésus-Christ, et par la grace qui nous régénère; ce qui, loin d'obscurcir ou de diminuer l'idée qu'on doit avoir du mérite de ce sang, l'augmente au contraire et la relève.

Ainsi la justice de Jésus-Christ est non-seulement imputée, mais actuellement communiquée à ses fidèles par l'opération du Saint-Esprit, en sorte que non-seulement ils sont réputés, mais faits justes par sa grace.

Si la justice qui est en nous n'étoit justice qu'aux yeux des hommes, ce ne seroit pas l'ouvrage du Saint-Esprit : elle est donc justice même devant Dieu, puisque c'est Dieu même qui la fait en nous, en répandant la charité dans nos cœurs.

Toutefois il n'est que trop certain que « la chair convoite contre l'esprit, et l'esprit contre la chair [4], » et que « nous manquons tous en beaucoup de choses [5]. » Ainsi quoique notre justice soit véritable par l'infusion de la charité, elle n'est point justice parfaite à cause du combat de la convoitise : si bien que le continuel gémissement d'une ame repentante de ses fautes fait le devoir le plus

---

[1] *Conc. Trid.*, sess. VI, cap. IX. — [2] *Ibid.*, cap. VIII. — [3] *Tit.*, III, 5-7. — [4] *Galat.*, V, 17. — [5] *Jacob.*, III, 2.

nécessaire de la justice chrétienne. Ce qui nous oblige de confesser humblement avec saint Augustin, que notre justice en cette vie « consiste plutôt dans la rémission des péchés que dans la perfection des vertus. »

VII. — Le mérite des œuvres.

Sur le mérite des œuvres, l'Eglise catholique enseigne que « la vie éternelle doit être proposée aux enfans de Dieu, et comme une grace qui leur est miséricordieusement promise par le moyen de Notre-Seigneur Jésus-Christ, et comme une récompense qui est fidèlement rendue à leurs bonnes œuvres et à leurs mérites, en vertu de cette promesse [1]. » Ce sont les propres termes du concile de Trente. Mais de peur que l'orgueil humain ne soit flatté par l'opinion d'un mérite présomptueux, ce même concile enseigne que tout le prix et la valeur des œuvres chrétiennes provient de la grace sanctifiante, qui nous est donnée gratuitement au nom de Jésus-Christ, et que c'est un effet de l'influence continuelle de ce divin Chef sur ses membres.

Véritablement les préceptes, les exhortations, les promesses, les menaces et les reproches de l'Evangile font assez voir qu'il faut que nous opérions notre salut par le mouvement de nos volontés avec la grace de Dieu qui nous aide : mais c'est un premier principe, que le libre arbitre ne peut rien faire qui conduise à la félicité éternelle, qu'autant qu'il est mû et élevé par le Saint-Esprit.

Ainsi l'Eglise sachant que c'est ce divin Esprit qui fait en nous par sa grace tout ce que nous faisons de bien, elle doit croire que les bonnes œuvres des fidèles sont très-agréables à Dieu, et de grande considération devant lui : et c'est justement qu'elle se sert du mot de *mérite* avec toute l'antiquité chrétienne, principalement pour signifier la valeur, le prix et la dignité de ces œuvres que nous faisons par la grace. Mais comme toute leur sainteté vient de Dieu qui les fait en nous, la même Eglise a reçu dans le concile de Trente comme doctrine de foi catholique, cette parole de saint Augustin, que « Dieu couronne ses dons en couronnant le mérite de ses serviteurs. »

[1] Sess. VI, cap. XVI.

Nous prions ceux qui aiment la vérité et la paix, de vouloir bien lire ici un peu au long les paroles de ce concile, afin qu'ils se désabusent une fois des mauvaises impressions qu'on leur donne de notre doctrine. « Encore que nous voyions, disent les Pères de ce concile, que les saintes Lettres estiment tant les bonnes œuvres, que Jésus-Christ nous promet lui-même qu'un verre d'eau froide donné à un pauvre ne sera pas privé de sa récompense; et que l'Apôtre témoigne qu'un moment de peine légère, soufferte en ce monde, produira un poids éternel de gloire : toutefois à Dieu ne plaise que le chrétien se fie et se glorifie en lui-même, et non en Notre-Seigneur, dont la bonté est si grande envers tous les hommes, qu'il veut que les dons qu'il leur fait soient leurs mérites [1]. »

Cette doctrine est répandue dans tout ce concile, qui enseigne dans une autre session que « nous, qui ne pouvons rien de nous-mêmes, pouvons tout avec celui qui nous fortifie, en telle sorte que l'homme n'a rien dont il se puisse glorifier, » ou pour quoi il se puisse confier en lui-même; « mais que toute sa confiance et toute sa gloire est en Jésus-Christ, en qui nous vivons, en qui nous méritons, en qui nous satisfaisons, faisant de dignes fruits de pénitence, qui tirent leur force de lui, par lui sont offerts au Père, et en lui sont acceptés par le Père [2]. » C'est pourquoi nous demandons tout, nous espérons tout, nous rendons graces de tout, par Notre-Seigneur Jésus-Christ. Nous confessons hautement que nous ne sommes agréables à Dieu qu'en lui et par lui, et nous ne comprenons pas qu'on puisse nous attribuer une autre pensée. Nous mettons tellement en lui seul toute l'espérance de notre salut, que nous disons tous les jours à Dieu ces paroles dans le sacrifice : « Daignez, ô Dieu, accorder à nous pécheurs, vos serviteurs, qui espérons en la multitude de vos miséricordes, quelque part et société avec vos bienheureux apôtres et martyrs,...... au nombre desquels nous vous prions de vouloir nous recevoir, ne regardant pas au mérite, mais nous pardonnant par grace au nom de Jésus-Christ Notre-Seigneur. »

L'Eglise ne persuadera-t-elle jamais à ses enfans qui sont de-

---

[1] Sess. VI, cap. XVI. — [2] Sess. XIV, cap. VIII.

venus ses adversaires, ni par l'explication de sa foi, ni par les décisions de ses conciles, ni par les prières de son sacrifice, qu'elle croit n'avoir de vie, et qu'elle n'a d'espérance qu'en Jésus-Christ seul? Cette espérance est si forte, qu'elle fait sentir aux enfans de Dieu qui marchent fidèlement dans ses voies, *une paix qui surpasse toute intelligence,* selon ce que dit l'Apôtre [1]. Mais encore que cette espérance soit plus forte que les promesses et les menaces du monde, et qu'elle suffise pour calmer le trouble de nos consciences, elle n'y éteint pas tout à fait la crainte, parce que si nous sommes assurés que Dieu ne nous abandonne jamais de lui-même, nous ne sommes jamais certains que nous ne le perdrons pas par notre faute, en rejetant ses inspirations. Il lui a plu de tempérer par cette crainte salutaire la confiance qu'il inspire à ses enfans, parce que, comme dit saint Augustin, « telle est notre infirmité dans ce lieu de tentations et de périls, qu'une pleine sécurité produiroit en nous le relâchement et l'orgueil; » au lieu que cette crainte, qui selon le précepte de l'Apôtre, nous « fait opérer notre salut avec tremblement [2], » nous rend vigilans, et fait que nous nous attachons avec une humble dépendance à celui « qui opère en nous par sa grace le vouloir et le faire suivant son bon plaisir, » comme dit le même saint Paul [3].

Voilà ce qu'il y a de plus nécessaire dans la doctrine de la justification; et nos adversaires seroient fort déraisonnables, s'ils ne confessoient que cette doctrine suffit pour apprendre aux chrétiens qu'ils doivent rapporter à Dieu par Jésus-Christ toute la gloire de leur salut.

Si les ministres après cela se jettent sur des questions de subtilité, il est bon de les avertir qu'il n'est plus temps désormais qu'ils se rendent si difficiles envers nous, après les choses qu'ils ont accordées aux Luthériens et à leurs propres frères sur le sujet de la prédestination et de la grace. Cela doit leur avoir appris à se réduire dans cette matière, à ce qui est absolument nécessaire pour établir les fondemens de la piété chrétienne.

Que s'ils peuvent une fois se résoudre à se renfermer dans ces limites, ils seront bientôt satisfaits; et ils cesseront de nous ob-

---

[1] *Philip.,* IV, 7. — [2] *Philipp.,* II, 12. — [3] *Ibid.,* 13.

jecter que nous anéantissons la grace de Dieu, en attribuant tout à nos bonnes œuvres, puisque nous leur avons montré en termes si clairs dans le concile de Trente ces trois points si décisifs en cette matière : « Que nos péchés nous sont pardonnés par une pure miséricorde, à cause de Jésus-Christ; que nous devons à une libéralité gratuite la justice qui est en nous par le Saint-Esprit; et que toutes les bonnes œuvres que nous faisons sont autant de dons de la grace. »

Aussi faut-il avouer que les doctes de leur parti ne contestent plus tant sur cette matière qu'ils faisoient au commencement; et il y en a peu qui ne nous confessent qu'il ne falloit pas se séparer pour ce point. Mais si cette importante difficulté de la justification, de laquelle leurs premiers auteurs ont fait leur fort, n'est plus maintenant considérée comme capitale par les personnes les mieux sensées qu'ils aient entre eux, on leur laisse à penser ce qu'il faut juger de leur séparation, et ce qu'il faudroit espérer pour la paix, s'ils se mettoient au-dessus de la préoccupation, et s'ils quittoient l'esprit de dispute.

VIII. — Les Satisfactions, le Purgatoire, et les Indulgences.

Il faut encore expliquer de quelle sorte nous croyons pouvoir satisfaire à Dieu par sa grace, afin de ne laisser aucun doute sur cette matière.

Les catholiques enseignent d'un commun accord, que le seul Jésus-Christ Dieu et homme tout ensemble, étoit capable par la dignité infinie de sa personne, d'offrir à Dieu une satisfaction suffisante pour nos péchés. Mais ayant satisfait surabondamment, il a pu nous appliquer cette satisfaction infinie en deux manières : ou bien en nous donnant une entière abolition, sans réserver aucune peine; ou bien en commuant une plus grande peine en une moindre, c'est-à-dire la peine éternelle en des peines temporelles. Comme cette première façon est la plus entière et la plus conforme à sa bonté, il en use d'abord dans le baptême : mais nous croyons qu'il se sert de la seconde dans la rémission qu'il accorde aux baptisés qui retombent dans le péché, y étant forcé en quelque manière par l'ingratitude de ceux qui ont abusé de ses premiers dons ; de sorte qu'ils ont à souffrir quelque peine temporelle, bien que la peine éternelle leur soit remise.

Il ne faut pas conclure de là que Jésus-Christ n'ait pas entièrement satisfait pour nous; mais au contraire qu'ayant acquis sur nous un droit absolu par le prix infini qu'il a donné pour notre salut, il nous accorde le pardon, à telle condition, sous telle loi et avec telle réserve qu'il lui plaît.

Nous serions injurieux et ingrats envers le Sauveur, si nous osions lui disputer l'infinité de son mérite, sous prétexte qu'en nous pardonnant le péché d'Adam, il ne nous décharge pas en même temps de toutes ses suites, nous laissant encore assujettis à la mort et à tant d'infirmités corporelles et spirituelles que ce péché nous a causées. Il suffit que Jésus-Christ ait payé une fois le prix par lequel nous serons un jour entièrement délivrés de tous les maux qui nous accablent; c'est à nous à recevoir avec humilité et avec actions de graces chaque partie de son bienfait, en considérant le progrès avec lequel il lui plaît d'avancer notre délivrance, selon l'ordre que sa sagesse a établi pour notre bien, et pour une plus claire manifestation de sa bonté et de sa justice.

Par une semblable raison nous ne devons pas trouver étrange, si celui qui nous a montré une si grande facilité dans le baptême se rend plus difficile envers nous après que nous en avons violé les saintes promesses. Il est juste, et même il est salutaire pour nous, que Dieu en nous remettant le péché avec la peine éternelle que nous avions méritée, exige de nous quelque peine temporelle pour nous retenir dans le devoir : de peur que, sortant trop promptement des liens de la justice, nous ne nous abandonnions à une téméraire confiance, abusant de la facilité du pardon.

C'est donc pour satisfaire à cette obligation que nous sommes assujettis à quelques œuvres pénibles, que nous devons accomplir en esprit d'humilité et de pénitence; et c'est la nécessité de ces œuvres satisfactoires, qui a obligé l'Eglise ancienne à imposer aux pénitens les peines qu'on appelle *canoniques*.

Quand donc elle impose aux pécheurs des œuvres pénibles et laborieuses, et qu'ils les subissent avec humilité, cela s'appelle *Satisfaction;* et lorsqu'ayant égard, ou à la ferveur des pénitens, ou à d'autres bonnes œuvres qu'elle leur prescrit, elle relâche quelque chose de la peine qui leur est due, cela s'appelle *Indulgence*.

Le concile de Trente ne propose autre chose à croire sur le sujet des indulgences, sinon que « la puissance de les accorder a été donnée à l'Eglise par Jésus-Christ, et que l'usage en est salutaire : » à quoi ce concile ajoute « qu'il doit être retenu, avec modération toutefois, de peur que la discipline ecclésiastique ne soit énervée par une excessive facilité [1] : » ce qui montre que la manière de dispenser les indulgences regarde la discipline.

Ceux qui sortent de cette vie avec la grace et la charité, mais toutefois redevables encore des peines que la justice divine a réservées, les souffrent en l'autre vie. C'est ce qui a obligé toute l'antiquité chrétienne à offrir des prières, des aumônes et des sacrifices pour les fidèles qui sont décédés en la paix et en la communion de l'Eglise, avec une foi certaine qu'ils peuvent être aidés par ces moyens. C'est ce que le concile de Trente nous propose à croire touchant les ames détenues dans le purgatoire [2], sans déterminer en quoi consistent leurs peines, ni beaucoup d'autres choses semblables sur lesquelles ce saint concile demande une grande retenue, blâmant ceux qui débitent ce qui est incertain et suspect.

Telle est la sainte et innocente doctrine de l'Eglise catholique touchant les satisfactions, dont on a voulu lui faire un si grand crime. Si après cette explication, Messieurs de la religion prétendue réformée nous objectent que nous faisons tort à la satisfaction de Jésus-Christ, il faudra qu'ils aient oublié que nous leur avons dit que le Sauveur a payé le prix entier de notre rachat; que rien ne manque à ce prix, puisqu'il est infini; et que ces réserves de peines, dont nous avons parlé, ne proviennent d'aucun défaut de ce paiement, mais d'un certain ordre qu'il a établi pour nous retenir par de justes appréhensions et par une discipline salutaire.

Que s'ils nous opposent encore que nous croyons pouvoir satisfaire par nous-mêmes à quelque partie de la peine qui est due à

---

[1] Contin. sess. XXV, *Decr. de Indulg.* — [2] Sess. XXV, *Decr. de Purgat.*

nos péchés, nous pourrons dire avec confiance que le contraire paroît par les maximes que nous avons établies. Elles font voir clairement que tout notre salut n'est qu'une œuvre de miséricorde et de grace ; que ce que nous faisons par la grace de Dieu n'est pas moins à lui que ce qu'il fait tout seul par sa volonté absolue ; et qu'enfin ce que nous lui donnons ne lui appartient pas moins que ce qu'il nous donne. A quoi il faut ajouter que ce que nous appelons *satisfaction* après toute l'Eglise ancienne, n'est après tout qu'une application de la satisfaction de Jésus-Christ.

Cette même considération doit apaiser ceux qui s'offensent, quand nous disons que Dieu a tellement agréable la charité fraternelle et la communion de ses Saints, que souvent même il reçoit les satisfactions que nous lui offrons les uns pour les autres. Il semble que ces Messieurs ne conçoivent pas combien tout ce que nous sommes est à Dieu ; ni combien tous les égards, que sa bonté lui fait avoir pour les fidèles qui sont les membres de Jésus-Christ, se rapportent nécessairement à ce divin chef. Mais certes ceux qui ont lu et qui ont considéré que Dieu même inspire à ses serviteurs le désir de s'affliger dans le jeûne, dans le sac et dans la cendre, non-seulement pour leurs péchés, mais pour les péchés de tout le peuple, ne s'étonneront pas si nous disons que touché du plaisir qu'il a de gratifier ses amis, il accepte miséricordieusement l'humble sacrifice de leurs mortifications volontaires, en diminution des châtimens qu'il préparoit à son peuple : ce qui montre que satisfait par les uns, il veut bien s'adoucir envers les autres, honorant par ce moyen son Fils Jésus-Christ dans la communion de ses membres et dans la sainte société de son corps mystique.

IX. — Les Sacremens.

L'ordre de la doctrine demande que nous parlions maintenant des sacremens, par lesquels les mérites de Jésus-Christ nous sont appliqués. Comme les disputes que nous avons en cet endroit, si nous en exceptons celle de l'Eucharistie, ne sont pas les plus échauffées, nous éclaircirons d'abord en peu de paroles les principales difficultés qu'on nous fait touchant les autres sacremens, réservant pour la fin celle de l'Eucharistie, qui est la plus importante de toutes.

Les sacremens de la nouvelle alliance ne sont pas seulement des signes sacrés qui nous représentent la grace, ni des sceaux qui nous la confirment, mais des instrumens du Saint-Esprit, qui servent à nous l'appliquer, et qui nous la confèrent en vertu des paroles qui se prononcent, et de l'action qui se fait sur nous au dehors, pourvu que nous n'y apportions aucun obstacle par notre mauvaise disposition.

Lorsque Dieu attache une si grande grace à des signes extérieurs, qui n'ont de leur nature aucune proportion avec un effet si admirable, il nous marque clairement, qu'outre tout ce que nous pouvons faire au dedans de nous par nos bonnes dispositions, il faut qu'il intervienne pour notre sanctification une opération spéciale du Saint-Esprit, et une application singulière du mérite de notre Sauveur, qui nous est démontrée par les sacremens. Ainsi l'on ne peut rejeter cette doctrine sans faire tort au mérite de Jésus-Christ et à l'œuvre de la puissance divine dans notre régénération.

Nous reconnoissons sept signes ou cérémonies sacrées établies par Jésus-Christ, comme les moyens ordinaires de la sanctification et de la perfection du nouvel homme. Leur institution divine paroît dans l'Ecriture sainte, ou par les paroles expresses de Jésus-Christ qui les établit, ou par la grace, qui selon la même Ecriture y est attachée, et qui marque nécessairement un ordre de Dieu.

Comme les petits enfans ne peuvent suppléer le défaut du baptême par les actes de foi, d'espérance et de charité, ni par le vœu de recevoir ce sacrement, nous croyons que s'ils ne le reçoivent en effet, ils ne participent en aucune sorte à la grace de la rédemption; et qu'ainsi mourant en Adam, ils n'ont aucune part avec Jésus-Christ.

Il est bon d'observer ici que les luthériens croient avec l'Eglise catholique la nécessité absolue du baptême pour les petits enfans, et s'étonnent avec elle de ce qu'on a nié une vérité qu'aucun homme avant Calvin n'avoit osé ouvertement révoquer en doute, tant elle étoit fortement imprimée dans l'esprit de tous les fidèles.

Cependant les prétendus réformés ne craignent pas de laisser volontairement mourir leurs enfans, comme les enfans des infidèles, sans porter aucune marque du christianisme, et sans en avoir reçu aucune grace, si la mort prévient leur jour d'assemblée.

L'imposition des mains pratiquée par les saints apôtres [1] pour confirmer les fidèles contre les persécutions, ayant son effet principal dans la descente intérieure du Saint-Esprit et dans l'infusion de ses dons, elle n'a pas dû être rejetée par nos adversaires, sous prétexte que le Saint-Esprit ne descend plus visiblement sur nous. Aussi toutes les églises chrétiennes l'ont-elles religieusement retenue depuis le temps des apôtres, se servant aussi du saint chrême, pour démontrer la vertu de ce sacrement par une représentation plus expresse de l'onction intérieure du Saint-Esprit.

Nous croyons qu'il a plu à Jésus-Christ que ceux qui se sont soumis à l'autorité de l'Eglise par le baptême, et qui depuis on violé les lois de l'Evangile, viennent subir le jugement de la même Eglise dans le tribunal de la pénitence, où elle exerce la puissance qui lui est donnée de remettre et de retenir les péchés [2].

Les termes de la commission qui est donnée aux ministres de l'Eglise pour absoudre les péchés sont si généraux, qu'on ne peut sans témérité la réduire aux péchés publics; et comme quand ils prononcent l'absolution au nom de Jésus-Christ, ils ne font que suivre les termes exprès de cette commission, le jugement est censé rendu par Jésus-Christ même, pour lequel ils sont établis juges. C'est ce Pontife invisible qui absout intérieurement le pénitent, pendant que le prêtre exerce le ministère extérieur.

Ce jugement étant un frein si nécessaire à la licence, une source si féconde de sages conseils, une si sensible consolation pour les ames affligées de leurs péchés, lorsque non-seulement on leur déclare en termes généraux leur absolution, comme les ministres le pratiquent, mais qu'on les absout en effet par l'autorité de Jésus-Christ après un examen particulier et avec connoissance de cause : nous ne pouvons croire que nos adversaires puissent envi-

[1] *Act.*, VIII, 15, 17. — [2] *Matth.*, XVIII, 18; *Joan.*, XX, 23.

sager tant de biens sans en regretter la perte, et sans avoir quelque honte d'une réformation qui a retranché une pratique si salutaire et si sainte.

Le Saint-Esprit ayant attaché à l'Extrême-Onction, selon le témoignage de saint Jacques [1], la promesse expresse de la rémission des péchés et du soulagement du malade, rien ne manque à cette sainte cérémonie pour être un véritable sacrement. Il faut seulement remarquer que, suivant la doctrine du concile de Trente [2], le malade est plus soulagé selon l'ame que selon le corps; et que, comme le bien spirituel est toujours l'objet principal de la loi nouvelle, c'est aussi celui que nous devons attendre absolument de cette sainte onction, si nous sommes bien disposés; au lieu que le soulagement dans les maladies nous est seulement accordé par rapport à notre salut éternel, suivant les dispositions cachées de la divine Providence, et les divers degrés de préparation et de foi qui se trouvent dans les fidèles.

Quand on considérera que Jésus-Christ a donné une nouvelle forme au mariage, en réduisant cette sainte société à deux personnes immuablement et indissolublement unies [3]; et quand on verra que cette inséparable union est le signe de son union éternelle avec son Eglise [4] : on n'aura pas de peine à comprendre que le mariage des fidèles est accompagné du Saint-Esprit et de la grace; et on louera la bonté divine, de ce qu'il lui a plu de consacrer de cette sorte la source de notre naissance.

L'imposition des mains que reçoivent les ministres des choses saintes étant accompagnée d'une vertu si présente du Saint-Esprit et d'une infusion si entière de la grace [5], elle doit être mise au nombre des sacremens. Aussi faut-il avouer que nos adversaires n'en excluent pas absolument la consécration des ministres, mais qu'ils l'excluent simplement du nombre des sacremens, qui sont *communs à toute l'Eglise* [6].

---

[1] *Jacob.*, v, 14, 15. — [2] Sess. xiv, cap. ii, *De sacr. Extr. Unct.* — [3] *Matth.*, xix, 5. — [4] *Éphes.*, v, 32. — [5] I *Timoth.*, iv, 14; II *Timoth.*, i, 6. — [6] *Confess. de foi*, art. 35.

X. — Doctrine de l'Eglise touchant la présence réelle du corps et du sang de Jésus-Christ dans l'Eucharistie, et la manière dont l'Eglise entend ces paroles : *Ceci est mon corps.*

Nous voilà enfin arrivés à la question de l'Eucharistie, où il sera nécessaire d'expliquer plus amplement notre doctrine, sans toutefois nous éloigner trop des bornes que nous nous sommes prescrites.

La présence réelle du corps et du sang de Notre-Seigneur dans ce sacrement, est solidement établie par les paroles de l'institution, lesquelles nous entendons à la lettre; et il ne nous faut non plus demander pourquoi nous nous attachons au sens propre et littéral, qu'à un voyageur pourquoi il suit le grand chemin. C'est à ceux qui ont recours aux sens figurés et qui prennent des sentiers détournés, à rendre raison de ce qu'ils font. Pour nous qui ne trouvons rien dans les paroles dont Jésus-Christ se sert pour l'institution de ce mystère, qui nous oblige à les prendre en un sens figuré, nous estimons que cette raison suffit pour nous déterminer au sens propre. Mais nous y sommes encore plus fortement engagés, quand nous venons à considérer dans ce mystère l'intention du Fils de Dieu, que j'expliquerai le plus simplement qu'il me sera possible, et par des principes dont je crois que nos adversaires ne pourront disconvenir.

Je dis donc que ces paroles du Sauveur : « Prenez, mangez, ceci est mon corps donné pour vous [1], » nous font voir que, comme les anciens Juifs ne s'unissoient pas seulement en esprit à l'immolation des victimes qui étoient offertes pour eux, mais qu'en effet ils mangeoient la chair sacrifiée, ce qui leur étoit une marque de la part qu'ils avoient à cette oblation : ainsi Jésus-Christ s'étant fait lui-même notre victime, a voulu que nous mangeassions effectivement la chair de ce sacrifice, afin que la communication actuelle de cette chair adorable fût un témoignage perpétuel à chacun de nous en particulier, que c'est pour nous qu'il l'a prise, et que c'est pour nous qu'il l'a immolée.

Dieu avoit défendu aux Juifs de manger l'hostie qui étoit im-

[1] *Matth.*, XXVI, 26; *Luc.*, XXII, 19.

molée pour leurs péchés[1], afin de leur apprendre que la véritable expiation des crimes ne se faisoit pas dans la loi, ni par le sang des animaux : tout le peuple étoit comme en interdit par cette défense, sans pouvoir actuellement participer à la rémission des péchés. Par une raison opposée, il falloit que le corps de notre Sauveur, vraie hostie immolée pour le péché, fût mangé par les fidèles, afin de leur montrer par cette manducation que la rémission des péchés étoit accomplie dans le Nouveau Testament.

Dieu défendoit aussi au peuple juif de manger du sang ; et l'une des raisons de cette défense, étoit « que le sang nous est donné pour l'expiation de nos ames[2]. » Mais au contraire notre Sauveur nous propose son sang à boire, à cause « qu'il est répandu pour la rémission des péchés[3]. »

Ainsi la manducation de la chair et du sang du Fils de Dieu est aussi réelle à la sainte table, que la grace, l'expiation des péchés et la participation au sacrifice de Jésus-Christ est actuelle et effective dans la nouvelle alliance.

Toutefois, comme il désiroit exercer notre foi dans ce mystère, et en même temps nous ôter l'horreur de manger sa chair et de boire son sang en leur propre espèce, il étoit convenable qu'il nous les donnât enveloppés sous une espèce étrangère. Mais si ces considérations l'ont obligé de nous faire manger la chair de notre victime d'une autre manière que n'ont fait les Juifs, il n'a pas dû pour cela nous rien ôter de la réalité et de la substance.

Il paroît donc que pour accomplir les figures anciennes, et nous mettre en possession actuelle de la victime offerte pour notre péché, Jésus-Christ a eu dessein de nous donner en vérité son corps et son sang : ce qui est si évident, que nos adversaires mêmes veulent que nous croyions qu'ils ont en cela le même sentiment que nous, puisqu'ils ne cessent de nous répéter qu'ils ne nient ni la vérité ni la participation réelle du corps et du sang dans l'Eucharistie. C'est ce que nous examinerons dans la suite, où nous croyons devoir exposer leur sentiment, après que nous aurons achevé d'expliquer celui de l'Eglise. Mais en attendant, nous conclurons que si la simplicité des paroles du Fils de Dieu les

[1] *Levit.*, vi, 30. — [2] *Levit.*, xvii, 11. — [3] *Matth.*, xxvi, 28.

force à reconnoître que son intention expresse a été de nous donner en vérité sa chair, quand il a dit : « Ceci est mon corps, » ils ne doivent pas s'étonner si nous ne pouvons consentir à n'entendre ces mots qu'en figure.

En effet le Fils de Dieu, si soigneux d'exposer à ses apôtres ce qu'il enseigne sous des paraboles et sous des figures, n'ayant rien dit ici pour s'expliquer, il paroît qu'il a laissé ses paroles dans leur signification naturelle. Je sais que ces Messieurs prétendent que la chose s'explique assez d'elle-même, parce qu'on voit bien, disent-ils, que ce qu'il présente n'est que du pain et du vin : mais ce raisonnement s'évanouit, quand on considère que celui qui parle est d'une autorité qui prévaut aux sens, et d'une puissance qui domine toute la nature. Il n'est pas plus difficile au Fils de Dieu de faire que son corps soit dans l'Eucharistie, en disant : « Ceci est mon corps, » que de faire qu'une femme soit délivrée de sa maladie, en disant : « Femme, tu es délivrée de ta maladie[1] ; » ou de faire que la vie soit conservée à un jeune homme, en disant à son père : « Ton fils est vivant[2] ; » ou enfin de faire que les péchés du paralytique lui soient remis, en lui disant : « Tes péchés te sont remis[3]. »

Ainsi n'ayant point à nous mettre en peine comment il exécutera ce qu'il dit, nous nous attachons précisément à ses paroles. Celui qui fait ce qu'il veut, en parlant opère ce qu'il dit : et il a été plus aisé au Fils de Dieu de forcer les lois de la nature pour vérifier ses paroles, qu'il ne nous est aisé d'accommoder notre esprit à des interprétations violentes, qui renversent toutes les lois du discours.

Ces lois du discours nous apprennent que le signe qui représente naturellement, reçoit souvent le nom de la chose, parce qu'il lui est comme naturel d'en ramener l'idée à l'esprit. Le même arrive aussi, quoiqu'avec certaines limites, aux signes d'institution, quand ils sont reçus et qu'on y est accoutumé. Mais qu'en établissant un signe qui de soi n'a aucun rapport à la chose ; par exemple, un morceau de pain pour signifier le corps d'un homme, on lui en donne le nom sans rien expliquer, et avant que

---

[1] *Luc.*, XIII, 12. — [2] *Joan.*, IV, 50. — [3] *Matth.*, IX, 2.

personne en soit convenu, comme a fait Jésus-Christ dans la Cène :
c'est une chose inouïe, et dont nous ne voyons aucun exemple
dans toute l'Ecriture sainte, pour ne pas dire dans tout le langage humain.

Aussi Messieurs de la religion prétendue réformée ne s'arrêtent
pas tellement au sens figuré qu'ils ont voulu donner aux paroles
de Jésus-Christ, qu'en même temps ils ne reconnoissent qu'il a eu
intention, en les proférant, de nous donner en vérité son corps et
son sang.

XI. — Explication des paroles : *Faites ceci en mémoire de moi.*

Après avoir proposé les sentimens de l'Eglise touchant ces paroles : « Ceci est mon corps, » il faut dire ce qu'elle pense de celles
que Jésus-Christ y ajouta : « Faites ceci en mémoire de moi [1]. »
Il est clair que l'intention du Fils de Dieu est de nous obliger par
ces paroles à nous souvenir de la mort qu'il a endurée pour notre
salut ; et saint Paul conclut de ces mêmes paroles, que « nous
annonçons la mort du Seigneur [2] » dans ce mystère. Or il ne faut
pas se persuader que ce souvenir de la mort de Notre-Seigneur
exclue la présence réelle de son corps : au contraire, si on considère ce que nous venons d'expliquer, on entendra clairement
que cette commémoration est fondée sur la présence réelle. Car
de même que les Juifs en mangeant les victimes pacifiques, se
souvenoient qu'elles avoient été immolées pour eux, ainsi en
mangeant la chair de Jésus-Christ notre victime, nous devons
nous souvenir qu'il est mort pour nous. C'est donc cette même
chair mangée par les fidèles, qui non-seulement réveille en nous
la mémoire de son immolation, mais encore qui nous en confirme
la vérité. Et loin de pouvoir dire que cette commémoration solennelle, que Jésus-Christ nous ordonne de faire, exclue la présence de sa chair, on voit au contraire que ce tendre souvenir
qu'il veut que nous ayons à la sainte table de lui comme immolé
pour nous, est fondé sur ce que cette même chair y doit être prise
réellement, puisqu'en effet il ne nous est pas possible d'oublier
que c'est pour nous qu'il a donné son corps en sacrifice, quand

---

[1] *Luc.*, XXII, 19. — [2] I *Cor.*, XI, 24, 26.

nous voyons qu'il nous donne encore tous les jours cette victime à manger.

Faut-il que des chrétiens sous prétexte de célébrer dans la Cène la mémoire de la passion de notre Sauveur, ôtent à cette pieuse commémoration ce qu'elle a de plus efficace et de plus tendre? Ne doivent-ils pas considérer que Jésus-Christ ne commande pas simplement qu'on se souvienne de lui, mais qu'on s'en souvienne en mangeant sa chair et son sang? Qu'on prenne garde à la suite, et à la force de ses paroles. Il ne dit pas simplement, comme Messieurs de la religion prétendue réformée semblent l'entendre, que le pain et le vin de l'Eucharistie nous soient un *mémorial* de son corps et de son sang; mais il nous avertit qu'en faisant ce qu'il nous prescrit, c'est-à-dire en prenant son corps et son sang, nous nous souvenions de lui. Qu'y a-t-il en effet de plus puissant pour nous en faire souvenir? Et si les enfans se souviennent si tendrement de leur père et de ses bontés, lorsqu'ils s'approchent du tombeau où son corps est enfermé, combien notre souvenir et notre amour doivent-ils être excités, lorsque nous tenons sous ces enveloppes sacrées, sous ce tombeau mystique, la propre chair de notre Sauveur immolé pour nous, cette chair vivante et vivifiante, et ce sang encore tout chaud par son amour et tout plein d'esprit et de grace? Que si nos adversaires continuent de nous dire que celui qui nous commande de nous souvenir de lui ne nous donne pas sa propre substance, il faudra enfin les prier de s'accorder avec eux-mêmes. Ils protestent qu'ils ne nient pas dans l'Eucharistie la communication réelle de la propre substance du Fils de Dieu. Si leurs paroles sont sérieuses, si leur doctrine n'est pas une illusion, il faut nécessairement qu'ils disent avec nous que le souvenir n'exclut pas toute sorte de présence, mais seulement celle qui frappe les sens. Leur réponse sera la nôtre, puisqu'en disant que Jésus-Christ est présent, nous reconnoissons en même temps qu'il ne l'est pas d'une manière sensible.

Et si l'on nous demande d'où vient que croyant, comme nous faisons, qu'il n'y a rien pour les sens dans ce saint mystère, nous ne croyons pas qu'il suffise que Jésus-Christ y soit présent par la foi, il est aisé de répondre et de démêler cette équivoque. Autre chose est de dire que le Fils de Dieu nous soit présent par la foi, et autre chose de dire que nous sachions par la foi qu'il est présent. La première façon de parler n'emporte qu'une présence morale : la seconde nous en signifie une très-réelle, parce que la foi est très-véritable; et cette présence réelle, connue par la foi, suffit pour opérer dans *le juste* qui *vit de foi*[1], tous les effets que j'ai remarqués.

XII. — Exposition de la doctrine des Calvinistes sur la réalité.

Mais pour ôter une fois toutes les équivoques dont les calvinistes se servent en cette matière, et faire voir en même temps jusqu'à quel point ils se sont approchés de nous, quoique je n'aie entrepris que d'expliquer la doctrine de l'Eglise, il sera bon d'ajouter ici l'exposition de leurs sentimens.

Leur doctrine a deux parties : l'une ne parle que de figure du corps et du sang; l'autre ne parle que de réalité du corps et du sang. Nous allons voir par ordre chacune de ces parties.

Ils disent premièrement que ce grand miracle de la présence réelle, que nous admettons, ne sert de rien; que c'est assez pour notre salut que Jésus-Christ soit mort pour nous; que ce sacrifice nous est suffisamment appliqué par la foi; et que cette application nous est suffisamment certifiée par la parole de Dieu. Ils ajoutent que s'il faut revêtir cette parole de signes sensibles, il suffit de nous donner de simples symboles, tels que l'eau du baptême, sans qu'il soit nécessaire de faire descendre du ciel le corps et le sang de Jésus-Christ.

Il ne paroît rien de plus facile que cette manière d'expliquer le sacrement de la Cène. Cependant nos adversaires mêmes n'ont pas cru qu'ils dussent s'en contenter. Ils savent que de semblables imaginations ont fait nier aux sociniens ce grand miracle de l'incarnation. Dieu, disent ces hérétiques, pouvoit nous sauver sans tant de détours : il n'avoit qu'à nous remettre nos fautes; et il pouvoit nous instruire suffisamment, tant pour la doctrine que pour les mœurs, par les paroles et par les exemples d'un homme plein du Saint-Esprit, sans qu'il fût besoin pour cela d'en faire

[1] *Habac.*, II, 4.

un Dieu. Mais les calvinistes ont reconnu, aussi bien que nous, le foible de ces argumens, qui paroît premièrement en ce qu'il ne nous appartient pas de nier ou d'assurer les mystères, suivant qu'ils nous paroissent utiles ou inutiles pour notre salut. Dieu seul en sait le secret; et c'est à nous de les rendre utiles et salutaires pour nous, en les croyant comme il les propose, et en recevant ses graces de la manière qu'il nous les présente. Secondement, sans entrer dans la question de savoir s'il étoit possible à Dieu de nous sauver par une autre voie que par l'incarnation et par la mort de son Fils, et sans nous jeter dans cette dispute inutile que Messieurs de la religion prétendue réformée traitent si longuement dans leurs écoles, il suffit d'avoir appris par les saintes Ecritures que le Fils de Dieu a voulu nous témoigner son amour par des effets incompréhensibles. Cet amour a été la cause de cette union si réelle, par laquelle il s'est fait homme. Cet amour l'a porté à immoler pour nous ce même corps aussi réellement qu'il l'a pris. Tous ces desseins sont suivis, et cet amour se soutient partout de la même force. Ainsi quand il lui plaira de faire ressentir à chacun de ses enfans, en se donnant à lui en particulier, la bonté qu'il a témoignée à tous en général, il trouvera le moyen de se satisfaire par des choses aussi effectives que celles qu'il avoit déjà accomplies pour notre salut. C'est pourquoi il ne faut plus s'étonner s'il donne à chacun de nous la propre substance de sa chair et de son sang. Il le fait pour nous imprimer dans le cœur que c'est pour nous qu'il les a pris, et qu'il les a offerts en sacrifice. Ce qui précède nous rend toute cette suite croyable; l'ordre de ses mystères nous dispose à croire tout cela; et sa parole expresse ne nous permet pas d'en douter.

Nos adversaires ont bien vu que de simples figures et de simples signes du corps et du sang ne contenteroient pas les chrétiens, accoutumés aux bontés d'un Dieu qui se donne à nous si réellement. C'est pourquoi ils ne veulent pas qu'on les accuse de nier une participation réelle et substantielle de Jésus-Christ dans leur Cène. Ils assurent, comme nous, qu'il nous y fait participans de « sa propre substance [1]; » ils disent qu'il « nous nourrit et vivifie

[1] *Catech. Dim.*, 53.

de la substance de son corps et de son sang [1] ; » et jugeant que ce ne seroit pas assez qu'il nous montrât par quelque signe que nous eussions part à son sacrifice, ils disent expressément que le corps du Sauveur, qui nous est donné dans la Cène [2], nous le certifie : paroles très-remarquables, que nous examinerons incontinent.

Voilà donc le corps et le sang de Jésus-Christ présens dans nos mystères, de l'aveu des calvinistes : car ce qui est communiqué *selon sa propre substance* doit être réellement présent. Il est vrai qu'ils expliquent cette communication, en disant qu'elle se fait en esprit et par foi : mais il est vrai aussi qu'ils veulent qu'elle soit réelle. Et parce qu'il n'est pas possible de faire entendre qu'un corps qui ne nous est communiqué qu'en esprit et par foi, nous soit communiqué réellement et en sa propre substance, ils n'ont pu demeurer fermes dans les deux parties d'une doctrine si contradictoire; et ils ont été obligés d'avouer deux choses qui ne peuvent être véritables, qu'en supposant ce que l'Eglise catholique enseigne.

La première est que Jésus-Christ nous est donné dans l'Eucharistie d'une manière qui ne convient ni au baptême, ni à la prédication de l'Evangile, et qui est toute propre à ce mystère. Nous allons voir la conséquence de ce principe : mais voyons auparavant comme il nous est accordé par Messieurs de la religion prétendue réformée.

Je ne rapporterai ici le témoignage d'aucun auteur particulier, mais les propres paroles de leur *Catéchisme* dans l'endroit où il explique ce qui regarde la Cène. Il porte en termes formels, non-seulement que Jésus-Christ nous est donné dans la Cène en vérité « et selon sa propre substance [3] ; mais qu'encore qu'il nous soit vraiment communiqué, et par le baptême et par l'Evangile, toutefois ce n'est qu'en partie, et non pleinement [4]. » D'où il suit qu'il nous est donné dans la Cène pleinement et non en partie.

Il y a une extrême différence entre recevoir en partie, et recevoir pleinement. Si donc on reçoit Jésus-Christ partout ailleurs en partie, et qu'il n'y ait que dans la Cène où on le reçoive plei-

---

[1] *Confess. de foi*, art. 36. — [2] *Catéch. Dim.*, 52. — [3] *Catéch. Dim.*, 53. — [4] *Catéch. Dim.*, 52.

nement : il s'ensuit du consentement de nos adversaires, qu'il faut chercher dans la Cène une participation qui soit propre à ce mystère, et qui ne convienne pas au baptême et à la prédication ; mais en même temps il s'ensuit aussi que cette participation n'est pas attachée à la foi, puisque la foi se répandant généralement dans toutes les actions du chrétien, se trouve dans la prédication et dans le baptême, aussi bien que dans la Cène. En effet il est remarquable que quelque désir qu'aient eu les prétendus réformateurs d'égaler le baptême et la prédication à la Cène, en ce que Jésus-Christ nous y est vraiment communiqué, ils n'ont osé dire dans leur *Catéchisme* que Jésus-Christ nous fût donné en sa propre substance dans le baptême et dans la prédication, comme ils l'ont dit de la Cène. Ils ont donc vu qu'ils ne pouvoient s'empêcher d'attribuer à la Cène une manière de posséder Jésus-Christ qui fût particulière à ce sacrement ; et que la foi, qui est commune à toutes les actions du chrétien, ne pouvoit être cette manière particulière. Or cette manière particulière de posséder Jésus-Christ dans la Cène, doit aussi être réelle, puisqu'elle donne aux fidèles la propre substance du corps et du sang de Jésus-Christ. Tellement qu'il faut conclure des choses qu'ils nous accordent, qu'il y a dans l'Eucharistie une manière réelle de recevoir le corps et le sang de notre Sauveur, qui ne se fait pas par la foi ; et c'est ce que l'Eglise catholique enseigne.

La seconde chose accordée par les prétendus réformateurs, est tirée de l'article qui suit immédiatement celui que j'ai déjà cité de leur *Catéchisme* ; c'est « que le corps du Seigneur Jésus, en tant qu'il a une fois été offert en sacrifice pour nous réconcilier à Dieu, nous est maintenant donné pour nous certifier que nous avons part à cette réconciliation [1]. »

Si ces paroles ont quelque sens, si elles ne sont point un son inutile et un vain amusement, elles doivent nous faire entendre que Jésus-Christ ne nous donne pas un symbole seulement, mais son propre corps, pour nous certifier que nous avons part à son sacrifice et à la réconciliation du genre humain. Or si la réception du corps de Notre-Seigneur nous certifie la participation au fruit

[1] *Catéch. Dim.*, 52.

de sa mort, il faut nécessairement que cette participation au fruit soit distinguée de la réception du corps, puisque l'une est le gage de l'autre. D'où passant plus avant, je dis que si nos adversaires sont contraints de distinguer dans la Cène la participation au corps du Sauveur d'avec la participation au fruit et à la grace de son sacrifice, il faut aussi qu'ils distinguent la participation à ce divin corps d'avec toute la participation qui se fait spirituellement et par la foi. Car cette dernière participation ne leur fournira jamais deux actions distinguées, par l'une desquelles ils reçoivent le corps du Sauveur, et par l'autre le fruit de son sacrifice ; nul homme ne pouvant concevoir quelle différence il y a entre participer par la foi au corps du Sauveur, et participer par la foi au fruit de sa mort. Il faut donc qu'ils reconnoissent qu'outre la communion, par laquelle nous participons spirituellement au corps de notre Sauveur et à son esprit tout ensemble en recevant le fruit de sa mort, il y a encore une communion réelle au corps du même Sauveur, qui nous est un gage certain que l'autre nous est assurée, si nous n'empêchons l'effet d'une telle grace par nos mauvaises dispositions. Cela est nécessairement enfermé dans les principes dont ils conviennent ; et jamais ils n'expliqueront cette vérité d'une manière tant soit peu solide, s'ils ne reviennent au sentiment de l'Eglise.

Qui n'admirera ici la force de la vérité ? Tout ce qui suit des principes avoués par nos adversaires, s'entend parfaitement dans le sentiment de l'Eglise. Les catholiques les moins instruits conçoivent sans aucune peine qu'il y a dans l'Eucharistie une communion avec Jésus-Christ, que nous ne trouvons nulle part ailleurs. Il leur est aisé d'entendre que son corps « nous est donné, pour nous certifier que nous avons part à son sacrifice et à sa mort. » Ils distinguent nettement ces deux façons nécessaires de nous unir à Jésus-Christ : l'une, en recevant sa propre chair ; l'autre, en recevant son esprit, dont la première nous est accordée comme un gage certain de la seconde. Mais comme ces choses sont inexplicables dans le sentiment de nos adversaires, quoique d'ailleurs ils ne puissent les désavouer, il faut conclure nécessairement que l'erreur les a jetés dans une contradiction manifeste.

Je me suis souvent étonné de ce qu'ils n'ont pas expliqué leur doctrine d'une manière plus simple. Que n'ont-ils toujours persisté à dire, sans tant de façons, que Jésus-Christ ayant répandu son sang pour nous, nous avoit représenté cette effusion en nous donnant deux signes distincts du corps et du sang ; qu'il avoit bien voulu donner à ces signes le nom de la chose même ; que ces signes sacrés nous étoient des gages que nous participions au fruit de sa mort et que nous étions nourris spirituellement par la vertu de son corps et de son sang? Après avoir fait tant d'efforts pour prouver que les signes reçoivent le nom de la chose, et que pour cette raison le signe du corps a pu être appelé le corps, toute cette suite de doctrine les obligeoit naturellement à s'en tenir là. Pour rendre ces signes efficaces, il suffisoit que la grace de la rédemption y fût attachée, ou plutôt, selon leurs principes, qu'elle nous y fût confirmée. Il ne falloit point se tourmenter, comme ils ont fait, à nous faire entendre que nous recevons le propre corps du Sauveur, pour nous certifier que nous participons à la grace de sa mort. Ces Messieurs s'étoient bien contentés d'avoir dans l'eau du baptême un signe du sang qui nous lave ; et ils ne s'étoient point avisés de dire que nous y reçussions la propre substance du sang du Sauveur, pour nous certifier que sa vertu s'y déploie sur nous. S'ils avoient raisonné de même dans la matière de l'Eucharistie, leur doctrine en auroit été moins embarrassée. Mais ceux qui inventent et qui innovent, ne peuvent pas dire tout ce qu'ils veulent. Ils trouvent des vérités constantes et des maximes établies qui les incommodent, et qui les obligent à forcer leurs pensées. Les ariens eussent bien voulu ne donner pas au Sauveur le nom de *Dieu* et de *Fils unique*. Les nestoriens n'admettoient qu'à regret en Jésus-Christ cette je ne sais quelle unité de personne que nous voyons dans leurs écrits. Les pélagiens, qui nioient le péché originel, eussent nié aussi volontiers que le baptême dût être donné aux petits enfans en rémission des péchés : par ce moyen ils se seroient débarrassés de l'argument que les catholiques tiroient de cette pratique pour prouver le péché originel. Mais, comme je viens de dire, ceux qui trouvent quelque chose d'établi n'ont pas la hardiesse de tout renverser. Que les calvinistes nous avouent de bonne foi la vérité : ils eussent été fort disposés à reconnoître seulement dans l'Eucharistie le corps de Jésus-Christ en figure, et la seule participation de son esprit en effet, laissant à part ces grands mots de participation de propre substance, et tant d'autres qui marquent une présence réelle, et qui ne font que les embarrasser. Il auroit été assez de leur goût de ne confesser dans la Cène aucune communion avec Jésus-Christ, que celle qui se trouve dans la prédication et dans le baptême, sans nous aller dire, comme ils ont fait, que dans la Cène on le reçoit *pleinement,* et ailleurs seulement *en partie.* Mais quoique ce fût là leur inclination, la force des paroles y résistoit. Le Sauveur ayant dit si précisément de l'Eucharistie : « Ceci est mon corps, ceci est mon sang, » ce qu'il n'a jamais dit de nulle autre chose ni en nulle autre rencontre : quelle apparence de rendre commun à toutes les actions du chrétien ce que sa parole expresse attache à un sacrement particulier? Et puis, tout l'ordre des conseils divins, la suite des mystères et de la doctrine, l'intention de Jésus-Christ dans la Cène, les paroles mêmes dont il s'est servi, et l'impression qu'elles font naturellement dans l'esprit des fidèles, ne donnent que des idées de réalité. C'est pourquoi il a fallu que nos adversaires trouvassent des mots dont le son du moins donnât quelque idée confuse de cette réalité. Quand on s'attache, ou tout à fait à la foi, comme font les catholiques, ou tout à fait à la raison humaine, comme font les infidèles, on peut établir une suite et faire comme un plan uni de doctrine. Mais quand on veut faire un composé de l'un et de l'autre, on dit toujours plus qu'on ne voudroit dire, et ensuite on tombe dans des opinions dont les seules contrariétés font voir la fausseté toute manifeste.

C'est ce qui est arrivé à Messieurs de la religion prétendue réformée; et Dieu l'a permis de la sorte, pour faciliter leur retour à l'unité catholique. Car puisque leur propre expérience leur fait voir qu'il faut nécessairement parler comme nous, pour parler le langage de la vérité; ne devroient-ils pas juger qu'il faut penser comme nous pour la bien entendre? S'ils remarquent dans leur propre créance des choses qui n'ont aucun sens que dans la nôtre, n'en est-ce pas assez pour les convaincre que la vérité n'est en son entier que parmi nous? Et ces parcelles détachées de la doctrine catholique, qui paroissent deçà et delà dans leur *Catéchisme*, mais qui demandent pour ainsi dire d'être réunies à leur tout, ne doivent-elles pas leur faire chercher dans la communion de l'Eglise la pleine et entière explication du mystère de l'Eucharistie? Ils y viendroient sans doute, si les raisonnemens humains n'embarrassoient leur foi trop dépendante des sens. Mais après leur avoir montré quel fruit ils doivent tirer de l'exposition de leur doctrine, achevons d'expliquer la nôtre.

XIII. — De la transsubstantiation, de l'adoration et en quel sens l'Eucharistie est un signe.

Puisqu'il étoit convenable, ainsi qu'il a été dit, que les sens n'aperçussent rien dans ce mystère de foi, il ne falloit pas qu'il y eût rien de changé à leur égard dans le pain et dans le vin de l'Eucharistie. C'est pourquoi, comme on aperçoit les mêmes espèces, et qu'on ressent les mêmes effets qu'auparavant dans ce sacrement, il ne faut pas s'étonner si on lui donne quelquefois et en certain sens le même nom. Cependant la foi, attentive à la parole de celui qui fait tout ce qu'il lui plaît dans le ciel et dans la terre, ne reconnoît plus ici d'autre substance que celle qui est désignée par cette même parole, c'est-à-dire le propre corps et le propre sang de Jésus-Christ, auxquels le pain et le vin sont changés : c'est ce qu'on appelle *Transsubstantiation*.

Au reste la vérité que contient l'Eucharistie dans ce qu'elle a d'intérieur, n'empêche pas qu'elle ne soit un signe dans ce qu'elle a d'extérieur et de sensible; mais un signe de telle nature, que bien loin d'exclure la réalité, il l'emporte nécessairement avec soi, puisqu'en effet cette parole : « Ceci est mon corps, » prononcée sur la matière que Jésus-Christ a choisie, nous est un signe certain qu'il est présent : et quoique les choses paroissent toujours les mêmes à nos sens, notre ame en juge autrement qu'elle ne feroit, si une autorité supérieure n'étoit pas intervenue. Au lieu donc que de certaines espèces et une certaine suite d'impressions naturelles qui se font en nos corps ont accoutumé de nous désigner la substance du pain et du vin, l'autorité de celui à qui nous croyons fait que ces mêmes espèces commencent à nous désigner une autre substance. Car nous écoutons celui qui dit que « ce que nous prenons et ce que nous mangeons est son corps; » et telle est la force de cette parole, qu'elle empêche que nous ne rapportions à la substance du pain ces apparences extérieures, et nous les fait rapporter au corps de Jésus-Christ présent : de sorte que la présence d'un objet si adorable nous étant certifiée par ce signe, nous n'hésitons pas à y porter nos adorations.

Je ne m'arrête pas sur le point de l'adoration, parce que les plus doctes et les plus sensés de nos adversaires nous ont accordé, il y a longtemps, que la présence de Jésus-Christ dans l'Eucharistie doit porter à l'adoration ceux qui en sont persuadés.

Au reste étant une fois convaincus que les paroles toutes-puissantes du Fils de Dieu opèrent tout ce qu'elles énoncent, nous croyons avec raison qu'elles eurent leur effet dans la Cène aussitôt qu'elles furent proférées; et par une suite nécessaire, nous reconnoissons la présence réelle du corps avant la manducation.

XIV. — Le sacrifice de la messe.

Ces choses étant supposées, le sacrifice que nous reconnoissons dans l'Eucharistie n'a plus aucune difficulté particulière.

Nous avons remarqué deux actions dans ce mystère, qui ne laissent pas d'être distinctes, quoique l'une se rapporte à l'autre. La première est la consécration, par laquelle le pain et le vin sont changés au corps et au sang; et la seconde est la manducation, par laquelle on y participe.

Dans la consécration, le corps et le sang sont mystiquement séparés, parce que Jésus-Christ a dit séparément : « Ceci est mon corps; ceci est mon sang; » ce qui enferme une vive et efficace représentation de la mort violente qu'il a soufferte.

Ainsi le Fils de Dieu est mis sur la sainte table, en vertu de ces paroles, revêtu des signes qui représentent sa mort : c'est ce qu'opère la consécration; et cette action religieuse porte avec soi la reconnoissance de la souveraineté de Dieu, en tant que Jésus-

Christ présent y renouvelle et perpétue en quelque sorte la mémoire de son obéissance jusqu'à la mort de la croix; si bien que rien ne lui manque pour être un véritable sacrifice.

On ne peut douter que cette action, comme distincte de la manducation, ne soit d'elle-même agréable à Dieu, et ne l'oblige à nous regarder d'un œil plus propice, parce qu'elle lui remet devant les yeux la mort volontaire que son Fils bien-aimé a soufferte pour les pécheurs, ou plutôt elle lui remet devant les yeux son Fils même sous les signes de cette mort, par laquelle il a été apaisé.

Tous les chrétiens confesseront que la seule présence de Jésus-Christ est une manière d'intercession très-puissante devant Dieu pour tout le genre humain, selon ce que dit l'Apôtre, que Jésus-Christ « se présente et paroît pour nous devant la face de Dieu[1]. » Ainsi nous croyons que Jésus-Christ présent sur la sainte table en cette figure de mort intercède pour nous, et représente continuellement à son Père la mort qu'il a soufferte pour son Eglise.

C'est en ce sens que nous disons que Jésus-Christ s'offre à Dieu pour nous dans l'Eucharistie : c'est en cette manière que nous pensons que cette oblation fait que Dieu nous devient plus propice, et c'est pourquoi nous l'appelons propitiatoire.

Lorsque nous considérons ce qu'opère Jésus-Christ dans ce mystère, et que nous le voyons par la foi présent actuellement sur la sainte table avec ces signes de mort, nous nous unissons à lui en cet état; nous le présentons à Dieu comme notre unique victime, et notre unique propitiateur par son sang, protestant que nous n'avons rien à offrir à Dieu que Jésus-Christ et le mérite infini de sa mort. Nous consacrons toutes nos prières par cette divine offrande; et en présentant Jésus-Christ à Dieu, nous apprenons en même temps à nous offrir à la Majesté divine, en lui et par lui, comme des hosties vivantes.

Tel est le sacrifice des chrétiens, infiniment différent de celui qui se pratiquoit dans la loi : sacrifice spirituel et digne de la nouvelle alliance, où la victime présente n'est aperçue que par la foi, où le glaive est la parole qui sépare mystiquement le corps et le

[1] *Hebr.*, IX, 24.

sang, où ce sang par conséquent n'est répandu qu'en mystère et où la mort n'intervient que par représentation : sacrifice néanmoins très-véritable, en ce que Jésus-Christ y est véritablement contenu et présenté à Dieu sous cette figure de mort : mais sacrifice de commémoration, qui bien loin de nous détacher, comme on nous l'objecte, du sacrifice de la croix, nous y attache par toutes ses circonstances, puisque non-seulement il s'y rapporte tout entier, mais qu'en effet il n'est et ne subsiste que par ce rapport, et qu'il en tire toute sa vertu.

C'est la doctrine expresse de l'Eglise catholique dans le concile de Trente, qui enseigne que ce sacrifice n'est institué qu'afin « de représenter celui qui a été une fois accompli en la croix, d'en faire durer la mémoire jusqu'à la fin des siècles, et de nous en appliquer la vertu salutaire pour la rémission des péchés que nous commettons tous les jours [1]. » Ainsi loin de croire qu'il manque quelque chose au sacrifice de la croix, l'Eglise au contraire le croit si parfait et si pleinement suffisant, que tout ce qui se fait ensuite n'est plus établi que pour en célébrer la mémoire, et pour en appliquer la vertu.

Par là cette même Eglise reconnoît que tout le mérite de la rédemption du genre humain est attaché à la mort du Fils de Dieu; et on doit avoir compris, par toutes les choses qui ont été exposées, que lorsque nous disons à Dieu dans la célébration des divins mystères : « Nous vous présentons cette hostie sainte, » nous ne prétendons point par cette oblation faire ou présenter à Dieu un nouveau paiement du prix de notre salut, mais employer auprès de lui les mérites de Jésus-Christ présent, et le prix infini qu'il a payé une fois pour nous en la croix.

Messieurs de la religion prétendue réformée ne croient point offenser Jésus-Christ, en l'offrant à Dieu comme présent à leur foi; et s'ils croyoient qu'il fût présent en effet, quelle répugnance auroient-ils à l'offrir comme étant effectivement présent? Ainsi toute la dispute devroit de bonne foi être réduite à la seule présence.

Après cela, toutes ces fausses idées que Messieurs de la religion prétendue réformée se font du sacrifice que nous offrons, devroient

---

[1] Sess. XXII, cap. I, *De sacrificio Missæ*.

s'effacer. Ils devroient reconnoître franchement que les catholiques ne prétendent pas se faire une nouvelle propitiation, pour apaiser Dieu de nouveau, comme s'il ne l'étoit pas suffisamment par le sacrifice de la croix; ou pour ajouter quelque supplément au prix de notre salut, comme s'il étoit imparfait. Toutes ces choses n'ont point de lieu dans notre doctrine, puisque tout se fait ici par forme d'intercession et d'application, en la manière qui vient d'être expliquée.

XV. — L'Epître aux Hébreux.

Après cette explication, ces grandes objections qu'on tire de l'*Epître aux Hébreux* et qu'on fait tant valoir contre nous, paroîtront peu raisonnables; et c'est en vain qu'on s'efforce de prouver, par le sentiment de l'Apôtre, que nous anéantissons le sacrifice de la croix. Mais comme la preuve la plus certaine qu'on puisse avoir que deux doctrines ne sont point opposées, est de reconnoître, en les expliquant, qu'aucune des propositions de l'une n'est contraire aux propositions de l'autre : je crois devoir en cet endroit exposer sommairement la doctrine de l'*Epître aux Hébreux*.

L'Apôtre a dessein en cette Epître de nous enseigner que le pécheur ne pouvoit éviter la mort, qu'en subrogeant en sa place quelqu'un qui mourût pour lui ; que tant que les hommes n'ont mis en leur place que des animaux égorgés, leurs sacrifices n'opéroient autre chose qu'une reconnoissance publique qu'ils méritoient la mort; et que la justice divine ne pouvant pas être satisfaite d'un échange si inégal, on recommençoit tous les jours à égorger des victimes; ce qui étoit une marque certaine de l'insuffisance de cette subrogation : mais que depuis que Jésus-Christ avoit voulu mourir pour les pécheurs, Dieu satisfait de la subrogation volontaire d'une si digne personne, n'avoit plus rien à exiger pour le prix de notre rachat. D'où l'Apôtre conclut que non-seulement on ne doit plus immoler d'autre victime après Jésus-Christ, mais que Jésus-Christ même ne doit être offert qu'une seule fois à la mort.

Que le lecteur soigneux de son salut, et ami de la vérité, repasse maintenant dans son esprit ce que nous avons dit de la manière dont Jésus-Christ s'offre pour nous à Dieu dans l'Eucharistie ; je m'assure qu'il n'y trouvera aucunes propositions qui soient contraires à celles que je viens de rapporter de l'Apôtre, ou qui affoiblissent sa preuve : de sorte qu'on ne pourroit tout au plus nous objecter que son silence. Mais ceux qui voudront considérer la sage dispensation que Dieu fait de ses secrets dans les divers livres de son Ecriture, ne voudront pas nous astreindre à recevoir de la seule *Epître aux Hébreux* toute notre instruction sur une matière qui n'étoit point nécessaire au sujet de cette *Epître*, puisque l'Apôtre se propose d'y expliquer la perfection du sacrifice de la croix, et non les moyens différens que Dieu nous a donnés pour nous l'appliquer.

Et pour ôter toute équivoque, si l'on prend le mot *offrir*, comme il est pris dans cette *Epître*, au sens qui emporte la mort actuelle de la victime, nous confesserons hautement que Jésus-Christ n'est plus offert, ni dans l'Eucharistie, ni ailleurs. Mais comme ce même mot a une signification plus étendue dans les autres endroits de l'Ecriture, où il est souvent dit qu'on offre à Dieu ce qu'on présente devant lui, l'Eglise qui forme son langage et sa doctrine, non sur la seule *Epître aux Hébreux*, mais sur tout le corps des Ecritures, ne craint point de dire que Jésus-Christ s'offre à Dieu partout où il paroît pour nous à sa face, et qu'il s'y offre par conséquent dans l'Eucharistie, suivant les expressions des saints Pères.

De penser maintenant que cette manière dont Jésus-Christ se présente à Dieu, fasse tort au sacrifice de la croix, c'est ce qui ne se peut en façon quelconque, si l'on ne veut renverser toute l'Ecriture, et particulièrement cette même *Epître* que l'on veut tant nous opposer. Car il faudroit conclure par même raison, que lorsque Jésus-Christ se dévoue à Dieu « en entrant au monde, » pour se mettre à la place des victimes « qui ne lui ont pas plu [1], » il fait tort à l'action par laquelle il se dévoue sur la croix ; que lorsqu'il « continue de paroître pour nous devant Dieu [2], » il affoiblit l'oblation, « par laquelle il a paru une fois par l'immolation

[1] *Hebr.*, x, 5. — [2] *Ibid.*, ix, 24.

de lui-même[1] ; et que ne cessant d'intercéder pour nous [2], » il accuse d'insuffisance l'intercession qu'il a faite en mourant, avec « tant de larmes et de si grands cris [3]. »

Tout cela seroit ridicule. C'est pourquoi il faut entendre que Jésus-Christ, qui s'est une fois offert pour être l'humble victime de la justice divine, ne cesse de s'offrir pour nous; que la perfection infinie du sacrifice de la croix consiste en ce que tout ce qui le précède, aussi bien que ce qui le suit, s'y rapporte entièrement; que comme ce qui le précède en est la préparation, ce qui le suit en est la consommation et l'application : qu'à la vérité le paiement du prix de notre rachat ne se réitère plus, parce qu'il a été bien fait la première fois; mais que ce qui nous applique cette rédemption se continue sans cesse; qu'enfin il faut savoir distinguer les choses qui se réitèrent comme imparfaites, de celles qui se continuent comme parfaites et nécessaires.

XVI. — Réflexion sur la doctrine précédente.

Nous conjurons Messieurs de la religion prétendue réformée de faire un peu de réflexion sur les choses que nous avons dites de l'Eucharistie.

La doctrine de la présence réelle en a été le fondement nécessaire. Ce fondement nous est contesté par les calvinistes. Il n'y a rien qui paroisse plus important dans nos controverses, puisqu'il s'agit de la présence de Jésus-Christ même; il n'y a rien que nos adversaires trouvent plus difficile à croire, il n'y a rien en quoi nous soyons si effectivement opposés.

Dans la plupart des autres disputes, quand ces Messieurs nous écoutent paisiblement, ils trouvent que les difficultés s'aplanissent, et que souvent ils sont plus choqués des mots que des choses. Au contraire, sur ce sujet nous convenons davantage de la façon de parler, puisqu'on entend de part et d'autre ces mots de *participation réelle*, et autres semblables. Mais plus nous nous expliquons à fond, plus nous nous trouvons contraires, parce que nos adversaires ne reçoivent pas toutes les suites des vérités qu'ils ont reconnues, rebutés, comme j'ai dit, des difficultés que

[1] *Hebr.*, IX, 26. — [2] *Hebr.*, VII, 25. — [3] *Hebr.*, V, 7.

les sens et la raison humaine trouvent dans ces conséquences.

C'est donc ici, à vrai dire, la plus importante et la plus difficile de nos controverses, et celle où nous sommes en effet le plus éloignés.

Cependant Dieu a permis que les Luthériens soient demeurés aussi attachés à la croyance de la réalité que nous : et il a permis encore que les calvinistes aient déclaré que cette doctrine *n'a aucun venin :* qu'elle ne renverse pas le fondement du salut et de la foi ; et qu'elle ne doit pas rompre la communion entre les frères.

Que ceux de Messieurs de la religion prétendue réformée, qui pensent sérieusement à leur salut, se rendent ici attentifs à l'ordre que tient la divine Providence, pour les approcher insensiblement de nous et de la vérité. On peut, ou dissiper tout à fait, ou réduire à très-peu de chose les autres sujets de leurs plaintes, pourvu qu'on s'explique. En celle-ci, qu'on ne peut espérer de vaincre par ce moyen, ils ont eux-mêmes levé la principale difficulté, en déclarant que cette doctrine n'est pas contraire au salut et aux fondemens de la religion.

Il est vrai que les luthériens, quoique d'accord avec nous du fondement de la réalité, n'en reçoivent pas toutes les suites. Ils mettent le pain avec le corps de Jésus-Christ; quelques-uns d'eux rejettent l'adoration ; ils semblent ne reconnoître la présence que dans l'usage. Mais aucune subtilité des ministres ne pourra jamais persuader aux gens de bon sens, que supportant la réalité, qui est le point le plus important et le plus difficile, on ne doive supporter le reste.

De plus, cette même Providence, qui travaille secrètement à nous rapprocher, et pose des fondemens de réconciliation et de paix au milieu des aigreurs et des disputes, a permis encore que les calvinistes soient demeurés d'accord, que supposé qu'il faille prendre à la lettre ces paroles : « Ceci est mon corps, » les catholiques raisonnent mieux et plus conséquemment que les luthériens.

Si je ne rapporte point les passages qui ont été tant de fois cités en cette matière, on me le pardonnera facilement, puisque tous ceux qui ne sont point opiniâtres, nous accorderons sans peine que la réalité étant supposée, notre doctrine est celle qui se suit le mieux.

C'est donc une vérité établie, que notre doctrine en ce point ne contient que la réalité bien entendue. Mais il n'en faut pas demeurer là; et nous prions les prétendus réformés de considérer que nous n'employons pas d'autres choses pour expliquer le sacrifice de l'Eucharistie, que celles qui sont enfermées nécessairement dans cette réalité.

Si l'on nous demande après cela d'où vient donc que les luthériens, qui croient la réalité, rejettent néanmoins ce sacrifice, qui selon nous n'en est qu'une suite : nous répondrons en un mot qu'il faut mettre cette doctrine parmi les autres conséquences de la présence réelle, que ces mêmes luthériens n'ont pas entendues, et que nous avons mieux pénétrées qu'eux, de l'aveu même des calvinistes.

Si nos explications persuadent à ces derniers que notre doctrine sur le sacrifice est enfermée dans celle de la réalité, ils doivent voir clairement que cette grande dispute du sacrifice de la Messe, qui a rempli tant de volumes et qui a donné lieu à tant d'invectives, doit être dorénavant retranchée du corps de leurs controverses, puisque ce point n'a plus aucune difficulté particulière; et (ce qui est bien plus important) que ce sacrifice, pour lequel ils ont tant de répugnance, n'est qu'une suite nécessaire et une explication naturelle d'une doctrine qui, selon eux, *n'a aucun venin.*

Qu'ils s'examinent maintenant eux-mêmes, et qu'ils voient après cela devant Dieu, s'ils ont autant de raison qu'ils pensent en avoir, de s'être retirés des autels où leurs pères ont reçu le pain de vie.

XVII. — La communion sous les deux espèces.

Il reste encore une conséquence de cette doctrine à examiner, qui est que Jésus-Christ étant réellement présent dans ce sacrement, la grace et la bénédiction n'est pas attachée aux espèces sensibles, mais à la propre substance de sa chair, qui est vivante et vivifiante à cause de la divinité qui lui est unie. C'est pourquoi

XVII. LA COMMUNION SOUS LES DEUX ESPÈCES.

tous ceux qui croient la réalité ne doivent point avoir de peine à ne communier que sous une espèce, puisqu'ils y reçoivent tout ce qui est essentiel à ce sacrement, avec une plénitude d'autant plus certaine, que la séparation du corps et du sang n'étant pas réelle, ainsi qu'il a été dit, on reçoit entièrement et sans division celui qui est seul capable de nous rassasier.

Voilà le fondement solide sur lequel l'Eglise, interprétant le précepte de la communion, a déclaré que l'on pouvoit recevoir la sanctification que ce sacrement apporte, sous une seule espèce; et si elle a réduit les fidèles à cette seule espèce, ce n'a pas été par mépris de l'autre, puisqu'elle l'a fait au contraire pour empêcher les irrévérences que la confusion et la négligence des peuples avoient causées dans les derniers temps, se réservant le rétablissement de la communion sous les deux espèces, suivant que cela sera plus utile pour la paix et pour l'unité.

Les théologiens catholiques ont fait voir à Messieurs de la religion prétendue réformée, qu'ils ont eux-mêmes usé de plusieurs interprétations semblables à celle-ci, en ce qui regarde l'usage des sacremens : mais surtout on a eu raison de remarquer celle qui est tirée du chapitre XII de leur discipline, titre *de la Cène*, article 7, où ces paroles sont écrites : « On doit administrer le pain de la Cène à ceux qui ne peuvent boire de vin, en faisant protestation que ce n'est par mépris et faisant tel effort qu'ils pourront, même approchant la coupe de la bouche tant qu'ils pourront, pour obvier à tout scandale. » Ils ont jugé par ce règlement que les deux espèces n'étoient pas essentielles à la communion par l'institution de Jésus-Christ : autrement il eût fallu refuser tout à fait le sacrement à ceux qui n'eussent pas pu le recevoir tout entier, et non pas le leur donner d'une manière contraire à celle que Jésus-Christ auroit commandée; en ce cas leur impuissance leur auroit servi d'excuse. Mais nos adversaires ont cru que la rigueur seroit excessive, si l'on n'accordoit du moins une des espèces à ceux qui ne pourroient recevoir l'autre; et comme cette condescendance n'a aucun fondement dans les Ecritures, il faut qu'ils reconnoissent avec nous que les paroles par lesquelles Jésus-Christ nous propose les deux espèces, sont sujettes à quelque interprétation, et que cette interprétation se doit faire par l'autorité de l'Eglise.

Au reste il pourroit sembler que cet article de leur discipline, qui est du synode de Poitiers tenu en 1560, auroit été réformé par le synode de Vertueil tenu en 1567, où il est porté « que la compagnie n'est pas d'avis qu'on administre le pain à ceux qui ne voudront recevoir la coupe. » Ces deux synodes néanmoins ne sont nullement opposés. Celui de Vertueil parle de ceux *qui ne veulent pas recevoir la coupe*; et celui de Poitiers parle de ceux *qui ne le peuvent pas*. En effet nonobstant le synode de Vertueil, l'article est demeuré dans la discipline, et même a été approuvé par un synode postérieur à celui de Vertueil, c'est-à-dire par le synode de la Rochelle de 1571, où l'article fut revu et mis en l'état qu'il est.

Mais quand les synodes de Messieurs de la religion prétendue réformée auroient varié dans leurs sentimens, cela ne serviroit qu'à faire voir que la chose dont il s'agit ne regarde pas la foi, et qu'elle est de celles dont l'Eglise peut disposer selon leurs principes.

XVIII. — La parole écrite et la parole non écrite.

Il ne reste plus qu'à exposer ce que les catholiques croient touchant la parole de Dieu, et touchant l'autorité de l'Eglise.

Jésus-Christ ayant fondé son Eglise sur la prédication, la parole non écrite a été la première règle du christianisme; et lorsque les Ecritures du Nouveau Testament y ont été jointes, cette parole n'a pas perdu pour cela son autorité : ce qui fait que nous recevons avec une pareille vénération tout ce qui a été enseigné par les apôtres, soit par écrit, soit de vive voix, selon que saint Paul même l'a expressément déclaré [1]. Et la marque certaine qu'une doctrine vient des apôtres, est lorsqu'elle est embrassée par toutes les églises chrétiennes, sans qu'on en puisse marquer le commencement. Nous ne pouvons nous empêcher de recevoir tout ce qui est établi de la sorte, avec la soumission qui est due à l'autorité divine; et nous sommes persuadés que ceux de Mes-

[1] II *Thess.*, II, 14.

sieurs de la religion prétendue réformée qui ne sont pas opiniâtres, ont ce même sentiment au fond du cœur, n'étant pas possible de croire qu'une doctrine reçue dès le commencement de l'Eglise vienne d'une autre source que des apôtres. C'est pourquoi nos adversaires ne doivent pas s'étonner, si étant soigneux de recueillir tout ce que nos pères nous ont laissé, nous conservons le dépôt de la tradition aussi bien que celui des Ecritures.

XIX. — L'autorité de l'Eglise.

L'Eglise étant établie de Dieu pour être gardienne des Ecritures et de la tradition, nous recevons de sa main les Ecritures canoniques; et quoi que disent nos adversaires, nous croyons que c'est principalement son autorité qui les détermine à révérer comme des livres divins le *Cantique des cantiques,* qui a si peu de marques sensibles d'inspiration prophétique; l'*Epître de saint Jacques,* que Luther a rejetée; et celle de saint Jude, qui pourroit paroître suspecte à cause de quelques livres apocryphes qui y sont allégués. Enfin ce ne peut être que par cette autorité qu'ils reçoivent tout le corps des Ecritures saintes, que les chrétiens écoutent comme divines avant même que la lecture leur ait fait ressentir l'esprit de Dieu dans ces Livres.

Etant donc liés inséparablement, comme nous le sommes, à la sainte autorité de l'Eglise par le moyen des Ecritures que nous recevons de sa main, nous apprenons aussi d'elle la tradition, et par le moyen de la tradition le sens véritable des Ecritures. C'est pourquoi l'Eglise professe qu'elle ne dit rien d'elle-même, et qu'elle n'invente rien de nouveau dans la doctrine : elle ne fait que suivre et déclarer la révélation divine par la direction intérieure du Saint-Esprit, qui lui est donné pour docteur.

Que le Saint-Esprit s'explique par elle, la dispute qui s'éleva sur le sujet des cérémonies de la loi, du temps même des apôtres, le fait paroître : et leurs *Actes* ont appris à tous les siècles suivans, par la manière dont fut décidée cette première contestation, de quelle autorité se doivent terminer toutes les autres. Ainsi tant qu'il y aura des disputes qui partageront les fidèles, l'Eglise interposera son autorité; et ses pasteurs assemblés diront après les apôtres : « Il a semblé bon au Saint-Esprit et à nous¹. » Et quand elle aura parlé, on enseignera à ses enfans qu'ils ne doivent pas examiner de nouveau les articles qui auront été résolus, mais qu'ils doivent recevoir humblement ses décisions. En cela on suivra l'exemple de saint Paul et de Silas, qui portèrent aux fidèles ce premier jugement des apôtres, et qui loin de leur permettre une nouvelle discussion de ce qu'on avoit décidé, « alloient par les villes, leur enseignant de garder les ordonnances des apôtres². »

C'est ainsi que les enfans de Dieu acquiescent au jugement de l'Eglise, croyant avoir entendu par sa bouche l'oracle du Saint-Esprit ; et c'est à cause de cette croyance qu'après avoir dit dans le Symbole : « Je crois au Saint-Esprit, » nous ajoutons incontinent après : « La sainte Eglise catholique : » par où nous nous obligeons à reconnoître une vérité infaillible et perpétuelle dans l'Eglise universelle, puisque cette même Eglise, que nous croyons dans tous les temps, cesseroit d'être Eglise, si elle cessoit d'enseigner la vérité révélée de Dieu. Ainsi ceux qui appréhendent qu'elle n'abuse de son pouvoir pour établir le mensonge, n'ont pas de foi en celui par qui elle est gouvernée.

Et quand nos adversaires voudroient regarder les choses d'une façon plus humaine, ils seroient obligés d'avouer que l'Eglise catholique, loin de se vouloir rendre maîtresse de sa foi, comme ils l'en ont accusée, a fait au contraire tout ce qu'elle a pu pour se lier elle-même, et pour s'ôter tous les moyens d'innover, puisque non-seulement elle se soumet à l'Ecriture sainte, mais que pour bannir à jamais les interprétations arbitraires, qui font passer les pensées des hommes pour l'Ecriture, elle s'est obligée de l'entendre en ce qui regarde la foi et les mœurs, suivant le sens des saints Pères³, dont elle professe de ne se départir jamais, déclarant par tous ses conciles et par toutes les professions de foi qu'elle a publiées, qu'elle ne reçoit aucun dogme qui ne soit conforme à la tradition de tous les siècles précédens.

Au reste, si nos adversaires consultent leur conscience, ils trouveront que le nom d'Eglise a plus d'autorité sur eux qu'ils n'osent l'avouer dans les disputes : et je ne crois pas qu'il y ait parmi eux

---

¹ *Act.*, XV, 28. — ² *Act.*, XVI, 4. — ³ *Conc. Trid.*, sess. IV, *Decr. de can. Script.*

aucun homme de bon sens, qui se voyant tout seul d'un sentiment, pour évident qu'il lui semblât, n'eût horreur de sa singularité : tant il est vrai que les hommes ont besoin en ces matières d'être soutenus dans leurs sentimens par l'autorité de quelque société qui pense la même chose qu'eux. C'est pourquoi Dieu qui nous a faits et qui connoît ce qui nous est propre, a voulu pour notre bien que tous les particuliers fussent assujettis à l'autorité de son Eglise, qui de toutes les autorités est sans doute la mieux établie. En effet elle est établie, non-seulement par le témoignage que Dieu lui-même rend en sa faveur dans les saintes Ecritures, mais encore par les marques de sa protection divine, qui ne paroît pas moins dans la durée inviolable et perpétuelle de cette Eglise, que dans son établissement miraculeux.

XX. — Sentimens de MM. de la religion prétendue réformée sur l'autorité de l'Eglise.

Cette autorité suprême de l'Eglise est si nécessaire pour régler les différends qui s'élèvent sur les matières de foi et sur le sens des Ecritures, que nos adversaires mêmes, après l'avoir décriée comme une tyrannie insupportable, ont été enfin obligés de l'établir parmi eux.

Lorsque ceux qu'on appelle *indépendans* déclarèrent ouvertement que chaque fidèle devoit suivre les lumières de sa conscience, sans soumettre son jugement à l'autorité d'aucun corps ou d'aucune assemblée ecclésiastique, et que sur ce fondement ils refusèrent de s'assujettir aux synodes, celui de Charenton tenu en 1644, censura cette doctrine par les mêmes raisons et à cause des mêmes inconvéniens qui nous la font rejeter. Ce synode marque d'abord que l'erreur des indépendans consiste en ce qu'ils enseignent, que « chaque église se doit gouverner par ses propres lois, sans aucune dépendance de personne en matières ecclésiastiques, et sans obligation de reconnoître l'autorité des colloques et des synodes pour son régime et conduite. » Ensuite ce même synode décide que cette secte est « autant préjudiciable à l'Etat qu'à l'Eglise ; qu'elle ouvre la porte à toutes sortes d'irrégularités et d'extravagances ; qu'elle ôte tous les moyens d'y apporter le remède ; et que si elle avoit lieu, il pourroit se former autant de religions que de paroisses ou assemblées particulières. » Ces dernières paroles font voir que c'est principalement en matière de foi que ce synode a voulu établir *la dépendance,* puisque le plus grand inconvénient où il remarque que les fidèles tomberoient par l'indépendance, est qu'*il se pourroit former autant de religions que de paroisses*. Il faut donc nécessairement, selon la doctrine de ce synode, que chaque Eglise, et à plus forte raison chaque particulier dépende, en ce qui regarde la foi, d'une autorité supérieure, qui réside dans quelque assemblée ou dans quelque corps, à laquelle autorité tous les fidèles soumettent leur jugement. Car les indépendans ne refusent pas de se soumettre à la parole de Dieu, selon qu'ils croiront la devoir entendre; ni d'embrasser les décisions des synodes, quand après les avoir examinées, ils les trouveront raisonnables. Ce qu'ils refusent de faire, c'est de soumettre leur jugement à celui d'aucune assemblée, parce que nos adversaires leur ont appris que toute assemblée, même celle de l'Eglise universelle, est une société d'hommes sujette à faillir, et à laquelle par conséquent le chrétien ne doit pas assujettir son jugement, ne devant cette sujétion qu'à Dieu seul. C'est de cette prétention des indépendans que suivent les inconvéniens que le synode de Charenton a si bien marqués. Car quelque profession qu'on fasse de se soumettre à la parole de Dieu, si chacun croit avoir droit de l'interpréter selon son sens et contre le sentiment de l'Eglise déclaré par un jugement dernier, cette prétention « ouvrira la porte à toutes sortes d'extravagances; elle ôtera tout le moyen d'y apporter le remède; » puisque la décision de l'Eglise n'est pas un remède à ceux qui ne croient pas être obligés de s'y soumettre; enfin elle donnera lieu *à former autant de religions,* non-seulement *qu'il y a de paroisses,* mais encore qu'il y a de têtes.

Pour éviter ces inconvéniens d'où s'ensuivroit la ruine du christianisme, le synode de Charenton est obligé d'établir *une dépendance en matières ecclésiastiques,* et même en matière de foi; mais jamais cette dépendance n'empêchera les suites pernicieuses qu'ils ont voulu prévenir, si l'on n'établit avec nous cette maxime, que chaque église particulière, et à plus forte raison chaque fidèle en particulier, doit croire qu'on est obligé de soumettre son propre jugement à l'autorité de l'Eglise.

Aussi voyons-nous au chapitre v de la discipline de Messieurs de la religion prétendue réformée, titre *des Consistoires*, art. 31, que voulant prescrire le moyen de terminer « les débats qui pourroient survenir sur quelque point de doctrine ou de discipline, » etc., ils ordonnent premièrement que le consistoire tâchera « d'apaiser le tout sans bruit, et avec toute douceur de la parole de Dieu ; » et qu'après avoir établi le consistoire, le colloque et le synode provincial, comme autant de divers degrés de juridiction, venant enfin au synode national, au-dessus duquel il n'y a parmi eux aucune puissance, ils en parlent en ces termes : « Là sera faite l'entière et finale résolution par la parole de Dieu, à laquelle s'ils refusent d'acquiescer de point en point et avec exprès désaveu de leurs erreurs, ils seront retranchés de l'Eglise.» Il est visible que Messieurs de la religion prétendue réformée n'attribuent pas l'autorité de ce jugement dernier à la parole de Dieu prise en elle-même, et indépendamment de l'interprétation de l'Eglise, puisque cette parole ayant été employée dans les premiers jugemens, ils ne laissent pas d'en permettre l'appel. C'est donc cette parole comme interprétée par le souverain tribunal de l'Eglise, qui fait *cette finale et dernière résolution, à laquelle quiconque refuse d'acquiescer de point en point,* quoiqu'il se vante d'être autorisé par la parole de Dieu, n'est plus regardé que comme un profane qui la corrompt et qui en abuse.

Mais la forme des lettres d'envoi qui fut dressée au synode de Vitré en 1617, pour être suivie par les provinces quand elles députeront au synode national, a encore quelque chose de bien plus fort. Elle est conçue en ces termes : « Nous promettons devant Dieu de nous soumettre à tout ce qui sera conclu et résolu en votre sainte assemblée, y obéir et l'exécuter de tout notre pouvoir, persuadés que nous sommes que Dieu y présidera, et vous conduira par son Saint-Esprit en toute vérité et équité, par la règle de sa parole. » Il ne s'agit pas ici de recevoir la résolution d'un synode, après qu'on a reconnu qu'il a parlé selon l'Ecriture : on s'y soumet avant même qu'il ait été assemblé; et on le fait, parce qu'on est persuadé *que le Saint-Esprit y présidera*. Si cette persuasion est fondée sur une présomption humaine, peut-on en conscience *promettre devant Dieu de se soumettre à tout ce qui sera conclu et résolu, y obéir et l'exécuter de tout son pouvoir ?* Et si cette persuasion a son fondement dans une croyance certaine de l'assistance que le Saint-Esprit donne à l'Eglise dans ses derniers jugemens, les catholiques mêmes n'en demandent pas davantage.

Ainsi la conduite de nos adversaires fait voir qu'ils conviennent avec nous de cette suprême autorité, sans laquelle on ne peut jamais terminer aucun doute de religion ; et si lorsqu'ils ont voulu secouer le joug, ils ont nié que les fidèles fussent obligés de soumettre leur jugement à celui de l'Eglise, la nécessité d'établir l'ordre les a forcés dans la suite à reconnoître ce que leur premier engagement leur avoit fait nier.

Ils ont passé bien plus avant au synode national tenu à Sainte-Foi en l'an 1578. Il se fit quelque ouverture de réconciliation avec les luthériens, par le moyen d'un « formulaire de profession de foi générale et commune à toutes les Eglises, » qu'on proposoit de dresser. Celles de ce royaume furent conviées d'envoyer à une assemblée qui se devoit tenir pour cela, « des gens de bien, approuvés et autorisés de toutes lesdites Eglises, avec ample procuration POUR TRAITER, ACCORDER ET DÉCIDER DE TOUS LES POINTS DE LA DOCTRINE, et autres choses concernant l'union. » Sur cette proposition, voici en quels termes fut conçue la résolution du synode de Sainte-Foi : « Le synode national de ce royaume, après avoir remercié Dieu d'une telle ouverture, et loué le soin, diligence et bons conseils des susdits convoqués, et APPROUVANT LES REMÈDES QU'ILS ONT MIS EN AVANT, » c'est-à-dire principalement celui de dresser une nouvelle confession de foi, et de donner pouvoir à certaines personnes de la faire, « a ordonné que si la copie de la susdite confession de foi est envoyée à temps, elle soit examinée en chacun synode provincial ou autrement, selon la commodité de chacune province ; et cependant a député quatre ministres les plus expérimentés en telles affaires, auxquels charge expresse a été donnée de se trouver au lieu et jour avec lettres et amples procurations de tous les ministres et anciens députés des provinces de ce royaume, ensemble de Monseigneur le vicomte de Turenne, pour faire toutes les choses que dessus : même, en cas QU'ON N'EUT LE MOYEN D'EXAMINER PAR TOUTES LES PROVINCES LADITE CONFESSION, on s'est remis à leur prudence et sain jugement pour accorder et CONCLURE tous les points qui seront mis en délibération, soit POUR LA DOCTRINE, ou autre chose concernant le bien, union et repos de toutes les Eglises. » C'est à quoi aboutit enfin la fausse délicatesse de Messieurs de la religion prétendue réformée. Ils nous ont tant de fois reproché comme une foiblesse, cette soumission que nous avons pour les jugemens de l'Eglise, qui n'est, disent-ils, qu'une société d'hommes sujets à faillir; et cependant étant assemblés en corps dans un synode national, qui représentoit toutes les églises prétendues réformées de France, ils n'ont pas craint de mettre leur foi en compromis entre les mains de quatre hommes, avec un si grand abandonnement de leurs propres sentimens, qu'ils leur ont donné plein pouvoir de changer la même confession de foi, qu'ils proposent encore aujourd'hui à tout le monde chrétien comme une confession de foi, qui ne contient autre chose que la pure parole de Dieu, et pour laquelle ils ont dit en la présentant à nos rois, qu'une infinité de personnes étoient prêtes à répandre leur sang. Je laisse au sage lecteur à faire ses réflexions sur le décret de ce synode, et j'achève d'expliquer en un mot les sentimens de l'Eglise.

XXI. — L'autorité du Saint-Siége et l'Episcopat.

Le Fils de Dieu ayant voulu que son Eglise fût une et solidement bâtie sur l'unité, a établi et institué la primauté de saint Pierre pour l'entretenir et la cimenter. C'est pourquoi nous reconnoissons cette même primauté dans les successeurs du Prince des apôtres, auxquels on doit pour cette raison la soumission et l'obéissance que les saints conciles et les saints Pères ont toujours enseignée à tous les fidèles.

Quant aux choses dont on sait qu'on dispute dans les écoles, quoique les ministres ne cessent de les alléguer pour rendre cette puissance odieuse, il n'est pas nécessaire d'en parler ici, puisqu'elles ne sont pas de la foi catholique. Il suffit de reconnoître un Chef établi de Dieu, pour conduire tout le troupeau dans ses voies ; ce que feront toujours volontiers ceux qui aiment la concorde des frères et l'unanimité ecclésiastique.

Et certes si les auteurs de la réformation prétendue eussent aimé l'unité, ils n'auroient ni aboli le gouvernement épiscopal, qui est établi par Jésus-Christ même et que l'on voit en vigueur dès le temps des apôtres; ni méprisé l'autorité de la chaire de saint Pierre, qui a un fondement si certain dans l'Evangile et une suite si évidente dans la tradition : mais plutôt ils auroient conservé soigneusement et l'autorité de l'épiscopat, qui établit l'unité dans les églises particulières, et la primauté du siége de saint Pierre, qui est le centre commun de toute l'unité catholique.

XXII. — Conclusion de ce Traité.

Telle est l'exposition de la doctrine catholique, en laquelle pour m'attacher à ce qu'il y a de principal, j'ai laissé quelques questions que Messieurs de la religion prétendue réformée ne regardent pas comme un sujet légitime de rupture. J'espère que ceux de leur communion qui examineront équitablement toutes les parties de ce traité, seront disposés par cette lecture à mieux recevoir les preuves sur lesquelles la foi de l'Eglise est établie; et reconnoîtront, en attendant, que beaucoup de nos controverses se peuvent terminer par une sincère explication de nos sentimens ; que notre doctrine est sainte, et que selon leurs principes mêmes aucun de ses articles ne renverse les fondemens du salut.

Si quelqu'un trouve à propos de répondre à ce traité, il est prié de considérer que, pour avancer quelque chose, il ne faut pas qu'il entreprenne de réfuter la doctrine qu'il contient, puisque j'ai eu dessein de la proposer seulement, sans en faire la preuve ; et que si en certains endroits j'ai touché quelques-unes des raisons qui l'établissent, c'est à cause que la connoissance des raisons principales d'une doctrine fait souvent une partie nécessaire de son exposition.

Ce seroit aussi s'écarter du dessein de ce traité, que d'examiner les différens moyens dont les théologiens catholiques se sont servis pour établir ou pour éclaircir la doctrine du concile de Trente, et les diverses conséquences que les docteurs particuliers en ont tirées. Pour dire sur ce traité quelque chose de solide et qui aille au but, il faut ou par des actes que l'Eglise se soit obligée de recevoir, prouver que sa foi n'est pas ici fidèlement exposée; ou montrer que cette explication laisse toutes les objections dans leur force et toutes les disputes en leur entier; ou enfin faire voir précisément en quoi cette doctrine renverse les fondemens de la foi.

LETTRES
RELATIVES A L'EXPOSITION.

RÉPONSE DE BOSSUET A M...

Bossuet répond à une difficulté proposée par un protestant, en faveur de sa religion. Il la détruit par les principes établis dans l'*Exposition de la doctrine catholique*, etc., et tire de l'aveu des protestans, des conséquences invincibles contre eux.

Assurément, Monsieur, celui dont vous m'avez montré la lettre est un homme de très-bon esprit; et les principes de vertu que je vois en lui, me font désirer avec ardeur qu'il en fasse l'application à un meilleur sujet qu'à une religion comme la sienne.

Il semble que ce qui le frappe le plus est une raison que M. Daillé a mise en grande vogue parmi Messieurs de la religion prétendue réformée. Cette raison est que tous les articles dont ils composent leur créance sont approuvés parmi nous : d'où il résulte que leur religion ne faisant qu'une partie de la nôtre et encore la partie la plus essentielle, nous ne pouvons les accuser de rien croire qui ne soit orthodoxe. Voilà les termes dont Monsieur votre parent se sert pour expliquer ce raisonnement. Il est spécieux, il est plausible : mais s'il fait un peu de réflexion sur les réponses que nous avons à y faire, il connoîtra combien il est vain.

Premièrement il est aisé de lui faire voir que les sociniens font un raisonnement semblable au sien, et que leur raisonnement n'en est pas moins faux.

Un socinien peut dire aux prétendus réformés tout ce que les prétendus réformés nous disent. Vous croyez tout ce que je crois, dit le socinien. Je crois qu'il n'y a qu'un Dieu, Père de Jésus-Christ et Créateur de l'univers ; vous le croyez. Je crois que le Christ qu'il a envoyé est homme ; vous le croyez. Je crois que cet homme est uni à Dieu par une parfaite conformité de pensées et de désirs ; vous le croyez. Vous croyez donc ce que je crois : il est vrai que vous croyez des choses que je ne crois pas. Ainsi ma religion ne fait qu'une partie de la vôtre ; et vous ne pouvez m'accuser de rien croire qui ne soit orthodoxe, puisque vous croyez tout ce que je crois.

Que dira votre parent, Monsieur, à ce raisonnement des sociniens? Il ne sera pas sans réponse, je le sais bien ; et sa réponse sera bonne : mais je me servirai de sa réponse contre lui-même.

Il dira aux sociniens : Vous croyez une partie de ce que je crois ; et je ne puis accuser de faux ce que vous croyez avec moi : mais je prétends qu'il faut croire, non pas une partie, mais tout ce que je crois, parce que tout ce que je crois a été révélé de Dieu, et que ce n'est pas assez de ne croire qu'une partie de ce que Dieu a révélé.

Voilà une très-bonne raison ; et c'est la même dont nous nous servons pour détruire l'objection des prétendus réformés. Votre religion, leur disons-nous, ne sera si vous voulez qu'une partie de la nôtre : mais si parmi les articles de notre religion que vous laissez, il y en a un seul qui soit clairement révélé de Dieu, vous êtes perdus par la même raison qui perd le socinien.

Sur cela il faudra entrer en dispute, si le point de la réalité ; si l'imposition des mains qui donne le Saint-Esprit et que nous appelons la *Confirmation* ; si l'Extrême-Onction, si bien expliquée par l'apôtre saint Jacques ; si le pouvoir de remettre et de pardonner les péchés dans le tribunal de la pénitence ; si l'obligation de croire ce que les apôtres ont laissé à l'Eglise, tant de vive voix que par écrit ; si l'infaillibilité et l'indéfectibilité de l'Eglise ;

tant d'autres choses aussi importantes que nous croyons révélées de Dieu même par son Ecriture et que les prétendus réformés ne veulent pas recevoir, sont telles que nous les croyons. Ainsi l'argument de M.... se trouvera fort défectueux, puisqu'il laisse toutes ces questions en leur entier.

Secondement il n'est pas vrai que nous croyions tout ce que croient MM. les prétendus réformés. Ils croient, par exemple, que l'état de l'Eglise peut être interrompu; qu'elle peut tomber en ruine, qu'elle peut se tromper, qu'elle peut cesser d'être visible : et nous croyons que toutes ces choses sont directement contraires, non-seulement aux vérités révélées de Dieu, mais aux vérités fondamentales et à ces articles du Symbole : « Je crois au Saint-Esprit, la sainte Eglise universelle, la communion des saints, » etc.

Ils s'abusent donc, quand ils pensent que nous ne les accusons pas de nier les points fondamentaux : car en voilà un que nous les accusons de nier; et la preuve que nous en donnerions seroit bientôt établie. Mais ce n'est pas de quoi il s'agit; nous ne sommes pas ici à traiter le fond; nous sommes à examiner ce qu'ils peuvent tirer de notre aveu. Vous voyez qu'ils n'en peuvent rien tirer; et je crois M.... si raisonnable, qu'il en conviendra aisément si peu qu'il y fasse de réflexion.

Mais s'ils ne peuvent rien tirer de notre aveu, ce que nous tirons du leur est invincible. Ils disent que leurs articles positifs comprennent tous les articles fondamentaux de la religion : ils disent tous les articles positifs, encore qu'ils ne veuillent pas croire tous les nôtres. Il est donc vrai, selon eux, que nous croyons tous les articles fondamentaux de la religion. Allons plus avant. Il est certain selon eux, que qui croit tous les articles fondamentaux de la religion est dans la voie du salut, encore qu'il erre dans d'autres points non fondamentaux. Or nous croyons, selon eux, tous les articles fondamentaux : donc quand ils nous auroient convaincus d'erreur en quelques points, nous ne laisserions pas selon leurs principes d'être dans la voie du salut.

Voilà l'argument que j'ai fait dans mon livre de l'*Exposition*. Si M.... prend la peine de voir l'article II de ce Traité, il y trouvera ce raisonnement, et rien davantage.

Quant à ce qu'il dit, que peu s'en faut que je n'avoue que les articles qui demeurent en contestation parmi nous ne sont pas nécessaires, je ne sais où il a appris cela ; car assurément je n'ai rien dit qui y tende : rien n'est plus éloigné ni de mes paroles ni de ma pensée. A Dieu ne plaise, par exemple, que je pense que l'on puisse croire, sans renverser tous les fondemens de la foi, ce que Messieurs de la religion prétendue réformée croient de l'Eglise : qu'elle peut disparoître, être interrompue, défaillir, tomber dans l'erreur. Je ne crois rien de plus nécessaire ni de plus essentiel que la doctrine contraire. Je crois que qui nie cette doctrine de l'infaillibilité et de l'indéfectibilité de l'Eglise, nie directement un article du Symbole, et renverse le fondement de tous les autres. Si M...., qui me fait l'honneur de citer mon livre, prend la peine d'en lire les articles xviii, xix et xx, il verra que c'est tout détruire, même selon les principes de sa religion, que de douter tant soit peu de l'autorité des décisions de l'Eglise.

Mais pour nous tenir à l'argument qu'il a voulu tirer contre nous de notre aveu, il peut voir présentement combien il est vain. Quant à celui que j'ai fait sur les principes dont il convient, il est invincible.

Je le répète encore une fois : ceux de la religion demeurent d'accord que nous croyons tous les fondemens de la foi : ceux de la religion demeurent d'accord que qui croit tous ces fondemens est en la voie du salut : donc ceux de la religion ne peuvent nier que nous n'y soyons.

M.... dira-t-il que nous ne recevons pas tous les articles fondamentaux? Il ne le peut dire, puisqu'il soutient que nous croyons tout ce qu'il croit.

Dira-t-il qu'il ne suffise pas pour le salut de croire tous ces fondemens? Cela est contraire aux principes de sa religion, où on reçoit à la Cène, et au salut par conséquent, les luthériens nonobstant la créance de la réalité. C'est une doctrine constante parmi eux, que les erreurs moins essentielles, quand le fondement est entier, sont *la paille et le bois*, dont parle l'Apôtre, *bâtis sur les fondemens*, qui n'empêchent pas qu'on ne *soit sauvé comme par le feu* [1]. Il suffit donc selon eux, pour le salut, de croire les fondemens.

Dira-t-il que ces fondemens ne suffisent pas pour nous sauver, parce que nous les détruisons par des conséquences? Qu'il prenne la peine de lire l'article II de mon *Exposition*, il verra cette objection détruite par une preuve invincible et par les propres principes de M. Daillé, qui enseigne qu'une conséquence ne peut pas être imputée à celui qui la nie.

Il doit donc tenir pour constant que la voie du salut nous est ouverte. Il demeure d'accord que si cela est, il faut venir à nous: il ne doit plus hésiter, il faut qu'il vienne.

La simplicité qu'il loue tant dans sa religion ne le doit pas retenir. Sa religion n'est en effet que trop simple; mais elle ne l'est pas tant que celle des sociniens, que celle des indépendans, que celle des trembleurs. Tous ces gens-là se glorifient de leur simplicité. Ils se vantent tous de ne rien croire que le Symbole des apôtres. C'est de peur de violer cette simplicité, qu'ils ne veulent ajouter à ce Symbole ni la consubstantialité des Pères de Nicée, ni la doctrine du péché originel, ni celle de la grace chrétienne, ni celle de la rédemption et de la satisfaction de Jésus-Christ. Ils comptent comme une partie de la simplicité, de n'avoir point parmi eux cette subordination de colloques et de synodes, ni tant de lois ecclésiastiques qui se voient dans la discipline des prétendus réformés en France, en Allemagne et en Angleterre. Il y a une mauvaise simplicité qui ne laisse pas d'avoir ses charmes; mais ce sont des charmes trompeurs. M.... pourra remarquer la simplicité de notre doctrine dans mon livre de l'*Exposition* et dans l'Avertissement que j'ai mis à la tête de la dernière édition que j'en ai fait faire : il pourra remarquer une véritable et pure simplicité dans les raisonnemens que je viens de lui proposer. Qu'y a-t-il de plus simple que ce qui s'achève en trois mots, de l'aveu des adversaires? Quand Dieu permet qu'on tombe d'accord de choses si essentielles et dont les conséquences sont si grandes, c'est une grace admirable; c'est qu'il veut diminuer les difficultés : il montre un chemin abrégé, pour empêcher qu'on

[1] I *Cor.*, III, 12 et 15.

ne s'égare en passant par beaucoup de sentiers et de détours. Il faut suivre, il faut marcher; autrement la lumière se retire, et on demeure dans les ténèbres.

LETTRE DU P. SHIRBURNE,
SUPÉRIEUR DES BÉNÉDICTINS ANGLOIS.

Il demande à Bossuet des éclaircissemens au sujet du livre de l'*Exposition*.

Monseigneur,

J'ai reçu une lettre depuis peu d'un de nos Pères en Angleterre, qui me mande qu'il a traduit en anglois le livre composé par votre Grandeur, de l'*Exposition de la foi catholique,* etc. La traduction est si bien reçue, qu'en trois mois de temps on en a débité plus de cinq mille copies; et à présent le libraire le réimprime pour la troisième fois. Mais il est nécessaire de donner quelque avertissement pour servir de réponse aux objections d'un ministre, qui a fait des remarques malicieuses sur l'ouvrage de votre Grandeur, selon qu'il est marqué dans ce papier. C'est pourquoi je la supplie très-humblement de nous instruire de ce que nous y pouvons répondre; et elle obligera très-particulièrement,

Monseigneur,

Votre très-humble et très-obéissant serviteur.
F.-J. Shirburne, *supér. des bénédict. angl.*

A Paris, 3 avril 1686.

Copie d'une lettre écrite en anglois par le P. Johnston, bénédictin anglois, de la chapelle du Roi, adressée au R. P. Shirburne.

Il rapporte plusieurs allégations des protestans contre le livre de l'*Exposition*.

Je vous enverrai au plus tôt par mademoiselle Harris, deux de mes traductions angloises du livre de Monseigneur de Meaux, qui a pour titre : l'*Exposition de la foi*, etc. Une troisième édition est présentement chez l'imprimeur. Je vous enverrai aussi un livre qui entreprend de le réfuter par manière d'une Exposition de la Doctrine de l'Eglise d'Angleterre. Mais dans la préface je rencontre quelques matières de fait, auxquelles je ne pourrai pas facilement répondre sans quelque assistance, soit de la part de Monseigneur même, ou de quelques-uns parmi vous.

Premièrement il dit que la Sorbonne n'a pas voulu approuver le livre et que même la première édition étoit entièrement supprimée, parce que les docteurs de Sorbonne y trouvoient à redire, et qu'une seconde impression a été imposée au monde comme la première.

Secondement, qu'il y avoit une réponse écrite par M....., qui n'a pas été publiée.

Troisièmement, que les doctrines qui s'y trouvent respectivement ont été combattues par des catholiques, nonobstant toutes les approbations, savoir les prières explicites aux saints avec un *Ora pro nobis*, par le P. Crasset, jésuite, dans son livre intitulé : *La véritable Dévotion envers la sainte Vierge;* et l'honneur dû aux images, par le cardinal Capisucchi, dans ses *Controverses*.

Quatrièmement, que M. Imbert, prêtre et docteur en théologie dans l'université de Bordeaux étoit accusé et suspendu par le moyen des Pères de la mission, à cause qu'il condamnoit ces deux propositions comme fausses et idolâtres : 1° que la croix devoit être adorée de même manière que Jésus-Christ dans le saint Sacrement; 2° que nous devons adorer la croix avec Jésus-Christ de même manière que la nature humaine avec la divine; et cela, nonobstant qu'il alléguoit l'*Exposition de la foi* de Monseigneur de Meaux.

Cinquièmement il avance que Monseigneur de Meaux a été très-fertile à produire de nouveaux livres, mais qu'il ne répondoit pas à ce qui s'écrivoit à l'encontre; ce qu'il attribue à l'incapacité qu'ils ont à être soutenus.

Sixièmement il fait un sommaire de quelques-uns des passages corrigés dans la seconde édition, ou même laissés avec des remarques sur les motifs de ceci : et conclut en faisant récit comme M. de Witte, pasteur et doyen de Sainte-Marie de Malines, étoit condamné le 8 juillet dernier par l'université de Louvain, par les brigues de l'internonce et le Pape, pour avoir enseigné des doctrines scandaleuses et pernicieuses, lesquelles il protestoit être tout à fait conformes à celles de Monseigneur de Meaux.

Pour ce qui regarde ces matières de fait, si vous avez la bonté d'en faire faire quelque recherche, ce nous seroit une obligation, et pourroit faire beaucoup de bien. On a trouvé à propos qu'il y eût quelque réplique à ces censures ajoutée en façon d'appendix à cette troisième impression, pour la justifier être notre véritable doctrine qui s'y expose et dissiper ces fausses nuées.

Je vous supplie encore une fois de me donner des réponses à ces matières de fait, et me les fournir au plus tôt, avec d'autres remarques selon que vous trouverez à propos, et vous obligerez votre très-humble, etc.

A Londres, 15 mars 1686.

RÉPONSE DE BOSSUET

AU PÈRE SHIRBURNE.

Sur les objections d'un ministre anglois, contre le livre de l'*Exposition de la doctrine catholique*.

Mon révérend Père,

Il ne me sera pas difficile de répondre à votre lettre du 3, ni de satisfaire aux objections de fait qu'on vous envoie d'Angleterre contre mon *Exposition de la Doctrine catholique*. Le ministre anglois qui l'a réfutée, et dont vous m'envoyez les objections, n'a fait que ramasser des contes que nos Huguenots ont voulu débiter ici, et qui sont tombés d'eux-mêmes sans que j'aie eu besoin de me donner la peine de les combattre.

Cet auteur dit premièrement, que la Sorbonne n'a pas voulu donner son approbation à mon livre. Mais tout le monde sait ici que je n'ai jamais seulement songé à la demander.

La Sorbonne n'a pas accoutumé d'approuver des livres en corps. Quand elle en approuveroit, je n'aurois eu aucun besoin de son approbation, ayant celle de tant d'évêques et étant évêque moi-même. Cette vénérable compagnie sait trop ce qu'elle doit aux évêques, qui sont naturellement par leur caractère les vrais docteurs de l'Eglise, pour croire qu'ils aient besoin de l'approbation de ses docteurs : joint que la plupart des évêques qui ont approuvé mon livre sont du corps de la Sorbonne, et moi-même je tiens à honneur d'en être aussi. C'est une grande foiblesse de me demander que j'aie à produire l'approbation de la Sorbonne, pendant qu'on voit dans mon livre celle de tant de savans évêques, celle de tout le clergé de France dans l'assemblée de 1682, et celle du Pape même.

Vous voyez par là, mon révérend Père, que c'est une fausseté toute visible de dire qu'on ait supprimé la première édition de mon livre, de peur que les docteurs de Sorbonne n'y trouvassent à redire. Je n'en ai jamais publié ni fait faire d'édition, que celle qui est entre les mains de tout le monde, à laquelle je n'ai jamais ni ôté ni diminué une syllabe : et je n'ai jamais appréhendé qu'aucun docteur catholique y pût rien reprendre. Voilà ce qui regarde la première objection de l'auteur anglois.

Ce qu'il ajoute en second lieu, qu'un catholique, dont il désigne le nom par une lettre capitale, avoit écrit contre moi : quand cela seroit, ce seroit tant pis pour ce mauvais catholique; mais c'est, comme le reste, un conte fait à plaisir. C'est en vain que nos Huguenots l'ont voulu débiter ici : jamais personne n'a ouï parler de ce catholique : ils ne l'ont jamais pu nommer, et tout le monde s'est moqué d'eux.

En troisième lieu on dit que le P. Crasset, jésuite, a combattu ma doctrine dans un livre intitulé : *La véritable Dévotion envers la sainte Vierge*. Je n'ai pas lu ce livre; mais je n'ai jamais ouï dire qu'il y eût rien contre moi, et ce Père seroit bien fâché que je le crusse.

Pour le cardinal Capisucchi, loin d'être contraire à la doctrine que j'ai enseignée, on trouvera son approbation expresse parmi celles que j'ai rapportées dans l'édition de l'*Exposition de la foi*, de l'an 1679 : et c'est lui qui, comme maître du sacré Palais, permit l'an 1675 l'impression qui se fit alors à la Congrégation

De propagandâ Fide, de la version italienne de ce livre. Voilà ceux que les adversaires pensent m'opposer !

Quant à ce M. Imbert et à M. le pasteur de Sainte-Marie de Malines, qu'on prétend avoir été condamnés, encore qu'ils alléguassent mon *Exposition* pour garant de leur doctrine, c'est à savoir s'ils l'alléguoient à tort ou à droit : et des faits avancés en l'air ne méritent pas qu'on s'en informe davantage.

Mais puisqu'on désire d'en être informé, je vous dirai que cet Imbert est un homme sans nom comme sans savoir, qui crut justifier ses extravagances devant M. l'archevêque de Bordeaux son supérieur, en nommant mon *Exposition* à ce prélat, qui en a souscrit l'approbation dans l'assemblée de 1682. Mais tout le monde vit bien que le ciel n'est pas plus loin de la terre que ma doctrine l'étoit de ce qu'avoit avancé cet emporté. Au reste jamais catholique n'a songé qu'il fallût rendre à la croix le même honneur qu'on rend à Jésus-Christ dans l'Eucharistie, ni que la croix avec Jésus-Christ dût être adorée de la même manière que la nature humaine avec la divine en la personne du Fils de Dieu. Et quand cet homme se vante d'être condamné pour avoir nié ces erreurs, que personne ne soutint jamais, il montre autant de malice que d'ignorance.

Pour le pasteur de Sainte-Marie de Malines, qu'on dit être un homme de mérite, j'ai vu un petit imprimé de lui intitulé : *Motivum Juris*, où il avance que le Pape est dans l'Eglise ce que le président est dans un conseil, et le premier échevin ou le bourguemestre, comme on l'appelle dans les Pays-Bas, dans la compagnie des échevins; chose très-éloignée de l'*Exposition*, où je reconnois le Pape comme un chef établi de Dieu, à qui on doit soumission et obéissance. Si donc la faculté de Louvain a censuré cet écrit, je ne prends point de part dans cette dispute. Et d'ailleurs mon *Exposition* est si peu rejetée dans les Pays-Bas, qu'au contraire elle y paroît imprimée à Anvers en langue flamande, avec toutes les marques de l'autorité publique, tant ecclésiastique que séculière.

Pour ces prétendus passages qu'on prétend que j'ai corrigés dans une seconde édition, de peur de fâcher la Sorbonne, c'est, comme vous voyez, un conte en l'air : et je répète que je n'ai ni publié, ni avoué, ni fait faire aucune édition de mon ouvrage que celle que l'on connoît, où je n'ai jamais rien changé.

Il est vrai que comme ce petit traité fut donné d'abord écrit à la main pour servir à l'instruction de quelques personnes particulières, et qu'il s'en répandit plusieurs copies, on le fit imprimer sans ordre et sans ma participation. Personne n'en improuva la doctrine : moi-même, sans y rien changer que quelque chose de nulle importance, seulement pour l'ordre et pour une plus grande netteté du discours et du style, je le fis imprimer comme on l'a vu. Si là-dessus on veut croire que j'ai été en quelque sorte contraire à moi-même, c'est être de trop facile croyance.

La dernière objection que me fait le ministre anglois, c'est que je suis assez fertile à faire de nouveaux livres, mais que je ne réponds pas à ce qu'on écrit contre mes ouvrages : d'où il conclut que je reconnois qu'on ne peut pas les défendre. Il est vrai que j'ai fait trois petits traités de controverse, dont l'un est celui de l'*Exposition*. Sur celui-là comme on objectoit principalement que j'avois adouci et déguisé la doctrine catholique, la meilleure réponse que je pouvois faire étoit de rapporter les attestations qui me venoient naturellement de tous les côtés de l'Europe, et celle du Pape même réitérée par deux fois. Cette réponse est sans repartie; et j'ai dit ce qu'il falloit sur ce sujet-là, dans un Avertissement que j'ai mis à la tête de l'édition de 1679.

Si le Père qui vous a envoyé les objections du ministre anglois n'a pas connoissance de cet Avertissement, je vous prie de le prendre chez Cramoisi, en vertu de l'ordre que vous trouverez dans ce paquet, et de l'envoyer à ce Père, comme il a été imprimé en 1686, parce que j'ai ajouté dans cette édition l'approbation du Clergé de France et une seconde approbation très-authentique du Pape.

Que si ce Père veut prendre la peine de joindre à la traduction de l'*Exposition*, celle de cet Avertissement et des approbations qui y sont jointes, il rendra son travail plus profitable au public, et il fermera la bouche aux contredisans.

Quant aux deux autres petits traités que j'ai composés sur la controverse, l'un est sur *la Communion sous les deux espèces ;* et l'autre, c'est ma *Conférence avec M. Claude,* ministre de Charenton, sur l'autorité de l'Eglise, avec des *Réflexions* sur les réponses de ce ministre.

Dans ces traités je tâche de prévoir les objections principales, et d'y donner des réponses dont les gens sensés soient contens. Après cela de multiplier les disputes et de composer livres sur livres pour embrouiller les questions et en faire perdre la piste, ni la charité ne me le demande, ni mes occupations ne me le permettent.

Vous pouvez envoyer cette lettre en Angleterre : le révérend Père qui a désiré ces éclaircissemens, en prendra ce qu'il trouvera convenable. S'il trouve qu'il soit utile de dire qu'il a appris de moi-même ce qui regarde ces faits et mes intentions, il le peut ; et il peut aussi assurer sans crainte qu'il n'y a rien qui ne soit public et certain.

Je lui suis très-obligé de ses travaux : s'il désire quelque autre chose de moi, je le ferai avec joie. Donnez-moi les occasions de servir votre sainte communauté, que j'honore il y a longtemps, et suis avec beaucoup de sincérité,

Mon révérend Père,

Votre bien humble et très-obéissant serviteur,

† J. B., *Evêque de Meaux.*

A Meaux, ce 6 avril 1686.

LETTRE DU P. JOHNSTON,

AUTEUR DE LA VERSION ANGLOISE DE L'EXPOSITION,

A M. L'ÉVÊQUE DE MEAUX.

Il remercie ce prélat des éclaircissemens qu'il lui avoit donnés pour le mettre en état de répondre aux objections du ministre anglois, et lui propose encore quelques autres difficultés formées par les protestans.

MONSEIGNEUR,

J'espère que vous me pardonnerez la liberté que je prends de vous écrire. C'est pour vous remercier de la réponse que vous m'avez fait envoyer aux objections du ministre anglois. Je suis persuadé qu'elle donnera une ample satisfaction à tous ceux qui ont tant soit peu d'intégrité; mais pour les autres, qui sont en trop grand nombre, rien ne les peut convaincre.

Tous les catholiques ici et les protestans même qui ne sont pas trop opiniâtres, ont une fort grande estime de votre livre de l'*Exposition*. Après l'avoir traduite avec l'Avertissement, je ne l'osois pas publier sans demander permission au roi, parce que j'entendois qu'il ne vouloit pas permettre les controverses : mais il a donné très-volontiers cette permission, témoignant qu'il avoit lu ce livre et qu'il attendoit beaucoup de bien d'un tel ouvrage; et ordonna après trois impressions, quand je lui dis qu'il y avoit une seconde approbation du Pape et celle de l'assemblée générale du Clergé de France, de mettre dans le titre : *Publié par son ordre*.

C'est pourquoi nos ministres ici, à l'exemple de ceux de France, tâchent de tout leur possible de persuader le monde que l'*Exposition* ne contient pas la véritable doctrine de l'Eglise. J'espère en peu de jours publier une réponse à leurs objections, dans laquelle j'insérerai votre lettre. Ils font courir le bruit que si on nie les matières de fait touchant la première impression, ils produiront le livre même où la Sorbonne a marqué les endroits où la doctrine n'étoit pas conforme à celle de l'Eglise; qu'on a trouvé ce livre avec un manuscrit dans le cabinet de M. le maréchal de Turenne, dans lequel, comme aussi dans tous les autres manuscrits, il n'y avoit pas, disent-ils, les chapitres de l'Eucharistie, de la Tradition, de l'Autorité du Pape ni de l'Eglise : ce qui leur fait croire que, quoique cette *Exposition* fût faite pour lui donner satisfaction, il y avoit quelque autre adresse qui le faisoit se rendre catholique.

Je vous remercie, Monseigneur, de l'honneur que vous m'avez fait de m'envoyer votre Lettre pastorale. Nous l'avons trouvée ici tout d'un même esprit que les autres ouvrages de votre main : et parce que nous sommes persuadés qu'elle fera beaucoup de bien ici, je suis après à la faire imprimer en anglois.

J'ai été fort aise de voir là dedans ce passage, que dans votre diocèse les protestans, loin d'avoir souffert des tourmens, n'en avoient pas seulement entendu parler, et que vous entendiez dire la même chose aux autres évêques. La raison en est qu'il se vend ici en cachette (mais pourtant il est assez commun) un petit livre publié par M. Claude, en Hollande, où il donne une relation des tourmens que les Huguenots ont soufferts et des cruautés des dragons pour les faire changer de religion. Et comme je vois que presque tout le monde ici croit cette relation être véritable à cause du grand nombre de ceux de la religion prétendue réformée qui se sont enfuis, chacun avec quelque relation particulière des cruautés qu'on y exerce, pour exciter la compassion; et parce qu'il ne se peut publier ici aucun livre touchant la religion sans qu'on forme quelque réponse; je ne doute pas qu'on n'en publie bientôt une contre votre Lettre pastorale, et qu'on ne tâche à cause de cette expression de persuader au peuple, qui ne veut pas croire qu'il n'y a pas eu autant de cruautés et une telle persécution, comme ils l'appellent, que vous n'avez pas dit la vérité, parce que je vois qu'ils osent en dire autant contre la doctrine de votre *Exposition*.

Nous attendons ici avec impatience une réponse à ce livre de M. Claude. Car il a fait plus de mal ici qu'on ne peut croire. Et s'il se publie ici quelques autres objections contre vos livres, j'espère que vous me permettrez de demander votre secours pour y répondre. Je suis,

 Monseigneur,

        Votre très-humble, etc.
          Fr. Jos. Johnston.

A Londres, ce 6 mai 1686.

Réponse à la Lettre précédente.

Je ne puis comprendre, mon révérend Père, quel avantage peuvent tirer les ministres de tous les faits qu'ils allèguent contre mon *Exposition*. Il me paroît au contraire qu'ils tournent à l'avantage de ce livre, puisqu'on n'en peut raisonnablement conclure autre chose, sinon qu'il a été fait avec soin, qu'on en a pesé toutes les syllabes, et qu'enfin on l'a fait paroître après un examen si exact, qu'aucun catholique n'y trouve rien à redire; au contraire il ne reçoit que des approbations.

Cet ouvrage a été fait à deux fois : je fis d'abord jusqu'à l'Eucharistie; je continuai ensuite le reste. J'envoyois le tout à M. de Turenne, à mesure que je le composois. Il donna des copies du commencement, il en a donné du tout; et il peut s'en être trouvé chez lui de parfaites et d'imparfaites. Je voudrois bien savoir qu'est-ce que tout cela fait à un ouvrage?

Je veux bien dire encore davantage, puisqu'on est si curieux de savoir ce qui regarde ce livre. Quand il fut question de le publier, j'en fis imprimer une douzaine d'exemplaires, ou environ, pour moi et pour ceux que je voulois consulter, principalement pour les prélats dont j'ai eu l'approbation. C'étoit pour donner lieu à un plus facile examen : et ces copies n'ont jamais été destinées à voir le jour. J'ai profité des réflexions de mes amis et des miennes propres : j'ai mis l'ouvrage dans l'état où il a été vu par le public. Qu'y a-t-il là dedans qui puisse nuire tant soit peu à ce traité? Et tout cela au contraire ne sert-il pas à recommander ma diligence?

Je ne serois nullement fâché quand on pourroit avoir trouvé chez M. de Turenne les remarques qu'on aura faites sur mon manuscrit, ou même sur cet imprimé particulier. On peut hardiment les faire imprimer : on verra qu'il ne s'agissoit ni de rien d'important, ni qui mérite le moins du monde d'être relevé. Mais quand il s'agiroit de choses de conséquence, a-t-on jamais trouvé mauvais qu'un homme consulte ses amis, qu'il fasse de nouvelles réflexions sur son ouvrage, qu'il s'explique, qu'il se restreigne, qu'il s'étende autant qu'il le faut pour se faire bien entendre, qu'il se corrige même s'il en est de besoin; que loin de vouloir toujours défendre ses propres pensées, il soit le premier à se censurer lui-même? En vérité on est bien de loisir quand on recherche si curieusement, et qu'on prend peine à faire valoir des choses si vaines.

Quant à la Sorbonne, je vous ai déjà dit les raisons pour lesquelles on n'a jamais seulement songé à en demander l'approbation. Parmi ceux que j'ai consultés, il y avoit des docteurs de Sorbonne très-savans, comme aussi des religieux très-éclairés. Après avoir eu les remarques de ces savans amis, j'ai pesé le tout; j'ai changé ou j'ai retenu ce qui m'a semblé le plus raisonnable. Il étoit bien aisé de prendre son parti, puisque je puis dire en vérité que jamais il ne s'est agi que de minuties. Comment des gens sérieux peuvent-ils s'amuser à de telles choses? Et après que tout le monde les a méprisées ici, quelle foiblesse de les aller relever en Angleterre! Un ouvrage est bien à l'épreuve, quand on est contraint d'avoir recours à de telles petitesses pour l'attaquer.

Pour ce qui regarde ma *Lettre pastorale* et ce que j'y dis de la réunion des protestans dans mon diocèse, cela est exactement véritable. Ni chez moi, ni bien loin aux environs, on n'a pas seulement entendu parler de ce qui s'appelle tourmens. Je ne réponds pas de ce qui peut être arrivé dans les provinces éloignées, où on n'aura pu réprimer partout la licence du soldat. Pour ce qui est de ce que j'ai vu et de ce qui s'est passé dans mon diocèse, il est vrai que tout s'est fait paisiblement, sans aucun logement de gens de guerre et sans qu'aucun ait souffert de violence, ni dans sa personne, ni dans ses biens. La réunion n'en a pas été moins universelle. Nous travaillons présentement à instruire ceux qui ne le sont pas encore assez: et on ne force personne à recevoir les saints sacremens. On supporte les infirmes en patience; on les prêche, on les instruit; on prie pour eux en particulier et en public: et on attend le moment de celui qui seul peut changer les cœurs.

J'espère vous envoyer bientôt la seconde édition de mon *Traité de la Communion sous les deux espèces*. Je mettrai à la tête un Avertissement, où il paroîtra que la doctrine que j'enseigne est incontestable par les propres principes de ceux qui l'ont attaquée. Je suis parfaitement,

  Mon révérend Père,

† J. B. *Evêque de Meaux*.

A Meaux, le 26 mai 1686.

FRAGMENS

SUR

DES MATIÈRES DE CONTROVERSE

Pour servir de réponse à plusieurs écrits publiés contre l'*Exposition de la doctrine catholique*.

PREMIER FRAGMENT.

DU CULTE QUI EST DU A DIEU.

Nous commençons par l'article le plus essentiel, c'est-à-dire par le culte qui est dû à Dieu. On nous accuse de ne pas connoître quelle est la nature de ce culte, et de rendre à la créature une partie de l'honneur qui est réservé à cette essence infinie. Si cela est, on a raison de nous appeler idolâtres; mais si la seule exposition de notre doctrine détruit manifestement un reproche si étrange, il n'y a point de réparation qu'on ne nous doive.

Nous n'en demandons aucune autre que la reconnoissance de la vérité; et afin d'y obliger Messieurs de la religion prétendue réformée, nous les prions avant toutes choses de nous dire s'ils remarquent quelque erreur dans l'opinion que nous avons de la majesté de Dieu et de la condition de la créature.

I. — Doctrine des catholiques sur la majesté de Dieu et la condition de la créature.

En Dieu nous reconnoissons un être parfait, un bien infini, un pouvoir immense: il est seul de lui-même; et rien ne seroit, ni ne pourroit être, s'il n'étoit de sa grandeur de pouvoir donner l'être à tout ce qu'il veut.

Comme il est le seul qui possède l'être, et par conséquent le seul qui le donne, il est aussi le seul qui peut rendre heureux ceux qu'il a faits capables de le pouvoir être, c'est-à-dire les créatures raisonnables : et lui-même est tout seul leur félicité.

Voilà en abrégé ce qu'il faut connoître de cette nature suprême ; et cette reconnoissance est la partie la plus essentielle du culte qui lui est dû.

Comme nous croyons de Dieu ce qu'il en faut croire, il n'est pas possible que nous ne croyions aussi de la créature ce qu'il faut croire de la créature. Nous croyons en effet qu'elle n'a d'elle-même aucune partie de son être, ni de sa perfection, ni de son pouvoir, ni de sa félicité. De toute éternité, elle n'étoit rien : et c'est Dieu qui de pure grace a tiré du néant, elle et tout le bien qu'elle possède. Tellement que quand on admire les perfections de la créature, toute la gloire en retourne à Dieu, qui de rien a pu créer des choses si nobles et si excellentes.

Parmi toutes les créatures, ceux qui ont le mieux connu cette vérité, ce sont sans doute les saints ; c'est là ce qui fait les saints ; et le nom même de saints, que nous leur donnons, nous attache à Dieu. Car un saint, qu'est-ce autre chose qu'une créature entièrement dévouée à son Créateur ? Si on regarde un saint sur la terre, c'est un homme qui, reconnoissant combien il est néant par lui-même, s'humilie aussi jusqu'au néant pour donner gloire à son Auteur. Et si on regarde un saint dans le ciel, c'est un homme qui se sent à peine lui-même, tant il est possédé de Dieu et abîmé dans sa gloire. De sorte qu'en regardant un saint comme saint, on ne peut jamais s'arrêter en lui, parce qu'on le trouve tout hors de lui-même et attaché par un amour immuable à la source de son être et de son bonheur.

Arrêtez-vous un peu, Messieurs, sur les choses que je viens de dire de la créature ; et voyez de quel côté vous pouvez penser que nous l'égalions à Dieu ! Quelle égalité peut-on comprendre où on met tout l'être d'un côté, et tout le néant de l'autre ? Que si nous n'égalons en rien du tout la créature et le Créateur dans notre estime, comment pouvez-vous croire que nous soyons capables de les égaler par quelque endroit que ce soit dans notre culte ?

II. — Erreurs des idolâtres et des philosophes païens.

Suivez un peu cette pensée ; et pour voir si vous avez raison de nous attribuer quelque espèce d'idolâtrie, voyez si vous trouverez dans notre doctrine quelqu'une des erreurs qui ont fait les idolâtres. Les philosophes d'entre eux qui ont le mieux parlé de Dieu lui font tout au plus mouvoir, embellir, arranger le monde ; mais ils ne font pas qu'il le tire du néant, ni qu'il donne à aucune chose le fond de l'être par sa seule volonté. Ainsi la substance des choses étoit indépendante de Dieu ; et il étoit seulement auteur du bon ordre de la nature. Voilà ce que pensoient ceux qui raisonnoient le mieux en ces siècles de ténèbres et d'ignorance. L'opinion publique du monde, qui faisoit la religion de ces temps-là, étoit encore bien au-dessous de ces sentimens. Elle établissoit plusieurs dieux ; et quoiqu'elle mît entre eux une certaine subordination, c'étoit une subordination à peu près semblable à celle qu'on voit parmi les hommes, dans le gouvernement des familles et des Etats. Jupiter étoit le père et le roi des hommes et des dieux, à peu près comme les hommes sont rois et pères les uns des autres.

Au reste cette dépendance de créature à Créateur n'étoit pas connue : cette puissance suprême, qui n'a besoin que d'elle seule pour donner l'être à ce qui ne l'avoit pas, étoit ignorée. Rien n'étant tiré du néant, tout ce qui étoit avoit de soi-même le fond de son être, aussi bien que Dieu. Ainsi le premier principe qui fait la différence essentielle entre le Créateur et la créature étant ignoré, il ne faut pas s'étonner si ces hommes ont confondu des choses si éloignées.

III. — Autres espèces d'idolâtres à qui les prétendus réformés comparent les catholiques : manichéens, ariens, et ceux qui servoient les anges.

L'Anonyme (a) et M. Noguier qui n'osent nous attribuer une idolâtrie si grossière, trouvent d'autres espèces d'idolâtres à qui ils croient avoir plus de droit de nous comparer. Ils nous allèguent les manichéens qui adoroient le vrai Dieu, Père, Fils et Saint-Esprit d'une « adoration souveraine ; mais qui adoroient aussi le

(a) Nous répétons que cet anonyme, c'est M. de la Bastide, l'un des écrivains qui combattirent l'*Exposition* pour ainsi dire sous le commandement du consistoire de Charenton.

soleil et la lune à cause du séjour qu'ils croyoient que Dieu faisoit dans ces corps lumineux, et qui pouvoient dire aussi bien que les catholiques qu'ils terminoient tout à Dieu, c'est-à-dire qu'ils lui rapportoient tout leur culte [1]. »

Ils nous allèguent les ariens, « qui sont accusés d'idolâtrie par les saints Pères, parce que ne croyant pas Jésus Dieu éternel, ils ne laissoient pas de l'invoquer. « Ils eussent pu, dit M. Noguier, se défendre facilement de cette accusation en disant qu'ils n'invoquoient pas Jésus-Christ comme Dieu éternel, et qu'ils ne l'adoroient pas de l'adoration qui n'est propre qu'à Dieu [2]. »

Ils nous allèguent encore ceux « qui servoient les anges comme entremetteurs entre Dieu et nous [3], » qui par conséquent rapportoient, aussi bien que les catholiques, tout leur culte à Dieu, et ne laissent pas toutefois d'être réprouvés par l'Apôtre [4] et par le concile de Laodicée [5].

Mais c'est justement par ces exemples que je veux justifier que tous ceux qu'on a jamais accusés d'avoir quelque teinture d'idolâtrie, erroient dans le sentiment qu'ils avoient de Dieu et ne le reconnoissoient pas comme Créateur.

Pour ce qui regarde les manichéens, la chose est trop évidente pour avoir besoin de preuve. Ils étoient si éloignés de reconnoître Dieu pour créateur, qu'ils entendoient par le nom de *créateur* la puissance opposée à Dieu : car ils reconnoissoient deux premiers principes opposés et indépendans l'un de l'autre, l'un principe de tout le bien, l'autre principe de tout le mal. Ils attribuoient au dernier la création de l'univers qui est décrite par Moïse; et bien loin de l'adorer, ils le détestoient, détestant aussi Moïse lui-même et sa loi qu'ils attribuoient au mauvais principe. Une des choses qu'ils y reprenoient, c'étoit la défense expresse qu'elle contenoit d'adorer les créatures. C'est ce que nous apprenons de saint Augustin, qui avoit été de leur sentiment; il dit que ces malheureux adoroient le soleil et la lune comme des vaisseaux qui portoient la lumière; et que la lumière, selon eux (je dis cette lumière corporelle qui nous éclaire), n'étoit pas l'ouvrage de Dieu, mais un membre et

---

[1] An., *Rep.*, p. 23. — [2] Nog., p. 47. — [3] Nog., p. 45, 46. — [4] *Coloss.*, II, 18. — [5] *Conc. Laod.*, cap. XXXV.

une partie de la divinité même : en quoi outre qu'ils erroient en faisant Dieu corporel, ils erroient encore beaucoup davantage en ce qu'ils prenoient les œuvres de la main de Dieu pour une partie de la substance divine, c'est-à-dire pour Dieu même.

Que sert donc à l'Anonyme de dire qu'ils adoroient le Père, le Fils et le Saint-Esprit, puisqu'ils ne prononçoient ces divins noms qu'en les profanant, et qu'ils y attachoient des idées si éloignées de la foi chrétienne, que saint Epiphane et saint Augustin les rangent parmi les Gentils, soutenant qu'ils ont inventé sur le sujet de la divinité des fables moins vraisemblables et plus impies que celle des Gentils mêmes ?

A l'égard des ariens, M. Noguier ne dira pas qu'ils eussent l'idée véritable de la création et de la Divinité, eux qui, mettant le Verbe divin au nombre des créatures, ne laissoient pas de lui attribuer tant de titres et tant d'ouvrages qui sont purement divins : car ils étoient forcés par l'autorité de l'Ecriture à dire que Jésus-Christ étoit la Vertu, la Sagesse et la Parole subsistante de Dieu. Il falloit même le nommer Dieu, malgré qu'ils en eussent ; et les Pères leur faisoient voir manifestement qu'ils lui donnoient ce nom avec une emphase que la foi chrétienne ne souffroit à aucun être créé. Les ariens, dit Théodoret, qui appellent le Fils unique de Dieu une créature et qui l'adorent néanmoins comme un Dieu, tombent dans le même inconvénient que les Gentils. Car s'ils le nomment Dieu, ils ne devoient pas le ranger avec les créatures, mais avec le Père qui l'a engendré, ou l'appelant une créature ils ne devroient point l'honorer comme un Dieu [1]. »

Je n'ai que faire d'alléguer à M. Noguier les passages des autres Pères. Ils sont connus, et il les sait aussi bien que nous ; de sorte qu'il ne peut nier que les ariens ne brouillassent d'une étrange sorte les idées de Créateur et de créature jusque-là même qu'ils alloient si avant qu'ils attribuoient la création au Verbe qui selon eux étoit lui-même créé. Car qui ne sait la détestable rêverie de ces hérétiques, qui disoient que le ciel et la terre et ce qu'ils contiennent ne pouvoient pas soutenir l'action immédiate de Dieu, trop forte pour eux, de sorte qu'il avoit fallu qu'il fît son Verbe,

[1] Theodor., in cap. I *Ep. ad Rom.*, n. 25.

par lequel il avoit fait tout le reste, et qui étoit comme le milieu entre lui et les autres créatures? Ainsi Dieu avoit besoin d'une créature pour créer les autres. L'action d'un Créateur tout-puissant ne pouvoit (quelle rêverie!) nous donner l'être immédiatement ; d'elle-même elle eût plutôt détruit que créé, étant trop forte à porter et ayant besoin d'un milieu où elle se rompît en quelque sorte pour venir à nous. Etoit-ce connoître Dieu que de lui donner une action de cette nature, aveugle, impétueuse, emportée, qu'il ne pouvoit retenir tout seul, et qui par là devenoit pesante à ceux qui la recevoient? Mais étoit-ce entendre ce qui est compris dans le nom de *Créateur*, que de l'obliger à créer un créateur au-dessous de lui? Qui ne voit que ces hérétiques, en voulant mettre un milieu nécessaire entre Dieu et nous, confondoient dans ce milieu les idées de Créateur et de créature? Selon eux, le Verbe étoit l'un et l'autre selon sa propre nature; il falloit que Dieu le tirât lui-même premièrement du néant, pour en tirer ensuite par lui toutes les autres créatures : chose qu'on ne peut penser sans brouiller toutes les idées que l'Ecriture nous donne de la création et de la Divinité.

Cependant, à les ouïr parler, il n'y avoit qu'eux qui connussent Dieu ; les catholiques étoient charnels et grossiers, qui prenoient tout à la lettre et n'entroient point dans les interprétations profondes et spirituelles : tant il est vrai que les hommes qui se mêlent de corriger les sentimens de l'Eglise s'éblouissent et éblouissent les autres par des paroles qui n'ont qu'un son éclatant, et qui au fond sont destituées de bon sens et de vérité.

On sait au reste que ces hérétiques avoient pris une grande partie de leurs opinions dans les écrits des platoniciens, qui ne connoissant qu'à demi la vérité, l'avoient mêlée de mille erreurs. Les ariens trop charmés de l'éloquence de ces philosophes et de quelques-uns de leurs sentimens, beaux à la vérité, mais mal soutenus, avoient cru qu'ils embelliroient la religion chrétienne, en y mêlant les idées de la philosophie platonicienne, quoique souillée en mille endroits des erreurs de l'idolâtrie ; et c'est par là qu'ils nous ont donné ce composé monstrueux du christianisme et du paganisme.

IV. — Origine du faux culte des anges, condamné par l'apôtre saint Paul, par les anciens docteurs et par le concile de Laodicée.

M. Noguier nous avoue « que les chrétiens qui servoient les anges comme entremetteurs entre Dieu et nous, avoient puisé ce sentiment dans la même source de l'école de Platon [1]. » Il est certain que dans cette école on n'entendoit non plus la création, que dans les autres écoles des païens. Dieu avoit trouvé la matière toute faite, et s'en étoit servi par nécessité ; c'est pour cela qu'on suivoit dans cette école le sentiment (d'Anaxagore), qui mettoit pour causes du monde la nécessité et la pensée. Dieu donc avoit seulement paré et arrangé la matière, comme feroit un architecte ou un artisan. Encore n'avoit-il pas jugé digne de sa grandeur de former et d'arranger par lui-même les choses sublunaires (d'ici-bas) ; il en avoit donné la commission à de certains petits dieux, dont l'origine est fort difficile à démêler. Quoi qu'il en soit, ils avoient eu ordre de travailler au bas monde, c'est-à-dire de former les hommes et les autres animaux ; ce qu'ils avoient exécuté en joignant à quelque portion de la matière je ne sais quelles particules de l'ame du monde, que Dieu avoit trouvées toutes faites, aussi bien que la matière, mais qu'il avoit fort embellies. Voilà ce que nous voyons dans le *Timée* de Platon et dans quelques autres de ses dialogues. Je n'empêche pas que ceux qui adorent toutes les pensées des anciens ne sauvent ce philosophe à la faveur de l'allégorie ou de quelque autre figure : toujours est-il certain que la plupart de ses disciples ont pris ce qu'il a dit de la formation de l'univers au pied de la lettre. Au reste on peut bien juger que s'il n'est pas digne de Dieu de faire les hommes, il n'étoit pas moins au-dessous de lui de se mêler de leurs affaires, et de recevoir par lui-même leurs prières et leurs sacrifices. Aussi, dans cette opinion des Platoniciens, Dieu étoit inaccessible pour les hommes, et ils n'en pouvoient approcher que par ceux qui les avoient faits.

La religion chrétienne ne connoît point de pareils entremetteurs qui empêchent Dieu de tout faire, de tout régir, de tout

[1] Nog., p. 46.

écouter par lui-même. Si elle donne aux hommes un Médiateur nécessaire pour aller à Dieu, c'est-à-dire Jésus-Christ, ce n'est pas que Dieu dédaigne leur nature qu'il a faite; mais c'est que leur péché, qu'il n'a pas fait, a besoin d'être expié par le sang du Juste. Mais le monde n'est sorti que par degrés de ces opinions du paganisme, qui avoient fasciné tous les esprits. Ainsi quelques-uns de ceux qui reçurent l'Evangile dans les premiers temps, ne pouvoient entièrement oublier ces petits dieux de Platon et les servoient sous le nom des *anges*. Il est certain par saint Epiphane et par Théodoret, que Simon le Magicien, que Ménandre et tant d'autres, qui à leur exemple mêloient les rêveries des philosophes avec la vérité de l'Evangile, ont attribué aux anges la création de l'univers. Nous voyons même dans saint Epiphane une secte qu'on appeloit la secte des *Angéliques*, ou « parce que, dit ce Père, quelques hérétiques ayant dit que le monde a été fait par les anges, ceux-ci l'ont cru avec eux; ou parce qu'ils se mettoient eux-mêmes au rang des anges [1] : » et Théodoret au livre V *Contre les fables des hérétiques*, exposant la doctrine de l'Eglise contre les hérésies qu'il a rapportées, parle ainsi dans le chapitre *des Anges :* « Nous ne les faisons point auteurs de la création ni co-éternels à Dieu, comme font les hérétiques; » et un peu après : « Nous croyons que les anges ont été créés par le Dieu de tout l'univers [2]. » Il le prouve par le Psalmiste, qui ayant exhorté les anges à louer Dieu, ajoute « qu'il a parlé et que par cette parole ils ont été faits [3]. » Il produit encore pour le faire voir, un passage de l'*Epître aux Colossiens*, où saint Paul assure que « tout l'univers, les choses visibles et invisibles, les Trônes, les Dominations, les Principautés et les Puissances ont été créés par le Fils de Dieu [4]. » Il est raisonnable de croire que le soin que prend saint Paul en ce lieu, d'expliquer si distinctement que tous les esprits célestes doivent leur être au Fils de Dieu, marque un dessein de combattre ceux qui les égaloient à lui, et qui les faisoient créateurs plutôt que créatures : et quand le même saint Paul condamne

---

[1] *Hæres.* LX, tom. I, p. 505; Tertullien dit la même chose *De Præscrip., ex quo Hier. adv. Lucif.* — [2] Lib. V, *Hæretic. fab.*, cap. VII, *De angelis*, édit. 1642, tom. IV, p. 266. — [3] *Psal.* CXLVIII, 2, 5. — [4] *Coloss.*, I, 16.

encore, dans la même *Epître*, ceux qui par une fausse humilité s'adonnoient « au service des anges [1], » il avoit en vue quelque erreur semblable; car comme il n'explique point en quoi consiste l'erreur de ces adorateurs des anges, nous ne pouvons rien faire de mieux que de rapporter ces paroles aux fausses opinions que nous voyons établies dès l'origine du christianisme.

Il faut dire la même chose du canon xxxv du concile de Laodicée, où il est porté « qu'il ne faut point que les chrétiens abandonnent l'Eglise de Dieu, et se retirent, et qu'ils nomment les anges, et qu'ils fassent des assemblées illicites, lesquelles sont choses défendues. Que si on découvre quelqu'un qui soit attaché à cette idolâtrie cachée, qu'il soit anathème, parce qu'il a laissé Notre-Seigneur Jésus-Christ Fils de Dieu, et s'est adonné à l'idolâtrie [2]. »

Ce concile n'ayant non plus expliqué que saint Paul les sentimens de ces idolâtres, les interprètes des canons ont rapporté celui-ci aux erreurs qui couroient en ce temps. Nous avons dans le *Synodicon* des Grecs, imprimé depuis peu à Londres, les doctes et judicieuses remarques d'Alexius Aristenus, ancien canoniste grec, très-estimé dans l'Eglise orientale. Voici comme il explique ce canon de Laodicée. « Il y a, dit-il, une hérésie des Angéliques, appelée ainsi, ou parce qu'ils se vantent d'être de même rang que les anges, ou parce qu'ils ont rêvé que les anges ont créé le monde. Il y en avoit aussi qui enseignoient, comme il paroît par l'*Epître aux Colossiens*, qu'il ne falloit pas dire que nous eussions accès auprès de Dieu par Jésus-Christ; car Jésus-Christ, disoient-ils, est trop grand pour nous; mais seulement par les anges. Dire cela, c'est renoncer sous prétexte d'humilité à l'ordre que Dieu a établi pour notre salut. Celui donc qui va à des assemblées illicites, ou qui dit que les anges ont créé le monde, ou que nous sommes introduits par eux auprès de Dieu, qu'il soit anathème, comme ayant abandonné Jésus-Christ et approchant des sentimens des idolâtres. »

Tout le monde sait le passage de Théodoret, où il explique celui de saint Paul, et à l'occasion de celui-là le canon de Laodicée :

---
[1] *Coloss.*, II, 18. — [2] *Conc. Laod.*, cap. xxxv; Labb., tom. I, col. 1503.

« Ceux qui soutenoient la loi, dit-il, leur persuadoient aussi d'honorer les anges, disant que la loi avoit été donnée par leur entremise. Cette maladie a duré longtemps en Phrygie et en Pisidie. C'est pourquoi le concile de Laodicée en Phrygie défendit par une loi de prier les anges, et encore à présent on voit parmi eux et dans leur voisinage des oratoires de saint Michel. Ils conseilloient ces choses par humilité, disant que le Dieu de l'univers étoit invisible, inaccessible, incompréhensible, et qu'il falloit ménager la bienveillance divine par le moyen des anges [1]. »

Quand on verra dans la suite les passages de Théodoret, où de l'aveu des ministres il soutient avec tant de force l'invocation des saints telle qu'elle se pratique parmi nous, on ne croira pas qu'il veuille défendre d'invoquer les anges dans le même sens. On voit assez par ces paroles quelle étoit l'invocation qu'il rejette. C'étoit d'invoquer les anges comme les seuls qui nous pouvoient approcher de la nature divine, inaccessible par elle-même à tous les mortels. Cette vision est connue de ceux qui ont lu les Platoniciens, et ce que saint Augustin a écrit dans le livre de la *Cité de Dieu* contre la médiation qu'ils attribuoient aux démons. C'est une erreur insupportable de faire la Divinité naturellement inaccessible aux hommes plutôt qu'aux anges. Les chrétiens, qui séduits par une vaine philosophie, ont embrassé cette erreur, soit qu'ils aient regardé les anges comme leurs créateurs particuliers, soit qu'ayant corrigé peut-être (car personne n'a expliqué toute leur opinion) cette erreur des platoniciens, ils en aient retenu les suites, n'ont connu comme il faut ni la nature divine, ni même la création. C'est ignorer l'une et l'autre que de reconnoître quelqu'un qui ait plus de bonté pour nous, ou qui ait un soin plus particulier et une connoissance plus immédiate de nous et de nos besoins, que celui qui nous a faits. Si ces adorateurs des anges avoient bien compris que Dieu a tout également tiré du néant, jamais ils n'auroient songé à établir ces deux ordres de natures intelligentes, dont les unes soient par leur nature indignes d'approcher de Dieu, et les autres par leur nature si dignes d'y avoir accès, que personne ne puisse l'avoir que par leur moyen. Au

---

[1] Theodor., *in Epist. ad Coloss.*, cap. II, 18, tom III, p. 355.

contraire ils auroient vu que ce grand Dieu, qui de rien a fait toutes choses, a pu à la vérité distinguer ses créatures en leur donnant différens degrés de perfection; mais que cela n'empêche pas qu'il ne les tienne toutes à son égard dans un même état de dépendance et qu'il ne se communique immédiatement, quoique non toujours en même degré, à toutes celles qu'il a faites capables de le connoître. En effet si on présuppose que les hommes soient par leur nature indignes d'approcher de Dieu, ou que Dieu dédaigne de les écouter, on doit croire par la même raison qu'il dédaigne aussi et de les gouverner et de les faire. Car il ne méprise pas ce qu'il fait, ou plutôt il n'auroit pas fait ce qu'il auroit jugé digne de mépris. Aussi voyons-nous que quand le péché dont la nature humaine a été souillée, a fait qu'elle a eu besoin nécessairement d'un Médiateur auprès de Dieu, il a voulu que ce Médiateur fût homme, pour montrer que ce n'étoit pas notre nature, mais notre péché qui le séparoit de nous. Il a si peu dédaigné la nature humaine, qu'il n'a pas craint de l'unir à la personne de son Fils. C'est ce que devoient entendre ces adorateurs des anges, et croire qu'il n'y avoit que le seul péché qui pût empêcher les hommes d'avoir accès par eux-mêmes auprès de Dieu, la nature humaine étant capable de le posséder aussi bien que la nature angélique et tenant sa félicité avec son être, non des anges ou de quelques autres esprits bienheureux, mais de celui qui les a faits.

Ainsi on peut bien attribuer aux anges un amour sincère envers les hommes et un soin particulier de les secourir, dans un esprit de société et de charité fraternelle, comme leurs chers compagnons, destinés au même service et appelés à la même gloire. Mais on ne peut point en faire, comme faisoient ces philosophes et ces hérétiques, des médiateurs nécessaires entre Dieu et nous, sans rompre la sainte union que Dieu même a voulu avoir avec l'homme, qu'il a créé aussi bien que l'ange à son image et ressemblance.

Après cela je n'ai que faire de rapporter ce qu'ont dit et les catholiques et les protestans, touchant ces adorateurs des anges. Il me suffit que si on remonte à la source de leurs erreurs, qui de l'aveu de M. Noguier se trouve dans le Platonisme, on verra qu'ils y sont tombés pour avoir ignoré la création, ou pour ne l'avoir pas entendue dans toutes ses suites, et pour avoir mieux aimé en croire Platon et ses sectateurs que Moïse et les prophètes.

V. — Dans la doctrine catholique, selon laquelle on croit tout ce qu'il faut croire sur la nature divine et la création, il n'y peut avoir aucun sentiment qui ressente l'idolâtrie.

Ainsi en parcourant toutes les opinions qui ont tenu quelque chose de l'idolâtrie, on voit qu'on ne peut en montrer aucune où il n'y ait quelque erreur touchant la nature de la Divinité, et où la doctrine de la création ne soit obscurcie; ce qui fait voir clairement que parmi nous, où l'on croit tout ce qu'il faut croire sur la nature divine et sur la création, il n'y peut avoir aucun sentiment qui ressente l'idolâtrie.

Nous descendrons en particulier à tous les actes par lesquels on nous accuse de rendre à la créature, ou en tout ou en partie, les honneurs divins. Mais déjà, en attendant, on peut voir par une raison générale qu'en croyant ce que nous croyons du néant de la créature, il ne peut jamais nous arriver de lui donner aucune partie de l'être divin; d'où il s'ensuit qu'il n'est pas possible que nous l'égalions à Dieu par quelque endroit que ce soit, ni dans notre estime, ni dans notre culte.

En effet si nous voyons que partout où on a rendu à plusieurs quelque partie des honneurs divins, on y a aussi présupposé quelque partie de l'être de Dieu; par une raison contraire il faut conclure nécessairement que parmi nous, où on ne suppose l'être divin qu'en un seul, on ne peut rendre qu'à un seul les honneurs divins.

Si après cela on nous objecte (et on nous l'objecte souvent) que les honneurs que nous rendons aux saints ne sont pas des honneurs divins dans notre pensée, mais qu'ils le sont en effet, c'est ce qui ne fut jamais et qui ne peut être. Car tous ceux qui ont jamais rendu à quelqu'un les honneurs divins, l'ont senti, et l'ont connu, et l'ont voulu faire. Il est inouï dans tous les siècles qu'on ait jamais rendu des honneurs divins à d'autres qu'à ceux qu'on a crus des dieux par erreur, ou qu'on a fait semblant de tenir pour tels par crainte ou par flatterie. Pour nous, tout le monde sait que nous ne tenons point les saints pour des divinités, à moins qu'on ne veuille nous faire admettre des divinités avec cette idée distincte qu'elles sont tirées du néant : ce qui n'est jamais tombé dans la pensée de personne. Que si ce sentiment paroît si absurde qu'on n'ose pas même nous l'attribuer, il est encore plus étrange et plus incroyable que nous rendions les honneurs divins à ceux que nous ne tenons pas pour des dieux, et qu'au contraire nous regardons comme de pures créatures.

Et ce seroit certainement un prodige incompréhensible et inouï, si nous qui savons si bien que la créature, quelle qu'elle soit, ne peut, abandonnée à elle-même et destituée de tout secours de la part de Dieu, trouver en son fond que le néant et le péché;....

VI. — Fausses imputations du ministre Daillé, sur les honneurs que les catholiques rendent aux saints.

Le fameux M. Daillé, que l'Anonyme va bientôt ranger parmi les Pères de l'Eglise et en qui il ne désire pour cela que la durée de quelques siècles, fonde sur cette fausse présupposition tout ce qu'il dit dans le livre le plus recherché qu'il ait fait sur cette matière. Car dès le premier chapitre ou il propose l'état de la question[1], il la fait consister en ce point que ceux de sa religion n'approuvent pas les Latins, c'est ainsi qu'il nomme les catholiques, qui veulent « qu'on rende aux esprits bienheureux et au pain sacré, ce souverain culte qu'on appelle de religion, et qui soit de même espèce, s'il n'est pas de même degré, que celui qu'on rend à Dieu seul, Père, Fils, et Saint-Esprit[2]. »

Etrange manière de proposer l'état de la question, qui embrouille tout dès le premier mot : car il ne falloit pas mêler ensemble, ni faire aller d'un même pas deux choses aussi différentes que l'honneur que nous rendons à l'Eucharistie et celui que nous rendons aux saints. Nous rendons à l'Eucharistie, que nous croyons être Jésus-Christ, Dieu et homme tout ensemble, le souverain honneur de religion, qui est non-seulement de même espèce, mais encore de même degré que celui que nous rendons

[1] Pag. 32. — [2] Dall., *Advers. Latin.*, *tradit.*, liv. I, cap. 1.

à Dieu. Pour les saints, que nous regardons comme de pures créatures, il est faux que nous leur rendions, comme dit Daillé, le culte suprême de religion ; et il est vrai au contraire, quoi que puisse dire ce ministre, que l'honneur que nous leur rendons n'est pas seulement d'un degré plus bas, mais d'une autre espèce que celui que nous rendons à Dieu. Ainsi M. Daillé renverse lui-même son propre ouvrage et toutes les accusations qu'il fait contre nous sur le sujet de l'honneur des saints, lorsqu'il fait rouler tout son livre sur cette fausse présupposition, que nous leur rendons un culte suprême de religion, qui ne diffère que du plus au moins de celui que nous rendons à Dieu et qui soit de même espèce. Il faudroit pour être tombé dans une erreur si grossière, que nous crussions que les saints ne sont ni d'un autre rang ni d'une autre espèce que celui qui les a faits, et ne diffèrent de lui que du plus au moins. Mais tant qu'on n'oublie pas la création, dont on reconnoît du moins que nous sommes très-bien instruits, on a des idées si essentiellement différentes du premier Etre et de ses ouvrages, qu'il ne peut tomber dans l'esprit de les honorer par un même genre de culte.

En effet si M. Daillé avoit tant soit peu considéré les caractères essentiels par lesquels nous distinguons l'honneur divin d'avec celui qu'on rend aux saints, il verroit qu'on ne peut jamais en marquer plus exactement ni plus à fond la différence. Nous honorons Dieu purement pour l'amour de lui : et nous savons que la créature n'ayant rien d'aimable ni de vénérable qui ne lui vienne de Dieu, c'est aussi pour l'amour de Dieu qu'elle doit être aimée et honorée. Il y a donc un genre d'honneur qu'on ne peut rendre à Dieu sans crime, comme il y a aussi un genre d'honneur qu'on ne peut rendre sans crime à la créature. Car autant qu'il répugne à la créature de recevoir des honneurs qui se terminent à elle-même, autant il répugne à Dieu d'en recevoir qui se rapportent à un autre. Que les ministres jugent maintenant si ces deux sortes d'honneur, qui ont des différences si essentielles, ne diffèrent que du plus au moins et sont au fond de même nature et de même espèce.

VII. — Examen des actes intérieurs et extérieurs par lesquels on rend hommage à Dieu. Injustice des prétendus réformés dans les reproches qu'ils font aux catholiques.

Mais pour entrer plus avant dans les actes particuliers par lesquels la créature peut rendre hommage à son Créateur, que les ministres nous disent eux-mêmes ce qu'il faut faire pour cela.

Ils nous diront qu'il y a des actes intérieurs et extérieurs : et nous voulons bien les suivre dans l'examen qu'ils feront de nos sentimens sur les uns et sur les autres.

Le premier acte intérieur par lequel nous adorons Dieu, c'est que nous reconnoissons qu'il est lui seul CELUI QUI EST; et que nous ne sommes rien que par lui, ni dans l'ordre de la nature, ni dans l'ordre de la grace, ni dans l'ordre de la gloire. En veulent-ils davantage? Et ne voient-ils pas que cet acte ne peut jamais avoir pour objet la créature?

Tout le reste dépend de là ; et ce premier sentiment de religion fait que nous nous attachons à Dieu comme à la cause de notre être et de notre bonheur par la foi, par l'espérance et par la charité : nous croyons sur sa parole les choses les plus incroyables ; nous appuyons sur sa promesse l'espérance de notre salut et de notre vie : nous l'aimons de tout notre cœur, de toute notre ame, de tout notre entendement, de toutes nos forces, et nous aimons notre prochain pour l'amour de lui. Les ministres savent-ils d'autres actes intérieurs par lesquels il faille adorer Dieu en esprit et en vérité, selon la doctrine de l'Evangile? Ignorent-ils que ces trois vertus, la foi, l'espérance et la charité, auxquelles seules aboutit toute la doctrine de l'Ancien et du Nouveau Testament, sont appelées parmi nous les vertus théologales, parce que les autres vertus peuvent avoir des objets humains, et que le propre de celles-ci c'est de n'avoir pour objet que Dieu? Ne savent-ils pas que nous enseignons ce fondement essentiel de toute la religion, non-seulement dans l'Ecole à tous les théologiens, mais encore dans le catéchisme à tous les enfans; et que par là nous leur apprenons à distinguer Dieu, Père, Fils, et Saint-Esprit, de toutes les créatures visibles et invisibles, corporelles et spirituelles ?

Voilà donc la différence essentielle entre Dieu et la créature, entre les honneurs de l'un et de l'autre, solidement établie par les actes intérieurs. Venons aux extérieurs. Mais comme ces derniers sont le témoignage des autres, on ne doit pas croire que distinguant Dieu au dedans d'avec toutes les créatures, nous le confondions avec elles dans ce que nous faisons paroître au dehors.

Considérons toutefois ces actes extérieurs. Le culte extérieur est double : il y a celui de la parole ; il y a celui de tout le corps, qui comprend les génuflexions, les prostrations et les autres actions et cérémonies extérieures qui marquent du respect.

Ces deux sortes de culte extérieur ont une grande affinité. Car les génuflexions et autres actions de cette nature, après tout, ne sont autre chose qu'un langage de tout le corps, par lequel nous expliquons, de même que par la parole, ce que nous sentons dans le cœur.

Nous parlons de Dieu conformément à nos sentimens ; et si ce que nous pensons de sa grandeur et de sa bonté le distingue jusqu'à l'infini de toutes les créatures, ce que nous en disons n'est pas moins fort.

Les actions extérieures de respect que nous avons appelées le langage de tout le corps, s'accordent avec le langage de la voix. On ne prétend expliquer par ces actions que la même chose qu'on dit, et l'un de ces langages doit être entendu par l'autre : de sorte que si l'un est bon, on ne doit pas présumer que l'autre soit mauvais.

C'est par là néanmoins qu'on nous attaque le plus. On dit qu'en ce qui regarde les actions extérieures de respect, nous n'avons rien qui soit réservé à Dieu seul. Les saints, dit l'Anonyme (et tous ceux de sa religion nous font le même reproche), les saints donc ont parmi nous aussi bien que Dieu, « et de l'encens et des luminaires, et des temples, et des fêtes. Et enfin l'Eglise romaine n'a aucune sorte d'hommage, d'honneur et de service extérieur qu'on rende à Dieu, qu'elle n'en rende aussi un tout semblable aux saints [1]. » Il presse cet argument d'une manière assez vive, en disant « qu'un Turc, un païen, un Américain, les simples

[1] P. 55.

mêmes parmi nous, dit-il, qui ne sont pas accoutumés à ces raffinemens d'intention, » n'y pourra rien distinguer; et à juger des choses par l'extérieur, « il prendra les saints pour autant de dieux [1]. » Voilà ce que nous objecte l'Anonyme, mêlant le vrai avec le faux, comme il paroîtra par la suite; et il y auroit quelque vraisemblance dans tout ce raisonnement, s'il étoit permis de détacher les cérémonies extérieures d'avec l'esprit et l'intention qui les animent.....

Pour ce qui regarde les fêtes des saints, Daillé, qui nous les objecte si souvent, demeure pourtant d'accord qu'on dédioit des jours solennels à la mémoire des martyrs, non-seulement dans les temps où il prétend que la corruption commençoit à s'introduire dans le culte divin, mais encore dans ces siècles d'or où il dit qu'il se conservoit dans sa pureté. Car il nous produit lui-même des témoignages certains par lesquels il conste que cet usage étoit établi dès le second siècle de l'Eglise. Nous verrons bientôt les passages où ce ministre demeure d'accord de cette pratique : mais nous n'avons pas besoin de reprendre ici les choses de si haut : les prétendus réformés nous vont justifier eux-mêmes.

Tout un synode de leur religion tenu en Pologne a inséré dans les Actes, qu'on s'assembloit dans le temple de la sainte Vierge. Le même synode parle encore du 25 août comme d'un jour consacré à saint Barthélemi : ce synode est imprimé à Genève dans le recueil des Confessions de foi. On ne parle point autrement, parmi les protestans d'Angleterre, ni des temples ni des fêtes. Dans la Liturgie anglicane, imprimée de l'autorité de la reine Elisabeth, du roi Jacques et du Parlement, on voit l'office marqué « pour chaque fête des saints; » et à la tête du livre il paroît un dénombrement des fêtes qu'on doit observer, parmi lesquelles saint Mathias, saint Pierre, saint Jacques, la Toussaint et les autres fêtes des saints sont marquées avec les dimanches, avec la Circoncision et l'Epiphanie, et enfin avec les fêtes de Notre-Seigneur. Nos réformés devoient-ils nous inquiéter pour des choses qu'ils voient pratiquer si publiquement à leurs frères? Ils

[1] P. 63.

devroient avouer plutôt que nommer du nom de quelque saint ou un temple dédié à Dieu, ou une fête consacrée à sa gloire, ne fut jamais parmi les chrétiens une marque d'honneur divin, mais une manière innocente de célébrer la bonté de Dieu dans les graces qu'il a faites à ses serviteurs. Il ne faut donc plus dorénavant que l'Anonyme et ceux de sa religion nous reprochent, comme ils font sans cesse, l'église de Saint-Eustache ou de Notre-Dame plus belle et plus magnifique que celle du Saint-Sauveur ou du Saint-Esprit. Il ne faut plus qu'ils nous objectent les solennités des martyrs et des autres saints : on sait, dans l'une et dans l'autre religion, que tous les temples et toutes les fêtes sont également dédiées à Dieu; et on se permet, dans l'une et dans l'autre, de les distinguer par ce qu'elles ont de particulier. Il faut donc encore ici avoir recours à l'intention de ceux qui pratiquent ces cérémonies : si l'intention des protestans d'Angleterre et des autres qui se sont dits réformés, est connue par leur profession de foi, de manière que l'Anonyme et ceux de sa communion ne songent pas seulement à les accuser pour cela d'idolâtrie : notre foi n'est pas moins publique, et on sait que notre intention ne peut jamais être de rendre des honneurs divins à ceux que nous mettons expressément au rang des êtres tirés du néant.

Qui ne s'étonnera maintenant des vaines difficultés que l'Anonyme me fait « sur le culte extérieur ? » Il trouve étrange « que le culte étant établi pour témoigner les sentimens intérieurs, j'aie voulu l'obliger à juger de l'extérieur par l'intérieur, c'est-à-dire par l'intention. « C'est, dit-il, confondre l'ordre naturel des choses [1]. » Il ajoute après cela que M. de Condom a tort de prétendre « que ce qu'il déclare de l'intention de l'Eglise le mette en droit de réduire les marques extérieures d'honneur qu'on rend aux saints, au sens qu'il lui plaira de leur donner. Ce n'est pas assez, poursuit-il, d'une telle déclaration pour changer l'usage commun des expressions et la signification naturelle des signes. »

Ne diroit-on pas à l'entendre que les génuflexions et les autres signes de cette sorte, signifient naturellement les honneurs divins; ou que c'est moi qui ai entrepris de les réduire à un autre

[1] P. 63.

sens de ma propre autorité, sans que l'Eglise s'en soit expliquée? Mais le contraire est certain. On peut voir et dans nos conciles et dans notre profession de foi ce que nous servons comme Dieu, et ce que nous honorons comme créature. Que sert donc à l'Anonyme de nous reprocher qu'un Turc, un païen, un Américain, enfin ceux de sa religion ne connoîtront rien dans notre culte; et qu'à juger des choses par l'extérieur, « ils prendront les saints pour autant de dieux? » Sans doute ils pourront entrer dans cette pensée, s'ils ne cherchent qu'un prétexte pour nous quereller, sans jamais vouloir ni ouvrir nos livres, ni nous entendre parler de notre religion. Mais quelle erreur de s'imaginer qu'on puisse connoître à la contenance des hommes ce qu'ils servent ou ce qu'ils adorent! Les païens qui nous verront, catholiques et protestans, lever les yeux au ciel et si l'on veut du côté de l'Orient, selon la coutume des anciens, pourront croire que nous adorons le soleil et les astres. Une semblable raison persuadoit aux Gentils que les Juifs adoroient le soleil ou les nues. D'autre côté à les voir prosternés si humblement devant l'arche, les idolâtres accoutumés à s'attacher grossièrement à l'objet sensible, auroient pu s'imaginer qu'ils terminoient leur adoration, ou bien à l'arche elle-même, ou à quelque chose qui étoit dedans, ou aux chérubins qui étoient dessus. On ne peut détruire de pareils soupçons que par la parole, et en exposant le fond de la religion. Quelqu'un des Orientaux à qui on auroit appris dès son enfance à regarder son roi comme une divinité, auroit pu croire, à en juger par l'extérieur, que David prosterné devant Saül lui rendoit un semblable hommage. Il auroit fallu lui expliquer que la chose ne se prenoit point de cette sorte parmi les Juifs, et que c'est l'usage public qui fait valoir plus ou moins ces signes extérieurs. Ainsi un prétendu réformé sera tout à fait injuste, si pour faire la différence des honneurs que nous rendons au dehors à Dieu et aux saints, il ne consulte avant toutes choses l'usage et la profession solennelle de notre religion.

VIII. — Raisons particulières qui mettent les catholiques à couvert des objections des prétendus réformés, prises du sacrifice qui n'est offert qu'à Dieu seul.

Voilà ce que nous pouvons répondre aux prétendus réformés touchant l'extérieur de la religion, en raisonnant avec eux sur les principes qui nous sont communs. Mais nous avons outre cela des raisons particulières qui nous mettent à couvert de leur objection : car outre que nous rendons à Dieu ces déférences extérieures dans un esprit et une intention qui les distinguent de toutes celles que nous rendons à quelque autre que ce soit, on sait encore que nous avons une cérémonie particulière qui enferme le souverain hommage de la religion, et qui ne peut jamais avoir que Dieu pour objet. Nous avons un sacrifice dont nous ferons voir ailleurs la sainteté, et dont il nous suffit maintenant de dire, que selon toutes les maximes de notre religion, il ne peut être offert qu'à Dieu seul. Nous fondons la nécessité de ce sacrifice sur la distinction qu'il faut faire entre Dieu et la créature. Il est juste, disons-nous, que la créature honore l'Auteur de son être et de sa félicité d'une façon toute singulière, non-seulement au dedans, mais au dehors. Il est donc juste aussi que ce premier être se soit réservé quelque marque de déférence qui ne soit que pour lui seul. Nos réformés ne devroient pas nier cette vérité ; puisqu'ils nous reprochent comme un crime de rendre les mêmes hommages extérieurs au Créateur et aux créatures, ils semblent exiger de nous que nous réservions à Dieu quelque marque d'honneur tout à fait incommunicable. Les prosternemens ne le sont pas ; et parmi les manières de se prosterner, il n'y en a point de si humiliante ni de si profonde, qu'on ne fasse quelquefois pour les créatures. Dieu ne l'a point défendu ; et il veut bien avoir des honneurs qui lui soient communs à l'extérieur avec les anges et avec ses autres ministres, tels que sont les prophètes et les rois. Mais non content qu'on lui rende les mêmes respects dans un autre esprit, il a vu que pour nous apprendre à mieux distinguer sa grandeur de toutes les autres, il falloit qu'il consacrât à son honneur une action extérieure qui eût pour son objet propre la reconnoissance et l'adoration de sa Majesté infinie. Cette action, c'est le sacrifice, où on lui offre quelque chose avec des cérémonies qui marquent expressément qu'il est le seul de qui tout dépend. Cette action, du consentement de tous les peuples du monde, est réservée à la Divinité. Les Juifs, qui n'adoroient qu'un seul Dieu, n'ont sacrifié qu'à un seul; ceux qui ont eu plusieurs dieux, en multipliant la Divinité, ont étendu par la même erreur l'action du sacrifice. Ainsi tout le genre humain est d'accord que la seule Divinité est capable de recevoir cet honneur. Nous offrons tous les jours à Dieu un sacrifice que les prétendus réformés ne veulent pas reconnoître : mais ils ne peuvent nier que nous ne l'offrions et que nous ne croyions tous unanimement qu'il ne doit être offert qu'à Dieu seul. Ils savent que le concile de Trente l'a ainsi expressément déterminé; ils en ont vu le décret dans l'*Exposition,* et nous repasserons dessus en son lieu. Ils nous demandent souvent si de même que nous reconnoissons une espèce d'adoration relative, nous ne pourrions pas aussi reconnoître une espèce de sacrifice relatif qui s'offrît à la créature par rapport à Dieu. Tous les auteurs répondent que non, parce que le sacrifice est un culte qui par son institution est consacré à représenter ce qui est dû à la souveraine Majesté de Dieu considérée en elle-même. Ainsi telle est la nature du sacrifice, qu'il attribue toujours la Divinité à celui à qui on l'offre : et nous l'attachons tellement à Dieu considéré en lui-même, que même nous ne croyons pas qu'on le puisse offrir à Jésus-Christ en tant qu'homme; car en cette qualité il est la victime et ne peut être celui à qui on immole : tant cette action est auguste et incommunicable, tant le mystère en est saint et la signification relevée.

Ainsi et le sacrifice, et tout ce qui s'y rapporte appartient à Dieu privativement à tout autre. Il n'y a que Dieu qui ait des prêtres; il n'y a que Dieu qui ait des autels; il n'y a que Dieu qui ait des temples, parce que comme le temple est pour l'autel, et l'autel pour le sacrifice, aussi le sacrifice est pour Dieu, et jamais ne peut être offert qu'à la Majesté incréée.

Combien donc est-il injuste de nous accuser de rendre à Dieu et aux créatures un même genre de culte, puisque outre que nous avons des actes intérieurs qui ne regardent que Dieu, nous avons une cérémonie particulière et tout à fait incommunicable, c'est-à-dire le sacrifice, qui par son institution et par le consentement du genre humain, n'a pour but que de reconnoître le seul Etre indépendant et la seule Puissance absolue !

Ainsi nous regardons les génuflexions comme choses qui peuvent être communes entre Dieu et la créature. La cérémonie du sacrifice est celle qui fait proprement la distinction, et les apôtres nous ont appris cette différence. Quand des peuples idolâtres s'approchèrent pour sacrifier à Paul et à Barnabé, ils rejetèrent cet honneur avec exécration : « Alors, comme nous lisons dans les *Actes*, ils déchirèrent leurs habits, et courant au-devant du peuple ils leur crioient : Hommes, pourquoi faites-vous ces choses ? Nous sommes des mortels semblables à vous, qui venons vous enseigner à quitter ces choses vaines, pour tourner votre cœur au Dieu vivant qui a fait le ciel et la terre [1]. » On ne voit point de tels mouvemens, ni de tels cris quand on se prosterne simplement devant eux. Saint Pierre voit Cornélius à ses pieds ; et sans détester cette action comme un culte d'idolâtrie (car il savoit que ce pieux centurion étoit trop éloigné d'un tel excès), il se contente de le relever en lui disant humblement et modestement : « Levez-vous, je suis un homme comme vous [2]. » Saint Paul et Silas en font encore moins quand ce geôlier se jette à leurs pieds [3]. Saint Paul ne déchire pas ici ses vêtemens ; il ne se fâche ni il ne s'écrie, comme il avoit fait dans le sacrifice qu'on lui avoit préparé : il regarde cet homme à ses pieds, sans qu'il paroisse qu'il s'en inquiète, ou qu'il lui dise le moindre mot pour l'en retirer. Ils savoient que les serviteurs de Dieu avaient souvent reçu de pareils honneurs.....

IX. — Nouvelles chicanes des prétendus réformés sur le terme de *culte religieux*. Les auteurs protestans ne sont pas eux-mêmes d'accord sur l'usage de ce terme. Passages de Drelincourt et de Vossius.

Mais, disent nos réformés, vous ne sortirez pas si aisément d'un si mauvais pas. Ce n'est point un honneur de civilité, ou quelque

[1] *Act.*, xiv, 13, 14. — [2] *Act.*, x, 25, 26. — [3] *Act.*, xvi, 29.

autre sorte de devoirs humains que vous voulez rendre aux anges et aux saints. C'est un honneur de même nature, de même ordre et de même genre que celui que vous rendez à Dieu, puisque vous-mêmes vous l'appelez un honneur religieux. L'Anonyme nous reproche que nous offrons aux créatures des prières religieuses, un honneur et un culte religieux; que nous en faisons l'objet de notre religion, et que c'est ce que Dieu défend. Il faut avoir, selon lui, pour la mémoire des saints, « de la vénération et du respect, mais point de religion, pas même les termes [1], » parce que Dieu seul doit être l'objet de notre religion, et qu'il n'y doit avoir de culte religieux, de quelque nature qu'il puisse être, que pour Dieu seul.

M. Noguier nous fait le même reproche [2]; enfin M. Daillé et tous les ministres ne cessent de nous opposer ce terme de *religieux*. Mais la bonne foi demandoit qu'on en distinguât auparavant les significations différentes. Car d'abord il est constant parmi tous les chrétiens, catholiques et protestans, que Dieu seul est le propre objet de la religion, et que les choses n'appartiennent à la religion qu'autant qu'elles ont de rapport à Dieu; et il est encore certain, comme nous avons déjà dit, que la religion se peut prendre, ou dans un sens plus étroit pour le culte qu'on rend à Dieu considéré en lui-même, ou dans un sens plus étendu pour toutes les choses qui ont rapport à la religion et qui lui appartiennent. Les saints ne peuvent pas être l'objet de la religion; cela n'appartient qu'à Dieu, et tous les chrétiens en sont d'accord : mais l'honneur qu'on rend aux saints, quel qu'il soit (car les protestans ne nient pas qu'il ne leur soit dû quelque honneur), a quelque chose de religieux, parce que, comme on les honore pour l'amour de Dieu, c'est aussi la religion qui est le motif de tous leurs honneurs et qui les règle. Voilà l'équivoque démêlée et l'objection évanouie, si peu que nos réformés regardent nos sentimens d'un œil équitable. Mais afin de ne leur laisser aucun embarras, je veux leur faire entendre deux de leurs auteurs, qui leur exposeront plus au long ce qui se dit ordinairement dans leur religion, et nous leur dirons après de quoi nous convenons avec eux.

[1] Anon., p. 50, chap. IV; p. 22, 47, 73, etc., p. 58, 83. — [2] P. 34, etc., p. 42-44, etc.

Drelincourt, célèbre ministre de Charenton, avoit fait un livre *De l'honneur qui est dû à la sainte et bienheureuse Vierge;* et comme il avoit dit, ce qu'aucun chrétien ne peut nier, qu'elle étoit digne d'un grand honneur, M. l'évêque de Belley lui demanda de quelle nature étoit cet honneur; il lui fit une réponse fort exacte selon les principes de sa religion, et nous y lisons ces paroles : « On distingue ordinairement entre l'honneur religieux et le civil : si on prend à la rigueur le mot de *religieux*, selon qu'à parler proprement et exactement, la religion signifie ce qui lie nos ames à Dieu, et qui contient les règles de son service : en... (*a*). »

(*a*) Bossuet n'a pas transcrit la suite du passage; la voici :... « Et qui contient les règles de son service : en ce sens il n'y a que Dieu seul à qui on puisse rendre un honneur religieux : mais si le mot de *religieux* se prend en une signification plus ample et plus étendue, non-seulement pour ce qui est de l'essence de la religion, mais aussi pour tout ce qui en découle et qui en dépend; et si on appelle honorer d'un honneur religieux les choses que nous honorons pour l'honneur de Dieu, qui les emploie en son service et à la célébration de ses mystères, ou qui les remplit de ses graces et les couronne de sa gloire : en ce sens j'avoue qu'il y a certaines choses, lesquelles encore qu'on ne les invoque et ne les adore point, néanmoins on les vénère et on les honore religieusement. Par exemple, l'arche de l'alliance n'étoit pas invoquée ni adorée par les enfans d'Israël : mais elle ne laissoit pas de leur être en vénération, parce que Dieu lui-même l'avoit ordonnée pour être le symbole de sa grace et faveur, et qu'il s'y manifestoit d'une façon particulière. Il en est de même de l'eau du Baptême, et du pain et du vin de la sainte Cène. Car encore que nous n'adorions point ces choses-là, et que nous n'en croyions point la transsubstantiation, nous n'avons garde de les confondre avec de l'eau, et du pain et du vin commun, et que l'on emploie en des usages profanes : mais à cause de leur usage religieux et sacré, nous les honorons religieusement comme les types et les mémoriaux de Jésus-Christ et les sceaux de sa grace. En ce sens je ne ferai nulle difficulté de dire que l'honneur que nous rendons à la sainte et bienheureuse Vierge est saint et religieux.

» Je distingue aussi l'honneur *civil* : car comme il y a deux sortes de cités, il y a aussi deux espèces, mais plutôt deux degrés d'honneur civil. Il y a la cité d'ici-bas, qui comprend tous les saints et fidèles qui combattent encore sous l'enseigne de Notre-Seigneur Jésus-Christ, dont aussi elle est appelée militante. Et il y a la cité d'en haut, la Jérusalem céleste, qui contient tous ceux que Dieu a couronnés de gloire et d'immortalité; c'est pourquoi elle est appelée *triomphante*. Si on restreint l'honneur civil à l'honneur qui se rend aux fidèles qui conversent ici-bas, j'avoue qu'il seroit du tout ridicule de dire que nous honorons la bienheureuse Vierge d'un honneur civil : mais si on l'étend à l'honneur qui se rend aux bourgeois et habitans de la cité céleste du Dieu vivant, on peut fort bien et fort à propos appeler honneur civil l'honneur que nous rendons à la sainte Vierge, puisque c'est la première, la plus noble et la plus élevée de toutes les créatures qui triomphent dans cette glorieuse cité. » (*Réponse à M. l'évêque de Belley*, 1612, p. 65 et suiv.)

Ces paroles devoient être suivies d'un passage de Vossius, que nous donnons

Telle est la doctrine du célèbre Vossius. On voit qu'il ne s'explique pas tout à fait de même que le ministre Drelincourt, qui trouve qu'il n'y a point de difficulté à dire que l'honneur qu'on rend à la sainte et bienheureuse Vierge, est saint et religieux en un certain sens. C'est ce sens qui est rapporté, et n'est pas suivi par Vossius. Mais la différence est légère; et ils sont d'accord dans le fond, c'est-à-dire, comme il l'explique lui-même, en tant que le mot de *religieux* se prend pour « tout ce qui découle et qui dépend de la religion. » Car Drelincourt avoue que l'honneur qu'on rend aux saints peut être appelé *civil* dans le sens de Vossius; et Vossius niera-t-il que les honneurs, qui selon lui-même sont des actes de religion, ne puissent en un certain sens être appelés religieux? Que deviendroit donc le passage qu'il nous

---

tout de suite : « At quid aliud est cultus, quàm honor ab inferiori debitus et præstitus superiori? ad superiores verò referimus etiam animas beatas. Quicumque enim ad triumphantem Ecclesiam translati, ii per gratiam divinam evecti sunt ad sublimiorem locum ac dignitatem, quàm qui in militanti hâc cum peccato etiamnùm conflictantur. Quare sanctos etiam à morte honorandos agnoscimus : quodque superiùs de cultu angelico diximus, eum extendere se ad intellectum, voluntatem et actus exteriores; idem non inviti, dùm commodè capiatur, de beatorum cultu fatemur..... Verùm cultus iste non gradibus solùm, sed totâ specie ab divino distat : cùm præcellentia Creatoris infinitis sit partibus major quàm ullius creaturæ..., ut non tam pars sit cultus divini quàm effectus, quia cultus sanctorum ex Dei cultu promanat. Utrumque *cultum* dici, agnoscit etiam beatus Augustinus, lib. X *De Civit. Dei*, cap. I... Possumus sic utrumque hunc cultum distinguere, ut ille Dei dicatur religiosus :... at cultum sanctorum dicere liceat *officiosum*; quandò nostri est officii diligere et honorare imprimis eos qui in cœlis regnant. Possumus et *civilem* vocare, cùm una sit Dei civitas, illa civium in cœlis et hæc in terris... Dixerit aliquis, honorem esse civilem, quandò homines colimus in terris ob potestatem, nobilitatem, partas de hoste victorias, eruditionem etiam, aliaque id genus, quæ causæ sunt civiles : disparem verò rationem esse eorum, quos colimus ob causas supernaturales; uti quia Deum videant, etc...; exindè autem consequi, cultum quem mens religiosa præstat animis beatis, non *civilem*, sed *religiosum* dici oportere. Atqui profectò sic nec cultus erit civilis, qui regi præstatur à piis hominibus, quia sit propter Dei mandatum et conscientiam. Satius igitur est laxiùs *civilis*, strictiùs *religiosi* nomine uti : puta ut *religiosus cultus* Dei sit proprius :... alter autem cultus, qui creaturæ debetur, *civilis* vocetur... Malim uno cultûs officiosi aut civilis, aut alio nomine comprehendere observantiam beatæ animæ, et viri sancti in terris, imò et Cæsaris gentilis; quàm tam latè extendere appellationem cultûs religiosi, ut contineat venerationem Dei et animæ beatæ. In causâ potissimùm est, quòd ut nulla est proportio inter Deum infinitum et opus ejus finitum; ita etiam cùm cujusque rei excellentiæ suus respondeat honor, invocatio Dei et observantia sanctorum totâ distent naturâ. At cultus, quo sanctos colimus in terris degentes, non specie, sed gradu duntaxat, ab eo differt, quo veneramur illos in cœlum receptos... » (*De Idololat.* lib. I, cap. XLII, p. 154 et seq.)

rapporte lui-même, où saint Jacques appelle du nom de *religion* la visite des orphelins et des veuves? En tout cas la difficulté est peu importante; et les hommes auront bien envie de se quereller, s'ils se brouillent pour de telles choses.

X. — La petite diversité qui se trouve dans les auteurs protestans, sur l'usage du terme de *religion*, se rencontre aussi dans les auteurs catholiques. Mais ceux-ci ont un principe commun, qui accorde cette diversité.

Cette petite diversité que les prétendus réformés peuvent remarquer parmi leurs auteurs dans l'usage du terme de *religion*, se rencontre aussi parmi les nôtres. Nos théologiens demandent si l'honneur qu'on rend aux saints appartient à la vertu de religion, ou à quelque autre vertu qui lui soit toutefois subordonnée. Les uns disent que cet honneur appartient plutôt à une autre vertu qu'à la religion, parce qu'il se rend à des créatures. Les autres disent qu'il appartient plutôt à la religion qu'à quelque autre vertu que ce soit, parce qu'il se rapporte à Dieu et que c'est la religion qui le dirige. Mais l'un et l'autre sentiment supposent un même principe, que les prétendus réformés ne veulent pas croire que nous entendions, encore qu'il soit certain que tous nos théologiens en soient d'accord, qui est que la religion est une vertu dont le propre objet c'est Dieu seul. De sorte qu'à la définir par son objet propre, elle ne sera autre chose que l'acte de notre esprit qui se soumet au premier Etre, et s'attache à lui de toutes ses forces par un amour véritable.

Mais comme ce premier Etre doit être la fin de toutes les actions humaines, le motif de la religion s'étend à tout, et en ce sens tous les devoirs de la vie chrétienne ont quelque chose de religieux et de sacré. Car peut-on dire, par exemple, que ce ne soit un acte de religion que d'exercer la miséricorde, elle qui vaut mieux que les victimes? Et qu'y a-t-il de plus religieux que la charité fraternelle, que nous voyons préférée à tous les holocaustes avec l'approbation de Notre-Seigneur? Que si le respect qu'on rend aux princes et aux magistrats n'avoit quelque chose de religieux et de sacré, saint Paul auroit-il dit, comme il a fait, qu'il leur faut obéir non-seulement pour la crainte, mais encore pour la conscience? En un mot, toute la vie chrétienne est pleine de religion et de piété. Tout y est religieux, parce que tout y est animé par la charité, qui est le sacrifice continuel par lequel nous ne cessons de vouer à Dieu tout ce que nous sommes.

Il faut même qu'on avoue que parmi les créatures qu'on honore pour l'amour de Dieu, il y en a qui sont liées à la religion d'une façon plus particulière que les autres. Telles sont les créatures qu'on honore, comme disoit Vossius, « par un motif surnaturel, » par exemple, les esprits bienheureux. Sans doute l'honneur qu'on leur rend est dérivé de bien plus près de la religion, que celui qu'on rend aux rois. Car un homme sans religion, ou qui n'auroit pas encore appris qu'il faut honorer les rois pour l'amour de Dieu, ne laisseroit pas de les honorer pour conserver l'ordre du monde. Pour ce qui regarde les saints, le motif de la religion entre toujours dans les honneurs qu'on leur rend, parce qu'on les honore précisément comme de fidèles serviteurs de Dieu, qu'il a sanctifiés par sa grace et qu'il fait éternellement heureux en leur communiquant sa gloire. Ainsi l'honneur qu'on leur rend est lié plus intimement à la religion et a un rapport plus particulier avec le service de Dieu, que celui qu'on rend aux Césars. Vossius assurément ne le nieroit pas. Que si Drelincourt lui représentoit qu'il y a même des créatures inanimées « que Dieu emploie à son service et à la célébration de ses mystères, » telle qu'étoit l'arche d'alliance dans l'Ancien Testament, telle que sont l'eau du Baptême, le pain et le vin de la Cène dans le Nouveau, ne lui avouera-t-il pas que ces choses doivent être en vénération, et même « qu'on les vénère et qu'on les honore religieusement à cause de leur usage religieux et sacré. » Il faudra donc qu'il accorde qu'en considérant toutes les sortes d'honneurs qu'on peut rendre aux créatures, on trouvera quelque chose de plus religieux dans l'honneur qu'on rend à celles qui étant spécialement consacrées à Dieu, ont un rapport essentiel à la religion.

Si on demande maintenant de quel ordre, de quel rang sont ces choses, personne ne répondra qu'elles sont du rang des choses profanes. On les mettra sans difficulté dans le rang des choses saintes. Mais c'est autre chose d'être saint par son essence, comme

Dieu ; autre chose d'être saint comme une chose que Dieu sanctifie, ou comme une chose qui est appliquée à des usages sacrés. La sainteté de Dieu rejaillit en quelque manière sur toutes les choses qui en approchent; elle les sanctifie et les consacre. Il en est de même de la religion. Elle s'attache à Dieu comme à son objet ; mais elle s'étend en un certain sens sur toutes les choses qui sont spécialement consacrées à son service. Ainsi la vénération qu'on a pour elles n'ayant point d'autre motif que la religion, en ce sens on ne peut douter qu'elle ne soit religieuse.

Si toutefois quelques-uns, par exemple Vossius, font scrupule de parler ainsi, nous entendons bien leur pensée ; et Vossius lui-même nous l'explique assez. Si on considère ses paroles, on verra que par les honneurs religieux il entend au fond les honneurs divins : il ne veut pas qu'on rende aux anges « un honneur religieux, parce que, dit-il, nous ne les reconnoissons pas pour le principe de notre être et de notre salut. » *Non est cultus ille religiosus, quia non agnoscimus angelos ut principium aut originis aut salutis nostræ* [1]. Il déclare conformément à cette pensée, qu'il ne refuse pas aux saints toute sorte d'honneur, « mais seulement celui qui est excessif et propre à Dieu. » On voit clairement par ces paroles, que par les honneurs religieux au fond il entend les honneurs divins. En ce sens il a raison de réserver à Dieu seul l'honneur religieux. Non-seulement Drelincourt et les prétendus réformés, mais encore tous les catholiques lui accorderont sur cela ce qu'il demande. Il y a un culte « qui est propre à Dieu, » qu'on ne peut rendre à la créature sans idolâtrie ; et c'est celui par lequel on reconnoît le principe de son être et de son bonheur. C'est là le propre objet et le propre exercice de la religion. Aucun des catholiques ne révoque en doute cette vérité, et en renfermant dans ces bornes l'honneur religieux, nous avouons que Dieu seul en est capable.

XI. — Conséquences de la discussion précédente. Vaines chicanes des prétendus réformés.

Ainsi je ne vois plus sur cette matière aucun sujet de dispute,

[1] Lib. V, cap. IX.

puisque personne ne dit parmi nous que la créature puisse être l'objet de la religion, et que personne ne nie parmi les prétendus réformés qu'il n'y ait plusieurs créatures qui ont un rapport particulier à l'objet de la religion, c'est-à-dire à Dieu.

L'honneur qu'on rend à ces créatures n'est point religieux par lui-même, parce qu'elles ne sont pas Dieu. Mais personne ne peut nier qu'il ne s'y mêle quelque chose de religieux, parce qu'on les honore pour l'amour de Dieu, ou plutôt que c'est Dieu même qu'on honore en elles.

L'Anonyme et M. Noguier pourront voir maintenant le tort qu'ils ont, d'avoir tiré contre nous tant de conséquences fâcheuses sur ce terme de *religieux*. M. Noguier a prétendu que j'ai prononcé ma condamnation, lorsque j'ai dit dans l'*Exposition* que l'honneur qu'on rend aux saints pouvoit en un certain sens être appelé religieux : donc, dit-il, « ce sera une adoration ; donc l'honneur qu'on rend aux saints sera d'un même ordre que celui qu'on rend à Dieu [1]. » Les prétendus réformés, qui entendent de telles choses de la bouche d'un ministre, se trouvent embarrassés et croient que j'ai égalé par quelque endroit la créature au Créateur. Ils ne considèrent pas que cette difficulté qu'on fait tant valoir est fondée sur une équivoque. Car au fond qu'ai-je dit dans l'*Exposition ?* J'ai dit « que si l'honneur qu'on rend à la sainte Vierge et aux saints, peut être appelé *religieux*, c'est à cause qu'il se rapporte nécessairement à Dieu. » Drelincourt en a dit autant, sans que personne l'en ait repris dans la nouvelle réforme. Et si M. Noguier est assez injuste pour censurer une expression si innocente, qu'il me permette de lui demander ce qu'il penseroit de l'honneur des saints, s'il n'étoit pas religieux au sens que j'ai dit, c'est-à-dire s'il n'étoit pas rapporté à Dieu. Faisons, par exemple, que l'honneur des saints ne soit pas religieux en ce sens, c'est-à-dire qu'il ne soit pas un rejaillissement sur les saints de l'honneur qu'on rend à leur Maître : M. Noguier, qui ne peut nier que les saints ne soient dignes de quelque honneur, approuvera-t-il qu'on leur rende un honneur qui n'ait rien de religieux, et qui ne se rapporte à Dieu en aucune sorte? L'honneur qu'on

[1] Nog., p. 44.

leur rendra, quel qu'il soit, en sera-t-il meilleur ou plus raisonnable, parce qu'il ne sera plus rapporté à Dieu et qu'on les honorera pour l'amour d'eux-mêmes? Au contraire ce seroit alors que cet honneur commenceroit d'être blâmable, parce qu'il nous feroit reposer sur la créature : par conséquent ce qui le rend légitime et saint, c'est à cause qu'il est religieux au sens que j'ai dit et qu'il se rapporte à Dieu. Loin d'avoir confondu par là le Créateur et la créature, comme il semble que M. Noguier l'ait voulu entendre, j'en ai marqué au contraire la différence la plus essentielle, puisqu'il n'y a rien de si éloigné ni de si essentiellement différent que ce qu'on honore pour l'amour de soi, et ce qu'on honore pour l'amour d'un autre.

Que si tout l'honneur qu'on rend aux saints est de nature à se rapporter nécessairement à Dieu; si la religion en est le principe, et que personne par conséquent ne puisse nier qu'il ne soit religieux en ce sens, l'Anonyme ne devoit pas défendre si sévèrement d'user de ce terme. Il veut bien aller pour les saints « jusqu'à la vénération et au respect. » Mais, dit-il, « qu'on n'y mêle point de religion, pas même les termes[1]. » Certainement c'est bien peu entendre la religion, que de la mettre en de telles choses. Un terme qui a plusieurs sens, doit être expliqué avant que de condamner celui qui s'en sert. Saint Augustin, aussi scrupuleux que l'Anonyme à ne point rendre à la créature les honneurs divins, n'a pas craint de dire « que les chrétiens fréquentent les mémoires ou les tombeaux des martyrs, avec une solennité religieuse. » Il n'a pas prétendu déroger par là à la maxime qu'il a si bien établie, que la religion nous unit au seul Dieu vivant, et qu'il ne faut point mettre sa religion dans le culte des hommes morts. Si les honneurs qu'on rend aux martyrs ou à leurs tombeaux ont quelque chose de religieux, c'est à cause qu'ils se rapportent à l'honneur de Dieu. Quand l'Anonyme refuseroit d'en croire saint Augustin, lui fera-t-il son procès comme à un idolâtre, à cause qu'il lui aura vu employer le terme de *religieux* en un sens si innocent? Du moins sommes-nous certains que Dieu en jugera autrement, et qu'il fera sentir sa justice à ceux qui dans une ma-

[1] Anon., p. 83.

tière si sérieuse auront fait tant de bruit sur des mots équivoques.

Que Messieurs les prétendus réformés examinent donc dans le fond les sentimens que nous avons pour les saints, et qu'ils voient si nous en croyons quelque chose qui soit au-dessus de la créature : mais qu'ils ne pensent pas nous accabler par le seul terme de *religieux*, dont le sens est si innocent et si approuvé parmi eux-mêmes; dont il est certain, outre cela, que le concile de Trente ni notre profession de foi ne se servent pas, et que j'ai aussi soutenu plutôt pour défendre en général l'innocence du langage humain que pour aucune raison qui fût particulière au langage de l'Eglise.

XII. — Si on retranchoit des controverses les chicanes de mots et les équivoques, les objections s'évanouiroient tout à coup. Exemples.

Que si cette chicane de mots étoit retranchée de nos controverses, on verroit s'évanouir tout à coup une infinité d'objections, qui ne font peine à résoudre que parce qu'on en a beaucoup à perdre le temps à expliquer des équivoques. Par exemple, que ne dit-on point sur le terme d'*adoration?* Les ministres font le procès au second concile de Nicée et à plusieurs auteurs ecclésiastiques « anciens et modernes; » pour avoir dit qu'on peut adorer les anges, les saints, leurs reliques et leurs images : tous leurs livres sont pleins de ces objections. L'Anonyme et M. Noguier ne reprochent rien à l'Eglise avec tant de force. Daillé répète sans cesse que les catholiques adorent des choses inanimées, et ignorent le précepte qui ordonne de n'adorer que Dieu seul. Mais ce même Daillé qui est des premiers à nous reprocher ce terme, avoue qu'il est équivoque et qu'il n'a pas toujours la même force. « L'interprète latin de la sainte Ecriture, » (c'est-à-dire l'auteur de la Vulgate,) « a employé, dit-il, le mot d'*adorer* pour signifier un honneur de civilité humaine, et s'en est servi dans les lieux où on raconte que les saints hommes se sont prosternés jusqu'à terre, selon la coutume de l'Orient, devant les anges qui leur paroissoient en forme humaine et qu'ils prenoient pour des hommes [1]. »

[1] Dall., *Adv. Lat. trad.*, lib. I, cap. v, p. 19; lib. III, cap. xxix, p. 518, 519; lib. IV, cap. I, p. 587 et alibi passim; lib. III, cap. xxxii, p. 537.

Je ne sais pourquoi il dit en termes si généraux, que ces anges adorés dans la Genèse et ailleurs, n'étoient pris que pour des hommes. Car encore que d'abord ils parussent tels, ils se faisoient à la fin connoître ; et il est certain, quoi qu'il en soit, qu'on ne les auroit que plus honorés en les prenant pour ce qu'ils étoient, c'est-à-dire pour des esprits bienheureux envoyés de la part de Dieu.

Ce terme d'*adorer* ne s'applique pas seulement aux anges : et on raconte partout dans l'Ecriture des adorations rendues aux rois, aux prophètes et en un mot à tous ceux qu'on veut beaucoup honorer.

Cette ambiguïté n'est pas seulement dans le latin. Le grec des Septante, et même l'original hébreu, ont en ces endroits le même mot, dont on se sert pour signifier l'honneur et l'adoration qu'on rend à Dieu.

Quand ce terme se trouve employé pour les créatures, les ministres veulent ordinairement qu'il se prenne pour un honneur de civilité humaine. Qu'importe, pourvu qu'ils accordent que l'Ecriture se sert du mot d'*adorer* pour marquer le respect qu'on rend non-seulement à Dieu, mais aux créatures, soit qu'on les honore pour des raisons humaines, comme les rois; soit que ce soit pour cause de religion, comme les anges et les prophètes. Mais il faut aussi qu'on m'avoue qu'il ne faut pas si vite faire le procès au second concile de Nicée; et que si on trouve ou dans ce concile ou dans d'autres auteurs ecclésiastiques qu'il faille adorer les images, ou les reliques, ou les saints, ou la croix de Notre-Seigneur, ou son sépulcre, on ne doit plus dorénavant s'en formaliser jusqu'à croire que par là on leur attribue l'honneur qui est dû à Dieu.

Aubertin nous a sauvés de tous ces reproches, et tout ensemble il nous a fait voir que si on trouve dans quelque Père qu'il faille adorer les saints, et dans d'autres qu'il ne faille pas les adorer, il ne faut pas croire pour cela qu'ils se contredisent. Car il montre que le même auteur, et un auteur très-exact dans les matières de théologie, c'est-à-dire saint Grégoire de Nazianze, qui dit sans difficulté qu'on peut adorer les reliques, qu'on peut adorer la crèche, j'ajoute qui dit qu'on peut adorer les rois et leurs statues, ne laisse pas de dire souvent qu'on ne peut adorer que Dieu. Ce n'est pas que ce grand docteur et ceux qui ont parlé comme lui aient varié dans leurs sentimens : mais ils prennent le mot d'*adorer* en différentes façons, n'y attachant quelquefois que les idées de respect et de soumission, et quelquefois y en joignant d'autres qui le rendent incommunicable à tout autre qu'au Créateur. Le terme de *mérite* et de *méritoire*, ceux de *prier* et d'*invoquer* souffrent de semblables restrictions. C'est autre chose de prier quelqu'un de nous donner quelque grace, autre chose, de le prier de nous l'obtenir de celui qui en est le distributeur. Le mérite que nous donnons aux saints n'est ni celui que leur attribuoient les pélagiens, ni celui que nous attribuons nous-mêmes à Jésus-Christ. Il y a une infinité de pareilles ambiguïtés dans nos controverses ; et ces ambiguïtés de mots qui ne sont rien quand on veut s'entendre, causent d'effroyables difficultés quand l'aigreur et la précipitation se mêlent dans les disputes. Les prétendus réformés ne peuvent se justifier d'être tombés sur ce sujet dans un grand excès.

Mais celui d'eux tous qui a poussé le plus loin cette dispute de mots, c'est sans doute ce M. Daillé tant vanté par l'Anonyme [1]. En voici un exemple étrange sur l'équivoque du mot de *Divus* que quelques-uns ont donné aux saints. On pourra voir par ce seul exemple combien ce ministre étoit appliqué à nous chicaner sur tout. Il rapporte lui-même un passage du cardinal Bellarmin, où il déclare qu'il « n'a jamais approuvé le mot de *Divus* ni de *Diva*, lorsqu'il s'agit de parler des saints, tant à cause qu'il ne trouve pas cette expression parmi les Pères latins, qu'à cause que ce terme parmi les païens ne signifie que les dieux [2]. » Bellarmin a raison d'improuver ce terme, qui n'est point du tout ecclésiastique. Il a été introduit dans le dernier siècle par ces savans humanistes, qui font scrupule d'employer des mots qu'ils ne trouvent pas dans leur Cicéron ni dans leur Virgile. Le respect qu'ils ont eu pour l'ancien latin, leur a fait rechercher les expressions que le changement de la religion, du gouvernement et des mœurs a laissées

---

[1] Dall., *Adv. Lat. trad.* lib. III, cap. xxx, p. 523.— [2] *Ibid*.

inutiles dans cette langue ; et ils les ont appropriées le mieux qu'ils ont pu à notre usage. C'est de là que nous est venu le mot de *Divus*. « Les Latins, » nous dit Daillé, c'est-à-dire les catholiques, « se servent beaucoup de ce mot, principalement ceux qui ont écrit avec plus d'érudition, comme Juste-Lipse [1]. » Il a raison ; ce sont ces savans qui se sont le plus servis de ce mot, et ils y ont insensiblement accoutumé les oreilles. Il n'a pas tenu à ces savans curieux de la pure latinité qu'on n'allât encore plus avant : le même Daillé prend la peine de remarquer les endroits où les saints sont appelés dieux, *Dii*, par un Paul Jove, par un Bembe, par un Juste-Lipse [2]. Le zèle pour le vieux latin nous a amené ces expressions : tout est perdu si en lisant Bembe ou quelque autre auteur du même goût, on ne croit pas lire un ancien Romain, plein de ses dieux, de ses magistrats et de toutes les coutumes de sa république ; et Juste-Lipse qui s'est moqué d'une si basse affectation, n'a pu s'en garantir tout à fait : tant l'ancienne latinité a transporté les esprits. Le mot de *Divus* ayant commencé par une telle affectation, a eu insensiblement une grande vogue. Quoique l'usage de l'Eglise ne l'ait point reçu, qu'il ne soit guère ni dans ses décrets ni dans ses prières (a), et que Bellarmin ait eu raison de le rejeter, mille auteurs moins exacts que lui s'en sont servis sans scrupule, aussi bien que sans mauvais dessein.

Les catholiques ne sont pas les seuls qui l'ont employé. Dans le recueil des *Confessions de foi*, fait et imprimé à Genève, nous voyons tout un synode, tenu en Pologne par les protestans, qui dit qu'on s'assembloit les matins dans les temples de la sainte Vierge, *divæ Virginis ;* et encore, que le 25 août est consacré à saint Barthélemi, *divo Bartholomæo sacra* [3]. Cependant Daillé nous fait de ceci une affaire de religion. Si on se sert du mot de *divus*, dont les saints Pères ne se servent pas, c'est qu'on a, selon ce ministre, d'autres sentimens sur les saints, c'est qu'on les croit des dieux, et qu'on leur donne une espèce de divinité. Bellarmin trahit sa religion, quand il improuve ce mot. « Sa modestie est

---

[1] Dall., *Adv. Lat. trad.* lib. III, cap. xxx, p. 523. — [2] *Ibid.* — [3] *Synod. Torn., Syntag. Conf. fid.*, II part., p. 240, 242.

(a) *Note marg.* : Il est dans le concile de Trente une fois ou deux.

fausse, sa sagesse est ridicule et impertinente, » parce qu'il rejette un mot que l'Eglise ne reçoit pas, et qu'un mauvais usage tâche d'introduire ; ce cardinal fait aux saints « une grande injure, » quand il ne les appelle simplement que *bienheureux, beatos*, au lieu de les appeler *divos* : « c'est comme si on appeloit baron ou marquis celui qui est honoré de la qualité de duc. » Voilà les sentimens de ce ministre, qui ne méritent d'être remarqués qu'afin qu'on voie les excès où s'emporte un homme possédé du désir de contredire. Enfin il conclut par ces paroles : Pour moi, dit-il, « qui crois avec les anciens qu'on ne peut honorer les saints, comme fait l'Eglise romaine, sans leur donner quelque sorte de divinité, j'ai raison de rejeter ce mot de *Divus* comme profane et impie. Si je m'en sers quelquefois dans cette dispute (et j'avoue que je m'en sers fort souvent), je ne parle point en cela selon ma pensée, mais selon le sentiment de mes adversaires ; et je déclare que je le fais de peur de rien oublier qui serve à rendre leur cause odieuse autant qu'elle est mauvaise. »

Ainsi les prétendus réformés sont bien avertis que leurs ministres n'épargnent rien pour nous décrier. Les choses, les expressions, soit qu'on les approuve parmi nous, soit qu'on les rejette, tout leur est bon, pourvu qu'ils nous nuisent et qu'ils rendent notre doctrine odieuse. Ils se laissent tellement emporter au désir qu'ils ont de contredire nos auteurs, que s'ils y trouvent quelque expression qui les choque, ils ne veulent pas seulement songer à l'idée qui y répond dans l'esprit de celui qui parle. On nous attaque dans cet esprit, et il ne faut pas s'étonner après cela si on nous chicane tant sur des mots.

Laissons ces vaines disputes et venons au fond des choses. Un peu de réflexion sur quelques-unes de celles qui nous ont été accordées, nous va découvrir des principes certains pour régler ce qui regarde le culte de Dieu, et le séparer de celui qui peut convenir aux saints.

Les prétendus réformés nous demandent où nous avons pris ce genre d'honneur particulier que nous croyons pouvoir rendre à autre qu'à Dieu, et toutefois pour l'amour de lui. Pourquoi nous le demander, s'ils en conviennent eux-mêmes ; et s'ils nous ont accordé qu'outre l'honneur « qui est dû à Dieu, » et celui qui est « purement civil, » il faut reconnoître encore une troisième sorte de « vénération, distincte de l'un et de l'autre, qui est due aux choses sacrées ? »

Ce principe est tellement tenu pour indubitable parmi eux, qu'ils n'en ont point trouvé d'autre pour résoudre les objections tirées des saints Pères sur l'adoration de l'Eucharistie. Aubertin a prétendu qu'en demeurant pain et vin, et sans être considérée comme le corps adorable de Notre-Seigneur, elle a pu recevoir un genre d'honneur qui ne fût, ni l'honneur suprême qui est dû à Dieu, ni aussi un honneur purement civil.

Les autres ministres raisonnent de la même sorte : et celui qui a composé depuis peu l'*Histoire de l'Eucharistie* fort estimée dans son parti, avoue que le communiant représenté par saint Cyrille de Jérusalem, s'approche du calice ayant « le corps courbé en forme d'adoration ou de vénération. Mais il faut entendre, dit-il, la posture que prescrit ce Père, non d'un acte d'adoration mais de la vénération et du respect que l'on doit avoir pour un si grand sacrement [1]. » Je le veux ; car ce n'est pas mon intention de disputer ici de l'Eucharistie. Enfin il est donc certain, selon les prétendus réformés, qu'on peut rendre à une créature, telle qu'est selon eux le Saint-Sacrement, un certain genre d'honneur, qui sans doute ne sera pas purement civil, puisqu'il se trouve mêlé nécessairement dans un acte de religion, tel qu'est la réception de l'Eucharistie.

Nous avons vu que cet honneur dû aux choses sacrées, qui selon Aubertin ne peut pas être un honneur purement civil, est même appelé *religieux* en un certain sens par Drelincourt ; il apporte l'Arche d'alliance parmi les exemples des choses qu'on peut « honorer religieusement ; » et il en dit autant de l'eau du Baptême, du pain de la Cène. « Nous n'avons garde, dit-il, de les confondre avec de l'eau et du pain commun ; mais à cause de leur usage religieux et sacré, nous les honorons religieusement comme les types et les mémoriaux de Jésus-Christ, » etc.

Voilà donc cet honneur des choses sacrées, qui n'est ni l'hon-

---

[1] *Hist. de l'Euch.*, III part., p. 548. Amst., 1669.

neur de la Divinité, ni un honneur purement civil, reconnu manifestement dans la nouvelle Réforme. Entre les choses sacrées, qu'y a-t-il de plus sacré et de plus dédié à Dieu, que les saints qui sont ses temples vivans? Aussi voyons-nous que Drelincourt, dans le passage que nous avons rapporté, ne fait nulle difficulté de dire que l'honneur qu'on rend dans sa religion « à la sainte Vierge et aux saints, est saint et religieux » au même sens que celui qu'on rend à l'Arche d'alliance et aux sacremens, c'est-à-dire que cet honneur rendu aux saints est religieux à cause qu'ils sont honorés, comme dit le même ministre, « pour l'honneur de Dieu qui les remplit de sa grace, et les couronne de sa gloire. »

Que si quelques-uns de nos réformés, par exemple Vossius, ne veulent pas recevoir cette expression de Drelincourt, ce ne sera en tout cas qu'une dispute de mots; et au fond trois choses seront assurées.

La première, que les saints sont dignes de quelque respect.

La seconde, qu'on les honore, comme dit Drelincourt, pour l'honneur de Dieu qui les remplit de sa grace et les couronne de sa gloire.

La troisième, que l'honneur qui leur est rendu par ce motif, de quelque nom qu'on l'appelle, ne peut pas être un honneur purement civil, tel qu'on le rend par exemple aux magistrats; mais que c'est un honneur d'un autre rang, et à peu près de même nature que celui qu'on rend aux choses sacrées dans l'une et dans l'autre religion.

Il n'est donc plus question de chercher le genre d'honneur qui peut être rendu aux saints : il est tout trouvé et nos réformés en sont d'accord; il ne s'agit que de le rendre à qui il convient et d'en régler l'exercice. Mais pour procéder encore ici par des faits constans et positifs avoués dans les deux religions, parmi ces sortes d'honneur que les prétendus réformés veulent bien qu'on rende aux saints, il y en a une que je choisirai pour servir de règle à toutes les autres.

XIII. — Réponses à quelques autres objections sur la commémoration des saints dans le service divin, et les jours de fêtes consacrés en leur honneur.

Nous en avons déjà touché quelque chose. Nous avons dit que Daillé, dans son livre *contre le culte des Latins*, convient que non-seulement au IVe siècle où selon lui le culte divin commençoit à se corrompre, mais encore dans les premiers siècles, où il prétend qu'il se conservoit en sa pureté, il y avoit des jours établis pour célébrer annuellement dans l'Eglise et dans le service divin la mémoire des saints martyrs. Il rapporte lui-même pour cela deux lettres de saint Cyprien, qui vivoit au milieu du IIIe siècle, dans l'une desquelles il ordonne qu'on lui envoie les noms des saints confesseurs qui étoient morts dans les prisons, « afin, dit-il, que nous célébrions leur mémoire entre les mémoires des martyrs[1]; » et dans l'autre il parle ainsi : « Vous vous souvenez, dit-il, que nous offrons des sacrifices pour Laurentin et Ignace, toutes les fois que nous célébrons la passion et le jour des martyrs par une commémoration annuelle[2]. »

Que personne ne soit troublé de ce que dit ici saint Cyprien, qu'on offroit le sacrifice pour les martyrs : offrir pour un martyr selon le langage ecclésiastique, qui a duré jusqu'à notre siècle, c'est-à-dire, comme parle ailleurs le même saint Cyprien, « offrir pour sa mémoire[3]. » Et Daillé lui-même dit en ce lieu « que ces sacrifices pour les martyrs, c'étoient des actions de graces qu'on rendoit à Dieu pour leur mort, pour leur constance et pour leur salut[4]. »

Il n'est pas temps de disputer de ce sacrifice. Je me contente à présent de ce que ce ministre nous accorde, « qu'il y avoit tous les ans des jours dédiés » à célébrer la mémoire des martyrs, dès le temps de saint Cyprien. Même en remontant cent ans plus haut, nous trouverons cette sainte cérémonie en usage; et le même ministre en convient par ces paroles : « Personne ne doute, dit-il, que cela n'ait été ordinaire parmi les chrétiens de ces temps-là et même près de cent ans auparavant, comme il paroît par les Actes du martyre de saint Polycarpe[5].

---

[1] Epist. XXXVII, p. 50. — [2] Epist. XXXIV, p. 47. — [3] Epist. XXXVII. — [4] Dall., Adv. Lat. trad. lib. III, cap. III, p. 352. — [5] Lib. I, cap. VIII, p. 40.

Il est bon de remarquer ce qui est porté dans ces Actes, c'est-à-dire, dans cette épître célèbre de l'Eglise de Smyrne, que Daillé cite toujours comme une pièce vénérable plus encore par sa sainteté que par son antiquité. « Les fidèles de Smyrne » ayant raconté le martyre de leur saint évêque qui dans une vieillesse décrépite avoit tant souffert pour Jésus-Christ, ajoutent ces belles paroles : « Nous avons ramassé ses os plus précieux que les pierreries et plus purs que l'or, et nous les avons renfermés dans un lieu convenable. C'est là que nous nous assemblerons avec grande joie, s'il nous est permis (c'est-à-dire si les persécutions ne nous en empêchent pas); et Dieu nous fera la grace d'y célébrer le jour natal de son martyre, tant en mémoire de ceux qui ont combattu pour la foi que pour exciter ceux qui ont à soutenir un pareil combat[1]. »

Saint Polycarpe vivoit dans le IIe siècle de l'Eglise; il avoit vu les apôtres et étoit disciple de saint Jean. Nous prions les prétendus réformés de considérer dans une pièce si authentique et d'une antiquité si vénérable, et dont Daillé ne parle jamais qu'avec respect : nous les prions, dis-je, d'y considérer ces os des saints martyrs plus précieux que l'or et les pierreries, ces saintes assemblées qui se faisoient autour du lieu où étoit conservé ce riche dépôt, et ce jour natal des martyrs qu'on célébroit auprès de leurs reliques précieuses.

Daillé n'a pas voulu voir ces solennités des martyrs dans un passage de Tertullien, que Bellarmin avoit cité : « Nous faisons, dit cet auteur, des oblations annuelles pour les morts et pour les naissances[2]. » Ce ministre assure que « Tertullien parle manifestement de tous les chrétiens, et non des martyrs[3]. » Toutefois il avoit appris, par l'endroit des Actes de saint Polycarpe que nous venons de citer, que ce qu'on appeloit dans l'Eglise le jour solennel de la nativité, n'étoit pas le jour de la naissance commune des hommes, mais le jour de la mort victorieuse des martyrs. Car le jour qui nous fait naître en Adam, dans l'Eglise est un jour malheureux et non un jour solennel, puisque c'est le

---

[1] Euseb., lib. IV, cap. xv. — [2] Tertull., *De Coron.*, n. 3. — [3] Dall., *Adv. Lat. trad.* lib. 1, cap. viii, p. 39.

jour où nous naissons enfans de colère. C'est ce qui fait dire ces mots à Origène : « Il n'y a que les infidèles qui célèbrent le jour de leur naissance. Les saints le détestent plutôt; et Jérémie, quoique sanctifié dans le ventre de sa mère, le maudit[1]. » Il allègue pour raison de ce qu'il avance, que nous naissons tous dans le péché; ce qu'il prouve par divers passages de l'Ecriture et par le baptême des petits enfans. Tertullien n'a pas ignoré ce malheur de notre naissance, lui qui a si bien connu « ce premier péché qui, dit-il, ayant été commis dans l'origine du genre humain et par celui qui en étoit le principe, a passé en nature à ses descendans[2]. » Ce n'étoit donc pas un tel jour que l'Eglise appeloit par excellence le jour natal. C'étoit le jour où les saints martyrs naissoient dans les cieux par une mort glorieuse. C'étoit un langage établi dès le temps de saint Polycarpe : et quoi que puisse dire M. Daillé, personne ne doutera que Tertullien n'ait parlé dans le même sens. Mais quand nous n'aurions pas Tertullien pour nous, le fait dont il s'agit n'en seroit pas moins constant; et on avoue dans la nouvelle Réforme, aussi bien que dans l'Eglise catholique, que c'étoit un usage reçu dans l'Eglise aussitôt après les apôtres, d'établir des jours particuliers où on célébroit annuellement la mort des martyrs qu'on appeloit leur naissance.

Que Daillé nous dise tant qu'il lui plaira que cela n'a rien de commun avec le culte religieux, puisque les disciples d'Epicure célébroient bien tous les ans le jour de sa mort, et que les Romains et les Grecs célébroient le jour de leur naissance sans que cette célébration eût rien de religieux ni de sacré[3] : pourquoi ramasser curieusement des choses qui ne servent de rien à la question? Nous lui avons démêlé par le sentiment d'un de ses confrères l'équivoque du terme de *religieux*. Mais laissant à part les termes, maintenant qu'il s'agit d'établir les choses dont on est d'accord, il me suffit que Daillé convienne comme d'une chose constante dans l'une et dans l'autre religion, que dès les temps les plus purs du christianisme nos pères ont eu des jours solennels où ils célé-

---

[1] Hom. VIII, *in Levit.*, n. 3, tom. II, p. 229. — [2] *De Animâ*, n. 16. — [3] Lib. I, cap. VIII.

broient annuellement la mémoire des martyrs, non point dans des assemblées profanes telles qu'étoient celles des épicuriens, mais dans les saintes assemblées qu'ils faisoient au nom de Dieu et au milieu de leurs sacrifices, c'est-à-dire, en quelque manière qu'on veuille entendre ce mot, dans la partie la plus essentielle du service divin. Je sais que nos réformés ont corrigé cet usage, osant bien, à la honte du christianisme, étendre leur réformation jusqu'aux pratiques reçues dans les siècles qu'ils avouent être les plus purs. Mais leurs frères d'Angleterre n'ont pas été en cela de leur sentiment, puisqu'on voit encore dans leur liturgie parmi les fêtes qu'on doit observer, celles des apôtres et de plusieurs saints que nous avons déjà remarquées.

Je ne prétends pas maintenant presser les ministres d'entrer eux-mêmes dans cette pratique. Il me suffit qu'ils la souffrent et qu'ils la tolèrent dans l'église anglicane. Nous avons par là de leur aveu, que c'est une chose permise et nullement injurieuse à Dieu d'établir des jours solennels à l'honneur des saints. Sur ce fondement certain j'ai deux choses à leur demander.

La première, qu'ils cessent de nous donner comme une maxime indubitable, que ce qui se fait à l'honneur de Dieu, sans qu'il nous l'ait expressément commandé dans son Ecriture, est superstitieux et idolâtre.

C'est la maxime qu'ils ont posée comme le fondement certain de la Réforme qu'ils ont voulu faire dans le service divin. Luther l'avança le premier en ces termes marqués par Sleidan : « Il n'appartient à personne d'établir quelque nouvelle œuvre comme service de Dieu, que lui-même ne l'ait commandé dans son Ecriture. Cela, dit-il, est défendu par le premier commandement du Décalogue ; et toutes les œuvres de cette nature sont des actes d'idolâtrie[1]. »

Cette maxime de Luther a été suivie par tous ceux qui se sont dits réformés ; et comme j'ai déjà dit, c'est sur ce seul fondement qu'ils ont retranché du service divin tout ce qui leur a semblé n'être point dans l'Ecriture, de quelque antiquité qu'il leur parût. Cependant cette maxime tant vantée et tant répétée dans leurs

[1] Lib. VII, p. 112 et alibi.

écrits, se trouve fausse visiblement de leur aveu, puisque d'un côté ils savent bien que Dieu n'a commandé expressément en aucun endroit de l'Ecriture d'établir des jours solennels où on célébrât annuellement le jour natal des martyrs; et que d'autre part ils avouent que cette pieuse cérémonie se pratiquoit en l'Eglise durant ces siècles bienheureux où ils conviennent que Dieu a été servi purement selon l'esprit de l'Evangile.

La seconde chose que je leur demande, c'est d'avouer qu'il est louable ou du moins permis d'avoir et de pratiquer, même dans les assemblées des fidèles, quelque pieuse cérémonie qui marque le respect qu'on a pour les saints, et qui se fasse publiquement à leur honneur : car nous sommes tous d'accord que c'est ce qu'on pratiquoit dans les siècles les plus purs du christianisme, lorsqu'on s'assembloit dans les lieux où reposoient les reliques des martyrs, plus précieuses que l'or et les pierreries; et que le jour de leur mort devenoit un jour sacré, où on célébroit devant Dieu la gloire de leur triomphe.

Il ne sert de rien de nous objecter que toute cette cérémonie tendoit principalement et directement à l'honneur de Dieu. Car c'est là précisément ce que nous voulons, qu'une action qui n'est pas expressément commandée dans l'Ecriture soit néanmoins regardée comme étant si agréable à Dieu, que même elle puisse entrer dans le service divin et en faire une partie.

Au reste on se trompe fort, si on croit que pour suivre les sentimens de l'Eglise catholique, il faille rendre aux saints un genre d'honneur qui se termine à eux-mêmes. Car elle enseigne au contraire que le véritable honneur de la créature, c'est de servir à l'honneur de son Créateur. Ainsi on ne peut faire un plus grand honneur aux martyrs que de considérer leur victoire comme des miracles de la grace et de la puissance divine; de compter le jour de leur mort (jour précieux et saint, qui a scellé leur foi et consommé leur persévérance) comme un jour éternellement consacré à Dieu; et de croire que le souvenir de leurs vertus, leurs tombeaux, leurs saintes reliques et leur nom même soit capable de nous inspirer le désir d'aimer Dieu et de le servir.

Si les prétendus réformés approuvent ce genre d'honneur pour les saints, nous leur déclarons hautement que nous n'en voulons point établir qui soit d'une autre nature. Qu'ils ne nous disent donc pas que les honneurs que nous faisons aux saints, tendent directement à eux et non pas à Dieu. Honorer Dieu dans les saints, ou honorer les saints pour l'amour de Dieu, ce sont choses équivalentes. Il n'y a rien dans les saints qui puisse nous arrêter tout à fait. Leur nom même nous élève à Dieu; et ce qui les fait nommer saints, c'est qu'ils ne respirent que sa gloire. Ainsi l'honneur qu'on leur rend, de sa nature se rapporte à Dieu; et c'est plutôt l'honneur de Dieu que l'honneur des saints, puisque lorsqu'on pense à eux, ce sont les grandeurs de Dieu et les merveilles de sa grace qu'on a toujours principalement dans la pensée.

C'est aussi la raison précise pour laquelle nous mêlons les honneurs des saints dans le service divin, car nous voyons dans les saints Dieu qui leur est toutes choses, qui est leur force, leur gloire et l'objet éternel de leur amour.

Nous avons donc trouvé sans beaucoup de peine, et de l'aveu des prétendus réformés, le genre d'honneur qu'on peut rendre aux saints. Nous avons trouvé dans les jours de fêtes dédiés à leur honneur un acte de respect, qui sans être exprimé dans la loi de Dieu, ne laisse pas d'être jugé bon et digne d'être mêlé dans le service divin, parce que l'honneur de Dieu, qui est la fin de la loi, en est le premier et le principal motif.

Sur cet acte tenu pour pieux dans l'une et dans l'autre religion, nous allons régler tous les autres; et cet exemple, certainement approuvé, nous fera juger des articles qui sont en contestation. De là je tire cette règle, qui doit passer maintenant pour indubitable dans l'une et dans l'autre religion, que les honneurs qu'on rend aux saints, sans être exprimés dans la loi de Dieu, ne laissent pas toutefois d'être permis et louables, pourvu que l'honneur de Dieu, qui est la fin de la loi, en soit toujours le premier et le principal motif. Tel est le principe général qui doit régler le culte divin selon les prétendus réformés, aussi bien que selon nous. Venons maintenant au particulier, et sur ce principe commun examinons les articles qui sont en contestation.

XIV. — Récapitulation des principes établis ci-dessus. Application de ces principes à trois actes particuliers, que les prétendus réformés condamnent comme superstitieux et idolâtres : 1° l'invocation des saints; 2° la vénération des reliques; 3° celle des images.

Mais il est bon auparavant de reprendre en peu de paroles les choses qui ont été dites.

Nous avons établi des faits constans qui doivent décider la controverse du culte de Dieu et des saints.

Il paroît avant toutes choses qu'on ne peut pas seulement penser que les saints soient parmi nous des divinités; car on n'a jamais ouï parler qu'on ait reconnu des divinités vraiment et proprement dignes de ce nom avec cette idée distincte, qu'elles fussent tirées du néant.

Si les saints ne sont pas des dieux dans notre pensée, on ne peut pas imaginer comment nous leur pourrions rendre des honneurs divins.

On nous objecte que les honneurs que nous leur rendons, ne sont pas honneurs divins dans notre pensée, mais qu'ils le sont en effet. C'est ce qui ne fut jamais, et ce qui ne peut jamais être. Nous avons vu que tous ceux qui ont rendu à quelqu'un les honneurs divins, l'ont senti et l'ont connu, et l'ont voulu faire. Et nous avons vu aussi que ceux qui les ont rendus à la créature, ont brouillé l'idée de la créature avec celle du Créateur. Nous ne brouillons point ces idées, nous ne connoissons que Dieu seul qui soit de lui-même; nous ne mettons dans les saints aucune perfection que Dieu ne leur ait donnée; nous n'attribuons la création à aucun autre qu'à lui; et nous détestons les ariens, qui ont fait créateur le Fils de Dieu, celui qu'ils ont appelé créature. Nous n'avons nulle fausse idée de la nature divine. Nous ne croyons pas que par elle-même elle soit inaccessible pour nous, comme croyoient ces adorateurs des anges; ou qu'aucun autre que Dieu veille plus sur nous que Dieu même, ou puisse avoir une connoissance plus immédiate de nos vœux et de nos besoins. En un mot, nous croyons de Dieu, Père, et Fils, et Saint-Esprit, ce qu'il en faut croire. Ainsi il est impossible que par quelque endroit que ce soit, nous égalions avec lui la créature, que nous regardons comme tirée du néant par sa parole.

On ne peut pas même, sur ce sujet-là, nous imputer de fausses croyances, tant notre foi est certaine et déclarée. Mais on nous chicane sur des mots dont la signification est douteuse, ou sur des marques extérieures d'honneur aussi équivoques que les mots. Nous avons démêlé ces équivoques par des principes certains, dont les prétendus réformés sont convenus avec nous. Nous avons fait voir que les marques extérieures d'honneur reçoivent, comme les mots, leur sens et leur force de l'intention et de l'usage public de ceux qui s'en servent. S'il y a quelque sorte de cérémonie, qui par le consentement commun du genre humain soit consacrée à reconnoître la Divinité dans sa souveraine grandeur, telle qu'est le sacrifice, nous la réservons à Dieu seul. Pour ce qui est des cérémonies qui peuvent avoir un sens ambigu, c'est-à-dire qui peuvent être communes à Dieu et à la créature, par exemple les génuflexions et autres de même genre, nous déterminons clairement par notre profession publique la force que nous leur donnons; et bien loin de les qualifier ou de les tenir des honneurs divins, quand nous les exerçons envers quelques créatures, nous prenons les reproches qu'on nous en fait pour la plus sensible injure que nous puissions recevoir. Et afin qu'on ne se joue pas sur le terme de *religieux,* nous déclarons que si on prend pour la même chose honneurs religieux et honneurs divins, il n'y a point d'honneurs religieux pour les saints; que si on appelle religieux les honneurs que nous leur rendons parce que nous les honorons pour l'amour de Dieu, ou que nous croyons l'honorer lui-même quand nous l'honorons dans ses serviteurs, nous avons assez fait voir l'innocence de cette expression; et il n'y a rien de plus juste que de demander, comme nous faisons, qu'en cela on juge de nos sentimens par notre confession de foi, c'est-à-dire par le fond même de notre doctrine.

Ainsi la difficulté devroit dès à présent être terminée; et avant que d'en venir au particulier des actes intérieurs ou extérieurs par lesquels nous honorons les saints, on devroit tenir pour constant qu'il n'y a aucun de ces actes qui élève ces bienheureux esprits au-dessus de la créature, puisqu'enfin nous les mettons dans ce rang et que nous savons parfaitement où ce rang les met.

Nous avons toutefois passé plus avant; et pour ne laisser aucun prétexte de nous accuser à ceux qui nous demandent sans cesse d'où vient que nous faisons tant d'honneur aux saints, qui ne sont après tout que des créatures, nous leur avons demandé ce qu'ils en pensent eux-mêmes, et s'ils jugent les serviteurs de Dieu indignes de tous honneurs. Que si cette pensée leur fait horreur, s'ils croient avec raison que c'est déshonorer le Seigneur même que de dire que ses serviteurs ne méritent aucun honneur parmi les hommes : que pouvons-nous faire de plus équitable et de plus propre à terminer les contestations que nous avons avec nos frères, que de choisir les honneurs qu'ils permettent qu'on rende aux saints, pour juger sur ce modèle de ceux qu'ils improuvent? C'est ce que nous avons fait. Nous leur donnons pour exemple les fêtes des saints, qu'ils reconnoissent avec nous dans la plus vénérable antiquité, et qu'ils permettent encore aujourd'hui à leurs frères d'Angleterre. Si cet honneur rendu aux saints ne leur semble pas condamnable parce que Dieu en est le premier et le principal motif, l'Église catholique leur a déclaré dans tous ses conciles que, par tous les honneurs qu'elle rend aux saints, elle ne songe pas tant à les honorer qu'à honorer Dieu en eux, et que c'est pour cette raison que leurs honneurs font une partie du culte qu'elle rend à Dieu, qui est admirable en ses saints.

En faudroit-il davantage pour terminer cette controverse? Et toutefois je consens de n'en demeurer pas là. Je m'en vais examiner dans tout notre culte, les actes particuliers que nos réformés y reprennent : et afin de suivre toujours la même méthode que je me suis proposée, j'établirai par des faits constans qu'il n'y a rien de si mal fondé, que de dire que les honneurs que nous rendons aux saints pour l'amour de Dieu, sont injurieux à sa gloire et ressentent l'idolâtrie.

Il y a trois actions principales où la nouvelle Réforme condamne notre culte comme plein de superstition et d'idolâtrie : la première, c'est l'invocation des saints; la seconde, c'est la vénération des reliques; la troisième est celle des images. Ce dernier point, qui choque le plus les prétendus réformés, aura sa discussion particulière : nous allons traiter les deux autres; et la suite fera paroître la raison que nous avons eue de les mettre ensemble (a).

SECOND FRAGMENT.

DU CULTE DES IMAGES.

Parmi toutes nos controverses, la plus légère au fond, mais l'une des plus importantes à cause des difficultés qu'y trouvent les protestans réformés, est à mon avis celle des images.

Pour développer clairement une matière où ils s'imaginent avoir contre nous un avantage si visible, je proposerai premièrement, le sentiment de l'Eglise et l'état de la question ; secondement, les objections que tirent nos adversaires du commandement du Décalogue, où les images et leur culte semblent absolument défendus; troisièmement, je découvrirai les erreurs de l'idolâtrie qui ont donné lieu à cette défense, l'opinion que les païens avoient des images et les honneurs détestables qu'ils leur rendoient, infiniment différens de ceux qui sont en usage dans l'Eglise catholique; quatrièmement, je ferai voir qu'il y a une manière innocente de les honorer, et cela par des principes certains, avoués dans la nouvelle Réforme; cinquièmement, je répondrai aux objections particulières qu'on nous fait sur l'adoration de la Croix; sixièmement, je satisferai à quelques autres objections tirées des abus qui peuvent se rencontrer dans l'usage des images, et de quelques diversités qui paroissent sur ce sujet dans la discipline de l'Eglise. Je procéderai, dans toutes ces choses, selon la méthode que je me suis proposée; c'est-à-dire par des faits certains, laissant à part les difficultés dont la discussion est embarrassante et par là inutile à notre dessein.

(a) Bossuet n'a traité, dans les *Fragmens relatifs à l'Exposition*, que du culte des images.

I. — Le sentiment de l'Eglise et l'état de la question.

Commençons par l'exposition de la doctrine catholique, et rapportons avant toutes choses les paroles du concile [1]. « Les images de Jésus-Christ et de la Vierge Mère de Dieu et des autres saints, doivent être conservées principalement dans les Eglises, et il leur faut rendre l'honneur et la vénération qui leur est due ; non qu'on y croie quelque divinité, ou quelque vertu pour laquelle elles soient honorées, ou qu'il leur faille demander quelque chose, ou qu'il faille attacher sa confiance aux images, comme les païens qui mettoient leurs espérances dans leurs idoles; mais parce que l'honneur qui leur est rendu se rapporte aux originaux qu'elles représentent : de sorte que par le moyen des images que nous baisons, devant lesquelles nous découvrons notre tête et nous nous mettons à genoux, nous adorons Jésus-Christ et honorons les saints dont elles sont la ressemblance, comme il a été expliqué par les décrets des conciles, principalement par ceux du second concile de Nicée. »

C'est ainsi que le concile défend de s'arrêter aux images : tout l'honneur passe aux originaux : ce ne sont pas tant les images qui sont honorées, que ce sont les originaux qui sont honorés devant les images, comme je l'ai remarqué dans le livre de l'*Exposition* [2].

Mais achevons de considérer les sentimens du concile. « Il faut, dit-il, que les évêques enseignent avec soin qu'en représentant les histoires de notre rédemption par des peintures et autres sortes de ressemblances, le peuple est instruit et invité à penser continuellement aux articles de notre foi. On reçoit aussi beaucoup de fruit de toutes les saintes images, parce qu'on est averti par là des bienfaits divins et des graces que Jésus-Christ a faites à son Eglise : et aussi parce que les miracles et les bons exemples des saints sont mis devant les yeux des fidèles afin qu'ils rendent graces à Dieu pour eux, qu'ils forment leur vie et leurs mœurs suivant leurs exemples, et qu'enfin ils soient excités à adorer et à aimer Dieu, et à pratiquer les exercices de la piété [3]. »

[1] *Conc. Trid.*, sess. XXV. — [2] *Exposition*, n. 5, pag. 59. — [3] *Conc. Trid.*, sess. XXV.

Ainsi selon le concile, tout l'extérieur de la religion se rapporte à Dieu ; c'est pour lui que nous honorons les saints, et leurs images nous sont proposées pour nous exciter davantage à l'aimer et à le servir.

Au reste, comme Dieu n'a pas dédaigné, pour s'accommoder à notre foiblesse, de paroître sous des figures corporelles, et qu'on peut peindre ces apparitions comme les autres histoires de l'Ancien et du Nouveau Testament, le concile a ordonné que, « s'il arrive quelquefois qu'on représente de telles histoires de l'Ecriture, et que cela soit jugé utile pour l'instruction du peuple ignorant, il le faut soigneusement avertir qu'on ne prétend pas représenter la Divinité, comme si elle pouvoit être vue des yeux corporels, ou exprimée par des traits et par des couleurs. » C'est-à-dire que ces peintures doivent être rares, selon l'intention du concile, qui laisse à la discrétion des évêques de les retenir ou de les supprimer, suivant les utilités ou les inconvéniens qui en pourroient arriver.

Mais il ordonne en tout cas qu'on détruise par des instructions claires et précises, toutes les fausses imaginations que de telles apparitions pourroient faire naître contre la simplicité de l'Etre divin, et il charge de cette instruction la conscience des évêques.

Qui pèsera avec attention tout ce décret du concile, y trouvera la condamnation de toutes les erreurs de l'idolâtrie touchant les images. Les païens, dans l'ignorance profonde où ils étoient touchant les choses divines, croyoient représenter la Divinité par des traits et par des couleurs. Ils appeloient leurs idoles dieux d'une façon si grossière, que nous avons peine à le croire, maintenant que l'Evangile nous a délivrés et désabusés de ces erreurs. Ils croyoient pouvoir renfermer la Divinité dans leurs idoles : selon eux le secours divin étoit attaché à leurs statues, qui contenoient en elles-mêmes la vertu de leurs dieux : touchés de ces sentimens, ils y mettoient leur confiance : ils leur adressoient leurs vœux, et ils leur offroient leurs sacrifices. Telles étoient les erreurs des idolâtres, comme nous le montrerons en son lieu par des faits constans et par des témoignages indubitables. Le concile a rejeté toutes ces erreurs de notre culte. Selon nous la Divinité n'est ni renfermée ni représentée dans les images. Nous ne croyons pas qu'elles nous la rendent plus présente, à Dieu ne plaise ; mais nous croyons seulement qu'elles nous aident à nous recueillir en sa présence. Enfin nous n'y mettons rien que ce qui y est naturellement, que ce que nos adversaires ne peuvent s'empêcher d'y reconnoître, c'est-à-dire une simple représentation, et nous ne leur donnons aucune vertu que celle de nous exciter par la ressemblance au souvenir des originaux : ce qui fait que l'honneur que nous leur rendons ne peut s'adresser à elles, mais passe de sa nature à ceux qu'elles représentent. Voilà ce que nous mettons dans les images. Tout le reste, que les païens y reconnoissoient, en est exclu par le saint concile en termes clairs et formels ; et il faut ici remarquer que ce ne sont point seulement des docteurs particuliers qui rejettent toutes ces fausses imaginations, ce sont des décrets publics : c'est un concile universel, dont la foi est embrassée par toute la communion catholique. Qu'on ne nous objecte donc plus le peuple grossier et ses sentimens charnels. Ce peuple, quel qu'il soit, (car ce n'est pas ce que nous avons ici à traiter) fait profession de se soumettre au concile ; et les particuliers qui, faute de s'être fait bien instruire, se pourroient trouver dans quelque erreur opposée au concile de Trente, ou sont prêts à se redresser par ses décisions, ou ne sont pas catholiques, et dans ce cas nous les abandonnons à la censure des prétendus réformés. Ainsi c'est perdre le temps que de nous objecter ces particuliers ignorans. Il s'agit de la doctrine du corps et de la foi du concile que nous venons de représenter. Mais comme ce même concile, outre ce qu'il dit touchant les images, confirme encore ce qui en fut dit dans le second concile de Nicée, il est bon d'en proposer la doctrine.

Voici donc les maximes que nous trouvons établies, ou dans la définition du concile, ou dans les paroles et les écrits qui y ont été approuvés. Ce concile reconnoît que « le vrai effet des images est d'élever les esprits aux originaux [1]. »

C'est ce qui rend les images dignes d'honneur. Mais on peut considérer cet honneur, ou en tant qu'il est au dedans du cœur, ou en tant qu'il se produit au dehors. Le concile établit très-bien comment le cœur est touché par une pieuse représentation, et fait

---

[1] Act. VI, *Defin. Syn.*

voir que ce qui nous touche est l'objet dont le souvenir se réveille dans notre esprit.

Il compare l'effet des images à celui d'une pieuse lecture, où ce ne sont point les traits et les caractères qui nous touchent, mais seulement le sujet qu'elles rappellent en notre mémoire.

En effet, on est touché des images à proportion qu'on l'est de l'original; et l'on ne peut pas comprendre le sentiment de ceux qui disoient chez Théodore Studite, qu'il ne faut point peindre Jésus-Christ, ou qu'en tout cas, il faut regarder une si pieuse peinture comme on feroit un tableau de guerre ou de chasse. Que si naturellement on y met de la différence, il est clair que c'est à cause de la diversité des sujets et que tout se rapporte là.

On commence d'abord à tenir une image chère et vénérable à cause du souvenir qu'elle réveille dans nos cœurs; et cela même, c'est l'honorer intérieurement autant qu'elle en est capable.

Ensuite on se sent porté à produire ce sentiment au dehors par quelque posture respectueuse, telle que seroit, par exemple, s'incliner ou fléchir le genou devant elle; et ce qu'on fait pour cela s'appelle *adoration* dans le langage du concile.

En effet il prend l'*adoration* pour un terme général, qui signifie dans la langue grecque toute démonstration d'honneur. « Qu'est-ce que l'adoration, dit saint Anastase, patriarche d'Antioche, dans le concile; « sinon la démonstration et le témoignage d'honneur qu'on rend à quelqu'un [1]? »

De là suit nécessairement de deux choses l'une, ou qu'il ne faut avoir aucune sorte de vénération pour les images, et que celle de Jésus-Christ doit être considérée indifféremment comme une peinture de guerre ou de chasse, ce que la piété ne permet pas; ou que, si l'on ressent pour elle quelque sorte de vénération, il ne faut point hésiter de la témoigner au dehors par ces actions de respect qu'on appelle *adoration :* d'où le concile conclut que dire, comme quelques-uns, qu'il faut avoir les images en vénération, sans néanmoins les adorer, c'est se contredire manifestement; car, comme remarque Taraise, patriarche de Constantinople [2], qui étoit l'ame de ce concile, c'est faire des choses contraires que de con-

[1] Act. IV. — [2] *Ibid.*

fesser qu'on a de la vénération pour les images, et cependant leur refuser l'adoration qui est le signe de l'honneur. C'est pourquoi le concile ordonne non-seulement la vénération, mais encore l'adoration pour les images, parce que nul homme sincère ne fait difficulté de donner des marques de ce qu'il sent dans le cœur.

Au reste comme ces signes d'honneur ne sont faits que pour témoigner ce que nous sentons au dedans, et qu'en regardant l'image nous avons le cœur attaché à l'original, il est clair que tout l'honneur se rapporte là. Le concile décide aussi sur ce fondement, « que l'honneur de l'image passe à l'original, et qu'en adorant l'image, on adore celui qui y est dépeint [1]. »

Il approuve aussi cette parole de Léonce, évêque de Napoli, dans l'île de Chypre : « Quand vous verrez les chrétiens adorer la croix, sachez qu'ils rendent cette adoration à Jésus-Christ crucifié, et non au bois [2]. »

Nous trouvons parmi les Actes du concile un discours du même Léonce, où il est dit que comme celui qui reçoit une lettre de l'Empereur, en saluant le sceau qu'elle porte empreint, n'honore ni le plomb, ni le papier, mais rend son adoration et son honneur à l'Empereur, il en est de même des chrétiens, quand ils adorent la croix.

Toutefois comme il falloit prendre garde qu'en disant qu'on adoroit les images, on ne donnât occasion aux ignorans de croire qu'on leur rendît les honneurs divins, le concile démêle avec soin toute l'équivoque du terme *d'adoration*. On y voit qu'*adoration* est un mot commun, que les auteurs ecclésiastiques attribuent à Dieu, aux saints, à la personne de l'Empereur, à son sceau et à ses lettres, aux images de Jésus-Christ et des bienheureux, aux choses animées et inanimées, saintes et profanes. C'est de quoi les prétendus réformés, et Aubertin entre autres, demeurent d'accord. Mais le concile distingue par des caractères certains, l'adoration qui est due à Dieu d'avec celle qui est rendue aux images. Celle qui est due à Dieu s'appelle dans le concile *adoration de latrie*; mais celle qu'on rend aux images s'appelle « salutation, adoration honoraire, adoration relative, qui passe à l'original, distincte de

---

[1] Act. VI, *Defin. Syn.* — [2] Act. IV.

la véritable Latrie, qui se rend en esprit, selon la foi, et qui n'appartient qu'à la nature divine. » Voilà les expressions ordinaires du concile et son langage ordinaire.

Ce terme de *Latrie* signifie service ; et c'est le mot consacré par l'usage ecclésiastique pour signifier l'honneur qui est dû à Dieu. Car à lui seul appartient le véritable service, c'est-à-dire la sujétion et la dépendance absolue. C'est ce qui fait dire à saint Anastase, patriarche d'Antioche, tant de fois cité dans le concile, ces paroles remarquables : « Nous adorons les anges, mais nous ne les servons pas. »

On ne peut donc reprocher ici aux Pères de ce concile de décerner aux images les honneurs divins ; car ils décident positivement que ce n'est pas leur intention ; et d'ailleurs ils ont agi selon cette règle indubitable : que dans toute « salutation et adoration, » c'est-à-dire dans tout honneur extérieur, « il faut regarder principalement le dessein et l'intention. » C'est ce que dit en termes formels Léonce, évêque de Napoli, cité pour cela dans le concile ; et la même chose y est confirmée par l'autorité de Germain, patriarche de Constantinople, qui dans l'*Epître* qu'il a écrite pour la défense des images contre les iconoclastes, enseigne formellement qu'en ce qui regarde le culte extérieur, « il ne faut pas s'arrêter à ce qui se fait au dehors, mais qu'il faut toujours examiner l'esprit et l'intention de ceux qui le font [1]. »

C'est la maxime certaine que nous avons établie ailleurs, de l'aveu des prétendus réformés. C'est ce qui paroît par le sentiment commun de tous les hommes. Car, comme nous avons dit, les marques extérieures d'honneur sont un langage de tout le corps, qui doit recevoir son sens et sa signification de l'usage et de l'intention de ceux qui s'en servent.

Ainsi quand le ministre Daillé et tous les autres ministres reprochent aux Pères de Nicée, que les honneurs qu'ils rendent aux images « sont en effet et en eux-mêmes des honneurs divins, quoiqu'ils ne le soient pas dans leur intention et de leur aveu [2], » ils disent des choses contradictoires, puisque c'est l'intention qui

[1] Germ., *Epist. ad Thom. Claudiop.*, act. IV, Labb., tom. VII, col. 289 et seq.
— [2] Daillé, *De Imag.*, lib. III, cap. XVII, p. 418.

donne la force à toutes les marques d'honneur qui d'elles-mêmes n'en ont aucune.

On ne peut donc point reprocher aux défenseurs des images qu'ils leur rendoient les honneurs divins, puisqu'ils ont si hautement déclaré que ce n'a jamais été leur intention, et que loin de s'arrêter aux images en s'inclinant devant elles, ils ne s'arrêtent pas même aux saints qu'elles représentent; mais que l'honneur qu'ils leur font a toujours Dieu pour son objet, conformément à cette parole de Théodore dans son Epître synodique pour les images : « Nous respectons les saints comme serviteurs et amis de Dieu ; car l'honneur qu'on rend aux serviteurs fait voir la bonne volonté qu'on a pour le commun Maître. »

J'ai exposé les sentimens du second concile de Nicée et les règles qu'il a suivies; par où se voit clairement le tort qu'a eu l'Anonyme, aussi bien que M. Noguier et presque tous nos réformés, de tant relever ce terme d'*adoration*, comme si l'on en pouvoit inférer que le concile défère aux images les honneurs qui ne sont dus qu'à Dieu seul. Ils devoient avoir remarqué avec Aubertin que ce terme est équivoque. Nous avons rapporté ailleurs le passage entier de ce ministre ; et nous avons montré que selon lui-même, le προσκύνησις du second concile de Nicée se rend mieux en notre françois par le terme de *vénération*, que par celui d'*adoration*. C'est pour cela que le concile de Trente se sert de ce premier terme, et non du dernier qui demeure aussi réservé à Dieu dans l'usage le plus ordinaire de notre langue.

Ainsi les prétendus réformés, s'ils agissent de bonne foi, ne diront plus désormais généralement et sans restriction, que nous adorons les images, puisque la langue françoise donne ordinairement une plus haute signification au mot d'*adorer*. Ils ne diront pas non plus que nous les servons ; car encore qu'en notre langue on serve Dieu, qu'on serve le Roi, qu'on se serve les uns les autres par la charité selon le précepte de saint Paul, on ne sert point les images, ni les choses inanimées; et, comme nous l'avons dit, le service véritable de la religion, c'est-à-dire la sujétion et la dépendance, n'appartient qu'à Dieu. Ainsi l'Anonyme ne devoit pas dire « que servir les images ce sont encore les termes du concile¹. » Le concile dit *colere*, qu'il faut traduire par *honorer*, ou *avoir en vénération*, comme on le tourne toujours dans les traductions de notre profession de foi. Mais ces Messieurs sont bien aises de nous faire dire que nous servons les images, et de traduire toujours les expressions du concile de la manière la plus odieuse.

Je suis fâché qu'ils nous obligent à perdre le temps dans ces explications de mots; mais pour revenir aux choses, on a vu par le concile de Trente et par celui de Nicée, les caractères essentiels qui nous séparent des idolâtres. Nous ne prions pas les images, nous n'y croyons point de divinité, ni aucune vertu cachée qui nous les fasse révérer : en elles nous honorons les originaux : c'est à eux que nous avons l'esprit attaché; c'est à eux que passe l'honneur, et tout notre culte se termine enfin à adorer le seul Dieu qui a fait le ciel et la terre.

Il est maintenant aisé d'établir l'état de la question, en éloignant les paroles qui peuvent donner lieu à quelque équivoque. Il s'agit donc de savoir s'il est permis et utile aux chrétiens d'avoir des images dans leurs églises, de les chérir et de les avoir en vénération à cause de Jésus-Christ et des saints qu'elles représentent, et enfin de produire au dehors quelque marque des sentimens qu'elles nous inspirent, en les baisant, en les saluant et en nous inclinant devant elles pour l'amour des originaux qui sont dignes de cet honneur.

Nous demandons simplement si cela est permis et utile, et non pas s'il est commandé et essentiel à la religion. C'est ainsi que les théologiens catholiques proposent la difficulté. Le savant Père Petau dans le Traité qu'il a fait touchant les images, avant que d'entrer à fond dans cette matière, dit « qu'il faut établir premièrement, que les images sont par elles-mêmes du genre des choses qu'on appelle indifférentes; c'est-à-dire qui ne sont point tout à fait nécessaires à salut, et qui n'appartiennent pas à la substance de la religion, mais qui sont à la disposition de l'Eglise pour s'en servir ou les éloigner, suivant qu'elle jugera à propos, comme sont les choses qu'on appelle de droit positif². » C'est pourquoi il

¹ Anon., p. 64. — ² *Theol. dogm. De incarn.*, lib. XV, cap. XIII, init. cap. p. 581.

ne s'embarrasse pas de ce canon du concile d'Elvire [1], tant de fois objecté aux catholiques, où il est porté « qu'il ne faut point avoir de peintures dans les églises, de peur que ce qui est honoré ou adoré, ne soit peint dans les murailles. » Il trouve « vraisemblable la conjecture de ceux qui répondent que dans le temps que ce concile fut tenu, la mémoire de l'idolâtrie étoit encore récente, et que pour cela il n'étoit pas expédient qu'on vît des images dans les oratoires ou dans les temples des chrétiens. »

Ce profond théologien répond de la même sorte au fameux passage de saint Epiphane, où ce Père raconte lui-même qu'il déchira un voile qu'il trouva dans une église, où étoit peinte une image qui sembloit être de Jésus-Christ ou de quelque saint. Le Père Petau rapporte les diverses réponses des théologiens catholiques, et ne fait point difficulté d'ajouter à tout ce qu'ils disent, « que peut-être dans l'île de Chypre, où saint Epiphane étoit évêque, il n'étoit point encore en usage de mettre des images dans les églises [2]; » ce qui peut être en effet une raison vraisemblable pour laquelle il trouve étrange d'en voir en d'autres endroits.

Au reste il est constant, comme nous le verrons dans la suite très-bien prouvé par Daillé lui-même, que du temps de saint Epiphane, en d'autres églises célèbres il y avoit des images autorisées par des Pères aussi illustres; ce qui peut servir à justifier ce que dit le Père Petau, « que les images de Jésus-Christ et des saints, qui n'étoient pas ordinaires dans les premiers temps, ont été reçues dans l'Eglise, lorsque le péril de l'idolâtrie a été ôté; ce qui n'a pas même été pratiqué en même temps dans tous les lieux, mais plutôt en un endroit qu'en un autre, selon l'humeur différente et le génie des nations, et selon que ceux qui les conduisoient l'ont trouvé utile. »

Sixte de Sienne avoit dit la même chose, et avoit même rapporté un passage de saint Jean Damascène, où ce grand défenseur des images, en expliquant un passage de saint Epiphane, ne fait point de difficulté de répondre que peut-être ce grand évêque avoit défendu les images pour réprimer quelques abus qu'on en faisoit [3].

---

[1] En latin *Illiberis*. — [2] *Theol. dogm. De incarn.*, cap. xv, p. 591. — [3] *Bibl. Sixt. Sen.*, annot. 247, p. 414; Joan. Damasc., lib. I, *adv. Icon.*

Le même Sixte de Sienne explique le canon du concile d'Elvire comme a fait depuis le Père Petau. Les Pères de ce concile, selon lui, ont défendu les peintures dans les églises, pour éteindre l'idolâtrie, à laquelle ces peuples nouvellement convertis étoient trop enclins par leur ancienne habitude de voir dans les images quelque sorte de divinité, et de leur rendre les honneurs divins[1]. Vasquez, qui ne suit pas ces explications, ne laisse pas de les rapporter comme catholiques; et lui-même ne nie pas qu'on ait pu ôter les images des églises, de peur de les exposer à la profanation des païens durant le temps des persécutions.

Quoi qu'il en soit, il paroît que les catholiques soutiennent tellement les images, qu'ils ne les regardent pas comme appartenantes à la substance de la religion, et qu'ils avouent qu'on les peut ôter en certains cas.

Que si l'on demande ici d'où vient donc qu'ils condamnent si sévèrement ceux qui les ont rejetées, il est aisé de répondre : C'est que l'Eglise catholique, fidèle dépositaire de la vérité, veut conserver son rang à chaque chose; c'est-à-dire qu'elle donne pour essentiel ce qui est essentiel, pour utile ce qui est utile, pour permis ce qui est permis, pour défendu ce qui l'est, et ne veut priver ses enfans, ni d'aucune chose nécessaire, ni même d'aucun secours qui peut les exciter à la piété.

Ayant de tels sentimens, elle n'a pas dû supporter ceux qui se donnent la liberté de condamner des choses utiles, de défendre des choses permises et d'accuser les chrétiens d'idolâtrie.

C'est le principal sujet de la condamnation des iconoclastes. Nous voyons dans le septième concile cette secte presque toujours condamnée sous le nom de l'hérésie qui accuse les chrétiens, et qui se joint aux Juifs et aux Sarrazins pour les appeler idolâtres.

Après la chose jugée, après que toute l'Eglise d'Orient et d'Occident a reconnu la calomnie des iconoclastes, les protestans sont venus encore la renouveler, et n'ont pas craint d'assurer à la honte du nom chrétien que toute la chrétienté étoit tombée dans l'idolâtrie, quoique le seul état de la question, tel que nous l'avons proposé, suffise pour la garantir de ce reproche. Car il paroît

[1] *Bibl. Sixt. Sen.*, annot. 247, p. 414.

clairement que loin de faire consister la religion dans les images, nous ne les mettons même pas parmi les choses essentielles et nécessaires au salut. Nous ne croyons pas même, comme les païens, qu'elles nous rendent la Divinité plus présente, ni que Dieu en écoute plus volontiers nos prières pour avoir été faites devant une image ; et enfin il s'agit de voir si nous serons idolâtres, parce que touchés des objets que des images pieuses nous représentent, nous donnons des marques sensibles du respect qu'elles nous inspirent.

II. — Objections que tirent nos adversaires du Décalogue, où les images et leur culte semblent absolument défendus.

Il paroît d'abord incroyable qu'on accuse d'idolâtrie une action si pieuse et si innocente. Mais comme nos réformés le font tous les jours, il est juste d'examiner s'ils ont quelque raison de le faire.

Ils prétendent que s'incliner et fléchir le genou devant une image, quelle qu'elle soit, fût-ce celle de Jésus-Christ ; et pour quelque motif que ce soit, fût-ce pour honorer ce divin Sauveur, c'est tomber dans une erreur capitale, puisque c'est contrevenir à un commandement du Décalogue, et encore au plus essentiel, c'est-à-dire à celui qui règle le culte de Dieu. Voici ce commandement que j'ai pris dans le Catéchisme des prétendus réformés pour n'avoir rien à contester sur la version.

« Ecoute Israël : Je suis l'Eternel ton Dieu, qui t'ai tiré du pays d'Egypte : tu n'auras point d'autres dieux devant ma face ; tu ne te feras image taillée ni ressemblance aucune des choses qui sont en haut aux cieux, ni ci-bas en la terre ; tu ne te prosterneras point devant elles et ne les serviras point[1]. »

Soit que les paroles que j'ai rapportées fassent deux commandemens du Décalogue, comme le veulent nos réformés avec quelques Pères, soit que ce soit seulement deux parties du même précepte, comme le mettent ordinairement les catholiques après saint Augustin, la chose ne vaut pas la peine d'être contestée en ce lieu ; et je la trouve si peu importante à notre sujet, que je veux bien m'accommoder à la manière de diviser le Décalogue

---

[1] *Deuter.*, v, 6-8.

qui est suivie par nos adversaires. Que le second commandement de Dieu soit donc, puisqu'il leur plaît ainsi, enfermé dans ces paroles : « Tu ne te feras, etc. » Voyons ce qu'on en conclut contre nous. M. Noguier le rapporte [1], et ajoute, « qu'il n'y a point d'explication, point de subtilité, point d'adoucissement qui puisse ici excuser l'Eglise romaine [2]. » — « Je veux, continue-t-il, que l'honneur que l'on rend à l'image se rapporte à son original, que l'on n'ait point d'autre vue que d'honorer le sujet qu'elle représente, que l'on rectifie si bien l'intention, que l'on ne s'arrête jamais à l'image, mais que l'on s'excite toujours au souvenir de l'original. Tant y a qu'il est toujours vrai que l'on s'humilie et que l'on fléchit le genou devant l'image, et c'est ce que le second commandement de la loi défend et condamne. » Il presse encore plus ce raisonnement dans les paroles qui suivent : « Ce n'est pas, dit-il, l'intention et le cœur que ce commandement veut régler ; cela s'étoit fait dans le premier en ces mots : « Tu n'auras point d'autres dieux devant moi. » Ce deuxième règle l'acte et le culte extérieur de la religion. Que l'on croie ou que l'on ne croie pas qu'il y a une vertu ou une divinité cachée en l'image, que l'on y arrête sa vue et son culte, ou que l'on passe plus avant et que l'on élève son esprit à l'original : si l'on se prosterne devant l'image, si on la sert, c'est violer la loi de Dieu, c'est aller contre les paroles du Législateur, c'est réveiller sa jalousie et exciter sa vengeance [3]. » Voilà l'argument dans toute la force et dans toute la netteté qu'il peut être proposé. Car encore qu'il ne soit pas vrai que nous servions les images, comme nous l'avons déjà remarqué, il est vrai que nous nous mettons à genoux devant elles ; et l'on nous soutient que cette action extérieure prise en elle-même, est précisément le sujet de cette prohibition du Décalogue.

L'Anonyme ne presse pas moins cette objection : « On croit éluder, dit-il, le sens du commandement et se distinguer des idolâtres, en disant qu'on n'adore point les images, et qu'on n'y croit point de divinité ni de vertu comme les païens [4]. » Voilà en effet notre réponse telle que je l'avois tirée du concile, et proposée

---

[1] Nog., p. 9. — [2] Ibid. p. 73. — [3] Ibid. p. 74. — [4] Anon., p. 68.

dans l'*Exposition;* mais l'Anonyme croit nous l'avoir ôtée par ces paroles : « Le concile, dit-il, ose-t-il ainsi restreindre et modifier, s'il faut ainsi dire, les propres commandemens de Dieu, qui ne défend pas seulement d'adorer les images, ou d'y croire quelque vertu, mais absolument de les adorer, de les servir et de se mettre à genoux devant elles? Car les termes du commandement disent précisément tout cela. »

Et pour ne me laisser aucun moyen de m'échapper, il me presse par cet argument tiré de mes propres principes. «M. de Condom dit ailleurs, sur les paroles de l'institution de la Cène, que lui et ceux de sa communion entendent ces paroles à la lettre, et qu'il ne faut pas non plus demander pourquoi ils s'attachent au sens littéral qu'à un voyageur pourquoi il suit le grand chemin ; et que c'est à ceux qui ont recours au sens figuré et qui prennent des sens détournés, à rendre raison de ce qu'ils font. » Il ajoute, «que le sens du Vieux Testament est sans comparaison plus littéral que celui du Nouveau, et que les termes d'une loi ou d'un commandement doivent être bien plus exprès et plus dans un sens littéral que ceux d'un mystère; » et il conclut enfin par ces paroles : «Que M. de Condom nous dise donc pourquoi il ne suit pas la lettre du commandement qui est si expresse, pourquoi il quitte ce grand chemin marqué du propre doigt de Dieu, pour recourir à des sens détournés. »

Qui lui a dit que j'abandonne le sens littéral, en expliquant le précepte du Décalogue? Je suis bien éloigné de cette pensée, et je lui accorde au contraire tout ce qu'il dit sur la manière simple et littérale dont il veut qu'on écrive les commandemens. Je prendrai mes avantages en un autre lieu sur cette déclaration de l'Anonyme, et je lui ferai remarquer que l'institution de l'Eucharistie est un commandement de la Loi nouvelle qui, selon ses propres principes, doit être écrit simplement et pris à la lettre. Maintenant pour me renfermer dans la question dont il s'agit, et lui accorder sans contestation ce qu'il doit raisonnablement attendre de moi, je reconnois avec lui qu'il faut entendre littéralement le précepte du Décalogue, et je renonce dès à présent aux sens détournés, où il dit que j'ai mon recours.

Mais afin de bien peser ce sens littéral qui nous doit servir de règle, il est bon de considérer avant toutes choses une manière trop simple et trop littérale d'entendre ce commandement, qui a été embrassée par le concile des iconoclastes tenu à Constantinople.

Ce concile, à l'imitation des Juifs et des Mahométans condamne absolument toutes les images. Il anathématise tous ceux qui oseront, je ne dis pas les adorer, « mais les faire et les mettre ou dans l'Eglise, ou dans les maisons particulières : » il appelle la peinture « un art abominable et impie, un art défendu de Dieu, et une invention d'un esprit diabolique qui doit être exterminée de l'Eglise. »

Telles sont les définitions de ce fameux concile de Constantinople tant célébré par les réformés, et honoré parmi eux sous le nom de septième concile général. Ils n'approuvent pourtant pas eux-mêmes la condamnation des images. Nous en voyons tous les jours dans leurs maisons; et leur Catéchisme dit expressément que ce n'est pas le dessein de Dieu d'en interdire l'usage.

Ils condamnent donc en ce point les excès où sont tombés les iconoclastes, pour avoir trop pris au pied de la lettre le commandement du Décalogue : « Dieu a dit : Tu ne feras point d'images taillées, ni aucune ressemblance telle qu'elle soit; tu ne te prosterneras point devant elles. » Ils ont vu qu'il défendoit de les fabriquer aussi nettement qu'il défend de se prosterner devant elles. Pour raisonner conséquemment, ils ont tout pris à la lettre; et ils ont cru qu'en adoucissant la défense de les faire, ils seroient forcés d'adoucir celle de les honorer.

Ne pouvoient-ils pas avoir excédé aussi bien en l'un qu'en l'autre, c'est-à-dire en ce qu'ils prononcent touchant l'honneur des images, qu'en ce qu'ils disent touchant leur fabrique? On voit d'abord un juste sujet de le soupçonner et, quoi qu'il en soit, cela nous oblige à pénétrer plus à fond le dessein de Dieu dans le commandement dont il s'agit. Mais comme personne ne doute que la matière de cette défense portée par le Décalogue ne soit les erreurs de l'idolâtrie, il faut voir avant toutes choses en quoi elle consistoit. Il ne s'agit point d'expliquer ici toutes les erreurs des païens sur leurs fausses divinités, mais seulement celles qu'ils avoient touchant les images (car ce sont celles dont nous avons besoin à présent), pour entendre quelles images et quel culte nous est défendu par ce précepte.

Les prétendus réformés soutiennent que nous faisons les païens plus grossiers qu'ils n'étoient en effet. Ils sont bien aises pour eux de diminuer leurs erreurs, et de leur donner touchant les images la doctrine la plus approchante qu'il leur est possible, de celle que nous enseignons; car ils espèrent que par ce moyen nos sentimens et ceux des païens se trouveront enveloppés dans une même condamnation. Ainsi pour ne point confondre des choses aussi éloignées que le ciel l'est de la terre, il importe d'établir au vrai les sentimens qu'avoient les païens touchant leurs idoles, par l'Ecriture, par les Pères, par les païens mêmes, et enfin pour éviter tout embarras par le propre aveu des prétendus réformés.

Au reste dans l'explication de la croyance des païens, il ne faut pas s'attendre qu'on doive trouver une doctrine suivie ni des sentimens arrêtés. L'idolâtrie n'est pas tant une erreur particulière touchant la Divinité que c'en est une ignorance profonde, qui rend les hommes capables de toutes sortes d'erreurs. Mais cette ignorance avoit ses degrés. Les uns y étoient plongés plus avant que les autres: le même homme n'étoit pas toujours dans le même sentiment : la raison se réveilloit quelquefois, et faisoit quelques pas ou quelque effort pour sortir un peu de l'abîme où elle étoit bientôt replongée par l'erreur publique. Ainsi il y avoit dans les sentimens des païens beaucoup de variétés et d'incertitudes; mais parmi ces confusions, voici ce qui dominoit et ce qui faisoit le fond de leur religion.

Je l'ai pris du Catéchisme du concile, qui explique brièvement, mais à fond cette matière, en disant : « Que la majesté de Dieu peut être violée par les images en deux manières différentes : l'une, si elles sont adorées comme Dieu, ou qu'on croie qu'il y ait en elles quelque divinité ou quelque vertu pour laquelle il les faille honorer, ou qu'il faille leur demander quelque chose, ou y attacher sa confiance, comme faisoient les Gentils que l'Ecriture reprend de mettre leur espérance dans leurs idoles; l'autre, si l'on tâche d'exprimer par art la forme de la Divinité, comme si elle pouvoit être vue des yeux du corps ou représentée par des traits et par des couleurs [1]. »

Tout le culte des idolâtres rouloit sur ces deux erreurs. Ils regardoient leurs idoles comme des portraits de leurs dieux : bien plus, ils les regardoient comme leurs dieux mêmes : ils disoient tantôt l'un et tantôt l'autre, et mêloient ordinairement l'un et l'autre ensemble.

Cela nous paroît incroyable; et après que la foi nous a découvert ces insupportables erreurs, nous avons peine à comprendre que des peuples entiers, et encore des peuples si polis, y soient tombés. Qui ne seroit étonné d'entendre dire à un Cicéron dans une action sérieuse, c'est-à-dire devant des juges assemblés, dépositaires de l'autorité et établis pour venger la religion violée, et en présence du peuple romain : « Verrès a bien osé enlever dans le temple de Cérès à Enna une statue de cette déesse, telle que ceux qui la regardoient croyoient voir ou la déesse elle-même, ou son effigie tombée du ciel, et non point faite d'une main humaine [2]. » Qu'on ne dise donc plus que les païens n'étoient pas si stupides que de croire qu'une statue pût être un Dieu! Cicéron, qui n'en croyoit rien, le dit sérieusement en présence de tout le peuple, dans un jugement, parce que c'étoit l'opinion publique et reçue, parce que tout le peuple le croyoit. Il est vrai qu'il parle en doutant si la statue est la déesse elle-même ou son effigie; mais il y en a assez dans ce doute seul, pour convaincre les idolâtres d'une impiété visible. Car enfin jusqu'à quel point faut-il avoir oublié la divinité, pour douter si une statue n'est pas un Dieu, et pour croire qu'elle le puisse être? Il n'est guère moins absurde de penser qu'elle en puisse être l'effigie, et que d'une pierre ou d'un arbre on en puisse faire le portrait d'un Dieu. Mais encore que Cicéron laisse ici l'esprit en suspens entre deux erreurs si détestables, il me sera aisé de faire voir par des témoignages certains et peut-être par Cicéron même, que le commun des païens joignoit ensemble l'un et l'autre.

Premièrement il est certain qu'ils se figuroient la Divinité cor-

[1] *Cat. Conc.*, part. III, sect. 34, p. 319. — [2] Act. V, *in Verr.*

porelle, et croyoient pouvoir la représenter au naturel par des traits et par des couleurs. Comme leurs dieux au fond n'étoient que des hommes ; pour concevoir la Divinité, ils ne sortoient point de la forme du corps humain : ils y corrigeoient seulement quelques défauts : ils donnoient aux dieux des corps plus grands et plus robustes, et quand ils vouloient, plus subtils, plus déliés et plus vites. Ces dieux pouvoient se rendre invisibles et s'envelopper de nuages. Les païens ne leur refusoient aucune de ces commodités, mais enfin ils ne sortoient point des images corporelles; et quoi que pussent dire quelques philosophes, ils croyoient que par l'art et par le dessin on pouvoit venir à bout de tirer les dieux au naturel. C'étoit là le fond de la religion; et c'est aussi ce que reprend saint Paul dans ce beau discours qu'il fit devant l'Aréopage : « Etant donc comme nous sommes une race divine, nous ne devons pas croire que la Divinité soit semblable à l'or, ou à l'argent, ou à la pierre taillée par art et par invention humaine [1]. »

Que si nous consultons les païens eux-mêmes, nous verrons avec combien de fondement saint Paul les attaquoit par cette raison. Phidias avoit fait le Jupiter Olympien d'une grandeur prodigieuse; et lui avoit donné tant de majesté qu'il l'en avoit rendu plus adorable, selon le sentiment des païens. « Polyclète, à leur gré, ne savoit pas remplir l'idée qu'on avoit des dieux. » Cela n'appartenoit qu'à Phidias au sentiment de Quintilien. « C'est lui, dit le même auteur, qui avoit fait ce Jupiter Olympien, dont la beauté semble avoir ajouté quelque chose au culte qu'on rendoit à Jupiter, dont la grandeur de l'ouvrage égaloit le dieu [2]. » On voit les mêmes sentimens dans les autres païens. Ils ne concevoient rien en Dieu, pour la plupart, qui fût au-dessus de l'effort d'une belle imagination; et parce qu'Homère l'avoit eue la plus belle et la plus vive qui fût jamais, c'étoit le seul, selon eux, qui sût parler dignement des dieux, quoiqu'il soit toujours demeuré dans des idées corporelles. Comme le Jupiter de Phidias étoit fait sur les desseins de ce poëte incomparable, le peuple étoit content de l'idée qu'on lui donnoit du plus grand des dieux et ne pensoit

---

[1] *Act.*, XVII, 29. — [2] *Inst. Orat.*, lib. XII, cap. X.

rien au delà. Il croyoit enfin voir au naturel et dans toute sa majesté le Père des dieux et des hommes.

Mais les païens passoient encore plus avant, et ils croyoient voir effectivement la Divinité présente dans leurs idoles. Il ne faut point leur demander comment cela se faisoit. Les uns ignorans et stupides, étourdis par l'autorité publique, croyoient les idoles dieux sans aller plus loin : d'autres qui raffinoient davantage croyoient les diviniser en les consacrant. Selon eux, la Divinité se renfermoit dans une matière corruptible, se mêloit et s'incorporoit dans les statues. Qu'importe de rechercher toutes leurs différentes imaginations touchant leurs idoles? tant y a qu'ils conspiroient tous à y attacher la Divinité, et ensuite leur religion et leur confiance. Ils les craignoient, ils les admiroient, ils leur adressoient leurs vœux, ils leur offroient leurs sacrifices : enfin ils les regardoient comme leurs dieux tutélaires, et leur rendoient publiquement les honneurs divins. Telle étoit la religion des peuples les plus polis, et les plus éclairés d'ailleurs, qui fussent dans l'univers; tant le genre humain étoit livré à l'erreur, et tant l'Evangile étoit nécessaire au monde pour le tirer de son ignorance.

Les prétendus réformés travaillent beaucoup à justifier les Gentils de ces reproches. Si nous en croyons l'Anonyme : « ce n'est qu'une exagération que de dire, comme fait M. de Condom, que les païens croyoient que leurs fausses divinités habitoient dans leurs images : les païens ne convenoient nullement qu'ils adorassent la pierre ni le bois, mais seulement les originaux qui leur étoient représentés..... Ils ne croyoient pas que leurs divinités fussent comme renfermées dans les simulacres ou qu'elles y habitassent, comme M. de Condom le pose; et s'il se trouve qu'on leur ait rien reproché de semblable dans les premiers siècles du christianisme, ce n'est peut-être qu'à cause que la superstition des peuples alloit encore plus loin que les sentimens et les maximes de leurs philosophes, ou de leurs prêtres et de leurs pontifes..... »

TROISIÈME FRAGMENT.

DE LA SATISFACTION DE JÉSUS-CHRIST.

On ne nous accuse de rien moins en cette matière que d'anéantir la croix de Jésus-Christ et les mérites infinis de sa mort. Ce que j'ai dit sur ce sujet en divers endroits de cette réponse feroit cesser ces reproches, si ceux qui s'attachent à nous les faire étoient moins préoccupés contre nous. Faisons un dernier effort pour surmonter une si étrange préoccupation, en leur proposant quelques vérités dont ils ne peuvent disconvenir et qu'ils paroissent disposés à nous accorder.

Mais s'ils veulent que nous avancions dans la recherche de la vérité, qu'ils ne croient pas avoir tout dit, quand ils auront répété sans cesse que Jésus-Christ a satisfait suffisamment et même surabondamment pour nos péchés; et que l'homme, quand même on supposeroit qu'il seroit aidé de la grace, ne peut jamais offrir à Dieu une satisfaction suffisante pour les crimes dont il est chargé. Il ne s'agit pas de savoir si quelque autre que Jésus-Christ peut offrir à Dieu une satisfaction suffisante pour les péchés; mais il s'agit de savoir si, parce que le pécheur n'en peut faire une suffisante, il est exempté par là d'en faire aucune, et si l'on peut soutenir que nous ne devions rien faire pour contenter Dieu et pour apaiser sa colère, parce que nous ne pouvons pas faire l'infini. J'avoue sans difficulté que le pécheur qui se fait justice à lui-même, sent bien en sa conscience qu'ayant offensé une majesté infinie, il ne peut jamais égaler par une juste compensation la peine qu'il a méritée; mais plus il se voit hors d'état d'acquitter sa dette, plus il fait d'efforts sur lui-même pour entrer, autant qu'il peut, en paiement : pénétré d'un juste regret d'avoir péché contre son Dieu et contre son Père, il prend contre lui-même le parti de la justice divine; et sans présumer qu'il puisse lui rendre ce qu'elle a droit d'exiger, il punit autant qu'il peut ses ingratitudes en s'affligeant par des jeûnes et par d'autres mortifications. Qui pourroit condamner son zèle?

Mais de quoi, dira-t-on, se met-il en peine? Jésus-Christ a fait sienne toute la dette, et a payé pour lui surabondamment. Quelle erreur de s'imaginer que Jésus-Christ ait payé pour nous, afin de nous décharger de l'obligation de faire ce que nous pouvons! Selon ce raisonnement, parce qu'il aura pleuré nos péchés, nous ne serons plus obligés à les pleurer; parce qu'il aura gémi pour nous, nous serons exempts de l'obligation de crier à Dieu miséricorde; et sous prétexte qu'il nous aura rachetés de la peine éternelle que nous méritions, nous croirons être déchargés de toutes les peines par lesquelles nous pouvons nous-mêmes punir nos ingratitudes! Ce n'est pas ce qu'ont cru les saints pénitens, qui ont vécu et sous la Loi et sous l'Evangile. Certainement ils n'ignoroient pas que les peines qu'ils souffroient dans les jeûnes et sous les cilices n'égaloient pas la peine éternelle qui étoit due à leurs crimes; et encore qu'ils n'attendissent leur rédemption que par les mérites du Sauveur, ils ne s'en croyoient pas pour cela moins obligés d'entrer pour ainsi dire dans les sentimens de la justice divine contre eux-mêmes. Ainsi parce qu'il est juste que le pécheur superbe soit abaissé, ils se couchoient sur la cendre; parce qu'il est raisonnable que ceux qui abusent du plaisir en soient privés et soient même assujettis à la douleur, ils s'affligeoient par le cilice et par le jeûne. C'est pourquoi Dieu exigeoit de son peuple au jour solennel de l'Expiation, non-seulement que le cœur fût serré de douleur par la pénitence, mais encore que le corps fût affligé et abattu par le jeûne, parce qu'il est juste que le pécheur prévienne, autant qu'il est en lui, la vengeance divine en vengeant sur lui-même ses propres péchés.

De là est née cette règle que les saints Pères suivoient avec tant d'exactitude, et qui étoit, pour ainsi dire, l'ame de leur discipline, qu'il est juste qu'on soit plus ou moins privé des choses que Dieu a permises, à mesure qu'on s'est plus ou moins permis celles qu'il a défendues. On voit, en conséquence de cette règle, les pénitens affligés se retirer pendant le cours de plusieurs années des plaisirs les plus innocens, passer les nuits à gémir, se macérer par des jeûnes et par d'autres austérités, parce qu'ils se croyoient obligés de faire une semblable satisfaction à la justice divine.

Ces maximes de pénitence suivies dans les siècles les plus purs, attirent la vénération même des prétendus réformés. Je trouve en effet que l'Anonyme, qui m'attaque si vivement sur ce point, est contraint de louer lui-même l'ancienne sévérité qu'on gardoit dans la pénitence, et d'attribuer à la « corruption des temps le changement qui a été fait dans la rigueur de la discipline, dont on ne s'est, dit-il, que trop relâché [1]. » Voilà ce qu'il a écrit avec une approbation authentique des ministres de Charenton. Que s'il demeure d'accord de louer et d'admirer avec nous « cette ancienne rigueur de la discipline, » il ne faut plus que considérer sur quoi elle est appuyée. Saint Cyprien nous le dira presque dans toutes les pages de ses écrits; et l'on doit croire qu'en écoutant saint Cyprien, on entend parler tous les autres Pères, qui tiennent tous unanimement le même langage.

Ce saint évêque, illustre par sa piété, par sa doctrine et par son martyre, ne cesse de s'élever contre ceux « qui négligent de satisfaire à Dieu qui est irrité, et de racheter leurs péchés par des satisfactions et des lamentations convenables. » Il condamne la témérité de ceux « qui se vantent, dit-il, faussement d'avoir la paix, avant que d'avoir expié leurs péchés, avant que d'avoir fait leur confession, avant que d'avoir purifié leur conscience par le sacrifice de l'évêque et par l'imposition de ses mains, avant que d'avoir apaisé la juste indignation d'un Dieu irrité qui nous menace [2]. Il se met ensuite à expliquer que cette satisfaction, sans laquelle on ne peut apaiser Dieu, s'accomplit par des jeûnes, par des veilles accompagnées de saintes prières et par des aumônes abondantes, déclarant qu'il ne peut croire qu'on songe sérieusement à fléchir un Dieu irrité, quand on ne veut rien retrancher des plaisirs, des commodités, ni de la parure. Il veut qu'on augmente ces saintes rigueurs à mesure que le péché est plus énorme, « parce qu'il ne faut pas, dit-il, que la pénitence soit moindre que la faute [3]. »

[1] Anon., p. 155. — [2] Epist. LIV, *ad Corn.*, p. 77 et seq. et alibi. — [3] *De Lapsis*, p. 192.

Que si les prétendus réformés pensent que cette satisfaction, tant louée par saint Cyprien et par tous les Pères, regarde seulement l'Eglise, ou l'édification publique, comme l'Anonyme semble le vouloir insinuer, ils n'ont qu'à considérer de quelle sorte s'est expliqué ce saint martyr dans les lieux que nous venons de produire. On verra qu'il y établit l'obligation de subir humblement les peines que nous avons rapportées, non sur la nécessité d'édifier le public ou de réparer les scandales, encore que ces motifs ne doivent pas être négligés, mais sur la nécessité d'apaiser Dieu, de faire satisfaction à sa justice irritée et d'expier les péchés en les châtiant; de sorte qu'il ne regarde pas tant les œuvres de pénitence auxquelles il assujettit les pécheurs, comme publiques, que comme dures à souffrir et capables par ce moyen de fléchir un Dieu qui veut que les péchés soient punis.

Et pour montrer que ces peines que les pénitens devoient subir avoient un objet plus pressant encore que celui de réparer les scandales que les péchés publics causoient à l'Eglise, le même saint Cyprien veut que ceux qui n'ont péché que dans leur cœur ne laissent pas d'être soumis aux rigueurs de la pénitence. Il loue la foi de ceux qui n'ayant pas consommé le crime, mais ayant seulement songé à le faire, « s'en confessent aux prêtres de Dieu simplement et avec douleur, leur exposent le fardeau dont leur conscience est chargée, et recherchent un remède salutaire pour des blessures légères [1]. » Il les appelle *légères* en comparaison de la plaie que fait dans nos consciences l'accomplissement actuel du crime; mais il n'en veut pas moins pour cela que ceux qui n'ont péché que de volonté se soumettent aux travaux de la pénitence, « de peur, dit ce saint évêque, que ce qui semble manquer au crime, » parce qu'il n'a pas été suivi de l'exécution, « y soit ajouté d'ailleurs, si celui qui l'a commis néglige de satisfaire. »

C'est ainsi qu'il traite ceux dont le crime s'est arrêté dans le seul dessein. Puis continuant son discours, il les presse de « confesser leurs péchés pendant qu'ils sont encore en vie, pendant que leur confession peut être reçue, que leur satisfaction peut plaire à Dieu, et que la rémission des péchés donnée par les prê-

[1] *De Lapsis*, p. 190.

tres peut être agréée de lui. » Qui ne voit qu'il s'agit, non d'édifier les hommes, mais d'apaiser Dieu; non de réparer le scandale qu'on a causé à l'Eglise, mais de faire satisfaction à la Majesté divine pour l'injure qu'on lui a faite? C'est pourquoi saint Cyprien oblige à cette satisfaction ceux mêmes qui n'ont péché que dans le cœur, parce que Dieu étant offensé par ces péchés de volonté, aussi bien que par les péchés d'action, il faut l'apaiser par les moyens qui sont prescrits généralement à tous les pécheurs, c'est-à-dire en prenant contre nous-mêmes le parti de la justice divine, comme parlent les saints Pères, et punissant en nous ce qui lui déplaît.

Si quelqu'un avoit dit à saint Cyprien que Jésus-Christ est mort pour nous, afin de nous décharger d'une obligation si pressante et d'éteindre un sentiment si pieux, quel étonnement lui auroit causé une pareille proposition? Rien n'eût paru plus étrange, dans cette première ferveur du christianisme, que d'entendre dire à des chrétiens que depuis que Jésus-Christ a souffert pour eux, ils n'ont plus rien à souffrir pour leurs péchés. Et certes, si la croix du Fils de Dieu les a déchargés de la damnation éternelle, il ne s'ensuit pas pour cela que les autres peines que Dieu leur envoie, ou que l'Eglise leur impose, ne doivent plus être regardées comme de justes punitions de leurs désordres. Ces punitions, je le confesse, ne sont pas égales à nos démérites; mais pour cela cesseront-elles d'être peines, et craindrons-nous de les nommer telles parce que nous en méritons de plus rigoureuses? Que si elles sont des peines que nous méritons, d'autant plus que même nous en méritons de beaucoup plus grandes, pourquoi ne voudra-t-on pas que nous les portions dans le dessein de satisfaire, comme nous le pourrons, à la justice divine, et d'imiter en quelque manière par cette imparfaite satisfaction celui qui a satisfait infiniment par sa mort?

Ainsi l'on voit clairement que la croix de Jésus-Christ, bien loin de nous décharger d'une telle obligation, l'augmente au contraire et la redouble, parce qu'il est juste que nous imitions celui qui n'a paru sur la terre que pour être notre modèle : si bien que nous demeurons après sa mort plus obligés que jamais à faire, pour contenter sa justice, ce qui convient à notre foiblesse, comme il a fidèlement accompli ce qui appartenoit à sa dignité.

C'est en ce sens que le concile de Trente a enseigné que les peines que nous endurons volontairement pour nos péchés nous rendent conformes à Jésus-Christ, et nous font porter le caractère de sa croix. Mais M. Noguier n'a pas raison pour cela de faire dire au concile « que nos souffrances sont vraies satisfactions comme celles de Jésus-Christ même [1]. » Cette manière de parler est trop odieuse, et renferme un trop mauvais sens pour être soufferte. S'il appelle vraie satisfaction celle qui se fait d'un cœur véritable et avec une sincère intention de réparer le mal que nous avons fait autant qu'il est permis à notre foiblesse, en ce sens nous dirons sans crainte que nos satisfactions sont véritables. Que si par une vraie satisfaction il entend celle qui égale l'horreur du péché, combien de fois avons-nous dit que Jésus-Christ seul pouvoit en offrir une semblable ? Qu'on cesse donc désormais de faire dire au concile « que les souffrances que nous endurons sont de vraies satisfactions comme celles de Jésus-Christ. » Jamais l'Eglise n'a parlé de cette sorte. Ce n'est pas ainsi qu'on explique cette conformité imparfaite que des pécheurs tels que nous peuvent avoir avec leur Sauveur; au contraire il faut reconnoître deux différences essentielles entre Jésus-Christ et nous : l'une, que la satisfaction qu'il a offerte pour nous à son Père est d'une valeur infinie, et qu'elle égale le démérite du péché; l'autre, qu'elle a toute sa valeur par sa propre dignité, au lieu que nos satisfactions sont infiniment au-dessous de ce que méritent nos crimes, et qu'elles n'ont aucune valeur que par les mérites de Jésus-Christ même; c'est-à-dire que tout imparfaites qu'elles sont, elles ne laissent pas d'être agréables au Père éternel, à cause que Jésus-Christ les lui présente. Elles servent à apaiser sa juste indignation, parce que nous les lui offrons au nom de son Fils : « Elles ont, dit le concile, leur force de lui; » c'est en lui qu'elles sont offertes et par lui qu'elles sont reçues.

Qui peut croire que cette doctrine soit injurieuse à Jésus-Christ? Il n'y a certes qu'une extrême préoccupation qui puisse s'em-

[1] Nog., p. 121.

porter à un tel reproche. Aussi voyons-nous que les saints Pères ont enseigné cette obligation d'apaiser Dieu et de lui faire satisfaction en termes aussi forts que nous, sans jamais avoir seulement pensé qu'une doctrine si sainte pût obscurcir tant soit peu les mérites infinis de Jésus-Christ, ou faire tort à la grace que nous espérons en son nom.

Que si les prétendus réformés pensoient affoiblir cette doctrine des Pères, en disant qu'ils ont pratiqué ces rigueurs salutaires de la pénitence, plutôt pour faire haïr les péchés que pour les punir; ils montreroient qu'ils n'entendent ni les sentimens des Pères, ni l'état de la question dont il s'agit en ce lieu. Car nous convenons sans difficulté que les peines que l'Eglise impose aux pécheurs, étant infiniment au-dessous de ce qu'ils méritent, elles tiennent beaucoup plus de la miséricorde que de la justice, et ne servent pas tant à punir les crimes commis qu'à nous faire appréhender les rechutes. Mais nos adversaires se trompent, s'ils croient que ces deux choses soient incompatibles, puisqu'au contraire elles sont inséparables, et que c'est en punissant les péchés passés qu'on inspire une crainte salutaire de les commettre à l'avenir.

C'est pour cela que le concile veut qu'on mesure, autant qu'il se peut, la pénitence avec la faute, et parce que l'ordre de la justice l'exige ainsi, et parce qu'il est utile aux pécheurs d'être traités de la sorte. J'ai produit ailleurs les passages où il enseigne cette doctrine; et il ne fait en cela que suivre les Pères, qui enseignent perpétuellement qu'il faut imposer aux plus grands péchés des peines plus rigoureuses, tant afin d'inspirer par là plus d'horreur pour les rechutes, qu'à cause que la justice divine irritée par de plus grands crimes doit être aussi apaisée par une satisfaction plus abondante.

Appelle-t-on réformer l'Eglise que de lui ôter ces saintes maximes? Est-ce, encore une fois, la réformer que de lui ravir le moyen de faire appréhender les rechutes à ses enfans trop fragiles, et de leur apprendre à venger eux-mêmes par des peines salutaires les détestables plaisirs qu'ils ont trouvés dans leurs crimes? Si c'est là ce qu'on appelle *réformer l'Eglise,* jamais il n'y eut de siècle où on eût plus besoin de réformation que celui des persécutions et des martyres. Jamais on n'a prêché avec plus de force la nécessité d'apaiser Dieu, et de lui faire satisfaction par des pratiques austères et pénibles à la nature. Cet abus de réprimer les pécheurs par de sévères châtimens et par une discipline rigoureuse, n'a jamais été plus universel. Ce n'est point pour les derniers siècles qu'il faut établir la réformation : il la faut faire remonter plus haut, et la porter aux temps les plus purs du christianisme.

Que si les prétendus réformés ont honte de cet excès, et ne peuvent pas s'empêcher de louer les pratiques et les maximes que la pieuse antiquité a embrassées dans l'exercice de la pénitence; si les ministres de Charenton approuvent de bonne foi ce qu'a écrit l'Anonyme, lorsqu'il parle du relâchement de l'ancienne rigueur de la discipline, comme d'une corruption que la suite des temps a introduite; nous pouvons dire que la question de la satisfaction est vidée, et qu'il n'y a plus qu'à prononcer en notre faveur.

Aussi n'y a-t-il rien de plus vain, ni qui se soutienne moins que ce qu'on m'a objecté sur cette matière; et j'ose dire que mes adversaires ne me combattent pas plus qu'ils ne combattent eux-mêmes leurs propres maximes.

L'Anonyme objecte à l'Eglise qu'elle se contredit elle-même, lorsqu'elle dit d'un côté, que Jésus-Christ a payé le prix entier de notre rachat, et d'autre côté que la justice de Dieu, et un certain ordre qu'il a établi veulent que nous souffrions pour nos péchés[1]. »

Quelle apparence de contradiction peut-on imaginer en cela? Est-ce nier la puissance absolue du Prince que de dire qu'en pouvant remettre la peine entière, il a voulu en réserver quelque partie, parce qu'il a cru qu'il seroit utile au coupable même de ne le faire pas tout d'un coup sortir des liens de la justice, de crainte qu'il n'abusât de la facilité du pardon? Qui ne voit au contraire que c'est une suite de la puissance d'agir plus ou moins, selon qu'il lui plaît, et qu'il faut la laisser maîtresse de son application et de son usage? Pourquoi donc ne peut-on pas dire, sans blesser les mérites de Jésus-Christ et son pouvoir absolu, qu'il ré-

[1] Anon., p. 109.

serve ce qu'il lui plaît dans l'application qu'il en fait sur nous? Cela devroit-il souffrir la moindre difficulté? Mais pour n'en laisser aucune, voyons ce qu'on nous accorde.

On nous accorde que la damnation éternelle n'est pas la seule peine du péché; mais qu'il y en a beaucoup d'autres que Dieu nous fait sentir même dans ce monde. Car on convient que le pécheur, qui veut être heureux sans dépendre de son Auteur, mérite d'être malheureux et en cette vie et en l'autre, et dans un temps infini, pour avoir été rebelle et ingrat envers une Majesté infinie.

Ainsi les maladies et la mort sont la juste peine du péché d'Adam. Dieu a exercé sa vengeance, en envoyant le déluge, en faisant tomber le feu du ciel, en désolant par le glaive les villes de ses ennemis. Toutefois nous sommes d'accord que toutes ces peines et toutes celles qui finissent avec le temps, ne répondent pas à la malice du péché. La peine éternelle est la seule qui en égale l'horreur, parce qu'elle est infinie dans sa durée; de sorte que les autres maux, que nous avons à souffrir dans le temps, sont des peines et véritables et justes, mais non des peines égales à l'énormité de notre crime.

On convient encore sans difficulté que la peine, en tant qu'elle est éternelle, ne se peut remettre à demi, parce que l'éternité est indivisible et qu'il n'en reste rien du tout, quand elle ne reste pas tout entière. Ainsi la rémission des péchés est toujours pleine et toujours parfaite à cet égard; et l'on doit tenir pour constant que la peine qui répond proprement au crime, c'est-à-dire celle qui l'égale, ne souffre point de partage.

Il n'en est pas de même des peines temporelles. Dieu les unit quelquefois avec la peine éternelle, et quelquefois il les en sépare. Dans les pécheurs impénitens, qui ont péri dans le déluge et dans l'embrasement de ces cinq villes maudites, on voit la peine éternelle attachée à la suite de la temporelle : on voit aussi qu'entre la mort et les maladies et les autres peines semblables du péché d'Adam, que nous ressentons encore après qu'il nous est remis par Jésus-Christ, il y a des peines spéciales que Dieu envoie aux pécheurs, même après qu'il leur a pardonné leur crime.

Cette vérité n'est pas contestée, et l'on avoue que David fut puni rigoureusement de son péché après en avoir obtenu la rémission.

Toutefois il faut essuyer ici une petite subtilité. Les ministres ne veulent pas avouer que ces maux temporels que nous ressentons tiennent lieu de peine, du moins à l'égard des enfans de Dieu. « Ces maux servent, dit l'Anonyme, pour exercer notre foi et notre patience, et sont des effets de l'amour de Dieu plutôt que des peines [1]. »

M. Noguier s'étend davantage sur cette matière, et en parle d'une manière plus claire et plus décisive. Il convient d'abord avec moi « que nous avons besoin des châtimens de Dieu pour être retenus dans la crainte pour l'avenir et pour nous corriger du passé [2]; » de sorte qu'il est constant dans la nouvelle Réforme, aussi bien que dans l'Eglise, que Dieu nous décharge souvent des maux éternels sans nous décharger pour cela des temporels. Cela étant, notre question se réduit ici à savoir, si ces maux temporels tiennent lieu de peine. « La question n'est pas, dit M. Noguier, s'il nous est salutaire d'être châtiés pour être retenus dans le devoir, nous l'accordons; mais il s'agit de savoir si ces châtimens temporels, que les fidèles souffrent, sont des peines proprement dites, pour satisfaire à la justice de Dieu [3]. »

Ce sont des maux, on en convient. Ce sont même des châtimens, on l'accorde. Mais il se faut bien garder de penser que « ce soient des peines proprement dites. » A quelles subtilités a-t-on réduit la religion! Sans doute tout châtiment est une peine. On ne laisse pas de punir les criminels, quoiqu'on ne les punisse pas à toute rigueur, quoiqu'on les punisse pour les corriger, quoique les peines qu'on leur fait sentir aient pour objet de les retenir dans le devoir et d'empêcher leurs rechutes. Quand on subit de telles peines, on satisfait à cet égard à ce que la justice exige, quoiqu'on ne satisfasse pas à tout ce qu'elle auroit droit d'exiger. Qui peut douter de ces vérités? J'ai peine à croire que M. Noguier ait dessein de le nier, quand il dit que les maux que Dieu envoie aux pécheurs « ne sont pas des peines proprement dites pour satis-

[1] Anon., p. 116. — [2] Nog., p. 118. — [3] *Ibid.* p. 115.

faire à la justice de Dieu. » S'il veut dire que ce ne sont pas des peines proportionnées, ni qui emportent une exacte satisfaction, j'en suis d'accord; mais qu'il s'ensuive de là qu'elles perdent le nom de peines, c'est à quoi le bon sens et la piété répugnent.

En effet lorsque Dieu châtie ses enfans en cette vie, leur défendra-t-on de confesser que ces châtimens sont de justes punitions de leurs péchés? N'oseront-ils dire avec le Psalmiste : *Vous êtes juste, Seigneur, et tous vos jugemens sont droits* [1]? Faudra-t-il qu'ils disent nécessairement que Dieu n'exerce point sa justice, parce qu'il ne frappe pas de toute sa force, et qu'il fait servir ses rigueurs à un conseil de miséricorde? Quelle énorme absurdité! Et comment après cela peut-on soutenir que les maux que Dieu nous réserve, en nous remettant nos péchés, ne sont pas des peines? Qui ne voit qu'on ne se porte à nier une vérité si constante, qu'à cause qu'on appréhende les conséquences inévitables que nous en tirons? Mais on n'en sort pas pour cela et nous irons, quoi qu'on fasse, à notre but. Si le mot de *peine* déplaît ici, prenons ce qu'on nous accorde; c'en est assez pour vider cette question. Qu'on se tourne de quel côté l'on voudra, il est donc enfin constant que Jésus-Christ, en nous remettant notre péché, ne nous décharge pas pour cela de tous les maux qu'il mérite; il en réserve ce qu'il lui plaît et autant qu'il sait qu'il nous est utile... Il n'a pas voulu nous accorder tout d'un coup ce qu'il nous a mérité par un seul acte; et son mérite n'en est pas moins plein ni moins parfait en lui-même, encore que les effets s'en développent successivement sur le genre humain. Qui ne voit donc qu'en nous méritant par sa seule mort une décharge pleine et entière de tous les maux, il a pu user de telle réserve qu'il aura jugée convenable; et qu'en nous délivrant des maux éternels qui sont les seuls qui nous peuvent rendre essentiellement malheureux, à cause qu'ils nous ôtent tout jusqu'à l'espérance, il a pu faire de tous les autres maux ce qu'il aura trouvé utile pour notre salut? Voilà de quoi nous convenons tous, catholiques et protestans : la foi que nous avons en Jésus-Christ et en la plénitude infinie de ses mérites nous oblige, non à confesser qu'il n'use avec nous

[1] *Psal.* CXVIII, 137.

d'aucune réserve dans la distribution de ses dons, mais qu'il n'y en a aucune qui n'ait notre bien pour objet.

Il est temps après cela que nos réformés ouvrent les yeux, et qu'ils avouent que cette doctrine qu'ils reçoivent aussi bien que nous, nous met à couvert de tous leurs reproches, puisque nous n'admettons dans la pénitence aucune réserve de peines que celle qui est utile au salut de l'homme.

En effet n'est-il pas utile au salut de l'homme, qui est une créature si prompte à se relâcher par la facilité du pardon, qu'en lui pardonnant son péché, on ne lève pas tout à coup la main et qu'on lui fasse appréhender la rechute? Mais qu'y a-t-il de plus salutaire pour lui inspirer cette crainte, que de lui faire comprendre que la rechute lui rend toujours la rémission plus difficile; qu'elle soumet le pécheur ingrat, qui a abusé des bontés de Dieu, à une pénitence plus sévère et à une censure plus rigoureuse; et qu'enfin, s'il retombe dans son péché, Dieu pourra se porter, tant il est bon, à lui remettre encore la peine éternelle, mais qu'il lui fera sentir l'horreur de son crime par des châtimens temporels? Cette crainte ne sert-elle pas à retenir le pécheur dans le devoir, et à lui faire connoître le péril et le malheur des rechutes? Mais si l'on ajoute encore que Dieu étendra jusqu'en l'autre vie ces châtimens temporels sur ceux qui négligent de les subir humblement en celle-ci, ne sera-ce pas et un nouveau frein pour nous retenir sur le penchant, et un nouveau motif pour nous exciter aux salutaires austérités de la pénitence tant louées par l'antiquité chrétienne? Ajoutez qu'il y a des péchés pour lesquels nous avons vu que Dieu n'a pas résolu de nous séparer éternellement de son royaume : qu'il nous est cependant utile de savoir qu'il ne laisse pas de les châtier en cette vie et en l'autre, afin que nous marchions avec plus de circonspection devant sa face. Qui ne voit donc qu'il sert au pécheur, pour toutes les raisons que nous avons dites, d'avoir à appréhender de tels châtimens; et par conséquent que nous n'admettons dans la rémission des péchés aucune réserve de peines qui ne soit utile au salut des ames?

M. Noguier ne veut recevoir que la moitié de notre doctrine; et après avoir accordé pour cette vie l'utilité de ces châtimens temporels qui servent à nous retenir dans le devoir, il ne veut pas qu'ils regardent la vie à venir, « où, dit-il, on ne peut empirer, ni s'avancer en sainteté, et où il n'y a plus à craindre qu'on abuse de la facilité du pardon[1]. » Mais il n'auroit pas fait cette distinction, s'il eût tant soit peu considéré que ces peines temporelles de la vie future peuvent nous être proposées dès celle-ci, et avoir par cet endroit seul, quand même nous n'aurions rien autre chose à dire, toute l'utilité que Dieu veut en tirer, qui est de retenir dans le devoir des enfans trop prompts à faillir.

S'il répond que la prévoyance des maux éternels doit suffire pour cet effet, c'est qu'il aura oublié les choses que je viens de dire. Car l'homme, également fragile et téméraire, a besoin d'être retenu de tous côtés : il a besoin d'être retenu par la prévoyance des maux éternels; et quand cette appréhension est levée autant qu'elle le peut être en cette vie, il a encore besoin de prévoir qu'il s'attirera d'autres châtimens et en ce monde et en l'autre, si malgré ses fragilités et ses continuelles désobéissances, il néglige de se soumettre à une discipline exacte et sévère.

Ainsi cette confiance insensée, qui abuse si aisément du pardon et s'emporte si l'on lui lâche tout à fait la main, est tenue en bride de toutes parts; et si le pécheur échappe malgré toutes ces considérations, on peut juger du tort qu'on lui feroit si on lui en ôtoit quelques-unes.

De vouloir dire après cela que cette réserve des maux temporels, qui a notre salut pour objet, suppose en Jésus-Christ quelque imperfection ou quelque impuissance, ce n'est plus que chicaner sans fondement. Il faudroit certainement que tous tant que nous sommes de catholiques, nous eussions entièrement perdu le sens, pour croire que celui qui nous délivre du mal éternel ne peut en même temps nous ôter toutes sortes de maux temporels, et nous décharger, s'il vouloit, d'un si léger accessoire. Si nous croyons qu'il ne le veut pas, nous croyons aussi en même temps qu'il juge que cette réserve est utile pour notre bien. Qu'on dise donc tout ce qu'on voudra contre la doctrine catholique, la raison et la bonne foi ne souffrent plus qu'on nous

[1] Nog., p. 18.

accuse de méconnoître les mérites infinis de Jésus-Christ ; et cette objection qui est celle qu'on presse le plus contre nous, pour peu qu'on ait d'équité, ne doit jamais paroître dans nos controverses.

Concluons donc enfin de tout ce discours que la damnation éternelle étant la peine essentielle du péché, nous ne pouvons plus y être soumis après le pardon. Car c'est ce mal qui n'a en lui-même aucun mélange de bien pour le pécheur, parce qu'il ne lui laisse aucune ressource et que la durée s'en étend jusqu'à l'infini ; mal qui est par conséquent de telle nature, qu'il ne peut subsister en aucune sorte avec la rémission des péchés, puisque c'est une partie essentielle de la rémission d'être délivré d'un si grand mal. Mais comme les maux temporels qui nous laissent une espérance certaine, en quelque état qu'on les endure, ne sont point ce mal essentiel qui répugne à la rémission et à la grace, souffrons que la divine bonté en fasse pour notre salut tel usage qu'elle trouvera convenable, et qu'elle s'en serve pour nous retenir dans une crainte salutaire, soit en nous les faisant sentir, soit en nous les faisant prévoir en la manière qui a été expliquée.

Que si quelqu'un nous accuse de trop prêcher la crainte sous une loi qui ne respire que la charité, qu'il songe que la charité se nourrit et s'élève plus sûrement, quand elle est comme gardée par la crainte. C'est ainsi qu'elle croît et se fortifie, tant qu'enfin elle soit capable de se soutenir par elle-même. Alors, comme dit saint Jean, *elle met la crainte dehors*[1]. Tel est l'état des parfaits, dont le nombre est fort petit sur la terre. Les infirmes, c'est-à-dire la plupart des hommes, ont besoin d'être soutenus par la crainte et d'être comme arrêtés par ce poids, de peur que la violence des tentations ne les emporte. Mais nous avons parlé ailleurs de cette matière.

[1] I *Joan.*, IV, 18.

QUATRIÈME FRAGMENT.

SUR L'EUCHARISTIE.
I.

1. — Réflexions préliminaires de l'auteur sur les fragmens suivans.

Il y a deux endroits de l'*Exposition* où je me suis plus étendu que je n'avois fait dans les autres : l'un où il s'agit de la présence réelle, l'autre où il s'agit de l'autorité de l'Eglise. L'auteur de la réponse, qui ne veut pas prendre la peine de considérer mon dessein et qui ne tâche que d'en tirer quelque avantage, sans se soucier d'en expliquer les motifs, conclut de là que j'ai été fort embarrassé sur tous les autres sujets; et que m'étant trouvé plus au large sur ceux-ci, j'ai donné plus de liberté à mon style. Qu'il croie, à la bonne heure, que les matières les plus importantes de nos controverses soient aussi celles où nous nous sentons les plus forts et les mieux fondés. Mais il ne falloit pas dissimuler que la véritable raison qui m'a obligé à traiter plus amplement celles-ci, c'est qu'ayant examiné la doctrine des prétendus réformés sur ces deux articles, j'ai trouvé qu'ils n'avoient pu s'empêcher de laisser dans leur catéchisme ou dans d'autres actes aussi authentiques de leurs églises, des impressions manifestes de la sainte doctrine qu'ils avoient quittée. J'ai cru que la divine Providence l'avoit permis de la sorte pour abréger les disputes. En effet comme parmi toutes nos controverses la matière de la présence réelle est sans doute la plus difficile par son objet, et que celle de l'Eglise est la plus importante par ses conséquences, c'est principalement sur ces deux articles que nous avons à désirer de faciliter le retour à nos adversaires : et nous regardons comme une grace singulière que Dieu fait à son Eglise d'avoir voulu que, sur deux points si nécessaires, ses enfans qui se sont retirés de son unité trouvassent dans leur croyance des principes qui les ramènent à la nôtre. C'est pour leur conserver cet avantage que je leur ai remis devant les yeux leur propre doctrine, après leur avoir exposé la nôtre. Mais pour le faire plus utilement, je ne me suis pas contenté de remarquer les vérités qu'ils nous accordent; j'ai voulu marquer les raisons par lesquelles ils sont conduits à les reconnoître, afin qu'on comprenne mieux que c'est la force de la vérité qui les oblige à nous avouer des choses si considérables, et qui sembloient si éloignées de leur premier plan.

C'est pour cela que j'ai proposé, dans l'exposition de ces deux articles, quelques-uns des principaux fondemens sur lesquels la doctrine catholique est appuyée. On y peut remarquer certains principes de notre doctrine, dont l'évidence n'a pas permis à nos adversaires eux-mêmes de les abandonner tout à fait, quelque dessein qu'ils aient eu de les contredire : et les réponses de notre auteur achèveront de faire voir qu'il est absolument impossible que ceux de sa communion disent rien de clair ni de suivi, lorsqu'ils exposent leur croyance sur ces deux points.

Nous parlerons dans la suite de ce qui regarde l'Eglise; maintenant il s'agit de considérer la présence réelle du corps et du sang de Jésus-Christ dans l'Eucharistie. Il ne s'agit donc pas encore de savoir si le corps est avec le pain, ou si le pain est changé au corps; cette difficulté aura son article à part : mais il est important, pour ne rien confondre, de regarder séparément la matière de la présence réelle, sans parler encore des difficultés particulières que les prétendus réformés trouvent dans la transsubstantiation.

J'entreprends donc de faire voir qu'après les réponses de notre auteur, on doit tenir pour certain que la doctrine des prétendus réformés n'est pas une doctrine suivie; qu'elle se dément elle-même; et que, plus ils tentent de s'expliquer, plus leurs détours et leurs contradictions deviennent visibles.

On verra au contraire en même temps que la doctrine catholique se soutient partout; et que si d'un côté elle se met fort peu en peine de s'accorder avec la raison humaine et avec les sens, de l'autre elle s'accorde parfaitement avec elle-même et avec les grands principes du christianisme, dont personne ne peut disconvenir.

II. — Règle générale pour découvrir les mystères de la foi. Application de cette règle à l'Ecriture sainte.

Il y a ici deux choses à considérer : 1° la règle générale qu'il faut suivre pour découvrir les mystères de la religion chrétienne; 2° ce qui touche en particulier celui de l'Eucharistie. On verra dans l'une et dans l'autre de ces deux choses, combien les sentimens de l'Eglise catholique sont droits, et combien sont étranges les contradictions des prétendus réformés.

La règle générale pour découvrir les mystères de notre foi, c'est d'oublier entièrement les difficultés qui naissent de la raison humaine et des sens, pour appliquer toute l'attention de l'esprit à écouter ce que Dieu nous a révélé avec une ferme volonté de le recevoir, quelque étrange et quelque incroyable qu'il nous paroisse.

Ainsi pour se rendre propre à entendre l'Ecriture sainte, il faut avoir tout à fait imposé silence au sens humain, et ne se servir de sa raison que pour remarquer attentivement ce que Dieu nous dit dans ce divin Livre.

En effet il n'y a jamais que deux sortes d'examen à faire dans la lecture d'un livre : l'un, pour entendre le sens de l'auteur; l'autre, pour considérer s'il a raison et juger du fond de la chose. Mais comme ce dernier examen cesse tout à fait lorsqu'on voit certainement que Dieu a parlé, la raison ne doit plus servir de rien que pour bien entendre ce qu'il veut dire.

Il est même vrai généralement de tous les livres que lorsqu'il ne s'agit que d'en concevoir le sens, il faut se servir de son esprit pour recueillir simplement sans aucune discussion du fond, ce qui résulte de la suite du discours. Les livres qui sont dictés par le Saint-Esprit ne doivent pas être lus avec moins de simplicité; et nous devons au contraire nous attacher d'autant plus à recueillir ce qu'ils portent sans y mêler nos raisonnemens, que nous sommes très-assurés que la vérité y est toute pure.

Que si nous trouvons quelque obscurité dans les paroles de l'Ecriture, ou que le sens nous en paroisse douteux, alors comme l'Ecriture a été donnée pour être entendue, et qu'en effet elle l'a été, il n'y auroit rien de plus raisonnable que de voir de quelle manière elle a été prise par nos pères : car nous verrons en son lieu que le sens qui a d'abord frappé les esprits et qui s'est toujours conservé, doit être le véritable. Mais d'appeler la raison pour rejeter ou pour recevoir une certaine interprétation, selon que la chose qu'elle contient paroîtra ou plus ou moins raisonnable à l'esprit humain, c'est anéantir l'Ecriture, c'est en détruire tout à fait l'autorité.

III. — Malheurs de ceux qui veulent écouter les raisonnemens humains dans les mystères de Dieu, et dans l'explication de son Ecriture.

Aussi voit-on par expérience que si peu qu'on veuille écouter les raisonnemens humains dans les mystères de Dieu et dans l'explication de son Ecriture, on tombe dans l'un de ces deux malheurs, ou que la foi en l'Ecriture s'affoiblit, ou qu'on en force le sens par des interprétations violentes.

Tant d'infidèles, qu'on voit répandus même dans le milieu du christianisme, sont tombés dans ce premier malheur : et les égaremens effroyables des sociniens sont l'exemple le plus visible du second. Ces hérétiques et les infidèles conviennent dans cette pensée : c'est Dieu qui a donné la raison à l'homme, il faut donc que l'Ecriture s'accorde avec la raison humaine, ou l'Ecriture n'est pas véritable. Mais après avoir marché ensemble jusque-là, l'endroit où ils commencent à se séparer, c'est que les uns ne pouvant accommoder l'Ecriture sainte à ce qu'ils se sont imaginés être raisonnable, l'abandonnent ouvertement; et les autres la tordent avec violence, pour la faire venir malgré elle à ce qu'ils pensent.

Ainsi ces derniers posant pour principe que la raison ne peut souffrir ni la Trinité, ni l'Incarnation, ils concluent que les passages où toute l'Eglise a cru voir ces vérités établies, ne peuvent pas avoir le sens qu'elle y donne, parce que ces choses, disent-ils, sont impossibles; et ensuite ils tournent tous leurs efforts à imaginer dans l'Ecriture un sens qui s'accorde avec leurs pensées.

Il n'y a personne qui ne voie que ce n'est pas écouter l'Ecriture sainte que de la lire dans cet esprit; et qu'au contraire s'il falloit suivre cette méthode pour l'interpréter, il n'y auroit presque aucun livre qui fût plus mal entendu que celui-là, ni expliqué de plus mauvaise foi. Car lorsqu'on examine les livres et les auteurs ordinaires, par exemple Cicéron ou Pline, il n'arrivera pas, si peu qu'on soit raisonnable, qu'on se mette dans l'esprit un certain sens qu'on veuille nécessairement y trouver; mais on est prêt à recevoir celui qui sort pour ainsi dire des expressions et de la suite du discours. Au contraire si on lit l'Ecriture sainte selon la méthode des sociniens, on viendra à cette lecture avec certaines idées qui ne sont point prises dans ce livre, auxquelles on voudra toutefois que ce livre s'accommode pour ainsi dire malgré qu'il en ait. Ces téméraires chrétiens ne sont pas moins opposés à l'autorité de l'Ecriture que les infidèles déclarés, puisque nous les voyons enfin recourir, aussi bien que les infidèles, à la raison et au sens humain comme à la première règle et au souverain tribunal.

Il ne faut donc pas écouter ces dangereux interprètes de l'Ecriture, qui n'y veulent rien trouver qui ne contente la raison humaine, sous prétexte que c'est Dieu qui nous l'a donnée. Il est vrai, Dieu nous l'a donnée pour notre conduite ordinaire; mais il a voulu que la connoissance des mystères de la religion vînt d'une lumière plus haute, dont nous ne serons jamais éclairés si nous ne soumettons toute autre lumière à ses règles invariables.

Ce n'est pas que la droite raison soit jamais contraire à la foi; mais il n'a pas plu à Dieu que nous sussions toujours le moyen de les accorder ensemble. Il faut avoir pénétré le fond des conseils de Dieu pour faire parfaitement cet accord : et il dépend de l'entière compréhension de la vérité, que Dieu nous a réservée pour la vie future. En attendant, nous devons marcher sous la conduite de la foi, dans les mystères divins et surnaturels; nous y appellerons la raison seulement pour écouter ce que Dieu dit et faire qu'elle s'y accorde, non en contentant ses pensées, mais en les faisant céder à l'autorité de Dieu qui nous parle.

IV. — Contradictions des prétendus réformés et de l'Anonyme en particulier.
Avantages qu'il donne aux sociniens.

Messieurs de la religion prétendue réformée demanderont peut-être en ce lieu d'où vient le soin que je prends d'éclaircir une vérité, dont ils sont d'accord avec nous. En effet aucune raison ne les a pu empêcher de confesser la Trinité, l'Incarnation et le péché originel, et tant d'autres articles de la religion, qui choquent si fort le sens humain : et pour venir à celui que nous traitons, il est vrai qu'après avoir exposé dans leur Confession de foi « que Jésus-Christ nous y nourrit de la propre substance de son corps et de son sang, ils ajoutent que ce mystère surpasse en sa hautesse la mesure de notre sens, et tout ordre de nature; » et enfin « qu'étant céleste il ne peut être appréhendé c'est-à-dire conçu que par la foi [1]........»

Il (l'Anonyme) avoit dit auparavant, « qu'il ne s'agit pas ici de savoir si Jésus-Christ est véritable, ou s'il est puissant pour faire ce qu'il dit; ce seroit la dernière impiété que de balancer un moment sur l'un et sur l'autre; il s'agit uniquement du sens de ce qu'il dit [2]. » Et encore, dans un autre endroit : « Il ne s'agit nullement de ce que Dieu peut, car Dieu peut tout ce qu'il veut, mais du sens de ses paroles seulement : il faut s'attacher à sa volonté, qui est la seule règle de notre créance, aussi bien que celle de nos actions. S'il est vrai qu'il s'agisse du sens de ses paroles seulement [3]; » si c'est là *uniquement* ce que nous avons à considérer, nous n'avons plus à nous mettre en peine de rechercher par des principes de philosophie, si Dieu peut faire qu'un corps soit en divers lieux, ou qu'il y soit sans son étendue naturelle, ou que ce qui paroît pain à nos sens soit en effet le corps de Notre-Seigneur. Car si on nous peut forcer d'entrer dans ces discussions, si l'intelligence des paroles de Notre-Seigneur dépend nécessairement de la résolution de semblables difficultés, nous sortons de l'état où l'auteur nous avoit mis, et le sens des paroles de Notre-Seigneur n'est plus *seulement* et *uniquement* ce que nous avons à considérer.

Mais qu'il est difficile à l'esprit humain de se captiver entièrement sous l'obéissance de la foi! Ceux qui disent que ce mystère passe en sa hauteur toute la mesure du sens humain, veulent néanmoins nous assujettir à résoudre les difficultés que

---

[1] Art. XXXVI. — [2] Anon., p. 259. — [3] *Ibid.* p. 254.

le sens humain nous propose. Notre auteur, qui donne pour règle que nous avons à considérer *seulement* et *uniquement* le sens des paroles de Jésus-Christ, abandonne dans l'application ce qu'il a posé en général, et rend une règle si nécessaire absolument inutile.

Une si étrange contradiction se peut remarquer en moins de deux pages. Il approuve ce que j'avois dit que pour entendre les paroles de Notre-Seigneur, nous n'avions à considérer que son intention. « C'est, dit-il, un bon principe, pourvu qu'il soit bien prouvé; car Jésus-Christ peut tout ce qu'il veut, et tout ce qu'il veut se fait comme il veut[1]. » Il semble, selon ces paroles, que nous sommes tout à fait délivrés des raisonnemens humains sur la possibilité du mystère dont il s'agit. Mais il ne faut que tourner la page; nous nous trouverons rengagés plus que jamais dans ces dangereuses subtilités. « Il ne s'agit pas, dit-il, si Dieu peut la chose, mais si la chose est possible en elle-même, ou si elle n'implique pas contradiction[2]. » Si après nous être appliqués à connoître la volonté de Dieu par sa parole sur l'accomplissement de quelque mystère, par exemple sur celui du Verbe incarné, il nous faut encore essuyer une discussion de métaphysique sur la *possibilité de la chose en elle-même*, c'est justement ce que demandent les sociniens. Et certes il ne suffit pas de se plaindre, comme fait l'auteur, que l'on compare ceux de son parti à ces hérétiques. Il feroit bien mieux de considérer s'il ne favorise pas, sans y penser, leurs erreurs, et s'il ne les aide pas à introduire la raison humaine dans les questions de la foi. En effet que prétend l'auteur, lorsqu'il veut que dans les mystères de la religion on vienne à examiner *si la chose est possible en elle-même, ou si elle n'implique pas contradiction?* Faudra-t-il que le chrétien, après qu'il a recherché dans les Ecritures ce qui nous y est enseigné sur la personne de Notre-Seigneur, s'il trouve que cette Ecriture nous fait entendre qu'il est Dieu et homme, tienne toutefois ce sens en suspens jusqu'à ce qu'en examinant si la chose est possible en elle-même, il ait trouvé le moyen de contenter sa raison humaine? C'est donner gain de cause aux sociniens, et renverser manifestement

---

[1] Anon., p. 179. — [2] *Ibid.* p. 180.

l'autorité de l'Ecriture. Il faut donc savoir établir la foi par des principes plus fermes, et apprendre au chrétien qu'il trouve tout ensemble par un seul et même moyen et la possibilité et l'effet, quand il montre dans l'Ecriture ce que Dieu veut et ce qu'il dit. Ainsi le sens de cette Ecriture doit être fixé immuablement, sans avoir égard aux raisons que l'esprit humain peut imaginer sur la possibilité de la chose. On pourra entrer après, si l'on veut, dans cette discussion; et une telle discussion sera regardée peut-être comme un honnête exercice de l'esprit humain. Mais cependant la foi des mystères et l'intelligence de l'Ecriture sera établie indépendamment de cette recherche.

Ce principe fait voir clairement que tout ce que l'esprit humain peut imaginer sur l'impossibilité du mystère de la Trinité, ou sur celui de l'Incarnation, ou sur la présence réelle, ne doit pas même être écouté, quand il s'agit d'établir la foi : si nous sommes solidement chrétiens, tout cela n'aura aucun poids pour nous porter à un sens plutôt qu'à un autre, ni au figuré plutôt qu'au littéral. Et il faut uniquement considérer à quoi nous portera l'Ecriture même.

Cependant quoique notre auteur convienne avec nous de ce principe, et que lui-même nous donne pour règle que nous avons à considérer *seulement* et *uniquement* le sens des paroles de Jésus-Christ, il ne craint pas toutefois d'embarrasser son esprit de cette discussion, si la chose est possible en elle-même; et ensuite il fait valoir contre nous tous les argumens de philosophie qu'on oppose à notre croyance. Tant il est vrai que le sens humain nous entraîne insensiblement à ses pensées, et affoiblit dans l'application les principes dont la vérité nous avoit touchés d'abord.

En effet l'auteur s'étoit proposé de nous expliquer les raisons qui le déterminent au sens figuré, et il les vouloit trouver dans l'Ecriture. « Qu'y a-t-il de plus naturel et de plus raisonnable, dit-il, que d'entendre l'Ecriture sainte par elle-même [1] ? » Il rapporte après, entre autres passages, ceux qui disent que Jésus-Christ est monté aux cieux; et enfin il conclut ainsi : « Il est

[1] Anon., p. 175.

donc naturel de prendre ces paroles : *Ceci est mon corps* dans un sens mystique et figuré, qui s'accommode seul parfaitement avec tous les autres passages de l'Ecriture[1]. » Mais il n'a pas voulu remarquer que ces passages ne concluroient rien contre nous, s'il n'y avoit mêlé, pour les soutenir, cette raison purement humaine. « Etre au ciel corporellement et sur la terre par représentation, ne sont pas, dit-il, deux sens opposés : mais n'être plus avec nous, ou être corporellement dans le ciel, et ne laisser pas d'être à toute heure entre les mains des hommes, sont deux termes contradictoires et incompatibles[2]. » On voit que pour tirer quelque chose des passages de l'Ecriture, qui disent que Jésus-Christ est au ciel, il est obligé de supposer qu'il n'est pas possible à Dieu de faire qu'un même corps soit en même temps en divers lieux. C'est ce que ni lui ni les siens n'ont pas même prétendu prouver par aucun passage de l'Ecriture : c'est donc une opposition qui naît purement de l'esprit humain, à qui ils nous avoient promis d'imposer silence.

Tel est le procédé ordinaire des prétendus réformés. Ils nous promettent toujours d'expliquer l'Ecriture par l'Ecriture, et d'exclure par cette méthode le sens littéral que nous embrassons : mais on voit dans l'exécution que le raisonnement humain prévaut toujours dans leur esprit : et on peut voir aisément que l'attachement invincible qu'ils y ont les porte insensiblement au sens figuré.

En effet nous voyons sans cesse revenir ces raisons humaines. L'auteur avoit exposé les raisons tirées « de la nature des sacremens et du style de l'Ecriture. Ces raisons suffisent, » dit-il[3]. Et ce sont certainement les seules qu'il faut apporter, parce que ce sont les seules qui semblent tirées des principes du christianisme. Mais quoique nos adversaires disent que ces preuves suffisent, il faut bien qu'ils ne se fient pas tout à fait à de telles preuves qu'il nous est aisé de détruire, puisqu'ils y joignent aussitôt, pour les soutenir, des argumens de philosophie. « On pourroit ajouter ici, dit notre auteur, plusieurs autres raisons du fond, pour montrer que le dogme de la présence réelle n'est pas seulement au-dessus

---

[1] Anon., p. 176. — [2] *Ibid.* — [3] *Ibid.*, 178.

de la raison, comme les mystères de la Trinité et de l'Incarnation, mais directement contre la raison [1]. » Il est vrai qu'il n'étend pas ces raisonnemens, pour « ne pas entrer trop avant dans la question, » comme il dit lui-même. Il montre toutefois l'état qu'il en fait, lorsqu'il les appelle *les raisons du fond*. Mais voyons à quoi elles tendent. Est-ce que toutes les fois que quelqu'un objectera qu'un point de la foi n'est pas seulement au-dessus de la raison, mais directement contre la raison, il faudra entrer avec lui dans cet examen? Si cela est, les Sociniens ont gagné leur cause; nous ne pouvons plus empêcher que ces dangereux hérétiques ne réduisent les questions de la foi à des subtilités de philosophie, et qu'ils n'en fassent dépendre l'explication de l'Ecriture. Car ils prétendent que la Trinité et l'Incarnation ne sont pas seulement au-dessus de la raison, mais directement contre la raison. Ils ont tort, direz-vous, de le prétendre. Ils ont tort, je l'avoue; mais il faut connoître tout le tort qu'ils ont. Car ils ont tort, même de prétendre que de tels raisonnemens puissent être admis ou seulement écoutés, lorsqu'il s'agit de la foi et de l'intelligence de l'Ecriture.

Quoi que les hérétiques puissent jamais dire et de quelques raisons qu'ils se vantent, le fidèle n'aura jamais autre chose à faire, selon vos propres principes, qu'à considérer *seulement* et *uniquement* le sens de ce que Dieu dit. Donc les raisonnemens humains ne seront pas même écoutés; et vous faites triompher les sociniens, si vous les introduisez par quelque endroit dans les questions de la foi.

Vous le faites néanmoins. Vous appelez ces raisons les *raisons du fond*, tant elles vous paroissent considérables : mais elles sont du fond de la philosophie, et non du fond du christianisme; du fond du sens humain, et non du fond de la religion. S'il faut écouter de telles raisons dans la matière de l'Eucharistie, on ne peut plus les bannir d'aucun autre endroit de la religion, et nous verrons régner partout la raison humaine.

[1] Anon., p. 178.

V. — Conséquences de ce discours : le premier principe qu'il faut poser pour entendre l'Ecriture sainte, c'est qu'il n'y a rien qu'il ne faille croire quand Dieu a parlé.

Il résulte de ce discours que le premier principe qu'il faut poser pour entendre l'Ecriture, c'est qu'il n'y a rien qu'il ne faille croire quand Dieu a parlé : de sorte qu'il ne faut pas mesurer à nos conceptions le sens de ses paroles, non plus que ses conseils à nos pensées, ni les effets de son pouvoir à nos expériences. Ainsi nous lirons l'institution de l'Eucharistie avec cette préparation. Que si l'ordre des conseils de Dieu et les desseins de son amour envers les hommes demandent que le Fils nous donne son propre corps, sans y changer autre chose que la manière ordinaire connue de nos sens, nous écouterons uniquement ce que Dieu dit; et loin de forcer les paroles de l'Ecriture sainte pour l'accommoder à notre raison et au peu que nous connoissons de la nature, nous croirons plutôt que le Fils de Dieu forcera par sa puissance infinie toutes les lois de la nature, pour vérifier ses paroles dans leur intelligence la plus naturelle.....

VI. — Application de ce principe au mystère de l'Eucharistie.

Et pour entrer dans nos sentimens sur le mystère de l'Eucharistie, il ne faut que demeurer ferme dans les maximes que nous avons déjà posées : c'est que nous n'avons point à nous mettre en peine de la possibilité de la chose, ni de toutes les difficultés qui embarrassent la raison humaine, et que nous n'avons à considérer que la volonté de Jésus-Christ.

Nous devons supposer, selon ce principe, « qu'il ne lui a pas été plus difficile, comme il a été dit dans l'*Exposition*, de faire que son corps fût présent dans l'Eucharistie, en disant : *Ceci est mon corps*, que de faire qu'une femme soit délivrée de sa maladie, en disant : *Femme, tu es délivrée de ta maladie* [1]*;* ou de faire que la vie soit conservée à un jeune homme, en disant à son père : *Ton fils est vivant* [2]*;* ou de faire que les péchés du paralytique lui soient remis, en lui disant : *Tes péchés te sont remis* [3]. »

Il faut donc déjà qu'on nous avoue que si le Fils de Dieu a

[1] *Luc.*, XIII, 72. — [2] *Joan.*, IV, 50. — [3] *Marc.*, II, 5; *Expos.*, art. 10.

voulu que son corps fût présent dans l'Eucharistie, il l'a pu faire, en disant ces paroles : « Ceci est mon corps. » L'auteur de la Réponse ne me conteste cette vérité en aucun endroit de son livre ; il demande seulement qu'on lui fasse voir l'intention de Notre-Seigneur[1]. Il est juste de le satisfaire; et la chose ne sera pas malaisée, si on reprend ce que j'ai dit dans l'*Exposition*.

VII. — Intention de Jésus-Christ dans l'institution de l'Eucharistie. La loi des sacrifices.

J'ai demandé seulement qu'on nous accordât que lorsque le Fils de Dieu a dit ces paroles : « Prenez, mangez; ceci est mon corps donné pour vous, » il a eu dessein d'accomplir ce qui nous étoit figuré dans les anciens sacrifices, où les Juifs mangeoient la victime en témoignage qu'ils participoient à l'oblation, et que c'étoit pour eux qu'elle étoit offerte.

Je ne répéterai pas ce que je pense avoir expliqué très-nettement dans l'*Exposition;* mais je dirai seulement que c'est une vérité qui n'est pas contestée, que les Juifs mangeoient les victimes dans le dessein de participer au sacrifice, selon ce que dit saint Paul : « Considérez ceux qui sont Israélites selon la chair : celui qui mange les victimes n'est-il pas participant de l'autel[2]? » Toute la question est donc de savoir s'il est vrai que Notre-Seigneur ait eu dessein d'accomplir dans l'Eucharistie cette figure ancienne, et comment il l'a accomplie. Sur cela notre auteur nous répond deux choses : il nie en premier lieu que Notre-Seigneur ait eu dessein d'accomplir cette figure, quand il a dit : « Ceci est mon corps; » il dit secondement qu'en tout cas elle s'accomplit par une manducation spirituelle.

La première de ces réponses est insoutenable; et il ne faut qu'écouter les raisonnemens de l'auteur, pour en découvrir la foiblesse. Il me reproche « qu'au lieu de raisons, je donne des comparaisons ou des rapports et des convenances : comme si l'on ne savoit pas, poursuit-il, que les comparaisons et les exemples peuvent bien éclaircir les choses prouvées, mais qu'elles ne prouvent pas[3]. »

---

[1] Anon., p. 179. — [2] I *Cor.*, x, 18. — [3] Anon., p. 181.

Je ne sais pourquoi il n'a pas compris qu'en parlant des sacrifices anciens, je ne lui apporte pas de simples comparaisons, mais des figures mystérieuses de la Loi, dont Jésus-Christ qui en est la fin nous devoit l'accomplissement. Il ne peut désavouer que Notre-Seigneur ne soit figuré par ces anciennes victimes, et ne dût être immolé comme elles. Mais il croit dire quelque chose de considérable, quand il ajoute « qu'il ne faut pas presser ces sortes de rapports au delà de ce qui est marqué dans les Ecritures, pour en faire des dogmes de foi [1]. » Je conviens de ce principe ; et j'avoue qu'il n'est pas permis d'établir la foi sur des convenances imaginaires, qui ne seroient pas appuyées sur les Ecritures. Mais ne veut-il pas ouvrir les yeux pour voir que ce n'est pas moi qui ai fait le rapport dont il s'agit? Il est clairement dans la chose même, il est dans les paroles de Notre-Seigneur : « Prenez, mangez, ceci est mon corps donné pour vous ; » et il n'est pas moins clair que nous devons manger notre victime, qu'il n'est vrai qu'elle a été immolée. C'est pour cela que Notre-Seigneur a prononcé ces paroles : « Prenez, mangez ; ceci est mon corps donné pour vous. » Il ordonne lui-même que nous le mangions comme ayant été immolé et donné pour nous : et on est réduit à une étrange extrémité, quand il faut, pour se soutenir, nier une vérité si constante.....

VIII. — Abus que l'Anonyme fait de cette parole de Jésus-Christ mourant : *Tout est consommé*.

Mais certainement il n'est pas juste de faire dire tout ce qu'on veut à l'Ecriture ; et il est bon de remarquer à l'occasion d'un passage dont les prétendus réformés abusent si visiblement, la manière peu sérieuse avec laquelle ils appliquent l'Ecriture sainte dans les matières de foi.

Je demande à l'Anonyme quel usage il prétend faire de cette parole de Jésus-Christ mourant. Veut-il dire qu'à cause que le Fils de Dieu a dit à la croix : « Tout est consommé, » tout ce qui se fait hors de la croix ne sert de rien à l'accomplissement de ses mystères ; de sorte que c'est en vain que nous recherchons à la

P. 182.

sainte table quelque partie de cet accomplissement? Il n'y a personne qui ne voie combien cette prétention seroit ridicule.

Est-ce donc qu'il n'y a plus aucune partie du mystère de Jésus-Christ, qui doive s'accomplir après sa mort? Quoi! ce qui avoit été prédit de sa résurrection ne devoit-il pas avoir sa fin, comme ce qui avoit été prédit de sa croix? Notre Pontife ne devoit-il pas entrer au ciel après son sacrifice, comme le pontife de la Loi entroit dans le sanctuaire après le sien? Et l'accomplissement de cette excellente figure, que saint Paul nous a si bien expliquée, ne regardoit-il pas la perfection du sacrifice de Jésus-Christ?

Il se faut donc bien garder d'entendre que toutes les prédictions, toutes les figures anciennes, en un mot tous les mystères de Jésus-Christ soient accomplis précisément par sa mort. Aussi les paroles de Notre-Seigneur ont-elles un autre objet; et lorsqu'un moment avant que de rendre l'ame il a dit : « Tout est consommé, » c'est de même que s'il eût dit : Tout ce que j'avois à faire en cette vie mortelle est accompli, et il est temps que je meure.

Il n'y a qu'à lire le saint Evangile pour y découvrir ce sens. « Jésus sachant, dit l'Evangile, que toutes choses étoient accomplies, afin que l'Ecriture fût accomplie, dit : J'ai soif[1]. » Il vit qu'il falloit encore accomplir cette prédiction du Psalmiste : « Ils m'ont présenté du fiel pour ma nourriture, et ils m'ont donné du vinaigre à boire dans ma soif[2]. » Après donc qu'on lui eut présenté ce breuvage amer, qui devoit être le dernier supplice de sa passion, et qu'il en eut goûté pour accomplir la prophétie, saint Jean remarque qu'il dit : « Tout est consommé, et qu'ayant baissé la tête, il rendit l'esprit[3]. » C'est-à-dire manifestement qu'il avoit mis fin à tout ce qu'il devoit accomplir dans le cours de sa vie mortelle, et qu'il n'y avoit plus rien désormais qui dût l'empêcher de rendre à Dieu son ame sainte; ce qu'il fit en effet au même moment, comme saint Jean le rapporte : « Il dit : Tout est consommé; et ayant baissé la tête, il rendit l'esprit. »

On voit donc que cette parole ne doit pas être restreinte en particulier aux figures qui représentent son sacrifice; mais qu'elle

---

[1] *Joan.*, XIX, 28. — [2] *Psal.* LXVIII, 22. — [3] *Joan.*, XIX, 30.

s'étend aux autres choses qui regardent sa personne ; et que l'intention de Notre-Seigneur n'est pas de nous dire qu'il accomplit tout par sa mort, mais plutôt de nous faire entendre que tout ce qu'il avoit à faire en ce monde étant accompli, il étoit temps qu'il mourût.

On voit par là un fils très-obéissant et très-fidèle à son Père, qui ayant considéré avec attention tout ce qu'il lui a prescrit pour cette vie dans les Ecritures, l'accomplit de point en point, et ne veut pas survivre un moment à l'entière exécution de ses volontés (a).

Que si toutefois on veut nécessairement que cette parole : « Tout est consommé, » regarde l'accomplissement des sacrifices anciens, nous n'empêcherons pas qu'on ne dise que Jésus-Christ y a mis fin par sa mort, et qu'il sera désormais la seule victime agréable à Dieu : mais qu'on ne pense pas pour cela se servir de ce qu'il a accompli à la croix, pour détruire ce qu'il accomplit à la sainte table. Là il a voulu être immolé, ici il lui a plu d'être reçu d'une manière merveilleuse ; là il accomplit l'immolation des victimes anciennes, ici il en accomplit la manducation.

Aussi faut-il à la fin reconnoître cette vérité. Nos adversaires ne peuvent nier qu'il ne faille manger notre victime ; et ils croient avoir satisfait à cette obligation, en disant qu'ils la mangent par la foi. C'est leur seconde réponse où ils sont, s'il se peut, encore plus mal fondés que dans la première. Mais écoutons sur quoi ils s'appuient : « Bien loin, dit l'auteur de la Réponse, qu'il faille entendre littéralement tous les rapports » qui sont avec Jésus-Christ et les victimes anciennes, « nous savons que l'Apôtre oppose partout l'esprit de l'Evangile à la lettre de Moïse ; » d'où il conclut « qu'il faut que sous l'Evangile les chrétiens prennent tout spirituellement, » et ensuite, qu'ils se contentent d'une manducation spirituelle *et par la foi* [1].

Mais que ne poussent-ils leur principe dans toute la suite ; et pourquoi ne disent-ils pas que Jésus-Christ devoit être immolé,

---

[1] Anon., p. 183.

(a) *Note marg.* : Faire voir la vérité constante des preuves par l'absurdité des réponses plutôt que de suivre les preuves dans toute leur étendue.

non par une mort effective, mais par une mort spirituelle et mystique[1]? C'est sans doute que Notre-Seigneur nous a fait voir en mourant aussi réellement qu'il a fait, qu'en tournant tout au mystique et au spirituel on anéantit enfin ses conseils.

Pourquoi nos adversaires ne veulent-ils pas que sans préjudice du sens spirituel, qui accompagne partout les mystères de l'Evangile, il ait pu rendre la manducation de son corps aussi effective que sa mort[2]? Car il faut apprendre à distinguer l'essence des choses d'avec la manière dont elles sont accomplies. Jésus-Christ est mort aussi effectivement que les animaux qui ont été immolés en figure de son sacrifice : mais il n'a point été traîné par force à l'autel; c'est une victime obéissante qui va de son bon gré à la mort; il a rendu l'esprit volontairement, et sa mort est autant un effet de puissance que de foiblesse : ce qui ne peut convenir à aucune autre victime. Ainsi il nous donne à manger la chair de ce sacrifice d'une manière divine et surnaturelle, et infiniment différente de celle dont on mangeoit les victimes anciennes : mais, comme il a été dit dans l'*Exposition*, en relevant la manière et lui ôtant tout ce qu'elle a d'indigne d'un Dieu, il ne nous a rien ôté pour cela de la réalité ni de la substance.

Ainsi quand il a dit ces paroles : « Prenez, mangez; ceci est mon corps, » ce qu'il nous ordonne de prendre, ce qu'il nous présente pour le manger, c'est son propre corps; et son dessein a été de nous le donner non en figure, ni en vertu seulement, mais réellement et en substance. C'est l'intention de ses paroles, et la suite de ses conseils nous oblige à les entendre à la lettre. N'importe que le sens humain s'oppose à cette doctrine : car il faut, malgré ses oppositions, que l'ordre des desseins de Dieu demeure ferme. C'est cet ordre des conseils divins que Jésus-Christ veut nous faire voir en instituant l'Eucharistie; et que de même qu'il a choisi la croix pour y accomplir en lui-même l'immolation des victimes anciennes, il a aussi établi la sainte table pour en accomplir la manducation : si bien que malgré tous les raisonnemens humains la manducation de notre victime doit être aussi réelle à la sainte table, que son immolation a été réelle à la croix.

[1] Anon., p. 184. — [2] *Ibid.* p. 186.

C'est ce qui oblige les catholiques à rejeter le sens figuré pour tourner tout au réel et à l'effectif. Et c'est aussi ce qui force les prétendus réformés à chercher ce réel autant qu'ils peuvent. Car c'est ici qu'on m'objecte « que je me méprends perpétuellement sur ce réel. La manducation, dit l'Anonyme, ou la participation du corps de Jésus-Christ est très-réelle [1]. » On a vu plus amplement en un autre lieu combien fortement il s'explique sur cette réalité, et comme il se fâche contre moi quand je dis que notre doctrine mène au réel plus que la sienne : nous en parlerons encore ailleurs; mais il faut en attendant, qu'il nous avoue, que si nous avons réellement dans l'Eucharistie le corps de Notre-Seigneur, son objet a été réellement dans ce mystère de nous le donner : et ensuite que quand il a dit : « Ceci est mon corps, » il faut entendre : Ceci est mon corps réellement et non en figure, ni en vertu, mais en vérité et en substance.....

II.

I. — La doctrine de l'Eglise catholique sur l'Eucharistie, plus intelligible et plus simple que la doctrine des prétendus réformés. Celle-ci s'accorde avec la raison et les sens, celle-là avec l'Ecriture sainte et les grands principes de la religion. Embarras des hérétiques.

Si on veut porter un jugement droit des choses qui ont été dites sur le sujet de l'Eucharistie, on doit dire que notre doctrine et celle des prétendus réformés ont chacune leurs difficultés. C'est pourquoi s'ils ont peine à entendre nos sentimens, nous n'en avons pas moins à concevoir leur doctrine. Mais on a pu remarquer qu'il y a cette différence entre eux et nous, que comme ils n'ont aucun embarras à accorder leur doctrine avec la raison et les sens, nous n'en avons aucun à accorder la nôtre avec l'Ecriture sainte et avec les grands principes de la religion : tellement que la difficulté qui accompagne notre doctrine vient des raisonnemens humains, au lieu que celle qui est attachée à leurs sentimens vient de l'Ecriture sainte et des grandes maximes du christianisme.

Nous ne nous étonnons en aucune sorte des difficultés qui

[1] Anon., p. 185.

naissent des sens, parce que les autres mystères de la religion nous ont accoutumés à captiver notre entendement sous l'obéissance de la foi, et que d'ailleurs nous voyons que la doctrine des hérétiques a toujours été la plus plausible à examiner les choses selon les principes du raisonnement naturel. C'est pourquoi nous méprisons tout à fait les difficultés qui naissent de ces principes, et nous ne nous attachons qu'à entendre l'Ecriture sainte.

De là suit une autre chose qui nous donne encore un grand avantage; c'est que n'ayant qu'un seul objet, qui est d'entendre cette Ecriture, nos principes sont suivis et nous nous expliquons sans embarras : pendant que les prétendus réformés, qui veulent nécessairement concilier la raison humaine avec l'Ecriture, sont contraints de dire des choses contradictoires et se jettent dans des ambiguïtés inexplicables. C'est ce que nous avons déjà fait voir, lorsque nous avons traité des équivoques dont on a embarrassé cette matière. Mais comme nous étions alors plus occupés à faire voir que l'Eglise parloit nettement qu'à montrer les contradictions et les embarras de la doctrine de ses adversaires, il faut tâcher maintenant de les découvrir à fond.

Et afin qu'on entende mieux mon dessein, quand je parlerai d'évidence, on voit bien après les choses que j'ai déjà dites, que je ne prétends pas que notre doctrine soit plus claire aux sens et à la raison que la leur. Au contraire s'ils comptent pour quelque chose de s'y accommoder plus que nous, nous avons déjà déclaré que nous ne leur disputons pas cet avantage. Mais je veux dire que, quelque haute et impénétrable à l'esprit humain que soit la doctrine que nous professons, nous faisons entendre en termes précis ce que nous croyons; au lieu que nos adversaires, dont la doctrine est si facile pour la raison et pour les sens, l'expliquent d'une manière si enveloppée qu'il n'est pas possible de se former une idée suivie de leurs sentimens.

Si je me sers en ce lieu, comme je l'ai fait dans l'*Exposition*, de l'exemple des anciens hérétiques, que les prétendus réformés détestent, aussi bien que nous, je les conjure de ne pas croire que j'aie dessein de leur faire injure ou de rendre leur foi suspecte : mais certes il me doit être permis de leur faire voir combien ils doivent trembler, de se voir réduits à suivre la conduite de ceux dont l'impiété leur fait horreur.

La doctrine des ariens est sans doute plus intelligible que la doctrine catholique, à mesurer l'une et l'autre selon la raison humaine et les sens. Car il n'y a rien qu'on entende moins qu'un seul Dieu en trois personnes. Mais néanmoins c'est un fait constant, que l'Église catholique n'a jamais craint d'expliquer sa foi en termes précis, pendant que ces hérétiques n'ont jamais cessé de cacher la leur dans des termes équivoques, embarrassés et enveloppés.

Il ne faut que comparer la Confession de foi du concile de Nicée avec les Confessions de foi de ces hérétiques tant et tant de fois réformées, pour voir que les catholiques, quelque inconcevable que fût leur doctrine selon les principes de la raison, n'ont jamais craint de l'expliquer en termes précis; et qu'au contraire ces hérétiques, quoiqu'ils eussent des sentimens bien plus aisés à entendre, ne les ont jamais osé expliquer dans leur Confession de foi nettement et à bouche ouverte.

En effet on voit que le concile de Nicée a retranché décisivement par le mot de *consubstantiel*, toutes les équivoques qu'on pouvoit faire sur la divinité du Fils de Dieu, au lieu que les hérétiques en ont dit des choses qui ont fait clairement connoître qu'ils n'osoient ni la rejeter ouvertement, ni la confesser tout à fait.

Que si on recherche la cause profonde de deux conduites si différentes, voici ce qu'on trouvera : c'est qu'il y a un secret principe, gravé dans le cœur des chrétiens, qui leur apprend que leur foi n'est pas établie pour contenter ni la raison ni les sens. C'est pourquoi ceux qui les flattent le plus n'osent pas toujours le faire paroître; une secrète impression de certaines maximes du christianisme qu'ils ne peuvent pas tout à fait nier, ou qu'ils n'osent pas tout à fait contredire, les engage insensiblement à « forcer leurs pensées ou leurs expressions » et à s'avancer plus qu'ils ne voudroient : de sorte que leur doctrine d'un côté s'accorde mieux avec les sens, mais de l'autre elle s'accorde moins avec elle-même; si bien qu'elle laisse ce grand avantage aux défenseurs de la vérité, qu'en méprisant d'autant la raison humaine que la foi nous apprend à tenir captive, et suivant sans restriction les grands principes du christianisme que leurs adversaires eux-mêmes n'osent tout à fait rejeter, ils font un corps de doctrine qui ne se dément par aucun endroit, et fait connoître dans toute la suite ce merveilleux enchaînement des vérités chrétiennes.

Que si la doctrine des prétendus réformés, qui est d'ailleurs si conforme à la raison humaine et aux sens, avoit encore cet avantage d'être plus conforme à l'Ecriture et aux grandes vérités du christianisme, ces Messieurs pourroient se vanter de contenter également et la raison et la foi : de sorte qu'il n'y auroit rien de mieux suivi, ni de plus aisé à entendre que leur doctrine. Mais on va voir au contraire dans quels embarras ils se jettent, et combien ils ont de peine à s'expliquer.

II. — Les prétendus réformés n'osent nier certaines vérités ; mais en voulant les concilier avec leur doctrine, ils se jettent dans des embarras inexplicables.

Et d'abord ils parlent si obscurément, qu'il n'est pas possible de résoudre nettement, selon leur doctrine, s'il faut nier ou s'il faut admettre une présence réelle du corps et du sang de Notre-Seigneur dans la communion.

Ils nient ordinairement cette présence réelle, et substituent en sa place « une présence morale, une présence mystique, une présence d'objet et de vertu. » Ce sont leurs expressions ordinaires : et notre auteur s'exprime en ces mêmes termes.

Leurs frères des églises suisses ne parlent pas autrement ; et la Confession de foi que ceux de Bâle publièrent en 1532 s'explique ainsi : « Nous confessons que Jésus-Christ est présent dans la sainte Cène à tous ceux qui croient véritablement, c'est-à-dire qu'il y est présent sacramentellement et par la commémoration de la foi qui élève aux cieux l'esprit de l'homme. »

Les mêmes églises des Suisses, et ceux de Bâle avec tous les autres, parlent encore de même dans leur dernière Confession de foi, qui est celle qu'ils ont retenue : « Jésus-Christ, disent-ils, n'est pas absent de son Eglise lorsqu'elle célèbre la Cène. Le soleil, quoique absent de nous, étant dans le ciel, néanmoins nous est présent efficacement : combien plus le soleil de justice Jésus-Christ, quoiqu'il soit absent de nous, étant dans le ciel, nous est présent, non corporellement, mais spirituellement par son opération vivifiante [1] ! »

Notre auteur explique la présence de Jésus-Christ dans la Cène par la même comparaison des cieux et des astres; « qui, par exemple, dit-il, quoique dans un éloignement presque infini, nous sont présens en quelque sorte, non-seulement parce que nous les voyons, mais par les influences qu'ils répandent sur nous [2]. »

Jusqu'ici nous les entendons, et nous voyons bien qu'ils veulent exclure la présence réelle et personnelle, comme parle notre auteur [3]; et nous lisons ces paroles dans son avertissement : « Aucun de nous n'a dit que nous croyions la présence réelle de Jésus-Christ dans les sacremens. » Et néanmoins les paroles de Notre-Seigneur impriment tellement dans leurs esprits, malgré qu'ils en aient, l'idée de cette présence, qu'ils sont contraints de dire des choses qui l'emportent nécessairement. Car nous avons déjà vu qu'ils enseignent d'un commun accord, que la propre substance du corps et du sang est donnée et communiquée dans la Cène. Notre auteur convient des textes exprès, tant de la Confession de foi que du Catéchisme de ses églises, que j'ai produits dans l'*Exposition* pour le faire voir; et ensuite il accorde lui-même cette proposition décisive, « que le corps de Jésus-Christ est communiqué réellement et en sa propre substance [4]. »

Il paroît assez incertain sur le parti qu'il doit prendre en répondant à cette objection. Il semble qu'il voudroit insinuer que sa Confession de foi et son Catéchisme par *substance* ont entendu *efficace* : « Notre Catéchisme, dit-il, parlant du sacrement du baptême, dit indifféremment en deux endroits la *substance* et la *vertu du baptême*, pour en signifier l'efficace [5]. » Il me permettra de lui dire que cela n'est pas véritable : la vertu et l'efficace sont choses qui suivent la substance. Mais *substance*, en aucun langage, ne signifie ni vertu ni efficace; et le Catéchisme des prétendus

---

[1] Chap. XXI. — [2] Anon., p. 206. — [3] *Ibid.* — [4] *Ibid.* p. 226. — [5] *Ibid.* p. 244.

réformés auroit trop embrouillé les choses, s'il avoit pris indifféremment l'un pour l'autre des termes si différens. Leur Confession de foi dit « que la substance du baptême est demeurée dans la papauté[1] : » c'est-à-dire l'essence même du baptême, qu'ils ne nous accusent point d'avoir altérée. Mais laissons ce qu'ils ont dit du baptême ; venons à ce qu'ils disent de l'Eucharistie. Il est certain qu'ils enseignent que nous n'y recevons pas seulement une vertu découlée du corps et du sang de Notre-Seigneur ; mais que nous en recevons la substance même. Bien plus, notre auteur soutient en divers endroits, que j'ai déjà remarqués, que cette communication de la substance du corps et du sang, qu'on admet dans sa religion, n'est pas moins réelle que celle que les catholiques reconnoissent ; et c'est en quoi je prétends que leur doctrine est contradictoire. Car qui pourroit concevoir que notre auteur et les siens, qui n'admettent « qu'une présence morale, mystique, et de vertu, » qui nient en termes formels « la présence réelle du corps et du sang dans le sacrement, » ne laissent pas toutefois, si nous les croyons, d'admettre une aussi réelle communication du corps et du sang que nous, qui reconnoissons leur présence réelle et substantielle ? Il faudroit en vérité peu regarder ce que les mots signifient dans l'usage commun des hommes. Le catholique a raison de dire que Jésus-Christ lui communique dans l'Eucharistie la propre substance de son corps et de son sang, parce que son corps et son sang y sont réellement présens. Mais qu'on sépare ces expressions, qu'on nie cette présence réelle, et qu'on croie cependant pouvoir retenir cette réelle communication de la propre substance du corps et du sang, qui le pourroit concevoir ?

Aussi quand j'objecte à notre auteur que ce que disent les siens ne se peut entendre, il me reproche que je veux tout concevoir. « C'est encore ici, dit-il pour la troisième ou quatrième fois, que M. de Condom veut tout concevoir[2]. » Il a mal pris ma pensée ; car assurément je ne prétends pas concevoir le fond du mystère, qui est en tous points incompréhensible. Mais quelque haut que soit le mystère, il faut faire concevoir nettement ce qu'on en pense ; et la hauteur impénétrable des mystères du christianisme

[1] Art. XXIX. — [2] Anon., p. 248.

n'est pas une raison pour les exposer en termes confus, dont on ne puisse deviner le sens.

Que notre auteur nous explique donc, s'il lui plaît, ce que c'est qu'une réelle communication de la propre substance du corps et du sang sans la présence réelle de l'un et de l'autre.

Il croit avoir développé tout cet embarras, lorsqu'il dit dans son Avertissement qu'il y a grande différence entre « participation ou communion réelle et présence réelle, parce que l'un donne lieu de supposer qu'il faut que le corps de Jésus-Christ descende du ciel dans le sacrement pour y être réellement présent ; et nous disons seulement que par la foi nous élevons nos cœurs au ciel, où il est ; et que c'est ainsi que nous participons à Jésus-Christ très-réellement, mais spirituellement [1]. »

III. — Quoique l'union avec Jésus-Christ se trouve et dans la prédication et dans le baptême, et que la vertu de son corps et de son sang nous vivifie dans l'un et dans l'autre, les prétendus réformés n'ont jamais osé dire que ces actions communiquassent la propre substance du corps et du sang de Jésus-Christ, comme ils le disent de l'Eucharistie. Réponses absurdes de l'Anonyme à cette difficulté.

Il falloit venir sans tant de discours à ce qui fait la difficulté. Pour expliquer « que nos cœurs s'élèvent au ciel par la foi et s'unissent à Jésus-Christ par affection, » est-il nécessaire de dire que nous recevons réellement la substance de son corps et de son sang ? Joignez-y, si vous voulez, que l'esprit de Jésus-Christ habite en nous, que sa justice nous est imputée, que nous lui sommes unis en esprit et par la foi, et que nous sommes vivifiés par la vertu de son corps et de son sang : nous avons montré clairement que tout cela ne fera jamais qu'il faille dire avec tant de force que nous en recevons réellement la propre substance : et ce qui le prouve invinciblement, c'est qu'encore que cette union spirituelle avec Jésus-Christ se trouve par le propre aveu des prétendus réformés et dans la Prédication et dans le baptême ; encore que la vertu du corps immolé et du sang répandu pour nous nous vivifie dans l'un et dans l'autre, ils n'ont jamais osé dire dans leur Catéchisme, ni dans leur Confession de foi, que ni

[1] Anon., p. 15.

la prédication, ni le baptême, ni enfin aucune action faite hors de la Cène, nous communiquassent la propre substance du corps et du sang de Jésus-Christ, comme ils le disent perpétuellement de l'Eucharistie.

J'ai proposé cette difficulté dans l'*Exposition*, et la réponse qu'y fait notre auteur se réduit à trois chefs.

Il dit premièrement que le baptême, la prédication et l'Eucharistie ont le même effet, et nous communiquent aussi réellement l'un que l'autre la substance du corps et du sang de Notre-Seigneur[1] : secondement, que ce même effet est exprimé en divers termes et représenté sous diverses formes; par exemple : « Le baptême, dit-il, ne nous applique ou communique le sang de Jésus-Christ que par forme de lavement; au lieu que l'Eucharistie nous communique son corps et son sang par forme de nourriture et de breuvage[2]. » Enfin il conclut de là que si l'on dit de l'Eucharistie, plutôt que de la prédication et du baptême, qu'elle nous donne la substance du corps et du sang de Jésus-Christ, ce n'est pas qu'en effet cela lui convienne plutôt qu'aux deux autres; mais c'est à cause que cette façon de parler convient mieux au dessein qu'a eu Notre-Seigneur de se donner à nous dans l'Eucharistie en qualité d'aliment, « par forme de nourriture, » et de nous y « représenter son union intime avec nous[3]. »

Je suis assuré que si l'Anonyme avoit entrepris lui-même d'expliquer son sentiment en peu de paroles, il ne le feroit pas plus sincèrement, ni de meilleure foi que je viens de faire. Mais pour ne lui rien ôter, il faut ajouter encore les exemples dont il se sert. Ils me serviront aussi à lui faire connoître son erreur, si peu qu'il veuille ouvrir les yeux. Et c'est pourquoi je m'attacherai à les rapporter en ses propres termes. Voici donc ce qu'il écrit : « Notre Catéchisme ne dit pas que Jésus-Christ nous fasse renaître spirituellement dans la Cène ou qu'il nous nettoie de nos péchés, comme il le dit du baptême, ni que la foi soit de la Cène, comme il est dit que la foi est de l'ouïe, et que l'ouïe est de la parole, parce que la Cène n'est pas instituée pour nous représenter notre union avec Jésus-Christ sous cette idée, mais pour nous la repré-

---

[1] Anon., p. 233, 234, 237, 238. — [2] Ibid. p. 234. — [3] Ibid. p. 234, 238.

senter sous l'idée d'une union substantielle, comme celle de la nourriture. De même si le Catéchisme ne dit pas que nous sommes faits participans de la substance de Jésus-Christ dans le baptême, ou dans la prédication de l'Evangile, comme il le dit de la Cène, ce n'est pas que dans ces actes-là nous ne soyons très-réellement unis à Jésus-Christ, ou que Jésus-Christ n'y nourrisse spirituellement nos ames de sa substance, de même que dans la Cène, et M. de Condom n'oseroit dire le contraire; mais c'est qu'encore que ces divers moyens produisent au fond le même effet, les mêmes expressions ne conviennent pas également à l'un et à l'autre, parce que l'eau du baptême et le son de la parole ne sont pas si propres que les symboles du pain et du vin, pour nous représenter tant la nourriture spirituelle de nos ames que l'union intime qui se fait de nous avec Jésus-Christ [1]. »

Il veut dire, si je ne me trompe, que lorsqu'on exprime les choses par de certaines ressemblances, il faut suivre la comparaison ou la figure qu'on a commencée. L'Eglise est représentée comme un filet où il se prend toute sorte de poissons, ou comme un champ où on sème de toute sorte de grains. Ces deux figures ne signifient que la même chose. Mais il ne faut pas dire pour cela qu'on sème dans ce filet, ni qu'on prend des poissons dans ce champ, parce qu'il faut suivre l'idée qu'on a prise : j'en suis d'accord, mais je ne vois pas que cela explique la difficulté dont il s'agit. Laver et nourrir les ames, ne marque selon l'Anonyme, en Jésus-Christ que la même vertu, et dans les ames que le même effet. Quand cela seroit véritable, il pourroit conclure tout au plus, qu'il ne faudroit pas dire que Jésus-Christ nous nourrit quand on le représente *par forme de lavement,* ou qu'il nous lave quand on le regarde comme viande. Mais ce n'est pas là notre question. Il s'agit de la substance du corps et du sang de Jésus-Christ. L'Anonyme a entrepris de nous expliquer pourquoi on dit parmi les siens, dans son Catéchisme, qu'elle nous est communiquée dans la Cène, et qu'on ne dit pas qu'elle nous est communiquée au baptême. Certainement l'idée de substance ne répugne pas plus à l'action de laver qu'à l'action de nourrir : on ne nous applique

---

[1] Anon., p. 237.

pas moins la substance de l'eau pour nous laver, qu'on nous donne la substance du pain et du vin pour nous repaître; et s'il n'y avoit à considérer que ce qu'allègue l'Anonyme, les auteurs de son Catéchisme pouvoient dire aussi proprement que Jésus-Christ nous lave dans le baptême de la substance de son sang, qu'ils ont dit qu'il nous nourrit à la Cène de la substance de son corps. Mais je veux bien ne m'arrêter pas à une raison si claire, et il faut que je lui découvre son erreur par une considération qui va plus au fond.

Il se trompe assurément, quand il pense que les expressions différentes qu'il rapporte dans le passage que nous venons de produire, ne signifient au fond que le même effet. Chacune de ces expressions marque dans la chose même des effets particuliers. Et pour repasser en peu de mots sur tous les exemples que l'Anonyme nous allègue, on dit que le baptême nous nettoie, parce qu'il efface le péché que nous apportons en naissant; et on dit ensuite qu'il nous fait renaître, parce que nous y passons de mort à vie, c'est-à-dire de l'état de péché où nous étions nés à l'état de sainteté et de grace. C'est ce qu'on ne peut dire de l'Eucharistie, qui doit nous trouver déjà nettoyés du péché de notre origine. Car il faut être lavé pour approcher de cette table; et ce pain céleste, qui nous est donné pour entretenir en nous une vie nouvelle, suppose que nous l'avons déjà reçue. De même quand nous disons avec saint Paul que « la foi vient de l'ouïe, » nous exprimons par ces termes l'effet particulier de la prédication. C'est elle qui nous propose ce qu'il faut croire. Car « comment croiront-ils, dit le même Apôtre, s'ils n'ont ouï auparavant; et comment entendront-ils, s'ils n'ont quelqu'un qui les prêche[1]? » C'est de là que saint Paul conclut que la foi vient par l'ouïe, et on voit qu'elle est en effet le propre effet de l'instruction.

Il n'y a donc rien de merveilleux en ce que notre auteur observe, que les auteurs de son Catéchisme ne disent pas que la Cène nous nettoie ou nous régénère, ni que la foi soit de la Cène. C'est que la Cène effectivement ne remet pas le péché de notre origine; et qu'on ne peut dire, sans tomber dans une erreur très-

[1] *Rom.*, X, 14.

absurde, que la foi vienne de la Cène; puisque la Cène elle-même ne seroit pas crue ni son mystère entendu, si l'instruction de la parole n'avoit précédé.

Ainsi on voit clairement, quoi que l'Anonyme ait voulu dire, que ces façons de parler, qui sont particulièrement affectées et pour ainsi dire consacrées aux divers actes du chrétien, ne doivent pas être prises seulement comme des phrases diverses qui ne nous proposeroient qu'un même effet. Au contraire, à chaque parole répond dans la chose même un effet particulier, qui en marque le propre caractère; et si on attribue cet effet aux autres actes de la religion, on en détruit la céleste économie.

Pour appliquer maintenant à l'Eucharistie ce que nous venons de dire quand les prétendus réformateurs ont proposé dans leur Catéchisme ou dans leurs Confessions de foi ce qui regarde la Cène, sans doute ils ont voulu en donner une connoissance distincte et ils ont dû en marquer le caractère particulier. Or ce caractère particulier qu'ils nous ont marqué, c'est que Jésus-Christ nous y donne la propre substance de son corps et de son sang : et nous voyons en effet qu'ils n'ont rien attribué de semblable au baptême et à la parole, ni aux autres actes de la religion. Ainsi notre auteur détruit leur dessein, lorsqu'il répand généralement dans toutes les autres actions, ce que les auteurs de son Catéchisme ont choisi comme l'effet particulier et le propre caractère de la Cène.

Mais c'est qu'il ne veut pas concevoir par quelle suite de vérités ils ont été conduits à ce sentiment. Ils ont vu que Jésus-Christ a dit : « Ceci est mon corps, ceci est mon sang. » Ils sont d'accord qu'il n'a pas voulu nous donner un simple signe, mais un signe accompagné de la chose. Il est assuré d'ailleurs qu'il n'a prononcé qu'une fois cette parole, et qu'elle ne regarde que l'Eucharistie : sans doute en l'instituant, il nous aura exprimé ce qu'elle a de particulier, et quel est le don spécial qu'il a eu dessein de nous y faire. Ce don, c'est son corps et son sang, que nous devons par conséquent recevoir en vérité dans la Cène d'une manière qui ne convienne à aucune autre action. Or est-il que la vertu et l'efficace du corps et du sang se déploie dans toutes les autres : il n'y a donc plus que la chose même et la substance propre du corps et du sang qui puisse être réservée à l'Eucharistie.

Ces vérités incontestables font une impression secrète dans les esprits; et quoique le sens humain, qui ne peut comprendre les œuvres de Dieu, ait empêché les prétendus réformateurs de les embrasser pleinement dans toute leur suite, ils n'ont pu s'en éloigner tout à fait. C'est pourquoi ils ont voulu nous faire trouver dans la Cène la substance du corps et du sang, qu'ils n'osent attribuer ni à la prédication, ni au baptême, ni à aucune autre action.

IV. — La force de la vérité a poussé les prétendus réformés, contre leur dessein, à se servir d'expressions qui favorisent la présence réelle. Quel a été leur véritable motif en conservant ces expressions.

Il paroît par toutes ces choses combien j'ai eu raison de dire que la force de la vérité les a poussés, contre leur dessein, à dire des choses qui favorisent la présence réelle, puisqu'elles n'ont de sens qu'en la supposant. Mais on en sera encore plus convaincu, quand on aura pénétré ce que l'Anonyme dit pour sa défense.

Pour nous expliquer par quelles raisons ces grands mots de *propre substance du corps et du sang* sont demeurés en usage dans la réformation prétendue; il représente premièrement que « l'Ecriture ne se sert jamais de ce terme de *substance* sur le sujet de l'Eucharistie[1]. » J'en suis d'accord.

Il dit en second lieu, que « les premiers Pères de l'Eglise ne s'en sont pas servis non plus[2]. » De là il conclut que « les auteurs de son Catéchisme n'ont pas été obligés à employer ces expressions, pour se conformer à l'Ecriture et aux anciens Pères[3]. » Et il ajoute enfin en troisième lieu « qu'ils l'ont fait sans doute pour se conformer en cela à l'usage des derniers temps. »

Pesons ces dernières paroles; et sans disputer à l'auteur ce qu'il dit des anciens Pères de l'Eglise, parce que cette discussion est trop éloignée de notre dessein, demandons-lui s'il n'est pas constant entre nous, que du moins dans les derniers temps la foi de la présence réelle étoit établie. Par conséquent dire, comme il fait,

[1] Anon., p. 223. — [2] *Ibid.* p. 224. — [3] *Ibid.*

que les prétendus réformateurs, en expliquant le point de l'Eucharistie, ont accommodé leurs expressions à l'usage des derniers temps, c'est dire manifestement qu'ils se sont accommodés à ceux qui croyoient la présence réelle.

Il paroîtra fort étrange que ceux qui nient la présence réelle veulent s'accommoder aux expressions de ceux qui la croient. Mais qu'on ne pense pas toutefois que l'Anonyme ait trahi sa cause, quand il a avoué cette vérité. Il connoît le génie de la prétendue Réforme. Il sait que les luthériens sont de ces auteurs des derniers temps, qui ont cru la réalité, et que ceux de sa religion ont toujours tâché de les satisfaire.

Mais il est bon de pénétrer pourquoi les auteurs des derniers temps, et entre autres les luthériens, ont employé dans l'Eucharistie ces mots de *propre substance*. Nous en avons déjà expliqué la cause; nous avons vu qu'on s'est servi de ces termes pour soutenir le sens littéral de ces paroles : « Ceci est mon corps, » contre ceux qui établissoient le sens figuré; et qu'en cela on a suivi l'exemple des Pères, qui ont employé le terme nouveau de *consubstantiel* pour déterminer le sens précis de ces paroles de Jésus-Christ : « Nous sommes, mon Père et moi, une même chose. »

Par là on peut reconnoître combien est faux le raisonnement de l'Anonyme : « L'Ecriture, dit-il, ne se sert jamais de ce terme de substance sur le sujet de l'Eucharistie[1]. » Ce n'est donc pas pour se conformer à l'Ecriture qu'on s'est servi de ce terme. On pourroit conclure de même que ce n'est point pour se conformer à l'Ecriture sainte, que les Pères de Nicée et d'Ephèse se sont servis des termes de *consubstantiel* et d'*union personnelle*, puisque l'Ecriture ne s'en sert en aucun endroit. Mais qui ne sait au contraire que ces termes n'ont été choisis que pour fixer au sens littéral les paroles de l'Ecriture, que les hérétiques détournoient? Il est permis à ceux qui soutiennent le sens littéral de ces paroles : « Ceci est mon corps, » d'employer aussi des expressions qui pussent exclure précisément le sens figuré : et c'est pour cela que non-seulement les catholiques, mais encore les luthériens,

[1] Anon., p. 224.

aussi zélés défenseurs de la présence réelle, ont appuyé sur la présence et la réception du corps de Jésus-Christ en substance, pour combattre Zuingle, Bucer et Calvin, qui au fond ne vouloient admettre qu'une présence en figure, ou tout au plus en vertu.

J'ai dit que les luthériens concourent avec nous dans ce dessein. Cela paroît dans tous leurs écrits, et surtout dans la Confession de foi qu'ils dressèrent en 1531, pour l'envoyer au concile de Trente, et pour expliquer leur doctrine encore plus clairement qu'ils n'avoient fait dans celle d'Ausbourg. Ils disent « que Jésus-Christ est vraiment et substantiellement présent dans la communion; » et on trouve encore ces expressions presque à toutes les pages du livre qu'ils ont appelé *Concorde*, qu'ils ont publié d'un commun accord pour expliquer à toute la terre la foi que confessent toutes leurs églises.

On voit donc manifestement que c'est le dessein d'expliquer la réalité sans embarras et sans équivoque, qui a fait qu'on a tant appuyé sur la substance du corps et du sang, et qui a donné un si grand cours à cette expression dans les derniers temps, auxquels néanmoins notre auteur avoue que leurs premiers réformateurs ont trouvé nécessaire de s'accommoder dans leur Confession de foi et dans leur Catéchisme.

Ils ne voudroient pas que nous crussions qu'ils l'ont fait par pure complaisance pour les luthériens, et encore moins pour les amuser par des expressions semblables à celles dont ils se servoient. Car qu'y auroit-il de plus détestable qu'une Confession de foi et un Catéchisme qui seroient faits sur de tels principes? Ainsi la vérité est que pressés, par les argumens des catholiques et des luthériens, ou plutôt pressés, quoi qu'ils disent, par la force des paroles de Notre-Seigneur, ils n'ont pu s'éloigner tout à fait du sens littéral, ni détruire la réalité sans en conserver quelque idée.

Cela veut dire en un mot que ces belles et ingénieuses comparaisons du soleil et des astres, quoiqu'ils les aient toujours à la bouche en cette matière, ne les ont pas contentés eux-mêmes, et ne leur ont pas paru suffisantes pour expliquer la manière dont

Jésus-Christ se donne à nous dans l'Eucharistie. Les chrétiens y veulent recevoir le corps et le sang de leur Sauveur, autrement qu'ils ne reçoivent les astres et le soleil. Les paroles de Jésus-Christ et la tradition de tous les siècles ont fait dans leurs esprits des impressions plus fortes, et les ont accoutumés à quelque chose de plus réel. Ils s'attendent à recevoir plus que des rayons et des influences. Ainsi ce n'est pas assez de leur parler de la figure, ni même de la vertu du corps et du sang; il a fallu nécessairement leur en proposer la substance même.

C'est pourquoi les écrivains de Messieurs de la religion prétendue réformée ne craignent rien tant que de laisser apercevoir à leurs peuples que la manière dont les catholiques et les luthériens croient recevoir le corps et le sang de Jésus-Christ dans l'Eucharistie, soit plus réelle que la leur : ils tâchent au contraire de leur faire croire que leur dispute avec les luthériens, sur le point de l'Eucharistie, ne regarde que la manière, mais qu'ils sont d'accord avec eux du fondement. C'est ce que dit l'Anonyme avec l'approbation des ministres de Charenton ; et il importe de bien faire connoître leur pensée.

J'ai produit dans l'*Exposition* un décret du synode national de Sainte-Foi de 1571, sur le sujet d'une Confession de foi commune aux luthériens et aux calvinistes, qu'on proposoit de dresser. Notre auteur, qui a entrepris de rendre raison de cet arrêté, dit ceci entre autres choses : « C'est principalement sur le sacrement de l'Eucharistie que nous étions en différend avec les luthériens; et sur cela même, ajoute-t-il, nous convenons, eux et nous, du fondement[1]. »

V. — On ne peut dire que les calvinistes et les luthériens conviennent du fondement dans le point de l'Eucharistie.

Remarquez qu'il ne dit pas qu'ils conviennent du fondement avec les luthériens dans les autres choses; mais *sur cela même*, dit-il, sur le point de l'Eucharistie, sur lequel est néanmoins toute la dispute : *Nous convenons, eux et nous, du fondement*.

Je ne sais comment il peut dire que les calvinistes et les luthé-

[1] Anon., p. 356.

riens conviennent du fondement dans le point de l'Eucharistie, puisque les uns fondent leur doctrine sur le sens figuré des paroles de l'institution, et les autres sur le littéral. On peut bien dire que les catholiques et les luthériens, quoiqu'ils ne conviennent pas de toutes les suites en cette matière, conviennent du fondement, puisqu'ils « ont cela de commun, selon l'Anonyme même, qu'ils prennent les uns et les autres les paroles du Seigneur dans un sens littéral pour une présence réelle[1]. » Aussi le même auteur fait-il con·ister la dispute entre les catholiques et les luthériens *sur la manière* d'expliquer cette présence réelle, les uns mettant le corps avec le pain et les autres le corps sans le pain.

Mais à l'égard des calvinistes et des luthériens, ce n'est ni des suites ni des circonstances, mais du fond même qu'ils disputent, puisque les uns fondent leur doctrine sur la présence réelle, et que les autres raisonnant sur un principe contraire, nous disent que « jamais aucun des leurs n'a cru la présence réelle[2]. »

Nous allons voir toutefois par l'aveu de notre auteur même et des ministres de Charenton, qui ont approuvé son ouvrage, qu'il n'est pas impossible de faire convenir les prétendus réformés de la présence réelle : et que c'est sur ce fondement que le synode de Sainte-Foi avoit jugé que l'on pouvoit dresser cette nouvelle Confession de foi commune aux luthériens et aux calvinistes. Mais lisons ses propres paroles : « Si les Luthériens, dit-il, n'eussent pu convenir entièrement de notre doctrine (à quoi on sait en effet qu'ils étoient peu disposés), ils eussent réduit la leur à ce que font les plus habiles d'entre eux, qui est de ne décider point la manière dont Jésus-Christ est réellement présent dans le sacrement : Nous croyons, disent-ils, sa présence et nous en sentons l'efficace, mais nous en ignorons la manière : et en ce cas on voit bien qu'ils se fussent rapprochés encore davantage de nous que nous n'avons fait d'eux, en les admettant simplement à notre communion, sans que pour cela nous eussions apporté de notre part aucun changement essentiel à notre Confession de foi. »

Nous avons, par ces paroles, trois choses très-importantes manifestement établies : 1° que les luthériens, qui sont les plus

[1] Anon., p. 261. — [2] *Avertissement*, p. 14.

disposés à se rapprocher des calvinistes, n'entendent point de se départir de « la présence réelle de Jésus-Christ dans le sacrement; » 2° qu'ils disent seulement qu'ils « n'en décident point la manière;» 3° que les calvinistes et le synode de Sainte-Foi étoient prêts à s'accorder dans cette doctrine, et n'auroient pas cru pour cela « faire un changement essentiel à leur Confession de foi. »

Chose certainement surprenante! Ces mêmes hommes qui n'ont jamais dit, selon notre auteur, « qu'il y eût une présence réelle de Jésus-Christ dans le sacrement, » ne sont plus en peine maintenant que *de la manière de cette présence;* et sont prêts à convenir d'une Confession de foi commune entre eux et les luthériens, pourvu seulement que ces derniers, en confessant que « Jésus-Christ est réellement présent dans le sacrement, » leur accordent qu'ils ne prétendent pas *décider la manière de cette présence*. C'est ce qu'ils obtiendront facilement. Jamais les luthériens n'ont prétendu expliquer la manière aussi réelle que miraculeuse, dont un corps humain est présent en même temps en tant de lieux et renfermé tout entier dans un si petit espace : et bien loin de la vouloir décider, ils ont toujours déclaré qu'elle étoit divine, surnaturelle et tout à fait incompréhensible.

Nous leur ferons, quand il leur plaira, une semblable déclaration, ou plutôt elle est déjà faite; et de tous ceux qui croient que Jésus-Christ a voulu que son corps fût réellement présent, aucun n'a prétendu expliquer de quelle manière s'exécute une chose si miraculeuse.

Ainsi les luthériens n'affoiblissent en rien leur doctrine touchant la présence réelle, quand ils ne décident pas la manière dont on la peut expliquer, puisqu'en effet elle surpasse notre intelligence. C'est leur accorder tout ce qu'ils prétendent, que de leur avouer que Jésus-Christ est réellement présent dans le sacrement; car s'il y a une présence réelle dans le sacrement, il est clair que la présence en figure et la présence en vertu n'y suffisent pas.

Je ne doute pas que les calvinistes ne se réservent quelque nouvelle subtilité pour se démêler de cet embarras. Mais du moins j'ai clairement établi qu'une présence réelle du corps de Jésus-

Christ dans le sacrement, n'est pas incompatible avec leur doctrine; et que s'ils n'ont pas voulu jusqu'ici user de ces termes avec nous, c'est qu'ils gardent ce sentiment et cette expression pour contenter quelque jour les luthériens, quand ils seront disposés plus qu'ils n'ont été jusqu'ici à s'en contenter.

Leurs frères de Pologne ont déjà, il y a longtemps, tranché le mot par avance *nettement;* et nous avons vu à l'endroit où j'ai proposé les diversités des Confessions de foi, qu'ils ont accordé aux luthériens une présence substantielle du corps et du sang de Jésus-Christ dans l'Eucharistie.

J'ai donc eu raison de dire au commencement de ce chapitre, que les prétendus réformés n'étoient pas encore bien résolus s'ils recevroient ou s'ils nieroient la présence réelle, puisqu'on voit déjà d'un côté que leurs frères de Pologne, qui suivent la Confession des églises suisses, l'ont admise en termes formels; et d'autre côté que ceux de France, qui ne l'ont pas encore confessée, n'en sont point du tout éloignés. Ainsi c'est en vain que notre auteur a écrit ces grandes paroles : « Jamais aucun de nous n'a dit que nous croyons la présence réelle du corps de Jésus-Christ dans le sacrement. » A son compte les zuingliens de Pologne ne sont déjà plus parmi les siens. Mais lui-même, que deviendra-t-il, et en quel rang se veut-il mettre, puisque ce qu'il assure si précisément, que jamais aucun de sa religion n'a dit, c'est lui-même qui le vient dire avec l'approbation de ses ministres, et nous a fait voir de plus qu'un synode national étoit disposé à le confesser?

Il n'en faut pas davantage pour faire voir que la Confession de foi des prétendus réformés est pleine de contradictions; et qu'eux-mêmes ne savent pas bien ce qu'ils veulent dire, quand ils reconnoissent dans l'Eucharistie la substance du corps et du sang. Mais j'ai encore un mot important à dire sur ce sujet, et une réflexion importante à faire.

Quand ces Messieurs nous disent avec tant de force qu'ils croient recevoir la propre substance du corps et du sang de Notre-Seigneur aussi réellement que nous-mêmes, il y a une question à leur faire, par quel passage de l'Ecriture est établi un don si précieux ; et surtout s'il est établi, s'il y en a quelque vestige dans l'institution de la Cène. Il est impossible qu'ils répondent à cette question sans s'embarrasser, quelque parti qu'ils veuillent prendre.

L'Anonyme a vu cette demande, et n'y a pas répondu aussi nettement qu'il falloit. . . . .

VI. — Autre vérité que les prétendus réformés tâchent vainement de concilier avec leur doctrine : savoir, que nous devons recevoir dans l'Eucharistie le corps de Jésus-Christ d'une façon qui ne convienne qu'à ce sacrement. Raisonnemens absurdes de l'Anonyme à ce sujet.

Il y a une autre vérité que les prétendus réformés tâchent vainement de concilier avec leur doctrine, c'est que nous devons recevoir dans l'Eucharistie le corps de Notre-Seigneur d'une façon qui ne convienne qu'à ce sacrement. Cette vérité s'imprime naturellement dans les esprits, en lisant ces paroles de l'institution : « Prenez, mangez, ceci est mon corps; » car Jésus-Christ n'ayant dit ces mots qu'en faveur de l'Eucharistie, on ne peut croire que le don particulier qu'il nous y veut faire, et qui nous est exprimé par des paroles si précises, soit commun à toutes les autres actions du chrétien. Aussi reconnoissons-nous que Jésus-Christ ailleurs nous donne ses graces; mais qu'il est en personne dans l'Eucharistie, et nous y donne son corps en substance. La suite fera connoître que c'est là en effet le seul moyen d'expliquer ce qu'il y a de particulier dans l'Eucharistie. Toutefois les prétendus réformés tâchent aussi de le faire; et quoique la suite de leur doctrine les oblige à dire que Jésus-Christ nous donne réellement son corps et son sang dans le baptême et dans la parole; aussi bien qu'à l'Eucharistie, ils sont contraints néanmoins de dire, pour y mettre quelque différence, que là il nous le donne en partie et à la Cène pleinement.

A cela nous objectons que s'ils persistent à dire toujours, comme ils font, que Jésus-Christ n'est reçu dans l'Eucharistie que par la foi, non plus que dans le baptême et dans la prédication, il est impossible d'entendre qu'il soit pleinement dans l'une et en partie dans les autres. Il faut maintenant entendre ce qu'ils disent pour démêler cette objection.

Premièrement ils avouent « que ce que le sacrement de la Cène ajoute à la parole, n'est pas une autre manière de communion avec Jésus-Christ, plus réelle au fond ou différente en espèce de celle que nous avons avec lui par le ministère de la parole ou par le baptême[1]. »

Secondement ils confessent « que Jésus-Christ étant vraiment communiqué par ces trois divers moyens, on ne peut entendre en aucune manière que Jésus-Christ soit comme divisé et plus ou moins communiqué[2]. » Ils ajoutent « que c'est toujours Jésus-Christ tout entier qui nous est communiqué par chacun de ces trois moyens : » c'est-à-dire que Jésus-Christ est aussi entier où il n'est reçu *qu'en partie* qu'où il est *reçu pleinement*.

Troisièmement ils sont d'accord que « la manière commune de recevoir Jésus-Christ » dans ces trois moyens, « c'est qu'il y est reçu par la foi[3]. »

Ils enseignent en quatrième lieu, que ce qu'il y a de particulier dans la Cène, c'est seulement que nous y avons une nouvelle et plus ample confirmation de notre union avec Jésus-Christ et comme une dernière ratification. L'Anonyme allègue à ce propos les paroles de son Catéchisme, qui dit « que dans la Cène notre communion est plus amplement confirmée et comme ratifiée[4] : » et il remarque que ces paroles précèdent immédiatement celles que nous lui avons objectées.

Pour expliquer maintenant cette plus ample confirmation, ils disent, à l'égard de la parole, « qu'au lieu qu'elle n'agit que sur un de nos sens, l'Eucharistie parle à tous nos sens généralement, et que la vue en particulier fait encore plus d'impression sur nos esprits que l'ouïe : » et à l'égard du baptême qui nous frappe la vue, aussi bien que l'Eucharistie, « il ne nous marque que notre entrée dans l'Eglise et nous lave de nos péchés, sans figurer d'une manière plus expresse, ni la mort de Jésus-Christ, ni notre union spirituelle avec lui : » au lieu que l'Eucharistie par le moyen du pain et du vin que nous y prenons, « nous représente encore plus expressément que le corps de Jésus-Christ a été rompu pour nous, et que nous sommes unis réellement et spirituellement au corps de notre Sauveur[5]. »

[1] Anon., p. 232.— [2] Ibid.— [3] Ibid. p. 236.— [4] Ibid. p. 232.— [5] Ibid. p. 233, 234.

Ainsi quoique le corps de Notre-Seigneur ne soit reçu que par la foi dans ces trois moyens, comme elle est plus excitée dans l'un que dans l'autre, ils disent que cela suffit pour fonder divers degrés, et par conséquent pour établir la prérogative particulière de l'Eucharistie. L'auteur éclaircit son sentiment par cette comparaison : « Le soleil, dit-il, en son midi, nous communique les objets ou la vue des objets d'une manière pleine et différente de celle dont il nous les communique à son lever, ou si l'on veut, d'une manière différente dont les flambeaux nous la communiquent dans la nuit[1]. » Néanmoins « cette différence n'est en effet que dans le plus ou moins de lumière; une différence en degré, comme on parle, et non pas en espèce, dans le moyen plutôt que dans l'effet[2]. » Il dit de même que Jésus-Christ nous est communiqué par la seule foi; mais pour expliquer les différens degrés de communion et y appliquer sa comparaison de la lumière, « il compare la manière dont le baptême nous communique Jésus-Christ à celle dont le soleil communique la vue des objets à son lever, la manière dont la parole nous communique le même Sauveur à celle dont les flambeaux communiquent les mêmes objets dans la nuit, et la manière de l'Eucharistie à celle dont le soleil communique les mêmes objets en plein midi[3]. »

Que de belles paroles qui n'expliquent rien! Que de subtiles inventions qui ne touchent pas seulement la difficulté! Pour dire un mot des comparaisons, il est aisé de comprendre qu'une foible lumière ne découvre pas toutes les parties d'un objet, de sorte qu'elle ne le fait voir qu'en partie et confusément : beaucoup d'endroits d'où la lumière n'est pas renvoyée assez fortement à notre vue lui échappent si bien, que l'entière découverte est réservée au plein jour. Mais y a-t-il, pour ainsi parler, quelque partie du mystère de Jésus-Christ que la prédication de l'Evangile laisse dans l'obscurité, et qu'elle ne découvre que confusément? Au contraire n'y voit-on pas la vérité tout entière? Pourquoi donc comparer la prédication à des flambeaux qui éclairent pendant la nuit? Sa lumière ne dissipe-t-elle pas toutes nos ténèbres, et ne fait-elle pas le plein jour dans nos esprits, autant

---

[1] Anon., p. 230. — [2] *Ibid.*, 231. — [3] *Ibid.* p. 235.

que le permet l'état de cette vie? Il est certain du moins que le baptême, ni l'Eucharistie ne nous découvrent rien de nouveau en Jésus-Christ, et que c'est au contraire la prédication qui nous instruit de l'utilité de l'un et de l'autre.

Laissons les comparaisons de l'auteur, qui ne sont point à propos ; venons au fond de son raisonnement. Les sacremens, dit-il, confirment la foi et l'excitent plus vivement, parce qu'ils joignent à la parole un signe visible : de sorte qu'ils prennent l'esprit par la vue et par l'ouïe tout ensemble, au lieu que la prédication n'attache que l'ouïe toute seule. Est-ce donc là l'effet particulier qu'on veut donner à l'Eucharistie? On en pourroit dire autant d'un tableau, car il attache la vue : et c'est trop mal expliquer le particulier du mystère de l'Eucharistie, que de ne lui donner aucun avantage qui ne lui soit commun avec une belle peinture. Je sais qu'on nous répondra que ce signe est plus efficace que tous les autres que les hommes peuvent inventer, parce qu'il est institué par Jésus-Christ même pour exciter notre foi. Mais certes cette institution ne nous prend pas par les yeux. Elle ne saisit que l'ouïe, et nous ne la savons que par la parole. Ainsi on ne donne rien de particulier à l'Eucharistie par cette réponse. C'est néanmoins ce qu'on cherche. Et quand on lui auroit donné par ce moyen quelque avantage sur la parole ou sur les images ordinaires, toujours n'auroit-elle rien qui l'élevât au-dessus du baptême. Ce sacrement nous prend par les yeux et par l'ouïe, aussi bien que l'Eucharistie; et il est également institué par Jésus-Christ pour exciter notre foi.

Disons les choses comme elles sont : selon la doctrine catholique, l'Eucharistie surpasse infiniment le baptême, puisqu'elle contient la personne même de Jésus-Christ, dont le baptême nous communique seulement les dons. Mais certainement, selon la doctrine des prétendus réformés, on ne peut imaginer aucun avantage dans le sacrement de la Cène. Un de ces signes n'a rien plus que l'autre, suivant leurs principes. La Cène, disent-ils, nous figure le corps de Jésus-Christ rompu, et son sang répandu pour nous. Mais ne savent-ils pas aussi que l'eau qu'on nous jette sur la tête, qui représente l'ancienne immersion de tout le corps dans l'eau du baptême, nous figure, selon l'Apôtre, que nous sommes morts et ensevelis avec Jésus-Christ, pour sortir de ce tombeau mystique comme de nouvelles créatures que la grace a ressuscitées? Si l'Eucharistie nous nourrit, le baptême nous donne la vie. Si l'Eucharistie représente d'une façon particulière notre union avec Jésus-Christ, le baptême nous représente que nous mourons avec lui pour ressusciter avec lui à une vie céleste et immortelle. En un mot, si on ôte à l'Eucharistie, comme font les protestans, la présence réelle de Jésus-Christ, on ne lui laisse aucun avantage; et le baptême l'égalera, s'il ne l'emporte sur elle. Aussi l'auteur de la *Réponse* a-t-il trouvé un autre expédient pour conserver à l'Eucharistie l'avantage que lui a donné son Catéchisme. Il désespère de lui trouver aucune prérogative, en la comparant avec la parole ou avec le baptême, suivant ce qu'elle a de propre; il assure que ce n'est pas là l'intention de son Catéchisme; mais de considérer «l'Eucharistie comme ajoutée à la parole et au baptême [1]. » Tellement que ce merveilleux avantage que donne son Catéchisme à la Cène, c'est que la foi est plus excitée par l'Eucharistie, jointe au baptême et à la parole, qu'elle ne seroit par ces deux choses détachées de l'Eucharistie. C'est à quoi aboutissent enfin ces grandes expressions, que Jésus-Christ est donné pleinement dans l'Eucharistie, au lieu que dans le baptême et dans la parole il n'est donné qu'en partie. Ce n'est pas que l'Eucharistie ait cet avantage d'elle-même; mais c'est que jointe aux deux autres, elle fait plus sur l'esprit, que les deux autres ne feroient séparément d'avec elle. L'auteur croit-il expliquer par là ce que la Cène a de propre? Et qui ne voit au contraire qu'il ne lui donne aucun avantage, sinon qu'elle est donnée la dernière? Mais l'esprit du christianisme nous donne d'autres idées. Tous les chrétiens entendent que l'Eucharistie est donnée après l'instruction et après le baptême comme la consommation de tous les mystères, à laquelle ce qui précède doit servir de préparation. Il y a donc dans l'Eucharistie et dans ce qu'elle a de particulier, quelque chose de plus excellent que dans le baptême. Les prétendus réformés ont bien vu qu'il falloit sauver dans

[1] Auon., p. 253.

l'esprit des chrétiens cette prérogative de l'Eucharistie, et contenter les idées que l'esprit même de la religion chrétienne leur donne d'un si grand mystère. Si l'Eucharistie n'avoit que des signes qui excitassent notre foi et qui nous attachassent par les yeux, comme dit l'auteur, le baptême n'auroit rien de moins. Il a donc fallu nécessairement lui donner quelque avantage du côté de la chose même, et faire voir que si elle confirme plus amplement notre foi, selon les termes du Catéchisme, c'est à cause que Jésus-Christ nous y est donné *pleinement,* au lieu que partout ailleurs il n'est donné qu'*en partie.* Au reste je n'entreprends pas de prouver que cette expression soit raisonnable, ni qu'elle mette dans l'esprit des prétendus réformés une idée solide du mystère, ni qu'elle convienne au reste de leur doctrine. Car je prétends au contraire que leur doctrine se dément elle-même et qu'ils tombent dans cet égarement, parce qu'ils sentent, malgré qu'ils en aient, l'impression d'une vérité qu'ils ne veulent pas reconnoître dans toute son étendue. La chose est maintenant toute manifeste, et il ne faut, pour l'apercevoir, que conférer les paroles du Catéchisme avec les explications de l'Anonyme.

Il confesse que Jésus-Christ n'est pas communiqué plus réellement ni plus abondamment dans l'Eucharistie que dans la prédication et dans le baptême. Il doit parler ainsi selon ses principes. Car il soutient que dans ces trois actions, il nous est également donné en la propre substance de son corps. Les dons de Jésus-Christ peuvent être plus ou moins communiqués; mais il n'y a plus ni moins dans la communication de la substance; et il a raison d'assurer que c'est toujours Jésus-Christ qui est donné *tout entier,* et dans la Cène et hors de la Cène. Il parle donc en cela correctement; mais en même temps il fait paroître que son Catéchisme amuse le monde par de grandes expressions, qui n'ont point de sens. Car pourquoi dire que Jésus-Christ n'est reçu qu'en partie hors de la Cène, si on est contraint de dire d'ailleurs qu'il y est reçu tout entier? Et pourquoi attribuer à l'Eucharistie cette pleine réception de Jésus-Christ, qui est commune à tous les actes de la religion chrétienne? S'ils avoient dit que l'Eucharistie est un nouveau signe de la même chose, ils auroient parlé conséquemment; mais quand ils lui donnent en paroles du côté de la chose même un avantage qu'il n'est pas possible de soutenir en effet, ils se combattent eux-mêmes, et montrent qu'il y a quelque vérité qu'on n'ose tout à fait nier, quoiqu'on refuse de l'embrasser dans toutes ses suites.

Ainsi le raisonnement que l'Anonyme avoit appelé un sophisme et un argument captieux [1], devient invincible; il n'a pu trouver aucun sens selon lequel la réception du corps de Notre-Seigneur fût particulière à l'Eucharistie; et bien loin de nous faire entendre ce que son Catéchisme avoit proposé pour expliquer cette vérité, non-seulement il l'obscurcit, mais il le détruit tout à fait.

VII. — Troisième vérité que les prétendus réformés confessent et qu'ils ne peuvent expliquer selon leurs principes : savoir que l'Eucharistie est instituée pour nous assurer que nous avons part au sacrifice de notre rédemption. Vaines réponses de l'Anonyme.

Venons à une troisième vérité que les prétendus réformés confessent, et qu'ils ne peuvent toutefois expliquer selon leurs principes. Je l'ai fait voir dans l'*Exposition*, et l'Anonyme ne fait qu'envelopper la matière. Il m'accuse de faire des sophismes, et de changer les termes des propositions contre les règles du raisonnement, pour tirer des conséquences trompeuses. Peu de personnes entendent ce que c'est en dialectique, que de changer les termes des propositions : ainsi je veux tâcher d'éviter ces subtilités peu nécessaires. Comme l'auteur a marqué les termes dont il veut que je me serve pour « raisonner droit et intelligiblement, » je veux bien le contenter en cela, autant qu'il sera possible; et il ne tiendra jamais à moi qu'on ne se serve des mots les plus propres et les plus intelligibles. Il se fâche de ce que je dis quelquefois *participation* au lieu d'*avoir part; réception du corps de Jésus-Christ* au lieu de dire qu'*il nous est donné;* je n'entends point la finesse de ces changemens de mots, et je les ai pris simplement les uns pour les autres. Il ne veut pas que je dise que le corps de Notre-Seigneur nous est donné pour nous être un gage que nous avons part à son sacrifice. Il faut dire, pour le con-

[1] Annon., p. 229.

tenter, qu'il nous est donné pour « nous assurer que nous avons part à son sacrifice [1]. » J'avois cru que ces expressions n'avoient l'une et l'autre que le même sens ; et ces mêmes distinctions que forme ici l'Anonyme entre des termes équivalens font voir, si je ne me trompe, ou qu'il veut embrouiller les choses, ou plutôt qu'il ne les a pu entendre lui-même. Ne lui en imputons rien, ce n'est pas sa faute ; c'est qu'elles sont en effet inintelligibles, c'est que la doctrine de ses églises se détruit et se confond elle-même. C'est en vain qu'il veut rejeter les embarras de sa doctrine sur des mots qui lui font peur. La difficulté est dans le fond. Qu'ainsi ne soit, ne disputons point des mots avec lui : donnons-lui ce qu'il nous demande. Il va voir que le raisonnement de l'*Exposition* n'en perdra rien de sa force, et voici comme je le forme pour éviter tous les embarras.

Je pose pour fondement cette vérité, que le propre corps de Jésus-Christ nous est donné dans l'Eucharistie pour nous assurer que nous avons part à son sacrifice, c'est-à-dire pour nous assurer non-seulement que c'est pour nous qu'il est offert, mais que le fruit nous en appartient, si nous y apportons d'ailleurs les dispositions nécessaires. Je l'ai établi solidement dans l'*Exposition* ; je l'ai soutenu dans cette réponse et j'ai fait voir clairement que selon la loi des sacrifices, on mangeoit la victime en témoignage qu'on avoit part à l'immolation. Mais il n'est pas ici question de rappeler les preuves que j'ai apportées ; il suffit de remarquer que la vérité que je pose pour fondement, est avouée par les prétendus réformés aux mêmes termes que je viens de la proposer. En effet l'auteur reconnoît « que Jésus-Christ ne nous donne pas dans la Cène un symbole seulement, mais son propre corps, pour nous assurer que nous avons part à son sacrifice [2]. » Il convient que c'est la doctrine de son Catéchisme, et il avoue « que jusque-là j'en conserve le sens et les expressions fort exactement. » Je n'en veux pas davantage ; et je lui demande maintenant s'il peut révoquer en doute cette autre proposition que ce qui nous est donné pour nous assurer de quelque chose, est différent de la chose pour l'assurance de laquelle il nous est donné. La parole et les

---

[1] Anon., p. 242-245. — [2] Anon., p. 241.

promesses de Dieu, et la venue de son Fils nous assurent que nous avons part à ses bonnes graces. Aussi est-ce autre chose d'avoir part à ses bonnes graces, autre chose d'en être assurés par tous ces moyens. Dieu livre son Fils unique à la mort, pour nous assurer que nous avons part à toutes ses graces. C'est donc autre chose qu'il nous l'ait donné pour être notre victime, et autre chose que ses graces nous soient communiquées par cette mort. Le Saint-Esprit qui est en nous, nous inspire la confiance d'appeler Dieu *notre Père*, il nous assure que nous avons part à ses biens et qu'ils sont notre véritable héritage : c'est donc autre chose d'avoir en nous le Saint-Esprit, et autre chose d'avoir part à l'héritage céleste. La part que nous avons aux souffrances de Jésus-Christ nous assure que nous avons part à sa résurrection : c'est donc autre chose d'avoir part à sa résurrection que d'avoir part à ses souffrances. Ces choses, à la vérité, se suivent et s'accompagnent; mais elles diffèrent toutefois, puisque l'une nous assure l'autre. Ainsi nous convenons tous, catholiques et protestans, que non-seulement les sacrés symboles, mais encore le propre corps de Notre-Seigneur nous est donné pour nous assurer que nous avons part à son sacrifice : c'est donc autre chose que nous ayons part à ce divin sacrifice, autre chose que les symboles et même que le corps de Jésus-Christ nous soit donné.

Puisque cette vérité doit être commune tant aux prétendus réformés qu'aux catholiques, il faut que les uns et les autres la puissent faire cadrer avec leurs principes. Les catholiques le font aisément. Ils ont part au sacrifice de Jésus-Christ, et parce que Jésus-Christ l'a offert pour eux, et parce qu'ils s'unissent à son intention par la foi, et parce que Dieu par son esprit leur applique la vertu de ce sacrifice, et parce qu'ils s'y unissent et se disposent par la foi à en recevoir la vertu. Mais outre tout ce qui se fait pour leur donner part à ce sacrifice, il se fait quelque chose encore qui les assure que Jésus-Christ l'a offert pour eux et que le fruit leur en appartient : c'est que Jésus-Christ leur donne à sa sainte table son corps réellement présent, qu'ils prennent avec les sacrés symboles par une action distinguée de toutes les autres que nous avons dites : et ce don que Jésus-Christ leur fait de son corps leur assure la part qu'ils ont à sa mort, parce que selon la loi des sacrifices, quiconque mange la victime est assuré par cette action qu'il a part à l'oblation qu'on en a faite, pourvu qu'il y apporte d'ailleurs les dispositions nécessaires. Voilà une doctrine suivie ; on y voit deux actions marquées nettement, par l'une desquelles le chrétien reçoit le corps de son Sauveur, comme par l'autre il reçoit les graces qu'il lui a méritées par son sacrifice, et on voit qu'une de ces choses lui assure l'autre. Voyons si nos réformés parleront aussi nettement et s'ils pourront distinguer deux actions, dont l'une nous donne le corps du Sauveur, et l'autre nous fasse entrer en société de son sacrifice.

Il est certain qu'à cette demande, ils commencent de s'embrouiller et de ne plus rien dire d'intelligible.

L'auteur premièrement trouve mauvais que je parle d'action. Car il assure « qu'avoir part au fruit de la mort de Jésus-Christ, n'est pas proprement ici une action ; ce n'est proprement, dit-il, qu'un droit acquis [1]. » Que ce soit un droit acquis, je le veux ; toujours faut-il nous marquer par quelle action nous entrons en possession de ce droit. Et s'il est vrai que Jésus-Christ nous est donné précisément par le même acte par lequel nous avons part à son sacrifice, c'est en vain qu'on nous parle d'une de ces choses comme devant servir d'assurance à l'autre. Qu'ainsi ne soit, je demande à l'auteur de la *Réponse* qu'il nous explique, selon sa croyance, ce que c'est que de recevoir le corps de Notre-Seigneur, et ce que c'est que d'avoir part à son sacrifice. Il nous répondra sans doute que selon la foi de ses églises, recevoir le corps de Jésus-Christ, c'est croire en lui et lui être uni intérieurement par le Saint-Esprit : mais cela même précisément, c'est avoir part à son sacrifice. Il ne se fait rien de la part de Dieu, ni de notre part pour nous donner part au sacrifice de Jésus-Christ, que ce qui se fait de l'une et de l'autre part pour nous unir à Jésus-Christ par la foi. De sorte qu'une de ces choses ne peut servir d'assurance à l'autre, puisqu'elles n'emportent que la même idée et n'opèrent que le même effet.

Je sais que ces Messieurs s'efforcent de distinguer le don que

[1] Anon., p. 245.

Jésus-Christ nous fait de lui-même d'avec celui qu'il nous fait de ses graces. Ils enseignent dans leur Catéchisme, lorsqu'ils y parlent de la Cène, « qu'il nous faut communiquer vraiment au corps et au sang du Seigneur; » et ils en rendent cette raison, « qu'il faut que nous le possédions, vu que ses biens ne sont pas nôtres, sinon que premièrement il se donne à nous [1]. » Ils ajoutent « qu'il faut que nous le recevions pour sentir en nous le fruit de sa mort, » et que cette réception se fait par la foi. Ils disent dans le même sens, dans la manière de célébrer la Cène, « qu'en se donnant à nous il nous rend témoignage que tout ce qu'il a est nôtre. » Tous ces lieux ont rapport à celui que nous traitons; et on voit qu'ils veulent établir quelque distinction entre la réception de Jésus-Christ, et la réception de ses graces ou de l'effet de sa mort. Mais toutefois s'il est vrai, comme il est vrai selon eux, qu'il n'y ait point d'autre union avec Jésus-Christ que celle qui se fait en nos ames spirituellement par la foi, il n'y a aucun lieu de distinguer la réception de Jésus-Christ d'avec la réception de ses graces. L'une et l'autre se fait en nous par la même foi et par la même opération du Saint-Esprit. Ainsi dès là que Jésus-Christ nous donne par la foi son corps et son sang, dès là précisément, sans rien ajouter, nous avons part à toutes les graces et à tout le fruit de son sacrifice; et comme il n'y a aucun fondement de mettre de la distinction entre ces deux choses, c'est une pure illusion de dire que l'une nous assure l'autre.

VIII. — Double acte de foi que les prétendus réformés imaginent dans la participation à l'Eucharistie. Distinction chimérique et insoutenable.

Ainsi quand les prétendus réformés distinguent ces choses, ils me permettront de le dire, ils ne s'entendent pas eux-mêmes, et il ne faut pour s'en convaincre que considérer toutes les idées que l'auteur nous donne de sa croyance.

On le verra s'élever contre moi par ces paroles : « Comment M. de Condom peut-il dire que nul homme ne puisse concevoir aucune différence entre participer par foi au corps du Seigneur et participer par foi au fruit de sa mort? Car le corps du Seigneur

[1] Dim. 51.

et le fruit de sa mort sont évidemment deux choses différentes ; et il n'y a personne qui ne conçoive aisément qu'il y a grande différence entre participer à l'une et participer à l'autre, soit que cela se fasse par un seul et même acte de foi, ou par deux [1]. »

Il est vrai que le corps du Seigneur et le fruit de sa mort sont deux choses différentes : mais s'il est vrai que nous ne recevions le corps du Seigneur qu'en tant précisément que nous participons au fruit de sa mort, c'est en vain que l'auteur veut mettre une si grande différence entre recevoir l'un et recevoir l'autre.

Le soleil dont les prétendus réformés, et l'auteur lui-même, se servent ordinairement pour nous expliquer notre communion avec Jésus-Christ dans l'Eucharistie, le soleil, dis-je, diffère très-certainement d'avec ses rayons ; toutefois c'est la même chose à notre égard qu'il se communique lui-même ou qu'il communique ses rayons, parce que ce n'est que par ses rayons qu'il se communique.

Que les prétendus réformés nous montrent, selon leurs principes, que ce soit autre chose à notre égard de recevoir le corps du Sauveur que de recevoir le fruit de sa mort et le don de ses graces, je confesserai alors qu'il y a grande différence entre ces deux choses. Mais si au contraire, selon la doctrine des prétendus réformés, celui qui reçoit le fruit de la mort de Notre-Seigneur et la communication de ses graces, n'a rien davantage à attendre de la part de Jésus-Christ, ni rien à faire de la sienne pour recevoir le corps du Fils de Dieu : qu'y aura-t-il jamais de plus vain que cette subtilité qui veut nous faire trouver une si grande différence entre l'un et l'autre.

Aussi l'auteur avoue-t-il que « l'un et l'autre se fait ou se peut faire par un seul et même acte de foi [2]; » de même, avoit-il dit un peu au-dessus [3], qu'on a l'héritage même et les fruits par un seul et même contrat?

Mais il ne s'aperçoit pas que son exemple fait contre lui ; car c'est autre chose en effet d'avoir la propriété d'un héritage que d'en rendre les fruits siens. Ces deux choses sont différentes et ont des effets divers : on peut les séparer actuellement, et vendre

[1] Anon., p. 250. — [2] Ibid. p. 248. — [3] Ibid. p. 247.

la propriété en se réservant les fruits; si bien que chacun de ces droits est expliqué par sa clause particulière.

Mais qu'est-ce que recevoir le corps de Notre-Seigneur par la foi, si ce n'est recevoir par la foi le fruit de sa mort? Et l'Anonyme lui-même peut-il concevoir un de ces effets sans l'autre, quoiqu'il lui plaise de mettre une si grande différence entre les deux?

Mais « pourquoi, dit-il, ne peut-on pas mettre deux divers actes de foi, si l'on veut les concevoir séparément, par l'un desquels nous nous unissons à Jésus-Christ même et par l'autre au fruit de sa mort, sans qu'il faille imaginer pour cela deux différentes communions, l'une spirituelle par la foi, et l'autre par la bouche du corps ou réelle, comme parle M. de Condom [1]? »

C'est le dernier effort que peuvent faire les prétendus réformés, pour démêler la confusion de leur doctrine. Mais c'est en vain que leur auteur leur adresse un modèle de ces deux actes de foi. Car il n'est pas question de faire ici des distinctions par l'esprit et par la pensée. Cet acte de foi que vous faites pour vous unir au corps « suffit, » comme vous le dites vous-même, « pour faire que vous ayez part au fruit de sa mort. » Celui que vous faites en regardant directement le fruit de la mort, suffit pour vous unir réellement au corps selon vos principes, et vous avouez expressément que dans l'un et dans l'autre de ces actes vous avez une communication réelle, mais spirituelle avec le Sauveur. Tant il est vrai que la distinction que vous voulez vous figurer entre ces choses est imaginaire, et qu'en effet c'est la même chose, selon vous, de recevoir le corps de Notre-Seigneur et de participer au fruit de sa mort.

Vous êtes contraint néanmoins de les distinguer, lorsque vous dites que le premier vous certifie l'autre. Vous distinguez clairement dans l'Eucharistie la chose qui *vous* est certifiée dans l'Eucharistie, et celle qui *vous* la certifie. La chose certifiée, c'est que vous avez part au fruit de la mort de Notre-Seigneur. Parmi les choses qui certifient que vous avez part à ce fruit, vous mettez premièrement le don que Jésus-Christ vous fait des symboles, et secondement le don qu'il vous fait de son propre corps : tellement

[1] Anon., p. 248.

que le don de son corps doit être distingué du fruit reçu, aussi bien que le don des sacrés symboles.

Certainement c'est autre chose que les symboles nous soient donnés, autre chose que nous ayons part au fruit de la mort de Notre-Seigneur; et ce devroit être aussi autre chose que le propre corps nous fût donné, que d'avoir part au fruit de cette mort. Et toutefois, selon vous, tout se fait ensemble et par le même acte : il n'y a rien de différent entre ces deux choses, ni du côté de Dieu ni du nôtre. Ainsi ces deux choses, qui devroient être distinguées selon vos principes, selon ces mêmes principes ne le peuvent être; tellement que ces principes sont contradictoires.

Il appartient aux catholiques de distinguer clairement ces choses, et de montrer que l'une nous assure l'autre. Les catholiques peuvent dire que Jésus-Christ venant à nous en personne, nous assure de la possession de ses dons, parce qu'ils reconnoissent une présence personnelle de Jésus-Christ en nous-mêmes, distincte de tous les dons que nous recevons par sa grace. Les catholiques peuvent dire que la réception de notre victime nous assure que nous avons part au fruit de son sacrifice, parce que c'est autre chose, selon eux, de recevoir la victime que de recevoir le fruit de son oblation. Ainsi il n'y a que les catholiques qui se puissent glorifier de distinguer nettement toutes les vérités chrétiennes sans en confondre les idées, et en même temps d'expliquer le merveilleux enchaînement par lequel elles se soutiennent les unes les autres.

Ce que disent les prétendus réformés pour faire le même effet, n'est qu'une imparfaite imitation de la doctrine catholique; imitation qui fait voir la nécessité absolue de se ranger à nos sentimens, puisque les choses qu'ils sont obligés d'enseigner eux-mêmes n'ont leur suite naturelle, ni leur vérité, que dans la croyance que nous professons.

Ceux qui, après avoir lu les derniers chapitres de cette réponse, reliront le douzième article de l'*Exposition*, y trouveront assurément une instruction très-utile. Du moins ils pourront aisément juger s'il est plein, comme dit l'auteur, « de sophismes et de raisonnemens forcés, dont la contrainte seule marque que la vérité n'y soit pas, non plus que la nature¹; » ou s'il n'est pas vrai, au contraire, que cet article contient des vérités si certaines et si évidentes, qu'on ne peut les attaquer que par des raisons qui se détruisent elles-mêmes.

IX. — La présence réelle de Jésus-Christ dans l'Eucharistie, étant éclaircie, le reste de la doctrine sur cette matière n'a plus de difficulté. Transsubstantiation. Aveux et contradictions des prétendus réformés.

Après avoir facilité aux prétendus réformés la croyance de la présence réelle, en leur montrant si clairement les absurdités de ce qu'ils nient et les conséquences de ce qu'ils avouent, le reste de la doctrine de l'Eucharistie n'a plus de difficulté, puisque ce n'est qu'une suite de la réalité bien entendue.

Par exemple, l'article de la transsubstantiation ne doit plus être une question entre eux et nous, puisqu'ils nous accordent eux-mêmes que, pour raisonner conséquemment, il faut mettre ou la figure avec eux, ou le changement de substance avec nous.

L'auteur a beaucoup de peine à reconnoître franchement l'aveu que les siens ont fait d'une vérité si constante. Voici comment il en parle : « Quelques-uns des nôtres peuvent avoir dit que s'il falloit croire la réalité de la présence, il sembloit y avoir plus de raison, suivant les spéculations de l'Ecole, à croire que cette présence se faisoit par voie de changement d'une substance en une autre que par la voie de l'impanation, ou de la coexistence des deux substances². » Que de peine à faire un aveu sincère, et que de vains adoucissemens dans cet aveu : *Quelques-uns peuvent avoir dit....* qu'il sembloit *y avoir plus de raison suivant les spéculations de l'Ecole!* Que n'avouoit-il franchement que c'étoit Bèze, et les principaux de son parti qui l'avoient ainsi enseigné en termes très-clairs? En effet quoiqu'ils trouvent de grands inconvéniens dans la doctrine des catholiques, ils reconnoissent toutefois qu'elle se suit mieux que la doctrine des luthériens, et même qu'elle est plus conforme « à la manière de parler de Notre-Seigneur³. » Ce qui est sans doute le plus grand avantage qu'on puisse nous accorder. Que si les prétendus réformés

¹ Anon., p. 240. — ² *Ibid.* p. 360. — ³ Bèze, *Conf. de Montb.*

ne veulent pas écouter ce qu'ont dit les particuliers de leur communion, qui leur apprennent cette vérité, qu'ils écoutent du moins de leurs synodes qui l'a décidée. C'est le synode de Czenger, tenu en Pologne par leurs frères zuingliens [1], synode si authentique et si autorisé, que ceux de Genève l'ont mis parmi les Confessions de foi qu'ils ont ramassées comme un synode approuvé : de sorte qu'il n'y a rien de plus authentique. Ce synode, dans l'article de la Cène, appelle la transsubstantiation *une rêverie papistique*. Mais en même temps il décide que « comme la baguette de Moïse n'a pas été serpent sans transsubstantiation, et que l'eau n'a pas été sang en Egypte, ni vin dans les noces de Cana sans changement : ainsi le pain de la Cène ne peut être réellement, substantiellement et corporellement le corps de Christ, ni être pris par la bouche corporelle, s'il n'est changé en la chair de Christ, ayant perdu la forme et la substance de pain. » Il conclut que la doctrine des luthériens, qu'il appelle de grossiers mangeurs de chair humaine, qui assure qu'on peut recevoir le corps de Jésus-Christ par la bouche du corps sans ce changement, est une rêverie contraire à la règle de la foi et de la nature.

On voit que ce synode des prétendus réformés ne se fonde pas sur des spéculations de métaphysique, mais sur l'exemple des Ecritures, pour préférer la transsubstantiation catholique à la consubstantiation luthérienne. Qu'y a-t-il après cela de plus foible que le raisonnement de l'auteur, qui conclut que le changement de substance n'est pas une suite du sens littéral de ce que les luthériens, qui font profession de s'y attacher, ne laissent pas de nier le changement de substance [2] ? Ne devoit-il pas penser qu'on reproche justement aux luthériens de n'entendre pas en cela le sens littéral qu'ils veulent défendre ; et que ce ne sont pas seulement les catholiques, mais les plus graves auteurs de sa communion, et même un synode entier qui les en accuse ? La raison de ce synode est convaincante, et les exemples qu'il apporte sont tout à fait justes. En effet le pain, en demeurant pain, ne peut non plus être le corps de Notre-Seigneur que la baguette

[1] 1570. — [2] Anon., p. 261.

en demeurant baguette peut être un serpent, ou que l'eau demeurant eau peut être du sang en Égypte, et du vin dans les noces de Cana. Si donc ce qui étoit pain devient le corps de Notre-Seigneur, ou il le devient en figure par un changement mystique, selon la doctrine des calvinistes, ou il le devient en effet par un changement réel, comme disent les catholiques. Car nous sommes d'accord les uns et les autres qu'il faut nécessairement qu'il arrive quelque changement dans le pain, puisqu'au moment que Jésus-Christ a parlé, on commence à pouvoir dire : Ceci est le corps du Seigneur, et qu'on ne pouvoit le dire auparavant. Or on ne peut concevoir ici que deux sortes de changement : ou un changement moral et figuré, tel que celui que nous avouons tous dans l'eau du baptême, lorsque de simple eau naturelle elle est faite un signe de grace; ou un changement réel et substantiel, tel que celui que nous croyons dans les noces de Cana, lorsque l'eau fut faite vin selon l'expression de saint Jean. Que si l'on prouve par les paroles de l'institution, que le pain n'est pas changé simplement, comme l'eau quand elle devient un signe de grace : on sera forcé d'avouer qu'il est changé réellement, comme l'eau quand elle est devenue vin. Et il n'y a point de milieu entre ces deux sentimens. Quiconque donc est persuadé de la présence réelle par les paroles de l'institution, doit être nécessairement convaincu de ce changement de substance par la force des mêmes paroles qui lui ont persuadé la réalité, non par des subtilités de l'Ecole, comme l'auteur de la *Réponse* le veut faire croire.

Aussi Bèze reconnoît-il que des deux croyances, c'est-à-dire de la nôtre et de celle des luthériens, la nôtre « s'éloigne le moins des paroles de l'institution de la Cène, si on les veut exposer de mot à mot. » C'est-à-dire que si on se départ du sens figuré que posent les calvinistes, si on reçoit le sens littéral qu'admettent les luthériens, il faut donner gain de cause aux catholiques : de sorte que le changement que nous confessons suit précisément du sens littéral, et ne peut être éludé qu'en recourant au sens mystique ; ce que Bèze établit par cette raison, que « les transsubstantiateurs disent que par la vertu de ces paroles divines prononcées, ce qui auparavant étoit pain ayant changé de substance, devient incontinent le corps même de Christ, afin qu'en cette sorte cette proposition puisse être véritable : *Ceci est mon corps*. Au contraire l'exposition des consubstantiateurs disant que ces mots : *Ceci est mon corps*, signifient : Mon corps est essentiellement dedans, avec, ou sous ce pain, ne déclare pas ce que le pain est devenu, et ce que c'est qui est le corps, mais seulement où il est. » Je n'ai que faire de rapporter une seconde raison de Bèze, qui dépend un peu de la logique. Celle-ci est simple et intelligible ; et il est aisé de la faire entrer dans l'esprit de tout le monde : car il est certain que Jésus-Christ ayant pris du pain pour en faire quelque chose, il a dû nous déclarer et nous expliquer ce qu'il avoit eu dessein d'en faire. Or il est sans doute qu'il en a voulu faire son corps, en quelque façon qu'on le puisse entendre ; puisqu'il a dit : « Ceci est mon corps ; » et il n'est pas moins évident que ce pain sera devenu ce que le Tout-Puissant aura voulu faire. Or ces paroles font voir qu'il en a voulu faire son corps, de quelque manière qu'on le puisse entendre. Si donc ce pain n'est pas devenu son corps en figure seulement, il l'est devenu en effet ; et on ne peut se défendre d'admettre nécessairement, ou le changement en figure, ou le changement en substance. Ainsi les luthériens étant persuadés avec nous que le changement en figure est une illusion qui détruit la vérité du mystère, devroient être tout à fait des nôtres, s'ils avoient bien compris leur propre doctrine. Bèze a raison de leur reprocher qu'ils expliquent à la vérité « où est le corps du Seigneur, » mais non « ce que c'est qui est le corps du Seigneur ; » au lieu qu'on voit clairement par ces paroles du Fils de Dieu : « Ceci est mon corps, » qu'il a voulu nous montrer, non point simplement le lieu où il étoit, mais qu'est-ce que c'étoit qu'il avoit voulu faire son corps.

Ainsi quiconque est persuadé que Jésus-Christ voulant consommer la vérité de son sacrifice, nous a donné son corps en substance, et non son corps en figure, quand il a dit : « Ceci est mon corps, » ne doit pas seulement penser que le corps de Jésus-Christ est dans le mystère, mais qu'il en est lui seul toute la substance. Car il a dit : « Ceci est mon corps, » et non : Mon corps est ici. Et de même que s'il avoit dit, lorsqu'il a changé l'eau en vin : Ce qu'on va vous donner à boire, c'est du vin, il ne faudroit pas entendre qu'il auroit conservé ensemble et l'eau et le vin, mais qu'il auroit changé l'eau en vin : ainsi quand il prononce en termes précis que ce qu'il présente c'est son corps, il ne faut pas entendre qu'il mêle son corps avec le pain, mais seulement qu'il change le pain en son corps.

Qui ne voit donc sortir manifestement le changement de substance des paroles de Notre-Seigneur, supposé qu'on les prenne au sens littéral? Et qui ne voit par conséquent que la question de la transsubstantiation ne fait plus une difficulté particulière, puisque quiconque admet la réalité par la force du sens littéral, admet aussi nécessairement le changement de substance ? Enfin ce changement de substance, que tiennent les catholiques, est aussi naturel au sens littéral, que le changement mystique des prétendus réformés est naturel au sens figuré; et il n'y a à disputer entre nous que de la lettre ou de la figure.

Il résulte de toutes ces choses que nous avons trois avantages : le premier, de suivre en tout point le sens littéral; le second, d'ailleurs, qu'on ne nous conteste pas que le sens littéral ne soit préférable, lorsqu'il ne contient rien de mauvais; le troisième, que nos adversaires nous avouent de plus que dans la question dont il s'agit, le sens littéral n'a aucun venin. Et quoiqu'ils n'aient fait cet aveu qu'en faveur des luthériens, nous avons raison de prendre pour nous ce qui se dit en faveur de la doctrine qui nous est commune avec eux.

Que veut donc dire l'auteur quand il me reproche que je coule si doucement sur la transsubstantiation [1]? Quand j'aurois eu dessein de traiter à fond la matière de l'Eucharistie, il auroit suffi de m'attacher à prouver a réalité ; puisque le bon sens fait voir, et que les prétendus réformés accordent eux-mêmes par des actes publics et authentiques, que la réalité étant établie, cette transsubstantiation tant combattue n'a plus de difficulté.

Mais que veut-il dire encore une fois, lorsqu'il assure que « je serois assez disposé à reconnoître seulement la réalité, laissant à part ce grand mot de *transsubstantiation?* » Il pense répondre

[1] Anon., p. 253. — [2] *Ibid.* p. 251.

par là au juste reproche que je lui fais, que ces grands mots de *propre substance*, dont se servent ceux de son parti, ne font que les embarrasser ; et qu'ils les retrancheroient volontiers, s'ils se voyoient en état de soutenir leur doctrine dans toutes ses suites. Je parle ainsi, parce qu'en effet je fais voir que leur doctrine est contradictoire. Peut-il soutenir de même que la nôtre se démente, ou que la réalité détruise le changement de substance après que ses principaux docteurs, et même un de ses synodes assure au contraire qu'elle l'établit?

Pourquoi donc oser soutenir que la transsubstantiation nous embarrasse? Mais c'est qu'il a entrepris de nous faire un reproche semblable à celui qui lui avoit été fait dans l'*Exposition*, et qu'il ne s'est pas mis en peine si nous lui en avons donné le même sujet.

Concluons donc sans hésiter que, supposé qu'on croie que Jésus-Christ soit présent, il faut dire qu'il est présent par changement de substance, puisque la même puissance divine qui fit que les Egyptiens trouvèrent autrefois dans le Nil du sang au lieu d'eau, et qu'au lieu d'eau les conviés de Cana trouvèrent du vin dans les cruches, fait maintenant tous les jours que nous trouvons dans l'Eucharistie, au lieu du pain et du vin, le corps et le sang de Notre-Seigneur : mais voyons les autres suites de notre doctrine.

X. — Chicanes de l'Anonyme sur l'*Exposition* : dessein de cet ouvrage.

J'avois dit dans l'*Exposition* que « la vérité que contient l'Eucharistie dans ce qu'elle a d'intérieur, n'empêche pas qu'elle ne soit un signe dans ce qu'elle a d'extérieur et de sensible; mais un signe de telle nature, que bien loin d'exclure la réalité, il l'emporte nécessairement avec soi, puisqu'en effet cette parole : *Ceci est mon corps*, prononcée sur la matière que Jésus-Christ a choisie, nous est un signe certain qu'il est présent [1]. » On peut voir le reste dans l'*Exposition*: et on verra que la chose y est expliquée autant que le demandoit le dessein de ce traité. Cependant l'auteur me répond « qu'on a peine à comprendre mon

[1] *Exposit.*, art. XIII.

raisonnement; » et il m'accuse « de donner le change, et de prouver la question par la chose qui est en question [1]. »

C'est en vérité une étrange manière de raisonner que celle dont se sert cet auteur. Il ne veut pas qu'il soit permis de tirer les conséquences légitimes des fondemens qu'on a établis; et aussitôt qu'on le fait, il dit « qu'on prouve la question par ce qui est en question, » comme si tout ce qui précède et tout ce qui sert de preuve, étoit inutile.

Mon traité n'étoit pas fait pour entrer en preuve, et je m'en étois d'abord assez expliqué : et toutefois ayant aperçu que la doctrine de nos adversaires, telle qu'elle est exposée dans leur Catéchisme et dans leur Profession de foi, fournissoit des preuves certaines de la présence réelle, je les avois proposées afin que nos adversaires pussent être amenés à la vérité par leurs principes, s'ils n'avoient pas encore l'esprit ouvert à la simplicité des nôtres.

J'achève ce dessein dans le douzième article de l'*Exposition*; et j'avois préparé les choses dans le dix et dans le onze, comme je l'ai déjà remarqué ailleurs. Dans les articles suivans, je ne fais qu'exposer les suites de la présence réelle : et il m'accuse aussitôt de supposer ce qui est en question. Que veut-il donc que je fasse? Veut-il que je recommence éternellement ce que j'ai dit une fois, ou bien est-ce qu'il veut empêcher que je ne montre les suites de la doctrine que j'ai exposée?

S'il ne l'a pas entendue, je ne m'en étonne pas à voir la manière dont il l'a rapportée [2]. Je perdrois trop de temps à montrer qu'en changeant mes termes, il obscurcit mes pensées. Il vaut mieux aller, s'il se peut, à la source de son erreur, et étendre un peu davantage ce que la brièveté du style de l'*Exposition* ne lui a peut-être pas assez découvert.

Qu'il se souvienne seulement qu'en cet endroit de la dispute, il ne s'agit pas d'établir la réalité, mais d'examiner seulement si les conséquences que j'en tire sont solides et naturelles.

Je dis donc que Jésus-Christ en nous donnant son corps et son sang invisiblement présens, nous a donné en même temps un objet sensible, lorsqu'il a dit : « Prenez et mangez. »

---

[1] Anon., p. 263, 264. — [2] *Ibid.* p. 264.

Il eût été contre son dessein de se découvrir à nos yeux dans un mystère qu'il instituoit pour exercer notre foi ; et l'état de cette vie ne permet pas que les merveilles qu'il opère pour notre salut soient aperçues de nos sens. Quand donc on supposeroit avec nous qu'il change le pain en son propre corps, il faudroit reconnoître que ce changement ne devoit pas être sensible, et par conséquent qu'à l'égard des sens il n'y auroit rien de changé.

« Quelle est cette raison, dit l'auteur, pour établir un dogme comme celui-ci [1]? » Mais ne veut-il pas considérer, comme je l'ai déjà dit, que cet endroit du discours suppose le dogme déjà établi, et qu'il s'agit seulement d'en remarquer les suites, parmi lesquelles celle-ci est la plus certaine? Car il est certain qu'il ne convient pas à l'état de cette vie que Jésus-Christ se rende visible : de sorte que, quand on supposeroit avec nous une présence réelle ou un changement réel dans l'Eucharistie, il faudroit supposer en même temps qu'il ne devoit pas être sensible.

Ceux qui s'embarrassent à vouloir entendre comment Dieu peut accomplir ce qu'il lui plaît, formeront des incidens tant qu'il leur plaira sur la possibilité de l'exécution de ce dessein. Mais pour nous, nous n'avons nulle peine à croire que Dieu puisse changer la substance, sans changer aucun des effets qui ont accoutumé de l'accompagner, ni les choses qui l'environnent.

Si on le suppose ainsi avec nous, on avouera aisément que nonobstant le changement du pain et du vin, les mêmes impressions se font sur nos sens et le même effet dans nos corps, Dieu suppléant la présence des substances mêmes par les voies qui lui sont connues. En un mot, il n'y a rien de changé dans l'état extérieur de l'objet ; ce que les Grecs appellent τα φαινόμενα, et ce que nous pouvons appeler *les espèces* et *les apparences*, demeurent les mêmes : et comme les sens n'aperçoivent que cet état extérieur de l'objet, on peut dire qu'à leur égard il n'y a rien de changé.

C'est pourquoi nous assurons sans crainte que le témoignage précis que les sens nous rendent n'est point trompeur. Car il n'y a rien de changé que dans la substance, dont les sens ne nous

[1] Anon., p. 256.

apportent aucune idée. Ils ne sont juges que des impressions qu'ils reçoivent et de l'état extérieur de l'objet, qui demeure toujours le même dans l'Eucharistie.

Mais faudroit-il conclure de là que la substance elle-même demeure toujours? Il le faudroit sans doute conclure, si Jésus-Christ n'avoit point parlé. Car encore que la substance même des choses ne puisse être connue par les sens, il se forme sur leur rapport un jugement de l'esprit, qui fait que nous reconnoissons naturellement une certaine substance partout où nous ressentons certaines impressions, ou une certaine suite de faits naturels : et ce jugement doit être suivi, si ce n'est que quelque raison ou quelque autorité supérieure le corrige, si l'on n'est instruit du contraire par une lumière plus haute.

Ainsi, que l'Ecriture ne nous dise pas que cette colombe et ces hommes qui paroissent tels n'en ont que la forme, tant que j'y apercevrai les mêmes effets qui accompagnent ordinairement ces objets, je les prendrai sans hésiter pour ces objets mêmes. Mais s'il plaît à Dieu de m'instruire de la vérité, je suspendrai le jugement qui suit naturellement les impressions de mes sens, et je dirai que pour cette fois il faut juger autrement que nous n'y sommes portés par la pente naturelle de notre esprit. Nous agissons de même dans l'Eucharistie; et comme nous ressentons toujours les mêmes impressions, nous n'y croirions que du pain, si Jésus-Christ ne nous avoit appris que c'est son corps.

XI. — Réponses aux objections des prétendus réformés, qui accusent les catholiques de détruire le témoignage des sens, et de faire Dieu trompeur.

Par là se voit clairement combien sont vaines ces objections que les prétendus réformés font tant valoir, et dont l'Anonyme paroît si embarrassé. Il nous accuse « de détruire le témoignage des sens [1], » que Dieu nous a donnés pour connoître les choses corporelles; et d'anéantir par ce moyen « la preuve dont Jésus-Christ s'est servi pour établir la vérité de son humanité et de sa résurrection [2]. »

[1] Anon., p. 178. — [2] Ibid. p. 258.

Plusieurs passent jusqu'à reprocher à notre doctrine qu'elle fait Dieu trompeur, puisqu'il fait selon nous paroître à nos sens ce qui n'est pas en effet.

Quelle objection pour des chrétiens, qui ont lu dans les Ecritures que Dieu fit paroître les anges avec une forme humaine si parfaitement imitée, qu'Abraham et Lot leur préparent à manger comme à des hommes, les voyant en effet manger à leur table, sans jamais soupçonner ce qu'ils étoient, jusqu'à ce qu'ils se fussent découverts eux-mêmes! Dira-t-on que Dieu les a déçus, lorsqu'il leur a fait paroître ce qui n'étoit pas, sans les en avoir avertis que longtemps après? Et combien nous trompe-t-il moins dans l'Eucharistie, puisqu'en changeant invisiblement le pain en son corps, il nous en instruit dès le moment même, en disant : « Ceci est mon corps? »

Il paroît donc clairement que nous ne sommes déçus en rien du tout : car il y a ici deux choses à considérer; il y a en premier lieu le rapport précis que font les sens à l'esprit : nous avons montré qu'il n'est point trompeur, parce qu'il n'y a rien de changé à l'égard des sens, et que tout le changement est dans la substance dont les sens n'ont aucune idée.

Il y a en second lieu le jugement de l'esprit, qui juge qu'une certaine substance est présente, lorsqu'il aperçoit par les sens un certain concours d'effets naturels. Quoique ce jugement ne puisse être proprement attribué aux sens, on le rapporte ordinairement au témoignage des sens, parce qu'il se fait immédiatement sur leur rapport. Il est vrai qu'à juger des choses par ces effets naturels, il faudroit croire que l'Eucharistie est encore en substance du pain et du vin; mais Jésus-Christ qui les change invisiblement, pour nous empêcher d'être déçus, nous enseigne expressément que c'est son corps.

En quoi donc sommes-nous trompés, puisque le changement qui se fait ne regarde pas les sens, et que l'esprit, qui seul se pourroit tromper, est instruit de la vérité par la foi?

Mais les prétendus réformés veulent croire que si une fois ce qui a toutes les marques du pain n'est pas du pain en effet, tous les jugemens que nous ferons touchant la substance des choses seront affoiblis, qu'il faudra toujours nous défier des objets qui se présentent et mettre en doute si nous voyons quelque chose de subsistant, ou seulement des espèces et des apparences sensibles. Quelle foiblesse de raisonnement, comme si nous devions toujours soupçonner, ou que la mer se va fendre, ou qu'une rivière va remonter à sa source, parce que nous savons par les Écritures que Dieu a fait quelquefois de tels miracles! Mais tâchons de découvrir plus à fond la source de leur erreur.

Il y a ici deux règles certaines : la première, que l'ordre de la nature ne peut être changé sans la volonté de Dieu ; la seconde, qui n'est qu'une suite de cette première vérité, que nous devons croire que les choses vont à l'ordinaire, si Dieu ne nous apprend qu'il les ait changées.

Comme donc la nature nous fait juger qu'il y a une certaine substance où nous voyons de certains effets et de certaines marques sensibles, ce jugement demeure toujours ferme, si ce n'est que Dieu le corrige en nous apprenant le contraire par une lumière plus haute. Mais c'est une erreur grossière et contraire à la puissance divine, que de conclure de là que Dieu ne puisse pas changer cet ordre, ou que toutes les fois qu'il fera un tel changement il soit obligé d'en découvrir le secret à nos sens. Par quelle loi s'est-il astreint lui-même à une telle nécessité? S'est-il ôté le pouvoir d'exercer notre foi par tous les moyens qu'il trouvera à propos? Pourquoi donc ne croirons-nous pas qu'il ait pu changer les substances, sans changer les apparences sensibles? Et s'il lui a plu de faire un tel changement, n'est-ce pas assez aux chrétiens qu'il daigne les en instruire par sa parole?

XII. — Comparaison entre la présence de Jésus-Christ dans l'Eucharistie, et ses apparitions après la résurrection. Raisons de la différence de sa conduite dans l'un et dans l'autre mystère.

Voici donc une vérité qui ne peut être ébranlée. Dieu peut changer les substances sans changer ce qui paroît au dehors, ni l'état extérieur de l'objet; mais nous ne devons croire qu'il le fasse ainsi, que lorsqu'il lui plaît de nous en instruire.

Tant que cette règle demeurera ferme, il n'y aura rien de plus vain que le reproche des prétendus réformés, qui assurent que notre doctrine affoiblit le témoignage que les apôtres ont rendu à la résurrection de Notre-Seigneur. Car lorsqu'il leur apparut avec toutes les marques de ce qu'il étoit, tant s'en faut qu'il intervînt rien de la part de Dieu qui corrigeât le jugement que les hommes font naturellement quand ils aperçoivent de telles marques, qu'au contraire tout concouroit à confirmer cette croyance. Jésus-Christ paroît en personne, montrant à ses bienheureux disciples, non-seulement tout ce qu'on voit ordinairement dans un corps humain, mais encore tous les caractères individuels qui leur pouvoient désigner en particulier le corps de leur Maître, et même les cicatrices de ses plaies. Quel autre que Dieu pouvoit faire un miracle si surprenant? Mais pourquoi se fait ce miracle, si ce n'est pour leur confirmer que c'est en effet Jésus-Christ lui-même qui leur paroît et qui leur parle? Car la parole se joint à l'objet extérieur; celui qui se montre à eux les assure en même temps que c'est lui-même, et leur fait expressément remarquer qu'un esprit n'a point de chair ni d'os. Comment donc peut-on comparer ce qui se passe dans l'Eucharistie avec ce qui se passe dans l'apparition de Jésus-Christ ressuscité? Là en montrant ce qui paroît pain, il ne dit pas que ce soit du pain, mais il dit que c'est son corps. Ici en montrant ce qui paroît un corps humain, il dit que c'en est un en effet. Il confirme donc dans le second, que les choses sont en effet comme elles paroissent. Il nous oblige, dans le premier, à nous élever par la foi au-dessus des apparences sensibles. Nous devons le suivre en tout et ne croire pas moins sa parole, lorsqu'elle corrige ce que nous pensons naturellement que lorsqu'elle le confirme.

Et si les prétendus réformés nous demandent la raison pourquoi il a plu à Jésus-Christ d'agir si différemment dans l'Eucharistie et dans cette miraculeuse apparition, il nous sera aisé de les satisfaire : c'est qu'il plaisoit à Dieu que le fondement de notre foi, c'est-à-dire la résurrection de son Fils fût attestée par les moyens que ses apôtres incrédules avoient demandés, et auxquels les hommes les plus infidèles ont accoutumé de se rendre. Mais le mystère sacré de la Cène, qui se donne aux chrétiens baptisés, suppose que la foi domine déjà. Il est institué pour l'exercer, et non pas pour l'établir. De sorte que le fondement de deux conduites si différentes, qu'il a plu à Notre-Seigneur de tenir dans ces deux mystères, c'est que dans l'un il veut exercer la foi, et dans l'autre il vouloit convaincre l'incrédulité.

XIII. — Conséquences des raisonnemens précédens : ce que les paroles de l'institution doivent opérer dans l'esprit des fidèles.

Il est maintenant aisé de comprendre ce que les paroles de l'institution doivent opérer dans l'esprit des fidèles ; et je n'ai rien à ajouter à ce que j'en ai dit dans l'*Exposition*. Car premièrement il est certain que, puisqu'elles ne changent rien que dans la substance, tout l'extérieur a dû demeurer le même : et soit que l'on considère l'Eucharistie avant ou après la consécration, il y a un objet commun à l'un et à l'autre état, puisque nos sens trouvent dans l'un et dans l'autre les mêmes espèces sensibles du pain et du vin.

De là il s'ensuit en second lieu, que quand on parlera de l'Eucharistie selon un certain égard, c'est-à-dire en considérant d'où elle est formée, et ce qu'elle paroît aux sens, et quel en est l'usage à l'égard du corps, on pourra l'appeler du pain et du vin. Car si l'Ecriture sainte n'a pas craint d'appeler encore du nom de *verge*, cette verge de Moïse changée en couleuvre, et de conserver le nom d'*eau* à l'eau de la rivière changée en sang, à cause seulement que cette couleuvre était faite de cette verge et ce sang de l'eau de cette rivière, quoiqu'au reste il n'y eût plus rien dans ces choses de la forme ni de l'usage précédent : à combien plus forte raison peut-on conserver à l'Eucharistie selon un certain égard le nom de pain et de vin, puisque, outre qu'elle se fait de pain et de vin, elle en retient à l'égard du corps et l'usage et les apparences?

Mais il s'ensuit en troisième lieu, qu'encore qu'en nommant l'Eucharistie par rapport aux effets sensibles et extérieurs, nous puissions en un certain sens l'appeler *du pain et du vin,* nous changerons de langage quand il faudra la définir exactement. Car comme, lorsqu'il s'agit de définition, il faut exprimer quelle est la substance des choses, nous ne regarderons plus dans l'Eucharistie ce qu'elle paroît, ou ce qu'elle opère au dehors; mais ce que Jésus-Christ, en l'instituant, a dit qu'elle étoit, c'est-à-dire son corps et son sang.

En effet lorsque l'Ecriture explique la même chose par des expressions différentes, il y a toujours l'endroit principal auquel il faut réduire les autres. Par exemple, si la verge de Moïse ou l'eau des rivières sont encore appelées de ce même nom, après qu'elles sont changées en couleuvre et en sang, il y a un certain endroit auquel il faut rapporter les autres, parce que la chose y est exprimée telle qu'elle est en termes précis. Car il est dit expressément à l'endroit où il s'agit d'exprimer nettement la chose, que la verge fut changée en couleuvre, et que l'eau des rivières fut changée en sang. De même si l'Eucharistie qui est formée de pain et de vin et qui en retient tout l'usage à l'égard des sens, en retient aussi quelquefois le nom dans les Ecritures : il faut réduire ces expressions à l'expression principale, c'est-à-dire à celle où le Fils de Dieu nous a voulu expliquer ce que c'étoit : et c'est par là qu'il faudra définir la chose.

Or ces paroles principales où Jésus-Christ a voulu exprimer en termes précis ce que c'est que l'Eucharistie, sont sans doute les paroles de l'Institution. Ainsi nous définirons exactement ce que c'est que l'Eucharistie, quand nous dirons avec saint Cyrille de Jérusalem que ce qui paroît pain n'est pas du pain, mais le corps de Notre-Seigneur; et que ce qui paroît vin n'est pas du vin, mais le sang de Notre-Seigneur : à quoi il faut encore ajouter que ces marques extérieures qui nous désigneroient du pain et du vin, si Jésus-Christ n'avoit point parlé, après que nous avons écouté sa parole toute-puissante, commencent à nous désigner son corps et son sang présens.

Voilà ce raisonnement de l'*Exposition* que l'Anonyme dit qu'il ne peut comprendre : et cependant ce n'est qu'une suite des paroles de Notre-Seigneur prises au sens littéral. Car veut-on que le chrétien laisse passer la parole de Jésus-Christ comme s'il ne l'avoit point entendue, et qu'il juge toujours des choses de même qu'il en jugeroit si le Sauveur n'avoit point parlé? Il n'y auroit rien de plus impie. Il faut que chacun juge des choses selon le sens qu'il donne aux paroles de Notre-Seigneur; et de même que le calviniste avec son sens figuré juge que ce qui lui paroît dans l'Eucharistie n'est le corps de Jésus-Christ qu'en figure, le catholique au contraire, que tous les raisonnemens humains n'ont pu empêcher d'adorer la vérité du sens naturel, doit croire que ce qui lui est présenté est le corps de Jésus-Christ en effet.

Qui ne voit, cela étant, que ces espèces sensibles commencent, après ces paroles, à marquer au catholique une autre substance qu'elles ne faisoient auparavant; et qu'au lieu que si Jésus-Christ n'avoit point parlé elles lui marqueroient du pain et du vin, elles lui marquent son corps présent, aussitôt qu'il a entendu cette parole?

Ce ne sont donc point simplement les espèces extérieures qui marquent cette présence; mais, comme j'ai dit dans l'*Exposition*, c'est la parole avec ces espèces qui nous désignent Jésus-Christ présent. Et ce n'est point pour satisfaire aux objections des prétendus réformés que nous avons enseigné, comme par contrainte, que l'Eucharistie est un signe « qui bien loin d'exclure la réalité, l'emporte nécessairement avec soi, » comme j'avois dit dans l'*Exposition*. Car il suit naturellement du fond de notre doctrine que ce que Jésus-Christ vouloit faire dans l'Eucharistie, n'a pas dû paroître à nos sens. D'où il s'ensuit clairement qu'il ne falloit rien changer dans l'extérieur; et enfin que nos sens ne nous disant rien du mystère secret que Dieu opéroit, sa parole a dû nous instruire que cet extérieur désignoit et contenoit Jésus-Christ présent.

Par où on peut remarquer combien les paroles de l'institution étoient propres à faire entendre aux catholiques ce qu'en effet ils y entendent. Car il ne falloit pas que Notre-Seigneur se mît en peine d'exprimer les signes que nous voyons de nos yeux : il falloit seulement parler de manière qu'il nous empêchât de rapporter ces marques sensibles aux substances qui ont accoutumé d'en être revêtues, en nous apprenant, comme il a fait, que ce qui nous étoit présenté, quoiqu'il eût les marques du pain et du vin, étoit en effet son corps et son sang.

Ces paroles de Notre-Seigneur nous portent naturellement à croire que Jésus-Christ nous est donné réellement dans l'Eucharistie par un changement de substance, puisque son corps et son sang sont substitués à la place du pain et du vin et nous sont présentés sous la même espèce : de sorte que nous pouvons dire que le terme de *Consubstantiel*, dont les Pères de Nicée se sont servis, n'est pas plus propre à exprimer la simplicité de cette parole : « Mon Père et moi, ne sommes qu'un, » que le terme de *Transsubstantiation* est propre à nous faire entendre la vérité de celle-ci : « Ceci est mon corps, ceci est mon sang. »

XIV. — Utilité qu'on peut tirer des signes sensibles qui demeurent dans l'Eucharistie.

C'est en vain que l'Anonyme veut s'imaginer ici une contradiction perpétuelle entre nos sens et notre foi, et qu'il veut que je lui explique pourquoi Dieu a voulu qu'il y eût un tel combat « dans un acte de religion qu'il a établi pour soulager notre infirmité et notre incrédulité [1]. » Que diroit-il d'un chrétien qui auroit peine à comprendre que Dieu, qui vouloit faire servir la prédication à confirmer notre foi, a voulu toutefois qu'on prêchât sans cesse le scandale de la croix et les autres mystères de la religion, dont notre foible raison est si fort choquée ; ou qui trouveroit étrange qu'on ne cessât de nous assurer que les mêmes corps mortels, dont nous sentons à chaque moment la caducité, dussent un jour devenir impassibles et immortels ? Ne diroit-il pas à ce foible chrétien que celui qui s'est une fois soumis à l'autorité d'un Dieu qui parle, accoutume de telle sorte et sa raison et ses sens à porter ce joug bienheureux, que ce combat ne le trouble plus, et ne fait au contraire qu'exercer sa foi ? Que n'applique-t-il à l'Eucharistie cette réponse si solide et si chrétienne ? Et pourquoi ne voudra-t-il pas que les paroles de Jésus-Christ prennent une telle autorité sur l'esprit du chrétien, qu'il n'y a plus rien qui leur résiste après qu'on les a entendues ; ou que s'il s'élève du côté des sens quelque tentation contre la vérité de Dieu, le chrétien ne s'en émeut pas, et ne cesse de les combattre avec la même fidélité qui lui fait combattre les inclinations et les cupidités sensuelles durant tout le cours de sa vie ?

[1] Anon., p. 258.

Il reçoit cependant des marques sensibles qui lui restent dans l'Eucharistie, tout le secours qu'il en peut attendre. Car outre que l'objet présent excite l'esprit et l'aide à s'attacher au Seigneur qui se donne à nous sous ces signes, cette pieuse cérémonie, que nos pères nous ont laissée de main en main depuis le temps de Notre-Seigneur, a encore cet effet particulier qu'elle ramène en notre pensée la nuit sainte et vénérable où Jésus-Christ fut livré à ses ennemis, et où sentant approcher sa dernière heure, il institua ce mystère en mémoire de la mort ignominieuse qu'il devoit souffrir le lendemain pour le salut de tous les hommes.

XV. — L'adoration due à Jésus-Christ dans l'Eucharistie est une suite nécessaire de la doctrine de la présence. Frivoles objections des prétendus réformés.

Que si ces signes sensibles joints à la parole de Jésus-Christ nous marquent Jésus-Christ présent, c'est une suite nécessaire de cette doctrine, que nous lui rendions l'adoration qui lui est due.

Je n'ai que faire d'examiner en ce lieu s'il est vrai que ce soit un dogme universellement établi parmi les luthériens, qu'il ne faille pas adorer Jésus-Christ dans l'Eucharistie : il importe peu de savoir quelle est leur croyance sur ce point ; puisqu'enfin, quelle qu'elle soit, il est certain que les plus habiles des calvinistes l'ont condamnée ; et sans qu'il me soit besoin de citer les autres, il me suffit que l'Anonyme souscrive à leurs sentimens.

« Ce dogme est sans doute, dit-il, ce qu'il y a de plus fondamental et de plus important dans tout ce qui nous sépare de l'Eglise romaine, parce que ce n'est pas seulement un dogme, mais un culte et une pratique où il s'agit d'adorer ou de n'adorer pas ; en quoi on ne se peut méprendre sans tomber dans l'impiété ou dans l'idolâtrie [1]. » Selon lui l'idolâtrie, c'est d'y adorer Jésus-Christ s'il n'y est pas, de même que l'impiété, c'est de refuser opiniâtrément de l'y adorer s'il y est.

Il a raison de croire que c'est en effet une impiété manifeste de croire Jésus-Christ présent dans l'Eucharistie sans vouloir l'y adorer ; et il n'y a rien de plus foible que ce que lui et les siens

[1] Anon., p. 265.

font dire aux luthériens pour leur défense : « Ce n'est pas là que Jésus-Christ veut être adoré [1]. » Car il faudroit dire de même que ce n'est pas là que Jésus-Christ veut être cru, que ce n'est pas là qu'il veut être aimé par cet amour souverain que nous devons à Dieu seul. Que si on croit Jésus-Christ dans l'Eucharistie, si on l'aime de tout son cœur en cet état de bonté et de condescendance où il s'approche lui-même de nous avec tant d'amour, peut-on dire que cette foi et cette charité fervente n'emporte pas avec elle une sincère adoration de sa Majesté et de sa bonté infinie? Jésus-Christ a donc déjà nécessairement par la foi de la présence réelle, une adoration intérieure à laquelle les marques externes n'ajoutent que le témoignage sensible des sentimens qu'on a pour lui dans le cœur. Mais comment peut-on refuser de donner des marques extérieures de ce qu'on sent au dedans pour un si digne objet que Jésus-Christ? L'auteur a raison de dire que c'est une impiété manifeste; et je ne sais si tous les luthériens souffriront qu'on les en accuse.

En effet je n'ai pas encore remarqué dans leurs Confessions de foi, qu'ils condamnent en général l'adoration de Jésus-Christ dans ce sacrement. Mais comme ils ne le croient présent que dans le temps qu'on le distribue, ils n'ont garde de l'adorer hors de ce temps, et semblent ne condamner dans les catholiques que les marques d'adoration qu'ils rendent à l'Eucharistie hors de cet usage, où la présence de Jésus-Christ est restreinte selon leur doctrine. On trouvera qu'ils parlent toujours de cette manière dans leurs Confessions de foi : et pour ne point perdre le temps à les rapporter les unes après les autres, il suffit de remarquer en ce lieu ce qu'ils ont écrit d'un commun accord dans leur *Livre de la Concorde:* « Lorsque, disent-ils, hors de cet usage (de la manducation) le pain est offert ou enfermé, ou porté, ou proposé pour être adoré, il ne faut point le reconnoître pour le sacrement [2]. »

On peut voir, à la vérité, dans ces paroles, qu'ils n'admettent pas l'adoration hors de la distribution du pain, comme ils n'admettent non plus hors de cet usage ni la présence de Jésus-Christ, ni la vérité du sacrement; mais je n'ai vu encore aucun acte au-

[1] Anon., p. 279. — [2] *Concord.,* p. 751.

thentique de leurs églises où ils rejettent l'adoration dans le temps qu'ils croient Jésus-Christ présent : et ce seroit en vérité un sentiment fort étrange de ne vouloir point l'adorer comme présent, pendant qu'ils se mettent à genoux pour le recevoir avec une ferme foi de sa présence réelle. Quoi qu'il en soit, je n'entreprends pas de les justifier : et si l'Anonyme aime mieux croire qu'ils sont impies que de croire qu'ils sont favorables à notre doctrine de l'adoration, il peut se contenter là-dessus, je ne m'y opposerai pas : il me suffit qu'il avoue que c'est une impiété de ne vouloir pas adorer Jésus-Christ présent ; et par conséquent que la doctrine de l'adoration est une suite nécessaire de celle de la présence.

Mais il prétend que *la liaison* que nous reconnoissons entre *ces deux dogmes*[1], nous devroit obliger à les rejeter l'un et l'autre ; et que « ne voyant pas un mot dans le récit de l'institution de ce sacrement, qui témoigne que les apôtres se soient prosternés en le recevant, ni qu'ils aient donné aucune marque d'adoration[2], » nous devrions conclure de là qu'ils n'ont pas cru la présence. C'est une difficulté que les prétendus réformés ne cessent de nous opposer : ils ne veulent pas considérer que comme il n'est pas écrit que les apôtres aient adoré Jésus-Christ présent invisiblement dans l'Eucharistie, il n'est non plus écrit qu'ils l'aient adoré présent visiblement à la table où il instituoit ce divin mystère. Ils seront forcés d'avouer que les marques extérieures d'adoration ne sont pas exprimées partout, et qu'il nous suffit d'apprendre par d'autres endroits que Jésus-Christ est adorable d'une adoration souveraine, parce qu'il est le Fils unique de Dieu. Pourquoi ne veulent-ils pas que nous leur fassions la même réponse ? Ou s'ils disent que les apôtres ne rendoient pas à chaque moment à Jésus-Christ une adoration extérieure, quelle raison y a-t-il d'en exiger davantage pour Jésus-Christ invisible et caché sous une forme étrangère, qu'ils n'en exigent eux-mêmes pour Jésus-Christ paroissant en sa propre forme ? Enfin lisons-nous en quelque endroit de l'Ecriture que les apôtres en célébrant ce sacré mystère, ou avec Jésus-Christ, ou après sa mort, l'aient reçu avec quelque marque de respect extérieur ? Les prétendus réformés voudront-ils con-

---
[1] Anon., p. 268. — [2] *Ibid.* p. 266.

clure de là qu'il n'en faut avoir aucune? pourquoi donc ordonnent-ils dans leur discipline qu'on demeure découvert durant la célébration de la Cène; et pourquoi souffrent-ils que quelques-uns de leurs frères la reçoivent à genoux, comme nous l'avons remarqué ailleurs? Sans doute ils établiront ces marques extérieures de respect religieux par les passages de l'Ecriture, où il est dit en général que tous les actes de religion se doivent faire avec révérence; et ils diront qu'il n'est pas besoin d'exprimer toujours celle qui est due dans chaque acte particulier : pourquoi donc ne veulent-ils pas nous écouter, lorsque nous disons qu'il n'est pas besoin que nous prouvions par un passage particulier que Jésus-Christ soit adorable dans l'Eucharistie, et qu'il suffit que nous prouvions en général qu'il est adorable partout où il est, ou plutôt qu'il n'est pas même nécessaire que nous le prouvions, puisque si peu qu'on ait de foi et de respect pour Jésus-Christ, on ne peut nous contester une vérité si constante?

Voilà à quoi aboutissent ces argumens, tirés contre nous du silence de l'Ecriture sur les marques extérieures de respect et d'adoration. Ils ne combattent pas moins la doctrine et la pratique des prétendus réformés que des catholiques. Et nous n'employons, pour y répondre, que des vérités dont nos adversaires conviennent eux-mêmes avec nous. Ils ne cessent cependant de recommencer cette objection, laquelle, comme on a vu, ne combat pas moins leur doctrine ni leur pratique que la nôtre : tant il est vrai que les hommes oublient toute la droiture du raisonnement, quand préoccupés de leurs opinions, ils ne s'attachent qu'à tirer avantage de tout ce qu'ils lisent.

L'auteur nous objecte ici l'antiquité chrétienne [1]. Mais je ne crois pas qu'il ait prétendu qu'une page de sa réponse où il a touché cette objection, m'oblige à la discussion d'une matière si éloignée de notre sujet, et que les auteurs catholiques ont si nettement éclaircie. J'ai fait ce que je devois, quand j'ai montré que l'adoration n'a point de difficulté particulière, et qu'elle n'est qu'une suite de la présence réelle. Il est temps de faire voir qu'il en est de même de la doctrine du sacrifice.

[1] Anon., p. 267.

XVI. — *Le sacrifice est une suite de la réalité. La doctrine de l'*Exposition *sur ce point est incontestable.*

Mais si peu que l'on considère les réponses de l'Anonyme, on sera facilement convaincu que la doctrine de l'*Exposition* sur le sacrifice de l'Eucharistie est incontestable.

Pour faire voir que le sacrifice est nettement enfermé dans la présence réelle, j'ai demandé seulement qu'on m'accordât que ceux qui sont convaincus que les paroles de l'institution opèrent réellement ce qu'elles énoncent, doivent croire qu'elles eurent leur effet aussitôt qu'elles furent proférées, et reconnoître par conséquent la présence réelle du corps avant la manducation.

L'Anonyme n'a pu contester une vérité si constante et la laisse passer sans contradiction. Et certes s'il faut entendre à la lettre ces paroles : « Ceci est mon corps, » il faut aussi entendre que c'est le corps, dès que Jésus-Christ a parlé, et non que ce le sera seulement lorsque nous le recevrons; car l'effet des paroles de Jésus-Christ ne dépend que de leur propre efficace, sans qu'il soit besoin d'attendre autre chose. Au reste les prétendus réformés disputent avec nous, à la vérité, s'il faut entendre ces paroles au sens littéral, ou seulement au sens figuré; mais ils ne nous disputent pas que, quoi que Jésus-Christ ait voulu faire, il ne l'ait fait dès le moment qu'il eut parlé. Et comme ceux qui embrassent le sens figuré doivent dire que le pain fut établi comme la figure du corps, dès que Jésus-Christ eut dit, « Ceci est mon corps, » ceux qui embrassent le sens littéral doivent penser au contraire que n'étant pas plus difficile à Jésus-Christ de faire des choses que d'instituer des signes, l'effet de sa parole n'a pas été suspendu un seul moment, et que son corps fut présent dès que ses paroles furent prononcées. Ainsi il ne s'agit entre nous que du sens littéral ou figuré ; et j'ai eu raison de dire que supposé le sens littéral, notre doctrine est indubitable.

Mais de là il s'ensuit encore que la consécration et la manducation sont deux actions distinguées ; et on ne peut non plus contester ce que j'ai dit dans l'*Exposition,* que la consécration comme distinguée de la manducation, ne soit d'elle-même agréable à Dieu. Car qu'y a-t-il pour lui de plus agréable que de lui mettre devant les yeux son Fils unique présent au milieu de nous, et de nous présenter nous-mêmes avec lui devant sa face? En un mot, en repassant toute la doctrine que j'ai proposée touchant le sacrifice de l'Eucharistie, on verra qu'elle est enfermée dans ce seul principe, que le corps de Jésus-Christ est présent aussitôt que les paroles sont prononcées : et quand l'auteur auroit nié cette vérité, chacun pourroit s'en convaincre par la seule lecture de l'*Exposition*. Mais il a procédé de meilleure foi; et bien loin d'avoir contredit ce que j'ai avancé sur ce sujet, il a déclaré expressément qu'il n'avoit rien sur cela à nous reprocher : « La réalité, dit-il, ou la présence réelle telle que l'Eglise romaine la croit par un changement de la substance du pain en celle du corps de Jésus-Christ, immédiatement après que ces paroles : « Ceci est mon corps, » ont été prononcées, est le fondement du sacrifice de la messe et de l'adoration de l'hostie; c'est le sens de la première proposition de M. de Condom, sur lequel nous n'avons rien à dire [1]. »

Il tâche de faire voir en ce lieu que mon raisonnement « n'est pas droit; » il marque ensuite les propositions où il croit que je ne raisonne pas droitement; nous aurons sujet d'en parler ailleurs, et on verra qui se détourne de lui ou de moi. Mais en attendant, il avoue que « sur la première proposition, il n'a rien à dire, » et il doit passer pour constant, de l'aveu des prétendus réformés, que s'il est vrai que Jésus-Christ soit présent « immédiatement après que les paroles ont été prononcées, » il n'y a plus rien à dire sur le sacrifice. Or nous avons déjà vu que cette proposition n'a plus de difficulté supposé le sens littéral, et qu'en effet elle ne nous a pas été contestée. Il n'y a donc à disputer entre nous que du seul sens littéral, et le reste de notre doctrine est indubitable.

Au reste on peut remarquer dans l'*Exposition*, que les catholiques prouvent la doctrine du sacrifice par la seule présupposition de la présence réelle, sans qu'il soit besoin pour cela du changement de substance. Si toutefois ce changement facilite à

[1] Anon., p. 230.

l'auteur de la *Réponse* l'intelligence de notre doctrine sur le sacrifice, comme il semble l'insinuer au lieu que je viens de produire, il peut se satisfaire là-dessus, et n'a qu'à se souvenir que le changement de substance est enfermé dans le sens littéral, et que ce sont les auteurs et les synodes de sa communion qui l'enseignent ainsi avec nous : de sorte qu'il est certain, de quelque côté qu'on se tourne, que supposé le sens littéral, il n'y a rien à nous contester sur toutes les autres parties de notre doctrine.

L'exposition de notre croyance a déjà produit un grand fruit, puisqu'elle a fait connoître aux prétendus réformés que le sacrifice de l'Eucharistie, pour lequel ils ont tant de répugnance, est compris dans une doctrine qui selon eux n'a aucun venin, c'est-à-dire dans la doctrine de la présence réelle. Mais nous tirons encore de là une autre utilité très-considérable. Nous avons sujet d'espérer qu'on cessera désormais de nous objecter que le sacrifice que nous célébrons anéantisse celui de la croix, puisqu'ayant fait voir que cette objection n'a de fondement que sur de fausses idées, l'Anonyme laisse sans réplique tout ce que j'ai dit sur ce sujet.

XVII. — Réponses aux difficultés tirées de l'*Epître aux Hébreux.*

Bien plus, comme les principaux argumens qu'on nous oppose sur cette matière sont tirés de l'*Epître aux Hébreux*, j'ai fait un article exprès [1] pour montrer que nos sentimens n'affoiblissent en aucune sorte ce que saint Paul y enseigne touchant la perfection du sacrifice de la croix; et j'ai fait voir, au contraire, que les objections qu'on nous fait ne peuvent pas subsister, sans renverser la doctrine de cette même *Epître aux Hébreux*, qu'on fait tant valoir contre nous. On peut revoir en un moment ces endroits de l'*Exposition,* et on verra que l'auteur les a laissés sans réplique.

C'étoit néanmoins ici un point essentiel à notre dispute, puisque j'avois marqué dans l'*Exposition*, qu'un des principaux fruits que j'en espérois, c'est qu'on verroit que notre doctrine s'accordoit parfaitement avec les articles fondamentaux de la religion chrétienne. C'étoit là aussi un des deux points sur les-

---

[1] *Exposit.*, art. xv.

quels l'Anonyme avoit promis de répondre ; et puisqu'il ne nous dit rien sur cela, il faut assurément qu'il ait vu qu'il n'y a rien à nous dire.

Il est vrai qu'il tire de l'*Epître aux Hébreux* deux argumens contre nous. Mais comme les calvinistes attaquent tous les jours par les Ecritures la doctrine des luthériens sur la présence réelle, sans soutenir pour cela qu'elle renverse les fondemens du salut : c'est aussi autre chose de vouloir détruire le sacrifice de l'Eucharistie, et autre chose de faire voir qu'il renverse ce grand fondement du salut, c'est-à-dire, la perfection du sacrifice de la croix.

Si l'auteur veut peser lui-même la force de ses argumens, il avouera qu'ils ne nous attaquent pas par cet endroit-là. Et en effet voici quels ils sont : le premier est, que si saint Paul avoit reconnu la présence de Jésus-Christ dans l'Eucharistie, il n'auroit pas dit qu'il est entré, non dans un sanctuaire terrestre, mais dans un sanctuaire qui n'est point fait de main d'homme. Le second est, que si le même saint Paul avoit reconnu dans l'Eucharistie l'oblation que l'Eglise romaine y reconnoît, il n'auroit pas dit dans la même *Epître*, que Jésus-Christ ne s'est offert qu'une fois. Tels sont les deux argumens que l'auteur tire contre nous de l'*Epître aux Hébreux ;* et on voit qu'ils ne prouvent pas que l'oblation que nous confessons renverse le fondement du salut, non plus que la présence réelle.

Que conclut donc contre moi l'auteur de la *Réponse*, puisqu'il laisse sans aucune atteinte ce que j'ai uniquement prétendu dans cet endroit de l'*Exposition,* c'est-à-dire que notre doctrine sur le sacrifice de l'Eucharistie, telle que je l'ai proposée selon le concile de Trente, ne renverse ni le fondement du salut, ni la dignité infinie du sacrifice de la croix? Mais quand j'aurois à répondre aux difficultés qu'il nous fait, considérées dans leur fond, je pourrois le faire sans beaucoup de peine.

Je me contenterai de marquer ici l'injustice du procédé de nos adversaires : ils ne veulent pas qu'il nous soit permis de dire que ce qu'enseigne l'apôtre saint Paul de la présence de Jésus-Christ dans le ciel, et de l'oblation qu'il a faite de lui-même par sa mort, n'empêche pas une autre présence, ni une autre sorte d'oblation, c'est-à-dire la présence et l'oblation que l'Eglise reconnoît dans l'Eucharistie. « C'est répondre, dit l'Anonyme, la même chose qui est en question [1]. » Il croit se sauver par là, et c'est par là justement qu'il se condamne. Car dès là même que, de son aveu, la question consiste en ce point, s'il ne m'est pas permis de supposer ce que je dis comme vrai, il ne lui est pas non plus permis de supposer le contraire. La loi doit être égale entre nous; et afin de faire voir combien son procédé est déraisonnable, je le prie de penser ce qu'il répond, quand on combat sa doctrine par ces paroles de Notre-Seigneur : « Ceci est mon corps; » il répond aussitôt : « C'est-à-dire : Mon corps en figure. » Sans doute on peut dire ici que c'est répondre précisément ce qui est en question. Mais si je prétendois que notre dispute fût vidée par ce seul reproche, l'Anonyme me trouveroit-il raisonnable? Au contraire ne diroit-il pas que si un reproche de cette nature décidoit la difficulté, nous aurions raison l'un après l'autre? Car chacun répond à son tour aux objections selon les sentimens qu'il soutient, sauf à les prouver quand il faudra; et les lois de la dispute défendent, non de répondre conformément à sa thèse, mais de la donner pour preuve. Voilà ce que l'Anonyme me répondroit, si je voulois lui fermer la bouche aussitôt qu'il m'allégueroit son sens figuré sous prétexte que c'est ce qui fait le sujet de notre dispute. Je confesse pour moi qu'il auroit raison, et je le prie seulement de nous faire la même justice. Quand il m'objecte les lieux de saint Paul, où il dit que Jésus-Christ s'est offert une fois, il m'impose une loi trop dure, s'il ne veut pas qu'il me soit permis de répondre, comme j'ai fait dans l'*Exposition*, que le mot d'*offrir* est équivoque, et qu'on peut mettre tous les jours devant les yeux du Père céleste Jésus-Christ présent dans l'Eucharistie, sans préjudice de cette unique oblation sanglante, qui est la seule dont parle saint Paul dans les endroits qu'on m'objecte. L'Anonyme, à la vérité, peut nous demander sur quoi nous fondons cette oblation que nous posons dans l'Eucharistie; et il sait que nous prétendons l'établir par des raisons invincibles. Il faut donc nécessairement qu'il

---

[1] Anon., p. 273, 275.

écoute ces raisons, et qu'il ne croie pas avoir tout fini, en disant que nous répondons ce qui est en doute.

Mais il soutient cette objection par un argument bien moins raisonnable. « Pour pouvoir parler ainsi, » dit-il, c'est-à-dire pour pouvoir répondre qu'il y a deux sortes de présence, dont l'*Epitre aux Hébreux* ne touche que l'une, « il faudroit nous montrer nettement que saint Paul a vu et connu cette dernière sorte de présence de Jésus-Christ sur la terre [1]. » Et un peu après : « Il faudroit montrer, dit-il, que l'Apôtre eût reconnu ces deux différentes manières de s'offrir, l'une endurant la mort, et l'autre sans mourir [2]. » Quoi donc! faudra-t-il nécessairement que nous trouvions notre preuve dans l'*Epitre de saint Paul aux Hébreux*? Si nous la trouvons dans quelque autre endroit de l'Ancien ou du Nouveau Testament, si au lieu de l'*Epitre aux Hébreux* nous produisons l'*Epitre aux Corinthiens*, comme nous faisons en effet : n'y aura-t-il pas sujet de s'en satisfaire? Pourquoi veut-on nous traiter comme si nous manquions de preuves, sous prétexte que ce n'est pas l'*Epitre aux Hébreux* qui nous les fournit?

J'avois prévu cette objection; et de peur qu'on ne voulût profiter du silence de saint Paul dans cette *Epitre*, j'avois remarqué dans l'*Exposition*, qu'il n'est pas juste « de nous astreindre à recevoir de la seule *Epitre aux Hébreux* toute notre instruction sur une matière qui n'étoit point nécessaire au sujet de cette *Epitre*, où l'Apôtre se propose d'expliquer la perfection du sacrifice de la croix, et non les moyens différens que Dieu nous a donnés pour nous l'appliquer. » Cette raison est convaincante; et quoique l'auteur de la *Réponse* l'ait laissée sans repartie, il veut que nous nous tenions pour condamnés, parce que nous ne lisons pas dans l'*Epitre de saint Paul aux Hébreux* une doctrine qui est hors de son sujet.

Qu'il considère un moment ce que j'ai dit dans l'*Exposition*, sur l'équivoque du mot *offrir*. On dit qu'on offre à Dieu une victime, quand on en répand le sang devant ses autels. On dit aussi qu'on offre à Dieu ce qu'on présente devant lui. Je ne sais si l'auteur s'avisera de nous nier cette manière d'entendre ce mot; du moins ne trouve-t-on pas qu'il s'y soit opposé dans sa *Réponse*;

[1] Anon., p. 273. — [2] *Ibid.* p. 275.

et au contraire il a reconnu dans cet article « que nous nous offrons nous-mêmes à Dieu dans la prière [1], » où toutefois nous ne mourons pas. Quoi qu'il en soit, si ce mot le choque, qu'il regarde la chose même. L'oblation que je lui propose ne demande que la présence de Jésus-Christ à la sainte table. Je dis que sa seule présence au milieu de nous est une manière d'intercéder très-efficace; et qu'en quelque endroit que le Fils de Dieu paroisse pour nous devant son Père, la présence d'un objet si agréable fait qu'il nous voit d'un œil plus propice. Pour faire que Jésus-Christ se présente pour nous à Dieu en cette manière dans l'Eucharistie, on voit qu'on n'a besoin que d'y reconnoître une présence réelle. La chose parle d'elle-même : nous l'avons montré dans l'*Exposition;* nous l'avons encore expliqué dans cette réponse par des principes certains. On ne peut donc supposer que nous manquons de preuves pour l'oblation, sans supposer que nous en manquons pour la présence réelle. Et le supposer ainsi, ce seroit visiblement supposer comme indubitable ce qui fait le fond de notre dispute. Ainsi c'est nous qui aurions raison de reprocher à l'auteur qu'il suppose comme certain et indubitable, ce qui fait le fond de notre dispute.

Mais l'auteur nous dira peut-être que saint Paul exclut positivement et la présence réelle, et la manière d'offrir que nous confessons dans l'Eucharistie; car il objecte « que cet Apôtre dit entre autres choses, que Jésus-Christ n'est point entré dans les lieux faits de main d'homme; mais qu'il est entré dans le ciel, où il comparoît pour nous devant la face de Dieu [2]. » L'auteur prétend que cette expression ne s'accorde pas avec notre foi. Mais il n'y a rien de plus vain. Saint Paul enseigne en ce lieu l'avantage qu'a Jésus-Christ notre Pontife au-dessus du pontife de la Loi, en ce que ce dernier passoit de l'entrée du temple au lieu le plus retiré, qu'on appeloit *le sanctuaire,* qui après tout n'étoit qu'un ouvrage de la main des hommes; au lieu que notre Pontife en montant de la terre au ciel, n'est pas entré dans un sanctuaire construit par les hommes, mais dans le sanctuaire éternel, dont Dieu est lui-même l'architecte. Nous confessons tout cela. Pour en tirer contre nous quelque conséquence, il faut revenir à cet argument tant

[1] Anon., p. 270. — [2] *Ibid.* p. 272.

rebattu et tant réfuté, que Jésus-Christ ne peut être en deux divers lieux ; de sorte qu'il n'est pas en terre, puisqu'il est au ciel. C'est, dis-je, répéter ce même argument que l'auteur nous a fait ailleurs, et que nous avons montré qu'il ne peut soutenir sans appeler à son secours la philosophie, contre la promesse expresse qu'il nous avoit faite de n'expliquer le mystère et l'intention de Jésus-Christ que par sa parole.

L'argument contre l'oblation n'est pas meilleur. Saint Paul écrit, dit l'auteur, « que Jésus-Christ ne s'offre pas souvent, parce qu'il eût fallu qu'il fût mort souvent. M. de Condom au contraire dit que Jésus-Christ s'offre tous les jours, parce que, pour s'offrir, il ne faut plus qu'il meure. Rien, conclut-il, n'est plus opposé que ces deux propositions [1], etc. » Ce n'est pas ainsi que je m'explique : j'ai dit, comme on vient de voir, qu'il ne faut point disputer des mots ; qu'on peut entendre *offrir* en deux sens ; et que si par le mot *offrir* on entend répandre le sang de la victime immolée, comme saint Paul l'entend *aux Hébreux*, nous disons avec cet Apôtre que Jésus-Christ ne peut être offert qu'une fois. Mais s'il est ainsi, dit l'auteur, lorsque l'Apôtre a conclu que Jésus-Christ ne s'offre pas souvent, parce qu'il eût fallu qu'il fût mort souvent, « la proposition de l'Apôtre reviendroit à ceci, que Jésus-Christ ne meurt pas souvent, parce qu'il ne meurt pas souvent [2]. » Il s'abuse ; ce n'est pas ainsi que nous faisons raisonner l'Apôtre. Il veut dire que Jésus-Christ n'a pas eu besoin de répandre plusieurs fois le sang de sa victime, comme le pontife de la Loi ; autrement qu'il auroit fallu qu'il souffrît plusieurs fois dès l'origine du monde, pour sanctifier tant de justes qui n'ont eu de salut que par lui ; au lieu qu'en mourant une seule fois, il a expié les péchés de tout le monde ensemble. Il n'y a rien de plus clair ni de plus suivi, ni qui fasse moins de peine aux catholiques. Car j'ai fait voir dans l'*Exposition*, qu'on ne peut les accuser sans calomnie d'attendre une autre victime pour payer le prix de nos péchés ; et que s'ils offrent au Père céleste Jésus-Christ présent dans l'Eucharistie, ce n'est que pour célébrer la mémoire de sa mort et s'en appliquer la vertu.

[1] Anon., p. 274. — [2] *Ibid.* p. 275.

Voilà donc les prétendus réformés réduits au foible avantage qu'ils tirent du silence de saint Paul. C'est aussi par là que l'Anonyme conclut les deux argumens qu'il tire de l'*Epître aux Hébreux*. Il dit que si saint Paul avoit connu ou les deux manières de présence, ou les deux manières d'offrir, il en auroit dit quelque chose : c'est-à-dire que selon lui, il falloit nécessairement que saint Paul parlât d'une chose qui n'étoit point de son sujet et qu'on pouvoit apprendre d'ailleurs, comme nous avons déjà dit.

XVIII. — Réponses à quelques autres difficultés sur le sacrifice de l'Eucharistie.

Voilà ce que l'Anonyme a opposé de plus fort au sacrifice de l'Eucharistie; car, au reste, je ne pense pas qu'une remarque où il semble qu'il s'est beaucoup plu, mérite de repartie. « C'est, dit-il, une règle du droit divin que, non-seulement le sacrificateur, mais l'autel même est d'une plus grande dignité que l'oblation. Ici on veut un sacrifice où l'on sait que l'homme, qui est le sacrificateur, n'est qu'un ver de terre, l'autel une pierre et la victime le Fils de Dieu[1]. » Tels sont les argumens dont on éblouit ceux qui ne savent pas le fond des choses. Car pourquoi n'a-t-il pas voulu considérer que le sacrifice que nous offrons se fait par la parole de Notre-Seigneur; que, comme dit saint Jean Chrysostome, nous ne sommes que les ministres, et que c'est lui-même qui offre et qui change les dons sacrés; enfin que ce Père a raison de dire que le sacrifice que nous offrons est le même par tout l'univers, parce que nous avons partout le même Pontife et partout la même victime, c'est-à-dire Jésus-Christ même ?

Quant à l'observation que fait l'Anonyme sur la dignité de la victime au-dessus de l'autel, il pourroit, quand il lui plaira, détruire par cette remarque la rédemption du genre humain, et soutenir que la mort de Notre-Seigneur n'est pas un sacrifice; puisque la croix, qui tient lieu d'autel, est de moindre dignité que le Fils de Dieu, qui est la victime : tant il est vrai que le désir de nous nuire lui fait hasarder beaucoup de fausses maximes, dont lui-même ne prévoit pas les conséquences.

Et c'est en vain qu'il affecte dans cet article [2] et ailleurs [3], de

[1] Anon., p. 271. — [2] *Ibid.* p. 274, etc. — [3] *Ibid.* p. 200.

paroître embarrassé de ce que je dis, que Jésus-Christ est présent dans les saints mystères, couvert des signes de mort, quoiqu'il soit vivant. Car certes il ne falloit pas que Jésus-Christ mourût tous les jours. Si donc il vouloit être présent dans l'Eucharistie, il falloit qu'il y fût vivant; mais cela ne l'obligeoit pas à y faire paroître sa vie : c'est pourquoi tout ce qui paroît dans ce saint mystère, et les paroles, et l'action même, et tous les objets sensibles nous rappellent à la mort de Notre-Seigneur; et c'est ce qui fait cette mort mystique, et cette immolation spirituelle en laquelle l'*Exposition* a fait consister toute l'essence du sacrifice.

Il n'y a là aucun embarras que celui que fait une longue préoccupation et une fausse explication de notre doctrine. Du moins faut-il qu'on avoue que le sacrifice de l'Eucharistie ne peut être combattu raisonnablement à moins que de combattre la réalité; car supposé qu'on l'avoue, il n'est pas possible de nier que la consécration ne soit une chose religieuse, qui porte avec soi la reconnoissance de la souveraineté de Dieu, en tant que Jésus-Christ présent y renouvelle la mémoire de son obéissance jusqu'à la mort de la croix; d'où il s'ensuit que rien ne lui manque pour être un véritable sacrifice.

C'est ce que j'avois dit dans l'*Exposition;* c'est ce qui demeure établi par des raisons invincibles : mais cela étant de la sorte, il est temps de faire un peu de réflexion sur toute la doctrine de l'Eucharistie.

XIX. — Réflexions sur toute la doctrine de l'Eucharistie. Injustice des prétendus réformés dans l'aigreur qu'ils ont contre l'Eglise catholique, et l'indulgence dont ils usent envers les luthériens.

Ce qui regarde le sacrement de l'Eucharistie peut être partagé en deux sortes de questions. La première question est sur le sens littéral et sur la présence réelle, et les autres questions regardent les suites de cette présence et de ce sens littéral.

Il est certain que les luthériens sont d'accord avec nous du fondement; et comme parle l'auteur, « qu'ils ont cela de commun avec l'Eglise romaine, qu'ils prennent aussi les paroles du Seigneur au sens littéral pour une présence réelle [1]. »

Nous avons fait voir que parmi ces suites du sens littéral et de la présence réelle, il faut compter le changement de substance, l'adoration et le sacrifice. Nous avons aussi montré que ces suites ne sont pas tirées de loin, et qu'on les aperçoit d'abord dans le principe. Si Jésus-Christ est présent, il faut l'adorer comme présent : s'il est présent en vertu des paroles qu'il a prononcées, il sera présent aussitôt qu'il les aura prononcées. Mais aussitôt qu'il sera présent, sa seule présence au milieu de nous nous attirera d'en haut des regards propices. Si l'on ne peut expliquer les paroles de Jésus-Christ : « Ceci est mon corps, ceci est mon sang, » par un changement mystique du pain et du vin, on ne peut plus s'empêcher d'y reconnoître un changement effectif. Telles sont les conséquences du sens littéral et de la présence réelle.

Il est bon de considérer ici de quelle sorte les luthériens et les calvinistes sont disposés, tant sur le sens littéral et la présence que sur les suites que nous en tirons.

Il est certain que les luthériens sont d'accord avec nous du fondement : et comme parle l'auteur, « qu'ils ont cela de commun avec l'Eglise romaine, qu'ils prennent aussi les paroles du Seigneur au sens littéral pour une présence réelle [2]. » Pour les suites, il faut avouer qu'ils ne les ont pas entendues. Au contraire nous avons vu, tant par les sentimens de l'auteur que par les autres témoignages que nous avons rapportés, que les calvinistes sont disposés à nous accorder que les suites sont bien tirées du principe, mais qu'ils nous contestent le principe même, c'est-à-dire le sens littéral et la présence réelle.

C'est ce qui m'a fait dire dans l'*Exposition*, que Dieu leur ouvroit un chemin pour se rapprocher de nous et de la vérité, puisque d'un côté nous pouvons croire que, supposé la présence réelle, ils n'auroient rien à nous contester; et que d'autre part Dieu a permis qu'encore qu'ils nous contestent cette présence, ils ont avoué aux luthériens qu'elle n'est pas contraire au salut ni aux fondemens de la religion, et enfin qu'elle n'a aucun venin.

L'auteur convient avec nous d'une vérité si constante, et le

[1] Anon., p. 267. — [2] *Ibid.* p. 261.

synode de Charenton ne lui permet pas d'en douter. Mais il ne veut pas qu'il nous soit permis de tirer aucun avantage de cet aveu.

Cependant il n'y a rien de plus clair que ce que nous disons sur ce sujet; et si la présence réelle n'a aucun venin, personne ne peut comprendre comment on en peut trouver dans des conséquences aussi naturelles et aussi certaines que celles que nous en tirons. Il servira aux luthériens de raisonner mal; leur doctrine paroîtra aux calvinistes plus supportable que la nôtre; parce qu'elle est moins suivie; nous ne perdrons pas notre salut pour avoir cru le sens littéral et la présence réelle : et nous serons réprouvés, parce que nous en aurons embrassé des conséquences si légitimes et si nécessaires? Que peut-on imaginer de plus déraisonnable ni de plus injuste?

L'auteur fait de grands efforts pour parer ce coup; et voici quel est son raisonnement : « Il s'en faut bien, dit-il, que l'erreur la mieux suivie ne soit la plus supportable; au contraire plus l'erreur se suit, plus il est naturel qu'elle s'éloigne de la vérité[1]; » ce qu'il éclaircit par l'exemple d'un homme qui sort du bon chemin, et qui s'égare d'autant moins qu'il rentre plutôt par quelque autre endroit dans la route qu'il a quittée, au lieu d'aller à toute bride par une autre route, quelque droite qu'elle paroisse. Voilà sans doute ce qu'on pouvoit imaginer de plus subtil, et il n'y a rien de plus ingénieux que cette comparaison. Mais souvent la raison s'égare parmi ces inventions délicates : et l'homme est assez malheureux pour s'éblouir lui-même par un éclat apparent qui le charme dans ses expressions et dans ses pensées. L'auteur devoit considérer qu'un homme qui s'engage dans une route n'est pas forcé de la suivre; chaque partie du même chemin peut être parcourue sans tout le reste; et les premiers pas que nous y faisons ne nous contraignent pas à en faire d'autres : mais celui qui a posé un principe ne peut s'empêcher d'en recevoir toutes les conséquences légitimes; ces conséquences sont comprises dans ce principe même bien entendu; et on ne peut plus les rejeter aussitôt qu'on les y a aperçues. De sorte que toute la suite est renfermée dans le premier pas; et si on étoit d'accord

[1] Anon., p. 281.

que ce premier pas fût sans crime, il n'y auroit plus moyen de soutenir qu'il y eût du crime dans les autres.

C'est en cela que consiste la force du raisonnement que l'Anonyme s'efforce ici de détruire. Nous ne nous appuyons pas sur ce principe, qu'il prend tant de soin de réfuter, « que l'erreur la plus suivie soit aussi la plus supportable [1]. » Car premièrement l'erreur n'est jamais suivie, et se dément toujours elle-même. Mais secondement, si un hérétique pose des principes erronés, et qu'il s'en serve pour trouver d'autres erreurs par des conséquences tirées dans les formes légitimes, nous ne l'excuserons pas pour cela. Par exemple, si un socinien pose que Dieu soit corporel, et que concluant de là que les ames le sont aussi, il assure par conséquent qu'elles ne peuvent plus subsister après la dissolution du corps ni être conservées éternellement que par sa résurrection : bien loin d'excuser leur erreur à cause qu'elle suit d'un certain principe, nous la détesterons au contraire dans toute sa suite. La juste aversion que nous aurons d'une doctrine si brutale remontera des branches à la racine, et des conséquences au principe même, que nous détesterons d'autant plus, qu'il est la source de tout le mal et qu'il contient en lui-même tout le venin. C'est ainsi qu'il faut rejeter les erreurs suivies, en détestant avec le principe toutes ses malheureuses suites. Nous ne nous opposerons jamais à un sentiment si juste : mais nous disons seulement que ce qu'on accorde au principe, il faut l'accorder nécessairement aux conséquences qui en seront nettement tirées; c'est-à-dire que si on accorde que le principe soit véritable, ou qu'on puisse le croire sans crime et sans préjudice de son salut, il faut dire la même chose de toutes les conséquences. Car, comme nous avons dit, on les y trouve renfermées, et on ne peut plus les rejeter aussitôt qu'on les y découvre. C'est pourquoi nous ne pouvons assez nous étonner que les prétendus réformés ayant accordé que la doctrine de la présence réelle n'est pas contraire au salut, et qu'elle n'exclut les enfans de Dieu ni de sa table, ni de son royaume, puissent soutenir ensuite que les conséquences manifestes de cette doctrine les excluent de l'une et de l'autre. Quoi! (car il est

[1] Anon., p. 281.

bon de venir à quelque chose de particulier) nous ne perdrons pas la vie éternelle, pour croire que Jésus-Christ soit présent dans l'Eucharistie, et nous périrons pour jamais, parce que nous l'y aurons adoré! Dieu veut que j'adore son Fils unique, on en est d'accord; il souffre que je le croie présent, on le reconnoît. Mais je deviens insupportable à ses yeux, parce que je n'ai pas la malheureuse assurance de croire Jésus-Christ son Fils présent sans l'adorer, et de soutenir l'aspect de mon Dieu sans m'abaisser devant lui? C'est ainsi que les prétendus réformés raisonnent. Quelle étrange perversité! Et une pensée si déraisonnable ne devroit-elle pas leur faire sentir un prodigieux égarement dans leur esprit et dans leur cœur?

XX. — Abus étrange que l'Anonyme fait de l'exemple des manichéens et des idolâtres. C'est la passion des prétendus réformés contre l'Eglise romaine, qui leur bouche les yeux et qui les précipite en tant de différens écarts.

L'Anonyme croit se sauver par l'exemple des manichéens et des idolâtres. Découvrons-lui son erreur; et voyons si en lui ôtant ce foible refuge, nous pourrons enfin l'obliger à ouvrir les yeux à la vérité.

« Qui peut douter, dit-il, raisonnablement que l'erreur des manichéens n'eût été plus supportable, s'ils se fussent arrêtés à croire que Dieu donnoit des marques particulières de sa présence dans le corps du soleil et de la lune, et qu'ils n'eussent pourtant adoré ni la lune ni le soleil; ou que ceux qui par erreur croiroient qu'il y auroit quelque Divinité dans les images, mais qui ne les adoreroient pourtant pas, ne croyant pas que la Divinité voulût être adorée dans les images, ne fussent moins idolâtres ou moins coupables que ceux en qui les mouvemens du cœur suivroient l'égarement de l'esprit [1]? »

Les manichéens ne croyoient pas seulement que Dieu donnoit des marques particulières de sa présence dans le soleil et dans la lune. Saint Augustin nous apprend que ces hérétiques faisoient Dieu d'une nature corporelle et sensible : ils disoient, selon ce Père, « que cette lumière corporelle qui frappe nos sens, partout

[1] Anon., p. 281.

où elle étoit répandue, étoit la nature de Dieu; que cette nature de Dieu se trouvoit le plus purement dans le soleil et dans la lune[1] : » de sorte que ces deux astres, selon eux, « avoient été faits de la pure substance de Dieu. » C'est ainsi que saint Augustin nous représente l'erreur de ces hérétiques, les plus insensés et les plus pervers qui aient jamais paru dans l'Eglise.

Pour ce qui est des idolâtres, nous avons déjà expliqué ailleurs qu'une partie de leur erreur étoit de donner à la divine essence une forme corporelle déterminée, et de croire qu'elle pouvoit être renfermée et comme liée à des temples matériels et à des statues faites de main d'homme.

Si l'on demande maintenant en quoi consistoit le crime, tant des manichéens que des idolâtres, il n'y a personne qui n'avoue qu'il consistoit principalement dans l'injure qu'ils faisoient à la nature divine en se la représentant sous ces indignes idées; et que cette perversité de leur cœur étoit sans comparaison plus odieuse et plus criminelle aux yeux de Dieu, que les actes extérieurs qu'un principe si détestable pouvoit faire naître.

Nous sommes donc bien éloignés d'accorder à ces ennemis de la nature divine, que leur principe soit supportable. Au contraire nous ne trouvons rien de plus insupportable ni de plus pervers parmi toutes leurs erreurs, que le principe sur lequel elles sont fondées.

Grace à la miséricorde divine, les calvinistes ne jugent pas de la même sorte du culte que nous rendons à Jésus-Christ dans l'Eucharistie. Il est fondé sur deux principes : le premier, que Jésus-Christ est adorable, ils en conviennent avec nous; le second, c'est qu'il lui a plu de nous témoigner par sa parole une présence réelle et particulière dans l'Eucharistie. Ils nous contestent ce second point, je l'avoue; mais ils accordent aux luthériens qu'ils n'y voient rien que de supportable. Cependant ils ne craignent pas de nous alléguer et les manichéens et les idolâtres, dont nous trouvons les principes autant ou plus pernicieux que les conséquences qu'ils en ont tirées.

Mais il est bon de considérer le nouveau cas de conscience que l'Anonyme nous propose. Il produit des hommes, ou il les feint,

---

[1] *De Hæresib.*, hæres. XLVI.

(car il n'y en eut jamais de semblables) « qui par erreur croiroient quelque divinité dans les images, mais qui ne les adoreroient pourtant pas, ne croyant pas que la Divinité voulût être adorée dans les images : » et il soutient « qu'ils seroient moins idolâtres ou moins coupables que ceux en qui les mouvemens du cœur suivroient l'égarement de l'esprit [1]. » Pour moi, je ne craindrai point de lui dire que cet impie qu'il nous représente, qui ne croit pas que ses dieux présens l'obligent à aucun respect, n'en est pas moins détestable, sous prétexte *que les mouvemens de son cœur ne suivent pas l'égarement de son esprit.* Car cela, c'est dire en d'autres paroles, qu'il agit contre sa croyance : et cette excuse, que lui fournit l'Anonyme, n'est pas une excuse, mais un nouveau crime. Autrement il faudroit dire qu'un païen qui ne connoissant d'autres dieux que ceux de la fable, et croyant qu'ils sont plus présens dans leurs statues, s'en approcheroit avec tremblement, seroit plus méchant que celui qui, ayant la même croyance, mépriseroit ces idoles, les vendroit, pilleroit leurs temples et ne craindroit point d'y commettre toute sorte d'irrévérences. Certainement si c'est une excuse que *les mouvemens du cœur ne suivent pas l'égarement de l'esprit,* plus un païen démentira sa propre croyance, c'est-à-dire plus il profanera les temples qu'il croit sacrés, et les idoles où il croit ses dieux si présens, plus il sera excusable; et un Denys le tyran qui profane sa religion par toute sorte de sacriléges sera en cela plus homme de bien ou plus excusable, que les Fabrices et les Scipions Nasica, qui en gardent respectueusement les cérémonies! La raison ne souffre pas un tel sentiment; et s'il faut chercher des excuses à des hommes dont les excès sont si détestables, on avouera que le païen de bonne foi, qui rend respect à ses dieux où il les croit si présens, est à cet égard encore plus excusable que l'impie qui nous paroît dans l'écrit de l'Anonyme.

Voilà ce qu'il attendoit pour me reprocher peut-être que j'aime mieux qu'un païen pousse jusqu'au bout les principes de son idolâtrie, que de demeurer en chemin faute d'en savoir tirer les conséquences.

[1] Anon., p. 282.

Mais je le prie de considérer qu'on pouvoit tendre à saint Paul un piége semblable : car encore qu'il improuve ceux qui refusent de manger de certaines viandes [1], parce qu'ils en croient l'usage illicite, il décide toutefois que celui qui doutant qu'il lui soit permis d'en manger, ne laisse pas de le faire contre le témoignage de sa conscience, « est condamné, parce qu'il n'agit pas selon sa foi [2], » et que c'est un nouveau péché de n'agir pas selon qu'on croit, conformément à ce principe que le même saint Paul établit ici : « Tout ce qui n'est point selon la foi, » c'est-à-dire selon la persuasion de la conscience, « est péché [3]. »

L'Anonyme répondra sans doute que l'homme qu'il nous représente n'agit pas contre sa conscience, puisqu'encore qu'il croie *qu'il y a quelque divinité dans les images*, il ne croit pas toutefois qu'elle veuille y être adorée.

Voici une question dont on ne s'étoit pas encore avisé. Les manichéens avoient cru que la nature divine se découvroit visiblement dans le soleil et dans les astres : aussi l'y avoient-ils adorée ; et saint Epiphane nous apprend « qu'ils adoroient le soleil, la lune, les astres et les démons, comme les Gentils [4]. » Les idolâtres croyoient que la divinité étoit renfermée dans une idole, et qu'elle se montroit présente sous cette forme sensible : aussi l'y adoroient-ils, et ils se prosternoient devant une idole comme devant un dieu présent. Et certes jusqu'ici on ne s'étoit point encore avisé de poser que Dieu pût être présent et déclarer sa présence par un témoignage particulier, sans attirer des adorations. A la vérité, on avoit fait voir aux manichéens et aux idolâtres combien ils outrageoient la Divinité, en la liant ou à la matière, et ne connoissant point de Dieu hors de la matière ; ou aux astres, ou aux élémens, ou aux pierres et aux métaux, ou à quelque autre nature corporelle. Ainsi on détruisoit leur culte profane en renversant le principe sur lequel il étoit fondé : mais on ne leur avoit pas encore trouvé ce moyen nouveau pour séparer dans leur esprit l'adoration d'avec la présence particulière de Dieu ; et on n'avoit pas jusqu'ici entrepris de leur prouver que leur culte seroit peut-être criminel, quand même leurs principes seroient véritables.

[1] *Rom.*, XIV, 3. — [2] *Ibid.* 23. — [3] *Ibid.* — [4] *Hæres.* LXVII, vers. fin. p. 703.

Une invention si nouvelle étoit réservée à la subtilité de nos jours : il falloit que nos malheureuses contestations fissent naître ce dogme inouï, qu'on peut croire qu'un Dieu soit présent et qu'il déclare sa présence particulière par un témoignage exprès, sans croire qu'en cet état il exige des adorations. C'est par cet étrange principe que l'Anonyme défend les luthériens; et il feint en leur faveur ce cas nouveau d'un païen qui, « croyant par erreur quelque divinité dans une idole, croiroit qu'elle ne veut pas y être adorée. »

A cela je ne craindrai point de lui dire (puisqu'il veut qu'on le satisfasse sur une supposition qui ne fut jamais) que ce païen, qui croit par erreur que la divinité lui est présente dans les idoles, fait à la nature divine un outrage insupportable; mais que s'il étoit assez aveugle pour croire ne lui devoir aucun respect malgré sa présence, cette nouvelle erreur ne le rendroit pas plus excusable, et ne feroit qu'ajouter une nouvelle perversité à son premier aveuglement.

Il ne faut pas certainement que l'horreur de l'idolâtrie nous fasse chercher des excuses à l'impiété manifeste. Quelle étrange imagination, qu'un Dieu veuille bien être présent, sans vouloir que sa présence lui serve de rien pour attirer le respect des hommes ! Quiconque sous ce vain prétexte refuseroit ses adorations à ce qu'il croiroit être Dieu, sépareroit dans son esprit la Divinité d'avec la Majesté qui lui est essentielle, et détruiroit la religion par son erreur insensée.

Ainsi le païen de bonne foi, qui adore son dieu qu'il croit présent, est détestable aux yeux du vrai Dieu, parce qu'il consomme son idolâtrie : mais le païen de l'Anonyme, qui se forge de faux principes pour dépouiller la nature divine, comme j'ai dit, de sa propre Majesté souveraine, n'est pas moins coupable, puisqu'il cherche des expédiens pour frustrer la Divinité de l'adoration qui lui est due, et qu'il ouvre la porte à l'impiété par une irrévérence si prodigieuse.

Que l'Anonyme juge maintenant à quoi lui peuvent servir les criminelles dispositions des païens qu'il nous représente. Le Dieu qu'il nous reproche d'adorer, et que le luthérien reconnoît présent aussi bien que le catholique, n'est pas un de ces dieux des païens que l'homme insensé forge dans son cœur : c'est Jésus-Christ, le Dieu véritable que l'Anonyme adore lui-même.

Le luthérien ne croit pas que Dieu soit seulement présent dans l'Eucharistie, comme il est présent à toutes choses par l'immensité de son essence. Car encore que c'en soit assez pour nous tenir dans un respect intérieur sous les yeux de Dieu, comme à le considérer en cette manière, il est également présent partout, cette présence ne nous fournit aucune raison d'attacher les marques d'adoration à un objet déterminé; et pour nous y obliger, il faut une présence particulière et déclarée par un témoignage particulier. C'est une telle présence que confesse le luthérien dans l'Eucharistie; car il y croit le même Jésus-Christ, à qui est due toute adoration, en qui la Divinité habite corporellement dans toute sa plénitude, comme dit l'apôtre saint Paul.

Si Jésus-Christ se montroit à nous sensiblement présent, comme il faisoit aux apôtres, alors du moins on nous avoueroit qu'il faudroit lui rendre nos adorations. Mais seroit-ce une raison au luthérien de lui refuser cette adoration à cause qu'il est caché à ses sens, puisqu'il est persuadé qu'il s'est déclaré par sa parole très-expresse, à laquelle le chrétien n'ajoute pas moins de foi qu'à ses propres yeux, et que d'ailleurs il est convaincu que Jésus-Christ se montre présent par un torrent de graces qu'il verse sur nous? Si après cela le luthérien, qui croit certainement toutes ces choses, n'adore pas, quelle excuse aura son irrévérence?

Comment donc M. Noguier, sur ce que nous adorons le sacrement, nous compare-t-il aux païens en ce qu'ils adorent le dieu qu'ils croient présent[1], puisque le dieu qu'ils croient présent est un faux dieu, et que celui que nous croyons présent est le véritable? Et comment peut-il excuser le luthérien, qui ne veut pas adorer le Dieu véritable qu'il croit présent, puisque le païen même est inexcusable, s'il refuse l'adoration à sa fausse divinité, qu'il croit pareillement présente?

Cependant les prétendus réformés font cette horrible injustice, qu'encore que les catholiques et les luthériens croient également

[1] Nog., p. 261.

Jésus-Christ présent, ils réprouvent les catholiques qui l'adorent comme présent suivant leur croyance, et excusent les luthériens qui refusent de l'adorer.

C'est à cette considération que je conjure tous ces Messieurs, et particulièrement l'Anonyme, de s'arrêter un moment. C'est en vain qu'il se met en peine de prouver « que ceux de sa religion ont pu admettre les luthériens à leur communion, sans que ce soit une raison pour faire qu'ils passent à celle de l'Eglise romaine [1]. » Ce n'est pas ce que je conclus de la tolérance des luthériens, et on ne lira cette conséquence en aucun endroit de l'*Exposition*. Que ces Messieurs ne pensent donc pas que je leur propose de rentrer dans notre communion à la même condition qu'ils ont offerte aux luthériens, c'est-à-dire sans renoncer à leurs sentimens. J'ai encore moins dessein de leur prouver qu'ils doivent nous recevoir à la leur, en conservant les nôtres. Cette bizarre conséquence, que l'Anonyme dit que je devrois tirer naturellement [2], est autant éloignée de la raison que de ma pensée. Je les prie seulement de considérer qu'ils n'ont pu recevoir les luthériens à leur Cène, sans croire que leur doctrine ne préjudicie pas au salut; et qu'il n'y a rien après cela de plus injuste que de soutenir, comme ils font, que la nôtre y soit contraire.

Si peu qu'ils rentrent en eux-mêmes, la différence qu'ils mettent entre nous et les luthériens à cet égard, leur découvrira dans leur jugement une iniquité visible, et leur fera voir dans leur cœur une aversion autant extrême qu'injuste contre l'Eglise romaine.

Ils verront premièrement un déréglement extrême dans leur manière de juger, lorsqu'ils nous appellent *idolâtres* parce que nous adorons Jésus-Christ, que nous croyons si présent. On convient que tout idolâtre a dans son esprit quelque erreur insupportable. Et cependant ces Messieurs, qui nous accusent d'idolâtrie, ne peuvent rien trouver dans notre doctrine qui ne soit ou très-certain ou très-excusable selon leurs propres principes.

Nous ne perdrons notre salut éternel, ni pour croire que Jésus-Christ soit adorable, puisqu'ils conviennent avec nous de ce prin-

[1] Anon., p. 361. — [2] *Ibid.* p. 257.

cipe ; ni pour croire qu'il est présent, puisque cette croyance, innocente selon eux, n'exclut pas les luthériens du royaume de Jésus-Christ. Reste donc que Dieu nous damne éternellement, parce que nous ne pouvons pas nous imaginer que Jésus-Christ soit présent sans vouloir être adoré, ou parce que nous agissons selon notre foi.

Mais certes on ne peut penser qu'un homme soit damné précisément pour avoir agi selon sa croyance. Car au contraire c'est un crime inexcusable de n'agir pas selon ce principe. Que si quelqu'un est damné en agissant selon sa croyance, il faut dire que sa croyance est insupportable. Comment donc les prétendus réformés, qui après la tolérance des luthériens ne peuvent rien trouver que de supportable dans la foi de la présence réelle, peuvent-ils croire que Dieu nous damne, parce que nous agissons selon cette foi ?

Au reste quand on a une fois trouvé son jugement perverti jusqu'à un excès si visible, un homme qui pense sérieusement à son salut doit se confesser à lui-même qu'il y a dans son esprit un égarement caché, qui est la cause profonde de tout ce désordre et qui est capable de lui obscurcir les vérités les plus claires.

Mais les prétendus réformés peuvent encore reconnoître ici combien aveugle est l'aversion qu'ils ont conçue contre l'Eglise. C'est une vérité constante qu'ils se sont beaucoup adoucis pour les luthériens[1]. L'auteur se fait cette objection sous le nom des catholiques : « Nos premiers réformateurs, leur fait-il dire, trouvoient que notre doctrine de la transsubstantiation se suivoit mieux que la présence réelle des luthériens, et témoignoient en quelque sorte plus d'éloignement pour celle des luthériens que pour la nôtre[2]. » Nous avons fait voir ailleurs que ce fait est très-constant et que l'auteur n'a pu en disconvenir, quoiqu'il ne l'ait pas avoué peut-être avec autant de sincérité que le demandoit un fait si constant. Mais ce n'est pas seulement sur le point de la transsubstantiation que les auteurs de la Réforme prétendue nous trouvoient plus raisonnables : il n'est pas moins certain qu'ils soutenoient par des traités exprès que nous avions encore raison

[1] Anon., p. 358, 361. — [2] *Ibid.* p. 356.

sur l'adoration, ou, pour me servir des termes de l'auteur, « que supposé que le corps de Jésus-Christ fût présent réellement, il y avoit plus de raison de l'adorer dans le sacrement même que de ne l'y adorer pas[1]. » Voilà deux points importans, où les prétendus réformés trouvoient au commencement que notre doctrine étoit plus suivie que celle des luthériens ; mais de plus, ils avoient raison d'en juger ainsi. Nous avons tiré de leurs principaux auteurs, et même de leurs synodes, des preuves très-claires pour donner une préférence assurée au changement de substance, supposé la réalité ; et pour ce qui est de l'adoration, pour peu que nos adversaires se dépouillassent de l'aversion qu'ils ont contre Rome, il n'y en a guère parmi eux qui, se mettant à la place des luthériens et supposant Jésus-Christ présent, n'aimât mieux l'adorer avec nous que de chercher de vaines excuses pour se défendre de rendre à son Dieu un culte si nécessaire. Cependant les raisons des luthériens, quoique plus foibles dans la pensée des prétendus réformateurs, sont devenues les meilleures dans l'esprit de ceux qui les ont suivis ; et les catholiques, autrefois plus raisonnables, sont maintenant condamnés avec plus d'aigreur.

Je veux bien qu'on soit revenu à des sentimens plus doux envers les luthériens. « Il faut, dit l'Anonyme, que les chrétiens soient modérés. » A quoi il ajoute, « que les divisions sont d'ordinaire plus aigres dans leur naissance que dans leurs suites, et plus grandes entre les personnes plus proches qu'entre les plus éloignées[2]. » Mais est-il juste qu'on ne s'adoucisse envers les luthériens, que pour être plus implacables envers nous ? Malgré tant de sentimens qui étoient communs entre les luthériens et les calvinistes, il y avoit du moins quelques endroits où les derniers nous faisoient justice ; ils confessoient que notre doctrine sur le point de l'Eucharistie, étoit plus suivie et plus raisonnable. Maintenant nous avons tort en tout : les raisons des luthériens pour se défendre de l'adoration, même supposé la réalité : ces raisons, dis-je, qui autrefois paroissoient insupportables, sont maintenant écoutées. Nous sommes les seuls pour qui le temps ne peut rien du tout ; nous ne pouvons rien dire de si clair, que nous puis-

[1] Anon., p. 361. — [2] *Ibid.* p. 358.

sions faire entrer dans l'esprit des prétendus réformés. Ils nous souffriront la réalité en faveur des luthériens, qui l'enseignent aussi bien que nous. Mais parce que croyant Jésus-Christ présent, nous ne pouvons nous empêcher de l'adorer, Jésus-Christ lui-même nous exclura de son royaume et sera plus favorable aux luthériens, qui le croyant aussi présent, ne l'adorent pas : est-il une pareille injustice ?

Les autres raisons dont on se sert pour mettre de la différence entre nous et les luthériens, ne sont pas meilleures. Il est vrai qu'ils mettent le corps avec le pain; ils ne croient Jésus-Christ présent que dans l'usage; et encore qu'il soit présent, ils ne veulent pas qu'il soit permis de l'offrir à Dieu comme une offrande agréable, dont la seule présence au milieu de nous sert à nous attirer des regards propices. Mais serons-nous perdus pour toujours pour croire ces choses avec la réalité, plutôt que si nous croyions la réalité toute seule? N'importe, pour être sauvé, de mettre ou ne mettre pas une présence réelle, pourvu seulement qu'on mette le pain avec le corps, tout ira bien pour le salut ; mais si l'on dit qu'il ne reste plus que les espèces du pain et que le pain est changé au corps, on périra sans ressource ! Qui peut croire une pareille absurdité, à moins que d'être prévenu d'une aigreur extrême?

Il en est de même des autres choses que nous avons rapportées. Ceux que Jésus-Christ ne damnera pas pour croire qu'il est présent en vertu des paroles qu'il a prononcées, il ne les damnera certainement pas pour croire qu'il est présent aussitôt qu'il les a prononcées. Ceux qu'il ne damnera pas pour croire qu'il est présent, il ne les obligera pas sous peine de damnation à croire que sa présence au milieu de nous ne nous sert de rien devant Dieu pour nous attirer ses regards. Je ne répéterai plus ce que j'ai déjà dit sur ce sujet; il suffit de remarquer en ce lieu que l'importance de la question est en la présence réelle; et si elle est sans venin, sans doute ce ne sera pas un crime damnable de présenter au Père céleste un objet si agréable, et de sanctifier toutes nos prières en nous unissant avec Jésus-Christ présent. Ainsi cette oblation non sanglante que nous célébrons n'aura plus rien d'odieux, supposé la présence réelle, comme nous l'avons justifié ailleurs. C'est en cette présence réelle qu'est l'importance de la question ; et si elle est sans venin, il n'y a plus qu'une haine aveugle qui puisse faire trouver des sujets de damnation dans le reste de notre croyance.

N'importe qu'en d'autres points que celui de l'Eucharistie, les prétendus réformés trouvent les luthériens plus conformes à leurs sentimens, ils n'en devroient pas moins nous faire justice en celui-ci ; et pour peu qu'ils eussent pour nous de cette équité qu'ils se glorifient d'avoir pour les luthériens, il y auroit long-temps qu'ils nous l'auroient faite.

Il est vrai qu'ils nous représentent souvent ce que dit M. Noguier dans sa *Réponse,* que nous pouvons bien croire que ce n'est que le principe de la conscience qui les rend favorables aux luthériens, « avec lesquels ils n'ont nulle liaison d'état et de société politique, et qui leur sont étrangers et de mœurs et de langage, plutôt qu'à nous qui sommes leurs concitoyens, et avec qui ils jouiroient en repos des avantages mondains dont ils se trouvent privés [1]. »

Ce discours seroit vraisemblable, si nous ne voyions pas d'ailleurs qu'ils regardent l'Eglise romaine et sa doctrine avec un chagrin si aigre et si amer, qu'il n'y a rien qui ne cède à cette aversion. Ce n'est pas toujours à la raison que les hommes sacrifient leurs intérêts et les autres sentimens humains ; il arrive aussi souvent qu'ils les abandonnent par des passions injustes. Nous croirons sans beaucoup de peine que ces Messieurs seroient portés naturellement à nous préférer aux luthériens : mais Rome et notre doctrine, qu'on leur a montrée sous des titres si odieux et sous une forme si horrible, leur revient toujours à l'esprit ; et cet objet de leur aversion l'emporte par-dessus toute autre pensée. Ainsi il ne faut pas s'étonner si les luthériens, qu'ils trouvent dans les mêmes sentimens, les touchent après cela de plus près que nous. Il n'y a aucune absurdité, pourvu que les luthériens l'aient enseignée, qu'ils ne trouvent supportable, jusqu'à cette doctrine monstrueuse de l'ubiquité qui attribue l'immensité à la

[1] Nog., p. 353.

nature humaine de Jésus-Christ : parce que quelques luthériens la croient, on fait à Sedan des livres exprès pour montrer qu'elle est excusable. Au contraire tout est insupportable dans les catholiques; il n'y a rien qu'on ne leur impute à crime, jusqu'au sentiment qu'ils ont que si on croit Jésus-Christ présent, on ne doit pas lui refuser l'adoration.

Bien plus, nous venons de voir que M. Claude, à qui il semble maintenant que l'église prétendue réformée ait remis la défense de sa cause, avoue que les luthériens doivent adorer, parce qu'ils ne posent point comme nous que le pain soit changé au corps. Selon lui l'adoration qui présuppose ce changement est celle qui nous rend coupables d'idolâtrie; c'est-à-dire qu'on peut adorer Jésus-Christ pourvu qu'on le croie accompagné de la substance du pain; mais que si on l'adore le croyant seul, on est idolâtre. Cela n'est-ce pas dire tout ouvertement qu'on veut, à quelque prix que ce soit, que le luthérien ait raison, et que le catholique, quoi qu'il fasse, aura toujours tort? Tant il est vrai que la liaison de la patrie et de la langue ne nous sert de rien, et que l'aversion qu'on a contre Rome prévaut à toute autre considération.

Il ne faut pas que ces réflexions, où mon sujet m'a mené par nécessité, causent de l'aigreur aux catholiques : mais il faut que Messieurs de la religion prétendue réformée, voyant que l'aversion qu'ils ont contre Rome les porte à des excès si visibles, tâchent de la modérer; et qu'ils conçoivent qu'il n'est pas possible qu'ils portent un jugement droit sur nos controverses, tant qu'ils les examineront avec des dispositions si peu équitables.

S'ils pouvoient une fois effacer de leur esprit ces images odieuses de notre doctrine, qu'on y a si fortement imprimées dès leur enfance, ils verroient dans l'explication de nos sentimens une lumière de vérité qui les gagneroit; et pour ne pas sortir de la matière qui nous occupe maintenant, bientôt ils ne sauroient plus à quoi attacher la répugnance qu'ils ont pour notre croyance sur le sujet de l'Eucharistie. Car ils verroient d'un côté que les choses qui les peinent le plus sont des suites si naturelles de la présence réelle, qu'il n'y a pas moyen de les rejeter supposé qu'on la reçoive : et pour ce qui est de la présence réelle elle-même, ils s'apercevroient facilement combien elle est préférable à leur présence en figure; du moins auroient-ils sujet de ne pas trouver fort étrange que nous soyons comme portés naturellement, par l'instinct même de la foi, à préférer le sens littéral aux sens détournés, après qu'ils nous ont eux-mêmes avoué que le sens littéral n'a aucun venin. Dès là qu'on ne peut rien découvrir, dans ce sens naturel et simple, qui choque les fondemens de la piété, les paroles de Notre-Seigneur s'emparent pour ainsi dire de notre esprit par leur autorité propre; et après cela nous comptons pour rien de n'avoir plus à leur sacrifier que des raisonnemens humains dont notre ignorance est embarrassée, ou quelques maximes de philosophie qui sont fausses ou mal entendues.....

III.

I. — Foiblesse des réponses que l'Anonyme prétend faire aux preuves des catholiques.

Je ne me suis pas contenté de faire voir dans le traité de l'*Exposition*, que le dessein de l'institution de l'Eucharistie, ainsi qu'il nous est marqué dans les paroles mêmes de Jésus-Christ lorsqu'il établit ce divin mystère, nous conduit à la présence réelle. J'ai considéré ces paroles dans toute leur suite, et j'ai encore fait voir qu'il n'y a rien dans cette suite qui ne nous détermine au sens littéral. Mais quoique ce n'ait pas été ma pensée de rapporter au long sur cette matière toutes les preuves des catholiques, et que je me sois contenté de marquer seulement quelques-uns de leurs fondemens principaux, toutefois le peu que j'ai dit est si fort et si convaincant, que notre adversaire n'a pu y répondre sans montrer une foiblesse visible.

D'abord il me fait raisonner sur un principe très-faux : « Pour avoir lieu de parler, dit-il, comme fait M. de Condom, il faudroit poser pour principe, qu'il n'y a rien dans l'Ecriture qu'on ne doive ou qu'on ne puisse prendre à la lettre[1]. » Ce principe assurément est très-faux; aussi n'ai-je pas songé à m'en servir. Mais

[1] Anon., p. 171.

comme il est nécessaire que nous puissions distinguer entre les paroles qu'on doit prendre au sens littéral et celles qu'on doit prendre au sens figuré, j'ai posé certains principes qui apprennent à en faire le discernement. Ces principes sont que celui qui s'attache au sens propre et littéral a cet avantage, qu'il ne lui faut non plus demander pourquoi il l'embrasse qu'on demande à un voyageur pourquoi il suit le grand chemin [1]; que c'est à ceux qui ont recours aux sens figurés et qui prennent des sentiers détournés, à rendre raison de ce qu'ils font; que si celui qui parle figurément a dessein de se faire entendre, il faut que la figure paroisse dans la suite de son discours; et qu'il n'y a point d'exemple du contraire, non-seulement dans toute l'Ecriture sainte, mais encore dans tout le langage humain. Ces maximes générales sont indubitables; l'auteur n'en conteste pas la vérité, et au contraire il la reconnoît tellement, qu'il s'engage à faire voir quelques-unes des raisons qui l'obligent à abandonner le sens littéral, et à nous montrer par la suite du discours de Notre-Seigneur qu'il faut le prendre au sens figuré. J'avoue qu'il ne s'engage pas à dire toutes ces raisons, et j'aurois tort de l'exiger; mais puisqu'il a bien voulu nous en exposer quelques-unes, je lui ferois tort si je ne croyois qu'il a choisi les plus fortes : voyons donc si elles ont la moindre apparence.

II. — Autorité et passage de saint Augustin mal allégués.

Une de ces raisons qui lui paroît d'autant plus puissante qu'il la tire de saint Augustin, c'est que ce qui semble choquer l'honnêteté des mœurs ou la vérité de la foi doit être pris au sens figuré [2]; et que ce que Jésus-Christ dit, qu'il faut manger son corps et boire son sang, paroissant une chose mauvaise, c'est donc une figure.

Il y a ici deux choses à considérer : l'une est l'autorité de saint Augustin; l'autre est la raison qu'on en veut tirer, considérée en elle-même et en sa propre valeur. Notre auteur nous avouera bien qu'il n'est pas de notre dessein, de lui et de moi, de traiter les passages des Pères qu'on allègue de part et d'autre. Il y a des traités exprès où les catholiques font voir invinciblement, que ce

[1] *Exposit.*, art. x. — [2] Anon., p. 175.

passage de saint Augustin ne leur nuit pas; et il ne seroit pas juste que je quittasse ce qui regarde mon dessein particulier, pour me jeter dans ces discussions. Mais pour la raison qu'il allègue en faveur du sens figuré, je lui avoue la règle qu'il donne; et je lui réponds en même temps que l'application qu'il en fait est insoutenable selon ses propres principes.

Pour parler plus clairement, j'avoue donc qu'on doit recourir au sens figuré toutes les fois que l'Ecriture étant prise au sens littéral, semble commander quelque chose qui paroît mauvaise. Mais encore que ce soit un crime de prétendre manger la chair du Fils de Dieu à la manière dont l'entendoient les Capharnaïtes, en la déchirant par morceaux et en la prenant pour nourrir le corps comme un aliment ordinaire, je soutiens qu'il n'y a rien de moins raisonnable ni de plus mauvaise foi que d'attribuer une inhumanité si grossière à la manducation miraculeuse et surnaturelle que nous reconnoissons dans l'Eucharistie. Qu'ainsi ne soit, je demande premièrement à nos adversaires si les luthériens ne la croient pas aussi bien que nous? Je leur demande secondement s'ils ne professent pas hautement que la doctrine des luthériens n'a aucun venin? Notre auteur n'approuve-t-il pas cette expression de M. Daillé? Et les synodes nationaux des calvinistes, qui ont reçu avec eux les luthériens à la Cène, ne font-ils pas voir que la doctrine que professent les luthériens n'est contraire ni à la piété, ni aux bonnes mœurs? Que si c'est un crime détestable et une cruelle anthropophagie (car ce sont les termes ordinaires dont se servent les calvinistes, et il a bien fallu étourdir le monde par ces grands mots), si, dis-je, c'est un crime horrible que de manger le corps de Notre-Seigneur à la manière dont les luthériens croient le manger, aussi bien que nous, comment nos adversaires ne craignent-ils pas de participer à ce crime en recevant les luthériens à une action où ils ont dessein de le faire? Que ne chassent-ils de leurs assemblées ces mangeurs de chair humaine? Ou si la bonne foi les oblige à reconnoître que la manducation telle que les luthériens la confessent, encore qu'elle se fasse selon eux avec la bouche du corps, est infiniment éloignée de cette inhumaine manducation que s'étoient imaginée les Capharnaïtes :

pourquoi n'avoueront-ils pas que le sens littéral des paroles de Jésus-Christ, selon que nous le prenons aussi bien que les luthériens, ne nous porte à aucun crime; et ensuite que selon la règle qu'ils nous proposent eux-mêmes, rien n'empêche qu'il ne soit suivi de tous les fidèles? Par conséquent, pour établir le sens figuré, il faut chercher quelque autre raison que celle dont nous parlons et qu'on nous oppose en ce lieu.

III. — Règle pour l'intelligence de l'Ecriture sainte, mal appliquée.

En effet en voici une autre, mais qui ne sera pas plus considérable : « Qu'y a-t-il de plus naturel, dit-il, que d'entendre l'Ecriture sainte par elle-même, les lieux moins clairs par les plus clairs, ceux qui ont un double sens par ceux qui n'en ont qu'un? » Je conviens de la règle : voyons quelle en sera l'application. « Il n'y a, dit l'auteur de la Réponse, qu'un seul passage dans l'Ecriture qui semble favoriser le sens littéral que l'Eglise romaine donne à ces paroles : « Ceci est mon corps; » savoir celui dont je viens de parler : « Si vous ne mangez la chair du Fils de l'homme, et ne buvez son sang, vous n'aurez point la vie. Et celui-là même, saint Augustin marque qu'il faut l'entendre figurément. Au lieu qu'il y en a un très-grand nombre d'autres qui disent que Jésus-Christ n'est plus avec nous que par l'opération du Saint-Esprit : « Vous avez toujours les pauvres avec vous, mais vous ne m'aurez pas toujours. Quand je m'en serai allé, je vous enverrai l'Esprit consolateur. Il est monté aux cieux, et de là viendra, etc. »

Laissons encore à part l'autorité de saint Augustin, à laquelle d'autres traités satisfont assez, et ne confondons pas ensemble le dessein de plusieurs livres. Mais remarquons seulement quelle foiblesse il y a de nous objecter que nous ne produisons pour nous que peu de passages. Quand Jésus-Christ n'auroit appris à ses fidèles ce qu'ils doivent croire de l'Eucharistie que dans l'endroit où il l'établit, il y auroit sujet d'en être content. Il ne s'agit pas de compter les passages que chacun rapporte pour son sentiment; il faut voir qui les rapporte le plus à propos, et qui recherche avec plus de soin ceux où la matière dont il s'agit est traitée. Mais au fond on a tort de dire que les catholiques soient réduits à peu de passages; ils rapportent pour leur croyance, et le chapitre de saint Jean où Jésus-Christ promet le mystère, et le témoignage de trois Evangiles qui en racontent l'institution ; et deux chapitres de saint Paul où il en enseigne l'usage. Sans doute c'en est assez pour savoir ce qu'il en faut croire : et il semble que c'est assez de considérer les endroits où il s'agit expressément de la chose même dont il s'agit. Car pour les autres passages que l'auteur a tirés d'ailleurs contre nous, je ne sais comment il ne veut pas voir qu'ils ne font rien à la question. Car que lui sert de prouver ce que personne ne nie, que Jésus-Christ est monté aux cieux, ou qu'il n'est plus avec nous comme il étoit avec ses apôtres dans un état où on puisse traiter familièrement avec lui et lui rendre de certains devoirs? Il sait bien qu'il est question d'une autre sorte de présence, que nous croyons particulière à l'Eucharistie. « Mais c'est, dit-il, répondre précisément ce qui est en question[1]. » J'avoue que ce qui est en question entre nous, c'est de savoir s'il faut confesser cette présence dans l'Eucharistie; je ne dois point supposer qu'elle soit, ni lui qu'elle ne soit pas. Il ne doit non plus donner pour principe des raisonnemens de philosophie, qui ne sont pas recevables, où il s'agit seulement de considérer ce qu'enseigne la sainte Ecriture. Il faut donc enfin venir à cette Ecriture; et on doit se contenter que la présence réelle, qui est propre à l'Eucharistie, soit établie dans les lieux qui parlent de l'Eucharistie. Il n'y a rien de plus raisonnable qu'une telle proposition. Toutefois, qui le pourroit croire? l'auteur s'y oppose et voici quel est son raisonnement : « Nous nions, dit-il, formellement cette seconde manière d'être corporellement en un lieu. Et il n'est pas contesté que la nature, les sens et la raison, bien loin d'enseigner rien de semblable, crient hautement le contraire. Ce seroit donc en tout cas à l'Eglise romaine à établir cette seconde manière d'être corporellement en un lieu, par quelque passage dont le sens ne fût pas en question[2]. » Il n'y a rien de plus faux que cette conséquence. Car lorsqu'il s'agit du sens d'un passage, on peut faire voir par la suite même des

[1] Anon., p. 176. — [2] *Ibid.* p. 177.

paroles dont on dispute, qu'on a tort de le contester, sans que pour cela il soit nécessaire de recourir à d'autres passages, comme veut l'auteur de la *Réponse*. Et certes il n'est pas possible de faire un plus mauvais raisonnement, ni de tirer une conséquence plus pernicieuse que la sienne. En effet si elle est reçue, tous les hérétiques sont hors de prise; et il n'y a plus aucun moyen de les attaquer. Quel passage y a-t-il qu'ils ne se donnent la liberté d'interpréter à leur mode, et sur lequel ils ne forment des contestations? Que si l'on n'est pas recevable à faire voir par la suite même du passage à celui qui en conteste le sens, qu'il a tort de le contester, et qu'il faille nécessairement, pour convaincre les errans, sauter de passage en passage aussitôt qu'ils auront révoqué en doute l'intelligence de ceux qu'on leur aura opposés, il n'y aura point de fin aux questions; et le plus hardi à nier ou le plus subtil à inventer de nouveaux détours, sera le maître. Par exemple, un socinien se présente à nous, qui prouve par les Ecritures que le Père et le Fils sont deux. Le catholique répond que ce sont, à la vérité, deux personnes, mais dans une même nature; et il établit cette unité par d'autres passages. Le socinien ne manque pas de les détourner à un autre sens, en sorte qu'il n'y en a aucun dont il ne conteste l'intelligence. Mais notre auteur lui va fournir un moyen de désarmer tout à fait le catholique. Il n'a qu'à faire à son exemple ce raisonnement : « Nous nions formellement cette unité de substance entre deux personnes; et il n'est pas contesté que la nature, les sens et la raison, bien loin d'enseigner rien de semblable, crient hautement le contraire : car ni la raison ne comprend que deux personnes puissent être une même chose en substance, ni la nature ne nous montre rien de tel, ni les sens n'ont jamais rien vu de semblable. Ce seroit donc en tout cas aux catholiques d'établir cette unité de substance entre plusieurs personnes, par quelque passage dont le sens ne soit pas en question. » Que répondra le catholique? Et l'Anonyme lui-même, que répondra-t-il à un tel raisonnement? Il est constant dans le fait que le sens de tous les passages que les catholiques produisent, est contesté par les hérétiques; et s'il ne faut que les contester pour nous les rendre inutiles, nous n'avons plus qu'à poser les armes. Mais certes il n'est pas juste de rendre la victoire si facile aux ennemis de la vérité. Le socinien doit comprendre que cette unité de substance entre les personnes divines, est propre aux mystères de la Trinité. Il n'y a donc rien de plus absurde que de nous faire chercher ce qu'il faut croire de ce mystère en d'autres passages, qu'en ceux où il s'agit du mystère même. N'importe qu'il me conteste le sens de tous les passages que je lui oppose. Car sa contestation n'est pas un titre pour me les faire abandonner; et sans avoir recours à d'autres passages, c'est assez que l'explication qu'il donne à ceux que je lui produis n'ait point de fondement dans le texte même, ni dans la suite du discours. Nous sommes en mêmes termes avec les prétendus réformés. Ils m'opposent que Jésus-Christ est aux cieux, et que nous ne l'avons plus au milieu de nous pour converser avec lui, comme l'avoient les apôtres. Nous le confessons : mais nous disons en même temps qu'il y a une autre présence de sa personne sacrée, et qu'elle est propre à l'Eucharistie. Que si elle est propre à l'Eucharistie, est-il juste de nous contraindre à la chercher autre part, que dans les endroits où il est parlé de ce mystère? Mais surtout y aura-t-il quelque autre passage où nous puissions apprendre plus clairement ce qu'il faut croire d'un si grand mystère, que celui où Jésus-Christ l'a institué? Et serons-nous réduits à chercher ailleurs ce qu'il a voulu nous en apprendre, parce qu'on nous aura contesté le sens de ces paroles divines? A-t-on jamais imaginé un procédé plus déraisonnable? Et qui ne voit qu'on veut disputer sans fin plutôt que de rien conclure, quand on propose de tels moyens de chercher la vérité dans les saintes Lettres?

Il faut donc raisonner sur d'autres principes, et comprendre de quelle sorte il a plu à Dieu de nous instruire. Nous ne trouvons point qu'il nous ait dit en général dans les Écritures, que plusieurs personnes puissent avoir une même essence; et nous n'apprenons cette vérité que dans les mêmes endroits où nous découvrons que les trois divines personnes ne sont qu'un seul Dieu. Il n'a pas pris soin de nous enseigner que deux natures pussent concourir à faire une même personne, si ce n'est dans les mêmes passages où il nous apprend que Jésus-Christ est Dieu et homme. De même si nous avons à apprendre quelque chose touchant cette présence miraculeuse du corps de Jésus-Christ, qui est propre à l'Eucharistie, nous ne le devons chercher que dans les mêmes endroits où il est parlé de ce mystère. Ainsi l'Anonyme a tort de vouloir que nous sortions de ces passages. S'il y trouve quelque difficulté, il ne s'ensuit pas pour cela qu'il faille aussitôt recourir à d'autres passages; mais il faut examiner ceux dont il s'agit, et voir si les interprétations figurées ont un fondement certain dans la suite du discours. Venons donc enfin aux argumens qu'il tire de cette suite, et voyons s'ils ont quelque chose de solide. En effet s'il n'y a rien dans tout le discours où Jésus-Christ a institué ce mystère qui nous fasse concevoir le sens de ces divines paroles, il n'a point parlé pour se faire entendre; ou plutôt s'il n'y a rien dans la suite qui nous détermine au sens figuré, nous avons raison de nous attacher au sens littéral.

IV. — Réponses aux raisonnemens que fait l'Anonyme pour établir le sens figuré des paroles de l'institution.

Je me suis attaché aux paroles de l'institution, comme à celles où nous pouvons le mieux apprendre ce que Jésus-Christ a voulu faire pour nous dans l'Eucharistie; et voici les raisons que l'Anonyme prétend tirer du fond du mystère en faveur du sens figuré.

« Premièrement, dit-il, où il s'agit d'un mystère et d'un sacrement, il est naturel et d'un usage commun de prendre les expressions et les choses mêmes mystiquement et figurément. » Il ajoute « que le mot même de *mystère* nous y mène; autrement ce ne seroit plus un mystère. Qu'on parcoure tous les sacremens, tant du Vieux que du Nouveau (Testament) sans en excepter aucun, non pas même les cérémonies de l'Eglise romaine, où il y a quelques signes visibles, la Pâque, la circoncision sous la Loi le baptême sous l'Evangile, ce que l'Eglise romaine appelle *Confirmation*, et autrement *Onction*: on trouvera partout des choses et des paroles qu'il faut entendre dans un sens mystique [1]. »

Ceux qui sont tant soit peu versés dans les controverses, savent

[1] Anon., p. 172.

bien que c'est là le principal fondement des prétendus réformés; mais déjà il est constant que ce fondement ne suffit pas. On a beau discourir en général sur la nature des signes : si l'on ne vient au particulier du mystère de l'Eucharistie et des paroles dont nous disputons, on n'avance rien. Car premièrement nous avons fait voir que tous les signes ne sont pas de même nature; et qu'il y en a qui bien loin d'exclure une présence réelle, ont au contraire cela de propre, qu'ils marquent la chose présente. Quand un homme donne des signes de vie, ces signes marquent la présence de l'ame; et lorsque les anges ont paru en forme humaine, ils étoient présens en personne sous cette apparence extérieure qui nous les représentoit. C'est donc discourir en l'air que de parler des signes en général : il faut voir en particulier, dans les paroles de l'institution, ce que Jésus-Christ a voulu nous y donner. Secondement, encore qu'il soit véritable que lorsqu'on parle de signes visibles, on emploie souvent des façons de parler figurées, ce n'est pas une nécessité que toutes le soient. Il faut donc, encore une fois, descendre au particulier, et voir par la suite même des paroles dont il s'agit si l'on y trouvera de justes motifs d'exclure le sens littéral.

Bien plus, il n'est pas même constant que Jésus-Christ, en disant : « Ceci est mon corps, » ait eu dessein de parler d'un signe. Car de même qu'on peut donner un diamant enfermé dans une boîte, en ne parlant que du diamant et sans parler de la boîte : ainsi encore que nous confessions que Jésus-Christ nous donne son corps sous un certain signe, comme nous l'expliquerons en son lieu, il ne s'ensuit pas pour cela qu'il parle du signe, et il n'est pas impossible qu'il n'ait dessein de parler que de la chose qui est enfermée sous le signe même. Ce ne seront pas des discours généraux sur les signes et sur les figures, qui nous feront découvrir ce qu'il en faut croire; ce sera la suite des paroles mêmes : et si l'auteur ne fait voir par des raisons particulières que ce que Jésus-Christ appelle son corps, c'est le pain qui le représente, toutes les réflexions générales et tous les raisonnemens sur la nature des signes seront inutiles.

Il vient aussi à ces raisons particulières : Si l'on demande (et il promet de satisfaire ceux qui demandent) plus particulièrement pourquoi le pain et le vin sont dits être le corps et le sang de Jésus-Christ, saint Augustin et Théodoret répondront pour nous [1]. » Il touche ces raisons en deux endroits : et on les entendra mieux en revoyant quelques lignes de l'*Exposition* qu'il a tâché de détruire.

Là je propose la raison profonde qui fait qu'on donne au signe le nom de la chose, pour voir si elle peut convenir aux paroles dont nous disputons de l'institution. Je distingue deux sortes de signes, dont les uns représentent naturellement, par exemple un portrait bien fait; et les autres par institution et parce que les hommes en sont convenus, comme par exemple un certain habit marque une certaine dignité. J'avoue qu'un portrait bien fait est un signe naturel, qui de lui-même conduit l'esprit à l'original et qui en reçoit aussitôt le nom, parce qu'il en ramène l'idée nécessairement à l'esprit : c'est une vérité constante. Mais après avoir posé ce principe, il restoit encore à examiner si cette raison peut convenir aux signes d'institution; et je résous la question en distinguant comme deux états de ces signes. Lorsqu'ils sont reçus et que l'esprit y est accoutumé, je confesse qu'il y joint toujours l'idée de la chose et lui en donne le nom, de même qu'aux signes naturels; comme quand on est convenu qu'un certain jour représente celui où Jésus-Christ a pris naissance, on l'appelle, sans rien expliquer, *la Nativité de Notre-Seigneur*. Mais je dis « qu'en établissant un signe qui de soi n'a aucun rapport à la chose, par exemple un morceau de pain pour signifier le corps d'un homme, c'est une chose inouïe qu'on lui en donne le nom, et qu'on ne peut en alléguer aucun exemple [2]. »

L'Anonyme convient du principe, c'est-à-dire de la raison pour laquelle on donne aux signes le nom de la chose, parce qu'elle en ramène l'idée : mais il tâche de faire voir que je me trompe dans l'application : « On trouve, dit-il, entre le pain et le corps de Notre-Seigneur les deux rapports que M. de Condom appelle *rapport naturel et rapport d'institution*, et dont il ne demande que l'un ou l'autre pour faire que le signe puisse prendre le nom

---

[1] Anon., p. 173, 174, 186. — [2] *Exposit.*, art. x.

de la chose, et qu'il soit propre pour en ramener l'idée à l'esprit[1]. »
Il faut voir comme il établit ce qu'il avance.

Quant au rapport naturel du pain et du vin avec le corps et le sang de Notre-Seigneur, il le prouve, parce que « comme le pain nourrit nos corps, sa chair et son sang sont la vie et la nourriture de nos ames[2]. » Je lui avoue ce rapport; mais il ne fait rien à la question. Car il s'agit de savoir si à cause qu'on peut comparer le pain au corps de Notre-Seigneur, il s'ensuit de là que le pain le représente naturellement; en sorte qu'il en ramène de soi-même l'idée à l'esprit, et qu'on puisse lui en donner aussitôt le nom, sans qu'il soit besoin de rien expliquer. Je demande, par exemple, si à cause que le Fils de Dieu se compare à une porte ou à une vigne, et son Père à un laboureur : il s'ensuit de là que ces choses sont des signes qui représentent naturellement le Fils ou le Père; et si cette comparaison peut donner un fondement légitime de dire, sans rien expliquer, toutes les fois qu'on rencontrera une porte, une vigne et un laboureur : Ceci est le Fils de Dieu : Celui-ci est le Père éternel. Certainement il n'y auroit rien de plus ridicule. Ainsi encore que le Fils de Dieu se compare lui-même à du pain en ce qu'il donne la vie au monde, il ne s'ensuit pas pour cela qu'un morceau de pain présenté devienne un signe qui représente son corps naturellement, et qui en puisse recevoir le nom sans qu'il soit besoin de rien expliquer, comme un portrait fait au naturel reçoit aussitôt le nom de l'original.

C'est donc en vain que l'auteur nous oppose saint Augustin, Théodoret et les autres Pères, qui disent qu'il y a quelque rapport entre le pain et le corps de Notre-Seigneur. J'avoue qu'il y a un rapport qui est suffisant pour fonder une comparaison, ou faire que le Fils de Dieu se serve de pain dans les saints mystères plutôt que d'une autre chose. C'est ce que les Pères enseignent; et je le montrerois sans peine, si c'étoit ici le lieu d'expliquer leurs sentimens. Mais encore une fois, ce rapport ne suffit pas pour faire qu'en donnant du pain il dise tout d'un coup que c'est son corps, comme s'il étoit naturel au pain de le représenter soi-même et sans qu'il fût besoin de rien ajouter.

[1] Anon., p. 188. — [2] *Ibid.* p. 187

Il est donc déjà certain que le pain ne reçoit pas le nom de *corps* comme un signe qui représente naturellement, et ce ne peut être en tout cas que comme signe d'institution. Mais l'Anonyme ne prend pas la peine d'examiner une vérité que j'avance dans l'*Exposition*, en laquelle néanmoins est tout le fort. C'est que les signes d'institution reçoivent bien, à la vérité, le nom de la chose, quand ils sont reçus et que l'esprit, y étant accoutumé par l'usage, joint ensemble les deux idées : mais que c'est une chose inouïe qu'en établissant un signe, qui de soi ne ramène pas la chose à l'esprit, on lui en donne tout d'un coup le nom.

C'est néanmoins ce principe qui tranche la difficulté. Car pour me servir encore d'un exemple que j'ai déjà touché, après que les hommes sont convenus qu'un certain jour de l'année représente le jour de la naissance de Notre-Seigneur, personne ne s'étonnera d'entendre dire en ce jour-là : Jésus-Christ est né aujourd'hui. Mais si avant qu'on eût établi une telle solennité, quelqu'un, sans en dire mot, s'étoit mis dans l'esprit de représenter par un certain jour celui où s'est accompli ce divin mystère, et qu'ensuite il allât dire tout d'un coup : Jésus-Christ vient de naître, Jésus-Christ paroît aujourd'hui à Bethléem dans une crèche, on n'entendroit pas son discours et on croiroit à peine qu'il fût en son bon sens.

Quand Dieu dit à Abraham dans la *Genèse :* « Vous circoncirez la chair de votre prépuce, afin que cela soit un signe d'alliance entre moi et vous[1], » après que par ces paroles il a établi la circoncision comme le signe de l'alliance, on ne sera pas surpris qu'il ait donné dans la suite le nom d'*alliance* au signe, en disant au verset suivant : « Mon alliance sera dans votre chair[2]. » Mais s'il n'avoit rien dit devant ou après qui expliquât cette institution, et qu'il se fût contenté de dire en ordonnant la circoncision : « Mon alliance sera dans votre chair, » ces paroles n'auroient causé que de l'embarras dans les esprits.

De même si Notre-Seigneur en instituant la Cène, avoit fait entendre par quelques paroles qu'il voulût nous donner du pain comme signe de son corps, après que l'idée de pain et celle du corps auroient été une fois unies, on croiroit facilement qu'il au-

[1] *Genes.*, XVII, 11. — [2] *Ibid.*, 13.

roit pu dans la suite attribuer au signe le nom de la chose. Mais parce qu'on veut feindre qu'il a dans l'esprit de nous figurer son corps par du pain; qu'on veuille se persuader qu'il ait dit, sans rien expliquer, en présentant un morceau de pain : « Ceci est mon corps; » ni la raison ne le permet, ni on ne peut l'autoriser par aucun exemple. Et l'Anonyme en effet n'a pu en produire un seul.

V. — Fausseté et absurdité des conséquences que l'Anonyme prétend tirer de la suite des paroles de l'institution contre la doctrine catholique.

Mais il pense avoir détruit notre fondement principal, en nous accusant de séparer ces paroles : « Ceci est mon corps, » d'avec les suivantes : « Qui est rompu pour vous. » C'est là qu'il met tout son fort, et cependant on verra bientôt qu'il n'y a rien de plus foible.

Il m'accuse premièrement de « tronquer, s'il faut ainsi dire, les paroles de l'Institution, ou plutôt le sens [1]. » Mais certes il me fera raison, quand il lui plaira, d'un reproche autant injurieux qu'est celui de tronquer l'Ecriture sainte. Quand on veut accuser un chrétien d'un aussi grand crime, il faut prendre un peu plus garde à ce qu'on dit. Est-ce tronquer les paroles de l'Institution que de les rapporter en autant de mots qu'ont fait deux évangélistes, qui ont cru nous expliquer suffisamment l'intention de Notre-Seigneur et l'essence de ce mystère, en nous marquant seulement qu'il a dit : « Ceci est mon corps [2]. » Je veux bien toutefois y joindre celles que saint Luc et saint Paul y ont ajoutées : « Ceci est mon corps donné pour vous [3] : Ceci est mon corps rompu pour vous [4]. » Elles ne serviront qu'à fortifier le sens littéral que nous embrassons.

On les peut prendre en deux manières, qui toutes deux nous sont favorables. « Ceci est mon corps, qui est donné, » ou « qui est rompu pour vous; » c'est-à-dire qui va l'être, en exprimant par le temps présent ce qui va incontinent s'exécuter.

Tout le monde sait que l'Ecriture, et en particulier l'histoire de la Passion, est pleine d'expressions semblables. « Vous savez,

---

[1] Anon., p. 189. — [2] *Matth.*, XXVI, 26; *Marc.*, XIV, 22. — [3] *Luc.*, XXII, 19. — [4] *I Cor.*, XI, 24.

dit Jésus-Christ à ses apôtres [1], que Pâque se fait dans deux jours, et que le Fils de l'Homme est livré pour être crucifié, » c'est-à-dire qu'il le va être : « allez dire à un tel : Le Maître dit : Mon temps est proche, je fais la Pâque chez vous avec mes disciples [2], » c'est-à-dire je l'y dois faire. « La main de celui qui me livre, est avec moi à table [3]. » Et encore : « Malheur à celui par qui le Fils de l'Homme est livré aux Juifs [4], » c'est-à-dire qui le va livrer et qui en a déjà conçu le dessein. « Personne ne m'ôte la vie, mais je la quitte de moi-même [5], » c'est-à-dire je suis toujours prêt à la quitter. C'est une chose naturelle à toutes les langues d'exprimer le futur par le présent, surtout quand ce futur est fort près, et qu'on touche pour ainsi dire le moment de l'exécution. Aussi presque tous les interprètes, sans en excepter les protestans, conviennent que ce sens est fort littéral : « Ceci est mon corps, qui est donné ou qui est rompu pour vous, » c'est-à-dire qui le va être. »

Après cela on ne comprend pas quel avantage l'auteur peut tirer de ces paroles : « Rompu ou donné pour vous : » car il n'y a rien au contraire qui nous détermine plus fortement au sens littéral, que ces mêmes paroles jointes aux précédentes : « Ceci est mon corps. » Qui ne sera frappé de cette suite du discours : « Ceci est mon corps, » ce corps qui va être « donné pour vous » à la mort? « Ceci est mon sang, le sang de nouvelle alliance, » le sang qui va être « répandu pour la rémission de vos péchés. » En effet le redoublement de l'article τὸ dans le grec, a la même force qu'avoit la répétition que je viens de faire : et tout le discours ensemble étoit fait pour montrer aux apôtres que ce qu'ils alloient manger et boire, étoit le même corps qui devoit être bientôt rompu et percé pour eux, et le même sang qui étant violemment répandu, devoit confirmer le Nouveau Testament par son effusion. Des paroles si efficaces, bien loin d'éloigner des esprits l'idée du vrai corps et du vrai sang, éloignent au contraire le corps et le sang en figure, et sont faites pour nous marquer le corps et le sang en propriété. Mais il faut pénétrer encore plus avant.

[1] *Matth.*, XXVI, 2. — [2] *Ibid.*, 18. — [3] *Luc.*, XXII, 21. — [4] *Matth.*, XXVI, 24. — [5] *Joan.*, X, 18.

La parfaite conformité de notre doctrine avec les paroles de Notre-Seigneur, paroît principalement en ce que l'épithète qu'il joint à son corps convient également à l'état où il est à la croix et à celui où nous le voyons dans l'Eucharistie. Car il ne dit pas : Ceci est mon corps crucifié; ce qui ne conviendroit qu'à la croix; ou : Ceci est mon corps mangé; ce qui ne conviendroit qu'à l'Eucharistie; mais : Ceci est mon corps donné, parce que dans le mystère de la croix il est donné à la mort, et que dans le mystère de l'Eucharistie il est donné comme nourriture; mais toujours donné dans l'un et dans l'autre, donné très-réellement, et aussi réellement à la sainte table qu'il l'a été à la croix, quoique d'une autre manière. Il en est de même de ces paroles : « Ceci est mon corps rompu, » par lesquelles saint Paul exprime le sens de celles qu'on lit en saint Luc : « Ceci est mon corps donné. » Car il n'y a personne qui ne sache que c'est une phrase naturelle à la langue sainte, de dire rompre le pain pour exprimer qu'on le donne et qu'on le distribue. *Rompez votre pain au pauvre*, chez Isaïe [1], c'est-à-dire distribuez-le et le donnez. Ainsi ces paroles qu'on lit dans saint Paul : « Ceci est mon corps rompu, » signifient sans difficulté qu'il n'est pas seulement rompu à la croix où il a été percé, mais encore rompu dans l'Eucharistie où il est distribué à tous les fidèles. Que si nous venons ensuite à la consécration du sacré calice, nous verrons le même dessein et le même esprit. Car Jésus-Christ ne dit pas : Ceci est mon sang, qui sort de mes veines; ou : Ceci est mon sang présenté à boire, parce que l'une de ces paroles ne marqueroit que le sang versé à la croix, et l'autre ne conviendroit qu'au sang donné à boire dans l'Eucharistie. Il a dit : « Ceci est mon sang répandu, » parce qu'en effet il couloit avec abondance, lorsque ses veines ont été ouvertes, et qu'il nous est encore donné véritablement sous la forme d'une liqueur, pour le faire couler au dedans de nous en le buvant. Ainsi ce corps et ce sang ne sont pas moins dans l'Eucharistie qu'ils ont été à la croix, puisque l'épithète que le Fils de Dieu leur a donnée est choisie avec tant de soin, qu'elle convient parfaitement aux deux états. Que le lecteur juge maintenant si l'Eglise romaine a intérêt

---

[1] *Isa.*, LVIII, 7.

de détacher ces paroles : « Donné ou rompu pour vous, » d'avec les paroles précédentes ; et si au contraire il ne paroît pas que rien ne détermine tant au sens naturel que la suite de tout ce discours : « Ceci est mon corps donné ou rompu; » et : « Ceci est mon sang répandu pour vous. »

Combien est froide et forcée l'explication de nos adversaires, que l'Anonyme me fait tant valoir à comparaison de la nôtre [1] ! « Ceci est mon corps rompu, » c'est-à-dire ce pain rompu vous représente mon corps rompu. Qui ne ressent en lisant les paroles de l'Evangile, que l'expression de Notre-Seigneur est beaucoup plus vive ; qu'il veut exprimer ce qui est effectivement dans l'Eucharistie, et non ce que représentent des signes fort éloignés de la vérité ? Mais sans nous jeter dans de nouvelles considérations, personne ne peut penser que du pain mis en morceaux pour être distribué, ou du vin versé dans une coupe prêt à couler dans nos estomacs, nous représentent naturellement un corps percé par des plaies, ou du sang qui coule des veines. Que si l'on ne peut pas dire que ces signes soient si expressifs qu'ils convient les hommes naturellement à leur donner le nom de la chose, si on se sent obligé à les reconnoître comme signes d'institution, notre principe demeure ferme, que les signes de cette nature ne reçoivent le nom de la chose qu'après l'établissement, mais qu'il n'y a aucun exemple dans l'Ecriture, ni dans tout le langage humain, qui le leur donne dans l'Institution.

VI. — Second effort de l'Anonyme. Fausse conséquence qu'il prédend tirer de ces paroles : « Faites ceci en mémoire de moi. »

Jusqu'ici l'Anonyme a fort mal montré que la suite des paroles de Notre-Seigneur nous détourne du sens littéral. Mais voici un second effort. Jésus-Christ, après avoir dit : « Ceci est mon corps, ceci est mon sang, » ajoute aussitôt : « Faites ceci en mémoire de moi. » Ce n'est donc pas lui-même qu'il veut nous donner, mais un mémorial de lui-même [2].

On a souvent répété à Messieurs de la religion prétendue réformée que le souvenir n'exclut pas toute sorte de présence, mais

[1] Anon., p. 190, 191. — [2] *Ibid.* p. 195, etc.

la seule présence sensible. Dieu nous est présent, plus en quelque sorte que nous ne nous sommes présens à nous-mêmes, parce que « nous vivons, nous nous remuons, nous sommes en lui, » comme dit saint Paul [1]. Toutefois nous ne l'oublions que trop souvent, parce que cette présence ne frappe pas notre vue : nous avons besoin que souvent on le rappelle à notre mémoire, et qu'on nous dise : « Souviens-toi de ton Créateur tous les jours de ta vie [2]. » Quand les prétendus réformés supposeroient avec nous que Jésus-Christ fût en personne dans l'Eucharistie, ils n'en devroient pas moins avouer que nous avons besoin d'être avertis de cette présence, parce que nos sens n'en sont touchés par aucun endroit : de sorte que le Fils de Dieu auroit raison d'exciter notre attention, en nous disant : « Faites ceci en souvenance de moi, » et n'oubliez jamais celui qui vous fait de si grandes graces. Il est clair que cette parole s'accorde parfaitement avec la présence que nous admettons; et ainsi je ne comprends pas comment on s'en peut servir pour la détruire.

Mais nous sommes en termes bien plus forts; et nous pouvons accorder aux prétendus réformés, sans aucun préjudice de notre doctrine, que la chose que le Fils de Dieu nous ordonne de nous rappeler en notre mémoire n'est pas présente. En effet il est certain que quand il a dit : « Faites ceci en mémoire de moi, » l'esprit et l'intention de ces paroles, c'est de nous faire souvenir de lui mourant, et de rappeler sa mort à notre mémoire.

Si cela est, il faut avouer que ces paroles, tant de fois objectées par les prétendus réformés, leur deviennent inutiles. Quand nous leur aurions accordé que le souvenir que Notre-Seigneur nous recommande en ce lieu, exclut la présence de son objet, ils seroient abondamment satisfaits sur cette difficulté, puisque Jésus-Christ mourant à la croix n'est pas un objet présent et que sa mort est une chose éloignée.

Aussi voyons-nous que l'Anonyme fait les derniers efforts pour nous ôter cette explication : mais il se tourmente en vain. Ce n'est pas une explication que nous soyons contraints d'inventer, pour nous débarrasser d'un argument importun, puisque même

[1] *Act.*, XVII, 28. — [2] *Eccles.*, XII, 1.

on a déjà vu que nous n'avons pas besoin de cette défense. Mais c'est l'apôtre saint Paul qui nous apprend à entendre, comme nous faisons, les paroles dont il s'agit, puisqu'il ne les a pas plutôt rapportées qu'il en tire aussitôt cette conséquence, qu'en participant à l'Eucharistie, « nous annonçons la mort du Seigneur jusqu'à ce qu'il vienne [1]. » Ainsi le dessein de ces paroles n'est pas de rappeler en notre mémoire la personne de Jésus-Christ absolument, mais la personne de Jésus-Christ se livrant lui-même à la mort et répandant son sang pour notre salut. La suite même des paroles nous conduit naturellement à ce sens. Nous venons de voir que ces mots : « Ceci est mon corps donné, ceci est mon sang répandu, » ont un rapport nécessaire à la mort de Notre-Seigneur. Quand donc il ajoute après : « Faites ceci en mémoire de moi, » on voit bien qu'il veut nous faire éternellement souvenir de lui-même comme mort pour nous, ou, comme parle saint Paul, nous faire « annoncer sa mort jusqu'à ce qu'il vienne. »

Que l'Anonyme juge maintenant du déplorable état de sa cause, qui le réduit à rejeter une explication qui est expressément tirée de l'Apôtre, et d'appeler cette explication « un petit détour [2]. » Mais après avoir dit que je tronque les paroles de Notre-Seigneur en les récitant comme saint Matthieu, je ne m'étonne pas qu'il dise encore que j'en détourne le sens en les expliquant comme saint Paul.

Cependant il est si constant que ces paroles de Notre-Seigneur : « Faites ceci en mémoire de moi, » sont prononcées exprès pour rappeler notre attention à sa mort, que les prétendus réformés y donnent eux-mêmes cette explication dans l'action de la Cène. Le ministre en la leur donnant, leur parle en ces termes : « Faites ceci en mémoire de moi, c'est que quand vous mangerez de ce pain et boirez de cette coupe, vous annoncerez la mort du Seigneur, jusqu'à ce qu'il vienne. » Toutes les Confessions de foi des protestans suivent cette interprétation ; et l'Anonyme lui-même, après avoir récité les paroles de l'*Epître aux Corinthiens*, d'où je tire l'explication que nous avons proposée, en conclut, aussi bien

---

[1] I *Cor.*, xi, 26. — [2] Anon., p. 196.

que nous, « que Jésus-Christ quittant ses apôtres et leur disant le dernier adieu, leur laisse ce sacrement comme un gage, un mémorial et un sceau de la mort qu'il devoit souffrir pour eux. »

Ainsi j'ai raison de dire dans l'*Exposition*, que quand même nous serions demeurés d'accord que l'Eucharistie est le mémorial d'une chose qui n'est pas présente, nous avons de quoi contenter les prétendus réformés selon leurs propres principes, parce que Jésus-Christ mourant, qu'elle rappelle à notre souvenir, n'a été qu'une seule fois dans cet état; et que sa mort, dont ce mystère est un monument éternel, est éloignée de nous de plusieurs siècles et n'est pas présente.

Si maintenant ils demandent pourquoi Jésus-Christ a joint ces deux choses, de nous donner en vérité son corps et son sang, et de se servir d'un si grand mystère pour imprimer dans nos cœurs la mémoire de sa mort : ils n'ont qu'à se souvenir des choses qui ont été dites sur les victimes anciennes que les Juifs mangeoient. Ce que nous avons à dire en ce lieu est une suite de cette doctrine. La manducation de ces victimes en rappeloit naturellement l'immolation dans l'esprit : car on les mangeoit comme ayant été immolées, et dans le dessein de participer au sacrifice.

Ainsi quand Notre-Seigneur a voulu accomplir cette figure en nous donnant son corps et son sang à la sainte table, il a raison de nous rappeler à l'oblation qu'il en a faite pour nous à la croix; et il n'y a rien de plus naturel que de nous souvenir de Jésus-Christ immolé, lorsque nous sommes appelés à manger la chair de ce sacrifice. C'est pour cela que nous demandons, aussi bien que l'Anonyme[1], qu'on ne sépare point les paroles de Notre-Seigneur. Nous voulons qu'on pense attentivement « qu'il a dit tout d'une suite : Ceci est mon corps donné pour vous; faites ceci en mémoire de moi. » Car c'est ce qui nous fait voir que le souvenir qu'il ordonne est fondé sur le don qu'il fait de son propre corps et de son propre sang. De sorte que ce n'a pas été son dessein de nous donner seulement un morceau de pain comme un mémorial de sa mort; mais de nous donner ce même corps immolé pour nous, afin qu'en le recevant nous eussions

[1] Anon., p. 195.

l'esprit attentif au sacrifice sanglant que son amour lui a fait offrir pour notre salut.

C'est ce que j'avois dit dans l'*Exposition*, et l'auteur n'oppose rien à cette doctrine qui ne marque une foiblesse manifeste. Il prend la peine de prouver par l'exemple « des hosties expiatoires, dont on se souvenoit sans les manger, qu'il n'est pas nécessaire que nous mangions la propre chair de Jésus-Christ notre victime, pour nous souvenir de sa mort [1]. » Ne voit-il pas que c'est sortir de la question? Il ne s'agit pas entre nous si ce moyen nous est nécessaire pour nous souvenir de Jésus-Christ mort et immolé. Les catholiques ne prétendent pas qu'il le fallût oublier, s'il ne nous avoit pas donné son corps et son sang; et bien loin d'attacher ce souvenir à l'action de la Cène, nous souhaiterions qu'il ne nous quittât en aucun moment de notre vie. Et certes nous avons peu profité de tant de mystères que Jésus-Christ a accomplis pour notre salut, s'ils ne nous ont pas encore appris qu'il n'a pas voulu s'attacher à faire précisément ce qui nous étoit nécessaire, mais qu'un amour infini lui a fait chercher ce qu'il y avoit de plus tendre et de plus puissant pour toucher nos cœurs. Ainsi sans examiner si ce moyen dont nous parlons étoit nécessaire pour exciter notre souvenir, il suffit qu'il soit très-puissant et que l'Anonyme même ne puisse rien imaginer de plus efficace. L'Anonyme voudroit le nier, cet effet de la présence, cette efficace divine du corps et du sang de Notre-Seigneur. Mais telle est la force de la vérité : en le niant il le confirme. « S'il est vrai, dit-il, que le souvenir dont il est ici question n'est qu'un sentiment excité par les objets qui frappent les sens, la manière dont on croit manger cette chair dans l'Eglise romaine, a-t-elle quelque chose qui frappe plus les sens que la nôtre, puisque nous la mangeons les uns et les autres sous les espèces du pain et du vin? » Je suis bien aise que l'Anonyme croie recevoir le corps et le sang de Notre-Seigneur sous les espèces du pain et du vin, aussi bien que nous. Je sais qu'il me répondra que nous l'entendons différemment. En effet les catholiques croient recevoir le corps et le sang de Notre-Seigneur sous les espèces, parce qu'il y est; et

[1] Anon., p. 199.

l'Anonyme (chose surprenante!) croit les recevoir sous ces mêmes espèces, quoiqu'ils n'y soient pas. Qu'il explique comme il lui plaira un sentiment si étrange ; on voit qu'il faut du moins parler comme nous, et que l'idée de Jésus-Christ qui se donne à ses fidèles sous les espèces du pain et du vin est si conforme à la foi, que si peu qu'il reste de foi, cette idée revient toujours à l'esprit. Mais il faudroit aller plus avant, et comprendre que le chrétien ne doit pas être moins touché en recevant son Sauveur sous une espèce étrangère, que s'il le touchoit sensiblement en sa propre forme. Il suffit que Jésus-Christ soit présent, et que le chrétien soit assuré de cette présence par la parole de Jésus-Christ, puisque la foi lui apprend à croire aussi fermement ce que Jésus-Christ lui dit que ce qu'il voit de ses propres yeux.

VII. — Abus que les prétendus réformés font de ces paroles de Jésus-Christ :
« Je ne boirai point de ce fruit de vigne. »

Les prétendus réformés ont perdu leur principale défense, quand on leur a ôté ce passage : « Faites ceci en mémoire de moi. » Ils ont néanmoins encore un dernier refuge dans ces mots : « Je ne boirai point de ce fruit de vigne. »

L'Anonyme les produit pour faire voir que la suite des paroles de l'institution éloigne le sentiment de la présence réelle, quoique si elles avoient quelque force, on pourroit les produire pour faire voir que le vin demeure, et non pour montrer l'absence du sang, de laquelle seule il s'agit ici.

Mais au fond elles ne font rien ; et sans vouloir ici recueillir tout ce que disent les catholiques sur ces paroles, je remarquerai seulement quelques vérités qui devroient avoir empêché les prétendus réformés de nous les objecter jamais.

C'est donc, 1° une vérité constante, que les Évangélistes ne rapportent pas toujours les paroles de Notre-Seigneur dans l'ordre qu'elles ont été dites. Ils s'attachent à la substance des choses et se dispensent assez souvent de les réciter dans leur ordre, surtout quand ce sont des paroles détachées, dont la suite ne sert de rien à l'intelligence de tout le discours.

2° Sans nous mettre en peine de justifier une vérité dont on est d'accord, les paroles dont il s'agit nous en fournissent un exemple, puisque saint Matthieu les rapporte aussitôt après la consécration du calice, au lieu que saint Luc les rapporte à une autre coupe qu'à celle de l'Eucharistie. Au contraire le même saint Luc met, après la consécration du calice, ces paroles de Notre-Seigneur : « La main de celui qui me livre est avec moi dans le plat, » que saint Matthieu avoit placées avant tout le récit de la Cène.

3° Il suit de là qu'il n'est pas certain que ces paroles aient été dites après la consécration du calice : ce qui étant, on n'en peut rien conclure contre nous.

4° On doit même plutôt croire qu'elles ont été dites dans le même ordre que saint Luc les a récitées, parce que les interprètes sont d'accord que cet Evangéliste est celui qui s'attache le plus à cette suite, et qu'en effet il est le seul qui promet à la tête de son Evangile de raconter « les choses par ordre [1]. »

5° Mais du moins est-il certain par les principes posés, que si ces paroles appartenoient au récit de l'institution de l'Eucharistie, ou étoient dites pour la faire entendre, aucun des Evangélistes ne les en auroit détachées.

6° En effet l'apôtre saint Paul, qui rapporte dans la *première aux Corinthiens* tout ce qui regarde l'institution de ce mystère, ne fait aucune mention de ces paroles.

Toutes ces choses font voir clairement que ces paroles de Notre-Seigneur : « Je ne boirai plus de ce fruit de vigne, » ne regardent pas en particulier le vin dont Notre-Seigneur a fait son sang, mais tout le vin en général, dont on s'étoit servi dans tout le repas de la Pâque.

Après ces considérations on devroit cesser de nous objecter ces paroles, si on les objectoit par raison plutôt que par préoccupation ou par coutume.

On peut conclure avec assurance des choses qui ont été dites, que l'Anonyme n'a rien remarqué dans la suite des paroles de l'Institution qui nous porte au sens figuré, ni qui puisse nous faire penser que Jésus-Christ ait voulu donner en ce lieu le nom de la chose au signe.

---

[1] *Luc.*, I, 1, 3.

VIII. — Les exemples et les textes de l'Ecriture sainte, que les prétendus réformés allèguent pour autoriser leurs sens figurés, ne font rien au sujet de l'Eucharistie.

Il n'en faut pas davantage pour lui faire voir combien sont éloignés du sujet les exemples de l'Ecriture, que ceux de sa communion allèguent sans cesse pour autoriser leur sens figuré.

La circoncision est appelée l'*alliance :* mais, comme nous avons déjà remarqué, c'est après qu'elle est établie en termes formels comme le signe de l'alliance.

Jésus-Christ fait des comparaisons, et propose des paraboles où il dit figurément qu'il est une porte, du pain, une vigne : mais outre que le plus souvent les évangélistes remarquent que Jésus dit une parabole ou une similitude, la chose s'explique d'elle-même et la suite nous fait connoître en quoi il met le rapport : tellement qu'il est inouï que personne s'y soit trompé. S'il dit : « Je suis la porte : » il ajoute que c'est par lui qu'il faut entrer. S'il dit qu'il est « la vraie vigne, » que son « Père est le laboureur, » et que ses apôtres en sont « les branches, » il ajoute : « Qui demeure en moi, porte du fruit ; » et : « Toute branche qui ne porte point du fruit en moi, le Père l'ôte. » Il en est de même des autres comparaisons, où il dit qu'un « champ est le monde, » que « les épines sont les richesses, » que « les anges sont les moissonneurs. »

Il paroît par les choses qui ont été dites, que la suite des paroles de Notre-Seigneur n'a rien qui nous porte au sens figuré, ni qui nous détourne du sens littéral.

Mais l'Anonyme prétend « que quand cette figure ne seroit pas tout à fait intelligible d'elle-même, Jésus-Christ avoit préparé les apôtres à l'entendre, leur ayant dit qu'il falloit prendre ces sortes d'expressions spirituellement [1]. » Il se sert, pour le montrer [2], de ce passage célèbre : « La chair ne profite de rien, c'est l'esprit qui vivifie [3]. »

J'ai répondu par avance à cette difficulté, quand j'ai démêlé les équivoques du terme de *spirituel.* Je confesse que Jésus-Christ

---

[1] Anon., p. 194. — [2] *Ibid.* p. 183. — [3] *Joan.,* VI, 64.

avoit préparé les apôtres à entendre quelque chose de spirituel dans la manducation de sa chair : mais de là il ne s'ensuit pas qu'il les eût préparés à entendre figurément tout ce qu'il diroit de cette manducation. Car encore que nous entendions à la lettre ces paroles de Jésus-Christ : « Prenez, mangez, ceci est mon corps, » nous ne laissons pas d'avouer que la chair ne sert de rien, à l'entendre comme faisoient ces hommes grossiers à qui Jésus-Christ parloit, quand il a dit que la chair ne sert de rien. Ils regardoient Jésus-Christ, non comme le Fils de Dieu, mais comme le fils de Joseph[1]. Et lui entendant dire qu'il donneroit sa chair à manger, ils songeoient à la manière ordinaire dont nous nourrissons ce corps mortel. Les prétendus réformés savent en leur conscience combien nous sommes éloignés de cette pensée ; ils savent que nous croyons que c'est l'esprit qui vivifie, puisque la chair de Jésus-Christ même, prise toute seule et séparément de l'esprit, ne nous sert de rien. Nous leur avons déjà dit qu'en recevant cette chair, il faut la prendre comme la chair de notre victime, en nous souvenant de son sacrifice et mourant nous-mêmes au péché avec Jésus-Christ. Pendant que le Fils de Dieu s'approche de nous en personne pour nous témoigner son amour, il faut que notre cœur y réponde : et nous recevons en vain son sacré corps, si nous n'attirons dans nos ames par la foi l'esprit dont il est rempli. De là il ne s'ensuit pas ni que la chair, absolument, ne serve de rien (car, comme dit saint Augustin, si la chair ne servoit de rien, le Verbe ne se seroit pas fait chair, et n'auroit pas attribué à sa chair dans tout ce chapitre une efficace divine) ; ni que cette chair que le Verbe a prise ne serve de rien dans l'Eucharistie, mais qu'elle n'y sert de rien prise toute seule ; ni qu'il faille entendre figurément ces paroles : « Ceci est mon corps ; » mais qu'en les prenant à la lettre, il faut encore y joindre l'esprit, en croyant que Notre-Seigneur n'accomplit rien dans nos corps qui ne regarde l'homme intérieur et la vie spirituelle de l'ame ; c'est pourquoi toutes ses « paroles sont esprit et vie[2]. »

Mais il s'élève ici une objection, qui est celle qui touche le

[1] *Joan.*, VI, 42. — [2] *Ibid.*, 64.

plus les prétendus réformés. Si la chair de Jésus-Christ prise toute seule par la bouche du corps ne sert de rien, et que le salut consiste à nous unir avec Jésus-Christ par la foi, ce que l'Eglise romaine met de plus dans l'Eucharistie devient inutile. « Cette union spirituelle, dit l'auteur de la *Réponse*, est la seule et véritable cause de notre salut; et les catholiques ne nient pas que ceux qui reçoivent le baptême et la parole sans l'Eucharistie, ne soient sauvés et unis spirituellement à Jésus-Christ, de même que ceux qui reçoivent aussi l'Eucharistie[1]. » Il leur semble qu'on doit conclure de là que le fidèle doit se contenter de ce qu'il reçoit au baptême, puisque ce qu'il y reçoit suffit pour son salut éternel. Ce qu'ajoutent les catholiques à l'union spirituelle est à leur avis superflu; et c'est en vain, disent-ils, qu'on se jette dans de si grandes difficultés pour une chose qui ne sert de rien.

Cet argument, qui paroît plausible, ne combat pas en particulier la doctrine des catholiques sur la présence réelle; mais il attaque d'un seul coup tous les mystères du christianisme, et tous les moyens dont le Fils de Dieu s'est servi pour exciter notre foi. Il ne sert de rien d'écouter la prédication de l'Evangile, si on n'écoute la vérité même qui parle au dedans; et le salut consiste à ouvrir le cœur : donc on n'a pas besoin de prêter l'oreille aux prédicateurs; donc c'est assez d'ouvrir l'oreille du cœur. Il ne sert de rien d'être lavé de l'eau du baptême, si on n'est nettoyé par la foi; donc il se faut laver intérieurement sans se mettre en peine de l'eau matérielle. A cela les prétendus réformés répondroient eux-mêmes que la parole et les sacremens sont des moyens établis de Dieu pour exciter notre foi, et qu'il n'y a rien de plus insensé que de rejeter les moyens par attachement à la fin, puisqu'au contraire cet attachement nous les doit faire chérir. Qui ne voit donc qu'il ne suffit pas, pour combattre la présence réelle, de montrer qu'elle ne nous sert de rien sans la foi; mais qu'il faut encore montrer que cette présence n'est pas établie pour confirmer la foi même, qu'elle ne sert de rien pour cette fin, ni pour exciter notre amour envers Jésus-Christ présent? il faut détruire ce qui a été si solidement établi touchant la manducation

[1] Anon., p. 114.

de notre victime, qui nous est un gage certain de la part que nous avons à son sacrifice : enfin il faut prouver qu'il ne sert de rien à Jésus-Christ même, pour nous témoigner de l'amour, ni pour échauffer le nôtre, de venir à nous en personne; et que la jouissance de sa personne si réellement présente, n'est pas un moyen utile pour nous assurer la possession de ses dons. Si la chair ne sert de rien sans l'esprit, si la présence du corps ne profite pas sans l'union de l'esprit, il ne faut pas s'en étonner, ni rabaisser par là le sacré mystère de la présence réelle : car il a cela de commun avec tous les autres mystères de la religion, et Jésus-Christ crucifié ne sert de rien non plus à qui ne croit pas.

Tout ce qu'a fait Jésus-Christ pour nous témoigner son amour nous devient inutile, si nous n'y répondons de notre part : mais il ne s'ensuit pas pour cela que ce que Jésus-Christ fait pour nous doive être nié sous prétexte que quelques-uns y répondent mal, ni que ses conseils soient détruits par notre malice, ni que notre ingratitude anéantisse la vérité de ses dons et les témoignages de sa bonté...

IV.

I. — La présence réelle du corps et du sang de Jésus-Christ dans l'Eucharistie est un gage de son amour envers nous. Efforts de l'Anonyme pour détruire un principe si évident et si intéressant.

L'auteur ne veut pas comprendre que la présence réelle du corps et du sang de Jésus-Christ dans l'Eucharistie, soit un gage de son amour envers nous. Il s'étonne que nous puissions dire que ce soit un amour infini qui ait porté Jésus-Christ « à nous donner réellement la propre substance de sa chair et de son sang [1]. » Nous nous étonnons à notre tour avec beaucoup plus de raison, qu'on ait peine à faire croire à des chrétiens que ce leur soit un témoignage de l'amour divin, que Jésus-Christ veuille bien s'approcher d'eux en personne. N'est-il donc pas assez clair que c'est un bonheur extrême aux fidèles de savoir Jésus-Christ présent en eux-mêmes? Et ne seront-ils pas d'autant plus touchés de cette présence, qu'ils la croiront plus réelle et plus effective?

[1] Anon., p. 218.

Si Messieurs de la religion prétendue réformée n'avouent pas cette vérité, et s'ils ne peuvent pas concevoir que la présence de Jésus-Christ, connue par la foi, soit un moyen très-puissant pour toucher les cœurs, ils me permettront de le dire, ils doivent craindre que leur foi ne soit peu vive et qu'ils ne soient trop insensibles pour Jésus-Christ même. Tâchons donc de faire comprendre à l'auteur de la *Réponse* une doctrine si pleine de consolation. S'il n'a pas voulu l'entendre par les choses que j'en ai dites dans l'*Exposition*, peut-être la laissera-t-il imprimer plus doucement dans son cœur par un exemple dont il s'est lui-même servi. « Nous avons, dit-il, des images, quoique très-imparfaites, tant de cette opération du Saint-Esprit dans nos cœurs que de l'union des fidèles avec Jésus-Christ, dans l'amour conjugal qui unit le mari et la femme, et qui est cause que l'Ecriture dit qu'ils ne sont qu'un corps et qu'une ame [1]. »

Il a raison de croire (car c'est une vérité que l'Ecriture nous a enseignée) que Dieu, qui est le Créateur des deux sexes et qui en a béni la chaste union, laissant à part la corruption que le péché y a mêlée, en a choisi pour ainsi dire le fond et l'essence, pour exprimer l'union des fidèles avec le Sauveur.

Il faut donc que notre auteur nous permette de lui représenter en peu de paroles que l'amour conjugal, qui unit les cœurs, fait aussi, pour parler avec saint Paul, que la femme n'a pas le pouvoir de son corps, mais le mari; comme aussi le mari n'a pas le pouvoir de son corps, mais la femme. Que si cet auteur ne veut pas entendre que cette puissance mutuelle, qu'ils se donnent l'un à l'autre, est le gage, l'effet et le dernier sceau de l'amour conjugal qui unit leurs cœurs, et que c'est en vue de cette union que le Saint-Esprit n'a pas dédaigné de dire qu'ils devenoient deux personnes dans une même chair, je n'entreprendrai pas de lui expliquer ce que le langage de l'Ecriture lui doit assez faire entendre. Mais je lui dirai seulement que Jésus-Christ en instituant le mystère de l'Eucharistie, a donné à ses fidèles un droit réel sur son corps, et qu'il l'a mis en leur puissance d'une manière qui n'en est pas moins réelle, pour n'être connue que par la foi. Ce

[1] Anon., p. 213.

droit sacré qu'a l'Eglise sur le corps de son Epoux et que nous pouvons appeler *le droit de l'épouse,* est donné à chaque fidèle lorsqu'il reçoit le baptême; et il exerce ce droit lorsqu'il approche de la sainte table. Mais quoique la jouissance actuelle du corps du Sauveur ne soit pas perpétuelle et ne s'accomplisse qu'à certains momens, c'est-à-dire lorsqu'ils participent aux saints mystères, toutefois le droit de recevoir ce divin corps du Sauveur est permanent; et il suffit qu'ils en jouissent quelquefois, pour les assurer dans toute leur vie que Jésus-Christ est à eux. Je ne sais après cela comment un chrétien peut être insensible à ce témoignage d'amour, et dire qu'il n'entend pas que l'union dont nous parlons nous soit un gage certain que le Fils de Dieu nous aime. « Depuis quand et en quel lieu a-t-on établi, dit notre auteur, que c'est une marque d'amour de donner sa propre chair à manger à ceux qu'on aime [1] ? » Mais quand est-ce qu'il n'a point été établi que c'est une marque d'amour de s'unir à ceux qu'on aime? Et a-t-on un cœur, quand on ne sent pas que cette marque d'amour est d'autant plus grande et plus sensible, que l'union est plus réelle et plus effective? Aurons-nous donc un cœur chrétien si nous ne concevons pas que le Fils de Dieu nous ayant aimés jusqu'à prendre pour nous un corps semblable au nôtre, achève de consommer le mystère de son amour, lorsqu'il s'approche de nous en ce même corps qu'il a pris et immolé pour notre salut, et ne dédaigne pas de nous le donner aussi réellement qu'il l'a pris? Est-ce une chose si étrange et si incroyable qu'un Dieu, qui s'est fait en tout semblable à nous à la réserve du péché, tant il a aimé les hommes, s'approche de nous en la propre substance de son corps? Et ce témoignage de son amour sera-t-il moins grand ou moins réel, parce que nos sens n'y ont point de part? Qu'y aura-t-il de plus merveilleux ni de plus touchant que cette manducation qu'on nous reproche, puisque nous voyons que le Fils de Dieu, ôtant à cette action ce qu'elle a de bas et d'indécent, la fait servir seulement à nous unir à lui corps à corps d'une manière aussi réelle qu'elle est surnaturelle et divine? Si les hommes peuvent seulement gagner sur leur foible imagination qu'elle ne

[1] Anon., p. 218.

se mêle point dans les mystères de Dieu; si la foi peut prendre sur eux assez d'empire pour leur faire croire que le Fils de Dieu, sans changer autre chose que la manière, peut nous donner la substance entière du corps qu'il a pris pour nous : sans doute ils ne trouveront rien de plus touchant que cette union merveilleuse que l'Eglise catholique leur propose. Car rien n'est plus efficace pour imprimer dans nos cœurs l'amour que le Fils de Dieu a pour ses fidèles, ni pour enflammer le nôtre envers lui, ni pour nous faire sentir par une foi vive que vraiment il s'est fait homme et est mort pour l'amour de nous.

II. — Les objections du ministre sur ce point favorisent le socinianisme, et vont à détruire tous les mystères du christianisme.

Mais écoutons ce que notre auteur répond à toutes ces choses. « Les chrétiens, dit-il, sont bien ingrats ou bien difficiles à contenter, s'il ne leur suffit pas que Jésus-Christ soit mort pour eux. » Et un peu après : « Ils ont les oreilles du cœur bien bouchées, s'il est vrai que les signes sacrés de la Cène, ajoutés à la parole, ne leur disent pas encore assez hautement et assez intelligiblement que Jésus-Christ s'est fait homme pour eux, et que son corps a été rompu pour eux. » C'est de même que s'il disoit avec les sociniens : Les chrétiens sont bien ingrats ou bien difficiles à contenter, s'il ne leur suffit pas que Dieu les ait créés, qu'il leur ait pardonné leurs péchés, et qu'il leur ait envoyé un homme admirable pour leur apprendre les voies du salut. Ces marques de sa bonté ne sont-elles pas suffisantes, et falloit-il qu'un Dieu se fît homme pour nous témoigner son amour? Que notre auteur réponde aux sociniens qui détruisent le mystère de l'incarnation par des argumens semblables : il leur dira sans doute que le chrétien se contente de ce que Dieu veut; mais que Dieu, pour contenter sa propre bonté et l'amour infini qu'il a pour nous, a voulu faire pour notre salut, et pour nous marquer cet amour, des choses que nous n'eussions pu seulement penser, bien loin d'oser y prétendre. Nous ferons la même réponse sur le sujet de l'Eucharistie, avec d'autant plus de raison que nous sommes déjà préparés par le mystère de l'incarnation à attendre des marques d'amour tout à fait incompréhensibles. Ainsi quand il s'agira d'expliquer par les saintes Lettres la merveilleuse union que Jésus-Christ veut avoir avec les fidèles dans l'Eucharistie, nous ne nous étonnerons pas que le sens le plus littéral et le plus simple soit celui qui nous promet des choses plus hautes, et qui passent de plus loin notre intelligence. Car le mystère de l'incarnation nous a fait voir que le Fils de Dieu a entrepris de nous découvrir son amour, et de consommer son union avec ses fidèles par des moyens incompréhensibles. Et certainement nous ne comprenons pas comment notre auteur a pu écrire que « ce qu'il y a d'incompréhensible dans les effets de l'amour que Dieu a pour nous, n'est par manière de dire que le degré, ou plutôt l'infinité de cet amour même[1]. » Faut-il le faire souvenir qu'un Dieu s'est fait homme pour nous témoigner son amour? N'y a-t-il rien d'incompréhensible dans cet effet d'amour que le degré et l'infinité? La chose prise en elle-même ne l'est-elle pas? Ne passe-t-elle pas notre intelligence? Et qui ne voit que, bien loin de dire qu'il n'y a rien d'incompréhensible dans les effets de l'amour de Dieu que le degré et l'infinité, il faut plutôt concevoir que, parce que cet amour est incompréhensible dans son degré, il a produit des effets qui le sont aussi, considérés en eux-mêmes?

Notre auteur toutefois continue toujours à expliquer les merveilles de l'amour du Fils de Dieu envers nous, sans songer que c'est cet amour qui l'a porté à se faire homme; il dit « que nous concevons en quelque sorte ce que cet amour infini a fait faire à Dieu, par une comparaison, quoique très-imparfaite, de ce qu'un véritable amour nous fait faire les uns pour les autres. Payer pour quelqu'un, poursuit-il, est un vrai office d'ami, et mourir pour quelqu'un a toujours passé pour une véritable marque d'amour. » Mais après avoir ajouté que « mourir pour un ennemi est une générosité qui n'avoit point eu d'exemple parmi les hommes avant la venue de Notre-Seigneur. C'est, dit-il, ce que cet amour a d'incompréhensible. » Il semble qu'il ait oublié que le Fils de Dieu s'est fait homme dans le dessein de s'unir aux hommes, et de leur montrer son amour par cette merveilleuse

[1] Anon., p. 219.

union. Que s'il pense qu'il ne sert de rien à entendre le mystère de l'Eucharistie, de considérer qu'un Dieu s'est fait homme, il n'a pas assez pénétré le merveilleux enchaînement des mystères du christianisme. Une grace nous prépare à entendre l'autre. Il sert d'avoir pénétré qu'un dessein d'union règne pour ainsi dire dans tous les mystères de la religion chrétienne. Quand on a bien conçu par où cette union se commence, on conçoit mieux aussi par où cette union se doit achever. Le Fils de Dieu a commencé de s'unir à nous en prenant la nature qui nous est commune à nous tous; il achève cette union en donnant à chacun *de nous* en particulier ce qu'il a pris pour l'amour de tous. Il a voulu, dit saint Paul, « s'unir à la chair et au sang[1], » parce que les hommes qu'il vouloit s'unir sont composés de l'un et de l'autre. C'est par où commence l'union : pour en achever le mystère, il donne à chaque fidèle cette même chair et ce même sang en leur propre et véritable substance. Voici donc tout l'enchaînement des mystères de l'amour divin. Un Dieu s'unit à notre nature jusqu'à se revêtir de chair et de sang; il les donne pour nous à la mort; il nous les donne à la sainte table. Les deux premiers mystères s'accomplissent en la substance de la chair et du sang que le Fils de Dieu a pris; et lorsque nous entendons qu'il nous dit, pour accomplir le dernier : « Mangez, ceci est mon corps; buvez, ceci est mon sang, » on ne voudra pas que nous convenions qu'il a voulu nous en donner la propre substance? Ce seroit vouloir nous faire perdre tout ensemble et la simplicité de la lettre, et la force du sens naturel, et la suite de tout le mystère.

III. — La perfection et le salut du chrétien consiste dans l'union avec Jésus-Christ, par une foi vive, qui agisse par la charité : mais la nécessité de cette union spirituelle n'exclut pas et ne doit pas faire rejeter les moyens et les motifs que Jésus-Christ veut bien nous donner pour exciter la foi et animer la charité.

Après cela j'ai peine à comprendre comment des chrétiens ne veulent pas voir le mystère de l'amour divin dans la doctrine que j'avois exposée. Mais comme il ne faut point épargner nos

[1] *Hebr.*, II, 14.

soins pour lever les difficultés qui empêchent les prétendus réformés d'entrer dans des sentimens si solidement établis et si nécessaires, j'ai tâché de pénétrer dans la *Réponse* que j'examine ce qui les arrête le plus.

Ils disent qu'il faut s'attacher à l'union spirituelle qui se fait par le moyen de la foi, et que ceux de l'Eglise romaine la reconnoissent aussi bien qu'eux. « Ce que les catholiques romains, dit l'auteur de la *Réponse*, croient plus que nous dans l'Eucharistie, savoir qu'ils reçoivent le propre corps de Jésus-Christ de la bouche du corps, n'ajoute rien du tout selon leurs propres principes, soit pour opérer, soit pour faire entendre cette union spirituelle; » il ajoute que « cette union spirituelle est la seule et véritable cause de notre salut; et que les catholiques ne nient pas que ceux qui reçoivent le baptême et la parole sans l'Eucharistie, ne soient sauvés et unis spirituellement à Jésus-Christ, de même que ceux qui reçoivent aussi l'Eucharistie[1]. » Il leur semble qu'on doit conclure de toutes ces choses que tout ce que nous ajoutons à l'union spirituelle est absolument inutile, et que c'est en vain qu'on se jette dans de si grandes difficultés pour une chose qui ne sert de rien.

Cet argument arrête beaucoup Messieurs de la religion prétendue réformée; et ils en sont d'autant plus touchés, qu'elle semble tirée du fond du mystère et appuyée sur des principes dont nous convenons avec eux. Mais on va voir en peu de paroles qu'il n'y a rien de plus vain, et il ne faut, pour cela, que faire l'application des choses qui ont été dites.

J'avoue donc que la perfection et le salut du chrétien consiste dans l'union que nous avons avec Jésus-Christ par cette foi vive qui agit par la charité : je confesse que sans cette union, celle de l'Eucharistie ne nous sert de rien : il faut aussi qu'on nous avoue qu'il ne nous sert non plus sans la foi, ni qu'un Dieu se soit fait homme pour nous, ni qu'il soit mort pour notre salut. Cependant on ne pourroit dire sans blasphème, que de si grands et de si admirables mystères soient inutiles. Il faut donc savoir distinguer ce que Dieu fait de son côté pour nous témoigner son amour, et

[1] Anon., p. 114.

ce que nous devons faire du nôtre pour y répondre. Il nous témoigne un amour infini lorsqu'il s'unit à notre nature jusqu'à prendre un corps semblable au nôtre, qu'il donne ensuite à la mort pour nous, et qu'il nous donne réellement à la sainte table. La fin que Dieu se propose en accomplissant ces mystères, c'est d'exciter notre amour : nous devons sans doute tendre à cette fin, où consiste notre perfection et notre salut. Mais il n'y auroit rien de plus insensé que de rejeter ces moyens par attachement à la fin, puisqu'au contraire cet attachement nous les doit faire chérir. Quand le Sauveur, quand l'Epoux sacré, transporté d'un amour céleste, donne son corps à posséder à sa chaste et fidèle Epouse, il n'exclut pas la foi, mais il l'excite; et bien loin d'éloigner l'esprit et le cœur, il les appelle à cette bienheureuse jouissance. Puisqu'un Dieu, qui par sa nature est un pur esprit, a bien voulu pour s'unir à nous prendre un corps, on ne doit plus s'étonner qu'il nous le donne aussi réellement qu'il l'a pris, ni objecter que cette union « ne sert de rien, ni à opérer, ni à faire entendre notre union spirituelle avec lui. » Jamais l'Eglise n'entend mieux combien l'Epoux est à elle, ni ne s'y attache avec plus d'ardeur, que lorsqu'elle jouit de son corps sacré. Jamais elle n'est plus assurée de recevoir ses dons que lorsqu'elle le voit venir en personne, et qu'elle tient avec son corps et avec son sang les instrumens précieux de toutes ses graces. Elle est touchée de cette présence autant que si Jésus-Christ se montroit à elle en la propre chair qu'il a prise et immolée pour son salut. Car c'est assez qu'elle entende sa parole; sa foi excitée par ces mots divins : «Ceci est mon corps, ceci est mon sang, » sent combien est présent celui qui donne si réellement sa substance propre, et n'a plus besoin du secours des sens pour jouir de cette présence.

Mais, dit-on, ne doit-elle pas se contenter de ce qu'elle reçoit au baptême, puisque ce qu'elle y reçoit suffit pour son salut éternel? Elle s'en contenteroit, comme j'ai dit, si Jésus-Christ avoit voulu s'en contenter lui-même : mais si son amour infini veut se déclarer envers nous d'une manière plus particulière et plus tendre, devons-nous en refuser les gages sacrés? L'Eglise au reste ne s'étonne pas qu'il lui donne dans l'Eucharistie son corps et son sang, qu'il ne lui avoit pas donnés au baptême. Il faut être lavé de ses crimes pour recevoir un don si précieux, et la rémission des péchés devoit précéder cette jouissance. On voit donc combien vainement on tâche de nous arracher un gage si considérable de l'amour divin. Mais toutefois écoutons encore un raisonnement où l'auteur de la *Réponse* a mis son fort.....

CINQUIÈME FRAGMENT.

DE LA TRADITION OU DE LA PAROLE NON ÉCRITE.

La suite du discours demande que nous parlions de l'autorité de la parole non écrite, que l'auteur attaque de toute sa force. Après avoir combattu l'*Exposition* par quelques légères attaques, qui regardent plutôt la manière de parler que le fond des choses, il prend la peine de ramasser les preuves qu'il croit les plus fortes contre l'autorité de la tradition; chose très-éloignée de notre dessein. Bien plus, il se jette sur le purgatoire, sur les images, sur les reliques, sur la confession, sur plusieurs autres doctrines que l'Eglise romaine défend; comme si dans un article où il ne s'agit que de la tradition en général, il falloit traiter nécessairement de toutes les traditions en particulier. Il me regarde toujours comme un homme qui est engagé dans la preuve de notre doctrine; et sans même vouloir considérer que si l'on ne veut de dessein formé embrouiller les choses, il faut établir la règle avant que d'en faire l'application; il veut que je prouve tout ensemble, et la vérité de la règle qui autorise la tradition, et la juste application qu'en fait l'Eglise romaine dans toutes les traditions particulières; et tout cela en deux pages; car cet article de l'*Exposition* n'en contient pas davantage. Ne veut-il pas me faire justice et considérer une fois que si j'avois voulu établir la preuve de notre doctrine, j'aurois fait autre chose qu'une *Exposition?*

C'est ce qu'il ne veut point entendre. Il me fait faire des argumens auxquels je n'ai pas pensé, qu'il détruit ensuite à son aise avec une facilité merveilleuse. Il veut absolument que j'aie entrepris, non-seulement de prouver la tradition en général, mais encore que notre doctrine sur le purgatoire, sur les saints, sur leurs reliques et sur leurs images et les « autres dogmes particuliers de la tradition, sont la doctrine même des apôtres non écrite; » et que faute de pouvoir prouver ce que j'avance, « je donne en la place d'une telle preuve cette maxime vaguement posée, que la marque certaine qu'une doctrine vient des apôtres, c'est lorsqu'elle est embrassée par toutes les églises chrétiennes, sans qu'on en puisse montrer les commencemens [1]. »

Or tout cela n'est point notre preuve; c'est la simple exposition de notre doctrine : et si l'auteur se veut figurer que j'ai entrepris de la prouver, c'est afin de prendre cette occasion de me pousser jusqu'à l'insulte par ces paroles : « M. de Condom, dit-il, pose vaguement cette maxime, sans même, poursuit-il, l'oser appliquer en particulier à aucune des traditions de l'Eglise romaine, comme s'il sentoit que ce caractère, tout vague qu'il est, ne leur convient pas [2]. » C'est ainsi qu'il flatte les siens d'une victoire imaginaire; et encore une fois, il ne veut jamais considérer qu'il n'étoit pas de mon dessein d'entrer dans la preuve de cette maxime, encore moins de composer un volume pour en faire l'application aux articles particuliers. Il m'insulte toutefois : il me montre aux siens battu et défait, comme si l'on m'avoit fait rendre par force les armes que je n'ai pas prises. Mais pour ne point prendre ce ton de vainqueur avant que d'avoir combattu, il falloit venir au point important dont il s'agit entre nous : il falloit voir à quoi je voulois que servît mon *Exposition*, et combien étoient importantes les difficultés que je prétendois éclaircir en peu de mots.

Puisqu'il ne lui a pas plu de considérer une chose si essentielle à notre dessein, il faut que j'étende un peu mon *Exposition*, pour lui remettre devant les yeux ce qu'il n'a pas voulu voir. L'importance de cette matière, dont les conséquences s'étendent dans toutes nos controverses, et les divers moyens dont se sert l'auteur

[1] Anon., p. 304. — [2] *Ibid.* p. 305.

de la *Réponse* pour l'envelopper, me font résoudre à la traiter un peu plus amplement que les autres. Si on s'attache un peu à me suivre et à prendre l'idée véritable, on verra avant que de sortir de cet article, que les passages que l'Anonyme et les siens font le plus valoir contre nous, ne touchent pas seulement la question, bien loin de la décider en leur faveur; et qu'il n'y a rien de plus mal fondé que de comparer, comme ils font, les traditions chrétiennes avec celles des pharisiens que Jésus-Christ a condamnées et qu'ils nous allèguent sans cesse.

Pour bien entendre notre doctrine et l'état de la question, il faut remarquer avant toutes choses que ce qui nous oblige à recevoir les traditions non écrites, c'est la crainte que nous avons de perdre quelque partie de la doctrine des apôtres. Car on convient que, soit qu'ils prêchassent, soit qu'ils écrivissent, le Saint-Esprit conduisoit également leur bouche et leur plume; et comme ils n'ont écrit nulle part qu'ils aient mis par écrit tout ce qu'ils ont prêché de vive voix, nous croyons que le silence de l'Ecriture n'est pas un titre suffisant pour exclure toutes les doctrines que l'antiquité chrétienne nous aura laissées.

C'est donc ici notre question, savoir si toute doctrine que les apôtres n'ont pas écrite est condamnée par ce seul silence, quelque antiquité qu'elle ait dans l'Eglise. Nos adversaires le prétendent ainsi; mais c'est en vain qu'ils se glorifient de ne vouloir recevoir que ce que les apôtres ont écrit, si auparavant ils ne nous montrent qu'il ne faut point chercher hors des écrits des apôtres ce que Dieu leur a révélé pour notre instruction. Le fondement de notre défense consiste à leur demander quelque passage qui établisse cette règle : mais tant s'en faut que les apôtres nous aient réduits à n'apprendre leur doctrine que par leurs écrits, qu'ils ont pris soin au contraire de nous prémunir contre ceux qui voudroient nous restreindre à ce seul moyen. Saint Paul écrit ces paroles à Timothée : « Affermissez-vous, mon fils, dans la grace de Jésus-Christ; et ce que vous avez ouï de moi en présence de plusieurs témoins, confiez-le à des hommes qui puissent eux-mêmes l'enseigner à d'autres [1]. » La seconde *Epître à Timothée,*

---

[1] II *Timoth.,* II, 1, 2.

d'où sont tirées ces paroles, est sans doute une des dernières que saint Paul ait écrites : et quoique cet Apôtre eût déjà écrit des choses admirables, on voit qu'il ne réduit pas Timothée à lire simplement ce que lui-même ou les autres apôtres auroient écrit ; mais que sentant approcher sa fin, de même qu'il avoit pris soin de laisser quelqu'un après lui qui pût conserver le sacré dépôt de la parole de vie, il veut que Timothée suive cet exemple. Il lui avoit enseigné de vive voix les vérités chrétiennes, en présence de plusieurs témoins : il lui ordonne d'instruire à son imitation des hommes fidèles, qui puissent répandre l'Evangile et le faire passer aux âges suivans. Ainsi la tradition de vive voix est un des moyens choisi par les apôtres, pour faire passer aux âges suivans et à leurs descendans les vérités chrétiennes. Si nous ne pouvions rien recueillir par ce moyen, ou si ce moyen n'étoit pas certain, les apôtres ne l'auroient pas recommandé. C'est pourquoi nous nous sentons obligés de consulter l'antiquité chrétienne ; et quand nous trouvons quelque doctrine constamment reçue dans l'Eglise sans qu'on en puisse marquer le commencement, nous reconnoissons l'effet de cette instruction de vive voix, dont les apôtres ont voulu que nous recueillissions le fruit et ont recommandé l'autorité.

Il n'est pas juste que nos adversaires nous le fassent perdre. Mais de peur qu'ils ne nous objectent que nous les abusons par le mot d'*Eglise*, en leur donnant toujours sous ce nom l'Eglise romaine, dont ils contestent le titre, nous pouvons convenir avec eux d'une Eglise qu'ils reconnoissent. Ils conviennent qu'elle a subsisté jusqu'au temps des quatre premiers conciles généraux ; et puisqu'ils déclarent expressément dans leur *Confession de foi* qu'ils en reçoivent aussi bien que nous les définitions, ils ne contestent pas le titre d'*Eglise* à celle qui a tenu ces conciles. Ce terme s'étend un peu au-dessous du IVe siècle du christianisme. Si donc nous trouvons dans ces premiers siècles, si proches du temps des apôtres, quelque doctrine, quelle qu'elle soit (car il ne s'agit pas encore de rien déterminer là-dessus), qui ait été constamment reçue depuis l'Orient jusqu'à l'Occident, et depuis le Septentrion jusqu'au Midi, où s'étendoit le christianisme : si nous trouvons que ceux qui l'ont constamment prêchée marquent qu'elle venoit de plus haut, et n'en nomment point d'autres auteurs que les apôtres, on ne peut s'empêcher de reconnoître dans cette succession de doctrine la force des instructions de vive voix, que les apôtres ont voulu faire passer de main en main aux siècles suivans.

C'est pourquoi nous nous sentons obligés de rechercher dans l'antiquité les traditions non écrites; et par là nous nous mettons en état d'obéir au précepte que saint Paul a donné à toute l'Eglise en la personne des fidèles de Thessalonique, lorsqu'il leur a ordonné de retenir les traditions qu'ils ont apprises, soit par ses discours, soit par son Epître [1].

Ecouterons-nous l'Anonyme, qui répond que saint Paul « ne marque pas que les choses qu'il avoit enseignées de vive voix, fussent différentes de celles qu'il leur avoit écrites [2]? » Au contraire ne voyons-nous pas que saint Paul n'eût pas appuyé si distinctement sur ces deux moyens de connoître sa doctrine, si un seul l'eût découverte tout entière?

Cette instruction nous regarde. En la personne des fidèles de Thessalonique, saint Paul instruisoit les fidèles des âges suivans; tellement que le Saint-Esprit nous ayant montré deux moyens de connoître la vérité, nous serions injurieux envers lui, si nous négligions l'un des deux.

Ainsi considérant la doctrine constante de l'antiquité comme le fruit de cette instruction de vive voix, que les apôtres ont pratiquée et recommandée, nous recevons cette règle de saint Augustin, « qu'on doit croire que ce qui est reçu unanimement, et qui n'a point été établi par les conciles, mais qui a toujours été retenu, vient des apôtres, encore qu'il ne soit pas écrit. » Il a combattu par cette règle l'hérésie des donatistes sur la réitération du baptême; par où l'on voit en passant la hardiesse de l'Anonyme, qui sans produire aucun passage, oppose à notre doctrine le témoignage des Pères, et entre autres de saint Augustin, sans considérer que ce même saint Augustin, qu'il nomme entre tous les autres, est celui qui a écrit en termes formels la règle que nous suivons. Mais le nom de saint Augustin et des Pères est beau

---

[1] II *Thess.*, II, 14. — [2] Anon., p. 199.

à citer, et il y a toujours quelqu'un qui croit qu'on les a pour soi, quand on les compte hardiment parmi les siens.

J'ai cru que je devois expliquer avec un peu plus d'étendue la doctrine de l'*Exposition*. Mais quoique j'eusse traité ce sujet conformément à mon dessein en peu de paroles, j'avois proposé en substance ce qui fonde l'autorité de la parole non écrite. Car si l'on considère cet article, on verra que j'ai fait deux choses. Je tire premièrement de l'*Epitre aux Thessaloniciens* ce principe indubitable, que nous devons recevoir avec une pareille vénération tout ce que les apôtres ont enseigné, soit de vive voix, soit par écrit. Je représente en peu de mots qu'en effet on a cru les mystères de Jésus-Christ, et les vérités chrétiennes, sur le témoignage qu'en ont rendu les apôtres avant qu'ils eussent écrit aucun livre ou aucune épître. Tout cela ne permet pas de douter du principe que j'établis, qui aussi n'est pas contesté par nos adversaires : mais s'il est une fois constant que ce que les apôtres ont enseigné de vive voix est d'une autorité infaillible, il ne reste plus qu'à considérer les moyens que nous avons de le recueillir. C'est la seconde chose que je fais dans mon *Exposition*; et je dis qu'outre ce que les apôtres ont écrit eux-mêmes, une marque certaine qu'une doctrine vient de cette source, c'est lorsqu'elle est embrassée par toutes les églises chrétiennes, sans qu'on en puisse marquer le commencement. Voilà ce que nous appelons la *parole non écrite*.

L'auteur me reproche ici que « je cherche un avantage indirect, en appelant la tradition *la parole non écrite*, d'un nom qui préjuge la question par la chose même qui est en question[1]. » Il s'abuse. Ni je ne cherche aucun avantage, ni je ne préjuge rien. Mais pourquoi ne veut-il pas qu'il me soit permis de poser ma thèse, et de déclarer ce que nous croyons? Je ne prétends pas qu'on m'accorde cette doctrine comme prouvée sur ma simple exposition : mais est-ce trop demander que de vouloir du moins qu'on m'accorde que c'est la doctrine que nous professons? Or en m'accordant seulement cela, on va voir combien d'objections seront résolues.

[1] Anon., p. 296.

Le premier effet que doit produire l'état de la question posé au vrai, c'est de marquer précisément aux adversaires ce qu'ils sont obligés de prouver. Quand je parle de parole non écrite, l'auteur a raison de m'avertir que je ne dois pas tirer avantage de ce mot, ni préjuger la question par ce qui est en question. En effet il n'y a point de plus grand défaut dans le raisonnement, que celui de donner pour preuve la chose dont on dispute; et comme nous tomberions dans ce défaut, si nous supposions sans prouver qu'il y a une parole non écrite, nos adversaires y tomberoient aussi, s'ils posoient comme un principe avoué que tout ce qui nous a été révélé par le moyen des apôtres a été mis par écrit. Il est pourtant véritable que s'ils ne le supposoient de la sorte, ils ne produiroient pas, comme ils font sans cesse, contre la parole non écrite ce passage de saint Paul : « Si quelqu'un vous annonce une autre doctrine que celle que je vous ai annoncée, qu'il soit anathème [1]. » Car même en laissant à part les autres solides réponses qu'on a faites à ce passage, il est clair que pour en conclure qu'il n'y a point de tradition non écrite, il faut supposer nécessairement, ou que les apôtres n'ont enseigné que par écrit, ce que personne ne dit; ou du moins qu'ils ont rédigé par écrit tout ce qu'ils ont enseigné, ce qui est en question entre nous et ce que ce passage ne dit pas. Ainsi à moins que de supposer ce qui est précisément en dispute, il faut que les prétendus réformés abandonnent ce passage, et qu'ils cherchent en quelqu'autre lieu la preuve de leur doctrine, dont il ne paroît en celui-ci aucun vestige.

C'est par une erreur semblable que l'Anonyme lui-même, parlant de ce passage célèbre où saint Paul ordonne à ceux de Thessalonique de retenir les enseignemens qu'il leur a donnés, soit de vive voix, soit par des épîtres, prouve que les traditions non écrites de l'Eglise romaine ne sont pas autorisées par ce passage, parce que « si on prend la peine de lire les deux *Epîtres* de saint Paul aux mêmes Thessaloniciens, où il leur parle des enseignemens qu'il leur avoit donnés et de la manière dont il leur avoit prêché l'Evangile, on n'y trouvera rien du tout, non plus que

[1] *Galat.*, I, 8.

dans l'Evangile même, qui ait le moindre rapport à la prière pour les morts, au purgatoire, ni enfin à aucune autre des traditions qui sont en question [1]. » Ainsi dans la question où il s'agit de savoir si le silence de l'Ecriture est une preuve, il nous allègue pour preuve le silence de l'Ecriture dans un passage dont on se sert pour prouver qu'il y a des traditions non écrites. Il nous donne comme une preuve que s'il y avoit des traditions non écrites, saint Paul les auroit écrites. C'est ainsi qu'on raisonne, lorsqu'on ne veut point chercher d'autres preuves que sa propre préoccupation, et qu'on donne pour loi tout ce qu'on avance.

Il tombe dans la même faute, lorsqu'il dit, « que Notre-Seigneur ayant mis dans le cœur des évangélistes et des apôtres, d'écrire l'Evangile qu'ils prêchoient, ces saints docteurs étant conduits immédiatement par le Saint-Esprit, n'ont pas fait la chose imparfaitement ou à demi [2]. » Il a raison de dire que les apôtres n'ont pas fait imparfaitement et à demi ce qu'ils s'étoient proposé de faire; mais s'il suppose qu'ils avoient formé le dessein de rédiger par écrit tout ce qu'ils prêchoient de vive voix, je suis obligé de l'avertir que c'est là précisément de quoi l'on dispute. Les apôtres eux-mêmes ne disent rien de semblable. Or ce n'est pas à nous de nous former une idée de perfection, telle qu'il nous plaît, dans les Ecritures; et l'Anonyme, pour avoir voulu se la figurer cette perfection plutôt selon ses pensées que selon l'Ecriture même, n'a pas aperçu que ses expressions nous conduiroient malgré lui jusqu'au blasphème, si nous les suivions. Dieu avoit mis dans le cœur de saint Matthieu d'écrire l'Evangile de Jésus-Christ : s'ensuit-il qu'il l'ait fait imparfaitement, parce que nous apprenons de saint Jean des particularités de cet Evangile que saint Matthieu n'avoit pas écrites? Quoique les *Epîtres* des apôtres nous donnent de merveilleux éclaircissemens que nous n'avons point par les Evangiles, peut-on dire, sans blasphémer, que les quatre Evangiles soient imparfaits? Si donc il a plu au Saint-Esprit que nous sussions quelques vérités par une autre voie que par celle de l'Ecriture, doit-on conclure de là que l'Ecriture soit imparfaite? Ne voit-on pas qu'il faut raisonner sur d'autres idées

[1] Anon., p. 299. — [2] *Ibid.* p. 297.

que sur celles de l'Anonyme, et reconnoître que tous les ouvrages des apôtres sont parfaits, parce que chacun d'eux a écrit ce qui servoit au dessein que le Saint-Esprit lui avoit mis dans le cœur? Que si l'on veut supposer que chacun d'eux a écrit ce qu'il devoit et que tous devoient tout écrire, c'est là, encore une fois, ce qu'il faut prouver : c'est ce que nos frères ne nous ont fait lire dans aucun endroit de l'Ecriture, et ce que nous ne pouvons recevoir sans ce témoignage.

Mais « saint Paul, dit l'Anonyme, n'ayant égard principalement qu'à l'Ecriture du Vieux Testament, disoit à Timothée que l'Ecriture est propre à instruire, à corriger, à convaincre et à rendre l'homme parfait et accompli en toute bonne œuvre[1]. »

A qui de nous a-t-il ouï dire que l'Ecriture ne fût pas propre à toutes ces choses, et à conduire l'homme de Dieu à sa perfection ? Donc elle seule y est utile ; donc elle contient tout ce qui est propre à une fin si nécessaire : ce sont autant de propositions qu'il faudroit prouver, qui ne sont point dans saint Paul, et que l'Anonyme suppose au lieu d'en faire la preuve.

Il a remarqué lui-même que saint Paul disant ces paroles, « regardoit principalement les Ecritures de l'Ancien Testament. » En effet celles du Nouveau n'étoient pas encore. Si cet auteur a bien compris ce qu'il disoit, sans doute il a dû entendre que ce passage de saint Paul se peut appliquer dans toute sa force aux anciennes Ecritures, que cet Apôtre « regardoit principalement. » Saint Paul a donc voulu dire que les anciennes Ecritures sont propres à toutes ces choses. L'Anonyme conclura-t-il de là qu'elles seules y sont propres, ou qu'elles contiennent tout ce qui est propre à tous ces effets? Que resteroit-il après cela que de supprimer l'Evangile?

Il croit avoir paré ce coup, lorsqu'il dit que le Vieux Testament est propre à toutes choses, » à plus forte raison les deux Ecritures du Vieux et du Nouveau Testament peuvent-elles faire tout cela étant jointes ensemble. » Il ne falloit pas changer les termes : si le Vieux Testament est propre à toutes ces choses, à plus forte raison le Vieux et le Nouveau y sont propres étant joints ensem-

[1] Anon., p. 298.

ble, au même sens que le Vieux Testament y étoit propre tout seul : c'est bien conclure, et j'en suis d'accord.

Mais pourquoi a-t-il affoibli les paroles de saint Paul ? Voici comment a parlé cet Apôtre : « Toute Ecriture, dit-il, divinement inspirée, est propre à enseigner, à convaincre, à reprendre, à instruire dans la justice, afin que l'homme de Dieu soit parfait, instruit à toute bonne œuvre [1]. » Il ne dit pas seulement, comme le rapporte l'Anonyme, que l'Ecriture en général est propre à toutes choses : il parle plus fortement; et comme on dit en général que tout homme est capable de raisonner, il dit en descendant au particulier, que « toute Ecriture divinement inspirée » est utile à tous ces effets. Mais ces paroles ainsi proposées détruisent trop évidemment les prétentions des ministres; car on ne peut soutenir que chaque livre de l'Ecriture renferme cette plénitude. Il a donc fallu nécessairement qu'ils affoiblissent le sens de l'Apôtre; et ils ont dissimulé la louange qu'il a donnée effectivement à chaque livre particulier de l'Ecriture, parce qu'ils vouloient attribuer à l'Ecriture en général une suffisance absolue dont saint Paul ne parle en aucune sorte.

Pour nous, nous renfermant dans les termes de saint Paul et admirant l'exactitude précise avec laquelle il s'explique, nous reconnoissons avec lui, non-seulement que toute l'Ecriture en général, mais encore que chaque partie de l'Ecriture inspirée de Dieu, est propre à tous les effets que cet Apôtre rapporte. Car nous adorons dans chaque partie de cette Ecriture une profondeur de sagesse, une étendue de lumières, une suite de vérités si bien soutenue, qu'une partie servant à éclaircir l'autre, chaque partie concourt à conduire l'homme de Dieu à sa perfection. Que nos frères ne pensent donc pas que nous voulions diminuer la force, ou déroger à la perfection de l'Ecriture divine. Nous croyons que non-seulement tout le corps de cette Ecriture, mais encore que chaque parole sortie de la bouche du Fils de Dieu qui nous y est rapportée, et chaque sentence écrite par les apôtres et par les prophètes, est propre à nous porter à toute vertu et à disposer notre cœur à recevoir toute vérité. Ceux qui adorent en cette

[1] II *Timoth.*, III, 16, 17.

forme toutes les parties de l'Ecriture voudroient-ils rabaisser l'idée de la perfection du tout? Aussi employons-nous l'Ecriture sainte *à toute bonne œuvre*, selon ce que dit l'Apôtre dans le passage que nous traitons. Nous employons l'Ecriture à établir les principes essentiels et de la foi et des mœurs, et nous croyons qu'elle en comprend tous les fondemens. Si l'antiquité chrétienne nous apporte quelque doctrine que l'Ecriture taise, ou dont elle ne parle pas assez clairement, c'est l'Ecriture elle-même qui nous apprend à la respecter et à la recevoir des mains de l'Eglise. L'Anonyme dit, que « Messieurs de l'Eglise romaine sont si peu fermes sur leurs principes de la tradition, ou du moins qu'ils reconnoissent si bien que la tradition ne peut aller de pair avec l'Ecriture, que lorsqu'on les presse touchant les traditions particulières, il n'y en a presque pas une seule qu'ils ne tâchent d'appuyer de l'autorité de l'Ecriture [1]. » Quelle pernicieuse conséquence! et comment un homme sincère a-t-il pu dire que nous affoiblissions ou l'Ecriture ou la tradition séparément prises, en montrant qu'elles se défendent l'une l'autre? Mais du moins ne peut-il nier, puisqu'il parle ainsi, que nous ne reconnoissions combien l'Ecriture est propre à tout bien. En effet nous soutenons que non-seulement les traditions en général, mais encore les traditions que nous enseignons en particulier, ont des fondemens si certains sur l'Ecriture et des rapports si nécessaires avec elle, qu'on ne peut les détruire ou les attaquer, sans faire une violence toute manifeste à l'Ecriture elle-même. La discussion de cette vérité n'est pas de ce lieu. Mais cette seule prétention, que nous avons, doit suffire pour faire voir qu'on nous impose manifestement, quand on nous accuse d'avoir une idée trop foible de l'Ecriture sainte; et que de telles objections ne subsistent plus, aussitôt que notre doctrine est bien entendue.

On voit encore par l'exposition de notre doctrine, combien on a tort de nous objecter qu'en sortant des bornes de l'Ecriture, nous ouvrons un moyen facile de rendre la religion arbitraire. Car bien loin de prétendre qu'on puisse donner ce qu'on veut sous le nom de *tradition* et de *parole non écrite*, nous disons que

---

[1] Anon., p. 303, 304.

la marque pour la connoître, c'est lorsqu'on voit dans une doctrine le consentement de toutes les églises chrétiennes, sans qu'on puisse en marquer le commencement. Or ce consentement n'est pas une chose qu'on puisse feindre à plaisir; et cette marque que nous posons, pour connoître la tradition, répond encore au reproche qu'on nous fait, d'égaler en quelque sorte les écrits des Pères à la sainte Ecriture; c'est-à-dire des hommes sujets à faillir à Dieu même, qui est le soutien et la source de la vérité. Car nous ne fondons pas la tradition sur les sentimens particuliers des saints Pères, qui étoient en effet sujets à faillir, mais sur une lumière supérieure et sur un fond certain de doctrine, dont les Pères rendent témoignage et que nous voyons prévaloir au milieu et au-dessus des opinions particulières.

Il falloit donc examiner si un tel consentement peut être un ouvrage humain, et non pas supposer toujours que nous fondons notre foi sur l'autorité des hommes. Car c'est trop regarder l'Eglise et l'établissement de la doctrine de l'Evangile comme un ouvrage purement humain, que de dire, comme l'auteur le veut faire entendre, que recevoir la saine doctrine par la tradition de vive voix, c'est vouloir la faire « dépendre de la mémoire et de la volonté des hommes, naturellement sujets à l'erreur [1]. » Car nous renversons les fondemens du christianisme, et nous lui déclarons la guerre plus cruellement que les infidèles, si nous ôtons nous-mêmes à l'Eglise cet Esprit de vérité qui lui a été promis jusqu'à la consommation des siècles, et si nous croyons que l'erreur y puisse jamais être autorisée par un consentement universel. Nous pouvons voir au contraire quel est le poids d'un consentement semblable, par la manière dont nous avons reçu l'Ecriture sainte.

L'Anonyme ne connoît pas l'état où nous sommes dans ce lieu d'exil, quand il veut que la vérité nous y paroisse aussi clairement qu'il est clair « qu'il est jour, quand le soleil luit sur notre horizon [2]. » C'est trop flatter des hommes mortels, qui sont guidés par la foi, que de vouloir leur faire croire que la vérité leur luise à découvert, comme s'ils étoient dans l'état où nous la verrons face

[1] Anon., p. 313. — [2] *Ibid.* p. 315.

à face. La divinité des Ecritures est un mystère de la foi, où l'on ne doit non plus chercher l'évidence entière que dans les autres articles de notre croyance. Ne parlons pas ici des infidèles et de ceux qui ont le cœur éloigné des vérités de l'Evangile. Comment pouvez-vous penser que Luther, que vous regardez comme un homme rempli d'une lumière extraordinaire du Saint-Esprit, et que tous les luthériens qui sont selon vous les enfans de Dieu, dignes d'être reçus à sa table, aient pu rejeter l'*Epître* de saint Jacques et ne pas connoître la vérité d'une partie si essentielle de l'Ecriture, s'il est vrai, comme vous dites, qu'il soit aussi clair que l'Ecriture est dictée par le Saint-Esprit qu'il est clair que le soleil luit? Et pour ne pas alléguer toujours Luther et les luthériens, recherchez dans l'antiquité comment est-ce que l'*Apocalypse* et la divine *Epître aux Hébreux* ont été reçues sans contradiction, après que tant de fidèles serviteurs de Dieu en ont douté si longtemps. Vous trouverez que ce n'est pas la seule évidence d'une lumière aussi éclatante et aussi claire que le soleil; mais que c'est l'autorité de l'Eglise et la force supérieure de la tradition, et l'esprit de vérité qui réside dans tout le corps de l'Eglise, qui ont surmonté ces doutes des particuliers. C'est donc abuser manifestement ces particuliers que de leur dire qu'ils peuvent voir la divinité, et de toute l'Ecriture en général, et de chacune de ses parties, avec la même évidence qu'ils voient que le soleil luit. Il faut revenir nécessairement à l'autorité de l'Eglise, à la suite de la tradition, au consentement de l'antiquité. Et comment donc voudroit-on que nous puissions mépriser ce consentement, après l'avoir trouvé suffisant pour nous faire recevoir l'Ecriture même? Si le fondement principal sur lequel nous distinguons les livres divins d'avec les livres ordinaires est le consentement de l'antiquité, pouvons-nous ne pas regarder comme divin tout ce qu'un semblable consentement nous apporte? Et de là ne s'ensuit-il pas que tout ce qui est reçu par l'antiquité, sans qu'on en puisse marquer le commencement, doit être nécessairement venu des apôtres?

Cette règle est si certaine, que ceux de Messieurs de la religion prétendue réformée qui procèdent de bonne foi, ne pourroient pas s'empêcher de la recevoir, si leurs ministres leur permettoient de l'envisager en elle-même. Mais ils font tous comme l'Anonyme. Aussitôt qu'on leur parle de l'autorité de ce consentement universel, ils empêchent qu'on n'arrête longtemps la vue sur un objet si vénérable : ils se jettent, aussi bien que lui, sur le purgatoire, sur les saints, sur les reliques, sur les autres doctrines qu'ils ont tâché de rendre odieuses aux leurs, parce qu'ils ne leur en découvrent ni la source, ni les fondemens, ni la véritable intelligence. Telle est visiblement la conduite de l'Anonyme. Au lieu de tourner toute son attention à considérer si cette règle est véritable, qu'il faut céder au consentement universel de l'antiquité chrétienne, pourvu qu'il soit bien constant sur quelque doctrine : il se jette sur les doctrines particulières ; il s'embarrasse avant le temps dans l'application de la règle, quoique cette application ne puisse être faite tout d'un coup, ni pénétrée d'une seule vue. Ainsi confondant ce qui est clair avec ce qui ne peut pas l'être d'abord, il ne laisse plus ni d'idée distincte, ni de lumière évidente, ni d'ordre certain dans notre dispute.

C'est par une semblable conduite que, sans entrer jamais au fond du dessein, il chicane sur tous les mots de l'*Exposition*. Et voici comment il en attaque le commencement : « C'est parler, dit-il, en quelque sorte improprement que de dire que Jésus-Christ a fondé l'Eglise sur la prédication, et non par la prédication [1]. » Pour moi je céderois volontiers sur de pareilles difficultés, et j'en passerois aisément par l'avis de M. Conrart (a). Mais enfin on ne peut nier que la foi de l'Eglise ne soit fondée sur le témoignage de vive voix, que le Fils unique a rendu de ce qu'il a vu dans le sein de son Père, et sur un pareil témoignage de vive voix que les apôtres ont rendu de ce qu'ils ont ouï dire et vu faire au Fils. Toutefois que l'Anonyme choisisse entre le *sur* et le *par*, je ne fais fort ni sur l'un ni sur l'autre : il me suffit qu'il soit certain que le témoignage de vive voix avoit fondé les églises, avant que l'Evangile eût été écrit.

Pourquoi ne veut-il pas que je dise que cette parole prononcée

[1] P. 300.
(a) L'un des premiers fondateurs de l'Académie françoise. (*Note de l'abbé Leroi*.)

de vive voix, et par Jésus-Christ, et par les apôtres, a été la première règle des chrétiens? « C'est l'Ecriture du Vieux Testament, dit-il, qui est la première et la plus ancienne règle et le fondement de la foi des chrétiens[1]. » Veut-il dire que la loi de Moïse a précédé l'Evangile, et qu'elle en est le fondement? Nous ne le nions pas, et c'est en vain qu'il entreprend de prouver une vérité si constante. Mais s'il veut dire que la loi de Moïse comprenne formellement tout ce que l'Evangile nous a enseigné, et enfin que la nouvelle loi n'ait rien annoncé de nouveau, c'est une fausseté manifeste. Ainsi sans chicaner sur les mots, il falloit demeurer d'accord que les nouveaux sacremens, aussi bien que les nouveaux préceptes que Jésus-Christ a donnés, ont été publiés d'abord de vive voix; et que c'est par la vive voix que s'est fait le parfait développement du mystère d'un Dieu fait homme, qui étoit scellé sous des ombres et sous des figures dans toutes les générations précédentes. Lorsque Dieu a voulu donner la loi ancienne, il a commencé à prendre des tables de pierre où il a gravé le Décalogue, et Moïse a écrit par ordre exprès tout ce que Dieu lui a dicté. Mais Jésus-Christ n'a rien fait de semblable, et les premières tables où sa loi a été écrite ont été les cœurs. Ainsi les vérités chrétiennes ont été crues avant que les apôtres eussent écrit. Alors la parole de vive voix n'étoit pas seulement la première, mais encore l'unique règle où l'on pût découvrir manifestement toute la doctrine que Jésus-Christ avoit enseignée; et je ne m'arrêterois pas sur une doctrine si claire, si l'on n'avoit entrepris de tout confondre.

Mais voici des embarras bien plus étranges. J'ai dit que cette parole de vie que les apôtres prêchoient ayant tant d'autorité dans leur bouche, « elle ne l'avoit pas perdue lorsque les Ecritures du Nouveau Testament y ont été jointes. » Quelque hardiesse qu'on ait, il n'est pas possible de nier une vérité si constante; il la faut du moins obscurcir. L'auteur dit que « cette manière de parler est très-impropre. » Il veut faire croire qu'elle rabaisse la dignité de l'Ecriture, et que cette expression, « que les Ecritures ont été jointes à la parole non écrite, » donne trois fausses images, par

[1] Anon., p. 301.

lesquelles il prétend que j'ai rabaissé la dignité de l'Ecriture [1]. Mais on va voir la pureté de notre doctrine, qui ne peut être attaquée que par des déguisemens visibles.

En disant que les Ecritures ont été jointes à la parole, j'ai voulu marquer seulement que la parole a précédé et que l'Ecriture y a été jointe, pour faire un même corps de doctrine avec la parole par la parfaite convenance qu'elles ont ensemble. Il n'y a personne qui ne voie que c'est là mon sens naturel; mais il est trop droit et trop véritable. L'auteur veut que je fasse entendre par cette expression innocente, « que la doctrine de l'Evangile, telle que nous l'avons par écrit, n'est qu'un accessoire. » Quel blasphème m'attribue-t-il? Un chrétien peut-il seulement penser que ce que nous lisons dans l'Evangile, et de la vie, et de la mort, et des miracles, et des préceptes de Notre-Seigneur, soit un accessoire, et non pas le fond du christianisme? Mais il ne laisse pas d'être véritable que ce fond a été prêché avant que d'avoir été écrit, et c'est tout ce que j'ai prétendu en ce lieu.

Encore moins ai-je voulu dire que cette doctrine que nous avons par écrit soit différente de la parole à laquelle elle a été jointe. Quand on parle de différence et qu'il s'agit de doctrine, on marque ordinairement quelque opposition. Si l'Anonyme l'entend de la sorte, c'est une idée aussi fausse que la première, qu'il a voulu donner de nos sentimens. Nous disons, et il est très-véritable, que les apôtres n'ont écrit nulle part qu'ils aient mis par écrit toute la doctrine qu'ils ont prêchée de vive voix: mais nous ne disons pas pour cela qu'ils aient écrit une doctrine différente de celle qu'ils avoient prêchée. Un homme peut écrire tout ce qu'il a dit; il peut en écrire ou plus ou moins; mais si cet homme est véritable, et les choses qu'il dit et celles qu'il écrit auront toujours ensemble un parfait rapport. Ainsi quoique l'antiquité chrétienne ait recueilli de la prédication des apôtres quelques vérités qu'ils n'ont pas écrites, toutefois ce qu'ils ont écrit, ou ce qu'ils ont dit, fera toujours un corps suivi de doctrine, dans lequel on ne montrera jamais d'opposition. C'est pourquoi si quelqu'un vouloit débiter comme une doctrine non écrite quelque doctrine

[1] Anon., p. 302.

qui fût contraire aux Ecritures, l'Eglise la rejetteroit à l'exemple du Fils de Dieu, qui a rejeté sur ce fondement les fausses traditions des pharisiens. Mais de là il ne s'ensuit pas que tout ce que tait l'Ecriture ait été proscrit, ou qu'on puisse considérer la doctrine écrite et celle qui a été prêchée de vive voix comme des doctrines opposées.

Mais considérons le dernier des mauvais sens que l'Anonyme veut trouver dans mes paroles. Il soutient que cette expression de M. de Condom, « que les Ecritures ont été jointes à la parole non écrite, » fait entendre que « ce qui n'a pas été écrit est plus considérable que ce que nous avons dans les Livres sacrés[1]. » Quelle étrange disposition l'a obligé à donner des sens si malins à nos expressions les plus innocentes? Pourquoi vouloir toujours faire croire au monde que nous diminuons la dignité des Livres sacrés? Encore que la parole ait précédé l'Ecriture, et que l'Ecriture ensuite y ait été jointe, ce n'est pas dire que l'Ecriture n'ait fait simplement que ramasser ce qu'il y avoit de moins important. Mais aussi de ce que les apôtres ont écrit les choses les plus essentielles, s'ensuit-il que nous devions mépriser ce que nous pouvons recueillir d'ailleurs de leurs maximes et de leurs doctrines? L'Anonyme n'oseroit le dire; et au contraire il faut qu'il avoue que si nous savions certainement que les apôtres eussent enseigné quelque doctrine, nous la devrions recevoir, encore qu'elle ne fût pas contenue dans leurs écrits. Il devoit donc laisser passer sans contestation ces principes indubitables, et s'attacher uniquement à considérer si outre les écrits des apôtres, nous avons quelque moyen assuré de recueillir leur doctrine. Or j'avois marqué dans l'*Exposition* ce moyen certain, qui est le consentement unanime de l'antiquité chrétienne, par lequel même j'avois fait voir que nous avons reçu l'Ecriture sainte. Si ce moyen étoit regardé avec attention, il seroit trouvé si nécessaire, que nos adversaires eux-mêmes n'oseroient pas le rejeter. Aussi va-t-on voir que l'auteur ne fait qu'embarrasser la matière, et obscurcir par mille détours ce qu'il ne lui a pas été possible de combattre.

Il réduit toute ma doctrine sur ce sujet, c'est-à-dire celle de

[1] Anon., p. 302.

l'Eglise, à trois propositions. La dernière, comme on verra, n'étant pas de notre dessein, j'ai seulement à examiner les deux autres, qui peut-être au fond n'en font qu'une seule et ne doivent pas être séparées. Mais je veux bien suivre l'ordre de l'auteur de la *Réponse*.

J'ai dit dans l'*Exposition* « qu'il n'est pas possible de croire qu'une doctrine reçue dès les commencemens de l'Eglise, vienne d'une autre source que des apôtres [1]. » Qui croiroit qu'on pût former seulement un doute sur une pareille proposition? L'Anonyme dit toutefois « que cette proposition n'est pas vraie, à moins qu'on ne montre que dès lors cette doctrine ait été reçue de toutes les églises généralement, sans que les apôtres s'y opposassent [2]. » Qu'on fait de difficultés sur les choses claires, quand on ne regarde pas simplement la vérité! L'auteur eût-il trouvé le moindre embarras dans cette proposition, s'il eût seulement voulu remarquer que je parlois d'une doctrine reçue dans l'Eglise, c'est-à-dire embrassée par toutes les églises chrétiennes; d'une doctrine approuvée, et non pas d'une doctrine contredite, et encore contredite par les apôtres? Mais il falloit embrouiller du moins ce qu'on ne pouvoit nier. C'est pour cela qu'il ajoute encore, « que les apôtres mêmes témoignent que de leur temps le secret ou le mystère d'iniquité se mettoit en train, qu'il y avoit de faux docteurs parmi les chrétiens, et par conséquent de fausses doctrines. » Il est vrai. Mais ces fausses doctrines n'étoient pas reçues, et ces faux docteurs étoient condamnés, ou même retranchés du corps de l'Eglise, s'ils soutenoient opiniâtrément leur erreur. A quoi sert donc d'ajouter qu'il « ne seroit pas impossible que ces mêmes doctrines eussent été suivies ou renouvelées dans la suite des temps, comme plusieurs hérésies, qui ont paru dès le premier et le deuxième siècle du christianisme? » Quelle foiblesse de sortir toujours de la question pour ne combattre qu'une ombre! Ces hérésies étoient suivies hors de l'Eglise, mais non pas reçues dans son sein. Elles s'y formoient à la vérité; mais elles en étoient bientôt rejetées : elles sont anciennes, je l'avoue; mais la vérité plus ancienne et toujours plus forte dans l'Eglise, les condamnoit

[1] *Exposit.*, art. XVIII. — [2] Anon., p. 307.

aussitôt qu'elles paroissoient. Plus elles se déclaroient, plus l'Eglise se déclaroit contre elles. Autant de fois qu'elles renouveloient leurs efforts, l'Eglise renouveloit ses anathèmes. Comparer de telles doctrines avec les doctrines reçues, enseignées, prêchées par l'Eglise même, n'est-ce pas un aveuglement manifeste?

Mais on a trouvé le moyen de rendre le consentement de l'antiquité chrétienne suspect à nos adversaires. C'est assez de leur dire avec l'Anonyme, que les apôtres ont écrit que le « secret ou le ministère d'iniquité s'opéroit [1], » ou, comme ils le traduisent, « étoit déjà en train » dès leur temps. Saint Paul, dont ils ont tiré cette parole, n'a rien dit qui nous en marque le sens précis : la plupart des interprètes entendent par ce *mystère d'iniquité* une malignité secrète qui commençoit dès lors à remuer l'Empire romain contre l'Evangile, ou bien le dessein caché qu'avoient conçu quelques empereurs de se faire adorer comme des dieux même dans le temple de Jérusalem, ou quelque autre chose semblable. Ces interprètes ajoutent que saint Paul parloit obscurément de ces choses, ou par respect pour les puissances établies de Dieu, selon les maximes qu'il avoit prêchées; ou pour ne point exciter la persécution que les fidèles devoient attendre en silence, et non la provoquer par aucun discours. Au reste qui veut savoir ce qui se peut dire sur cette parole peut voir saint Jérôme, parmi les anciens, qui la rapporte à Néron; et Grotius, parmi les modernes, qui l'applique à Caligula. Quoi qu'il en soit, il est très-certain que c'est une chose obscure et douteuse. Cependant il a plu à nos adversaires de se prévaloir de l'obscurité de cette parole, pour décrier le consentement de l'antiquité chrétienne. Pour y attacher cette fausse idée, que le *mystère d'iniquité* est la corruption de la doctrine dans l'Eglise même, et comme saint Paul assure, parlant de son temps, que ce *mystère d'iniquité* se remue déjà; ils enseignent, à la honte du christianisme, que dès le temps des apôtres la doctrine commençoit à se corrompre même dans l'Eglise : que cette corruption a toujours gagné, tant qu'enfin elle a prévalu, et qu'elle a détruit l'Eglise jusqu'à un tel point, qu'il a fallu que leurs prétendus réformateurs « aient été extraor-

[1] II *Thessal.*, II, 7.

dinairement envoyés pour la dresser de nouveau, » selon les termes de leur *Confession de foi*. Depuis qu'ils ont eu une fois trouvé une expression obscure, à laquelle sans fondement ils ont attaché cette fausse idée, nous avons beau leur alléguer le consentement de l'antiquité sur quelque doctrine qui ne leur plaît pas : un ministre ou un ancien n'a qu'à nommer seulement le *mystère d'iniquité*, l'autorité des saints Pères et des siècles les plus vénérables n'a plus aucun poids; quelque haut que nous puissions remonter dans l'antiquité chrétienne, le *mystère d'iniquité*, qui étoit *en train* dès le temps des apôtres, les sauve de tout. Ceux qui sans cesse se glorifient de ne recevoir que ce que l'Ecriture a dit clairement, déçus par la fausse idée que leurs ministres attachent à des paroles obscures, écoutent avec défiance l'Eglise des premiers siècles et les Pères les plus approuvés. Qui pourroit ne pas déplorer un aveuglement si étrange?

Mais voyons ce que dit l'auteur sur ma seconde proposition. « La seconde proposition, dit-il, est encore moins vraie, qu'une doctrine embrassée par toutes les églises chrétiennes, sans qu'on en puisse marquer le commencement, soit nécessairement du commencement de l'Eglise, ou qu'elle vienne des apôtres[1]. » Il combat cette proposition par des exemples; mais les exemples ne font qu'embrouiller, s'ils ne sont dans le cas dont il s'agit. Et il ne faut que considérer l'état de notre question, pour voir que les exemples qu'allègue l'auteur ne sont nullement à propos.

Qu'on relise la proposition comme il la rapporte lui-même, on verra qu'il s'agit de doctrine reçue dans l'Eglise. Que sert donc de rapporter « des changemens qui se glissent dans les lois et les coutumes des Etats[2]? » Ni ces lois ni ces coutumes ne sont des doctrines que l'on regarde comme invariables; et Dieu n'a pas promis aux Etats l'assistance particulière du Saint-Esprit pour les conserver. Ainsi cet exemple ne fait rien du tout à la proposition dont il s'agit.

L'auteur promet de faire voir « des changemens dans les dogmes de la religion, dont on ne peut pas marquer le temps ni l'origine; » et pour prouver ce qu'il avance, depuis la naissance

[1] Anon., p. 308. — [2] *Ibid.* p. 307.

de Jésus-Christ jusqu'à nous, il n'a rien eu à nous alléguer que la communion des petits enfans. Il en parle comme d'une coutume abolie par le concile de Trente, quoiqu'il y eût déjà plusieurs siècles que l'usage en avoit cessé. Mais passons-lui cette faute ; venons à ce qu'il y a de plus important.

Nous avouons que la coutume de communier les petits enfans a été universelle dans l'Eglise, et qu'ensuite elle s'est abolie insensiblement. Aussi comptons-nous cette coutume parmi celles dont l'Eglise peut disposer. Nous n'avons jamais prétendu que toutes les coutumes de l'Eglise fussent immuables. Nous parlons des dogmes de la religion et des articles de la foi. Ces dogmes sont regardés comme inviolables, parce que la vérité ne change jamais. C'est pourquoi quand on remue quelque chose qui touche la foi, les esprits en sont nécessairement émus : alors on touche l'Eglise dans la partie la plus vive et la plus sensible, et l'Esprit de vérité qui l'anime ne permet pas que des nouveautés de cette nature s'élèvent sans contradiction. Mais cette raison ne fait rien aux coutumes indifférentes, qui, n'enfermant aucun dogme de la foi, peuvent être changées sans contradiction. Ce seroit une témérité insensée que de dire que l'Eglise universelle, qui dès le temps de saint Cyprien communioit les petits enfans, ait erré dans la foi pour laquelle tant de martyrs mouroient tous les jours. Si donc on ne peut penser sans extravagance, ce que l'auteur même n'ose pas dire, que cette coutume fût une erreur dans la foi, que pouvoit-il faire de moins à propos que d'en alléguer l'établissement ou l'abolition comme un changement dans la foi?

En effet il est constant que cette coutume de communier les petits enfans, n'a jamais été réprouvée par aucun concile. Elle a été changée insensiblement sans aucune flétrissure ni condamnation, comme nos adversaires confessent eux-mêmes qu'on peut changer plusieurs choses qui sont en la disposition de l'Eglise. Ainsi tant de saints évêques et de saints martyrs ont eu leurs raisons de donner le corps de Notre-Seigneur à ceux qui par leur baptême étoient incorporés à son corps mystique, et l'Eglise des siècles suivans a eu aussi de justes motifs de préparer ses enfans avec plus de précaution au mystère de l'Eucharistie. Comme ces coutumes avoient toutes deux leurs raisons solides, et qu'elles étoient laissées au choix de l'Eglise pour en user suivant l'occurrence et la disposition des temps, il est clair qu'on a pu passer de l'une à l'autre, sans que personne ait réclamé. Aussi n'est-ce pas là notre question. Il s'agit de savoir si l'Esprit de vérité, qui est toujours dans l'Eglise, peut souffrir qu'on passe de même d'un dogme à un autre, et puisque l'auteur n'a pu trouver dans toute l'histoire de l'Eglise aucun exemple d'un tel changement, il ne peut pas nous blâmer si nous le croyons impossible.

Il ne pouvoit en vérité plus invinciblement affermir la vérité que nous proposons, qu'en l'attaquant comme il a fait. Parmi tant de sortes d'erreurs que nous condamnons les uns et les autres, qui ne seroit étonné que depuis l'origine du christianisme il n'en ait pu produire une seule dont les auteurs ne soient certains, et dont les commencemens ne soient marqués? Il est contraint de sortir de la question; et au lieu de montrer, comme il a promis, un changement dans les dogmes, il ne produit que le changement d'une coutume indifférente. Nous pouvons donc assurer qu'encore qu'il n'y ait aucune des vérités chrétiennes qui n'ait été attaquée en plusieurs manières, néanmoins malgré tous les artifices et les *profondeurs de Satan*, comme saint Jean les appelle dans l'*Apocalypse*[1], jamais aucune erreur n'a été tant soit peu suivie, qu'elle n'ait été convaincue par sa nouveauté manifeste. Si donc la nouveauté clairement marquée est un caractère visible et essentiel de l'erreur, nous avons raison de dire au contraire que l'antiquité dont on ne peut marquer le commencement, est le caractère essentiel de la vérité.

Que si l'Anonyme n'a pu trouver dans toute l'histoire de l'Eglise aucun exemple constant de ces changemens insensibles, qu'il prétend avoir été introduits dans les dogmes de la foi, c'est en vain qu'il auroit recours comme à un dernier refuge aux traditions des pharisiens. Car outre qu'il nous suffit d'avoir établi notre règle dans le Nouveau Testament, duquel seul j'ai parlé

[1] *Apoc.*, XI, 24.

dans l'*Exposition*, je puis encore ajouter que cet auteur assure sans fondement « qu'on ne peut marquer l'origine des fausses traditions des Juifs [1]. »

Il peut apprendre de saint Epiphane que les traditions des Juifs ne sont pas toutes de même nature, ni de même date, et qu'on ne doit pas les comprendre toutes sous une même idée. Ce Père en reconnoît d'une telle autorité et de si anciennes, qu'il les attribue à Moïse. Mais il y en a beaucoup d'autres qui sont nées depuis, dont il nous a nommé les auteurs et dont il nous a marqué les commencemens. On est d'accord que ces traditions ne sont pas toutes mauvaises, ni toutes réprouvées par le Fils de Dieu. Quoi qu'il en soit, on ne peut pas dire que l'origine en soit inconnue. Pour celles que Notre-Seigneur a si souvent condamnées dans l'Evangile, les plus célèbres auteurs de l'une et de l'autre communion conviennent de les rapporter la plupart à la secte des pharisiens, dont on connoît assez les auteurs, aussi bien que les commencemens et les progrès.

On voit par là que l'Anonyme hasarde ce qui lui vient dans l'esprit, quand il croit qu'il sert à sa cause, sans considérer le fond; et l'on peut aisément juger combien est injuste la comparaison qu'il fait si souvent des traditions chrétiennes avec celles des pharisiens [2]. On ne peut marquer les commencemens des traditions chrétiennes; on vient de voir qu'on sait le commencement et de la secte et des traditions des pharisiens. Il paroît clairement par l'Evangile, que les traditions des pharisiens étoient contraires à l'Ecriture. Car ou ils établissoient par ces traditions des observances directement opposées à la loi de Dieu, ou ils mettoient davantage de perfection dans des pratiques indifférentes, et en tout cas de peu d'importance que dans les grands préceptes de la loi, où Dieu enseignoit à son peuple la vérité, la miséricorde et le jugement. Ainsi en toutes manières, ils méritoient le reproche que leur faisoit Jésus-Christ, de transgresser les commandemens de Dieu à cause de leurs traditions. Si donc on veut comparer nos traditions avec les traditions des pha-

[1] Anon., p. 308. Voyez aussi ce que dit l'auteur touchant les traditions des Juifs, p. 119. — [2] *Ibid*. p. 298, 348.

risiens, il faut avoir prouvé auparavant que les nôtres ne s'accordent pas avec l'Ecriture, comme Notre-Seigneur a décidé que celles des pharisiens y étoient directement opposées. Que si l'on veut toujours supposer que le silence de l'Ecriture suffit pour exclure une doctrine, quelque antiquité qu'elle ait dans l'Eglise, on sort manifestement du cas où le Fils de Dieu a parlé en tous ces passages, et c'est abuser le monde que de s'autoriser par cet exemple.

Ainsi l'on voit clairement par les choses qui ont été dites, que l'auteur de la *Réponse* n'a pu alléguer aucune raison, ni aucun exemple contre cette belle règle que nous proposons, qu'une doctrine qu'on voit reçue par toute l'antiquité chrétienne, sans qu'on en puisse marquer le commencement, doit venir nécessairement des apôtres.

C'est la seconde proposition de mon traité, qu'il a attaquée. Il m'en fait faire une troisième, pour appliquer cette règle à la prière des saints, à la prière pour les morts et autres doctrines particulières. C'est à quoi je n'ai pas pensé, parce que cela n'étoit pas de mon dessein; et je l'ai déjà averti souvent que, pour voir les choses par ordre, il faut considérer premièrement la vérité de la règle, pour en faire l'application aux doctrines particulières. Quand on voudra entrer dans ce détail, il sera temps d'entrer dans cette discussion.

FIN DE L'EXPOSITION ET DES FRAGMENS RELATIFS A L'EXPOSITION.

A MONSEIGNEUR

LE MARÉCHAL DE SCHOMBERG,

Duc d'Halluyn, pair de France, gouverneur et lieutenant général pour le Roi des ville et citadelle de Metz et pays Messin, évêchés de Metz et de Verdun, colonel général des Suisses et Grisons, colonel des Landskenects, maréchal de camp général des troupes allemandes et liégeoises, etc.

Monseigneur,

Puisque cette ville et cette province, que les guerres ont désolée, ne respire plus que par votre appui; puisque les peuples que vous gouvernez ne trouvent de salut ni de sûreté que dans la protection de Votre Excellence, et que votre générosité se les est acquis par le titre du monde le plus légitime : nous ne devons point avoir de plus grande joie que de témoigner hautement ce que nous sentons en nos cœurs; et où l'on ne voit que de vos bienfaits, il est juste que rien n'y paroisse sans porter des marques de reconnoissance. C'est dans cette pensée, Monseigneur, que j'ose prendre la liberté de vous présenter cet ouvrage comme un fruit du repos que vous nous donnez au milieu de tant de périls qui nous environnent, et puisque l'étude est incompatible avec le tumulte et le bruit, il faut bien que je rende graces de mon loisir particulier à l'auteur de la tranquillité publique. D'ailleurs je ne doute pas, Monseigneur, que vous ne regardiez d'un œil favorable un discours qui ne tend qu'au salut des ames, puisque Dieu vous a fait la grace de considérer les choses divines, comme celles qui sont les plus dignes d'occuper vos soins et d'entretenir votre grand génie. Et certes quand je contemple en moi-même toute la suite de vos actions immortelles, encore que je sache bien qu'elles vous égalent aux capitaines les plus renommés, et que la postérité la plus éloignée ne pourra lire sans étonnement les merveilles de votre vie, je ne vois rien de plus grand en votre personne que l'amour que vous avez pour l'Eglise, et que cette inclination généreuse d'appuyer la religion par votre autorité et par votre exemple. Que nos histoires vantent cette belle nuit qui est capable d'effacer la gloire des plus éclatantes journées, et qui a été tant de fois funeste à nos ennemis par le modèle que vous y donnâtes à nos généraux pour faire réussir de pareils desseins; qu'on publie qu'il n'appartenoit qu'à votre courage de trouver une sortie glorieuse dans le désespoir des affaires; qu'on joigne aux triomphes du Languedoc ceux de la Catalogne et du Roussillon, et les autres fameuses campagnes que vous avez si glorieusement achevées; que l'on dise que les honneurs ont été chercher votre vertu, et que lorsqu'elle se vit élevée à la plus haute des dignités de la guerre, il n'y avoit que votre victoire qui sollicitât pour vous à la Cour; qu'on ajoute à ces grands éloges que dans un siècle si désordonné, votre puissance ne s'emploie qu'à faire du bien, que vos mains ne sont ouvertes que pour donner, et que votre nom n'a jamais paru qu'en des actions dont la justice est indubitable; enfin qu'on loue encore cet esprit si fort et ce sens si droit et si juste, cette invariable fidélité, cette humeur si généreuse et si bienfaisante, et toutes vos autres grandes et incomparables qualités : j'avoue que ces choses sont très-constantes et très-connues par toute la France. Mais je dis que ce n'est pas, Monseigneur, ce qui fonde solidement votre gloire. Votre piété, c'est votre couronne; la vraie lumière de votre raison, c'est qu'elle sait s'aveugler pour l'amour de Dieu; votre véritable justice, c'est que vous êtes soumis à ses lois; votre libéralité se fait reconnoître en ce qu'elle s'étend sur Jésus-Christ même; et parmi toutes vos conquêtes, il n'y en a point de plus glorieuses que celles que nous voyons tous les jours, par lesquelles vous gagnez à Dieu les ames qu'il a rachetées par un si grand prix. Je ne diffère donc plus, Monseigneur, de vous présenter ce discours, puisque votre zèle, votre religion, votre piété lui promettent une protection si puissante. Mais certes je serois peu reconnoissant de tant de bontés dont vous m'honorez, si je n'espérois l'appui de Votre Excellence que par des considérations générales. Tant d'honneurs que j'en ai reçus, et que j'ai si peu mérités; tant d'obligations effectives, tant de bienfaits qui sont si connus, tant de graces que je ne puis expliquer, me persuadent qu'elle favorisera cet ouvrage, que je vous offre comme une assurance et de mes très-humbles respects, et de la perpétuelle fidélité qui m'attache inviolablement à votre service. Que si mon impuissance me rend inutile; si la grandeur de vos bienfaits ne me laisse pas même des paroles qui puissent exprimer ma reconnoissance : ma consolation, Monseigneur, c'est que Dieu écoute les vœux que la sincérité lui présente, et que je sens en ma conscience avec quelle passion je suis,

MONSEIGNEUR,

Votre très-humble, très-obéissant et très-fidèle serviteur

BOSSUET.

AVERTISSEMENT.

Comme il n'y a rien de plus remarquable dans le *Catéchisme* de notre adversaire, que le témoignage qu'il rend à la justice de notre cause, aussi mon dessein principal n'est pas tant de disputer et de contredire, que de faire voir au ministre les conséquences très-légitimes de quelques vérités qu'il a confessées, et d'instruire nos frères errans de la pureté de notre doctrine sur quelques points de notre créance qu'on leur a déguisés par tant d'artifices. C'est pourquoi j'ai laissé plusieurs choses que je pouvois justement reprendre, pour appliquer toutes mes pensées à ce qui est le plus utile au salut des ames. Je conjure nos adversaires de lire cet ouvrage en esprit de paix, et d'en peser les raisonnemens avec l'attention et le soin que méritent des matières de cette importance. J'espère que la lecture leur fera connoître que je parle contre leur doctrine sans aucune aigreur contre leurs personnes, et qu'outre la nature qui nous est commune, je sais encore honorer en eux le baptême de Jésus-Christ, que leurs erreurs n'ont pas effacé. Que si j'accuse souvent leur ministre d'altérer visiblement le sens des auteurs, et de nous imposer des sentimens que nous détestons, mes plaintes sont très-justes et très-nécessaires, et nous le pouvons vérifier ensemble sans autre peine que d'ouvrir les livres. Or encore que ce discours éclaircisse suffisamment sa pensée, j'ai cru qu'il ne seroit pas inutile de faire mettre ici un peu plus au long quelques endroits de son *Catéchisme*, cotés en marge (*a*) de cette réponse, et dont la suite de cet ouvrage fera entendre les conséquences.

(*a*) Nous mettons ces indications au bas des pages.

EXTRAIT DU CATÉCHISME, p. 104.

Après avoir représenté dans les pages précédentes la manière en laquelle l'Eglise catholique exhortoit les mourans en l'an 1543, il conclut ainsi : « Nous ne faisons point de doute que ceux qui mouroient en cette foi et confiance ès seuls mérites de Jésus-Christ, laquelle on exigeoit d'eux et de laquelle on leur faisoit faire confession, n'aient pu être sauvés, puisqu'ils embrassoient le vrai et unique moyen de salut proposé en l'Evangile, qui avoit été appelé par les Conférans de la part de l'Eglise romaine au colloque de Ratisbonne : « Le plus grand article de tous, et le sommaire de la doctrine chrétienne, et ce qui fait véritablement le chrétien. » Ce que les curés y ajoutoient de l'invocation à autres qu'à Dieu n'étant pas, ainsi que j'ai dit, requis comme chose nécessaire, et pouvant être interprété en un sens tolérable, et devant en tout cas être pris pour le *foin* dont parle l'Apôtre, qu'ils édifioient ou qu'ils entassoient sur le fondement qui est Jésus-Christ, et qui bien qu'il ne leur servît de rien et qu'ils en fissent perte, ne les empêchoit pas d'être sauvés. »

P. 114 : « Tant s'en faut qu'en ne croyant pas qu'on se puisse sauver en la foi de l'Eglise romaine d'aujourd'hui, nous soyons obligés de douter de ce que sont devenus nos pères, ni d'être en peine de leur salut, c'est au contraire le moyen de nous en mieux assurer, puisqu'ils sont morts tout autrement qu'on n'est aujourd'hui obligé d'y mourir. »

RÉFUTATION
DU CATÉCHISME

DU SIEUR PAUL FERRY,

MINISTRE DE LA RELIGION PRÉTENDUE RÉFORMÉE A METZ,

PAR DEUX VÉRITÉS CATHOLIQUES,

TIRÉES DE SES PROPRES PRINCIPES.

Entrée au discours et proposition du sujet.

De toutes les vertus chrétiennes, celle que Jésus-Christ a recommandée aux fidèles avec des paroles plus efficaces, c'est la paix et la charité fraternelle. C'est pourquoi étant près de sortir du monde, et disant à ses disciples le dernier adieu : « C'est ici, leur dit-il, mon commandement, que vous vous aimiez les uns les autres, comme je vous ai aimés [1]. » Tout l'Evangile de notre Sauveur est plein d'enseignemens salutaires, que la Sagesse éternelle du Père nous a bien voulu apporter du ciel pour la sanctification de nos ames. Toutefois cette même Sagesse incréée, dont toutes les paroles sont esprit et vie, nous donnant le précepte de la charité : « C'est ici, dit-elle, mon commandement. En cela on reconnoîtra que vous êtes vraiment mes disciples, si vous avez une charité sincère les uns pour les autres [2]. » Et pour nous exciter davantage, Jésus-Christ nous propose l'exemple admirable de cet amour infini qu'il a eu pour nous. « Je veux, dit-il, que vous vous aimiez mutuellement, comme je vous ai aimés. » Où il nous prescrit dans les mêmes mots le principe et l'étendue tout ensemble de notre affection réciproque. Car de même qu'il nous a aimés en son Père, il veut que chacun aime son prochain en Dieu ; et de même qu'il nous a aimés jusqu'à donner volontaire-

---

[1] *Joan.*, XV, 12. — [2] *Joan.*, XIV, 34, 35.

ment tout son sang pour nous, il veut que notre charité soit si forte, que nous ne craignions pas même d'exposer nos vies pour le bien et pour le salut de nos frères.

Cette vérité étant reçue par tous les fidèles, de quels supplices ne sont pas dignes ceux qui sèment la division dans l'Eglise, qui rompent ce divin nœud de la charité par lequel nous sommes unis en Notre-Seigneur, et qui cherchent de faux prétextes pour animer les amis contre les amis, et les frères contre les frères? Néanmoins il est aisé de justifier que ç'a été principalement par ce moyen-là que les sectes de ces derniers siècles ont séduit les ames, et que leur maxime la plus commune a été de n'oublier aucun artifice qui pût rendre notre doctrine odieuse aux peuples.

Je me suis étonné plusieurs fois de cette prière que Luther fit publier contre les Turcs en l'an 1542 : « Nous avons, dit-il, ô mon Dieu, péché contre vous. Mais vous savez, ô Père céleste, que le diable, le Pape et le Turc n'ont aucun droit ni aucune raison de nous tourmenter, car nous n'avons rien commis contre eux; mais parce que nous professons hautement que vous, ô Père, et votre Fils Jésus-Christ Notre-Seigneur, et le Saint-Esprit êtes un seul Dieu éternel ; c'est là notre péché, c'est tout notre crime, c'est pour cela qu'ils nous haïssent et nous persécutent, et si nous rejetions cette foi, nous n'aurions pas à craindre qu'ils nous affligeassent [1]. »

Un esprit plus contentieux se riroit ici de la folle déférence de ce grand prophète, qui, ce semble, ne dédaigne pas d'excuser les siens même auprès du diable, et de prendre Dieu à témoin que son capital ennemi n'a aucun sujet d'être offensé contre eux, ni de leur mal faire. A quoi on pourroit ajouter que ce n'étoit pas sans quelque raison qu'il se plaignoit de l'injustice du diable, s'il persécutoit ses disciples pendant qu'ils travailloient si soigneusement à étendre de plus en plus son empire, en divisant tous les jours autant qu'ils pouvoient le royaume de Jésus-Christ. Mais je ne m'arrête point à ces choses : ce qui me surprend le plus en cette prière, c'est la fureur de cet hérésiarque qui, non content de mettre dans un même rang le diable, le Pape et le Turc comme

[1] Sleidan., lib. XIV, *Hist.*

les trois plus grands ennemis du nom chrétien, ose dire qu'ils haïssent sa secte tous trois, parce qu'elle fait profession d'adorer le Père, et le Fils, et le Saint-Esprit. Ainsi, quoique nous fassions résonner par toute la terre ce pieux cantique : « Gloire soit au Père, et au Fils, et au Saint-Esprit, » cet homme a l'assurance de publier à la face de tout le monde que nous persécutons ses églises, parce que la Trinité y est honorée, et dans cette injuste entreprise il nous donne pour compagnons le diable et le Turc. Qui vit jamais une pareille impudence?

Tel a été l'esprit de toute la nouvelle *Réforme*, qui a suivi les mouvemens et les passions de celui qui l'a commencée. Tous ceux qui s'y sont attachés, éblouis de ce titre superbe de *Réformateurs* qu'ils avoient injustement usurpé, ont altéré par mille sortes de déguisemens la doctrine de la sainte Eglise, pour donner lieu à leurs invectives. Ils nous ont malicieusement imposé que nous ruinions l'adoration du seul Dieu, et cette salutaire confiance au seul Jésus-Christ; ils nous ont traités d'idolâtres et d'ennemis jurés de la Croix; ils ont dit que nous avions renversé les mérites du Fils de Dieu, pour substituer en leur place le mérite humain; ils ont tâché de persuader à tout l'univers que la foi que nous professons ne tendoit qu'à ravir à notre Sauveur la gloire de nous avoir rachetés; enfin ils ont parlé et écrit de nous comme si nous étions infidèles.

Il y avoit, ce semble, sujet d'espérer que cette première chaleur se modérant un peu par le temps, ils jugeroient plus équitablement de notre doctrine : mais nous en perdons l'espérance, à moins que la main de Dieu n'agisse en leurs cœurs avec une efficace extraordinaire; et ce qui me confirme dans cette pensée, c'est la lecture d'un *Catéchisme* que le principal ministre de Metz a fait imprimer. J'avoue que je me suis étonné qu'un homme qui paroît assez retenu, ait traité des matières de cette importance avec si peu de sincérité, ou si peu de connoissance de la doctrine qu'il entreprend de combattre. Quiconque sera un peu instruit de nos sentimens, verra d'abord qu'il nous attribue beaucoup d'erreurs que nous détestons : et si une personne que nos adversaires estiment si sage et si avisée s'emporte à de telles extrémités, qu'ils nous pardonnent si nous croyons que tel est sans doute l'esprit de la secte qui ne pourroit subsister sans cet artifice.

Je veux qu'ils en soient eux-mêmes les juges. Où est-ce que le sieur Ferry a ouï dire que l'Eglise catholique donnât « des adjoints à Jésus-Christ en la rédemption [1], » et que ce fût là « une des doctrines qu'il est ordonné de croire pour être sauvé [2]? » Et néanmoins il l'assure ainsi en la réponse que fait l'enfant à la demande neuvième de son *Catéchisme*. Par où il veut persuader au peuple ignorant que selon la créance que nous embrassons, le sang de Jésus-Christ ne nous suffit pas. Mais ne sait-il pas bien en sa conscience que nous le reconnoissons pour le seul Sauveur et l'unique Rédempteur de nos ames ; que nous croyons qu'il a payé surabondamment tout ce que nous devions à son Père justement irrité contre nous ; et que bien loin de dire que sa mort ne nous est pas suffisante, nous confessons et nous enseignons à la gloire de Notre-Seigneur Jésus-Christ qu'une seule goutte de son divin sang, voire même une seule larme, et un seul soupir suffisoit à racheter mille et mille mondes ? Je suis certain qu'il n'ignore pas que telle est la foi de toute l'Eglise ; et toutefois il ose nous objecter que nous donnons des adjoints à notre Sauveur en la rédemption de notre nature.

Il dit avec une pareille infidélité que le Pape est « reconnu » parmi nous « chef et époux de l'Eglise sans égard à Jésus-Christ ; » ce sont ses paroles, « et Jésus-Christ mis à part et exclus [3] : » comme si les catholiques donnoient au Pape une puissance indépendante du Fils de Dieu même. Mais il sait bien que nous ne respectons son autorité, que parce que nous sommes persuadés que Jésus-Christ notre maître la lui a donnée, avec une étroite obligation de lui rendre compte de l'administration qui lui est commise. Est-ce là reconnoître un chef sans égard à Jésus-Christ, comme il nous l'impose [4]? Nous croyons certes plus fortement que nos adversaires, que Jésus n'a pas quitté son Eglise ; et c'est pour cette seule raison que nous assurons sans douter qu'elle est infaillible, parce que son Prince lui a promis qu'il seroit perpétuellement avec elle. Combien donc est-il ridicule de nous repro-

[1] P. 37. — [2] P. 36. — [3] P. 73. — [4] P. 122.

cher que nous mettons Jésus-Christ à part, comme si nous l'avions oublié? Quelle patience faut-il avoir pour souffrir une calomnie de cette nature ? Mais nous prions ce divin Sauveur que l'on nous accuse d'exclure, qu'il lui plaise nous faire la grace que nous surmontions par la charité ceux qui médisent de nous si injustement.

Le ministre s'est imaginé qu'il éblouiroit les yeux des lecteurs par ces deux mots du cardinal Bellarmin qu'il rapporte en marge, *Secluso Christo*[1] : où certainement il a fait paroître qu'il lit bien négligemment les auteurs qu'il cite, pour ne pas dire qu'il les tronque frauduleusement. Car pour ce qui regarde le titre d'*Epoux*, qu'il dit que le cardinal donne au Pape, il n'y en a pas un mot en ce lieu. Et quant à ces paroles : *Secluso Christo*, il n'est rien plus contraire à la vérité, que de les interpréter au sens du ministre : *Sans égard à Jésus-Christ, et Jésus-Christ mis à part et exclu*. Qui pourra croire que ce grand cardinal ait eu une pensée si extravagante, puisque la fin unique qu'il se propose dans tout le chapitre et dans tout le livre, c'est de montrer que l'autorité du Pape vient de Jésus-Christ? Mais exposons nettement son intention. Il parle de l'Eglise qui est en terre, qu'il considère comme séparée en quelque manière d'avec Jésus-Christ son Epoux, parce qu'encore qu'il soit avec elle par son Saint-Esprit, il ne l'honore pas de sa vue. Il dit donc que l'Eglise doit avoir un chef, même en considérant Jésus-Christ comme séparé d'avec elle (c'est ce que signifient ces mots *Secluso Christo*), c'est-à-dire qu'elle doit avoir un chef en la terre, outre Jésus-Christ qu'elle a dans le ciel. Qu'y a-t-il de si criminel dans ce sentiment? Si le ministre ne veut pas comprendre quelle différence il y a entre établir un chef outre Jésus-Christ et en établir un sans égard à lui, il faut nécessairement qu'il soit possédé d'un désir étrange de contredire. Je puis assurer sans difficulté qu'outre le roi, qui est le chef souverain, il y a un autre chef en l'armée; mais je me rendrois criminel, si je reconnoissois un chef sans égard au roi : et afin de prendre un exemple dans la matière dont nous parlons, si quelqu'un osoit soutenir que l'Eglise chrétienne n'a point de pasteur, excepté Jésus-Christ, souverain Pontife, nous nous gar-

[1] Bellarm., *De Pont. Rom.*, lib. I, cap. IX.

derions bien de répondre que l'Eglise a des pasteurs sans égard à lui : mais nous repartirions d'un commun accord qu'elle a des pasteurs subalternes, outre le Fils de Dieu, Prince des pasteurs. Il y auroit beaucoup de malice à confondre ces deux façons de parler : celle-là donne l'exclusion; celle-ci explique la subordination. C'est en ce dernier sens que le cardinal Bellarmin enseigne que le Pape est chef de l'Eglise. Il n'exclut donc pas Jésus-Christ, il ne met pas Jésus-Christ à part pour établir un chef sans égard à lui. Car l'autorité déléguée ne détruit pas l'autorité souveraine : au contraire elle la suppose comme le fondement unique de sa dignité. Ainsi l'interprétation du ministre a fait un blasphème très-exécrable d'une parole très-innocente.

Sans doute il n'a pas encore assez entendu avec quelle simplicité la doctrine chrétienne doit être traitée. Le théologien sincère ne cherche point dans les écrits qu'il combat, des paroles qu'il puisse détourner à un mauvais sens. Où il y va du salut des ames, le moindre artifice lui paroît un crime. Bien loin de condamner les expressions innocentes, il est prêt même d'excuser celles qui, pesées dans l'extrême rigueur, pourroient quelquefois sembler rudes : il adoucit les choses autant qu'il le peut; il aime mieux être indulgent qu'injuste ; il estime une pareille infidélité de dissimuler sa propre créance et de déguiser celle de son adversaire, parce que si par la première on trahit sa religion et sa conscience, par l'autre on se déclare ennemi juré de la charité fraternelle, on aliène et on aigrit les esprits, on rend les dissensions irréconciliables.

Plût à Dieu que le catéchiste eût toujours eu devant les yeux cette vérité : si nous n'eussions goûté sa doctrine, du moins nous eussions loué sa candeur; et nous ne serions pas contraints de lui dire que dans la plus grande partie de ses citations, et dans les conclusions qu'il en tire, il semble qu'il ait plutôt tâché d'éblouir les simples que de satisfaire les doctes. Par exemple, voici un trait d'une merveilleuse subtilité. En la page 40 de son *Catéchisme*, voulant repousser contre nous le reproche que nous faisons à ses églises de leur nouveauté : « Quand nous nous disons, dit-il, de la religion réformée, ce n'est pas pour introduire une nouvelle religion, encore qu'il s'en introduit presque d'an en an quelqu'une en l'Eglise romaine. » La suite du discours demandoit qu'il rapportât ici quelque nouveau dogme; mais ce n'est pas là son dessein. « Il s'introduit, dit-il, presque d'an en an quelque nouvelle religion dans l'Eglise romaine, puisqu'autant d'ordres y sont autant de nouvelles religions, et de nouveaux religieux. » Ridicule imagination! Toutefois le ministre appréhende qu'on ne la prenne pour une raillerie; et il la fait valoir sérieusement par l'autorité du pape Innocent III et du concile général de Latran, dont il allègue le douzième chapitre. Qui ne croiroit que la chose est très-importante? Mais considérons, je vous prie, ce que dit ce sacré concile. Il appelle les nouveaux ordres monastiques de nouvelles religions : et de là quelle conséquence? Ces nouvelles sociétés ne font point des églises nouvelles : ce n'est pas la singularité de créance, mais la profession d'une piété plus particulière et un détachement plus entier du monde, qui leur donne le titre de religions : et ainsi leur institution n'a rien de commun avec cette nouveauté de religion dont il s'agit entre nous et nos adversaires, qui emporte un changement dans la foi. Cependant le sieur Ferry ne craint pas de confondre hardiment ces deux choses : et le pauvre peuple déçu applaudit à ces savantes observations. Je ne puis certes que je ne l'avertisse en ce lieu, que ces remarques, peu dignes de lui, ne répondent pas à l'opinion de science qu'il s'est acquise parmi les siens, ni à l'estime de modération qu'il avoit même parmi les nôtres.

Mais écoutons encore un reproche, lequel s'il se trouvoit véritable, nous serions justement réputés indignes de nous glorifier du nom chrétien. Le ministre rapporte que parmi nous, lorsque l'on console les agonisans, on leur demande « s'ils ne croient pas que Notre-Seigneur Jésus-Christ a voulu mourir pour eux, et qu'autrement que par sa mort et passion ils ne peuvent être sauvés. » Et parce qu'il ne peut rien trouver à reprendre dans cette salutaire interrogation, il tâche du moins de persuader que nous ne le faisons pas de bon cœur; tant il est véritable qu'une haine aveugle lui fait interpréter en un mauvais sens les pratiques les plus pieuses de la sainte Église. « Il semble, dit-il, que ceci ne soit ajouté que par manière d'acquit, ou comme par mégarde. » Je demande ici à nos adversaires, qui sont si tendres et si délicats et qui ne cessent presque jamais de se plaindre : que pouvoit-on inventer contre nous, ni de plus foible, ni de plus faux, ni de plus injurieux à des chrétiens? Car après avoir prêché en pleine audience, que si nous rendons graces de notre salut à la passion de notre Sauveur, c'est par manière d'acquit, ou bien par mégarde : que reste-t-il enfin à nous dire, sinon que nous ne sommes pas chrétiens, et que Jésus-Christ ne nous est plus rien? Mais laissons à part nos ressentimens, et sacrifions-les à notre grand Dieu; avec quelles larmes déplorerons-nous la misère de tant de pauvres ames séduites, qui sont aliénées par cet artifice de l'Eglise où leurs pères ont servi Dieu, et du vrai chemin de la vie? C'est ce qui me touche le cœur jusqu'au vif; c'est ce qui me fait oublier ma propre foiblesse, pour exposer en toute simplicité à nos frères malheureusement abusés la véritable doctrine de la sainte Eglise, que leurs ministres tâchent de leur rendre horrible.

Ainsi ce n'est pas mon dessein de réfuter ici page à page toutes les faussetés manifestes du *Catéchisme* du sieur Ferry : premièrement, parce que je vois qu'il avance beaucoup de choses sans preuves : il parcourt toute la controverse, il n'y a aucun point qu'il ne touche, et n'allègue aucune raison que de deux ou trois; encore sont-elles si peu pressantes, que je ne juge pas nécessaire de les examiner si fort en détail. Et enfin j'ai considéré que cette manière d'écrire contentieuse ne laisse pas toujours beaucoup d'édification aux pieux lecteurs, ni beaucoup d'éclaircissement à ceux qui recherchent la vérité. C'est pourquoi j'ai choisi seulement les deux propositions principales auxquelles tout ce *Catéchisme* aboutit, et avec l'assistance divine je ferai connoître combien elles sont éloignées de la vérité.

Ces deux propositions sont : *que la réformation a été nécessaire,* et : *qu'encore qu'avant la réformation on se pût sauver en la communion de l'Eglise romaine, maintenant après la réformation on ne le peut plus.* J'opposerai deux vérités catholiques à ces deux propositions du ministre, et je montrerai manifestement : que la réformation, comme nos adversaires l'ont entreprise, est pernicieuse ; et que si l'on s'est pu sauver en la communion de l'Eglise romaine avant leur réformation prétendue, il s'ensuit qu'on y peut encore faire son salut.

La première de ces vérités renverse leur religion par les fondemens, la seconde nous met à couvert contre leurs attaques : nous les éclaircirons l'une et l'autre par les principes du ministre même : mais l'ordre et la suite du discours demande que je commence par la dernière, et que j'établisse la sûreté de notre salut, avant que de faire voir à nos adversaires le péril certain dans lequel ils sont. Prouvons donc par des raisons évidentes que le *Catéchisme* nous a enseigné que nous pouvons obtenir la vie éternelle en la communion de l'Eglise romaine.

PREMIÈRE VÉRITÉ.

QUE L'ON PEUT SE SAUVER EN LA COMMUNION DE L'ÉGLISE ROMAINE.

SECTION PREMIÈRE,

OU CETTE VÉRITÉ EST PROUVÉE PAR LES PRINCIPES DU MINISTRE.

CHAPITRE PREMIER.

Que selon le sentiment du ministre on pouvoit se sauver en la communion et en la croyance de l'Eglise romaine jusqu'à l'an 1543.

Encore que la Providence divine par des jugemens terribles, mais très-équitables, permette que la doctrine céleste soit en quelque sorte obscurcie par les hérétiques, néanmoins elle se réserve le droit de tirer, quand il lui plaît, de leur bouche des témoignages illustres de ses vérités. Les exemples en sont communs dans l'antiquité chrétienne : mais nous devons au grand Dieu vivant de sincères actions de graces, de celui qu'il fait paroître à nos yeux. Enfin les ministres de Metz prophétisent et nous donnent des argumens très-certains, par lesquels nous leur prouvons invinciblement que l'on se peut sauver dans l'Eglise que leurs prédécesseurs ont abandonnée. Je conjure le lecteur chrétien de considérer attentivement de quelle sorte le sieur Ferry enseigne cette doctrine à son peuple.

Après avoir discouru de la réformation de l'Eglise, il propose cette question en la demande XIII de son *Catéchisme* : « Que croyez-vous donc de nos ancêtres qui sont morts dans la communion de l'Eglise romaine ? » A quoi il répond en premier lieu que « les Juifs auroient pu faire la même question aux apôtres qui les invitoient à embrasser l'Evangile [1]. » Il est très-aisé de connoître que cette réponse n'est nullement à propos, parce qu'il n'y a pas sujet de douter qu'avant la publication du saint Evangile on n'ait pu se sauver dans le judaïsme ; et tout homme de bon sens jugera qu'il est ridicule de comparer le changement de religion qui est arrivé du temps des apôtres, avec celui que nos adversaires ont fait dans ces derniers siècles. Ceux-ci ont changé, comme chacun sait, la religion que leurs pères avoient professée, parce qu'elle leur sembloit corrompue, pleine de sacrilége et d'impiété. Or il est clair que ce n'est point pour cette raison que les saints disciples de Notre-Seigneur se sont retirés de la religion judaïque ; mais sachant que la loi de Moïse n'étoit qu'une ombre et une figure, ils l'ont quittée de la même sorte que l'on fait laisser la grammaire à ceux que l'on avance aux sciences supérieures ; si bien que cet exemple ne conclut rien en faveur de notre adversaire : aussi l'a-t-il touché fort légèrement sans s'y être beaucoup arrêté, et après il passe à d'autres réponses qui semblent plus essentielles et plus sérieuses.

Il allègue donc deux raisons pour lesquelles il ne veut pas que l'on fasse le même jugement de ceux qui meurent en la communion de l'Eglise romaine, et de ceux qui sont morts en son unité avant la réformation prétendue [2]. La première de ces raisons, c'est que l'ignorance, à ce qu'il estime, a rendu nos pères plus excusables ; la seconde, c'est que l'Eglise romaine n'est plus la même qu'elle étoit lors. C'est ce que nous avons à considérer :

[1] P. 75. — [2] P. 75 et 76.

mais auparavant posons bien le sens et la doctrine du ministre.

Voyons en premier lieu jusqu'à quel temps il dit que l'on pouvoit se sauver en la communion de l'Eglise romaine. Et premièrement, il est très-certain qu'il y comprend tout celui qui s'est écoulé avant les auteurs de sa secte : et ainsi Luther n'ayant commencé à fonder ses nouvelles églises qu'environ l'an 1521, il s'ensuit que du consentement de notre adversaire, on pouvoit se sauver parmi nous dans toutes les années précédentes [1]. Mais il passe encore plus loin : car décrivant au long la manière avec laquelle les curés de Metz exhortoient les agonisans en l'an 1543, selon le Manuel imprimé sous l'autorité du cardinal de Lorraine qui régissoit alors ce diocèse, il ne fait nulle difficulté d'avouer que l'on pouvoit mourir, même en ce temps-là, dans la communion de l'Eglise romaine sans préjudice de son salut [2]. Et enfin voulant expliquer quand les choses ont commencé d'y être tellement renversées, qu'on ne peut plus y espérer la vie éternelle, il rapporte ce changement environ à la session IV du concile de Trente, qui fut tenue l'an 1546 [3], et veut faire croire au peuple ignorant que depuis cette session, et les Pères de ce concile, et les papes en exécutant ses décrets, ont introduit dans l'Eglise romaine une doctrine si pernicieuse, qu'on ne peut plus y obtenir la couronne que Dieu a promise à ses serviteurs.

De là il s'ensuit qu'avant ce temps-là, les fidèles se pouvoient sauver en la créance de l'Eglise romaine : et certes la question même, comme il la propose, ôte tout le doute qu'on pourroit avoir de son sentiment sur ce sujet-là. Car ce qu'il veut éclaircir principalement, c'est l'estime qu'il faut faire de ceux « qui sont morts en la communion de l'Eglise romaine avant la réformation. » Qui dit communion, dit société de créance, d'autant que le nœud le plus ferme qui lie la communion ecclésiastique, c'est la profession de la même foi. En effet, il n'est pas possible de vivre en la communion d'une église, sans participer à ses sacremens et au service par lequel elle adore Dieu : ce qui enferme une déclaration solennelle qu'on approuve et qu'on reçoit sa créance. Le ministre lui-même reconnoîtra que ceux qui font la Cène avec lui pro-

[1] P. 98 et ensuite. — [2] P. 104. — [3] P. 106 et 107.

fessent hautement par cette action la doctrine de ses églises. Il faut dire la même chose de nos ancêtres auxquels il ne dénie pas le salut; qui toutefois mourant, comme il le confesse, en l'unité de l'Eglise romaine et en la communion de ses sacremens, ont assez témoigné par là qu'ils n'avoient point d'autre foi que la sienne. Mais ce qui achève de nous découvrir la pensée du sieur Ferry sur ce point, c'est ce qu'il dit en la page 98 et dans les suivantes.

C'est là qu'il remarque de quelle sorte l'Eglise catholique de Metz exhortoit et consoloit les mourans en l'an 1543. Il récite toutes les interrogations qu'on leur faisoit; et après les avoir bien considérées, il déclare nettement qu'il ne doute point qu'ils ne se pussent sauver en cette créance. Examinons donc quelle étoit la foi qu'ils professoient jusqu'à la mort.

La première question qu'on fait au malade, et sur laquelle on lui demande son consentement, est couchée dans le *Rituel*, et rapportée dans le *Catéchisme*, en ces termes : « Mon ami, voulez-vous vivre et mourir en la foi chrétienne comme vrai, loyal et obéissant fils de notre Mère sainte Eglise ? » Le malade répondoit, *Oui* : et je soutiens que par cette seule parole, il faisoit profession de croire tout ce qui étoit cru en l'Eglise.

Le ministre dira sans doute qu'on ne lui parloit pas de l'Eglise romaine : et que « celle qui étoit nommée la Mère sainte Eglise n'étoit pas la particulière de Rome, mais l'universelle, et n'avoit point d'autre nom à Metz, ni ailleurs que de catholique et apostolique[1]. » Mais certes il s'abuse visiblement, s'il croit que nous restreignions le titre d'*Eglise catholique* à la seule Eglise de Rome, comme il le suppose en plusieurs endroits. L'Eglise que nous appelons *catholique* n'est pas renfermée dans les murailles d'une seule ville si grande et si peuplée qu'elle soit. Elle s'étend bien loin dans les nations. Cette même Eglise que nous nommons catholique et apostolique, parce qu'elle a la succession des apôtres, et qu'elle se multiplie tous les jours par toutes les provinces du monde, nous la désignons aussi par le nom d'Eglise romaine, parce qu'une tradition ancienne lui apprend à reconnoître l'Eglise

---

[1] P. 141.

de Rome comme le chef de sa communion; et par là nous la distinguons plus spécialement de toutes les sectes qui se sont séparées du Siége de l'apôtre saint Pierre, que l'antiquité chrétienne a révéré dès les premiers temps comme le centre de l'unité ecclésiastique. Nous ferons voir à notre adversaire en un autre lieu, que nos pères nous l'ont ainsi enseigné. Maintenant il nous suffit qu'il observe que c'est de cette Eglise que le curé parle dans les pieuses interrogations qui sont apportées dans le *Catéchisme*. Car il est clair qu'il ne parloit pas de l'église luthérienne, ni de la prétendue réformée, ni de l'éthiopique, ni de la grecque. Il parloit de l'Eglise en laquelle il étoit établi pasteur, où le malade vouloit mourir, à laquelle il avoit demandé le saint Viatique du divin corps de notre Sauveur, et le remède salutaire de l'Extrême-Onction : de laquelle il attendoit les honneurs de la sépulture ecclésiastique. Celle-là étoit sans doute l'Eglise que l'usage commun appelle *romaine*. C'est de cette Eglise que le malade se reconnoissoit *le vrai fils, le fils loyal et obéissant :* et ainsi témoignoit-il pas qu'il embrassoit sincèrement sa doctrine, qu'il recevoit avec humilité ses décisions, qu'il suivoit de tout son cœur ses enseignemens? Et toutefois le ministre avoue que le chemin du ciel lui étoit ouvert, bien qu'il fît cette déclaration en mourant. Par conséquent il faut qu'il accorde qu'en l'an 1543, les fidèles se pouvoient sauver en la communion et en la créance de l'Eglise romaine.

CHAPITRE II.

Qu'il n'y a aucune difficulté que nous soyons dans le même état que nos pères en ce qui regarde la religion.

C'est ici que je lui demande quel nouveau crime a commis l'Eglise romaine, de quelle nouvelle hérésie s'est-elle infectée depuis l'an 1543 et 46, et d'où vient que depuis ce temps-là seulement elle ne peut plus engendrer des enfans au ciel? Je n'ai pas besoin d'employer ici, ni des raisonnemens recherchés, ni des remarques étudiées. Je ne veux seulement que le sens commun, pour voir que notre foi ne diffère pas de celle que nos ancêtres professoient alors : et de là il est aisé de conclure que s'ils se sont sauvés en cette créance, il n'y a aucune raison de douter de nous. Mais pour bien entendre cette vérité, il faut considérer avant toutes choses quel étoit en ce temps-là l'état de l'Eglise.

Que la foi fût la même, je le puis justifier aisément par les reproches de nos adversaires. Il est clair que les ministres ne forment aucune accusation contre nous, que leurs prédécesseurs n'aient commencée avec une pareille animosité. Il seroit long de citer les passages; mais il est assez constant que la sainte messe, les images, les reliques, le purgatoire, l'invocation des saints, le mérite des œuvres et enfin tous les autres points que l'on nous objecte, ont été le sujet de leurs invectives : et entre les articles qui sont récités en la page 37 du *Catéchisme,* par lesquels le ministre prétend que nous avons perverti l'Evangile, je soutiens qu'il n'en sauroit désigner un seul que ses pères n'aient déjà taxé de leur temps avec une véhémence extraordinaire. Il faut donc nécessairement qu'il confesse, ou que ses premiers maîtres ont été d'impudens calomniateurs, ou bien que si l'on nous a fait les mêmes reproches, nous avions par conséquent la même doctrine.

Ce qui le montre encore plus clairement, c'est que les premiers docteurs de nos adversaires, non contents de reprendre cette créance pour faire voir combien ils s'en éloignoient, se sont publiquement séparés de la communion de l'Eglise romaine, prenant pour prétexte les mêmes causes que nos adversaires défendent encore : ce que le ministre ne peut nier sans une insigne infidélité. Et qui ne voit par là qu'ils jugeoient que la foi qu'on professoit en l'Eglise, étoit directement opposée à celle qu'ils vouloient introduire ?

En effet ils ont bien vu qu'ils se roidissoient contre une créance reçue. Aussitôt qu'ils parurent au monde et que sous le beau prétexte de réformation, ils débitèrent leurs nouveaux dogmes, et les évêques, et les conciles, et les universités catholiques résistèrent hautement à leurs entreprises. Chacun s'étonna de leur nouveauté; et c'est une marque évidente que la doctrine qu'ils venoient combattre étoit profondément imprimée en l'esprit des peuples : ce qui ne seroit pas ainsi arrivé, si elle n'eût été confirmée depuis plusieurs siècles par un consentement général.

Bien plus, il est certain que, non-seulement les points de notre doctrine que nos adversaires contestent, étoient crus pendant ce temps-là par tous les fidèles qui vivoient en notre communion; mais encore que pour la plupart ils avoient déjà été définis par l'autorité des conciles, contre diverses sectes qui s'y étoient injustement opposées. Le sieur Ferry dit-il pas lui-même que « dès l'an 1215, au concile de Latran, la transsubstantiation avoit été passée en article de foi[1]? » Par conséquent cet article étoit cru dans le temps duquel nous parlons, pendant lequel du consentement du ministre on pouvoit se sauver parmi nous. Néanmoins il n'est pas croyable combien nos adversaires l'ont en horreur. Du Moulin dit en son *Bouclier de la foi*, que « cette transsubstantiation sappe la piété par les fondemens, et frappe droit au cœur de la religion [2]. » Que s'ils demeurent d'accord que cette créance n'a pas empêché le salut de nos pères, ne nous font-ils pas voir sans difficulté qu'ils se sont emportés excessivement, quand ils l'ont si sévèrement censurée? Et ensuite ne nous donnent-ils pas une certitude infaillible qu'il n'y a plus aucun point de notre doctrine qui puisse nous exclure du ciel, puisque celui-ci, qu'ils blâment si fort, n'en a pas exclu nos pieux ancêtres?

Davantage, peut-on nier que la messe ne fût le service public de l'Eglise? Nos adversaires ne le contestent pas, et c'est une vérité trop connue. Or c'est ce qu'ils ont le plus en exécration; c'est la messe qu'eux et leurs pères ont décriée comme le comble de toutes sortes d'impiétés et d'idolâtrie. Mais il faut bien qu'ils sentent en leurs consciences que tous ces reproches sont très-injustes, puisqu'ils avouent maintenant, et qu'ils prêchent, et qu'ils enseignent même dans leurs *Catéchismes*, qu'avant leur réformation prétendue et jusqu'à l'an 1543, où la messe constamment étoit en l'Eglise en la même vénération qu'elle est en nos jours, cette Eglise qui la célébroit ne laissoit pas de contenir en son sein, et d'y conserver jusqu'à la mort les enfans de Dieu.

Que dirai-je de l'administration de l'Eucharistie? Est-il rien de plus ordinaire en la bouche de nos prétendus réformés qu'un de nos plus grands attentats contre l'Evangile, c'est de ne la

[1] P. 57. — [2] Sect. 173.

donner pas sous les deux espèces? C'est ce qu'ils ne cessent de nous reprocher. Cependant au temps duquel nous parlons, cette Eglise qui, selon l'avis du ministre même, conduisoit si bien ses enfans à Dieu, ne les communioit que sous une espèce. Et qui ne sait que quelques Bohémiens animés par les prédications de Jean Hus, ayant rétabli la communion du sacré calice, le concile général de Constance prononça qu'il falloit croire sans aucun doute que tout le corps et tout le sang de Notre-Seigneur étoit vraiment sous chacune des deux espèces; que la coutume de communier sous la seule espèce du pain tenoit lieu de loi, qui ne pouvoit être changée sans l'autorité de l'Eglise; et que tous ceux qui seroient contraires à cette doctrine devoient être tenus hérétiques [1]. Telle fut la décision du concile, qui ayant été embrassée par toute l'Eglise, il n'y a qu'une extrême ignorance qui puisse douter de sa foi sur cette matière.

D'ailleurs les calvinistes publient tous les jours, et le ministre ne le niera pas, que les Vaudois et les Albigeois sont leurs vénérables prédécesseurs [2], qu'ils ont professé leur même créance, et qu'ils se sont retirés d'avec nous pour les mêmes causes, pour la messe, pour l'invocation des saints, pour le purgatoire, pour les images, pour la primauté du Pape, pour le sacrement de la sainte Table, et ainsi du reste. Or il est très-certain que l'Eglise condamna ces hérétiques sitôt qu'ils parurent. Et en condamnant leur doctrine, qui ne voit que par une même sentence elle a proscrit celle des calvinistes, qui se glorifient d'être leurs enfans? De cette sorte quand ils sont venus, il y avoit déjà plusieurs siècles que leurs principales maximes avoient été publiquement rejetées, et par conséquent les contraires reçues par l'autorité de l'Eglise.

Mais ce qui fait clairement connoître combien elle détestoit ces opinions, c'est que Jean Viclef et Jean Hus les ayant presque toutes ressuscitées, le concile général de Constance et le pape Martin V, et toute l'Eglise renouvela contre eux le juste anathème qu'elle avoit prononcé contre les Vaudois. Et après tant de condamnations, qui seroit si aveugle que de ne voir pas combien de points que nos adversaires ont taxés d'erreur, étoient reçus en l'Eglise

---

[1] Sess. XIII. — [2] P. 57.

romaine comme des articles de foi catholique, dans le temps où le catéchiste confesse qu'on pouvoit y trouver la vie éternelle.

Encore que ces choses soient très-évidentes, je suis contraint de les expliquer au ministre, qui fait semblant de les ignorer. Qu'il lise la session VIII avec la XVe du concile universel de Constance, et la bulle du pape Martin V touchant la condamnation des erreurs de Jean Hus et de Jean Viclef, deux de ses prophètes. Là, parmi les propositions censurées, il y trouvera celles-ci entre autres : « La substance du pain matériel et semblablement la substance du vin matériel, demeurent dans le sacrement de l'autel. Jésus-Christ n'est pas réellement en ce sacrement en sa propre présence corporelle, » c'est-à-dire par la présence de son corps. « Il n'est pas fondé en l'Evangile, que Jésus-Christ ait institué la messe. Il n'y a aucune apparence qu'il soit nécessaire qu'il y ait un chef qui régisse l'Eglise militante dans les choses spirituelles, et qui vive, et soit conservé toujours avec elle. Il n'est pas de nécessité de salut de croire que l'Eglise romaine soit la première entre toutes les autres ; c'est une erreur, remarque ici le concile, si par l'Eglise romaine il entend l'Eglise universelle, ou le concile général, ou en tant qu'il nieroit la primauté du souverain Pontife sur les autres églises particulières [1]. »

En conséquence de ces erreurs ainsi condamnées, le Pape avec le consentement du concile, ordonne que celui qui aura soutenu ces propositions, ou qui sera soupçonné de les croire, soit interrogé en cette manière : « S'il croit qu'au sacrement de l'autel, après la consécration du prêtre sous le voile du pain et du vin, ce n'est pas du pain et du vin matériel, mais le même Jésus-Christ qui a souffert à la croix, et qui est assis à la droite du Père. S'il croit et assure que la consécration étant faite, sous la seule espèce du pain soit la chair de Jésus-Christ, son sang, son ame, sa divinité et enfin Jésus-Christ tout entier. S'il croit que la coutume de communier les laïques sous la seule espèce du pain, observée par l'Eglise universelle et approuvée par le concile de Constance, doit être tellement gardée, qu'il n'est pas permis de la blâmer ou de

---

[1] Propositions de Jean Viclef et de Jean Hus censurées au concile de Constance, sess. VIII et XV.

la changer sans l'autorité de l'Eglise. S'il croit que le chrétien outre la contrition de cœur est obligé, par nécessité de salut, de se confesser aux seuls prêtres quand il le peut, et non à aucun laïque, si dévot qu'il soit. S'il croit que l'apôtre saint Pierre a été vicaire de Jésus-Christ, ayant puissance de lier et délier sur la terre. S'il croit que le Pape élu canoniquement est successeur de saint Pierre, ayant la suprême autorité en l'Eglise de Dieu. S'il croit les indulgences. S'il croit qu'il est permis aux fidèles de vénérer les images et les reliques des saints, et généralement tout ce qui a été défini au concile général de Constance [1]. » Telles furent les décisions de ce saint concile ; reste maintenant que nous remarquions ce qu'il en résulte à notre avantage.

CHAPITRE III.

Que cette conformité de créance prouve clairement que nous pouvons nous sauver en l'Eglise romaine avec la même facilité que nos ancêtres; et que le ministre, qui nous condamne, ne s'accorde pas avec lui-même.

Ces choses ayant été résolues ainsi que je les ai rapportées, s'il reste quelque sincérité au ministre, il reconnoîtra franchement que ce concile étant reçu comme universel, ses déterminations ont été suivies par toute l'Eglise, et que jamais elles n'ont été révoquées. D'où il s'ensuit très-évidemment que dans le temps duquel nous parlons, et lorsque le concile fut ouvert à Trente, elles étoient en la même vigueur et en la même vénération : et qu'il y avoit un siècle passé que la plupart des points contestés, et encore sans difficulté les plus importans, étoient proposés à tous les fidèles par l'autorité de l'Eglise, en la même manière que nous les croyons et avec une pareille certitude.

D'ailleurs ces interrogations de Martin V, que l'on faisoit en particulier à ceux que l'on soupçonnoit d'hérésie, tenoient lieu d'une profession de foi spéciale que l'on exigeoit d'eux sur tous ces articles : tellement qu'il étoit impossible de demeurer en la communion de l'Eglise romaine sans les croire et les professer : d'où il s'ensuit que le concile de Trente n'a rien ordonné sur

[1] Bulle de Martin V contre Jean Viclef et Jean Hus, tom. IV, *Conc. gen.* Edit. Rom.

toutes ces choses, qui n'eût été déjà établi avec la même fermeté du temps de nos pères : et c'est ce qui fait voir manifestement combien le ministre abuse le monde, quand il tâche de persuader que c'est à Trente que se sont faits ces grands changemens dans la religion ancienne [1], et que c'est ensuite de ses décrets que l'entrée du royaume céleste nous est interdite.

Je ne vois pas ce qu'il peut répondre à des raisons si fortes et si évidentes. Niera-t-il que la foi de nos pères fût telle en ce temps-là que je la propose? Mais qu'est-ce qui peut mieux faire voir la créance qui est tenue dans l'Eglise, que les déterminations qu'elle fait dans ses assemblées générales sur les doutes et sur les questions qui s'élèvent? N'est-ce pas sur les résultats des conciles que les confessions de foi sont dressées? Dira-t-il qu'il y a d'autres points que je n'ai pas encore touchés? Mais du moins il avouera sans difficulté que ceux que j'ai rapportés sont les principaux; et que si nous en étions demeurés d'accord, presque toutes nos disputes seroient terminées. A quoi donc se réduira-t-il? Bien avant dans le siècle passé on se sauvoit en l'Eglise romaine; notre adversaire n'en disconvient pas : maintenant à son avis il est impossible. Que si la créance est la même, pourquoi damner les uns et sauver les autres? Dans une telle conformité, sur quoi le ministre peut-il fonder une sentence si dissemblable? Quel procédé plus injuste ni plus téméraire?

Je vois bien qu'il cherche à nos pères, qui sont morts en l'Eglise romaine, un asile assuré dans leur ignorance. Mais en attendant que nous lui prouvions par un raisonnement invincible que cette réponse ne s'accorde pas avec ses principes, faisons-lui seulement remarquer qu'il n'a pas bien considéré ce qu'il dit. Car je lui demande quelle estime il fait des Vaudois et des Albigeois. Sont-ce de bons ouvriers comme il les appelle [2], ou de faux prophètes comme nous disons? Que s'ils sont ces bons ouvriers, que le grand Père de famille avoit employés pour la réformation de l'Eglise, ainsi que notre adversaire l'assure, qui pouvoit s'excuser sur son ignorance depuis qu'ils ont paru dans l'Eglise? Leur séparation avoit-elle point assez éclaté? Nos adversaires ne disent-

Que le ministre qui excuse nos pères sous prétexte de leur ignorance, ne considère pas ce qu'il dit.

[1] P. 107 et ensuite. — — [2] P. 57.

ils pas que Dieu les avoit dispersés parmi les nations et les peuples, pour y porter le témoignage de l'Evangile? Et encore plus nouvellement Viclef et Jean Hus que les calvinistes estiment des leurs, n'avoient-ils pas enseigné et dogmatisé à la face de toute l'Eglise? Et d'où vient donc que les ministres déclarent que l'ignorance excuse nos pères, puisqu'ils disent d'ailleurs que la vérité leur avoit déjà été annoncée? Est-ce qu'ils se veulent réserver la gloire d'avoir les premiers prêché l'Evangile, et dissipé l'ignorance du monde? Mais donnons au ministre qu'il soit ainsi; qu'il songe à ce qu'il a dit de nos ancêtres qui vivoient en l'an 1543 et encore quelque temps au-dessous: que persistant jusqu'à la mort en la communion de l'Eglise romaine, ils y ont pu obtenir la vie éternelle, comme nous l'avons montré assez clairement. Certes il y avoit déjà vingt années que l'on prêchoit et en France et en Allemagne la réformation prétendue [1], et elle faisoit tant de bruit dans l'Europe, que personne ne la pouvoit ignorer. Combien d'églises de la nouvelle Réforme avoient été déjà établies, et même dans le voisinage de Metz [2]? Quoi plus? Le ministre ne dit-il pas que « la réformation se prêchoit lors hautement en cette ville? » C'est peu de dire qu'elle s'y prêchoit; il dit qu'elle s'y prêchoit hautement. Cependant c'est dans Metz qu'il assure que nos pères pouvoient mourir durant ce temps-là en la communion de l'Eglise romaine, sans préjudice de leur salut. En quoi différons-nous d'avec eux? Vous nous prêchez, vos prédécesseurs les prêchoient; vous nous appelez, ils les appeloient; nous vous refusons, ils les refusoient. Par quelle justice nous condamnez-vous, ou par quelle justice les absolvez-vous, puisque nous sommes également innocens, ou également criminels?

CHAPITRE IV.

Que le ministre, voulant mettre de la différence entre nos ancêtres et nous, établit encore plus solidement la sûreté de notre salut dans l'Eglise romaine.

Le ministre s'est bien aperçu que ceux qui considéreroient at-

---

[1] A Wittemberg dès l'an 1521. Sleidan, lib. III. — [2] A Genève, à Berne, à Constance, à Bâle, à Strasbourg, en 1528 et 1529. *Idem.*, lib. VI, p. 103.

tentivement cette conformité de créance, jugeroient sans difficulté qu'il a prononcé en notre faveur, quand il a justifié nos ancêtres. C'est pourquoi il n'épargne aucun artifice pour mettre quelque différence entre nous et eux. Il dit donc que les anciens Rituels dont les catholiques usoient en ces temps, font bien voir que le mérite du Fils de Dieu étoit leur unique espérance; au lieu que la doctrine que nous professons, ruinant cette confiance au Libérateur en laquelle tout le christianisme consiste, elle renverse par conséquent l'Evangile et détruit toute la piété chrétienne. C'est là le sujet principal des invectives de son *Catéchisme*.

Pour faire paroître la fausseté de cette accusation mal fondée, je n'aurois qu'à proposer en peu de paroles une simple explication de notre créance. Mais il y a quelque chose de plus remarquable que je veux représenter aux lecteurs : il faut que toutes les personnes sensées reconnoissent la force secrète de la main de Dieu, qui conduit si puissamment l'esprit du ministre, que pendant qu'il s'élève le plus contre nous, et qu'il défigure notre doctrine par des calomnies plus visibles, il établit lui-même les fondemens qui assurent notre salut dans l'Eglise romaine selon la conséquence de ses principes. Pour mettre cette vérité en son jour, je pose ces trois propositions.

1. Tant que l'on conserve immuable le fondement essentiel de la foi, quelque erreur où l'on soit d'ailleurs, le ministre estime qu'on se peut sauver. 2. Ce fondement essentiel de la foi, lequel étant mis et demeurant ferme, les erreurs sur les autres points ne nous damnent pas, selon les maximes du catéchiste, c'est la confiance en Jésus-Christ seul. 3. Nier que nous ayons cette confiance, c'est s'aveugler volontairement. Quand ces trois propositions seront bien prouvées, il n'y a personne si opiniâtre qui ne nous accorde cette conséquence, que le ministre démentira sa propre doctrine, s'il n'avoue que nous pouvons nous sauver en la communion de l'Eglise romaine. Montrons par des raisonnemens invincibles ces trois importantes propositions.

Preuve de cette vérité par trois propositions importantes.

Pour cela il faut comprendre avant toutes choses quelques principes de nos adversaires, qui ayant été examinés très-solidement par des personnes d'une réputation éminente, nous en toucherons seulement ce qui sera nécessaire à notre sujet.

1re Proposition : que les erreurs qui ne renversent pas les fondemens essentiels de la foi, ne préjudicient pas au salut, selon le sentiment du ministre et de ses confrères.

C'est une maxime constamment reçue parmi les ministres, qu'il y a deux sortes d'erreurs en la foi. « Les unes, dit un ministre célèbre, sont pernicieuses et incompatibles avec la vraie piété; les autres sont moins nuisibles, et ne mènent pas nécessairement les hommes à perdition [1]. » De ces erreurs du second rang, ce ministre enseigne que « si nous ne pouvons en délivrer nos prochains, il ne faudra pas pour cela rompre avec eux; mais y supporter doucement ce qui ne s'y peut changer, et qui au fond ne préjudicie pas à leur salut, et moins encore au nôtre. » C'est ce que le catéchiste explique en d'autres paroles, lorsqu'il dit que toute erreur, qui est hors des matières nécessaires, ne doit pas être prise pour la révolte de la foi dont parle l'Apôtre, ni estimée cause de séparation [2]. » Mais la suite de ce discours éclaircira mieux quel est son sentiment sur cette matière.

Cette doctrine est le fondement de l'union des calvinistes avec les luthériens sur le point de l'Eucharistie.

Cependant nous remarquerons que c'est sur ce seul fondement que nos adversaires bâtissent cette union si mal assortie avec leurs nouveaux frères les luthériens. C'est une affaire qui s'est traitée entre les ministres, et on n'en a pas divulgué le secret aux peuples. De tous les articles de notre créance, celui qui les choque le plus, c'est la réalité du corps du Sauveur dans le sacrement de l'Eucharistie; et toutefois les ministres se sont accordés avec les luthériens, qui la tiennent non moins fortement que les catholiques. Mais parce que je serois suspect à nos adversaires, si je leur rapportois de moi-même une chose qui leur est désavantageuse, je les veux instruire de la vérité par le témoignage d'un de leurs pasteurs. C'est Daillé, ministre de Charenton, qui parle ainsi des luthériens en l'*Apologie* qu'il a faite des églises prétendues réformées : « J'avoue, dit-il, qu'il ne nous est non plus possible de croire que de concevoir ce qu'ils posent, que le corps du Seigneur est réellement présent sous le pain de l'Eucharistie. Mais bien nous est-il possible, et comme j'estime, nécessaire selon les lois de la charité de supporter en leur doctrine cela même que nous ne croyons pas. Car cette opinion qu'ils ont demeurant en

---

[1] Daillé, *Apol.*, cap. VII, imprimée avec approbation de Mestrezat, Drelincourt et Aubertin. — [2] P. 44.

ces termes, n'a aucun venin ¹. » Et un peu après continuant le même sujet : « Cette hypothèse, dit-il, ne nous engage en rien qui soit contraire ou à la piété, ou à la charité, ou à l'honneur de Dieu, ou au bien des hommes. » Cette vérité étant reconnue par nos adversaires en termes si forts et si énergiques, il n'y a personne qui ne confesse que notre doctrine sur ce point est très-innocente. Et afin qu'on ne pense pas que ce soit une opinion particulière pour autoriser sa pensée, Daillé rapporte le résultat d'un synode national tenu à Charenton en l'an 1631, où les églises prétendues réformées reçoivent expressément les luthériens à leur communion et à leur table, nonobstant cette opinion et quelque peu d'autres de moindre importance encore ². » Tel est le sentiment de nos adversaires touchant la réalité du corps et du sang dans l'auguste sacrement de l'Eucharistie.

Nous avons toujours bien prévu que cette déclaration authentique auroit des conséquences très-considérables : que les ministres s'étant relâchés sur ce point qui paroît le plus incroyable, et qui est sans doute celui sur lequel les contentions ont été de tout temps le plus échauffées, ils auroient fort mauvaise grace de se roidir si fort sur les autres : et qu'enfin ils se trouveroient fort embarrassés à nous expliquer quels sont les articles qui renversent la piété chrétienne, puisque celui-ci dans leur sentiment n'y est pas contraire. Nous ne nous sommes pas trompés dans cette pensée, et nous en voyons l'effet tout visible dans le *Catéchisme* du sieur Ferry. Car encore qu'il ait remarqué lui-même que la transsubstantiation, dont le nom seul fait horreur à ses frères, a été passée en article de foi dès l'an 1215, encore qu'il sache très-bien que la messe et la communion des laïques sous la seule espèce du pain, étoit reçue en l'Eglise du temps de nos pères, et qu'il n'ait pas pu ignorer, ni ces fameuses décisions de Constance, ni les autres déterminations ecclésiastiques lesquelles nous lui avons objectées : toutes ces choses ne sont pas capables de le faire prononcer contre nos ancêtres : au contraire il prêche en termes formels que jusqu'à l'an 1543 on se sauvoit encore en l'Eglise qui

---

¹ Daillé, *Apol.*, cap. VII. — ² Synode national de Charenton en l'an 1631, pour autoriser cette union. Daillé, *ibid.*

avoit résolu tant de points contre sa créance. Et quoiqu'il tâche d'excuser nos pères sous prétexte de leur ignorance, c'est de là même que je conclus que les articles dont nous parlons, ne peuvent pas être fondamentaux selon les principes de nos adversaires, puisque tout le monde convient unanimement que l'ignorance des fondemens de la foi n'est pas une excuse suffisante devant la justice divine, et que c'est des articles fondamentaux que nous pouvons dire ce que dit l'Apôtre : « Qui ignore, sera ignoré [1]. »

CHAPITRE V.

Continuation de la même matière. Explication du sentiment du ministre, qui déclare que l'invocation des saints n'empêche pas notre salut.

C'est encore cette union si célèbre avec les sectateurs de Luther qui pousse le ministre si loin, que bien qu'il enseigne dans son *Catéchisme* que c'est une erreur de prier les saints, il ne peut croire qu'elle soit plus pernicieuse que la créance des églises luthériennes touchant cette incompréhensible réalité du corps du Sauveur dans le pain de l'Eucharistie. C'est pourquoi il enseigne à ses auditeurs sans aucune ambiguïté, que cette prière n'enferme pas une erreur damnable; et il importe pour mon dessein que le lecteur pénètre bien sa pensée.

Il faut rappeler ici la mémoire des choses que nous avons déjà remarquées, et considérer que le catéchiste ayant représenté bien au long la manière d'exhorter les malades, pratiquée au diocèse de Metz par les pasteurs catholiques de cette église, déclare qu'il ne doute point du salut de tous ceux qui mouroient en la foi qui leur y étoit proposée, parce qu'on les adressoit au Sauveur comme à leur unique espérance. Toutefois voici ce qu'il dit qui mérite d'être observé sérieusement : « Vrai est que le curé y entremêloit quelque chose de l'invocation de la Vierge et du bon ange du malade, et du saint auquel il pouvoit avoir une affection particulière [2]. » Ce sont les paroles du catéchiste, dont les personnes judicieuses reconnoîtront aisément l'artifice. Car il ne récite pas le passage entier, comme il avoit fait tout le reste qu'il

---

[1] 1 *Cor.*, XIV, 38. — [2] P. 102.

tâche de tirer à son avantage; il passe cet endroit fort légèrement : « on y entremêloit, dit-il, quelque chose et un petit mot. » Mais faisons paroître la vérité, et découvrons ce que c'est que ce *petit mot*, et ce que veut dire ce *quelque chose*. Le curé parloit ainsi au malade : « Ayez en votre cœur mémoire de la croix et des plaies de Jésus-Christ, en invoquant à votre aide la glorieuse Vierge Marie, Mère de miséricorde et refuge des pauvres pécheurs, et pareillement votre bon ange et les saints et saintes auxquels vous avez eu singulière et spéciale dévotion [1]. » Quant à ce petit mot par lequel on invoquoit la très-sainte Vierge, il étoit ainsi énoncé : « Marie, Mère de grace, Mère de miséricorde, défendez-moi de l'ennemi, et à l'heure de la mort veuillez me recevoir : Amen [2]. » Tel est le *petit mot* que le catéchiste coule si doucement.

J'avoue certes qu'un ministre plus chagrin que lui s'écrieroit incontinent au blasphème; mais le sieur Ferry ne va pas si vite; il s'est souvenu en ce lieu qu'il faisoit un *Catéchisme*, non une invective. Il sait bien que nous recourons au Sauveur comme à celui qui nous a réconciliés, qui a expié nos crimes en sa propre chair, par lequel seul nous avons accès au trône de grace : que nous appelons la sainte Vierge à notre secours d'une manière infiniment différente, laquelle néanmoins est très-fructueuse parce que la très-pure Marie ayant des entrailles de mère pour tous les fidèles à cause de son cher Fils Jésus-Christ dont nous avons l'honneur d'être membres, elle s'entremet pour nous par la charité, et nous obtient des graces très-considérables par ses puissantes intercessions. Le ministre n'ignore pas que c'est en cet esprit que nous la prions, et il ne peut croire que cette prière ruine le fondement du salut. Peut-être n'ose-t-il pas dire tout ce qu'il en pense; mais du moins il en a dit tout ce qu'il a pu, tout ce que lui permettoit sa profession. « Ce que les livres ajoutoient, dit-il, de l'invocation à autre qu'à Dieu pouvoit être interprété en un sens tolérable [3]. » Merveilleuse conduite de la Providence ! De toutes les prières ecclésiastiques par lesquelles nous implorons l'assistance de la très-heureuse Marie, aucune n'est conçue en

Paroles considérables du ministre, touchant l'invocation de la sainte Vierge

[1] *Agende de Metz*, de l'an 1543, fol. 63. — [2] *Ibid.* — [3] P. 105.

termes plus forts que celle que nous avons rapportée : et c'est toutefois celle-là que le ministre excuse lui-même, pressé intérieurement en son ame par un secret mouvement de l'Esprit de Dieu : il est contraint de céder à la vérité, et il corrige par son exemple l'ardeur indiscrète de ses confrères, qui nommeroient cette oraison une idolâtrie, et toutes ces paroles autant de blasphèmes.

Fuites du ministre, qui tâche d'embarrasser une chose claire. Ce n'est pas qu'il ne biaise, qu'il ne dissimule ; que ne fait-il pas pour persuader que nos ancêtres prioient les saints autrement que nous ? Il assure que « ce qu'on faisoit dire à la Vierge, c'étoit plutôt pour y adresser le malade selon l'usage du temps, que pour lui en imposer aucune nécessité ; que les litanies se disoient par le curé, et non par le malade ; qu'aussi l'invocation des saints n'étoit pas chose qui fût crue nécessaire à salut[1]. » Mais tant s'en faut que ces réponses nous satisfassent, qu'au contraire nous sommes certains que le ministre lui-même n'en est pas content. Car il sait bien que nous enseignons la même doctrine que nos pères ont professée ; si nous prions les esprits bienheureux qu'ils nous assistent par leurs oraisons, ce n'est pas que cette prière nous soit ordonnée comme nécessaire, mais elle nous est recommandée comme profitable. Le sieur Ferry ne l'ignore pas ; et c'est pourquoi il tâche d'échapper par une autre voie. Sur la foi de Cassandre, qu'il rapporte en marge, et dont il sait bien que l'autorité n'est pas de grand poids parmi nous, il voudroit que l'on crût que « cette prière adressée à la sainte Vierge et aux saints, étoit plutôt un désir du priant qu'une interpellation directe du mort[2]. » Ne voyez-vous pas comme il se tourmente pour embarrasser une chose claire ? Mais qu'il s'imagine ce qu'il lui plaira, quelque artifice dont il se serve pour déguiser une vérité manifeste, nous repartirons en un mot que nous n'invoquons pas les saints d'une autre manière, ni en paroles plus expresses ni plus formelles que sont celles que j'ai citées de ce *Rituel* de l'an 1543, que le ministre produit en son *Catéchisme* pour justifier la foi de nos pères.

Il a bien vu en sa conscience combien étoient vaines toutes ces

[1] P. 102. — [2] P. 103.

réponses, il parle plus franchement dans la suite, et dit que « cette invocation en tout cas devoit être prise pour le *foin* dont parle l'Apôtre, qu'ils édifioient ou qu'ils entassoient sur le fondement qui est Jésus-Christ, et combien qu'il ne leur servît de rien et qu'ils en fissent perte, il ne les empêchoit pas d'être sauvés[1]. » O triomphe de la vérité catholique sur les calomnies de ses adversaires! Quel ministre assez téméraire osera nous objecter maintenant que c'est une idolâtrie de prier les saints, que c'est abandonner Jésus-Christ et ruiner sa médiation auprès de son Père? Le sieur Ferry nous défend contre ces reproches. Car je demande quel salut pourroit espérer celui qui seroit mort avec de tels crimes? Il faut donc nécessairement qu'il confesse que ses confrères qui nous en chargent sont de très-injustes accusateurs, puisqu'il enseigne dans son *Catéchisme* que cette prière, qui est le sujet de leurs invectives les plus sanglantes, laisse le fondement du salut entier, et ne nous sépare pas d'avec Jésus-Christ.

Il est contraint d'avouer que ce n'est pas une erreur damnable de prier les saints.

Il sera forcé de dire le même des autres articles controversés qui étoient reçus en ce même temps par toute l'Église; et si quelque curieux l'interroge, d'où vient qu'il enseigne dans son *Catéchisme* que nos ancêtres se pouvoient sauver, bien qu'ils crussent tant de points importans contre la doctrine de ses églises, comme nous l'avons prouvé assez clairement : ne faudra-t-il pas qu'il réponde ce qu'il dit de l'invocation des saints, que ces erreurs « étoient le foin dont parle l'Apôtre, qui étoit édifié sur le fondement, et qui n'empêchoit pas le salut? »

Concluons donc selon ses maximes, que les erreurs, quelles qu'elles soient, ne nous damnent pas tant que le fondement de la foi demeure. Reste maintenant que nous expliquions quel est ce fondement de la foi dans le sentiment de notre adversaire; et c'est la seconde proposition que nous avons à examiner.

Conclusion, qu'aucunes erreurs ne nous damnent tant que les fondemens de la foi demeurent.

[1] P. 105.

CHAPITRE VI.

Seconde et troisième propositions qui assurent notre salut dans l'Eglise romaine ; que selon les principes du ministre, le fondement essentiel de la foi, lequel étant posé, les erreurs surajoutées ne nous damnent pas, c'est la confiance en Jésus-Christ seul ; et que c'est vouloir s'aveugler que de nier que nous ayons cette confiance.

Il n'est pas nécessaire d'employer ici une longue suite de raisonnemens, puisque le ministre s'explique en termes formels ; il dit nettement en son *Catéchisme* que ce fondement qui a sauvé nos pères, nonobstant toutes leurs erreurs, c'est « la confiance ès seuls mérites de Jésus-Christ, laquelle, dit-il, on exigeoit d'eux et dont on leur faisoit faire confession. » De là vient qu'il l'appelle en ce lieu et dans tout son livre, « le vrai et unique moyen de salut, le plus grand article de tous, le sommaire de la doctrine chrétienne, et ce qui fait véritablement le chrétien. » De sorte que suivant ces principes, quiconque a dans son cœur cette confiance est appuyé sur le fondement immobile ; et à cause de la fermeté de ce fondement, les erreurs surajoutées ne le damnent pas et ne le séparent pas d'avec Dieu. C'est pourquoi, encore qu'il soit évident que la doctrine de nos ancêtres étoit directement contraire à la sienne en beaucoup de questions importantes, ainsi que nous l'avons observé, toutefois ayant reconnu cette confiance dans les livres dont on usoit en l'Eglise avant le concile de Trente, il a été contraint de nous accorder qu'on pouvoit se sauver jusqu'alors en la communion de l'Eglise romaine.

C'est aussi depuis ce temps-là, dit le catéchiste [1], que le chemin du ciel est fermé pour nous, parce que, voici ses paroles, « il n'est plus permis en l'Eglise romaine de mourir en se fiant ès seuls mérites de Jésus-Christ [2], » « parce que la justification par la foi et la confiance de salut, qui jusqu'alors avoit été conservée pour le refuge et pour le salut des mourans, et qui en étoit le sommaire, fut condamnée et le mérite des œuvres établi [3]. »

Nous le prions, nous le conjurons par cette charité chrétienne, qui est douce, qui est patiente, qui n'est point jalouse ni ambi-

[1] P. 104. — [2] P. 113. — [3] P. 108.

tieuse, qui ne soupçonne point le mal ¹, qu'il dépouille la passion de sa secte, et qu'il nous considère des mêmes yeux desquels il a regardé nos pieux ancêtres ; il trouvera sans difficulté que nous sommes encore ici avec eux.

Je m'engage de lui prouver très-évidemment qu'il faut être ignorant de l'antiquité pour croire que la créance que nous professons, touchant la justification du pécheur et le mérite des bonnes œuvres, ait commencé au concile de Trente. La section suivante lui fera connoître par des témoignages certains, que la doctrine que nous prêchons nous a été enseignée par l'ancienne Eglise, et par ceux des Pères dont l'autorité lui doit être la plus vénérable.

En attendant que je m'acquitte de cette promesse, je le prie d'écouter des auteurs qui ne doivent pas lui être suspects. Ce sont les historiens ecclésiastiques de la Réformation prétendue, qui parlent ainsi de la doctrine du treizième siècle dans la préface de leur treizième centurie : « En ce siècle, disent-ils, cette doctrine évangélique étoit éteinte, que les hommes sont justifiés devant Dieu par la seule foi sans les œuvres. La doctrine des faux prophètes régnoit publiquement, que les bonnes œuvres sont méritoires du salut ². » Que le ministre remarque en ce lieu que tout ce qu'il reprend en notre créance, ses frères l'ont attribué au treizième siècle. Il ne seroit pas malaisé de montrer que Luther et Calvin et les autres ont parlé de la même sorte des siècles qui les ont précédés ; et ainsi c'est en vain que le catéchiste s'efforce à mettre de la différence entre nos ancêtres et nous, puisque ses plus grands docteurs reconnoissent qu'ils avoient les mêmes sentimens que nous professons.

Mais le ministre est d'un autre avis ; ses pères disent que dès le xiii⁰ siècle, la doctrine de la justification étoit pervertie, et par conséquent selon leur principe la confiance en Jésus-Christ ruinée. Au contraire, « en tous ces siècles, dit le catéchiste, et jusqu'à la fin du xv⁰, non-seulement il étoit permis aux chrétiens de mourir en la confiance d'être sauvés par les seuls mérites de Jésus-Christ, mais même ils y étoient expressément adressés ³ ; » et parlant de la

¹ I *Cor.*, XIII, 4, 5. — ² Magdeburg, *Hist. eccles.*, Cent. XIII, in præfat. — ³ P. 92.

vi⁰ session de Trente, il assure que « la justification par la foi jusqu'alors avoit été conservée pour le salut des mourans[1]. » Ainsi nos adversaires sont partagés en deux opinions différentes.

Donc ou ces illustres réformateurs ont fait tort à l'innocence de nos ancêtres, ou le ministre lui-même s'abuse quand il attribue aux Pères de Trente l'établissement de notre doctrine touchant la justification des pécheurs et le mérite des bonnes œuvres.

Que s'il veut soutenir ce qu'il a prêché, s'il dit que ce sont ses prédécesseurs qui ont mal pris la pensée des siècles passés, si une imprudente préoccupation les a emportés si loin hors des bornes d'une modération raisonnable ; ne doit-il pas avoir une juste crainte que sa vue n'ait été troublée par le même esprit qui les aveugloit, et qu'en déguisant la foi de la sainte Eglise, il ne nous fasse la même injustice qu'il croit que ses premiers maîtres ont faite à nos pères ?

Sincère protestation que toute notre espérance est en Jésus-Christ.

Certes quelque estime qu'il ait de notre créance, nous protestons devant Dieu et devant les hommes, que nous espérons uniquement au Sauveur ; que c'est notre seul pacificateur, le seul qui réconcilie le ciel et la terre, le seul qui purge nos consciences gratuitement par son sang : que quelque bien que nous puissions faire en ce monde, eussions-nous toutes les vertus qui sont répandues dans tous les ordres des prédestinés, nous ne serons jamais agréés du Père, si nous ne lui sommes présentés au nom de son Fils, si lui-même ne nous présente, si nous ne paroissons revêtus de lui. C'est là notre foi, c'est notre doctrine, nous voulons vivre et mourir en cette espérance.

Pourquoi on donne une croix aux mourans selon la tradition de l'Eglise.

C'est pourquoi en consolant les malades, après leur avoir administré les saints sacremens, la pieuse tradition de l'Eglise ordonne qu'on leur mette la croix à la main comme leur sauvegarde assurée. Cette sainte cérémonie leur enseigne à se mettre à couvert sous la croix contre les terribles jugemens de Dieu justement irrité contre nous. Là une conscience effrayée par la multitude de ses péchés respire en la passion du Sauveur. Comme on voit un homme à demi noyé qui se prend de toute sa force à une branche qu'on lui tend de dessus le rivage : ainsi on avertit le vrai

---

[1] P. 108.

chrétien qu'il tienne fortement ce bois salutaire, de peur que ses iniquités ne l'abîment. Donc en embrassant la croix du Sauveur, que voulons-nous dire autre chose, sinon que battus des flots et de la tempête, menacés d'un naufrage certain par le débris inévitable de notre vaisseau, nous nous jetons avec Jésus-Christ sur cette planche mystérieuse, sur laquelle nous croyons arriver au port de la bienheureuse immortalité. C'est ce que signifie cette croix que nous présentons à nos frères agonisans : et afin de leur relever le courage, nous animons la cérémonie par cette pieuse exhortation : « Mon ami, après que Dieu vous a fait la grace de recevoir tous vos sacremens, qui est tout ce que peut désirer le vrai chrétien prêt à partir de ce monde, il ne reste plus qu'à vous résigner du tout entre les bras de sa bonté et miséricorde, sans plus penser à autre chose qu'à la mort et passion de notre Sauveur et Rédempteur Jésus-Christ, de laquelle je vous présente la figure et remembrance, suivant la sainte et louable coutume de notre Mère l'Eglise, afin qu'en voyant ce vénérable signal, il vous souvienne de ce qu'il a souffert en l'arbre de la croix pour vous, et de la charité immense qu'il vous a portée jusqu'à l'effusion de la dernière goutte de son très-précieux sang : élevez donc les yeux de l'esprit et méditez ici votre Sauveur, ayant le chef abaissé pour vous baiser, les bras tendus pour vous embrasser, le corps et les membres du tout ensanglantés pour vous racheter et sauver ; priez-le en toute humilité et d'ardente affection que son sang ne soit en vain épandu pour vous, et qu'il lui plaise, par le mérite de sa douloureuse mort et passion, vous octroyer pardon de toutes vos fautes, et finalement recevoir votre ame entre ses mains, quand il lui plaira la retirer de ce monde. Ainsi soit-il [1]. »

Exhortation de l'Eglise catholique aux agonisans pour appuyer leur confiance en Jésus-Christ.

C'est ainsi qu'en la dernière agonie, l'Eglise par sa charité maternelle excite les enfans de Dieu et les siens. Elle veut qu'ils appliquent toute leur pensée à Jésus-Christ, à sa mort et à ses souffrances. Pour rassurer leur ame étonnée, elle leur représente ce Jésus-Christ se donnant à eux, se sacrifiant, s'épuisant pour eux : c'est de là qu'elle leur ordonne de tout espérer et en cette vie et

[1] *Agende de Metz*, par feu Monseigneur l'Evêque de Madaure, en l'an 1631, p. 91.

en l'autre : et on ose lui reprocher qu'elle ne laisse pas mourir ses enfans en cette confiance chrétienne en Jésus-Christ seul ; quelle injustice ! quelle calomnie !

Que l'Eglise catholique exige des fidèles mourans cette salutaire confession, qu'ils n'espèrent rien qu'en Jésus-Christ.

Elle ne se contente pas de les exhorter, elle leur fait professer cette foi ; et l'*Agende* dont nous usons ordonne aux curés d'exiger des agonisans cette même confession, qui selon le catéchiste a sauvé nos pères en l'an 1543. « Ne croyez-vous pas fermement que Notre-Seigneur Jésus-Christ a voulu mourir pour vous, et qu'autrement que par sa mort et passion vous ne pouvez être sauvé[1] ? » On leur fait la même interrogation en leur donnant le saint sacrement de l'Eucharistie : « Voici, leur dit-on, le vrai Agneau de Dieu, qui efface les péchés du monde. Voici votre Sauveur, vrai Dieu et vrai homme, au nom duquel il faut que nous soyons tous sauvés, et sans lequel il ne faut espérer aucun salut, ni en ce monde ni en l'autre. Le croyez-vous ainsi[2] ? » En quoi donc différons-nous de nos pères ? Et quelle est l'obstination de nos adversaires, quelle aigreur, quelle animosité les aveugle et les irrite injustement contre nous ? Nous leur prêchons, nous leur crions de toutes nos forces, que nous n'espérons rien que par Jésus-Christ, que nous espérons tout par Jésus-Christ : et ils s'opiniâtrent à publier que nous sommes capitalement opposés à cette créance !

C'est ici que le catéchiste répond « qu'il semble que cette demande ne soit ajoutée que par manière d'acquit ou comme par mégarde[3]. » O foiblesse extrême de notre adversaire ! Car la charité chrétienne m'empêche d'user d'une censure plus rigoureuse. Recourir à des réponses si vaines, est-ce pas se sentir vaincu et ne l'oser dire ? Mais demandons-lui pourquoi il lui semble que ceci est ajouté par mégarde. « C'est, dit-il, parce que cette demande est omise en celles que l'on fait aux Allemands. » Et pourquoi ne dites-vous pas bien plutôt que c'est par mégarde qu'elle y est omise ? Quelle personne de sens rassis ne jugera pas que l'on omet par inadvertance, et que l'on ajoute par jugement ? Toutefois il vous plaît de dire que ce qu'on ajoute c'est par mégarde, et que ce qu'on oublie c'est par choix. Mais venons à une réponse

---
[1] Agende de Metz, de l'an 1631, p. 70. — [2] P. 59. — [3] P. 113.

plus décisive. Il est faux que l'Eglise catholique n'exige pas des Allemands la même créance qu'elle fait professer aux Français. Elle sait que l'Evangile ne reconnoît point la différence des nations, si ce n'est pour les assembler en Notre-Seigneur, et pour en faire un même peuple béni par la grace de la nouvelle alliance. Ecoutez comme le pasteur catholique parle aux Allemands en l'*Agende* dont nous usons, et en laquelle vous nous reprochez que cette pieuse interrogation a été omise. Voici ce que leur dit le curé en leur administrant le saint Viatique.

« Il faut croire fermement que vous devez être sauvé par la croix et par le sang précieux de Notre-Seigneur Jésus-Christ, et non point par vos propres mérites qui sont trop petits pour cela[1]. » Et après : « Regardez votre Rédempteur vrai Dieu et vrai homme, au nom duquel seulement nous serons sauvés, et sans lequel il n'y a point de salut à espérer ni en ce monde ni en l'autre. » Que reste-t-il à dire pour vous satisfaire ? Est-ce encore par mégarde que nos évêques mettent cette belle exhortation en la bouche des curés d'Allemagne ? C'est bien se défier de sa cause que de vouloir la fortifier par des observations si peu digérées et par des faussetés si visibles.

Exhortation aux Allemands, dans l'*Agende* de M. de Madaure.

CHAPITRE VII.

Conclusion et sommaire de tout ce discours.

Eveillez-vous donc, nos chers frères, reconnoissez enfin que l'on vous abuse, et que l'on vous déguise notre doctrine afin de vous la rendre odieuse. Mais admirez que votre ministre dans le temps qu'il déclame le plus contre nous, est tellement pressé en sa conscience par la force toute-puissante de la vérité, qu'il vous montre lui-même dans notre Eglise la sûreté infaillible de votre salut ; vous en êtes bien peu soigneux, si vous ne considérez attentivement une vérité de cette importance. Elle vous paroîtra évidente, si vous pesez sérieusement en vous-mêmes les raisons que je vous ai proposées, et que je vous représenterai en peu de paroles pour vous en rafraîchir la mémoire.

[1] P. 61.

Souffrez premièrement que je vous demande quel obstacle vous trouvez à notre salut. Vous direz que c'est la doctrine que nous professons; mais ce n'est pas le sentiment de votre ministre. Car il vous a enseigné en termes formels que nos ancêtres se pouvoient sauver jusqu'à l'an 1543, en la communion de l'Eglise romaine; toutefois il n'ignore pas, et nous lui avons prouvé assez clairement que la créance qu'ils professoient étoit entièrement conforme à la nôtre dans les points principaux de nos controverses.

La présence réelle du corps du Sauveur dans le sacrement de l'Eucharistie, la transsubstantiation et la messe, la communion des laïques sous la seule espèce du pain, la vénération des images, la primauté du Pape et les indulgences, et les autres articles dont j'ai parlé, sont ceux que vous combattez avec plus d'ardeur; et néanmoins on ne peut nier après les raisons que j'en ai données, que nos pères ne les reçussent dans le temps auquel on vous a prêché qu'ils pouvoient obtenir la vie éternelle en l'unité de l'Eglise romaine.

Ils étoient si certainement établis, que tous ceux qui s'y opposoient étoient condamnés par l'autorité de l'Eglise, et que l'on exigeoit d'eux sur tous ces articles une profession de foi spéciale, sans laquelle on les séparoit de la communion ecclésiastique.

J'aurois pu produire en ce lieu plusieurs témoignages irréprochables; mais le seul concile de Constance achevé il y a plus de deux cents ans [1], suffit pour confirmer cette vérité.

Les décisions de la foi, qui avoient été faites en ce saint concile, avoient la même autorité dans toute l'Eglise que celles du concile de Trente y ont maintenant; d'où il s'ensuit qu'il étoit impossible de vivre en la communion de l'Eglise romaine sans croire ce qui avoit été prononcé.

Aussi ceux qui ne vouloient pas s'y soumettre élevèrent dès ce temps-là autel contre autel : ils se firent des églises nouvelles et séparées, comme les Hussites, les Picards, et les autres sectes de la Bohême.

En effet il n'est pas concevable qu'on demeure en la commu-

[1] An 1417.

nion d'une église, sans tenir la doctrine qu'elle professe, sans participer à ses sacremens et au service par lequel elle adore Dieu.

Il faudroit être bien téméraire pour nier que le service public de l'Eglise en l'an 1543 fût le sacrifice de nos autels, et que les sacremens s'y administrassent en la forme dont nous usons. Pour ce qui regarde la foi, l'Eglise ne pouvoit nous la déclarer d'une manière plus authentique et plus solennelle, que par ses conciles universels.

Toutes ces choses n'empêchent pas que votre ministre n'ait enseigné dans son *Catéchisme,* que nos ancêtres se pouvoient sauver en la communion de l'Eglise romaine : nous disons que nous avons même droit, et nous attendons de tous les bons juges une sentence aussi favorable.

Je sais que votre catéchiste répond que l'ignorance de nos ancêtres a pu excuser leurs erreurs; mais cela ne s'accorde pas avec les principes qu'on vous enseigne.

Vous dites que nous sommes inexcusables, parce que nous résistons à la vérité après que vous nous l'avez si bien enseignée : voilà une grande accusation; mais si vous la voulez soutenir, par quelle adresse défendrez-vous vos nouveaux frères les luthériens, à qui vous prêchez depuis plus d'un siècle la créance de vos églises touchant le sacrement de l'Eucharistie? Ils l'entendent, ils la rejettent, ils la condamnent, ils refusent la communion que vous leur offrez : toutefois vous les avouez pour vos frères, et vous les admettez à la table à laquelle vous ne devez recevoir que ceux que vous estimez vrais fidèles.

Vous serez contraints de répondre que la doctrine des luthériens ne détruit pas les fondemens de la foi; et c'est en effet pour cette raison que vous vous êtes unis avec eux, ainsi que nous l'avons montré clairement. Mais c'est par là que vous appuyez notre cause, et que vous la rendez infaillible.

Je demande si ce que nos pères croyoient de la sainte messe, de l'administration de l'Eucharistie, de la transsubstantiation et des autres points, renversoit les fondemens de la foi.

Certes si la doctrine de nos ancêtres eût détruit les fondemens de la foi, il n'y auroit point eu de salut pour eux; et l'ignorance ne les auroit pas excusés, comme votre catéchiste l'enseigne. Car nous convenons les uns et les autres, que l'ignorance n'est pas une excuse dans les articles fondamentaux : autrement nous serions obligés d'excuser, et les hérétiques, et les infidèles, auxquels Dieu par un secret jugement n'a pas révélé ses mystères.

Il faut donc nécessairement que vous confessiez que nos pères n'erroient pas dans les fondemens; et qu'ensuite vous disiez le même de nous, puisqu'il paroît si évidemment que nous professons la même doctrine.

Que si l'on demeure d'accord que ces grands articles de notre créance ne nuisent pas à notre salut, nous laissons aux personnes sensées de peser en elles-mêmes d'un jugement sain ce qu'elles doivent croire des autres.

Ici votre catéchiste s'élève; et pour mettre quelque différence essentielle entre nos ancêtres et nous, il dit que nous avons ruiné cette salutaire confiance en Jésus-Christ seul, en laquelle nos pères ont été sauvés. C'est là qu'il se réduit comme dans son fort, et il paroît que c'est l'unique raison pour laquelle il ne craint pas de nous condamner. En effet nous confessons que s'il est ainsi, nous sommes dignes du dernier supplice.

Pour autoriser un si grand reproche, il nous objecte que le concile de Trente a rejeté la justification par la foi, et établi le mérite des œuvres. Mais s'il n'a que cette seule raison pour nous séparer d'avec nos ancêtres, il s'appuie sur un mauvais fondement, puisque ses propres auteurs ont dû lui apprendre que la doctrine que nous prêchons étoit déjà crue au treizième siècle : et nous avons promis de lui faire voir que nous la tenons de l'ancienne Eglise.

Il a recouru aux vieux *Rituels* dont usoient nos pères : et nous lui montrerons dans ces *Rituels* que le mérite des bonnes œuvres passoit pour certain, puisque les fidèles y sont exhortés dans les assemblées ecclésiastiques de se confesser aux jours solennels, afin que leurs « œuvres soient méritoires [1]. »

Il tire de ces anciens *Rituels* la forme de consoler les agonisans, par laquelle il justifie que nos pères avoient toute leur confiance

---

[1] Agende de 1543, p. 83.

au Sauveur. Or nous lui faisons lire dans les *Agendes* que nos derniers évêques ont fait publier, cette même confession, cette même foi, cette même espérance au Libérateur, laquelle à son avis sauvoit les fidèles qui vivoient dans l'Eglise romaine en l'an 1543.

Quand nos *Rituels* s'en tairoient, toutes les prières ecclésiastiques témoigneroient assez cette vérité. Nous ne demandons que par Jésus-Christ, nous ne rendons graces que par Jésus-Christ, nous ne nous présentons devant Dieu qu'au nom et par les mérites de Jésus-Christ. Ce nom salutaire du Médiateur conclut toutes les oraisons de l'Eglise, et nous sommes très-assurés que c'est en ce nom seul qu'elles sont reçues.

Lorsque nous honorons la mémoire des apôtres et des martyrs et des autres fidèles de Dieu, qui règnent avec lui dans sa gloire, nous le prions au nom de son Fils qu'il ait agréables les oraisons que les saints ses serviteurs lui offrent pour nous. N'est-ce pas déclarer assez nettement que nous n'espérons rien de leur assistance, si leurs vœux ne sont présentés par notre Sauveur?

C'est que nous sommes persuadés qu'encore que l'Eglise de Dieu sur la terre et les esprits bienheureux dans le ciel, ne cessent jamais de prier, il n'y a que Jésus qui soit exaucé, parce que les autres ne le sont qu'à cause de lui.

Bien plus, il n'y a que Jésus qui prie, parce que premièrement, c'est son Esprit saint qui forme en nos cœurs toutes nos prières, et après c'est que nous sommes ses membres, et c'est ce divin Chef qui fait tout en nous. C'est pourquoi le grave Tertullien dit si bien dans son Traité de la *Pénitence :* « Si l'Eglise, c'est Jésus-Christ, lorsque tu te prosternes devant les genoux de tes frères, tu touches Jésus-Christ, tu pries Jésus-Christ. Quand ils versent des larmes sur toi, c'est Jésus qui souffre, c'est Jésus qui prie Dieu son Père. On obtient toujours aisément ce qu'un fils demande [1]. »

C'est dans cette pensée si évangélique que nous demandons le secours des saints avec tant de dévotion : en eux nous prions Jésus-Christ, nous croyons que Jésus-Christ prie en eux pour

---

[1] Tertull., *De Pœnit.*, cap. X : « Ecclesia verò Christus. Ergo cùm te ad fratrum genua protendis, Christum contrectas, Christum exoras. Æquè illi cùm super te lacrymas agunt, Christus patitur, Christus Patrem deprecatur. Facilè impetratur semper quod Filius postulat. »

nous; et c'est pourquoi nous ne doutons pas que leurs intercessions ne soient très-puissantes.

Je ne comprends pas comment on peut dire qu'une prière conçue de la sorte ruine la confiance au Sauveur. Aussi le catéchiste a-t-il confessé que nos pères prioient les saints sans préjudice de leur salut, et sans détruire le bon fondement qui appuie les ames fidèles en Jésus-Christ seul. Nous avons exposé très-fidèlement ce qu'il en a prêché dans son *Catéchisme*.

Quel prétexte peut-il donc prendre pour exclure les catholiques du ciel, après avoir excusé leurs pères? S'il se contente d'exiger de nous cette sainte confiance en notre Sauveur, nous nous en glorifions comme nos ancêtres : s'il se rejette sur les autres points, nous lui avons fait voir nettement que nos ancêtres les croyoient aussi bien que nous ; et nous sommes entièrement dans la même cause.

Ainsi ne doutez pas, nos chers frères, qu'en justifiant nos ancêtres il ne vous invite sans y penser à prendre la voie la plus assurée, et à retourner à l'Eglise, en laquelle nos pères ont fait leur salut.

C'est le plus docte, c'est le plus ancien, c'est le plus célèbre de vos ministres; il ne vous le dit pas seulement, mais il vous le prêche ; et il vous le prêche dans un *Catéchisme*, et dans la plus solennelle de vos assemblées ; et par là il vous prépare à la Cène. Dieu vous avertit par sa bouche que l'Eucharistie de notre Sauveur n'étant autre chose qu'un banquet de paix, il faudroit la recevoir en l'Eglise qui a conduit vos pères à la paix du ciel.

Peut-être que ces vérités sont bien éloignées de l'intention de votre ministre : mais nous lisons dans les Ecritures que Balaam au Vieux Testament et Caïphe dans le Nouveau ont prophétisé contre leur pensée.

Bénie soit votre bonté, ô Père céleste, qui donnez ce témoignage à nos adversaires, en une de leurs assemblées principales, par la bouche de leur ministre le plus renommé, et qui est l'oracle de leur église. O Dieu, soyez loué éternellement. Mais achevez, ô Père de miséricorde, achevez de manifester devant eux votre bras et votre puissance. Parlez à leurs cœurs par votre Esprit-Saint;

dissipez leurs erreurs par votre présence ; et enfin amenez-les avec leur ministre en votre saint temple qui est votre Eglise, afin que nous vous glorifiions d'une même voix, ô Dieu et Père de Notre-Seigneur Jésus-Christ, qui avec votre Fils et le Saint-Esprit vivez et régnez aux siècles des siècles. Amen.

SECTION SECONDE,

OU IL EST PROUVÉ CONTRE LES SUPPOSITIONS DU MINISTRE, QUE LA FOI DU CONCILE DE TRENTE, TOUCHANT LA JUSTIFICATION ET LE MÉRITE DES BONNES ŒUVRES, NOUS A ÉTÉ ENSEIGNÉE PAR L'ANCIENNE ÉGLISE, ET QU'ELLE ÉTABLIT TRÈS-SOLIDEMENT LA CONFIANCE DU FIDÈLE EN JÉSUS-CHRIST SEUL.

Le plus insupportable reproche que le ministre fasse à l'Eglise, c'est qu'il dit que la session vi° du sacré concile de Trente établit une doctrine nouvelle touchant la justification et les bonnes œuvres, qui renverse cette bienheureuse espérance que le chrétien doit avoir en Jésus-Christ seul. Or encore que cette calomnie si visible ait été suffisamment réfutée, toutefois pour n'oublier rien qui puisse éclaircir les errans, proposons un peu plus au long la foi de l'Eglise et du saint concile de Trente; faisons voir son antiquité vénérable, et prouvons par des raisons invincibles qu'elle ne tend qu'à glorifier le Père céleste par son Fils bien-aimé notre Rédempteur.

Dans l'explication de notre créance, je la rapporterai simplement comme elle est dans le concile de Trente, parce que c'est ce concile que l'on accuse, et parce que nul ne pourra douter que nous ne tenions pour certain tout ce qu'il prononce.

Afin que notre dispute soit nette, je proposerai avant toutes choses les principes dont nous convenons; et quand nous serons venus au point contesté, après avoir dit quelle est notre foi sans m'embarrasser de questions inutiles, j'en déduirai les vrais fondemens autant qu'il sera nécessaire pour la fin que je me suis proposée, qui est de montrer simplement que bien loin d'avoir détruit, comme on nous l'impose, cette salutaire confiance au Libérateur, nous l'avons très-solidement établie. Commençons à poser les principes desquels, par la grace de Dieu, nous sommes d'accord.

CHAPITRE PREMIER.

Que l'Eglise catholique enseigne très-purement le mystère de la rédemption du genre humain.

Premièrement, nous confessons tous que par le péché d'Adam notre premier père, toute sa race a été perdue; si bien que tout le genre humain étoit condamné par une juste et inévitable sentence, à cause du péché d'origine par lequel nous naissons tous ennemis de Dieu.

Nulle créature vivante, ni parmi les hommes, ni parmi les anges, de quelque don naturel ou surnaturel que nous nous la figurions embellie, n'étoit capable de payer pour nous ce que nous devions à la justice de Dieu, ni de réparer l'injure infinie que nous avions faite à sa majesté. Tellement qu'il ne restoit autre chose, sinon que Dieu réparât lui-même l'injustice de notre crime par la justice de notre peine, et satisfît à sa juste vengeance par notre juste punition.

Toutefois un conseil de miséricorde rétablit nos affaires désespérées : le Fils de Dieu égal à son Père se présenta volontairement pour être la victime du monde : pour satisfaire à la justice implacable, il se destina dès l'éternité une chair humaine; et empruntant la passibilité qu'elle avoit, lui donnant la dignité infinie qu'elle n'avoit pas, il parut en terre au temps ordonné comme la digne hostie de tous les pécheurs, c'est-à-dire de tous les hommes.

Là se vit ce spectacle de charité : un fils uniquement agréable qui se mettoit à la place des ennemis : l'Innocent, le Juste, la Sainteté même qui se chargeoit des crimes des malfaiteurs : Celui qui étoit infiniment riche, qui se constituoit caution pour les insolvables.

Là Satan ayant mis la main sur celui qui ne devoit rien à la mort, parce qu'il étoit sans péché, Dieu rendit ce jugement mémorable par lequel il fut arrêté que le diable, pour avoir pris l'Innocent, seroit contraint de lâcher les pécheurs. Il perdit les coupables qui étoient à lui, en voulant réduire sous sa puissance Jésus-Christ, le Juste dans lequel il n'y avoit rien qui lui appartînt [1].

De sorte qu'il n'y a plus de condamnation à ceux qui sont en Notre-Seigneur, d'autant que par un seul sacrifice il a payé pour eux au delà de ce que l'on en pouvoit exiger. Non content d'avoir satisfait pour nous, s'étant ouvert les cieux par son sang, il est monté à la droite du Père pour y faire la fonction de notre Pontife : et non-seulement de notre Pontife, mais encore de notre Avocat.

Je trouve en cette qualité d'avocat une force particulière qui relève merveilleusement notre confiance. Car si l'ambassadeur négocie, si le pontife et le sacrificateur intercèdent, l'avocat presse, sollicite et convainc : le pontife demande miséricorde, et l'avocat demande justice : le pontife prie, et l'avocat prouve.

Voici l'éloquent plaidoyer de notre miséricordieux Avocat. « O mon Père, que demandez-vous aux mortels ? Ils étoient vos débiteurs, je l'avoue ; mais moi, qui ne dois rien à votre justice, j'ai rendu toute leur dette mienne, et je l'ai entièrement acquittée. Tous les hommes vous étoient dus pour être immolés à votre juste et rigoureuse vengeance ; mais une victime de ma dignité peut-elle pas remplir justement la place même d'une infinité de pécheurs ? Que demande donc votre justice offensée ? Veut-elle voir le Juste à ses pieds, pour mériter le pardon des coupables ? Je me suis abaissé devant elle jusqu'à la mort de la croix. » Là il montre les cicatrices sacrées des bienheureuses blessures qui nous ont guéris ; et le Père se ressouvenant de l'obéissance de ce cher Fils, s'attendrit sur lui, et pour l'amour de lui regarde le genre humain en pitié.

C'est ainsi que plaide notre Avocat, concluant par de vives raisons que Dieu ne peut plus condamner les hommes qui rechercheront la grace en son nom. C'est pourquoi l'apôtre saint Jean parle ainsi : « Si quelqu'un pèche, nous avons un Avocat près du Père, Jésus-Christ le Juste ; et c'est lui qui est propitiation pour nos péchés [2]. »

[1] *In me non habet quidquam*, Joan., XIV, 30. — [2] 1 Joan., II, 1, 2.

Nous convenons donc déjà de ces fondemens, que Jésus-Christ s'est donné pour nous; que le Père ne nous gratifie qu'à cause de lui; que lui seul pouvoit satisfaire pour nos péchés; et que son oblation volontaire étant d'une valeur infinie, il a satisfait pour nous surabondamment. Confesser cette sainte doctrine, est-ce pas déclarer hautement que l'on a toute son espérance en Jésus-Christ seul? Ainsi nous ne disputons pas touchant le bienfait : toute notre controverse consiste à savoir de quelle sorte il nous est appliqué par la grace de la justification.

CHAPITRE II.

Diverses choses à considérer touchant la justification, et premièrement qu'elle est gratuite, selon le concile de Trente.

Il y a trois choses à considérer dans la doctrine de la justification : premièrement, la justification elle-même qui est le fondement de la vie nouvelle; après, le progrès de cette vie dans l'homme justifié; et enfin, son couronnement dans la vie future.

Si nous montrons clairement qu'en ces trois états la doctrine catholique ne diminue point le mérite du Médiateur Jésus-Christ : au contraire, qu'elle le met dans un plus grand jour, la calomnie de notre adversaire sera évidemment réfutée. Parlons de la justification en elle-même.

Je ne vois que trois questions importantes touchant la justification du pécheur : premièrement, pour quel motif Dieu nous justifie; secondement, ce que c'est et en quoi elle consiste; et enfin, par quel acte de nos volontés cette grace de la justification nous est appliquée. Sur quoi il est digne d'observation que dans le point principal, qui est le premier, nos adversaires eux-mêmes ne dénieront pas que notre doctrine ne soit irrépréhensible.

Ce qui est le plus important en cette matière pour relever la grace de Jésus-Christ, c'est de poser que le Père éternel ne nous pardonne nos péchés qu'à cause de lui; et c'est ce que nous confessons de tout notre cœur. Certes nous croyons qu'il nous justifie, non parce que nous lui étions agréables, mais afin que nous lui soyons agréables. Sa grace ne rencontre en nous que des crimes, parce qu'elle vient effacer les crimes. Ce n'est pas nous qui le choisissons, mais il nous choisit : nous ne l'aimons pas les premiers, c'est lui qui commence : et jamais nous ne le chercherions par la foi, s'il ne nous cherchoit premièrement par miséricorde. Sa bonté nous trouvant criminels, elle nous auroit en horreur, si elle nous regardoit en nous-mêmes ; de sorte que pour se pouvoir approcher de nous, il faut qu'elle nous regarde en Jésus-Christ seul.

C'est pourquoi le concile de Trente représentant les pécheurs effrayés par les justes jugemens de Dieu, veut que le premier sentiment qui naisse en leurs ames soit la confiance au Libérateur : « Lors, dit-il, que sentant qu'ils sont criminels, de la crainte de la justice divine dont ils sont utilement ébranlés, ils se retournent à la divine miséricorde, et relèvent leur espérance abattue, se fiant que Dieu leur sera propice à cause de Jésus-Christ [1]. » Est-ce là nier cette confiance au Sauveur, ou n'est-ce pas plutôt la poser comme le fondement immobile de notre justification ?

Et ce saint concile, pour nous apprendre que toute l'espérance de pardon est en Jésus-Christ, définit expressément « qu'il faut croire que les péchés ne se remettent jamais, et n'ont jamais été remis que par la miséricorde divine GRATUITEMENT A CAUSE DE JÉSUS-CHRIST [2]. » Et rapportant les causes de la justification du pécheur : « La cause efficiente, dit-il, c'est Dieu miséricordieux qui nous lave gratuitement et nous sanctifie. La cause méritoire, c'est son très-cher Fils Jésus-Christ Notre-Seigneur, qui lorsque nous étions ennemis, à cause de la charité infinie par laquelle il nous a aimés, nous a mérité la justification, et a satisfait pour nous à son Père par sa très-sainte passion au bois de la croix [3]. » Et en-

---

[1] *Conc. Trid.*, sess. VI, cap. VI : « Dùm peccatores se esse intelligentes, à divinæ justitiæ timore quo utiliter concutiuntur, ad considerandam Dei misericordiam se convertendo in spem eriguntur, fidentes Deum sibi propter Christum propitium fore. » — [2] *Ibid.*, cap. IX : « Quamvis autem necessarium sit credere neque remitti, neque remissa unquàm fuisse peccata nisi gratis divinâ misericordiâ propter Christum. — [3] *Ibid.*, cap. VII : « Efficiens, misericors Deus, qui gratuitò abluit et sanctificat...; meritoria autem, dilectissimus unigenitus suus, Dominus noster Jesus Christus, qui cùm essemus inimici, propter nimiam charitatem quâ dilexit nos..., nobis justificationem meruit, et pro nobis Deo Patri satisfecit. »

core en termes plus nets : « Nous sommes dits justifiés gratuitement, parce qu'aucune des choses qui précèdent la justification, soit la foi, soit les œuvres, ne peut mériter cette grace[1]. » Que reste-t-il donc au pécheur, sinon de s'appuyer sur le Juste? Que reste-t-il à celui qui est délivré, sinon de glorifier le Libérateur? Voilà cette session vi°, qui selon le sentiment du ministre détruit la pieuse confiance qu'avoient nos ancêtres au seul mérite du Fils de Dieu. Est-il une calomnie plus visible?

CHAPITRE III.

Ce que c'est que la justification selon les principes des adversaires; les fondemens ruineux de leur doctrine.

Certainement il n'est pas possible d'expliquer la confiance au Libérateur par des maximes plus évangéliques. Mais entrons plus profondément en cette matière, afin que la comparaison de notre doctrine avec celle de nos adversaires fasse voir aux personnes sincères, que les ministres ont obscurci les mérites de Jésus-Christ, et perverti les Ecritures divines : et afin que cette vérité paroisse en son jour, exposons nettement quelle est leur créance.

Ils n'expliquent pas comme nous ce que c'est que la justification du pécheur. Car ils enseignent qu'elle n'ôte pas les péchés, mais qu'elle les couvre; et c'est pourquoi justifier selon eux, « c'est déclarer juste, tenir et reconnoître pour juste; » ce sont les paroles de Dumoulin en son *Bouclier de la foi*[2]. De sorte que la justification selon ce principe, c'est une action de Dieu comme juge, par laquelle étant satisfait de l'oblation volontaire de Jésus-Christ, il prononce en notre faveur, et déclare qu'il ne poursuivra pas la vengeance des crimes dont nous étions convaincus.

De là il s'ensuit manifestement que la justification ainsi exposée ne changeant point l'ame du pécheur, elle n'a rien de plus excellent que ce que nous voyons pratiquer dans les tribunaux de justice. Aussi Dumoulin dit au lieu allégué que «justifier, c'est

[1] *Conc. Trid.*, cap. VIII : « Gratis justificari ideo dicimur, quia nihil eorum quæ justificationem præcedunt, sive fides, sive opera, ipsam justificationis gratiam promeretur : si enim gratia est, jam non ex operibus : alioquin, ut idem Apostolus inquit, gratia jam non est gratia. » — [2] Sect. 43.

déclarer juste, en même sens qu'un homme accusé d'un crime est renvoyé absous et justifié. »

L'Eglise catholique assure au contraire que Dieu nous justifie par notre Sauveur en détruisant le péché en nous, et en nous communiquant la justice ; et conséquemment que justifier, c'est faire que de pécheurs nous devenions justes.

Mais afin que nous comprenions en quoi consiste précisément la difficulté, nous observerons en ce lieu que les ministres pressés par les saintes Lettres, sont contraints de s'approcher de notre doctrine. Nous disons que Dieu en nous pardonnant, nous change intérieurement et nous renouvelle. Les adversaires ne le nient pas; et le sieur Ferry en son *Scholastique orthodoxe* enseigne qu'il « a été nécessaire de nous donner une grace inhérente; par laquelle notre volonté fût délivrée du péché dans lequel elle étoit détenue [1]. » Voici donc quel est le point contesté. Dumoulin et ses collègues condamnent le concile de Trente et l'Eglise de ce qu'elle « entend par justifier, régénérer et sanctifier, et par justification régénération ou sanctification [2]. » Pour eux ils distinguent ici double grace. L'une est celle par laquelle Dieu nous déclare justes, qui n'est qu'un acte judiciaire, à ce qu'ils estiment, qui ne change pas le pécheur, mais seulement le prononce absous ; et c'est ce qu'ils appellent *justification :* l'autre grace, dit Dumoulin, « c'est la régénération et renouvellement intérieur par le Saint-Esprit, lequel changement est une autre naissance et une conformation d'un nouvel homme fait à l'image du Fils de Dieu [3]. » C'est ce qu'ils disent que l'Ecriture appelle *régénération et sanctification.* Le sieur Ferry approuve cette distinction en son livre du *Désespoir de la Tradition,* chap. 6.

L'Eglise catholique ne comprend pas cette subtilité superflue; elle procède plus simplement : elle recherche les Ecritures avec les anciens docteurs orthodoxes, et elle n'y remarque aucune raison sur laquelle cette distinction puisse être fondée. C'est néanmoins tout le sujet du procès que les ministres nous font sur cette matière.

Avant qu'approfondir cette question et qu'établir la vérité

[1] Cap. xxxii. — [2] *Bouclier de la foi,* sect. 43. — [3] *Ibid.,* sect. xxix.

catholique par l'autorité des Lettres sacrées et de l'antiquité chrétienne, il me semble à propos de considérer les fondemens principaux de nos adversaires, afin que tout le monde connoisse combien leur créance est mal appuyée.

Ils disent que le mot de *justifier* est pris très-souvent dans les Ecritures dans le sens auquel ils l'exposent ; ce que nous leur accordons sans difficulté. Mais qui ne sait que dans les Livres divins un même terme n'a pas toujours une signification uniforme, et que le lieu, le sujet et les circonstances y apportent une différence notable? C'est par ces circonstances bien examinées que nous leur montrerons dans les saintes Lettres, que la justification du pécheur ne se prononce pas au dehors, mais qu'elle s'opère au dedans par l'infusion de la grace.

Ils ajoutent que le terme de *justifier* a été tiré du palais, où il signifie absoudre par un acte judiciaire ; de sorte qu'à leur avis, il doit retenir sa signification naturelle : et ils confirment leur raisonnement par l'autorité de l'Apôtre, lequel *aux Romains*, v, viii et ailleurs, oppose le mot de *justifier* à celui d'*accuser* et de *condamner*, qui sont sans difficulté termes de justice. C'est là leur argument le plus fort ; et toutefois il est très-défectueux. Car supposé même qu'il soit véritable que le mot de *justifier* soit pris du palais, n'est-ce pas raisonner foiblement de croire qu'il faille toujours le restreindre à la signification du palais ? Que si nos adversaires s'opiniâtrent à ne vouloir point sortir du barreau, qu'ils nous disent en quel tribunal et devant quel juge il faut s'appliquer par la foi la sentence qui nous absout, comme ils enseignent qu'il est nécessaire dans la justification du pécheur? Du moins avoueront-ils en ce lieu que la comparaison du palais n'est pas si exacte, qu'il n'y ait des différences notables. Prenons donc un autre principe, et disons qu'il n'est pas nouveau dans les Ecritures que diverses façons de parler prises originairement des choses humaines, soient élevées à un sens plus auguste lorsqu'on les applique aux divines : « Vos noms, dit le Sauveur, sont écrits au ciel [1] ; » c'est une similitude tirée de la coutume ancienne d'écrire dans les rôles publics ceux à qui l'on donnoit le droit de

---

[1] *Luc.*, x, 20.

bourgeoisie. Mais ces noms et cette écriture appliquée aux mystères divins, passe à une signification bien plus éminente, et désigne l'ordre immuable des décrets de Dieu, par lesquels il nous donne droit dans la sainte cité de Jérusalem. Toute l'Ecriture est pleine de pareils exemples. Nous lisons au livre des *Psaumes* : « Dieu a dit, et les choses ont été faites; il a commandé, et elles ont été créées[1]. » Il seroit ridicule de s'imaginer que Dieu commande premièrement, et après, que ses ordres soient exécutés, comme il se pratique parmi les hommes. Le commandement signifie ici l'action même toute-puissante par laquelle il exécute tout ce qu'il lui plaît dans le ciel et dans la terre. Ne puis-je pas raisonner de la même sorte de la justification du pécheur, et dire que le Père éternel apaisé par la mort de son Fils unique, prononce comme il appartient à un Dieu, comme celui dont la seule parole met tout l'effet par sa vertu propre? Tellement que l'homme prononce en déclarant juste celui qui a été accusé, et Dieu prononce en le faisant juste. Certes cette manière de justifier est d'autant plus digne de Dieu, qu'elle n'appartient qu'à lui seul, parce que c'est une œuvre de toute-puissance.

De là, il est aisé de connoître d'où vient que le mot de *justifier*, selon le style du saint Apôtre, est opposé à celui de *condamner*. Ce n'est pas que Dieu nous justifiant, nous délivre seulement de la damnation; mais c'est qu'en effaçant le mal de la coulpe, il nous exempte du mal de la peine.

Voilà les principaux fondemens de la doctrine de nos adversaires, desquels certes la foiblesse est toute visible. Mais après que nous avons découvert l'erreur, proposons la vérité catholique toute pure et toute sincère, telle que le concile de Trente suivant les traces des anciens docteurs l'a puisée dans les Ecritures divines, pour célébrer la gloire de Dieu et les infinis mérites du Sauveur des ames. Rendez-vous attentif, lecteur chrétien, à la théologie la plus sainte et la plus céleste que l'Eglise catholique nous ait enseignée : c'est ici que nous apprendrons à honorer la dignité du sang précieux qui nous a réconciliés.

[1] *Psal.* CXLVIII, 5.

CHAPITRE IV.

Ce que c'est que la justification du pécheur selon la doctrine de l'Eglise, qui est éclaircie par les Ecritures.

La foi de l'Eglise consiste en trois points. Premièrement elle ne peut croire que nos péchés demeurent en nous après que nous sommes lavés au sang de l'Agneau. C'est pourquoi en second lieu elle estime que Dieu nous justifie par le Saint-Esprit, selon ce que dit l'apôtre saint Paul, « qu'il nous a sauvés par le lavement de régénération et renouvellement du Saint-Esprit qu'il a répandu sur nous abondamment par Jésus-Christ [1]. » Elle enseigne que cet Esprit lave nos taches comme une eau divine et consume nos ordures comme un feu céleste ; et de plus qu'étant la sainteté même, non content de nettoyer nos péchés, il répand en nous la justice. D'où elle conclut enfin en troisième lieu, que Dieu justifie les hommes pécheurs, en leur rendant le don de justice, comme dit l'Apôtre : « De même que par le péché d'un seul la mort a régné, beaucoup plus ceux qui reçoivent l'abondance de grace et du don de justice régneront en la vie par un seul Jésus-Christ [2]. » Ainsi la justification selon nous, n'est pas seulement un acte de juge par lequel Dieu nous renvoie absous ; c'est une action de Créateur et de Tout-puissant, par laquelle opérant en nos cœurs, il nous fait agréables à sa majesté, en nous communiquant la justice que son Fils notre Sauveur nous a méritée.

Commençons à faire entendre cette vérité par un principe dont notre adversaire convient avec nous sans s'être aperçu de la conséquence. Il reconnoît au livre de son *Désespoir*, que la grace qui nous justifie lave les péchés, et que « ce lavement c'est la justification même [3]. » Qu'il recherche donc dans les Ecritures comme Dieu nous lave ; et il verra comme il justifie.

Ecoutons le divin Psalmiste dans les gémissemens de sa pénitence : « Vous me laverez, dit-il, ô Seigneur, et je serai blanchi par-dessus la neige [4]. » Que signifie cette céleste blancheur, sinon

---

[1] *Tit.*, III, 5. — [2] *Rom.*, V, 17. — [3] *Desesp. de la Trad.*, chap. VI. — [4] *Psal.* L, 9.

« l'abondance du don de justice[1], » qui rend nos ames toutes éclatantes; d'où il résulte clairement que Dieu lave, et ensuite qu'il justifie par l'infusion de la grace?

Mais expliquons plus amplement par les Ecritures les trois points que nous avons proposés, qui renversent toute la doctrine de nos adversaires; et pour nous acquitter de notre promesse, montrons dans la suite du même discours, et la gloire du Fils de Dieu très-bien établie dans la créance que nous professons, et la témérité de nos adversaires qui l'accusent de nouveauté.

Premièrement nous disons ainsi. L'action par laquelle Dieu nous justifie ne peut pas être simplement un acte de juge. Car le juge agissant seulement en juge n'ôte pas le péché du coupable. Aussi est-ce un des principes de nos adversaires, que les péchés demeurent en nous lors même que nous sommes justifiés[2]. Toutefois nous apprenons par les Ecritures que Dieu ôte les péchés en justifiant. Donc la justification du pécheur n'est pas seulement un acte de juge. Toute la force de ce raisonnement consiste en ce point, que Dieu en justifiant ôte les péchés, qui est le premier que nous devons éclaircir.

Pour entendre solidement cette vérité, observons que la rémission des péchés est l'un des premiers articles de l'alliance que Dieu a contractée avec nous par Notre-Seigneur Jésus-Christ. C'est pourquoi l'Ecriture divine nous exprime cette grace en plusieurs façons, afin qu'elle entre en nos cœurs plus profondément. Elle dit que Dieu oublie les péchés, qu'il ne les impute point, qu'il les couvre; elle dit aussi qu'il les lave et qu'il les efface, qu'il les éloigne de nous et qu'il les détruit. Et encore que toutes ces façons de parler nous expriment la rémission des péchés, les unes signifient ce bienfait plus parfaitement que les autres; tellement que pour en comprendre toute l'étendue, il faut nécessairement le considérer dans tous les passages conférés ensemble, et non pas en chacun d'eux pris séparément.

Que la grace justifiante ne couvre pas seulement les péchés, mais qu'elle les ôte.

Ce principe si certain, si indubitable, découvre le mauvais pro-

---

[1] *Rom.*, v, 17. — [2] « L'Apôtre dit que nous sommes lavés des péchés, en tant qu'ils ne nous sont point imputés : et nous savons que ce qui ne nous est point imputé ne laisse point d'être en nous. » Ferry, *Désesp. de la Trad.*, ch. IX.

cédé de nos adversaires. Car d'autant qu'ils voient en quelques endroits que la rémission nous est proposée en ce que nos péchés sont couverts, et ne nous sont pas imputés, ils s'arrêtent à cette seule façon de parler, à laquelle il falloit joindre les autres pour avoir la définition tout entière. Que s'ils les avoient bien examinées, au lieu de quelques passages de l'Ecriture qui disent que nos péchés sont couverts, ils auroient trouvé les Livres sacrés pleins de textes qui témoignent qu'ils ne sont plus. Ils auroient entendu David qui publie, « qu'autant que le levant est loin du couchant, autant Dieu éloigne de nous nos iniquités [1]; » le prophète Michée leur auroit appris que « Dieu jette nos péchés au fond de la mer [2]; » ils auroient ouï la voix de Dieu même parlant en son prophète Isaïe : « C'est moi, c'est moi, dit-il, qui efface tes péchés à cause de moi [3]; » le Psalmiste les auroit encore assurés que « si Dieu le lave, il sera blanchi comme neige [4] : » enfin tout le Nouveau Testament leur auroit prêché que « nos péchés sont lavés au sang de l'Agneau [5]. » Certes nous ne pouvons pas faire cette injure à Dieu, que de croire que ce qu'il éloigne, demeure ; que ce qu'il efface, soit encore en nous ; que les ordures qu'il lave, ne soient point ôtées. Et en effet laver une ordure ce n'est point la couvrir, mais la nettoyer : d'autant plus que Dieu y emploie, non le sang des taureaux et des boucs, mais le sang innocent de son propre Fils, lequel étant infiniment pur, « nettoie notre conscience des œuvres de mort, » comme l'apôtre saint Paul l'enseigne aux Hébreux [6]. Ainsi qui pèsera bien ces passages, il dira que selon la sainte Ecriture, Dieu pardonne les péchés en les détruisant ; qu'il ne les impute point, parce qu'il les lave ; qu'il les couvre, à cause qu'en les effaçant, il fait qu'ils ne paroissent plus à sa vue, c'est-à-dire qu'ils ne sont plus.

Sentiment de saint Augustin sur cette matière et que la convoi- De là vient que saint Augustin répondant aux pélagiens, qui lui objectoient que le baptême selon sa doctrine « ne donnoit pas la rémission de tous les péchés et qu'il ne les ôtoit pas, mais qu'il les rasoit, comme on rase les cheveux, disoient-ils, dont la racine demeure en la tête ; » soutient « qu'il n'y a que les infidèles qui

[1] *Psal.* CII, 12. — [2] *Mich.*, VII, 19. — [3] *Isa.*, XLIII, 25. — [4] *Psal.* L, 5. — [5] *Apoc.*, I, 5. — [6] *Hebr.*, IX, 14.

osent assurer une telle chose, et nier que le baptême OTE LES PÉ- <small>tise n'est point péché dans les baptisés.</small>
CHÉS[1]. » Et encore qu'il soit celui de tous les docteurs qui a sans
doute le mieux entendu les langueurs et les maladies de notre
nature, ensuite du principe qu'il a posé, que la grace du baptême
ôte les péchés, il parle ainsi de la convoitise, combattant d'une
même force les hérétiques pélagiens et les calvinistes : « Bien
qu'elle soit nommée péché, ce n'est pas, dit-il, QU'ELLE SOIT PÉCHÉ :
mais elle est ainsi appelée, parce qu'elle est faite par le péché;
comme en voyant l'écriture d'un homme, on l'appelle souvent sa
main, parce que c'est la main qui l'a faite[2]. » Et ce grand homme
passe si avant, qu'il ne veut pas même que la convoitise soit au
nombre de ces péchés pour lesquels nous disons tous les jours :
« Remettez-nous nos dettes[3]. » Ce qui montre combien il est convaincu
que la grace justifiante ôte les péchés. Car c'est en conséquence
de cette doctrine qu'il enseigne positivement que la convoitise
n'est pas un péché dans les baptisés, parce que si elle étoit
un péché en eux, il s'ensuivroit que les péchés ne sont point ôtés,
puisque la convoitise demeure. Il me seroit aisé de produire beaucoup
d'autres passages de saint Augustin non moins formels ni
moins décisifs : mais celui-ci doit suffire aux pieux lecteurs ;
d'autant plus que le sieur Ferry au chapitre I de son *Désespoir*,
bien qu'il combatte notre créance par l'autorité de saint Augustin,
ne laisse pas néanmoins de dire que selon la doctrine de ce
grand homme, « la convoitise n'est plus après le baptême, quant
à la coulpe, quant à la condamnation, à l'imputation, mais qu'elle
est en effet. » D'où il s'ensuit manifestement que la convoitise
n'ayant plus de coulpe, elle n'a plus aussi de péché, parce que le
péché, comme chacun sait, consiste essentiellement en la coulpe.

---

[1] « Quis hoc adversùs Pelagianos nisi infidelis affirmet ? Dicimus ergo baptisma dare omnium indulgentiam peccatorum, et auferre crimina, non radere. » *Cont. duas Epist. Pelag.*, lib. I, cap. XIII, n. 20. — [2] « Etiamsi vocatur *peccatum*, non utiquè quia peccatum est, sed quia peccato facta est, sic vocatur; sicut scriptura cujusque manus dicitur, quia manus eam fecerit. » *Ibid.*, n. 27. — [3] « Nec propter ipsam dicunt in oratione baptizati : *Dimitte nobis*, » etc. Idem.

CHAPITRE V.

Que les péchés sont détruits dans les justes, bien qu'il n'y ait point de justes qui ne soient pécheurs.

Je sais que nos adversaires seront étonnés de ce que l'Eglise catholique enseigne que Dieu ôte nos péchés, quand il justifie, puisqu'elle confesse d'ailleurs qu'il n'y a aucun homme vivant qui ne soit pécheur; ils trouvent de la contrariété dans cette doctrine; mais c'est ici qu'il faut leur faire paroître l'admirable économie de la grace par laquelle nous sommes justifiés.

Il y a dans les saintes Lettres une distinction de péchés très-considérable, qu'il est nécessaire que nous remarquions.

Le disciple bien-aimé prêche : « Si quelqu'un dit qu'il ne pèche pas, il se trompe, et la vérité n'est pas en lui [1]. » Par conséquent il y a des péchés dans lesquels peuvent tomber les plus justes, et qui ne nous séparent pas d'avec Dieu.

Mais d'autre part l'apôtre saint Paul parle de certains péchés capitaux dont il prononce la condamnation en ces termes : « Ceux qui les feront, nous dit-il, ne posséderont pas le royaume de Dieu [2]. » Il y a donc de certains péchés qui rompent notre union avec Dieu, et nous ferment l'entrée du ciel.

Que les péchés de ce dernier genre soient entièrement effacés dans l'ame des justes, l'Apôtre le décide sans aucun doute. Car après avoir fait le dénombrement de ceux qui n'ont point de part avec Dieu, des voleurs, des injustes, des impudiques, des ivrognes, des médisans et des autres, il ajoute incontinent ces paroles qu'il adresse aux fidèles Corinthiens : « Quelques-uns de vous, dit-il, ont été ces choses : mais vous avez été lavés, mais vous avez été sanctifiés, mais vous avez été justifiés au nom du Seigneur Jésus-Christ, et par l'Esprit de notre Dieu [3]. » Certes lorsque saint Paul parle de la sorte, c'est de même que s'il disoit : *Vous avez été ces choses*, mais maintenant vous n'êtes plus tels. Où je demande à nos adversaires : Est-ce que Dieu ne les répute pas tels, ou bien qu'effectivement ils ne sont pas tels? Mais l'Apôtre en disant :

---

[1] I *Joan.*, I, 8. — [2] I *Cor.*, VI, 9. — [3] *Ibid.*, 11.

Vous l'avez été, fait entendre assez clairement qu'ils ne le sont plus. Et d'où vient qu'ils ne le sont plus? « Vous avez été lavés, poursuit-il, vous avez été sanctifiés, vous avez été justifiés. » Donc laver, sanctifier et justifier, ce n'est pas déclarer seulement que Dieu ne nous impute plus ce que nous étions; c'est faire que nous ne sommes plus ce que nous étions. Ce n'est pas prononcer seulement que nous ne serons pas condamnés pour les crimes dont notre conscience est souillée; c'est faire que notre conscience n'en soit plus souillée; ce n'est pas seulement nous réputer nets, nous réputer saints, nous réputer justes; c'est nous faire nets, nous faire saints et nous faire justes.

Il est donc vrai ce que dit l'Apôtre, que les injustes, les homicides et les adultères n'entrent pas au royaume de Dieu. Ce n'est pas que nous ne sachions que plusieurs y entrent qui avoient été homicides; mais ils n'y entrent pas homicides. Ils ont été lavés, dit l'Apôtre, ils ont été sanctifiés et justifiés. Leur injustice ne se trouve plus, parce qu'elle a été effacée par un Esprit infiniment saint, et par un sang infiniment pur.

Voilà ce que nous croyons de ces grands péchés qui ne peuvent être commis par les justes, sans leur faire perdre cette qualité. Pour les autres péchés dont il est écrit : « Si quelqu'un dit qu'il ne pèche pas il se trompe, » qui sont ceux que nous appelons véniels, il est vrai que l'homme juste en fait tous les jours : mais il n'est pas moins véritable qu'il peut en être purgé tous les jours. Il a de ces péchés, je ne le nie pas; mais il a aussi le sang du Sauveur, il a les sacremens de l'Eglise et le Saint-Esprit qui les lave. Il a les gémissemens de la pénitence, et le sacrifice de cœur contrit, et le remède des aumônes, et la *foi* vivante, *par* laquelle « Dieu purifie les cœurs, » comme dit l'apôtre saint Paul[1]. C'est ce qu'enseigne admirablement le grand saint Augustin dans cette savante *Epître à Hilaire :* « Celui, dit-il, qui étant aidé par la divine miséricorde, s'abstiendra de ces péchés qu'on appelle *crimes* et qui ne négligera pas de purger les autres sans lesquels on ne vit pas en ce monde, par des œuvres de miséricorde et par des saintes prières : encore qu'il ne vive pas ici sans péché

Des péchés véniels

[1] *Act.,* xv, 9.

IL MÉRITERA D'EN SORTIR SANS AUCUN PÉCHÉ, parce que, ajoute ce grand docteur, comme sa vie n'est pas sans péché, aussi les remèdes pour les nettoyer ne lui manquent pas[1]. » Doctrine vraiment sainte, vraiment salutaire, qui honore la grace et confesse l'infirmité. Quiconque croit ainsi, avoue ses péchés, et ne laisse pas de connoître que Dieu les efface; lui-même touché de son Saint-Esprit, il les lave par un baptême de larmes pieuses; il ne présume point de ses propres forces; mais il remercie humblement celui dont la vertu ôte de nos ames les taches que nous y faisons par nos volontés déréglées.

De là il s'ensuit manifestement que la grace qui nous justifie lave nos péchés, qu'elle les efface et qu'elle les ôte. Or ce n'est pas la fonction d'un juge de laver et d'ôter les péchés, mais seulement d'absoudre le criminel; de sorte que c'est une pure imagination de croire que la justification du pécheur soit plutôt un acte de juge qui exempte du mal de la peine, qu'une action d'un Créateur infiniment saint, qui efface le mal de la coulpe.

C'est pourquoi le second point de notre créance selon que nous l'avons rapportée[2], c'est que Dieu nous justifie, non en prononçant, mais en répandant sur nous son Esprit : ce qui montre clairement qu'il nous justifie d'une manière infiniment différente de celle dont on use dans les tribunaux. Aussi les ministres ont été contraints de nier que la justification des pécheurs soit attribuée au Saint-Esprit dans les Ecritures. Erreur grossière et extravagante que Dumoulin enseigne en plusieurs endroits de son *Bouclier de la foi*[3]. Mais l'apôtre saint Paul s'y oppose, écrivant ainsi aux Corinthiens : « Vous avez été lavés, vous avez été sanctifiés, vous avez été JUSTIFIÉS au nom de Notre-Seigneur JÉSUS-CHRIST, et EN L'ESPRIT DE NOTRE DIEU[4]. » Pouvoit-il parler en termes plus clairs ? Et encore instruisant son disciple Tite : « Quand, dit-il, la bénignité de notre Sauveur nous est apparue,

---

[1] « Qui misericordiâ Dei adjutus et gratiâ, se ab eis peccatis abstinuerit, quæ etiam *crimina* vocantur, atque illa peccata sine quibus non hîc vivitur, mundare operibus misericordiæ et piis orationibus non neglexerit, merebitur hinc exire sine peccato, quamvis cùm hîc viveret, habuerit nonnulla peccata : quia sicut ista non defuerunt, ita etiam remedia quibus purgarentur, affuerunt. » August., *Epist.* LXXXIX, nunc CLVII, n. 3. — [2] Ci-dessus, chap. IV. — [3] Dumoulin, *Bouclier de la foi*, sect. 33, 61 et ailleurs. — [4] I *Cor.*, VI, 11.

elle nous a sauvés, non par les œuvres de justice que nous avons faites, mais selon sa miséricorde, par le lavement de régénération et renouvellement du Saint-Esprit, qu'il a répandu sur nous abondamment par Jésus-Christ notre Sauveur[1]. » Je demande à nos adversaires de quoi nous sauve, selon l'Apôtre, le Saint-Esprit répandu sur nous? N'est-ce pas des péchés qui nous opprimoient? Par conséquent il nous justifie, puisqu'il nous sauve de nos péchés. Et de là vient que l'Apôtre poursuit en ces mots : « Afin que justifiés par sa grace, nous soyons héritiers selon la promesse de vie éternelle. » Saint Paul distinguoit-il, comme les ministres, la grace qui nous régénère d'avec celle qui nous justifie? Mais pouvoit-il dire plus expressément que nous sommes justifiés par le Saint-Esprit, et ainsi que la justification du pécheur n'est pas une sentence au dehors, mais une action au dedans? Où sont les yeux de nos adversaires, s'ils ne voient pas encore cette vérité?

CHAPITRE VI.

Que nous sommes justifiés par l'infusion du don de justice qui nous régénère en Notre-Seigneur. Belle doctrine de l'Apôtre très-bien entendue par saint Augustin.

De là naît une autre raison admirable, qui prouve le troisième point de notre créance; c'est-à-dire que la justification du pécheur n'est pas seulement un acte de juge qui prononce et renvoie absous, mais une action de Créateur et de Tout-Puissant qui régénère et qui renouvelle; ce qui renversera par les fondemens la vaine imagination des ministres, qui distinguent mal à propos la grace qui nous régénère d'avec celle qui nous justifie.

C'est ici que nous devons expliquer quelle est cette justice que Dieu fait en nous, quand il nous justifie en Notre-Seigneur : et je ne vois rien de plus excellent pour le faire entendre, que cette belle comparaison de l'Apôtre *aux Romains*, chap. v, par laquelle ce grand Docteur des Gentils nous montre que Jésus-Christ nous est pour le bien ce qu'Adam nous a été pour le mal.

[1] *Tit.*, III, 4-6.

Si nous savons bien comprendre cette ressemblance, ou plutôt cette opposition merveilleuse entre le Fils de Dieu et Adam, nous trouverons qu'il n'y a rien de plus achevé. En Adam il y a le péché, en Jésus-Christ la justice parfaite ; la rébellion en Adam, l'obéissance en Notre-Seigneur ; en Adam la concupiscence, en Jésus la plénitude du Saint-Esprit : en naissant d'Adam par la convoitise, nous contractons un péché véritable qui est actuellement en nos ames ; renaissant en Jésus-Christ par l'Esprit de Dieu, nous recevons une véritable justice, qui n'est pas en nous moins réellement ; si bien que la génération nous faisant pécheurs, la régénération nous fait justes ; et de même qu'il seroit ridicule de vouloir distinguer l'action par laquelle nous sommes faits pécheurs en Adam de celle par laquelle nous naissons de lui, il n'est pas moins éloigné de la vérité de croire que ce n'est pas la même action par laquelle Dieu nous régénère et nous justifie en son Fils : et puisque nous contractons le péché par le malheur de notre première naissance, il faut que la seconde nous en délivre : c'est elle par conséquent qui remet les crimes, c'est elle qui nous justifie en Notre-Seigneur : et ainsi par cette doctrine tout apostolique la vaine distinction des ministres s'en va en fumée.

Aussi l'apôtre saint Paul montre bien que la justification du pécheur n'est pas seulement un acte de juge par lequel Dieu déclare qu'il nous tient pour justes, mais que c'est une action véritable par laquelle Dieu nous fait justes. Car poursuivant toujours son dessein d'opposer le second Adam au premier : « De même, dit-il, que par la désobéissance d'un seul plusieurs ont été constitués pécheurs, aussi par l'obéissance d'un seul plusieurs seront constitués justes[1]. » Qu'est-ce à dire *constitués pécheurs* et *constitués justes*, sinon faits pécheurs et faits justes ? Où se tourneront ici les ministres avec leurs raffinemens inutiles ? Certes c'est de la justification que l'Apôtre parle ; et il dit manifestement qu'elle nous fait justes. Peut-être répondront-ils qu'elle nous fait justes, non point par une justice qui soit en nous, mais par la justice de Jésus-Christ qui nous est miséricordieusement imputée.

[1] *Rom.*, V, 19.

Ce n'est pas ainsi, dit l'Apôtre : « Plusieurs sont constitués justes, comme plusieurs ont été constitués pécheurs. » Maintenant que nos adversaires nous disent si nous ne sommes pas pécheurs en Adam, à cause que naissant de lui, nous contractons un péché véritable par la tache originelle inhérente en nous? Donc c'est s'aveugler volontairement et s'obstiner contre la raison évidente, de ne voir pas que l'apôtre saint Paul veut nous faire entendre en ce lieu, que nous sommes faits justes en Notre-Seigneur, non-seulement parce que sa justice nous est imputée, mais parce que par le Saint-Esprit qui nous est donné nous recevons une véritable justice inhérente réellement en nos ames.

De là vient que saint Augustin, qui a si bien pénétré le sens de l'Apôtre, enseigne constamment la même doctrine que nous avons ici expliquée. « La première nativité, nous dit-il, tient l'homme dans la damnation, et il n'y a que la seconde qui l'en exempte [1]. » Et ailleurs : « Par la régénération tous les péchés passés sont remis [2]. » Si par cette régénération tous nos péchés passés sont remis, si c'est elle qui nous exempte de la damnation, il est clair que c'est elle qui nous justifie. Ce grand homme parle toujours de la même sorte; et il me seroit aisé de produire une infinité de passages. Sans doute il n'a pas été assez clairvoyant pour voir cette distinction raffinée de nos théologiens réformés, entre la grace qui nous régénère et celle qui nous justifie de nos crimes.

Sentimens de saint Augustin.

C'est pourquoi en son *Epître* XXIII il décrit la régénération par ces belles paroles : « L'Esprit opérant intérieurement le bienfait de la grace, déliant le lien de la coulpe, réconciliant le bien de la nature, régénère l'homme en Jésus-Christ [3]. » Vous voyez que le même bienfait de la régénération comprend tout ensemble la rémission des péchés, l'opération de l'Esprit de Dieu, avec l'infusion de la grace. C'est aussi cette infusion de la grace que saint Augustin appelle *justification*. Car au livre Ier *des Mérites et de la*

---

[1] « In damnatione hominem prima nativitas tenet, undè nisi secunda non liberat. » August., lib. II, *De pecc. orig.*, cap. XL, n. 45. — [2] « Regeneratione spiritûs modò fit ut peccata omnia præterita remittantur. » Id., *ibid.*, cap. XXXIX, n. 44. — [3] « Spiritus operans intrinsecùs beneficium gratiæ, solvens vinculum culpæ, reconcilians bonum naturæ, regenerat hominem. » August., *Epist.* XXIII, nunc XCVIII, n. 2.

Rémission des péchés, après qu'il a enseigné au chapitre ix que « Dieu donne aux fidèles une grace très-occulte de son Esprit, qu'il communique même aux petits enfans par une infusion secrète [1], » il dit au chapitre suivant « que ceux qui croient en Jésus-Christ, *sont justifiés en lui à cause de la communication et inspiration secrète de la grace spirituelle* [2]. » D'où il s'ensuit, non-seulement qu'il se fait en nous une infusion secrète de grace, mais encore que c'est par elle que la justification s'opère en nos cœurs. C'est ainsi que parloit l'Eglise ancienne ; mais la nouveauté des réformateurs a voulu paroître plus éclairée que la sage antiquité chrétienne.

Pour nous, demeurons toujours dans les bornes de la sainte simplicité de nos pères : disons avec eux selon l'Ecriture, que la justification du pécheur n'est pas tant un acte de juge qu'une action de Créateur tout-puissant qui renouvelle l'intérieur : disons que la grace qui nous justifie étant une grace régénérante, elle remet en même temps les péchés et nous enrichit du don de justice : disons enfin que cette grace justifiante ôte les péchés en les pardonnant, parce qu'elle les nettoie par le Saint-Esprit qui purge toutes les ordures par sa présence : c'est la foi des saints docteurs de l'antiquité, c'est la créance perpétuelle de toute l'Eglise.

CHAPITRE VII.

Réflexion sur la doctrine précédente ; qu'elle relève la gloire de Jésus-Christ, et que nos adversaires la diminuent.

Cette belle, cette céleste doctrine nous est d'autant plus agréable, qu'elle relève merveilleusement la gloire de Notre-Seigneur Jésus-Christ, le prix et l'efficace de sa passion, la force et la vertu de son Esprit-Saint, et la grandeur de sa charité dans la réparation de notre nature. Car au lieu que nos adversaires enseignent que nos péchés ne nous sont pas imputés, c'est-à-dire que Dieu ne les punit pas à cause du mérite de Jésus-Christ, nous disons que nos

[1] « Dat etiam sui Spiritûs occultissimam fidelibus gratiam, quam latenter infundit et parvulis. » Lib. I, *De pecc. merit.*, cap. ix, n. 10. — [2] « Legimus in Christo justificari qui credunt in eum, propter occultam communicationem et inspirationem gratiæ spiritualis. » *Ibid.*, cap. x, n. 11.

péchés ne sont plus à cause du mérite de Jésus-Christ. Ils disent que ce mérite est si grand, qu'il suffit pour couvrir nos crimes; nous disons qu'il suffit même pour ôter nos crimes. Ils disent que la justice du Fils de Dieu mérite que les fidèles soient tenus pour justes; nous disons qu'elle leur mérite même d'être justes. Si nous errons en cette créance, notre erreur vient de notre amour; notre faute c'est que nous avons une idée plus haute de la sainte passion de notre Sauveur; mais à Dieu ne plaise que ce soit errer que de glorifier Jésus-Christ !

Que si nos adversaires estiment que nous voulons avoir la justice en nous afin de nous glorifier en nous-mêmes, ils se trompent, ils s'abusent, ils nous calomnient. Ce n'est pas nous glorifier en nous-mêmes que de confesser qu'on nous donne : dire que le bienfait est plus grand, ce n'est pas diminuer l'obligation, mais honorer la magnificence. L'Apôtre nous apprend que « la charité a été répandue en nos cœurs[1] : » c'est en nous sans doute qu'elle est, puisque c'est en nos cœurs qu'elle est répandue. Toutefois à Dieu ne plaise que nous prétendions nous glorifier en nous-mêmes d'un don si grand et si précieux, parce que, dit le même Apôtre, « elle est répandue en nous par le Saint-Esprit. » Il en est de même de cette justice que nous appelons *inhérente*. Elle est à l'homme qui la reçoit; elle est encore plus à Dieu qui la donne. « Cette justice est nôtre, dit saint Augustin, mais elle est appelée dans les Ecritures *justice de Dieu et de Jésus-Christ,* parce qu'elle nous est donnée par sa largesse[2]. » Ainsi l'homme qui se glorifie se doit glorifier en Notre-Seigneur, puisque n'ayant rien de lui-même, toute sa gloire consiste en ce qu'il reçoit, et la gloire de celui qui reçoit se doit toute rapporter à celui qui donne. Est-il rien de plus respectueux ni de plus modeste ? Et quelle est la mauvaise foi de nos adversaires! Ils pervertissent les Ecritures, ils méprisent l'antiquité, ils rabaissent la gloire du Sauveur des ames. Nous nous joignons à l'ancienne Eglise pour expliquer par les oracles divins une doctrine toute céleste, et infiniment glorieuse au Fils de Dieu notre Rédempteur; et ils ne cessent de

[1] *Rom.*, v, 5. — [2] « Ideò Dei et Christi dicitur, quòd ejus nobis largitate donatur. » *De spirit. et litt.*, cap. IX, n. 15.

nous reprocher que nous enseignons à nos peuples à se confier en autre qu'en lui, et que nous nous attribuons à nous-mêmes ce que nous ne devons qu'à sa seule grace! Où est l'esprit de la charité dans ces injustes accusations et dans ces calomnies si visibles?

CHAPITRE VIII.

De la justification par la foi.

Après que nous avons expliqué par quel motif Dieu nous justifie, et ce que c'est que la justification du pécheur, il faut considérer maintenant selon que nous avons proposé, par quelle action de nos ames cette grace nous est appliquée. Toute la controverse en cette matière se réduit à mon avis à savoir ce que c'est que la justification par la foi, et de quelle sorte la foi justifie.

Nos adversaires enseignent qu'elle justifie parce que de toutes les choses qui sont en nous, il n'y a que la seule foi qui concoure à notre justification. Mais ils ne peuvent disconvenir que, pour être justifié, il ne soit nécessaire de joindre à la foi et l'eau salutaire de la pénitence, et le feu céleste de la charité, sans laquelle la foi est morte. Et c'est pourquoi le grand cardinal de Richelieu leur montre par des raisons évidentes, que le procès qu'ils nous intentent est fondé sur une chicane inutile [1].

Mais afin qu'ils voient manifestement que nous établissons par les vrais principes la justification par la foi, représentons-leur la doctrine du sacré concile de Trente; et après expliquons celle de saint Paul sous la conduite de saint Augustin, qui a si bien pénétré le sens de l'Apôtre, particulièrement en ce docte livre *de l'Esprit et de la Lettre*, où il traite excellemment cette question.

Le concile de Trente enseigne que « nous sommes dits justifiés par la foi, parce que la foi est le commencement du salut, le fondement et la racine de toute justification [2]. » Il dit qu'elle est le commencement, parce que Dieu voulant nous sauver, nous propose premièrement celui qui nous sauve, c'est-à-dire son Fils

---

[1] *Traité pour convertir*, etc., liv. III, chap. IV. — [2] « Per fidem justificari dicimus, quia fides est humanæ salutis initium, fundamentum et radix omnis justificationis. » *Conc. Trid.*, sess. VI, cap. VIII.

unique. Elle est encore le fondement, parce qu'elle soutient par sa fermeté ce grand édifice de la justification du pécheur qui n'est appuyé que sur elle. Enfin elle en est aussi la racine, parce qu'elle répand sa vertu partout, et qu'elle est comme le principe et la source de tous les autres dons qui nous justifient. Ainsi toute notre créance est comprise en cette seule proposition qui est tirée de saint Augustin [1], que nous sommes dits justifiés par la foi, parce que plusieurs choses étant nécessaires pour la justification du pécheur, la foi est posée la première afin de nous impétrer tout le reste. C'est ainsi que nous enseignons très-solidement la justification par la foi.

Mais entrons profondément au sens de l'Apôtre, et pour entendre les véritables raisons pour lesquelles il attribue la justification à la foi, dans la divine *Epître aux Romains* et dans le reste de ses écrits, proposons quelques autres textes de ce grand docteur qui nous ouvriront l'intelligence infaillible de ceux que nous avons à traiter.

Certes le même Apôtre qui dit que nous sommes justifiés par la foi, dit aussi que nous sommes sauvés par la foi : « Si tu confesses, dit-il, en ta bouche le Seigneur Jésus, et que tu croies en ton cœur que Dieu l'a ressuscité des morts, tu seras sauvé [2]. » Est-ce à dire que nous soyons sauvés par la seule foi, sans y comprendre les autres vertus? Si cela étoit de la sorte, que deviendroit la sentence du juge, qui appelant les bien-aimés de son Père, témoigne en des paroles si claires que c'est leur charité qu'il couronne? « Venez, dit-il, parce que j'ai eu faim, et vous m'avez donné à manger [3]. » Nous ne sommes donc pas sauvés par la seule foi; nous le sommes encore par la charité.

Davantage le même saint Paul enseigne, écrivant aux Ephésiens, que Jésus-Christ « habite en nous par la foi [4]. » Ce n'est pas pour exclure la charité, le bien-aimé disciple disant que « celui qui est en charité est en Dieu, et Dieu en lui [5]. » Mais voici encore un troisième exemple qui tranchera la difficulté jusqu'au fond. Saint Paul cite en divers endroits ce passage du prophète Ha-

---

[1] *De Præd. Sanct.*, cap. VII, n. 12. — [2] *Rom.*, X, 9. — [3] *Matth.* XXV, 34, 35. — [4] *Ephes.*, III, 17. — [5] I *Joan.*, IV, 16.

bacuc : « Le juste vit par la foi [1]. » Considérons d'un esprit non préoccupé si le juste vit tellement par la seule foi, qu'il ne vive point par les autres vertus, spécialement par la charité.

Notre-Seigneur Jésus nous assure nettement le contraire. « Si tu veux, dit-il, entrer à la vie, garde les commandemens [2]; » et lorsque ce docteur de la loi lui récita le précepte de la charité : « Fais ceci, et tu vivras, » lui dit-il [3]. Et le disciple bien-aimé prononce que « celui qui n'aime pas demeure en la mort [4]. » Il est aisé de justifier par les Ecritures que la charité est la vie de l'ame, parce que c'est par elle que nous mourons au péché et vivons à Dieu avec Notre-Seigneur Jésus-Christ.

D'où vient donc que saint Paul détermine que le juste vit de la foi ? C'est à cause que la foi nous montre la vie en Jésus-Christ, en sa mort, en son Evangile, en ses paroles vivifiantes. Ainsi la foi est le principe de vie, elle est elle-même la vie commencée ; et de plus elle est le germe divin par lequel nous croissons à la vie parfaite en Notre-Seigneur Jésus-Christ. De là vient que l'apôtre saint Paul attribue la vie à la foi.

Nous disons que c'est pour la même raison qu'il lui attribue aussi le salut, parce qu'elle en est le principe : et c'est encore pour la même cause qu'il enseigne que la foi justifie, parce qu'elle est le commencement de notre justice, et qu'elle est la source des autres dons par lesquels elle est achevée.

Doctrine admirable de l'Apôtre. Toutefois il y a quelque chose de plus relevé dans la doctrine du saint Apôtre ; et quand nous l'aurons pénétré, nous entendrons les raisons solides pour lesquelles définissant la justice chrétienne en la savante *Epître aux Romains,* il l'appelle « la justice qui est par la foi. »

Deux sortes de justice. Il faut savoir qu'en cette *Epître* admirable saint Paul distingue deux sortes de justice : l'une est la justice qui est par la loi, qui est celle dont les Juifs se glorifioient et que l'Apôtre entreprend de combattre ; l'autre, c'est la justice qui est par la foi, qui est la vraie justice chrétienne que l'Apôtre veut établir, et qu'il oppose à la fausse justice des Juifs.

---

[1] *Rom.,* I, 17; *Hebr.,* X, 38; *Habac.,* II, 4. — [2] *Matth.,* XIX, 17. — [3] *Luc.,* X, 28. — [4] I *Joan.,* III, 14.

Mais d'où vient, direz-vous, que saint Paul la qualifie justice de la foi? En voici la véritable raison. On définit les choses par leurs propres différences; or il est sans doute que c'est la foi qui met la véritable différence entre cette justice judaïque contre laquelle l'Apôtre dispute, et la justice chrétienne qu'il établit. Faisons voir clairement cette différence par les principes du Docteur des Gentils. *La foi met la différence entre la véritable justice et la fausse.*

Il définit doctement la justice qui vient de la loi par ce texte du *Lévitique :* « Qui fera ces choses, vivra par elles [1]. Moïse a écrit, dit l'Apôtre [2], de la justice qui est par la loi, que qui la fera vivra par elle. » Ces paroles nous font entendre en quoi consiste précisément la justice qui est par la loi. Car elles montrent manifestement que le propre de la loi étant de commander, celui qui veut être juste selon la loi ne regarde qu'à l'action commandée; il ne songe simplement qu'à faire et à vivre. *La justice de la loi, c'est celle qui ne regarde que les œuvres.*

Encore que cette justice soit spécieuse, l'Apôtre la combat par plusieurs raisons, par lesquelles il prouve invinciblement que si elle a quelque gloire devant les hommes, elle n'est point reçue devant Dieu. *Deux raisons de l'Apôtre contre cette justice.*

Premièrement ce n'est pas assez de regarder ce qu'il faut faire, si on ne considère ce qu'il faut purger. Car tous les hommes généralement sont pécheurs. C'est donc une fausse justice, si nous contemplons seulement les vertus qu'il faut acquérir, et que nous laissions sans remède les péchés qu'il faut nettoyer. Que si pour être juste véritablement, il faut penser avant toutes choses à purger les crimes, l'intervention de la foi y est nécessaire; d'autant que la loi ne les ôte pas, mais plutôt, dit l'Apôtre, elle les condamne. Ainsi tant qu'on est sous la loi, on est dans la damnation selon sa doctrine. Par conséquent il faut que la foi nous montre Jésus-Christ le grand Propitiateur qui expie les péchés par son sang. *1re raison.*

C'est la première raison de l'Apôtre contre la fausse justice des Juifs qui espéroient seulement aux œuvres; et cet excellent docteur l'explique en ces mots : « Tous ont péché et ont besoin de la gloire de Dieu, étant justifiés gratuitement par sa grace, par la

---

[1] *Levit.*, XVIII, 5. — [2] *Rom.*, X, 5.

rédemption qui est en Jésus-Christ que Dieu a ordonné propitiateur par la foi [1]. »

2º raison. La seconde raison dont se sert l'Apôtre pour prouver la fausseté de cette justice ne sera pas malaisée à entendre, si nous remarquons que les hommes étant impuissans par eux-mêmes, ceux qui veulent être justifiés doivent premièrement regarder la grace.

Il ne suffit pas de considérer le précepte qui nous éclaire; il faut encore lever les yeux au Saint-Esprit de Dieu qui nous meut. C'est peu de chose de s'arrêter simplement à l'action qui nous est commandée; il faut aller au principe qui l'opère en nous. Nous ne voyons pas ce principe; mais nous le croyons, parce que ce principe c'est Jésus-Christ même : de sorte que c'est la foi qui nous y conduit, puisque le propre de la foi c'est de croire, comme le propre de la loi c'est de commander.

Cette vérité étant supposée, il s'ensuit très-évidemment que celui qui se proposera la loi sans la foi établira une fausse justice. Car il n'aura aucun égard à la grace, et il croira pouvoir être juste par ses propres forces. C'est pourquoi l'apôtre saint Paul parle ainsi des Israélites charnels qui considéroient la loi de Moïse sans la foi du Sauveur Jésus : « Ignorant la justice de Dieu, et voulant établir leur propre justice, ils n'ont pas été soumis à la justice de Dieu [2]. « Cette justice de Dieu dont il parle n'est point celle par laquelle Dieu est juste, mais celle par laquelle Dieu nous fait justes. L'Apôtre veut donc dire que les Juifs charnels ignorant cette véritable justice par laquelle Dieu nous fait justes, ont voulu établir leur propre justice, c'est-à-dire la justice par leurs propres forces.

De là vient que saint Augustin expliquant par les principes du saint Apôtre quelle est cette justice qui est par la foi : « Il faut entendre une foi, dit-il, par laquelle nous croyons fermement que la justice nous est donnée par la grace, et non point faite en nous par nous-mêmes [3]. »

C'est à quoi regarde saint Paul, lorsqu'ayant proposé cette ques-

---

[1] *Rom.*, III, 23, 24, 25. — [2] *Rom.*, X, 3. — [3] « Quæ ex Deo justitia in fide, in fide utique est, quâ credimus nobis justitiam divinitùs dari, non à nobis in nobis nostris viribus fieri. » *Epist.* CVI, nunc CLXXXVI, n. 8.

tion ; « Pourquoi les Israélites suivant la loi de justice, ne sont point parvenus à la loi de justice [1] ? » il en rend cette excellente raison : « Parce que ce n'a pas été par la foi, mais comme par les œuvres : » c'est-à-dire comme opérant par eux-mêmes et ne croyant pas que c'est Dieu qui opère en eux. C'est l'interprétation de saint Augustin [2].

C'est encore ce qui fait dire au même saint Paul que « notre orgueil est anéanti, non point par la loi des œuvres, mais par la loi de la foi [3]; » parce que la seule foi nous fait voir que rien ne peut subvenir à l'infirmité humaine, si ce n'est la miséricorde divine.

De cette belle doctrine du grand Apôtre, il résulte que le défaut essentiel de cette orgueilleuse justice, qui ne se proposoit que les œuvres, consiste en ces deux choses que nous avons dites. C'est qu'il falloit que les hommes qui veulent bien faire, considérassent premièrement qu'ils étoient pécheurs et qu'ils cherchassent celui qui réconcilie; secondement, qu'ils étoient impuissans, et qu'ils recourussent à celui qui aide. C'est ce que la fausse justice ne pratiquoit pas; et c'est pourquoi c'étoit un orgueil damnable qui se couvroit du nom de justice. Mais la justice chrétienne le fait par la foi. Car la foi nous propose Jésus-Christ Sauveur, Libérateur et Réparateur. S'il nous répare, nous étions tombés; s'il nous délivre, nous étions captifs ; s'il nous sauve, nous étions perdus. *De quelle sorte la foi justifie.*

C'est donc là cette foi qui nous justifie, si nous croyons, si nous confessons que nous sommes morts en nous-mêmes et que Jésus-Christ seul nous fait vivre. C'est, dis-je, cette foi qui nous justifie, parce qu'elle fait naître l'humilité, et par l'humilité la prière, et dans la prière la confiance; et ainsi elle nous impètre le don de la grâce par laquelle notre langueur est guérie, et notre conscience purifiée.

C'est la doctrine constante de saint Augustin ; c'est tout le but de ce docte livre qu'il a composé *de l'Esprit et de la Lettre:* « La

---

[1] « Israel sectando legem justitiæ, in legem justitiæ non pervenit. Quare ? Quia non ex fide, sed quasi ex operibus. » *Rom.*, IX, 31, 32. — [2] « Tanquam ex semetipsis operantes, non in se credentes operari Deum. » *De spir. et litt.*, cap. XXIX, n. 50. — [3] « Ubi est gloriatio tua ? Exclusa est. Per quam legem ? Factorum ? Non : sed per legem fidei. » *Rom.*, III, 27 ; August., *De spir. et litt.*, cap. X, n. 17.

justification, dit-il, est impétrée par la foi [1]; » et : « La foi nous rend propice celui qui justifie [2]; » et encore : « Par la foi nous impétrons le salut, tant celui qui se commence en nous effectivement que celui que nous attendons par une fidèle espérance [3]; » et enfin : « Par la loi la connoissance du péché, par la foi l'impétration de la grace contre le péché, par la grace l'ame est guérie du vice du péché [4]. » Ce grand homme parle toujours de la même sorte.

<small>Preuve par l'Apôtre.</small> Ainsi dans la pensée de saint Augustin, la vertu de la foi consiste en la force qu'elle a d'impétrer la grace; et ce docte personnage l'a pris de saint Paul. Car l'Apôtre expliquant la vertu de la foi : « Si tu confesses, dit-il [5], de ta bouche le Seigneur Jésus, et que tu croies en ton cœur que Dieu l'a ressuscité des morts, tu seras sauvé. » Il entend par ce mot général : *Tu seras sauvé*, tant le salut qui s'accomplira en la vie future que celui qui se commence en la vie présente. De sorte que la justification du pécheur y doit être nécessairement comprise. C'est pourquoi il ajoute aussitôt après : « Car on croit de cœur A JUSTICE, et on confesse de bouche à salut. » L'Apôtre se propose donc de nous expliquer quelle est la vertu de la foi, même dans la justification du pécheur : « Si tu crois, dit-il, tu seras sauvé; » et il en rend cette solide raison : « Car celui qui croit en lui ne sera point confondu. » Ce que voulant prouver au verset suivant, il continue ainsi son discours : « Quiconque croit n'est point confondu : car il n'y a point de différence du Juif et du Grec, parce que c'est le même Seigneur de tous, qui est riche sur tous ceux qui l'invoquent. Car quiconque invoquera le nom du Seigneur sera sauvé. » Après

---

[1] « Justificatio ex fide impetratur. » *De spir. et litt.*, cap. XXIX, n. 51. — [2] « Per fidem concilians justificatorem, » etc. *Ibid.* — [3] « Fide Jesu Christi impetramus salutem, et quantùm nobis inchoatur in re, et quantùm perficienda expectatur in spe. » *Ibid.* — [4] « Per legem cognitio peccati, per fidem impetratio gratiæ contra peccatum, per gratiam sanatio animæ à vitio peccati. » *Ibid.*, cap. XXX, n. 52. — [5] « Si confitearis in ore tuo Dominum Jesum, et in corde tuo credideris quòd Deus suscitavit illum à mortuis, salvus eris. Corde enim creditur ad justitiam, ore autem confessio fit ad salutem. Dicit enim Scriptura : Omnis qui credit in illum, non confundetur. Non enim est distinctio Judæi et Græci; nam idem Dominus omnium, dives in omnes qui invocant illum. Omnis enim quicumque invocaverit nomen Domini, salvus erit. Quomodò ergo invocabunt in quem non crediderunt? » *Rom.*, X, 9 et seq.

quoi il vient à la foi, disant : « Comment donc invoqueront-ils celui auquel ils n'ont point cru ? » Où il est clair que la raison pour laquelle il dit que celui qui croit n'est point confondu, c'est parce qu'en croyant il invoque, et que celui qui invoque, il obtient. Donc selon l'apôtre saint Paul la force de la foi en Notre-Seigneur, c'est qu'elle a la vertu d'impétrer : et saint Augustin raisonne très-bien selon ces maximes apostoliques, quand il dit que la foi justifie, parce qu'elle attire les graces par lesquelles nous sommes justifiés.

Nos adversaires eux-mêmes ne le nieront pas, s'ils considèrent bien quelques vérités desquelles il est impossible qu'ils disconviennent. Car je leur demande si un pécheur, comme par exemple le roi David après son homicide et son adultère, ne doit pas prier continuellement que Dieu lui pardonne son crime. Or s'il prie, il est en la foi, selon ce que dit l'apôtre saint Paul : « Comment invoqueront-ils s'ils ne croient[1] ? » Que s'il est vrai que la seule foi sans tous les autres dons de la grace, opère la rémission des péchés, comment demande-t-elle avec tant de larmes ce qu'elle a déjà obtenu sitôt qu'elle a été formée en nos cœurs ?

Il faut donc dire nécessairement que la foi en Jésus-Christ justifie, non qu'elle fasse elle seule toute la justice, mais parce qu'elle en est le principe et que nous fondant sur l'humilité, elle nous impètre les autres dons par lesquels la justice s'accomplit en nous.

De là il s'ensuit clairement que nous sommes justifiés par la foi sans exclusion de la charité. Car il paroît que saint Paul se sert de la foi pour mettre une différence solide, telle que nous l'avons exposée, entre la fausse justice des Juifs et la vraie justice du christianisme, c'est-à-dire entre la justice qui glorifie l'homme et la justice qui glorifie Dieu : et ainsi la justification est attribuée singulièrement à la foi, pour éloigner de nous l'arrogance humaine qui veut se glorifier en elle-même, non pour exclure la charité ni les autres vertus divines qui ne se glorifient qu'en la grace.

C'est la doctrine de la sainte Eglise de laquelle je tire ces deux conséquences. Premièrement, que nous ne nions pas la justifica-

[1] *Rom.*, x, 14.

tion par la foi ; au contraire que nous l'établissons par les vrais principes que l'antiquité chrétienne nous a enseignés par la bouche de saint Augustin. Secondement je conclus que c'est une extrême injustice de nous opposer que nous renversons la justification gratuite. Car il n'est rien de plus gratuit que ce que la foi en Jésus-Christ nous impètre, parce que quand la foi invoque, c'est le nom de Notre-Seigneur Jésus-Christ et le mérite de sa passion qui obtient. Est-ce pas une calomnie manifeste d'assurer qu'une telle croyance renverse la confiance au Libérateur ?

Ici nos adversaires objectent que l'Eglise catholique prêche la justification par les œuvres. Pour résoudre cette difficulté, il est nécessaire que nous entrions en la seconde des trois questions proposées touchant l'économie de la grace; et qu'après avoir vu son commencement, nous considérions son progrès.

CHAPITRE IX.

De la justification par les œuvres.

Ceux qui ont écrit de nos controverses ont judicieusement remarqué, qu'il n'y a entre nous et nos adversaires aucune dispute particulière touchant la justification par les œuvres; et la simple intelligence des termes fera connoître cette vérité.

Par la justification nous pouvons entendre la seule rémission des péchés, et c'est ainsi que nos adversaires l'expliquent. Sur cela nous leur avons accordé que nos péchés sont remis gratuitement [1], non point à cause de nos mérites, mais par les mérites de Jésus-Christ. Nous avons produit les décrets par lesquels le sacré concile de Trente a défini cette salutaire doctrine; et par conséquent en ce point nous n'avons rien à contester avec les ministres.

Mais nous prenons la justification en un autre sens pour notre régénération à la vie nouvelle, et notre sanctification par le Saint-Esprit. On demande si la justification ainsi entendue, se fait par les œuvres ou non : et nous disons que nous et nos adversaires n'avons rien à démêler sur cette matière ; et en voici la preuve évidente.

[1] Ci-dessus, chap. II.

Cette sanctification par le Saint-Esprit peut être regardée en deux sortes, dans son commencement ou dans son progrès. Or nous convenons les uns et les autres : premièrement, qu'elle ne se fait point en nous par les bonnes œuvres, parce qu'elle en est le principe, et par conséquent elle les précède ; secondement nous sommes d'accord qu'elle s'accroît par les bonnes œuvres, parce qu'il est clair que notre sanctification s'augmente à mesure que nous croissons en la charité. De sorte que toute la question consiste à savoir si la grace qui nous justifie diffère de celle qui nous sanctifie et nous régénère, comme les ministres l'enseignent. Cette question n'est pas de ce lieu, et nous l'avons assez expliquée. Ainsi j'ai eu juste sujet de dire que dans la matière où nous sommes, il n'y a entre nous et nos adversaires aucune dispute particulière. Dumoulin lui-même le reconnoît, lorsqu'il dit : « Notez que nos adversaires par la justification entendent la sanctification ou régénération ; ainsi le but auquel ils visent, est de prouver que nous sommes régénérés par les œuvres, chose que nous accordons volontiers [1]. »

Toutefois pour la satisfaction des pieux lecteurs et pour éclaircir d'autant plus la foi catholique, proposons la créance de la sainte Eglise. L'apôtre saint Paul nous enseigne que « notre homme intérieur se renouvelle de jour en jour [2], » parce qu'à mesure que nous croissons en foi, en espérance et en charité, nous imprimons de plus en plus en nos ames l'image du nouvel homme, qui est Jésus-Christ. D'ailleurs le Saint-Esprit qui nous est donné ouvre en nous une source toujours féconde, qui ne cessant jamais de couler, s'enrichit continuellement elle-même ; ce qui fait dire à saint Augustin : « Il faut que nous entendions que celui qui aime, a le Saint-Esprit ; et qu'en l'ayant il mérite de l'avoir davantage, et conséquemment d'aimer davantage [3]. »

Nous donc qui sommes persuadés par les Ecritures, que c'est la même grace qui nous justifie, et nous sanctifie, et nous régénère, nous croyons aussi très-certainement qu'autant que l'œuvre

---

[1] *Bouclier de la foi*, sect. 45. — [2] II *Cor.*, IV, 16. — [3] « Restat ut intelligamus Spiritum sanctum habere qui plus diligit, et habendo mereri ut plus habeat, et plus habendo plus diligat. Tract. LXXIV *in Joan.*, n. 2.

de notre régénération est avancée tous les jours par le Saint-Esprit, autant la grace qui nous justifie est accrue, selon ce que dit saint Jean en l'*Apocalypse :* « Que celui qui est juste soit justifié encore ; et que celui qui est saint, soit sanctifié encore [1], » c'est-à-dire sans difficulté, que celui qui est saint devienne plus saint, et que celui qui est juste devienne plus juste. C'est à raison de cet accroissement de justice que l'Eglise enseigne avec saint Jacques, que nous sommes justifiés par les œuvres, parce que la foi sans les œuvres est morte [2] ?

Je sais que nos adversaires répondent que saint Jacques ne parle point de la justification devant Dieu ; et que par le mot de *justifier,* il entend déclarer la foi par les bonnes œuvres qui en sont les fruits. Mais certes si nous prenons bien le sens de l'Apôtre, nous trouverons que l'interprétation des ministres lui est directement opposée, car encore que saint Jacques ait dit en ce lieu, que la foi est déclarée par les œuvres : « Je te montrerai, dit-il, ma foi par les œuvres [3], » la suite du discours fait assez paroître que ce n'est pas son intention principale. Son dessein est de reprendre ceux qui se confioient tellement en la seule foi, qu'ils négligeoient la pratique des bonnes œuvres ; il entreprend de leur faire voir que leur foi est morte, qu'elle est sans vertu, qu'elle n'est pas capable de les sauver : « Quelle utilité, mes Frères, dit-il, si quelqu'un se vante d'avoir la foi et n'a pas les œuvres; sa foi le peut-elle sauver [4] ? » Or, pour leur montrer cette vérité, c'étoit peu de chose de les avertir qu'ils ne déclaroient pas leur foi devant les hommes ; il falloit encore leur faire sentir qu'ils n'étoient pas justifiés devant Dieu. Donc saint Jacques parle en ce texte de la justification devant Dieu, non devant les hommes : et néanmoins il assure manifestement que nous sommes justifiés par les œuvres, parce qu'il est plus clair que le jour que ce n'est pas seulement par la foi, mais encore par les bonnes œuvres que nous rendons notre vie agréable à Dieu.

Nos adversaires objecteront que si nous sommes justifiés par les œuvres, la justification n'est pas gratuite. Mais la réponse n'est pas difficile : car nous avons déjà remarqué que la justifica-

---

[1] *Apoc.,* XXII, 11. — [2] *Jacob.,* II, 17, 20. — [3] *Ibid.,* 18. — [4] *Ibid.,* 14.

tion s'accroît par les œuvres, et qu'elle ne se fait pas par les œuvres, parce qu'elle en est le principe ; de même que l'homme croît par la nourriture, mais il ne se fait pas par la nourriture.

De cette sorte il est aisé de comprendre que les œuvres sont des fruits de la justification, et que néanmoins elles la font croître, comme ce que nous pouvons nous nourrir c'est une suite de ce que nous sommes vivans, et toutefois la nourriture conserve la vie.

Ainsi l'apôtre saint Jacques a très-bien prêché que nous sommes justifiés par les œuvres, et l'apôtre saint Paul a très-bien nié que nous fussions justifiés par les œuvres : de la même façon que je pourrois dire, sans sortir de l'exemple que j'ai apporté, que c'est la nourriture qui nous fait vivre, parce qu'elle nous conserve la vie ; et que ce n'est pas la nourriture qui nous fait vivre, parce qu'avant que de nous nourrir nous vivons. Est-il rien de plus net, ni de plus sincère, ni de moins embarrassé que cette doctrine ?

Mais du moins il s'ensuivra, dira-t-on, que ce progrès de la justification n'est pas gratuit, parce qu'il se fait en nous par les œuvres. Cette conséquence seroit véritable, si les œuvres ne venoient point de la grace ; mais « c'est la grace elle-même, dit saint Augustin, qui mérite d'être augmentée, afin qu'étant augmentée, elle mérite aussi d'être consommée [1]. »

C'est ce que l'Eglise catholique enseigne du progrès des justes dans la vie nouvelle ; ils sont unis comme membres au Fils de Dieu par la grace qui les justifie, et ils s'avancent en cette unité autant qu'ils croissent en la charité. Etant unis plus étroitement à ce divin Chef du corps de l'Eglise, ils reçoivent une influence plus forte, et la justice de Jésus-Christ se répand sur eux plus abondamment. Quelle opiniâtreté, ou quelle ignorance pourroit dire que cette sainte doctrine diminue la gloire du Fils de Dieu, et la confiance que nous avons en lui seul ?

[1] « Ipsa gratia meretur augeri, ut aucta mereatur et perfici. » Epist. CVI, nunc CLXXXVI, n. 10.

CHAPITRE X.

De l'accomplissement de la loi, et de la vérité de notre justice à cause du règne de la charité.

Mais nos adversaires opposent que nous n'avons pas une opinion assez humble de l'imperfection de notre justice, qui n'est que souillure et iniquité; ils disent que nous croyons pouvoir accomplir la loi, et ils assurent que c'est mal comprendre la corruption de la convoitise qui demeure jusqu'à la mort dans les baptisés. Répondons par ordre à tous leurs reproches; s'ils nous écoutent en esprit de paix, ils verront qu'il n'appartient qu'à l'Eglise de savoir glorifier le Sauveur des ames, et proposer les mystères divins avec leur majesté naturelle.

L'homme rétabli par la grace a de grandes misères et de grands dons; de grandes misères, par sa nature corrompue; de grands dons, par la miséricorde divine. Nous devons donc parler de ce que nous sommes avec un si juste tempérament, qu'en avouant notre infirmité, nous ne méprisions pas le remède que le Sauveur Jésus-Christ nous présente : pour cela il faut rabaisser ce que nous avons de nous-mêmes, et reconnoître la dignité de ce que le Saint-Esprit fait en nous. Ainsi nous domptons l'arrogance humaine, et nous glorifions la grace divine.

C'est pourquoi nous détestons la fausse justice que les sages de ce monde cherchent par eux-mêmes; mais nous apprenons par les Ecritures qu'il y a une justice que Dieu fait en nous, qui découle de Jésus-Christ sur les fidèles qui sont ses membres par l'abondance de son esprit qu'il nous communique. A Dieu ne plaise que nous disions que cette justice ne soit que souillure, et que nous déshonorions par un tel blasphème l'ouvrage du Saint-Esprit en nos ames!

Il en est de même des bonnes œuvres. Si je dis que l'homme n'a rien de son propre fonds que le mensonge et l'iniquité [1], je confesse la langueur de notre nature : si je dis que l'homme aidé par la grace ne fait rien de saint ni de juste, je fais injure, non point à l'homme, mais au Saint-Esprit qui agit en nous.

[1] *Conc. Araus.*, II, cap. XXII.

Pour ce qui regarde la convoitise, nous avons déjà dit à nos adversaires qu'encore qu'elle demeure après le baptême, elle n'est pas péché dans les baptisés; et nous avons établi les principes par lesquels cette vérité peut être éclaircie. Mais ne laissons pas d'expliquer selon la doctrine de saint Augustin, qui vient de la source des Ecritures, pour quelles causes la concupiscence, bien qu'elle ne soit pas éteinte dans les baptisés, ne les empêche pas d'être vraiment justes, ni de pouvoir accomplir la loi selon la mesure de cette vie.

Pour entendre cette vérité, supposons premièrement que la convoitise est un attrait en l'homme, par lequel il est porté à s'attacher aux biens périssables; et la charité un attrait en l'homme, par lequel le Saint-Esprit le pousse et l'excite au bien éternel.

Secondement remarquons encore que toute la justice des mœurs chrétiennes consiste en la loi de la charité, Jésus-Christ lui-même nous ayant appris que toute la loi étoit renfermée en ce seul précepte, *Tu aimeras* [1]. De là vient que saint Augustin parle ainsi de la charité : « C'est elle qui est la très-véritable, la très-entière et la très-parfaite justice [2]. » D'où il s'ensuit, par contrariété de raison, que toute l'injustice a son origine dans la convoitise.

Ces principes étant posés, notre doctrine sera très-intelligible. Quand l'attrait de la convoitise domine dans l'ame, elle devient captive des biens corruptibles, et par conséquent criminelle. Mais Dieu pour empêcher ce désordre, inspire aux cœurs de ses vrais enfans la chaste délectation du bien éternel qui les délivre de la servitude, et leur fait aimer Dieu plus que toutes choses. Ce doux lien de la charité attache si puissamment l'homme juste à Dieu, qu'il peut venir à ce haut point de perfection de dire avec l'apôtre saint Paul : « Qui nous séparera de la charité de Jésus-Christ? Sera-ce l'affliction ou l'angoisse, la persécution, ou la faim, la nudité, le péril, le glaive? Je suis certain que ni la mort, ni la vie, ni les anges, ni les principautés, ni les puissances, ni le présent, ni le futur, ni la hauteur, ni la profondeur, ni aucune autre

---

[1] *Matth.*, XXII, 40. — [2] « Ipsa est verissima, plenissima, perfectissimaque justitia. » *De nat. et grat.*, cap. XLII, n. 49.

créature ne pourra nous séparer de la charité de Dieu qui est en Jésus-Christ Notre-Seigneur¹. » Ce qui montre que l'attrait de la convoitise n'empêche pas que l'ame fidèle ne s'attache si étroitement au souverain bien, qu'elle méprise pour l'amour de lui tout ce qui flatte, tout ce qui menace, tout ce qui tourmente.

De là suit par une conséquence infaillible, l'accomplissement de la loi. Car le Sauveur a dit dans son Evangile : « Celui qui m'aime gardera mes commandemens²; » et l'apôtre saint Paul nous enseigne que « la charité est l'accomplissement de la loi, et que celui qui aime accomplit la loi³. » Or nous savons que « la charité a été répandue en nos cœurs par le Saint-Esprit qui nous est donné⁴; » et elle peut croître à une telle force, qu'elle nous fera prodiguer de bon cœur nos vies pour le salut éternel de nos frères, selon ce que dit l'apôtre saint Paul : « Nous étions prêts de vous donner, non-seulement l'Evangile, mais encore nos propres ames, parce que vous nous étiez devenus très-chers⁵; » ce que le Fils de Dieu appelle lui-même la perfection de la charité⁶.

N'entreprenons donc pas de rabaisser l'homme en diminuant la grace de Dieu. Ecoutons la promesse qu'il fait aux héritiers du Nouveau-Testament : *J'écrirai*, dit-il, *ma loi en leurs cœurs*⁷. Qu'est-ce qu'écrire la loi dans nos cœurs, sinon faire que nous aimions la justice qui éclate si magnifiquement en la loi; et que nous l'aimions d'une affection si puissante, que malgré tous les obstacles du monde elle soit la règle de notre vie? Car notre Dieu n'imprime point en nos cœurs une affection inutile, mais une affection agissante. Et ce qu'il grave au fond de nos ames, il le grave d'une manière très-efficace. C'est pourquoi, comme il y grave sa loi, l'apôtre saint Paul nous enseigne que « la justification de la loi est accomplie en nous par la grace de Notre-Seigneur Jésus-Christ⁸. » Ainsi nos adversaires, qui nient que les justes puissent accomplir la loi, n'entendent pas assez l'énergie des promesses de la nouvelle alliance.

Saint Augustin l'a bien entendue, quand il assure en une infinité de lieux que « la volonté guérie accomplit la loi, » et « que la grace

---

¹ *Rom.*, VIII, 35, 38, 39. — ² *Joan.*, XIV, 23. — ³ *Rom.*, XIII, 10. — ⁴ *Rom.*, V, 5. — ⁵ I *Thess.*, II, 8. — ⁶ *Joan.*, XV, 13. — ⁷ *Jerem.*, XXXI, 33. — ⁸ *Rom.*, VIII, 4.

nous est donnée, afin que nous la puissions accomplir [1] : » et c'est par là que ce grand docteur a relevé l'efficace du secours divin.

Peut-être que les ministres diront que nous n'accomplissons pas la loi si exactement, qu'il ne se mêle de grands défauts en nos mœurs. A cela nous leur répondons que si c'est là tout ce qu'ils désirent de nous, nous ne disputons point avec eux. Proposons ce que l'Eglise catholique enseigne.

CHAPITRE XI.

Continuation de la même matière, où il est traité de l'imperfection de notre justice à cause du combat de la convoitise.

Nous pouvons considérer trois choses dans l'homme : premièrement, le règne de la convoitise, tel que nous le voyons dans les grands pécheurs, qui éteint toute la charité, et c'est l'injustice consommée ; secondement, le règne parfait de la charité, tel que nous le croyons dans les bienheureux, qui consume toute la convoitise, et c'est la justice parfaite ; et enfin le règne de la charité, tel qu'il est en ce pèlerinage mortel, où encore que la convoitise soit surmontée, elle n'est pas entièrement abolie. Ce règne de la charité fait en nous une véritable justice ; ce mélange de la convoitise empêche qu'elle ne soit justice parfaite.

Il résulte clairement de cette doctrine qu'en ce lieu de misère et d'infirmité, où la chair convoite contre l'esprit, il n'y a aucun homme exempt de péché. Car si la convoitise domine, il s'ensuit que la charité est vaincue, et l'homme est précipité aux péchés damnables ; et encore que la charité soit victorieuse, toutefois la convoitise résiste ; et dans une si âpre mêlée et une résistance si opiniâtre, où nous avons à nous combattre nous-mêmes, il arrive infailliblement que l'esprit, qui surmonte par la charité, reçoit quelques blessures par la convoitise. C'est pourquoi nous avons besoin toute notre vie de recourir au baptême de larmes, et au remède salutaire de la pénitence.

---

[1] « Voluntas nostra ostenditur infirma per legem, ut sanet gratia voluntatem, et voluntas sancta impleat legem. » August., *De spir. et litt.*, cap. IX, n. 15. — « Per quam (gratiam) solam quod lex jubet possit implere. » *Ibid.*, cap. X, n. 16.

Deux sortes de péchés dont les uns ne détruisent pas le règne de la charité, les autres le renversent.

Cette vérité catholique met une différence notable entre les péchés. Car il y a en nous des péchés qui établissent la domination de la convoitise, et ce sont ceux que l'Eglise appelle *mortels*, parce qu'ils éteignent la charité. Il y en a d'autres qui naissent en nous à cause du combat de la convoitise, et qui n'empêchent pas que la charité ne triomphe en nous; ce sont ceux que nous appelons *véniels*. C'est à cause de ces péchés que ceux-là mêmes dans lesquels la charité règne, qui peuvent dire avec l'apôtre saint Paul : « Qui me séparera de la charité de Jésus-Christ? » doivent dire aussi tous les jours à Dieu : « Remettez-nous nos dettes, comme nous remettons à ceux qui nous doivent. » Je ne pense pas que nos adversaires osent s'opposer à cette doctrine, s'ils veulent prendre la peine de la bien comprendre.

De là vient que nous confessons humblement que c'est une partie de notre justice de reconnoître que nous sommes pécheurs, et que celui-là est le plus avancé dans la justice de cette vie qui remarque « en profitant tous les jours, combien il est éloigné de la perfection de la justice [1]. »

Ce n'est pas qu'il ne faille avouer qu'il y a quelque perfection ici-bas selon la mesure de cet exil. Car Jésus-Christ n'a pas dit en vain : « Soyez parfaits comme votre Père céleste est parfait [2]; » et saint Paul : « Nous prêchons la sagesse entre les parfaits [3]. » Il y a donc quelque sorte de perfection même en ce pèlerinage mortel, parce qu'encore que l'homme juste n'arrive pas à la charité achevée, il n'obéit à aucune convoitise : et encore qu'il ne possède pas entièrement le souverain bien, néanmoins il ne se plaît en aucun mal, gémissant avec l'Apôtre, et disant : « Malheureux homme que je suis, qui me délivrera de ce corps de mort [4]? » « Ainsi nous pouvons, dit saint Augustin, nous déplaire dans les ténèbres, encore que nous ne puissions pas arrêter nos vues sur une lumière très-éclatante [5]. »

C'est la perfection qui nous est promise par la grace de la nou-

---

[1] « Multum in hâc vitâ ille profecit, qui quàm longè sit à perfectione justitiæ, proficiendo cognovit. » August., *De spir. et litt.*, cap. XXXVI, n. 64. — [2] *Matth.*, V, 48. — [3] *I Cor.*, II, 6. — [4] *Rom.*, VII, 24. — [5] « Potest oculus nullis tenebris delectari, quamvis non possit in fulgentissimâ luce defigi. » August., *De spir. et litt.*, cap. XXXVI, n. 65.

velle alliance. Moïse dit au Deutéronome : « Le Seigneur Dieu circoncira ton cœur, et le cœur de ta postérité après toi, afin que tu aimes le Seigneur ton Dieu de tout ton cœur et de toute ton ame [1]. » Nous voyons dans ce beau passage la convoitise vaincue par la circoncision de nos cœurs, et la sainte charité régnante par l'attachement au souverain bien.

Comparaison de notre justice avec celle d'Adam.

Que si nos adversaires objectent que les oppositions de la convoitise diminuent les transports de la charité, nous y consentirons volontiers; et toutefois nous ne craindrons pas d'assurer avec l'admirable saint Augustin, que la grace du Saint-Esprit abonde tellement en l'ame des justes, que leur charité, quoique combattue, a quelque chose de plus vigoureux qu'elle n'avoit en Adam notre premier père, lorsqu'elle y jouissoit d'une pleine paix. Car Adam n'avoit rien à combattre dans une si grande félicité, dans une telle facilité de ne pécher pas. « Maintenant, dit saint Augustin, il faut une liberté plus grande contre tant de tentations qui n'étoient pas dans le paradis, afin que ce monde soit surmonté avec toutes ses erreurs, toutes ses terreurs et les attraits de ses fausses amours [2]. » D'où vient cette liberté plus grande, sinon d'une charité plus puissante, que la grace de Jésus-Christ inspire à ses saints? En effet est-il pas nécessaire que cette charité soit plus forte et plus fortement attachée à Dieu, puisqu'ayant à se roidir contre tant d'obstacles, malgré tant d'ennemis dedans et dehors, elle ne laisse pas de dire de tout son cœur : « Jésus-Christ est ma vie [3]; » et : « Je vis non plus moi, mais Jésus-Christ en moi [4]? » Aussi saint Augustin nous enseigne que Dieu mettant Adam dans le paradis, voyoit bien qu'il devoit tomber; « mais en même temps il voyoit, dit-il, que par sa postérité aidée de la grace, le diable seroit surmonté avec une plus grande gloire des saints [5]. » Ainsi quoi que la convoitise entreprenne pour détruire la justice des enfans de Dieu, elle demeure victorieuse par la cha-

---

[1] *Deut.*, XXX, 6. — [2] « Major quippe libertas necessaria est adversùs tot et tantas tentationes quæ in paradiso non fuerunt,... ut cum omnibus amoribus, terroribus, erroribus suis vincatur hic mundus, » etc. *De corrept. et grat.*, cap. XII, n. 35. — [3] *Philip.*, I, 21. — [4] *Galat.*, II, 20. — [5] « Nullo modo quod vinceretur incertus; sed nihilominùs præscius quòd ab ejus semine adjuto suâ gratiâ idem ipse diabolus fuerat sanctorum gloriâ majore vincendus. » *De Civit. Dei*, lib. XIV, cap. XXVII.

rité, qui est la véritable justice, comme l'appelle saint Augustin ; et la grace les remplit tellement, que nous voyons tout ensemble en l'homme fidèle plus de force, plus d'infirmité, plus de gloire, plus de bassesse. Qui pourroit opérer un si grand miracle, sinon celui qui dit à saint Paul, qui se plaignoit de se voir assailli d'une tentation violente : « Ma grace te suffit, car ma puissance se parfait dans l'infirmité [1] ? »

Concluons donc enfin cette question, et confessons que la doctrine catholique triomphe de tous les reproches de ses adversaires. Car s'ils nient la vérité de notre justice, et l'accomplissement de la loi à la manière que nous avons exposée, ils contredisent à l'Ecriture et outragent l'esprit de la grace. Que s'ils combattent l'accomplissement de la loi pour montrer qu'il n'est jamais si exact qu'il évite toute sorte de répréhension, ils ne touchent point à notre créance, puisque l'Eglise catholique confesse avec le plus grand de tous ses docteurs que « Dieu justifie tellement ses saints, qu'il ne laisse pas d'y avoir toujours quelque chose qu'il accorde libéralement à la prière, et qu'il pardonne miséricordieusement à la pénitence [2]. »

CHAPITRE XII.

Du mérite des bonnes œuvres. Sentimens de l'ancienne Eglise.

Des trois questions importantes sur lesquelles je m'étois proposé d'expliquer les sentimens de l'Eglise, les deux premières ont été traitées, et par la miséricorde divine la gloire de Jésus-Christ a paru dans le commencement et dans le progrès de la vie nouvelle du chrétien. Maintenant il faut montrer à nos adversaires que la doctrine que nous professons touchant notre couronnement dans la vie future n'est pas moins glorieuse au Sauveur des ames, afin que tout le monde connoisse que l'Eglise catholique n'a rien plus à cœur que de faire éclater par toute la terre l'honneur du Fils de Dieu son Epoux.

---

[1] II *Cor.*, XII, 9. — [2] « Sic operatur (Deus) justificationem in sanctis suis,... ut tamen sit et quod petentibus largiter adjiciat, et quod confitentibus clementer ignoscat. » August., *De spir. et litt.*, cap. XXXVI, n. 65.

Les calvinistes ne peuvent souffrir que nous enseignions que la vie éternelle est rendue aux mérites des bonnes œuvres ; et c'est pour cela principalement que le ministre que nous combattons, accuse le sacré concile de Trente de ruiner la confiance en notre Sauveur.

J'ai promis de lui faire voir que la foi de la sainte Eglise est un héritage ancien qu'elle a reçu des pieux docteurs qui ont fleuri dans les premiers siècles ; par où le catéchiste reconnoîtra que sous le nom des Pères de Trente, il condamne l'antiquité chrétienne qui prononce nettement en notre faveur.

Pour entendre cette vérité, comprenons les raisons solides par lesquelles l'Eglise ancienne a vaincu l'hérésie des pélagiens.

La malice de cette hérésie consistoit en ce que, niant la grace de Dieu, elle attribuoit tout le bien à notre mérite. Pour détruire cette superbe doctrine, il n'y avoit rien de plus nécessaire que d'abattre le mérite insolent par lequel ces hérétiques enfloient notre orgueil. Si l'Eglise n'eût pas cru le mérite, il étoit temps alors de le déclarer, pour confondre les pélagiens qui s'y confioient excessivement. Mais au contraire elle se propose de renverser le mérite pélagien, en établissant le mérite. Elle ruine un mérite insolent par un mérite respectueux ; elle oppose au mérite qui prévient la grace un mérite qui est un fruit de la grace, et c'est ce mérite que nous croyons.

Le seul témoignage de saint Augustin est capable de convaincre les plus obstinés. Car qui ne sait que ce grand évêque est celui de tous les saints Pères qui a disputé le plus fortement contre ce mérite pélagien qui s'élève contre la gloire de Dieu ? Et toutefois cet humble docteur, ce puissant défenseur de la grace, dans les lieux où il foudroie les pélagiens, prêche si constamment le mérite, qu'il est impossible de ne voir pas que le mérite établi par les vrais principes, bien loin d'être contraire à la grace, en prouve clairement la nécessité et en fait éclater la vertu.

Ecoutons parler ce grand personnage dans cette *Epître* si forte, qu'il écrit à Sixte contre l'hérésie des pélagiens : « De quels mérites se vantera celui qui a été délivré, auquel si l'on rendoit selon ses mérites, il n'éviteroit jamais la damnation [1]? » Quelle arrogance pélagienne pourroit se défendre contre ces paroles? Mais de peur que les ignorans n'estimassent qu'en s'opposant à ce faux mérite il voulût combattre le véritable, il ajoute aussitôt après ces beaux mots : « Les justes n'ont-ils donc aucuns mérites? Ils en ont certainement, parce qu'ils sont justes : mais ils n'avoient pas mérité que Dieu les fît justes. »

Qui ne voit ici que saint Augustin ruine le mérite qui prévient la grace par le mérite qui est un fruit de la grace; et qu'autant qu'il déteste ce premier mérite, autant approuve-t-il le second?

Mais celui qui voudra connoître sans obscurité les sentimens de saint Augustin touchant le mérite des bonnes œuvres, il n'a qu'à considérer attentivement de quelle sorte ce grand homme emploie contre les ennemis de la grace ce passage de l'*Epître aux Romains :* « Le paiement du péché, c'est la mort : la grace et le don de Dieu, c'est la vie éternelle [2]. » Nos adversaires ignorans de l'antiquité ou déférant peu à ses sentimens, estiment que le mot de *grace* ne se peut accorder avec le mérite. Mais l'excellent prédicateur de la grace raisonne par des principes bien opposés; il enseigne que la vie éternelle est donnée aux mérites des saints ; il confesse que l'apôtre saint Paul pouvoit dire qu'elle est le paiement des bonnes œuvres, comme la mort est le paiement du péché. « Et il en est ainsi, dit saint Augustin, parce que, de même que la mort est rendue au mérite du péché comme son véritable loyer, aussi la vie éternelle est rendue comme paiement AU MÉRITE DE LA JUSTICE [3]. » Peut-on prêcher plus clairement le mérite? Toutefois ce grand docteur passe bien plus loin; il reconnoît qu'il y a en l'homme une « véritable justice, à laquelle il ne craint point d'assurer que la vie éternelle EST DUE [4]. » D'où vient donc, demande saint Augustin, que cette vie bienheureuse est appelée grace? Voici la raison de ce saint évêque : « La vie éternelle, dit-il,

---

[1] « Quæ igitur sua merita jactaturus est liberatus, cui si digna suis meritis redderentur, non esset nisi damnatus? Nullane igitur sunt merita justorum? Sunt planè, quia justi sunt : sed ut justi fierent merita non fuerunt. » *Epist.* CV, nunc CXCIV, n. 6. — [2] *Rom.,* VI, 23. — [3] « Et verum est, quia sicut merito peccati tanquam stipendium redditur mors, ita merito justitiæ tanquam stipendium vita æterna. » *Epist.* CV, nunc CXCIV, n. 20. — [4] « Cui debetur vita æterna, vera justitia est. » *Ibid.* n. 21.

est rendue aux mérites précédens : toutefois à cause que ces mérites ne sont point en nous par nos propres forces, mais y ont été faits par la grace, de là vient que la vie éternelle est appelée grace, sans doute parce qu'elle est donnée gratuitement; et ce qu'elle est donnée gratuitement, ce n'est pas qu'elle ne soit donnée AUX MÉRITES; mais c'est à cause que les mérites AUXQUELS LA VIE ÉTERNELLE EST DONNÉE sont eux-mêmes des dons de la grace [1]. »

Tous les écrits de saint Augustin enseignent constamment la même doctrine; et pour faire voir à nos adversaires qu'il l'a défendue jusqu'à la mort, produisons un des derniers livres qu'il a composés, et dans lequel il a ramassé tout ce qu'il y a de fort et de concluant pour faire plier l'arrogance humaine sous l'aimable joug de la grace. C'est de là que je veux tirer un témoignage authentique pour notre créance, afin qu'il demeure certain que jamais cet admirable docteur n'a prêché plus hautement le mérite que lorsqu'il entreprend d'établir la sainte humilité du christianisme. « Puisque la vie éternelle, dit saint Augustin, laquelle CERTAINEMENT est rendue aux bonnes œuvres, COMME CHOSE QUI LEUR EST DUE, est appelée grace par le grand Apôtre, quoique la grace soit donnée gratuitement et non point rendue à nos bonnes œuvres : il faut confesser SANS AUCUN DOUTE que la vie éternelle est appelée *grace,* parce qu'elle est RENDUE AUX MÉRITES qui nous sont donnés par la grace [2]. » Donc selon la doctrine de saint Augustin, Dieu ne donne pas seulement, mais il rend la vie éternelle aux mérites de cette vie; et il ne la rend pas seulement, mais il la rend comme chose due. Que les ministres murmurent tant qu'il leur plaira, qu'ils déclament contre les mérites, qu'ils disent que c'est l'orgueil qui les a produits : à Dieu ne plaise que nous croyions que les seuls calvinistes soient humbles, et que saint Augustin ait été su-

---

[1] « Undè est ipsa vita æterna, quæ utique in fine sine fine habebitur; et ideò meritis præcedentibus redditur; tamen quia eadem merita quibus redditur, non à nobis parata sunt per nostram sufficientiam, sed in nobis facta per gratiam, etiam ipsa gratia nuncupatur, non ob aliud nisi quia gratis datur; nec ideò quia meritis non datur, sed quia data sunt et ipsa merita quibus datur. » *Epist.* CV, nunc CXCIV, n. 19. — [2] « Quia et ipsa vita æterna, quam certum est bonis operibus debitam reddi, à tanto Apostolo gratia Dei dicitur, cùm gratia non operibus reddatur, sed gratis detur; sine ullà dubitatione confitendum est, ideò gratiam vitam æternam vocari, quia his meritis redditur quæ gratia contulit homini. » *De correct. et grat.,* cap. XIII, n. 41.

perbe; qu'eux seuls établissent la grace, et que ce soit saint Augustin qui l'ait renversée; qu'eux seuls mettent leur confiance en notre Sauveur, et que saint Augustin ait perdu cette bienheureuse espérance !

Ce qui me semble ici le plus remarquable, c'est que l'Eglise toujours constante n'a jamais vu les pélagiens s'élever contre la grace de Dieu qu'elle ne les ait défaits par les mêmes armes. Car il y a près de douze cents ans que les restes de cette hérésie infectant la France, nos pères, assemblés à Orange, les condamnèrent par ce beau chapitre : « La récompense est due aux bonnes œuvres, si l'on en fait; mais la grace, qui n'est point due, précède afin qu'on les fasse [1]. » Tant il est véritable que l'ancienne Eglise ne croyoit pas assez honorer la grace, si elle n'enseignoit les mérites; et en effet on pourra connoître par la suite de ce discours qu'il n'y a rien qui relève plus le prix et la dignité de la grace, que les mérites fidèlement expliqués selon les sentimens de l'Eglise.

Toutes ces choses bien considérées doivent faire comprendre à nos adversaires qu'il est impossible que cette doctrine ne fût reçue très-constamment par toute l'Eglise, puisqu'ainsi que j'ai déjà observé, dans un temps où les hérétiques abusoient si arrogamment du mérite, elle se croit obligée de le soutenir en termes si clairs et si décisifs. D'où je tire deux conséquences notables contre le *Catéchisme* du sieur Ferry. Je dis premièrement, qu'il a tort de rapporter l'établissement du mérite entre ces autres grands changemens qu'il prétend avoir été faits à Trente [2]. Il y a de l'infidélité ou de l'ignorance de vouloir faire passer pour nouveau ce qui a des fondemens si certains dans l'antiquité, par le témoignage d'un si grand docteur et par l'oracle d'un de nos conciles approuvé universellement par toute l'Eglise. De là en second lieu je conclus qu'il est ridicule de dire que le mérite des bonnes œuvres ruine cette confiance au Sauveur, sans laquelle il n'y a point de christianisme, puisqu'on ne peut sans une extrême impudence charger l'Eglise ancienne d'un crime si noir, et que le catéchiste confesse lui-même, qu'il n'y a rien dans la foi de saint

---

[1] « Debetur merces bonis operibus, si fiant; sed gratia, quæ non debetur, præcedit ut fiant. » *Conc. Araus.* II, cap. XVIII. Labbe, tom. IV, col. 1670. — [2] P. 104.

Augustin qui détruise les vérités essentielles, et qui donne une juste cause de séparation [1].

CHAPITRE XIII.

Que la doctrine du concile de Trente touchant le mérite des bonnes œuvres honore la grace de Jésus-Christ, et nous apprend à nous confier en lui seul.

Je sais bien que nos adversaires, pour se défendre de ces autorités anciennes qui accablent leur nouveauté, ne manqueront pas de nous repartir que nous prêchons le mérite en un autre sens que les premiers docteurs orthodoxes. Mais l'explication de notre créance fera voir que le même esprit qui a si bien éclairé les Pères, a présidé au concile de Trente.

Certes le mérite que nous enseignons n'est pas ce mérite superbe par lequel les pélagiens flattoient l'amour-propre; c'est un mérite soumis et respectueux, qui ne prétend qu'encourager l'homme et honorer la grace de Dieu.

Pour établir le mérite des bonnes œuvres, il faut que ces trois choses concourent : la coopération du libre arbitre, la vérité de notre justice par la grace de Jésus-Christ, la vie éternelle proposée aux œuvres comme leur couronne et leur récompense.

Premièrement nous croyons en l'homme le libre arbitre de la volonté, par lequel il peut choisir le bien et le mal. Notre foi est si clairement fondée sur les Ecritures, qu'il est impossible de la contredire. « J'appelle à témoin le ciel et la terre, disoit Moïse aux Israélites, que je vous ai proposé la vie et la mort, la bénédiction et la malédiction. Choisissez donc la vie, afin que vous viviez [2]. » De là vient que l'antiquité chrétienne a cru d'un consentement unanime le libre arbitre de nos volontés, sans que personne s'y soit opposé que les hérétiques : tellement que les sectateurs de Pélage objectant à saint Augustin que la doctrine catholique détruisoit le libre arbitre de l'homme, il défend l'Eglise contre ce reproche, et déclare hautement à ces hérétiques que « Dieu a révélé par les Ecritures qu'il y a dans l'homme le libre

[1] P. 44. — [2] *Deuter.*, XXX, 19.

arbitre de la volonté[1]. » Et voulant expliquer ailleurs quelle est la fonction de ce libre arbitre : « C'est à la propre volonté, dit-il, de consentir ou de résister à la vocation divine[2]. » Il a fait des livres entiers sur cette matière.

De cette doctrine du libre arbitre suit notre coopération avec la grace, suivant cette parole du saint Apôtre : « Opérez votre salut avec crainte et tremblement ; car Dieu opère en vous le vouloir et le faire[3] : » où saint Paul ordonne que nous fassions ce qu'il dit que Dieu fait en nous ; et c'est pourquoi il parle ainsi de lui-même : « Non pas moi, mais la grace de Dieu avec moi[4] ; » c'est-à-dire, selon l'interprétation de saint Augustin : « Ce n'est pas la grace de Dieu toute seule, ce n'est pas aussi lui tout seul, mais la grace de Dieu avec lui[5]. »

La seconde chose qui est nécessaire pour les mérites, c'est la sainteté et la justice des bonnes œuvres, que nous avons très-solidement établie sur cette vérité catholique, qui nous enseigne que nos bonnes œuvres sont des ouvrages du Saint-Esprit, et qu'elles naissent de l'influence continuelle de Notre-Seigneur Jésus-Christ sur les fidèles qui sont ses membres.

Je sais que les ministres semblent distinguer ce que nous faisons dans les bonnes œuvres d'avec ce que le Saint-Esprit y opère ; mais c'est parler ouvertement contre l'Ecriture. Car il n'y a rien dans les bonnes œuvres qui soit plus à nous que notre vouloir, et c'est là proprement ce que nous faisons : toutefois c'est notre vouloir que le Saint-Esprit s'attribue : *Dieu*, dit-il, *opère en vous le vouloir*[6]. Par où nous voyons sans obscurité que Dieu agit tellement en nous, que ce que nous faisons de bien, c'est lui qui le fait, et que ce qu'il fait de bon en nos œuvres, c'est nous-mêmes qui le faisons par sa grace, et ainsi se justifie très-parfaitement ce que nous avons cité de l'Apôtre : « Non pas moi, mais la grace de Dieu avec moi. » Ce qui nous montre de quelle justice les

---

[1] « Revelavit nobis (Deus) per Scripturas suas, esse in homine liberum voluntatis arbitrium. » August., *De grat. et lib. arbit.*, cap. II, n. 2. — [2] « Consentire autem vocationi Dei, vel ab eâ dissentire propriæ voluntatis est. » *De spir. et litt.*, cap. XXXIV, n. 60. — [3] *Philip.*, II, 12, 13. — [4] I *Cor.*, XV, 10. — [5] « Nec gratia Dei sola, nec ipse solus, sed gratia Dei cum illo. » *De grat. et lib. arbit.*, cap. V, n. 12. — [6] *Phil.*, II, 13.

bonnes œuvres des saints doivent être ornées, puisqu'elles tirent leur origine de celui qui est la sainteté même et la source de toute justice.

Outre la coopération de nos volontés et la justice de nos bonnes œuvres, le mérite demande encore que la vie éternelle leur soit proposée comme leur couronne et leur récompense; et c'est ce que toute l'Ecriture nous prêche. Car je n'y vois rien plus commun que cette sentence, que Dieu rendra à chacun selon ses œuvres. Mais parce que c'est ici le point principal, il est absolument nécessaire que nous l'examinions davantage. Nous en trouverons l'éclaircissement au chapitre xxv de saint Matthieu, dans lequel le jugement est dépeint avec de si vives couleurs.

Nous posons comme une maxime certaine, que non-seulement la punition des péchés, mais encore la distribution des couronnes nous est représentée dans les Ecritures comme une action de justice. C'est pourquoi dans l'une et dans l'autre de ces actions, Jésus-Christ notre Sauveur paroît comme juge; par conséquent il y fait justice; et ainsi ces deux actions appartiennent à la justice.

De là vient qu'en toutes les deux on produit les pièces, et ces pièces ce sont les œuvres; pour cela les livres sont apportés et les consciences ouvertes par cette lumière infinie qui pénètre le secret des cœurs.

Le juge souverain qui prononce, quoiqu'il décide tout en dernier ressort, ne laisse pas de motiver sa sentence pour l'instruction de ses serviteurs; et dans la juste distinction qu'il fait des bienheureux et des malheureux, il n'allègue pour son motif que les œuvres : il rapporte tout à la charité, parce qu'ainsi que nous avons dit, la charité comprend elle seule toute la justice des mœurs chrétiennes.

De là il s'ensuit qu'en cette journée les œuvres feront le discernement; ce sera sur les œuvres qu'on prononcera; ce sera donc une action de justice, parce qu'il n'appartient qu'à la justice de prononcer sur les œuvres.

C'est pour cette raison que l'Apôtre voulant faire entendre aux fidèles que toute cette action est un jugement, il leur parle d'un

« tribunal, devant lequel, dit-il, nous comparoîtrons, afin que chacun remporte selon ce qu'il aura fait en son corps, soit bien, soit mal[1]. » Ce qui montre sans aucun doute que Jésus-Christ en ce dernier jour agira en juge, et que tant la punition que la récompense se rapportent à la justice.

Mais saint Paul s'explique en termes plus clairs écrivant à son cher Timothée : « J'ai bien combattu, dit l'Apôtre, j'ai achevé ma course; j'ai gardé la foi : au reste la couronne de justice m'est réservée, que le Seigneur, ce juste Juge, me rendra en ce jour[2]. » Nous disons qu'il n'est pas possible de parler plus clairement en notre faveur. Car premièrement l'apôtre saint Paul ne se promet point la couronne qu'après qu'il a raconté ses œuvres; et cette couronne qu'il attend de Dieu, il l'appelle *couronne de justice*, et c'est pourquoi il dit qu'on la lui rendra; et insistant davantage sur cette pensée : « Le Seigneur, dit-il, ce juste Juge me la rendra. » N'est-ce pas nous déclarer nettement qu'il la rendra comme juste juge? Or le juge agissant en juge, se propose nécessairement la justice; et donc cette dernière rétribution est un ouvrage de la justice divine.

C'est à quoi regardoient les saints Pères, quand ils ont si constamment établi le mérite des bonnes œuvres. Ils considéroient que les Ecritures rapportoient à Jésus-Christ comme juge et la punition des méchans, et le couronnement des fidèles : de là ils ont inféré que cette distribution de biens et de maux se feroit selon les règles de la justice, c'est-à-dire comme chacun l'aura mérité, parce que c'est le propre de la justice de considérer le mérite. C'est encore pour la même raison qu'ils n'ont fait aucune difficulté d'enseigner positivement que la vie éternelle étoit due, parce que c'est une maxime infaillible que la justice ne rend que ce qu'elle doit.

Nous examinerons en son lieu quelle est la nature de cette dette par laquelle il a plu à Dieu de s'obliger à ses créatures. Il suffit que nous remarquions maintenant que l'Ecriture nous a enseigné ces trois conditions importantes qui sont requises pour le mérite, c'est-à-dire la coopération de nos volontés, la justice des bonnes œuvres et la gloire rendue comme récompense.

[1] II *Cor.*, v, 10. — [2] II *Timoth.*, iv, 7, 8.

L'Apôtre a renfermé ces trois choses dans le texte que j'ai rapporté de la *seconde Epître à Timothée :* « J'ai, dit-il, combattu un bon combat; j'ai achevé ma course; j'ai gardé la foi : » cela marque l'opération de la volonté. « La couronne de justice m'est réservée : » si c'est la justice que l'on couronne, il y a donc une véritable justice. « Dieu, ce juste Juge, me la rendra : » qui ne remarque ici la justice par laquelle Dieu rend la couronne aux bonnes œuvres que nous faisons, comme leur véritable récompense?

Ces trois vérités si considérables méritoient sans doute un traité plus ample; mais un si long discours n'est pas nécessaire pour le dessein que je me suis proposé, qui ne doit comprendre autre chose qu'une simple explication de notre doctrine, par laquelle nos adversaires connoissent que nous n'avons de gloire qu'en Jésus-Christ seul.

Certes si nous présumions de nous-mêmes, nous ne pourrions fonder notre orgueil que sur la coopération du libre arbitre, ou sur la dignité de nos bonnes œuvres, ou sur ce titre de récompense, au sens que nous avons exposé. Repassons donc en peu de paroles sur ces trois vérités excellentes sur lesquelles sont appuyés tous les bons mérites; et montrons à nos adversaires que le saint concile de Trente nous les fait considérer d'un œil si modeste, que nous pouvons assurer sans crainte que rien n'établit mieux la gloire de Dieu et le mérite de Jésus-Christ que le mérite des bonnes œuvres, comme l'Eglise catholique l'enseigne.

Premièrement il est véritable que la doctrine du libre arbitre est un des articles de notre créance. Mais que les ministres ne pensent pas que nous vantions notre liberté pour nous confier en nous-mêmes. Car nous reconnoissons devant Dieu que notre volonté est captive jusqu'à ce que le Fils l'affranchisse. Le concile de Trente confesse que nous naissons enfans de colère, et esclaves du péché et du diable [1]; tellement qu'il est impossible que jamais notre infirmité se relève, si le miséricordieux Médecin ne lui tend sa main charitable. Comment donc nous vanterons-nous d'une liberté qui n'est réparée que par grace; et de quoi se glo-

---

[1] Sess. VI, cap. I.

rifiera celui qui a été délivré, sinon de la bonté du Libérateur?

<small>Quelle est la nature de notre mérite.</small> Nous croyons la justice des bonnes œuvres; et nous disons qu'il est impossible qu'elles ne soient de très-grand prix devant Dieu, puisqu'il les fait lui-même par son Esprit-Saint, puisqu'elles naissent de cette divine vertu que Jésus-Christ comme Chef répand sur ses membres. C'est aussi une des raisons qui nous oblige de les honorer du nom de *mérite*, pour exprimer leur valeur et leur dignité. Mais c'est aussi pour cette même raison que nous en rapportons tout l'honneur à Dieu après le sacré concile de Trente, qui imprime cette vérité en nos cœurs par ces paroles si pieuses et si chrétiennes : « Encore que nous voyions que les saintes Lettres fassent tant d'estime des bonnes œuvres, que Jésus-Christ nous promet lui-même qu'un verre d'eau donné à un pauvre ne sera pas privé de sa récompense; et que l'Apôtre témoigne qu'un moment de peine en ce monde produira un poids de gloire éternelle : toutefois, à Dieu ne plaise que le chrétien se fie ou se glorifie en lui-même, et non point en Notre-Seigneur, duquel la bonté est si grande envers tous les hommes, qu'il veut que ses dons soient leurs mérites [1]. » Paroles vraiment saintes, vraiment chrétiennes, qui ôtent tout orgueil jusqu'à la racine. Car si tout ce que nous pouvons appeler mérite doit être estimé un don de la grace, de quoi peut présumer l'arrogance humaine? Et ne paroît-il pas clairement qu'établir le mérite en ce sens, ce n'est pas vouloir glorifier l'homme, mais honorer la grace de Dieu par Notre-Seigneur Jésus-Christ?

C'est ainsi que le mérite des bonnes œuvres a été enseigné par saint Augustin et par les anciens docteurs orthodoxes; et le concile de Trente suivant leur exemple témoigne par les paroles que j'ai rapportées, qu'il n'a point de plus grande appréhension que de voir l'homme se confier en lui-même, et non point en Notre-Seigneur. Cependant le catéchiste voudroit faire croire que ce concile ne s'est assemblé que pour ruiner cette solide espérance, qui appuie le cœur du fidèle en Jésus-Christ seul : certes la sin-

---

[1] « Absit ut christianus homo in seipso vel confidat, vel glorietur, et non in Domino; cujus tanta est erga omnes homines bonitas, ut eorum velit esse merita, quæ sunt ipsius dona. » Sess. VI, cap. XVI.

cérité chrétienne ne souffre point ces déguisemens, et il n'appartient qu'au mensonge de vouloir se fortifier par des calomnies.

Mais achevons de faire connoître la modeste simplicité de notre doctrine dans le point où nos adversaires s'imaginent que nous présumons le plus de nos forces. Nous disons que la couronne d'immortalité est rendue aux bonnes œuvres des saints par une action de justice. Les ministres tâchent de persuader qu'il n'y a point d'arrogance pareille à la nôtre, puisqu'elle ose exiger de Dieu par justice ce que nous ne devons espérer que de sa seule miséricorde. Défendons notre innocence contre ce reproche, et montrons par des raisons évidentes que nous ne disons rien en cette matière que les plus échauffés de nos adversaires ne soient obligés de nous accorder.

Ce seroit une folle témérité de croire que la créature pût avoir par elle-même aucun droit sur les biens de son Créateur. Quelques bonnes œuvres que nous fassions, Dieu ne nous peut devoir que ce qu'il lui plaît, et cela paroît principalement par ces deux raisons. Premièrement il est notre Créateur, ce qui lui donne un domaine si indépendant, que nous sommes à lui bien plus qu'à nous-mêmes : de sorte qu'il n'y auroit rien de plus ridicule que de disputer contre lui, et lui soutenir qu'il nous doit. Secondement nous sommes pécheurs; et en cette déplorable qualité, bien loin d'exiger de lui quelque chose, nous devons nous estimer bienheureux qu'il ne décharge pas sur nous toute sa colère que nous avons si justement méritée. *Par quelle sorte de justice Dieu nous récompense.*

Il est donc absolument impossible que sa justice soit tenue à rien envers nous, si ce n'est que sa bonté l'y oblige. Il ne peut y avoir de justice qu'entre ceux qui doivent être réglés par un droit commun, tellement qu'elle présuppose quelque égalité; ce qui ne peut être entre Dieu et l'homme à cause de la disproportion infinie. C'est pourquoi ce grand Dieu vivant, dont les miséricordes n'ont point de bornes, voulant établir quelques lois de justice entre sa nature et la nôtre, il nous honore de son alliance, il s'engage à nous par promesse, et ainsi cette majesté souveraine entre en société avec nous.

De là il s'ensuit que la justice qui nous récompense est fondée sur la promesse divine par laquelle Dieu s'oblige à nous gratuitement à cause de Notre-Seigneur Jésus-Christ; et le saint concile de Trente nous explique cette doctrine en ces termes : « Il faut proposer la vie éternelle à ceux qui vivent bien jusqu'à la fin et qui ont espérance en Dieu, *comme une grace qui est miséricordieusement promise aux enfans de Dieu par Notre-Seigneur Jésus-Christ*, et comme une récompense qui sera fidèlement rendue à leurs bonnes œuvres et à leurs mérites *en vertu de la promesse de Dieu* [1]. » Tellement que nous n'avons aucun droit que celui qui nous est acquis par cette promesse de grace que le sang de Jésus-Christ a ratifiée, et que le Père nous a faite à cause de lui.

Mais nos adversaires objecteront que nos docteurs ne l'entendent pas de la sorte, qu'ils enseignent un mérite de condignité, et une certaine proportion entre la vie éternelle et nos bonnes œuvres; et qu'ils regardent la récompense qui nous est donnée plutôt comme une dette que comme une grace. C'est là le plus grand sujet de leurs invectives, et cependant nous ne disons rien que des personnes raisonnables puissent contester.

Nous croyons qu'il y a quelque sorte de proportion entre la vie éternelle et les bonnes œuvres, telle qu'elle est entre les moyens et la fin, entre la semence et le fruit, entre le fondement et l'édifice, entre le commencement et la perfection.

Du mérite que l'école appelle de condignité. Nos adversaires ne nieront pas que l'ouvrage de notre régénération ne comprenne tous ces merveilleux changemens qui se doivent faire en nous par l'Esprit de Dieu, depuis la grace du saint baptême jusqu'à la glorieuse résurrection. Car la fin de tout cet ouvrage, c'est de nous rendre semblables à notre Sauveur. C'est pourquoi le Saint-Esprit répandu sur nous opère continuellement en l'homme fidèle, y formant peu à peu Jésus-Christ : il commence sur la terre, et il n'achève que dans le ciel; tellement que nous pouvons dire que la grace qui agit en nous c'est la gloire commencée, et que la gloire c'est la grace consommée.

[1] « Benè operantibus usque in finem et in Deo sperantibus, proponenda est vita æterna, et tanquam gratia filiis Dei per Jesum Christum misericorditer promissa, et tanquam merces ex ipsius Dei promissione bonis ipsorum operibus et meritis fideliter reddenda. » Sess. VI, cap. XVI.

De là vient que le Fils de Dieu nous promet une eau « qui jaillit à la vie éternelle [1]; » c'est la grace qui tend à la gloire, et qui venant du ciel va chercher sa perfection dans le ciel.

Davantage, les vertus divines que le Saint-Esprit fait en nous, comme la foi, l'espérance et la charité, s'attachent à Dieu d'une telle ardeur qu'elles ne peuvent goûter que lui seul : il les a faites d'une nature si noble et d'une si vaste capacité, qu'il ne lui est pas possible de les satisfaire à moins qu'il ne se donne lui-même.

Ces vérités étant supposées, dire que Dieu doit la vie éternelle aux œuvres qu'il produit en nous par la grace, c'est dire qu'il se doit cela à lui-même, d'accomplir l'ouvrage qu'il a commencé, d'achever le merveilleux édifice dont il a posé les fondemens, de contenter les désirs qu'il a inspirés, et de rassasier une avidité qu'il a faite : est-il rien de plus digne de sa sagesse?

Enfin il y a grande différence de considérer l'homme en qualité d'homme, et l'homme comme membre de Jésus-Christ. Car lorsque les fidèles agissent comme membres de Jésus-Christ, leurs actions appartiennent à Jésus-Christ même [2], parce qu'elles viennent de la vertu qu'il répand en eux, c'est-à-dire de son Esprit, qui les prévient, qui les suit, qui les accompagne, qui fait qu'elles sont actions divines, et desquelles par conséquent la dignité ne peut être assez exprimée.

On peut comprendre par ces principes tout ce que nous croyons du mérite. Il faut premièrement poser l'action, c'est-à-dire l'opération libre de nos volontés après que la grace les a délivrées; secondement, la dignité de l'action qui vient toute de Jésus-Christ, comme nous l'avons assez expliqué; et enfin, la promesse divine sur laquelle est appuyée notre confiance, parce que le véritable fidèle ayant persévéré jusqu'à la fin dans la foi qui agit par la charité, et ayant par ce moyen accompli la loi selon la mesure de cette vie à la manière que nous avons exposée, peut dire qu'en vertu de cette promesse il a droit sur l'héritage céleste. C'est ce que nos théologiens appellent *mérite de condignité*. Je ne pense pas que nos adversaires trouvent rien à reprendre en la chose;

[1] Joan., IV, 14. — [2] Conc. Trid., sess. VI, cap. XVI.

et il n'est pas bienséant à des chrétiens de se débattre pour des paroles : et moins encore pour celle-ci, dont le concile de Trente ne se sert pas, et qui n'est usitée en l'école que pour exprimer avec plus de force la valeur et la dignité que le mérite de Jésus-Christ donne aux bonnes œuvres.

Cette doctrine fait bien entendre ce que saint Augustin nous a enseigné par l'autorité des Lettres sacrées, que la vie éternelle est donnée aux œuvres, et néanmoins qu'elle ne laisse pas d'être grace. Elle est donnée aux œuvres, parce que Dieu rendra à chacun selon ses œuvres [1]. Et cependant il est certain que c'est une grace, parce qu'elle nous est promise par grace : elle nous est préparée dès l'éternité par la grace de celui qui nous a choisis en Jésus-Christ afin que nous fussions saints [2]. Les bonnes œuvres qui nous l'acquièrent ne sont point en nous comme par nous-mêmes, mais nous « y sommes créés » par la grace [3], qui « opère en nous le vouloir et le faire [4]; » et si nous y persistons jusqu'à la fin, c'est par ce don spécial de persévérance qui est le plus grand bienfait de la grace : si bien qu'il ne reste plus autre chose à l'homme, sinon de se glorifier en Notre-Seigneur, qui donne la vie éternelle aux mérites, mais qui donne gratuitement les mérites, selon ce que dit le concile de Trente, que les mérites sont des dons de Dieu.

Ainsi, comme remarque saint Augustin, qui finira cette question après l'avoir si bien commencée, tous les desseins de la Providence se rapportent à ces trois choses : Car ou Dieu rend le mal pour le mal, ou il rend le bien pour le mal, ou il rend le bien pour le bien. Il rend le mal pour le mal, le supplice pour le péché, parce qu'il est juste; il rend le bien pour le mal, la grace pour l'injustice, parce qu'il est bon; enfin il rend le bien pour le bien, la gloire éternelle pour la bonne vie, parce qu'il est juste et bon tout ensemble [5]. C'est pourquoi nous disons avec le Psalmiste : « O Seigneur, je vous chanterai miséricorde et jugement [6], » parce que tous les ouvrages de Dieu sont compris

---

[1] *Apoc.*, XXII, 12. — [2] *Ephes.*, I, 4. — [3] *Ephes.*, II, 10. — [4] *Philipp.*, II, 13. — [5] « Reddet omninò Deus et mala pro malis, quoniam justus est; et bona pro malis, quoniam bonus est; et bona pro bonis, quoniam bonus et justus est. » *De grat. et lib. arbit.*, cap. XXIII, n. 45. — [6] *Psal.* C, 1.

sous la miséricorde et sous la justice. La condamnation des méchans est une action de pure justice; la justification des pécheurs est une pure miséricorde; le couronnement des saints est une miséricorde mêlée de justice avec un si juste tempérament, que l'une ne diminue point la gloire de l'autre, la justice nous étant proposée pour nous relever le courage, et la sainte miséricorde pour fonder solidement notre humilité.

CHAPITRE XIV.

Conclusion de la seconde section. Injustice du ministre qui nie que nous ayons notre confiance en Jésus-Christ.

Après que nous avons fait voir clairement quelle est la pureté de notre doctrine, revenons à nos adversaires, et exhortons-les en Notre-Seigneur par les entrailles de la charité chrétienne, qu'ils ouvrent enfin les yeux à la vérité, et qu'ils cessent de nous reprocher que nous nous confions en nous-mêmes, et non point au Fils de Dieu, qui nous a aimés et qui a donné son ame pour nous. Laissons les disputes et les questions, laissons les contentions échauffées. Nous écouterons volontiers leurs plaintes; qu'ils entendent aussi nos raisons en paix; toutes leurs accusations seront réfutées, sitôt que notre foi sera éclaircie.

Ils se plaignent que nous attribuons tout à nos bonnes œuvres et que nous anéantissons la grace de Dieu. Mais nos conciles ont déterminé que nos péchés nous sont pardonnés par une pure miséricorde; que nous devons à une libéralité gratuite la justice qui est en nous par le Saint-Esprit; et que toutes les bonnes œuvres que nous faisons sont autant de dons de la grace.

Mais il faut confesser, disent-ils, que Dieu ne nous approuve et ne nous reçoit qu'à cause de la justice de Jésus-Christ, et non point à cause de nos bonnes œuvres. Nous les conjurons au nom du Sauveur qu'ils nous expliquent nettement quelle est leur pensée. Est-ce que Dieu, en nous donnant la vie éternelle, ne fait aucune considération de nos bonnes œuvres? A Dieu ne plaise que nous ayons un tel sentiment de celui dont il est écrit qu'il rend à chacun selon ses œuvres! Certainement il les considère, puisqu'il les récompense et qu'il les couronne; et je ne puis croire que nos adversaires veulent nier une vérité si constante. Mais peut-être qu'ils veulent dire que les bonnes œuvres ne sont point toute la raison pour laquelle Dieu nous considère, ou bien qu'il ne les considère elles-mêmes qu'à cause de Notre-Seigneur Jésus-Christ. Si c'est là tout ce qu'ils prétendent, ils ne disputent pas contre nous; nous confessons de tout notre cœur cette salutaire doctrine.

Dieu aime ses élus par un double amour; il y a un amour qui suit leurs œuvres, et il y a un amour qui prévient leurs œuvres. « Mon Père vous a aimés, dit le Fils de Dieu, parce que vous m'avez aimé [1]. » Cet amour du Père éternel suit nos œuvres; mais il y a un autre amour qui les prévient. Car comme remarque saint Augustin, c'est Dieu qui fait en nous cet amour par lequel nous aimons son Fils, et il l'aime parce qu'il le fait; mais il ne feroit pas en nous ce qu'il aime, si avant que de le faire il ne nous aimoit [2]. D'où il s'ensuit que les bonnes œuvres ne peuvent pas être tout le motif pour lequel Dieu nous favorise, puisqu'il y a en Dieu un amour qui est le principe des bonnes œuvres.

Davantage, nous ne croyons pas que lorsque Dieu couronne les œuvres, il termine son affection simplement aux œuvres. Car après le malheur de notre péché, il est certain que la bonne vie ne nous auroit acquis aucun droit sur la couronne d'immortalité, si Dieu par sa bonté ne l'avoit promise à cause de Notre-Seigneur Jésus-Christ, comme dit le concile de Trente, et si en conséquence de cette promesse il n'agréoit au nom de son Fils les bonnes œuvres que nous faisons. C'est pourquoi le même concile parlant des œuvres de pénitence, dit « qu'elles tirent de Jésus-Christ toute leur vertu : que c'est lui qui les offre à son Père ; qu'en lui elles sont reçues par son Père [3]. » Tellement que nous confessons que Dieu ne nous aime qu'en Jésus-Christ, qu'il ne nous considère qu'en Jésus-Christ, qu'il ne reçoit nos œuvres que par

---

[1] *Joan.*, XVI, 27. — [2] « Amorem itaque nostrum pium fecit Deus, et vidit quia bonum est; ideo quippe amavit ipse quod fecit, sed in nobis non faceret quod amaret, nisi, antequàm id faceret, nos amaret. » Tract. CII *in Joan.*, n. 5. — [3] « Ab ipso vim habent, per ipsum offeruntur Patri, per ipsum acceptantur à Patre. » Sess. XIV, cap. VIII.

Jésus-Christ. Une profession de foi si sincère ne surmontera-t-elle jamais l'opiniâtreté de nos adversaires?

Mais ils ne seront pas satisfaits de nous jusqu'à ce que nous disions avec eux que toute la justice des élus de Dieu n'est que souillure et iniquité : c'est ce que nous ne pouvons accorder ; et nous les conjurons en Notre-Seigneur qu'ils cessent d'outrager l'esprit de la grace, se souvenant que cette justice vient de Jésus-Christ, et que c'est Dieu même qui la fait en nous. A Dieu ne plaise que nous croyions que Jésus-Christ amenant ses élus au Père, ne lui présente que des ordures qu'il aura laissées, et non point une justice qu'il aura faite. Car si son Esprit-Saint agit en nos cœurs, qu'est-ce qu'il y peut former sinon la justice? Or la justice, qui n'est telle que devant les hommes, n'est autre chose qu'une hypocrisie. Donc la justice des prédestinés sera justice même aux yeux de Dieu. .

Et certes il ne meurt aucun des élus dans lequel la grace de Dieu n'ait affermi le règne de la charité sur la convoitise, ainsi qu'il a été expliqué ailleurs [1]. Par conséquent ces péchés énormes qui éteignent la charité ne se rencontrent plus en leurs ames; et leurs affections sont dans un bon ordre, parce qu'ils meurent attachés à Dieu. Telle est la justice des prédestinés. Mais ils n'auront pas pour cela de quoi se glorifier en eux-mêmes, parce que Dieu, qui les trouvera justes, les trouvera tels qu'il les a faits, et il ne couronnera que ses propres dons.

Cessez donc de nous reprocher, nos chers Frères, que nous établissons les mérites pour nous élever contre Dieu. Si nous présumions des mérites, dirions-nous tous les jours à Dieu dans l'auguste sacrifice de nos autels : « Donnez, ô Seigneur tout-puissant, à nous misérables pécheurs qui espérons en la multitude de vos miséricordes, quelque part et société avec vos bienheureux apôtres et martyrs, au nombre desquels nous vous prions de nous recevoir, ne pesant point nos mérites, mais usant de grace envers nous au nom de Notre-Seigneur Jésus-Christ [2]? » Est-ce là s'enfler

---

[1] Ci-dessus, chap. 10 et 11. — [2] « Intra quorum nos consortium non æstimator meriti, sed veniæ, quæsumus, largitor admitte, per Christum Dominum nostrum. » *Can. Miss.*

de ses propres mérites? Et quelle est l'infidélité de votre ministre, quand il assure dans son *Catéchisme*[1] que l'on « a fait rayer comme autant d'hérésies, de l'ordre de baptiser et de la manière de visiter les malades, » ces salutaires protestations que faisoient nos pères, d'espérer la gloire éternelle, non point par leurs propres mérites, mais par les mérites de Jésus-Christ? Si l'Eglise les a rayées de ses Rituels comme des hérésies, d'où vient qu'elle les laisse comme saintes dans son sacrifice?

Que si peut-être l'on s'imagine que cette prière de l'Eglise déroge aux mérites, l'on ne comprend pas bien son intention. Nous croyons qu'il y a des mérites, mais aucun de nous en particulier n'ose présumer qu'il en ait : car en ce lieu de tentation nous sommes si fort enclins à l'orgueil, qu'il est expédient pour notre salut que Dieu nous cache à nous-mêmes les biens qu'il nous fait. Ainsi tant que nous sommes en cette vie, bien loin de vanter nos mérites, comme faisoit cet arrogant pharisien, nous nous prosternons devant Dieu à l'exemple du saint prophète, et nous espérons le fléchir à cause de ses grandes miséricordes. D'autant plus que sentant notre infirmité, nous savons bien qu'il est impossible que nous persévérions jusqu'à la fin parmi tant de difficultés que nous rencontrons dans la voie étroite, si la grace ne nous soutient par une influence continuelle ; de cette sorte les enfans de Dieu lui demandent la vie éternelle comme une pure libéralité, parce que si c'est la justice qui les y reçoit ensuite de la promesse divine, c'est la miséricorde qui les y conduit par Jésus-Christ notre Sauveur.

Quelle est donc l'injustice de nos adversaires, qui disent que c'est la présomption qui nous a enseigné le mérite? Comment la présomption l'a-t-elle enseigné, puisque telle est la nature de ce mérite, qu'il se perd tout entier sitôt qu'on présume? « L'Eglise a des mérites, dit saint Bernard, mais pour mériter, non pour présumer.[2] »

Si nous présumions des mérites, reconnoîtrions-nous qu'ils nous sont donnés, l'apôtre saint Paul disant : « Si tu as reçu, de

---

[1] P. 109. — [2] « Habet merita, sed ad promerendum, non ad præsumendum. » *Serm.* LXVIII *in Cant*, n. 6.

quoi peux-tu te glorifier [1] ? » Si donc nous confessons humblement avec le saint concile de Trente [2], que les mérites nous sont donnés, il est clair que nous ne voulons pas glorifier l'homme; et si nous ne voulons pas glorifier l'homme, il paroit que nous avons dessein de glorifier Dieu par Notre-Seigneur Jésus-Christ.

C'est ce que notre concile témoigne en ces termes : « Nous qui ne pouvons rien par nous-mêmes, nous pouvons tout avec celui qui nous fortifie : ainsi l'homme n'a pas de quoi se glorifier, MAIS TOUTE NOTRE GLOIRE EST EN JÉSUS-CHRIST ; en lui nous vivons, en lui nous méritons, en lui nous satisfaisons, faisant des fruits dignes de pénitence, lesquels tirent de lui leur vertu, par lui sont présentés à son Père, en lui sont agréés par son Père [3]. »

Comment donc osez-vous dire, ô ministre, qu'il « n'est plus permis de mourir en l'Eglise romaine en se fiant ès seuls mérites de Jésus-Christ? » Quoi ! ne nous est-il pas permis de dire en mourant ce que l'Eglise dit tous les jours dans son sacrifice : « Seigneur, ne pesez point nos mérites, mais sauvez-nous par grace au nom de Jésus-Christ? » Ne nous est-il pas permis de mourir en la foi du concile de Trente, qui dit que nous n'avons pas de quoi nous glorifier en nous-mêmes, mais que toute notre gloire est en Jésus-Christ? Certes nous espérons de mourir en cette sainte et salutaire pensée; nous dirons, et vivans et mourans, que Jésus-Christ est toute notre gloire, par conséquent tout notre salut, tout notre appui, toute notre confiance.

Et ne nous opposez pas, ainsi que vous faites, que « nous croyons être sauvés par quelque autre chose [4]. » Car ce reproche est peu raisonnable. Il est vrai que nous confessons, et c'est une maxime très-indubitable, que plusieurs choses coopèrent à notre salut, ou plutôt que par la grace de Dieu toutes choses coopèrent à notre salut; mais nous avons notre espérance en Jésus-Christ seul, parce que tout ce qui contribue à nous sauver, n'a de force ni de valeur que par ses mérites.

Je n'estime pas avoir assez fait en réfutant vos objections par

---

[1] II *Cor.*, IV, 7. — [2] Sess. XIV, cap. XVI. Ci-dessus, chap. 13. — [3] « Nam qui à nobis tanquam ex nobismetipsis nihil possumus, eo cooperante qui nos confortat, omnia possumus : ita non habet homo undè glorietur, sed omnis nostra gloriatio in Christo est, » etc. Sess. XIV, cap. VIII. — [4] P. 113.

des raisons si claires et si évidentes : il faut encore que vous soyez condamné par la doctrine de vos collègues. Ecoutez votre confrère Daillé, parlant de vos amis les luthériens en son *Apologie*, chap. IX : « Quand, dit-il, selon les lois du discours, il s'ensuivroit légitimement et nécessairement de l'opinion des luthériens, qu'il faille adorer le sacrement, toujours me suffit-il, pour ne pas abhorrer leur communion, qu'ils ne tiennent pas cette conséquence, mais au contraire la rejettent avec moi ; » et il ajoute encore en ce même lieu, que « ce seroit une EXTRÊME INJUSTICE de la leur imputer. » Et dans la lettre à M. de Monglat faite sur le sujet de son *Apologie* : « Encore, dit-il, que l'opinion des luthériens sur l'Eucharistie induise selon nous, aussi bien que celle de Rome, la destruction de l'humanité de Jésus-Christ, cette suite néanmoins ne peut être mise sus SANS CALOMNIE, vu qu'ils la rejettent formellement [1]. » Appliquez ce raisonnement à la matière où nous sommes, et vous y verrez votre condamnation.

Vous dites que nous ne mettons pas notre confiance aux seuls mérites de Jésus-Christ. Nous enseignons positivement le contraire. Vous soutenez que notre créance ne le permet pas, vous tâchez de le prouver par des conséquences que vous tirez de notre doctrine ; nous les rejetons, nous les désavouons, nous les détestons. Vous ne pouvez donc nous les imputer SANS UNE EXTRÊME INJUSTICE ET SANS CALOMNIE. Vous nous les imputez toutefois, et c'est la principale raison pour laquelle vous ne craignez pas de nous condamner. Donc selon les principes de vos collègues, la sentence que vous prononcez contre nous est fondée sur une calomnie manifeste, et donnée par une extrême injustice.

Ainsi nonobstant vos oppositions, il est vrai que nous pouvons et vivre et mourir dans cette bienheureuse espérance, qui s'appuie sur Jésus-Christ seul ; et si cette confiance a sauvé nos pères, comme votre *Catéchisme* l'enseigne, il résulte clairement de votre discours que nous pouvons attendre la vie éternelle dans la communion de l'Eglise romaine.

Mais elle ne permet pas, dites-vous, de mourir « avec assurance de son salut [2], » et par là vous tâchez de nous faire entendre

[1] P. 16. — [2] P. 113.

que notre confiance n'est pas assez forte. Répondons en peu de paroles à cette objection que vous faites dans le dessein de mettre quelque différence entre nos ancêtres et nous.

Nous avons l'assurance de notre salut, telle que l'ont toujours eue les enfans de Dieu; « lesquels certes, dit saint Augustin, quoiqu'ils soient infailliblement assurés du prix de leur persévérance, toutefois ils ne sont pas assurés de leur persévérance [1]. »

Nous avons l'assurance de notre salut, telle que la prêchoit saint Bernard : « Qui est celui qui peut dire : Je suis des élus, je suis des prédestinés à la vie, je suis du nombre des enfans? » Et après : « Nous n'en avons pas la certitude; mais la confiance nous console, de peur que nous ne soyons tourmentés par l'anxiété de ce doute [2]. »

Je produis ces deux grands hommes à notre adversaire, parce qu'il les appelle saints dans son *Catéchisme*, afin qu'il connoisse par leur témoignage que nous avons l'assurance d'être sauvés, telle que l'ont eue les hommes de Dieu et les saints docteurs de l'Eglise. Après quoi je ne vois rien de plus ridicule que d'apporter comme un empêchement de notre salut, cette incertitude modeste en laquelle la bonté de Dieu laisse les élus pour les rendre plus humbles et plus diligens. Au contraire saint Augustin nous apprend qu'il importe pour notre salut que nous ne sachions pas ce secret, « parce qu'en ce lieu de tentation, l'infirmité est si grande, que la certitude infaillible peut facilement engendrer l'orgueil [3]. »

Mais finissons enfin ce discours par ce raisonnement invincible, qui découvrira manifestement deux insignes faussetés du ministre. Il accuse le concile de Trente d'avoir établi une nouvelle doctrine touchant la justification et les bonnes œuvres. Cependant il paroît sans difficulté qu'elle a été de point en point

---

[1] « Qui licet de perseverantiæ suæ præmio securi sint, de ipsâ tamen perseverantiâ reperiuntur incerti. » Lib. XI, *De Civit. Dei*, cap. xii. — [2] « Quis dicere potest : Ego de electis sum, ego de prædestinatis ad vitam? Certitudinem utique non habemus, sed spei fiduciâ consolatur nos, ne dubitationis hujus anxietate penitùs cruciemur. » *Serm.* I, *De Septuag.*, n. 1. — [3] « Quis enim ex multitudine fidelium, quamdiù in hâc mortalitate vivitur, in numero prædestinatorum se esse præsumat? Quia id occultari opus est in hoc loco, etc.... Quæ præsumptio in isto tentationum loco non expedit, ubi tanta est infirmitas, ut superbiam possit generare securitas. » *De correct. et grat.*, cap. xiii, n. 40.

enseignée il y a plus de douze cents ans par le plus célèbre de tous les docteurs, avec l'applaudissement de toute l'Eglise. Il ajoute que cette doctrine détruit le fondement de la foi, c'est-à-dire la confiance en Jésus-Christ seul. Toutefois il n'est pas assez téméraire pour accuser saint Augustin d'un crime si énorme ; au contraire il déclare en termes formels qu'il ne trouve rien en sa foi qui puisse donner une juste cause de séparation. Ainsi l'autorité de saint Augustin nous est un rempart assuré. Car si notre foi est la sienne, il est clair qu'on ne se doit pas séparer de nous, puisqu'on n'ose se séparer de saint Augustin. Que s'il y a de l'injustice à se séparer, il y en a bien plus à nous condamner : tellement que les maximes de notre adversaire sont la justification de l'Eglise. C'est ainsi que la nouveauté est forcée par une secrète vertu à venir rendre témoignage à l'antiquité ; c'est ainsi que l'unité sainte est honorée même par le schisme.

SECONDE VÉRITÉ.

QU'IL EST IMPOSSIBLE DE SE SAUVER EN LA RÉFORMATION PRÉTENDUE.

CHAPITRE PREMIER.

Que selon les principes du ministre, les premiers auteurs de la réformation prétendue sont des schismatiques.

Jusqu'ici notre innocence s'est défendue contre les accusations du ministre ; nous devions cette juste défense à la sainteté de l'Eglise, qui étoit attaquée par ses calomnies : maintenant la charité nous oblige de faire connoître à nos adversaires le péril évident de leurs ames ; et combien leur perte est inévitable, s'ils ne retournent en la communion de l'Eglise en laquelle leurs pères ont été sauvés, et qui est toujours prête à les recevoir avec des entrailles de mère.

Pour expliquer mon raisonnement avec ordre, je pose ces trois maximes fondamentales. Premièrement, je dis qu'il est impossible de faire son salut dans le schisme. Car nous entendons par le mot de *schisme* une injuste séparation. Or cette injuste séparation est incompatible avec la charité fraternelle; par conséquent tous ceux qui sont dans le schisme tombent en cette juste malédiction que l'apôtre saint Jean prononce : « Celui qui n'aime pas son frère demeure en la mort. Tout homme qui hait son frère est homicide [1]. »

Secondement il est assuré que jamais il ne peut être permis de se séparer de la vraie Eglise, et bien moins quand elle sera reconnue pour telle, parce que l'Eglise étant le lieu d'unité, tous ceux qui se retirent de la vraie Eglise, violent visiblement le sacré lien de la fraternité chrétienne.

Je pose pour troisième maxime, qu'une Eglise demeure toujours véritable Eglise, tant qu'elle peut engendrer des enfans au ciel. Car il n'appartient qu'à la vraie Eglise de donner des frères à Jésus-Christ, et des héritiers au Père céleste. L'Eglise ne conçoit que de son Epoux, qui la rend féconde par son Esprit-Saint; et ainsi tant qu'elle engendre des enfans à Dieu, elle est pleine du Saint-Esprit, Jésus-Christ la traite toujours en épouse; elle est donc par conséquent véritable Eglise.

Ces vérités étant supposées, je soutiens que nos adversaires ne peuvent excuser leur séparation, et que les principes qu'ils nous accordent montrent que les premiers auteurs de leur secte n'ont pas été des réformateurs, mais de très-dangereux schismatiques, qui se sont séparés de la vraie Eglise. C'est ce qu'il m'est aisé de prouver par ce raisonnement invincible.

Le ministre est convenu avec nous que jusqu'à l'an 1543 on pouvoit obtenir la vie éternelle en la communion de l'Eglise romaine [2]; elle étoit donc encore véritable Eglise selon les maximes que j'ai posées. Et toutefois il est assuré que longtemps avant cette année nos adversaires s'étoient séparés, et avoient abandonné sa communion. Par conséquent ces réformateurs prétendus étoient des rebelles et des schismatiques, qui fuyoient la communion d'une Eglise, laquelle conduisant ses enfans au ciel,

---

[1] I *Joan.*, III, 14, 16. — [2] Ci-dessus, sect. I, chap. I.

montroit bien par sa sainte fécondité qu'elle étoit encore l'Eglise de Dieu. En effet le catéchiste remarque lui-même que les fondemens de la foi y étoient entiers [1], et que les fidèles y pouvoient faire leur salut à cause de la sincère confiance que l'Eglise, cette bonne mère, les obligeoit d'avoir en Jésus-Christ seul.

Ce raisonnement jette l'hérésie avec ses ministres dans une confusion nécessaire : et je pense qu'elle n'a jamais paru plus visible que dans le *Catéchisme* que nous réfutons. Le sieur Ferry ne peut se résoudre sur cette importante difficulté, savoir si les premiers qui ont embrassé la réformation prétendue, en sortant de la communion de l'Eglise romaine, l'ont quittée volontairement, ou s'ils en ont été chassés par la force. Mais qu'il résolve d'eux ce qu'il lui plaira, nous avons toujours de quoi les convaincre. S'ils se sont retirés volontairement de la communion d'une vraie Eglise en laquelle on pouvoit se sauver, il paroît manifestement qu'ils sont schismatiques selon les maximes que j'ai posées; et quand même nous accorderons qu'on les a chassés, ils n'éviteront pas leur condamnation. Car la communion de l'Eglise est si nécessaire, qu'ils devoient toujours demeurer unis encore qu'on tâchât de les éloigner. Et je ne dis pas ici à nos adversaires une chose qui doive leur être inconnue. L'église luthérienne les excommunie; toutefois parce qu'ils la croient une vraie Eglise, ils pensent être obligés de s'unir à elle; ils lui tendent les bras quoiqu'elle les chasse, et ils entrent en son unité autant qu'ils le peuvent. Si donc l'Eglise romaine étoit vraie Eglise, puisque selon la confession du ministre elle portoit en son sein les enfans de Dieu, quelque violence qu'on fît aux réformateurs prétendus, jamais ils ne devoient rompre de leur part le lien de la communion ecclésiastique.

Mais au contraire ils ont ému toute la querelle, ils se sont séparés les premiers, ils ont fait de nouvelles églises, ils ont établi un nouveau service; et pour montrer que, non-seulement ils fuyoient, mais encore qu'ils avoient en horreur la communion de l'Eglise romaine, ils ont publié par toute l'Europe que sa doctrine étoit sacrilége, et que son service étoit une idolâtrie; qu'elle

---

[1] Ci-dessus, section I, chap. IV, V et VI.

étoit le royaume de l'Antechrist et la Babylone de l'*Apocalypse*, en laquelle on ne pouvoit demeurer sans résister à ce commandement de Dieu : « Sortez de Babylone, mon peuple ¹. » Certes on ne les contraignoit pas de parler ainsi : donc ils n'ont pas été chassés par la force, mais ils se sont retirés volontairement. Cependant l'Eglise romaine étoit encore la vraie Eglise, puisque selon les principes du catéchiste les fidèles de Jésus-Christ y pouvoient mourir sans préjudice de leur salut.

C'est ce qui jette le sieur Ferry dans une étrange contradiction. Car d'un côté il dit nettement « qu'il faut extirper le membre pourri, comme l'Eglise a toujours pratiqué, excommuniant les hérétiques ou se soustrayant de leur communion ²; » et que l'on ne pouvoit abandonner l'ouvrage de la réformation « sans désobéir au commandement : « Sortez de Babylone, mon peuple ³; » ce qui prouve la nécessité de se séparer. Mais reconnoissant en sa conscience que jamais il ne peut être permis de se retirer de la vraie Eglise, telle qu'étoit l'Eglise romaine, puisqu'il avoue que les fidèles s'y pouvoient sauver, il est obligé de répondre que ses pères vouloient demeurer en son unité, si on ne les en eût retranchés : « Chassés et poursuivis, dit-il, nous avons été contraints de nous séparer ⁴; » et encore plus clairement : « Ils ont plutôt été chassés qu'ils ne sont sortis. Car ils entendoient avec saint Augustin ce commandement : « Retirez-vous, sortez de là, ne touchez point à choses souillées, D'UN DÉPART SPIRITUEL ET D'UN DÉTACHEMENT DE COEUR. C'est aussi l'exposition qu'on donnoit d'ancienneté à Metz à cet autre commandement de sortir de Babylone, à savoir non en corps, mais en esprit ⁵. »

Il est digne d'observation que le catéchiste confesse que ses prédécesseurs entendoient ces paroles : « Retirez-vous, sortez de là, » dans le même sens qu'on donnoit avant la réformation prétendue, à ce commandement de l'*Apocalypse* : « Sortez de Babylone, mon peuple. » Or il remarque en un autre lieu que nos pères qui vivoient alors en la communion de l'Eglise romaine croyoient satisfaire à ce précepte, « s'ils ne participoient pas aux péchés de ceux parmi lesquels ils vivoient, sans qu'il leur fût besoin de s'en

¹ *Apoc.*, XVIII, 4. — ² P. 127. — ³ P. 46 et 47. — ⁴ P. 138. — ⁵ P. 131.

séparer autrement [1], » c'est-à-dire, de se séparer de communion. En effet le ministre avoue qu'ils mouroient en la communion de l'Eglise romaine. Par conséquent il nous fait voir que ceux qui ont suivi les premiers la réformation prétendue, consentoient de demeurer unis avec nous en la communion de l'Eglise romaine, encore qu'ils prêchassent par toute la terre qu'elle étoit la Babylone maudite et la prostituée de l'*Apocalypse*. O hérésie confuse en ses jugemens! ô désordre et contradiction de l'erreur!

Et que le ministre ne réponde pas qu'ils seroient demeurés en l'Eglise à condition qu'elle se seroit réformée selon les maximes qu'ils lui proposoient. Car il dit « qu'ils entendoient ce commandement : *Retirez-vous*, d'un détachement de cœur. » C'étoit donc leur intention de vivre en l'Eglise, liés avec elle de communion, et toutefois détachés de cœur. Ainsi ils ne la regardoient pas comme réformée; mais toute corrompue qu'ils la supposoient, ils vouloient demeurer en sa communion, pourvu qu'ils en pussent retirer leur cœur, ce qui enferme une doctrine contradictoire, digne certes des ennemis de la vérité.

Quelle étrange confusion de pensées! S'il est vrai que l'Eglise romaine étoit la Babylone dont parle saint Jean; si c'est d'elle qu'il est écrit : « Sortez de Babylone, mon peuple, » étoit-il besoin d'employer la force pour en éloigner les fidèles, et d'où vient que la parole de Dieu ne suffisoit pas? Mais le ministre s'est bien aperçu qu'elle ne pouvoit pas être cette Babylone, puisqu'elle donnoit encore des enfans à Dieu. Car en quelle Ecriture nous lira-t-il que la prostituée de l'*Apocalypse* engendre les enfans légitimes, et les conserve en son sein jusqu'à la mort? Ainsi pressé en sa conscience et non point persuadé par la vérité, il tombe nécessairement en des contradictions manifestes. O hérésie toujours chancelante, toujours incertaine, qui n'ose dire ni qu'elle vouloit demeurer, ni qu'elle est sortie volontairement, de peur d'être contrainte de confesser et sa rébellion et son schisme! Eveillez-vous enfin, ô pauvres errans; voyez le triomphe de la vérité dans le désordre de vos ministres et dans vos réponses contradictoires. Si vos pères ont été schismatiques, en se séparant de la vraie

---

P. 88.

Eglise qui conduisoit à Dieu ses enfans, vous qui entreprenez leur défense, vous qui persistez dans leur schisme, vous attirez sur vous leur condamnation. Retournez donc à l'unité sainte qui a sauvé nos pieux ancêtres, ainsi que votre ministre le reconnoît. Enfans des schismatiques, revenez à la Mère des orthodoxes.

CHAPITRE II.

De la durée perpétuelle de l'Eglise visible; que le ministre la reconnoît; et que l'église prétendue réformée confesse sa nouveauté, et prononce sa condamnation.

L'unité catholique doit être ancienne, et par conséquent le schisme est toujours nouveau. Ainsi la nouveauté visible de nos adversaires les fait reconnoître pour schismatiques, et montre que l'Eglise n'est point parmi eux, parce qu'elle ne peut jamais être dans la nouveauté.

La force de ce raisonnement est fondée sur ces trois propositions, que j'entreprends de prouver par ordre : que la durée de l'Eglise est perpétuelle; que cette Eglise perpétuelle doit être visible, et que le ministre l'avoue dans son *Catéchisme;* que l'église prétendue réformée prononce elle-même sa condamnation, parce qu'elle confesse sa nouveauté. Pour entendre solidement ces trois vérités, il faut que nous remontions jusqu'au principe, et que nous considérions les desseins de Dieu dans l'établissement de l'Eglise.

Nous disons que l'Eglise a été fondée pour être le lieu de concorde auquel il plaît à notre grand Dieu d'unir les choses les plus éloignées; d'où il s'ensuit manifestement que sa durée n'a point de limites, non plus que sa grandeur et son étendue; et comme selon les anciennes prophéties il n'y a point de mers ni de nations qui puissent borner ses conquêtes, aussi n'y aura-t-il aucun temps qui la voie jamais ruinée. Car de même que la foi de l'Eglise doit unir en Notre-Seigneur Jésus-Christ toutes les contrées de la terre, elle doit aussi unir tous les temps : de sorte que ceux-là s'aveuglent volontairement qui nient que sa durée soit perpétuelle.

Et certes les Ecritures divines nous représentent deux sortes de siècles : le siècle présent et le siècle futur. Ce dernier a son étendue pendant toute l'éternité; le premier ne se finira qu'à la résurrection générale. Il faut que Jésus règne en l'un et en l'autre : et le royaume qu'il a sur la terre est l'image de son royaume céleste. De même donc que le Fils de Dieu sera éternellement béni dans le ciel, aussi ne cessera-t-il jamais d'avoir des adorateurs sur la terre. Or il est certain, par les saintes Lettres, que Dieu ne reçoit les adorations que dans son temple, qui est l'Eglise. Ainsi elle sera toujours en ce monde jusqu'au dernier jugement. C'est pourquoi les prophètes ont dit, et les apôtres l'ont confirmé, que le règne de Jésus-Christ n'auroit point de fin, parce que l'Ecriture nous montrant deux siècles dans lesquels le Fils de Dieu doit régner, il faut nécessairement que son règne remplisse la durée de l'un et de l'autre.

Visibilité de l'Eglise. Si nous voulons maintenant connoître que cette Eglise perpétuelle doit être visible, laissons les conjectures humaines, et jugeons des qualités de l'Eglise par l'intention de celui qui l'a instituée.

Deux raisons ont obligé le Sauveur du monde à lui donner une forme visible. L'une de ces raisons regardoit les hommes; l'autre, l'établissement de sa propre gloire.

Si nous étions de ces intelligences célestes, lesquelles étant dégagées de toute matière, vivent d'une pure contemplation, il ne seroit pas nécessaire de nous unir autrement qu'en esprit : mais puisque nous sommes des hommes mortels, il étoit certainement convenable que la Providence divine liât notre communion par quelques signes sensibles.

Mais la principale raison, c'est que Jésus-Christ fondant son Eglise, veut que sa doctrine y soit professée pour y être glorifié comme dans son temple devant Dieu et devant les hommes. C'est pourquoi il l'a mise sur la montagne, pour attirer les infidèles ou pour les confondre.

De là vient qu'il l'a revêtue de signes externes, qui ne permettent pas qu'elle soit cachée. Il lui a donné ses saints sacremens, qui sont les sceaux sacrés de la communion des fidèles, par lesquels nous portons en nos corps les livrées de Jésus-Christ notre capitaine. Il y a établi des pasteurs et une forme de gouvernement, qui unit tout le corps de l'Eglise.

Le Fils de Dieu, le Verbe éternel, invisible par sa nature, voulant être le Chef de l'Eglise, a daigné se rendre sensible à nos yeux en se revêtant d'une chair humaine; et pendant le cours de sa vie mortelle, il a assemblé près de sa personne une sainte société à laquelle il a ordonné de s'étendre par toute la terre : c'est ce qu'il a appelé son Eglise, c'est-à-dire une assemblée de fidèles qui doit confesser son nom et son Evangile; par conséquent il veut qu'elle soit visible.

De cette Eglise ainsi établie, Jésus-Christ, la Parole du Père, qui porte toutes choses par sa puissance, a dit et prononcé dans son Evangile que jamais elle ne seroit renversée : « Les portes d'enfer, dit-il, ne prévaudront point contre elle[1]. » Aussi malgré les persécutions et les hérésies, c'est-à-dire malgré la fureur du diable et ses artifices, cette Eglise appuyée sur cette parole demeure et demeurera toujours immobile.

Je m'étendrois davantage à prouver cette vérité, si le ministre, non content de la confesser, ne l'avoit lui-même prouvée par ces trois raisons[2]. La première, c'est que Jésus-Christ étant prêt de retourner à son Père, et envoyant ses disciples par toute la terre pour enseigner et baptiser les nations, ce qui regardoit le ministère visible de l'Eglise, ajoute aussitôt après pour en montrer la durée perpétuelle : « Je suis toujours avec vous jusqu'à la fin du monde[3]. » La seconde, c'est que l'apôtre saint Paul parlant du sacrement de la sainte table, dit que « la mort du Seigneur y est annoncée jusqu'à ce qu'il vienne[4]. » La troisième est prise du même Apôtre et expliquée dans le *Catéchisme* en ces termes : « Il dit que l'œuvre du ministère et l'assemblage des saints, et l'édification du corps de Christ, se continuera jusqu'à ce que nous soyons tous parvenus à la perfection d'icelui, c'est-à-dire que le nombre des élus de Dieu soit accompli et que l'Eglise soit achevée. »

Il prouve par ces trois raisons que « le ministère » de la religion chrétienne « doit durer jusqu'à la fin du monde. » Or il est clair

---

[1] *Matth.*, XVI, 18. — [2] P. 29. — [3] *Matth.*, XXVIII, 20. — [4] 1 *Cor.*, XI, 26.

que ce ministère comprend l'établissement des pasteurs et l'usage de la prédication et des sacremens. Ainsi comme c'est par ces trois moyens que l'Eglise chrétienne est rendue visible, il faut nécessairement qu'il avoue qu'elle l'est et le sera sans interruption, jusqu'à ce que le Fils de Dieu vienne pour juger les vivans et les morts; si bien qu'il résulte de son discours que c'est à l'Eglise visible que la durée perpétuelle a été promise; et par là cette imagination d'Eglise invisible, qui est l'unique asile de nos adversaires, est manifestement réfutée par les principes de leur ministre.

Que si la durée de l'Eglise visible est perpétuelle, il paroît plus clair que le jour qu'elle doit s'étendre dans tous les siècles par une continuelle succession; et en effet le ministre avoue que « l'œuvre du ministère SE CONTINUERA jusqu'à ce que le nombre des élus soit accompli. »

De là vient que toutes les véritables églises sont apostoliques, parce qu'elles sont toutes descendues des églises apostoliques par une succession non interrompue, et ainsi elles sont réputées de la même race. « Une race, dit Tertullien, se doit rapporter à son origine. C'est pourquoi toutes les églises ne sont que cette Eglise unique et première que les apôtres de Jésus-Christ ont fondée. Elles sont toutes premières et apostoliques, parce qu'elles se sont associées à la même unité [1], » et qu'elles ont le même principe.

Ces maximes étant supposées avec le consentement du ministre, je tire cette conséquence infaillible, qu'il suffit pour condamner une église qu'elle n'ait pas la succession; et dans quel abîme se cachera donc l'église prétendue réformée, qui de peur qu'on ne doute de sa nouveauté, ne craint pas de la confesser elle-même? Car en l'article XXXI de sa *Confession de foi générale*, après avoir posé ce principe, que « nul ne se doit ingérer de son autorité propre pour gouverner l'Eglise, » sentant bien qu'elle prononçoit sa condamnation, elle tâche de s'en garantir par cette défense qui la condamne encore plus évidemment : « Il a fallu quelquefois,

---

[1] « Omne genus ad originem suam censeatur necesse est; itaque tot ac tantæ ecclesiæ una est illa ab apostolis prima ex quâ omnes. Ita omnes primæ et omnes apostolicæ, dùm unam omnes probant unitatem. » *De Præscr.*, cap. XX.

dit-elle, et même de notre temps auquel l'état de l'Eglise étoit interrompu, que Dieu ait suscité gens d'une façon extraordinaire, pour dresser l'Eglise DE NOUVEAU, qui étoit en ruine et désolation. » Ne diriez-vous pas qu'elle s'étudie à nous convaincre de sa nouveauté ? Considérons toutes ses paroles, et nous verrons qu'il n'y en a aucune qui ne soit contre elle.

L'état de l'Eglise étoit interrompu. Que signifie ici l'état de l'Eglise, sinon le ministère ecclésiastique ? *Il étoit interrompu*, nous dit-elle; mais le catéchiste au contraire enseigne à son peuple qu'il devoit être CONTINUÉ jusqu'à la résurrection générale. *Il a fallu*, poursuit l'hérésie, *que Dieu ait suscité gens d'une façon extraordinaire*. Pourquoi cette façon extraordinaire ? N'est-ce pas qu'elle s'aperçoit elle-même qu'elle n'a pas la succession légitime ? Mais ces gens suscités extraordinairement, ont *dressé de nouveau l'Eglise*. Elle avoue sa nouveauté par sa propre bouche. Et ils *l'ont*, dit-elle, *dressée de nouveau*, parce qu'*elle étoit en ruine et désolation*. C'est donc injustement qu'ils ont usurpé la belle qualité de réformateurs, puisqu'ils ne veulent pas réformer l'Eglise ancienne, mais qu'ils en veulent *dresser* de nouvelles; et nous voyons par leur procédé que la réformation de l'Eglise ancienne étoit le prétexte et qu'en faire une nouvelle, c'étoit le dessein.

Concluons donc de tout ce discours que la durée de l'Eglise est perpétuelle; que d'ailleurs elle ne peut subsister sans avoir une forme visible selon les principes du catéchiste; et que l'église prétendue réformée, qui non-seulement ne peut montrer sa succession, mais qui confesse sa nouveauté, ne peut pas être cette sainte Eglise à laquelle le Fils de Dieu a promis qu'il seroit toujours avec elle. Que si elle n'est pas l'Eglise de Jésus-Christ, elle n'a aucune part à ses graces; et elle ne peut attendre autre chose que la damnation éternelle, si ce n'est qu'ayant honte de sa nouveauté, elle revienne à l'unité ancienne dont elle s'est injustement séparée.

CHAPITRE III.

Que selon les principes du ministre nos adversaires ne peuvent apporter aucune cause de séparation.

Disons maintenant à nos adversaires avec cette ardente charité de saint Augustin : Pourquoi vous êtes-vous séparés? Quel a été votre aveuglement, lorsque pour éviter, à ce que vous dites, les abus qui étoient dans l'Eglise, vous n'avez pas craint de tomber dans le plus horrible de tous les abus, qui est le sacrilége du schisme [1] ? Certes rien ne doit être plus nécessaire que les causes de séparation, et il n'y a rien de plus mal fondé que celles que vous prenez pour prétexte.

Considérez en vos consciences s'il n'est pas vrai que, de tous les points de notre doctrine, celui qui vous choque le plus, c'est la réalité incompréhensible du corps de Jésus-Christ dans l'Eucharistie. Calvin combattant cette foi, dit que la véritable raison pour laquelle on ne recevoit pas son opinion, « c'est que le diable enchantant les esprits, les jette en une horrible folie[2]. » Ce grand prophète ne savoit pas que ses descendans prêcheroient un jour que la doctrine de la réalité « n'a aucun venin; qu'elle ne nous engage en rien qui soit contraire ou à la piété, ou à la charité, ou à l'honneur de Dieu, ou au bien des hommes[3]; » et que ceux qu'il décrioit dans ses livres comme frappés d'une si horrible folie par les enchantemens de Satan, deviendroient des membres de son Eglise par un décret solennel d'un de ses synodes.

Encore que vos frères les luthériens ne conviennent pas avec nous de toutes les circonstances qui accompagnent cette miraculeuse réalité, néanmoins nous sommes d'accord dans le point le plus essentiel de la question. Que si la créance que nous professons n'a rien dans le point principal qui donne une juste cause de séparation, jugez quelle apparence il y a que l'on en puisse trouver dans les accessoires.

Pour ce qui regarde l'adoration, Calvin reconnoît en termes

---

[1] August., *De Bapt.*, lib. II, n. 7. — [2] Liv. IV, *Inst.*, cap. XVII. — [3] Voyez ci-dessus, p. 377.

formels que c'est une suite de la présence réelle. « En quelque lieu, dit-il, que soit Jésus-Christ, il ne sera licite de le frauder de son honneur et service. Qu'y a-t-il donc de plus étrange que de le mettre sous le pain et ne l'adorer pas [1] ? » Après il répond nettement à toutes les objections qu'on peut faire.

Je passe en peu de mots ces raisonnemens que les docteurs catholiques ont si bien traités : et si j'en touche ici quelque chose, ce n'est pas pour expliquer à fond ces matières; mais afin que nos adversaires touchés du désir de sauver leurs ames, s'en fassent informer plus soigneusement, et s'ouvrent le chemin à la vie que nous leur souhaitons en Notre-Seigneur.

Mais puisqu'il a plu à la Providence que le *Catéchisme* du sieur Ferry donnât de si grands avantages à la bonne cause, il me semble que la charité nous oblige d'y faire une réflexion sérieuse, non point certes pour insulter à nos adversaires, mais pour procurer leur salut par tous les moyens que Dieu nous présente. C'est pourquoi j'entreprends de leur faire voir que les maximes de leur ministre ne leur laissent aucune cause légitime sur laquelle ils puissent fonder leur séparation.

Pour entendre cette vérité, il ne faut que rappeler en notre mémoire les choses qui ont déjà été expliquées; premièrement, que nos adversaires enseignent qu'il y a certaines erreurs en la foi pour lesquelles on ne se doit pas séparer; et qu'afin qu'une erreur nous oblige à rompre, il faut qu'elle renverse les vrais fondemens de la foi et de l'espérance du chrétien [2] : secondement, que l'Eglise romaine étoit encore véritable Eglise en l'an 1543, puisque l'on y pouvoit faire son salut [3]. Ajoutons pour troisième principe, qu'il n'est pas possible que la vraie Eglise erre dans les fondemens de la foi. Car dès lors elle perdroit le titre d'Eglise, puisque la première marque de la vraie Eglise selon les principes de nos adversaires [4], c'est qu'elle professe la saine doctrine; ce qui se doit entendre principalement de ces maximes essentielles et fondamentales, sans lesquelles il n'y a point de christianisme.

De là il s'ensuit sans difficulté que ni la transsubstantiation, ni

---

[1] *Cont. Hesbus.* — [2] Ci-dessus, sect. I, chap. IV et V. — [3] Ci-dessus, chap. I. — [4] *Catéch.*, p. 59; *Confession de foi*, art. 28.

la messe, ni pour dire en un mot tous les autres points qui étoient crus si certainement du temps de nos pères, ne peuvent donner à nos adversaires un juste fondement de séparation ; et cependant il est véritable qu'ils comprennent les principaux articles controversés.

Et afin que le catéchiste connoisse combien sont fortes les conséquences que nous tirons d'un principe si bien établi, nous en pouvons faire l'épreuve en une des matières des plus importantes, qui est la communion sous les deux espèces.

Une des marques essentielles de la vraie Eglise selon les principes des calvinistes et la confession du ministre, c'est « le droit usage des sacremens[1]. » Si donc avant la réformation prétendue et jusqu'à l'an 1543, l'Eglise romaine étoit vraie Eglise, puisqu'elle conduisoit au ciel plusieurs citoyens de la bienheureuse Jérusalem, il paroît que les sacremens, du moins quant à la substance, y étoient bien administrés. Cependant il est plus clair que le jour que l'on n'y communioit que sous une espèce, ainsi qu'il a été remarqué ailleurs[2]. Et par conséquent cette façon de communier ne ruine pas la nature du sacrement.

Cette réponse commune de nos adversaires, que l'ignorance ou quelque autre raison excusoit nos pères, ne leur est d'aucun usage en ce lieu. Car il ne s'agit pas ici des personnes, mais de la nature du sacrement. Il est question de savoir s'il étoit en l'Eglise romaine quant à la substance, parce que s'il n'y étoit pas en cette manière, elle avoit perdu le titre d'Eglise ; et ainsi les enfans de Dieu n'y pouvoient pas vivre, et bien moins encore y mourir, comme le catéchiste l'assure.

Il a bien vu cette conséquence, et je puis dire qu'il ne l'a pas improuvée, parce que rapportant les raisons pour lesquelles la réformation étoit nécessaire, il allègue celle-ci entre les autres, « qu'il falloit une grace extraordinaire pour empêcher que tant d'erreurs qu'il y avoit en l'Eglise romaine ne nuisissent à la foi des élus et aux sacremens qu'ils y reçoivent[3] : » où il suppose que les sacremens se recevoient en l'Eglise romaine. Je demande quels sacremens sinon le baptême et l'Eucharistie ? Certes le

[1] P. 59. — [2] Ci-dessus, p. 370. — [3] P. 118.

ministre n'en connoît pas d'autres. Donc puisque l'on ne communioit que sous une espèce, il s'ensuit qu'une espèce seule est le sacrement. Et parce qu'il pourroit répondre que c'est le sacrement à la vérité, mais le sacrement imparfait, je le prie qu'il nous fasse entendre si les deux espèces sont tellement jointes dans la nécessité de ce sacrement, si elles sont tellement de l'essence, qu'il ne puisse subsister sans elles. S'il répond qu'il ne peut subsister sans les deux espèces, communier seulement sous l'une des deux, c'est détruire le sacrement, non le *recevoir*. De cette sorte on n'y participe non plus que si l'on séparoit l'eau d'avec la parole dans l'administration du baptême. Que si l'on reçoit en vérité ce saint sacrement sous la seule espèce du pain, il paroît que la vertu en est appliquée, et que la communion des deux espèces n'est pas nécessaire pour participer à l'Eucharistie. Ainsi une des difficultés principales est terminée par les maximes de notre adversaire.

Mais continuons de lui faire entendre par ses principes qu'il ne s'est laissé aucune raison par laquelle sa séparation puisse être excusée. En effet ce qu'il exagère le plus dans son *Catéchisme*, c'est le reproche qu'il fait à l'Eglise, qu'elle ne permet pas aux fidèles de se confier en Jésus-Christ seul. Ainsi lui ayant montré clairement combien cette accusation est injuste, qui ne voit que nous avons renversé le fondement principal de sa cause? Dira-t-il que nous ne nous confions pas en Jésus-Christ seul, parce que nous enflons l'arrogance humaine par l'opinion des mérites? Mais pour laisser les autres raisons, que répondra-t-il à saint Augustin qui les a soutenus avec tant de force dans le même sens que l'Eglise? Osera-t-il dire que ce grand docteur a enflé l'arrogance humaine, lui qui est le prédicateur de la grace, et qui dans le sentiment de Calvin[1], «n'a pas son pareil entre les anciens en modestie et profondeur de science?» Se séparera-t-il de ce saint évêque? Mais certes il lui a fait cet honneur de trouver ses erreurs supportables[2], et il n'y remarque aucune cause de séparation. Se retirera-t-il d'avec nous parce que nous appelons les saints à notre secours, et dira-t-il avec tous les siens que cette prière est

De l'invocation des saints.

[1] II° *Défense contre Westph.* — [2] P. 44.

injurieuse à notre Sauveur? O témérité inouïe! Car oseroit-il bien se persuader qu'il honore plus Jésus-Christ que ne faisoit l'Eglise ancienne, laquelle en priant les saints comme nous, ne doutoit point qu'elle ne glorifiât le Sauveur des ames, dont la grace les a couronnés? Qu'il écoute le grand saint Basile, qui exhorte le peuple fidèle en ces termes : « Souvenez-vous, dit-il, du martyr, vous auxquels il a paru dans les songes; vous qui étant venus en ce lieu, l'avez eu pour compagnon dans vos prières; vous auxquels étant APPELÉ PAR SON NOM, il s'est montré présent par ses œuvres[1]. » Qu'il écoute saint Grégoire, évêque de Nysse, frère de cet admirable docteur, qui représente les chrétiens embrassant le corps d'un martyr, « le PRIANT D'INTERCÉDER POUR EUX, comme un de ceux qui sont auprès de Dieu, et qui obtient quand il veut les graces étant invoqué[2]. » Qu'il écoute saint Augustin, qui dit que les fidèles « recommandoient aux martyrs les ames de ceux qu'ils aimoient, comme A LEURS DÉFENSEURS ET A LEURS AVOCATS[3]. » Ces grands hommes déshonoroient-ils Jésus-Christ? et quelle est la témérité de nos adversaires qui, sous le nom de l'Eglise romaine, déchirent la mémoire de ces grands docteurs?

De la prière pour les morts.

Pour ce qui regarde le purgatoire et la prière que nous faisons pour les morts, se peut-il rien dire de plus formel que ces belles paroles de saint Augustin : « Il ne faut point douter, dit ce grand évêque, que les prières de la sainte Eglise, et le sacrifice salutaire, et les aumônes que font les fidèles, pour les ames de nos frères défunts, ne les aident à être traitées plus doucement que leurs péchés ne méritent. Car NOUS AVONS APPRIS DE NOS PÈRES, CE QUE L'EGLISE UNIVERSELLE OBSERVE, de faire mémoire dans le sacrifice de ceux qui sont morts en la communion du corps et du sang de Jésus-Christ, et en même temps de prier, ET D'OFFRIR CE SACRIFICE POUR EUX. A l'égard des œuvres de miséricorde par lesquelles on les recommande, QUI DOUTE qu'elles ne leur soient profitables? IL NE FAUT NULLEMENT DOUTER que ces choses ne

---

[1] *Hom. de Mamante mart.*, n. 1. — [2] *Hom. de S. Theod. mart.* — [3] « Eisdem sanctis illos tanquam patronis susceptos apud Dominum adjuvandos orando commendent. » *De curâ pro mortuis*, n. 6.

servent aux morts, mais à ceux qui ont vécu de telle sorte, qu'ils en puissent tirer de l'utilité après la mort[1]. » Il n'en faut point douter, dit saint Augustin, et l'Eglise universelle l'observe, et elle a appris de ses pères d'offrir le sacrifice pour eux, et leurs ames constamment en sont allégées. N'est-ce pas reçonnoître un état des ames dans lequel elles peuvent être assistées par nos oraisons et nos sacrifices? C'est ce que nous appelons le purgatoire.

Je ne pense pas que nos adversaires osent imiter l'impudence et la témérité de Calvin, qui parlant des prières ecclésiastiques que nous faisons pour les morts dans le sacrifice, avoue « que la coutume en est ancienne, comme la coutume, dit-il, domine souvent sans raison; » il accorde que « telles prières ont été reçues de saint Chrysostome, d'Epiphane, de saint Augustin, mais ces bonnes gens que j'ai nommés, ajoute cet insolent hérésiarque, par une trop grande crédulité ont suivi sans discrétion ce qui avoit gagné la vogue en peu de temps[2]. »

Quel mauvais démon possédoit cet homme, qui méprise avec tant d'orgueil l'antiquité la plus vénérable? Malheureuse mille et mille fois l'hérésie qui doit sa naissance à un tel auteur! mais quelle gloire à la sainte Eglise qu'elle ne puisse être méprisée que par ceux qui méprisent l'antiquité sainte et ses plus illustres docteurs!

Je demande maintenant à nos adversaires s'ils veulent être enfans de l'ancienne Eglise, ou s'ils se veulent révolter contre elle. S'ils ne veulent pas être ses enfans, certes je ne m'étonne pas qu'ils nous fuient; mais si cette pensée leur paroît horrible, par quelle hardiesse nous condamnent-ils dans une cause qui nous est commune avec elle?

Mais Rome est destinée, nous dit le ministre[3], pour être le siége de l'Antechrist, c'est la Babylone de l'*Apocalypse*, de laquelle

---

[1] « Hoc enim à Patribus traditum, universa observat Ecclesia, ut pro eis qui in corporis et sanguinis Christi communione defuncti sunt, cùm ad ipsum sacrificium loco suo commemorantur, oretur, ac pro ipsis quoque id offerri commemoretur, etc. Non omninò ambigendum est ista prodesse defunctis. » Serm. XXXII *de verb. Apost.*, nunc CLXXII, n. 2. — [2] *Traité de la manière de réformer l'Eglise.* — [3] P. 67.

Dieu ordonne de se retirer : saint Jérôme l'a entendu de la sorte, et les auteurs catholiques ne le dénient pas. C'est pourquoi les réformateurs prétendus ont dû abandonner sa communion. Tel est le raisonnement de notre adversaire, duquel la foiblesse est toute visible.

Quand j'accorderai au ministre que l'Antechrist régnera dans Rome, et que Rome sera le siége de son empire, je n'en respecterai pas moins l'Eglise romaine. Les Nérons, les Domitiens, et les autres persécuteurs des fidèles y ont bien régné autrefois; et néanmoins ce seroit une pensée très-extravagante de croire que l'Eglise romaine en soit déshonorée.

Il faut faire grande différence entre l'Eglise de Rome et la ville; et saint Jérôme l'observe très-exactement dans cette célèbre *Epître à Marcelle*, où voulant exhorter cette sainte femme à quitter Rome pour Bethléem, il lui dépeint la ville de Rome comme la Babylone dont il faut sortir. « Là, dit-il, il y a une sainte Eglise; on y voit les trophées des apôtres et des martyrs, Jésus-Christ y est reconnu, nous y remarquons cette même foi qui a été louée par l'Apôtre, et la gloire du nom chrétien s'y élève de plus en plus tous les jours sur les ruines de l'idolâtrie. Mais l'ambition, la puissance et la grandeur de la ville, voir et être vu, visiter et être visité, louer et médire, toujours parler ou toujours entendre, être contraint de voir une si grande multitude d'hommes, ce sont choses qui ne s'accordent pas avec le repos de la profession monastique[1]. » Qui ne voit que ses premières paroles honorent la sainteté de l'Eglise, et qu'il représente dans les dernières le tumulte et la confusion de la ville ?

Il est vrai que ce saint docteur accoutumé à la crèche du Fils de Dieu et à la solitude de Bethléem, ne pouvoit se plaire dans cette ville perpétuellement empressée, et en laquelle il avoit été souvent maltraité par la jalousie de tant de personnes, comme ses écrits le témoignent. Mais quelque aversion qu'il eût pour la ville, il ne laisse pas toutefois d'écrire du fond de la Palestine à son Pontife et à son Eglise : « Je suis associé par la communion à

---

[1] Nunc *Ep. Paul. et Eustoch. ad Marcell.*, inter *Ep.* Hieron. XLIV, tom. IV, part. II, col. 551.

votre Sainteté, c'est-à-dire à la chaire de Pierre, je sais que l'Eglise a été fondée sur cette pierre, quiconque ne mange pas l'Agneau en cette maison est profane; » et après : « Celui qui n'amasse pas avec vous, dissipe, c'est-à-dire qui n'est pas à Jésus-Christ est à l'Antechrist [1]. » Ou, bien loin de considérer l'Eglise romaine comme le siége de l'Antechrist, il estime des antechrists ceux qui ne s'unissent point avec elle.

Et certes, si nous considérons l'Eglise romaine selon les maximes des anciens docteurs, bien loin de croire comme les ministres qu'elle est la Babylone dont il faut sortir, nous dirons avec les saints Pères qu'elle est le centre où il se faut rassembler. C'est ce que nous voyons clairement dans ce beau passage de saint Optat, qui vivoit au IV⁰ siècle. Ce grand évêque écrivant contre Parménian, donatiste, lui explique l'unité de l'Eglise par l'unité de la chaire principale à laquelle toutes les autres doivent être unies : « Vous ne pouvez nier que vous ne sachiez que la chaire épiscopale a été donnée à Rome, premièrement à Pierre, en laquelle a été assis *Pierre, le chef de tous les apôtres*, qui a été pour cela appelé Céphas : *en laquelle chaire*, poursuit ce saint homme, *l'unité devoit être gardée par tous les fidèles*, afin que les autres apôtres ne pussent pas s'attribuer la chaire, et *que celui-là fût tenu pour pécheur et pour schismatique, qui élèveroit une autre chaire contre cette chaire singulière*[2]. » Ce saint homme ne veut pas nier que tous les apôtres n'aient eu leur chaire, puisqu'ils étoient les maîtres du monde ; toutefois ils n'avoient pas la chaire, dit-il, c'est-à-dire cette chaire unique et principale *en laquelle l'unité doit être gardée;* elle n'appartenoit qu'à saint Pierre : et de peur qu'on ne s'imagine qu'elle devoit finir avec cet Apôtre, il rapporte tous ses successeurs qui s'y sont assis après lui : « La

Que l'Eglise romaine est le centre de l'unité ecclésiastique.

---

[1] « Ego Beatitudini vestræ, id est, cathedræ Petri, communione consocior, super illam petram ædificatam esse Ecclesiam scio. Quicumque extra hanc domum Agnum comederit, profanus est... Quicumque tecum non colligit, spargit; hoc est, qui Christi non est, Antichristi est. » *Epist.* XIV, *ad Damas.*, ibid., col. 19 et 20. — [2] « Negare non potes scire te in urbe Româ Petro primò cathedram episcopalem esse collatam, in quâ sederit omnium Apostolorum caput Petrus...; in quâ unâ cathedrâ unitas ab omnibus servaretur, ne singuli apostoli singulas sibi quisque defenderent; ut jam schismaticus et peccator esset qui contra hanc singularem cathedram alteram collocaret. » Opt. Milev., *Cont. Parm.*, seu *De schism. donatist.*, lib. II, cap. II et III.

chaire donc, dit-il, est unique, Pierre s'y est assis le premier, Lin a succédé [1]; » il les nomme tous jusqu'à Sirice; et nous pouvons aisément remplir cette liste jusqu'à Innocent X d'heureuse mémoire, et à celui que le Saint-Esprit lui destine pour successeur; après quoi nous dirons à nos adversaires avec saint Optat : « Montrez-nous l'origine de votre chaire, vous qui vous attribuez le titre d'Eglise : » n'êtes-vous pas « schismatiques et pécheurs, » vous qui vous élevez contre « la chaire unique, » contre « la chaire de l'apôtre saint Pierre et l'Eglise principale, » dit saint Cyprien plus ancien qu'Optat, « d'où l'unité sacerdotale a pris sa naissance [2]? » Que pouvez-vous répondre à des autorités si précises?

Mais s'il est vrai que l'Eglise romaine est le lieu de concorde et de paix où se doivent unir les enfans de Dieu, d'où vient que nos adversaires enseignent qu'elle est cette Babylone confuse de laquelle il se faut retirer? D'ailleurs où nous liront-ils dans les Ecritures que Babylone doive adorer Jésus-Christ et mettre toute sa confiance en lui seul? Cependant nous avons montré que c'est ce qu'enseigne l'Eglise romaine. Y a-t-il donc rien de plus téméraire que de l'appeler *Babylone?* Et combien nos adversaires sont-ils mal fondés, s'ils n'ont point d'autre cause de séparation?

Il paroît nettement par tout ce discours qu'il n'y a rien en notre créance qui renverse les fondemens du salut. Car elle nous est commune avec des personnes qui, selon les principes de notre adversaire, ont pu obtenir la vie éternelle. Nos ancêtres, qui se sauvoient en la communion de l'Eglise romaine, ainsi qu'il l'accorde en son *Catéchisme,* professoient la même doctrine que nous touchant le saint sacrement de l'Eucharistie et son administration sous les deux espèces [3]; ils condamnoient, comme nous faisons, ceux qui nioient que la sainte messe fût une institution divine, qui rejetoient la vénération des images et la primauté de l'Eglise romaine : ce qui montre sans difficulté qu'il n'y a aucun de ces

---

[1] « Ergo cathedra unica est, sedit prior Petrus, successit Linus..... Vestræ cathedræ vos originem reddite, qui vobis vultis sanctam Ecclesiam vindicare. » Opt. Milev., *Cont. Parm.,* seu *De schism. donatist.,* lib. II, cap. II et III. —
[2] « Navigare audent ad Petri cathedram et ad Ecclesiam principalem, undè unitas sacerdotalis exorta est. » S. Cypr., ep. LV *ad Corn., de schismat.* —
[3] Ci-dessus, p. 371.

points qui détruise les fondemens du salut, puisqu'ils n'ont pas empêché celui de nos pères. D'ailleurs nous avons lu dans saint Augustin tout ce que l'Eglise catholique enseigne touchant la justification des pécheurs, la vérité de notre justice et le mérite des bonnes œuvres. Et néanmoins le ministre avoue que la « religion de saint Augustin » n'est point opposée à la sienne [1]. Enfin nous avons vu clairement que le même saint Augustin a cru comme nous que c'est une pieuse pratique d'implorer le secours des saints, et que les ames des fidèles peuvent être en tel état hors de cette vie qu'elles reçoivent du soulagement par nos sacrifices. De là il s'ensuit que notre adversaire est contraint nécessairement ou à désavouer ses propres maximes, ou à confesser que l'Eglise romaine a conservé tous les fondemens du salut et qu'il ne peut trouver en notre créance aucun sujet de séparation.

CHAPITRE IV.

Que la réformation prétendue est une rébellion contre l'Eglise; de l'infaillibilité de l'Eglise.

Si la réformation prétendue confesse elle-même sa nouveauté, s'il ne lui est pas possible d'excuser son schisme, elle ne peut aussi nier sa rébellion en ce qu'elle a refusé d'écouter l'Eglise. Faisons donc connoître à nos adversaires que jamais ils ne se sont soumis à son jugement, et que ce crime est inexcusable.

Je sais bien qu'ils ont témoigné dans les commencemens de leur schisme qu'ils consentiroient volontiers qu'un concile terminât les difficultés. Mais encore qu'en apparence ils reconnussent l'autorité du concile, il n'y avoit rien de plus opposé ni à leur intention, ni à leur doctrine. Et Luther le témoigne assez dans le livre qu'il écrit contre les évêques. Car comme en l'assemblée de l'empire à Vorms il avoit parlé aux évêques avec quelque sorte de déférence, il se repent de sa modestie, il déclare « qu'il ne soumettra plus ses écrits à leur jugement, qu'il s'est trop rabaissé à Vorms, qu'il est tellement assuré de sa doctrine qu'il ne veut pas même la soumettre au jugement d'aucun ange; mais que par

[1] P. 44.

le témoignage de cette doctrine, il les jugera eux tous, et les anges mêmes[1]. » Un homme qui écrit ainsi aux évêques, en vérité veut-il reconnoître la sainte autorité des conciles? Et qui ne voit par son procédé que si ceux qui ont suivi son parti ont tant sollicité l'Empereur de faire convoquer un concile, ce n'est pas qu'ils eussent dessein de se rapporter à son jugement, mais c'est qu'ils vouloient abuser le peuple par une soumission apparente?

Et certes sans rechercher dans l'histoire les marques de la rébellion de nos adversaires, il suffit que nous leur montrions que leur doctrine est si peu modeste, qu'elle ne souffre pas que l'on se soumette à l'autorité de l'Eglise. Car d'où vient qu'ils ont enseigné, d'où vient que le catéchiste le prêche, que l'Eglise non-seulement « peut errer, mais encore qu'elle a erré souvent[2]? » N'est-ce pas afin d'avoir un prétexte pour mépriser ses décisions? En effet leur maître Calvin, bien loin de soumettre les particuliers aux déterminations des conciles, soumet les déterminations des conciles à l'examen des particuliers. Car parlant de l'autorité de ces assemblées vénérables : « Je ne prétends pas en ce lieu, dit-il, que l'on casse tous les décrets des conciles; toutefois, poursuit-il, vous m'objecterez que je les range tellement dans l'ordre, que je permets à tout le monde indifféremment de recevoir ou de rejeter ce que les conciles auront établi. Nullement, ce n'est pas là ma pensée[3]. » Vous diriez qu'il s'en éloigne beaucoup; mais il accordera bientôt dans la suite ce qu'il semble dénier dans les premiers mots : « Lorsque l'on apporte, dit-il, la décision d'un concile, je désire premièrement que l'on considère en quel temps, et sur quel sujet, et pour quel dessein il a été assemblé, et quelles personnes y ont assisté : après, que l'on examine le point principal selon la règle de l'Ecriture, de sorte que la définition du concile ait son poids et qu'elle soit comme un préjugé, toutefois qu'elle n'empêche pas l'examen. » Peut-on se révolter plus visiblement contre la majesté des conciles? Car puisqu'il veut que l'on examine, il veut par conséquent que l'on juge. Et à qui appartiendra ce pouvoir? Sera-ce à un autre concile? Mais il sera sujet au même examen. Si les particuliers l'entreprennent, donc un particulier jugera des

---

[1] Sleidan., lib. III. — [2] P. 49. — [3] Lib. IV, *Inst.*, cap. IX.

assemblées de toute l'Eglise; après qu'elle aura prononcé, il croira que c'est à lui de résoudre si elle a bien décidé les difficultés, et il osera présumer que peut-être il entend mieux l'Ecriture qu'elle. Est-il rien de plus téméraire, et combien étrange est cette doctrine qui nourrit et qui entretient les esprits dans une arrogance si démesurée? Si nos adversaires répondent que c'est le Saint-Esprit qui les guide, c'est en cela même que l'orgueil est insupportable, que des particuliers osent croire que le Saint-Esprit les instruise de la vérité, et qu'il abandonne à l'erreur le corps de l'Eglise : n'est-ce pas se préférer à l'Eglise même? Que si ce sentiment leur paroît horrible, il faut nécessairement qu'ils confessent que le Saint-Esprit gouverne l'Eglise dans toutes les déterminations de la foi, et que ceux qui nient cette vérité se soulèvent ouvertement contre l'autorité légitime.

Si les calvinistes nous disent que ce privilége d'infaillibilité ne peut appartenir qu'à la vraie Eglise, et qu'il leur faut prouver que la nôtre mérite ce titre avant que de les obliger à lui obéir : qu'ils se remettent en la mémoire que l'Eglise en laquelle nous sommes étoit encore la vraie Eglise quand leurs pères s'en sont séparés, puisqu'elle engendroit les enfans de Dieu, ainsi que leur ministre confesse. Que si elle engendroit des enfans, qui doute qu'elle ne pût les nourrir? Certes la terre qui produit les plantes leur donne leur nourriture et leur aliment; et la nature ne fait jamais une mère qu'elle ne fasse en même temps une nourrice. Que si la Providence divine a établi ce bel ordre dans tout l'univers, aura-t-elle oublié l'Eglise, qu'elle a choisie dès l'éternité pour y faire éclater sa sagesse? Par conséquent si l'Eglise romaine étoit encore la vraie Eglise lorsque nos adversaires s'en sont retirés, il est clair qu'elle nourrissoit les fidèles de Jésus-Christ. Et qui ne sait que la nourriture des enfans de Dieu, c'est sa parole et sa vérité? De là vient que le Saint-Esprit, qui opère continuellement dans la vraie Eglise pour la rendre toujours féconde, lui est aussi donné comme maître qui lui enseigne la saine doctrine, afin qu'elle allaite comme nourrice ceux qu'elle aura conçus comme mère : ce qui montre bien que la vérité est inséparable de la sainte Eglise. Si donc les principes de nos adversaires prouvent que l'Eglise qu'ils ont quit-

Que le ministre ne peut nier selon ses principes que ses pères ne fussent obligés d'écouter l'Eglise dans le temps qu'ils s'en séparoient

tée étoit encore l'Eglise de Dieu dans le temps qu'ils en sont sortis, n'est-ce pas une rébellion manifeste de ne s'être pas soumis à son jugement?

Les calvinistes se persuadent que cette doctrine que nous enseignons, de l'infaillibilité de l'Église, tend à la faire juge souveraine même de l'Ecriture divine; mais ils sont bien éloignés de notre pensée. Je ne dispute point en ce lieu si l'Ecriture sainte est claire ou obscure; il me suffit que nous confessons tous d'un commun accord, que c'est sur le sens de cette Ecriture que toutes les questions ont été émues. Nous ne disons donc pas que l'Eglise soit juge de la parole de Dieu, mais nous assurons qu'elle est juge des diverses interprétations que les hommes donnent à la sainte parole de Dieu, et que c'est à elle qu'il appartient, à cause de son autorité magistrale, de faire le discernement infaillible entre la fausse explication et la véritable.

Qu'il faut chercher la vérité dans l'unité. Nos adversaires nous repartiront qu'il faut que chaque fidèle en particulier discerne la bonne doctrine d'avec la mauvaise par l'assistance du Saint-Esprit; ce que nous accordons volontiers, et jamais nous ne l'avons dénié; aussi n'est-ce pas en ce point que consiste la difficulté. Il est question de savoir de quelle sorte se fait ce discernement. Nous croyons que chaque particulier de l'Eglise le doit faire avec tout le corps et par l'autorité de toute la communion catholique, à laquelle son jugement doit être soumis; et cette excellente police vient de l'ordre de la charité, qui est la vraie loi de l'Eglise. Car lorsque Jésus-Christ l'a fondée, le dessein qu'il se proposoit, c'est que ses fidèles fussent unis par le lien d'une charité indissoluble. C'est pourquoi il n'a pas permis que chacun jugeât en particulier des articles de la foi catholique, ni du sens des Ecritures divines; mais afin de nous faire chérir davantage la communion et la paix, il lui a plu que l'unité catholique fût la mamelle qui donnât le lait à tous les particuliers de l'Eglise, et que les fidèles ne pussent venir à la doctrine de vérité que par le moyen de la charité et de la société fraternelle.

De là vient que nous voyons dans les *Actes* qu'une grande question s'étant élevée touchant les cérémonies de la loi, l'Eglise s'assembla pour la décider; et après l'avoir bien examinée, elle donna son jugement en ces mots : « Il a plu au Saint-Esprit et à nous[1]. » Cette façon de parler si peu usitée dans les saintes Lettres, et qui semble mettre dans un même rang le Saint-Esprit et ses serviteurs, en cela même qu'elle est extraordinaire, avertit le lecteur attentif que Dieu veut faire entendre à l'Eglise quelque vérité importante. Car il semble que les apôtres se devoient contenter de dire que le Saint-Esprit s'expliquoit par leur ministère : mais Dieu qui les gouvernoit intérieurement par une sagesse profonde, considérant par sa providence combien il étoit important d'établir en termes très-forts l'inviolable autorité de l'Eglise dans la première de ses assemblées, leur inspira cette expression magnifique : « Il a plu au Saint-Esprit et à nous, » afin que tous les siècles apprissent par un commencement si remarquable, que les fidèles doivent écouter l'Eglise comme si le Saint-Esprit leur parloit lui-même.

Et il seroit ridicule de nous objecter que cette autorité magistrale, qui décide les questions avec une certitude infaillible, n'a été dans l'Eglise qu'au temps des apôtres. Car cette pensée seroit raisonnable, si toutes les questions sur les saintes Lettres eussent dû aussi finir avec eux. Mais au contraire le Saint-Esprit prévoyant que chaque siècle auroit ses disputes, dès la première qui s'est élevée, nous donne le modèle assuré selon lequel il faut terminer les autres, quand il est ainsi nécessaire pour le bien et pour le repos de l'Eglise : tellement qu'il appartiendra à l'Eglise, tant qu'elle demeurera sur la terre, de dire à l'imitation des apôtres : « Il a plu au Saint-Esprit et à nous. » En effet les anciens docteurs ont attribué constamment à l'Esprit de Dieu ce qu'ils voyoient reçu par toute l'Eglise : et c'est pour cette raison que saint Augustin parlant de la coutume de communier avant que d'avoir pris aucun aliment : « Il a plu, dit-il, au Saint-Esprit que le corps de Notre-Seigneur fût la première nourriture qui entrât en la bouche du chrétien[2]. » Il est digne d'observation qu'encore que cette coutume ne soit appuyée sur aucun témoignage de

---

[1] *Act.*, xv, 28. — [2] « Placuit Spiritui sancto, ut in honorem tanti Sacramenti in os christiani priùs corpus Dominicum intraret, quàm cæteri cibi. » *Epist.* cxviii, nunc liv, n. 8.

l'Ecriture, toutefois il ne craint pas d'assurer que le Saint-Esprit le veut de la sorte, parce qu'il voit le consentement de l'Eglise universelle. C'est pourquoi le même saint Augustin disputant du baptême des petits enfans : « Il faut, dit-il, souffrir ceux qui errent dans les questions qui ne sont pas encore bien examinées, qui ne sont pas pleinement décidées par l'autorité de l'Eglise; c'est là que l'erreur se doit tolérer; mais ils ne doivent pas entreprendre d'ébranler le fondement de l'Eglise[1]. » Ainsi cet incomparable docteur, non-seulement ne permet pas qu'on dispute après que l'Eglise a déterminé, mais il estime qu'on sape le fondement quand on révoque en doute ce qu'elle décide. C'est à cause que par un tel doute son infaillibilité est détruite; et cette infaillibilité est le fondement, parce qu'elle a été donnée à l'Eglise pour affermir les esprits flottans, aussi bien que pour réprimer les présomptueux.

Ce qui doit encore nous faire connoître quelle étoit la déférence de saint Augustin pour les déterminations de l'Eglise, c'est ce qu'il écrit de saint Cyprien et du baptême donné par les hérétiques. Saint Cyprien avoit enseigné qu'il ne méritoit pas le nom de baptême; saint Augustin soutenoit avec l'Eglise qu'un hérétique peut baptiser : « Mais, dit-il, nous n'oserions pas l'assurer nous-mêmes, si nous n'étions fondés sur l'autorité de l'Eglise universelle, à laquelle saint Cyprien auroit cédé très-certainement, si la vérité éclaircie eût été dès lors confirmée par un concile universel[2]. » Où je trouve très-remarquable que ce qu'il enseigne si constamment comme une vérité catholique, il avoue qu'il n'oseroit pas l'assurer sans l'autorité de l'Eglise; il faut donc qu'il estime l'Eglise infaillible, puisqu'elle seule le fait parler hardiment et sans aucun doute. Et ce qui le montre sans difficulté, c'est qu'encore que saint Cyprien eût été ouvertement d'un avis

---

[1] « Ferendus est disputator errans in aliis quæstionibus nondùm diligenter digestis, nondùm plenâ Ecclesiæ auctoritate firmatis; ibi ferendus est error : non usque adeò progredi debet, ut fundamentum ipsum Ecclesiæ quatere moliatur. » *Serm.* XIV, *De verb. Apost.*, nunc CCXCIV, *De bapt. parvul.*, n. 20. — [2] « Nec nos ipsi tale aliquid auderemus asserere, nisi universæ Ecclesiæ concordissimâ auctoritate firmati; cui et ipse sine dubio cederet, si jam illo tempore quæstionis hujus veritas eliquata et declarata per plenarium concilium solidaretur. » Lib. II, *De bapt.*, cap. IV, n. 5.

contraire à celui qui étoit reçu dans l'Eglise, il ne doute pas que ce saint martyr n'eût cédé, si elle avoit jugé de son temps. C'est qu'il croit si absolument nécessaire de se soumettre à son jugement, qu'il ne lui entre pas dans l'esprit que jamais un homme de bien puisse avoir une autre pensée. Et certes le grand Cyprien a bien témoigné quelle étoit sa vénération pour l'Eglise, lorsqu'interrogé par un de ses collègues sur les erreurs de Novatien, il lui fait cette belle réponse : « Pour ce qui regarde Novatien, duquel vous désirez que je vous écrive quelle hérésie il a introduite, sachez premièrement, mon cher frère, que nous ne devons pas même être curieux de ce qu'il enseigne, puisqu'il n'enseigne pas dans l'Eglise. Quel qu'il soit, il n'est pas chrétien n'étant pas en l'Eglise de Jésus-Christ [1]. » Il tient la doctrine de l'Eglise si constante et si assurée, qu'il ne veut pas même que l'on s'informe de ce que disent ceux qui s'en séparent; bien loin de permettre qu'on les reçoive à justifier ce qu'ils enseignent, il croit infailliblement qu'ils enseignent mal, dès qu'ils n'enseignent pas dans l'Eglise. Ne falloit-il pas que ce saint martyr fût persuadé, aussi bien que saint Augustin, « que celui qui est hors de l'Eglise ne voit ni n'entend, que celui qui est dans l'Eglise n'est ni sourd ni aveugle [2]; » c'est-à-dire qu'on est assuré de n'être jamais aveuglé d'erreur ni jamais sourd à la vérité, tant qu'on suit les sentimens de l'Eglise : et comment cela est-il véritable, si l'Eglise même « a erré souvent, » ainsi que le ministre l'enseigne?

Mais avant que de sortir de cette matière, écoutons un reproche qu'il fait à l'Eglise sur le sujet de cette autorité souveraine que nous donnons à ses jugemens. Il nous objecte que nous croyons « qu'elle peut augmenter le Symbole et établir de nouveaux articles de foi; » d'où il tire cette conséquence, que « notre religion est un accroissement de nouveautés, et qu'elle n'est pas encore achevée [3]. » Cette calomnie est insupportable, et la simple proposition de notre doctrine confondra la mauvaise foi du ministre.

[1] « Scias nos primùm nec curiosos esse debere quid ille doceat, cùm foris doceat. Quisquis ille est, et qualiscumque est, christianus non est, qui in Christi Ecclesiá non est. » Ep. LII, *ad Anton.*, p. 73. — [2] « Extra illam qui est, nec audit nec videt; intra eam qui est, nec surdus nec cæcus est. » *In Psalm.* LVII, n. 7. — [3] P. 40.

Car il nous impose trop visiblement, s'il ose dire que nous estimions que la foi de l'Eglise puisse être nouvelle : une des choses que nous tenons plus certaine, c'est que sa créance est invariable. Quand donc elle publie un nouveau symbole, ou quand elle le propose plus ample, il est ridicule de lui objecter qu'elle veut établir une foi nouvelle, puisqu'elle ne prétend autre chose que d'expliquer plus distinctement la foi ancienne. Nous ne sommes pas si perdus de sens que de nous imaginer que l'Eglise fasse les vérités catholiques; nous disons seulement qu'elle les déclare. Car encore qu'elles soient toujours en l'Eglise, elles n'y sont pas toujours en même évidence. C'est pourquoi il arrive souvent qu'on erre innocemment en un temps, et qu'après la même erreur est très-criminelle; ce qui ne choquera pas ceux qui comprendront que, comme c'est une infirmité excusable de faillir avant que les choses soient bien éclaircies, c'est une pernicieuse opiniâtreté de résister à la vérité reconnue. On peut dire en ce sens que l'Eglise établit en quelque sorte des dogmes de foi, parce que les ayant bien pesés et après les proposant aux fidèles par l'autorité qui lui est donnée, il n'y a plus qu'une extrême présomption qui ose préférer son sentiment propre à une déclaration authentique de toute l'Eglise ; et de là vient que l'erreur est inexcusable. C'est pour cela que celle de saint Cyprien touchant le baptême des hérétiques est très-justement excusée, et celle des donatistes sur le même point très-légitimement condamnée. Car, comme remarque saint Augustin, ce bienheureux martyr a erré « avant que le consentement de toute l'Eglise eût confirmé ce qu'il falloit faire [1]; » et d'ailleurs il nous a appris que nous devons supporter l'erreur dans les choses qui n'ont pas été décidées par l'autorité de l'Eglise [2]. Ainsi avant le concile de Jérusalem plusieurs fidèles avoient estimé que l'observation de la loi étoit nécessaire; leur erreur étoit tolérable alors : mais leur témérité n'eût pas eu d'excuse, s'ils avoient persisté dans leurs sentimens après la décision des apôtres. Nous enseignons en ce même sens qu'il appartient à la sainte Eglise de déclarer nettement aux peuples quelles sont les vérités catholiques, et qu'après sa déclaration tous les doutes sont criminels.

---

[1] Lib. I, *De bapt., cont. donat.*, cap. XVIII, n. 28. — [2] Ci-dessus, p. 478.

Est-ce une médiocre infidélité d'inférer de cette doctrine, que *notre religion n'est pas achevée?* Ou pourquoi le ministre ne dit-il pas qu'elle ne l'étoit non plus du temps des apôtres, ni du temps de saint Cyprien? Mais c'est à lui que nous reprochons justement qu'il nous a représenté une Eglise dont la religion n'est pas achevée. L'Eglise à son avis n'est pas infaillible, elle a *même erré souvent* [1], si nous le croyons. Si elle peut errer en sa foi, elle se peut aussi corriger; donc son Eglise peut changer sa foi; et si celui qui augmente sa religion confesse qu'elle n'est pas achevée, à plus forte raison celui qui la change. Ainsi l'hérésie inconsidérée se trouve effectivement convaincue du crime dont elle nous charge avec injustice.

CHAPITRE DERNIER.

Que le ministre n'entend pas les auteurs qu'il cite pour justifier la nécessité de la réformation prétendue.

Le ministre tâche d'appuyer la réformation prétendue sur le témoignage des catholiques; il rapporte plusieurs passages qui parlent de la corruption de l'Eglise, afin de persuader au peuple crédule que l'Eglise catholique est bien éloignée d'avoir cette infaillibilité dont elle se vante, puisque ses propres docteurs reconnoissent qu'elle a besoin d'être réformée. Mais la seule lecture des auteurs qu'il cite convaincra les plus passionnés qu'il abuse visiblement de l'autorité que les siens lui donnent et de leur trop facile créance.

Considérons avant toutes choses quel étoit le dessein de réformation que nos adversaires se sont proposé; qu'ils nous disent s'ils vouloient réformer, ou la foi que l'on professoit en l'Eglise, ou l'ordre de la discipline ecclésiastique. Pour la discipline ecclésiastique, nous accordons sans difficulté qu'elle peut souvent être réformée; ainsi ce n'est pas là qu'est la question. Mais parce qu'il est clair que les calvinistes ont prétendu réformer la foi, les catholiques s'y sont opposés, soutenant qu'une telle réformation est un attentat manifeste contre l'infaillibilité de l'Eglise. D'où il s'en-

[1] P. 49.

suit que si le ministre veut venir au point contesté, il faut qu'il prouve la nécessité de réformer la foi de l'Eglise; et s'il est plus clair que le jour que tous les auteurs qu'il rapporte ne parlent que de la corruption de la discipline, il sera contraint d'avouer qu'il s'écarte bien loin de la question, et qu'il a tort de remplir son livre de tant d'allégations inutiles.

Ecoutons premièrement saint Bernard, qui est le plus ancien des auteurs qu'il cite : « Il a, dit-il, prêché hautement qu'une maladie lente et puante s'étoit répandue par tout le corps de l'Eglise [1]. » Considérons quelle est cette maladie. Ce saint homme distingue en ce lieu quatre tentations de l'Eglise : la première comprend les persécutions, la seconde les hérésies. « Les temps où nous sommes, dit-il, sont libres de ces deux maux, mais ils sont entièrement corrompus par l'affaire qui marche en ténèbres. » Ces paroles font bien connoître que par cette *affaire qui marche en ténèbres* il n'entend ni les persécutions ni les hérésies, puisqu'il les exclut en termes exprès. Il parle de la troisième tentation que l'Eglise souffre, non par la fureur des païens, ni par la malice des hérétiques, mais par le désordre de ses enfans [2]. Telle est cette maladie générale, par laquelle ce saint docteur nous exprime une horrible dépravation dans les mœurs : de sorte qu'il n'y a rien de moins à propos au sujet de la question contestée entre nous et nos adversaires, que cette plainte de saint Bernard. Que s'il dit « qu'il ne reste plus autre chose, sinon que l'Antechrist paroisse, » c'est qu'à la troisième tentation, qui est le désordre des mœurs, la quatrième doit succéder, qui sera le règne de l'Antechrist, auquel nos péchés préparent la voie, et que les fidèles serviteurs de Dieu ont toujours regardé comme proche d'eux, parce que le maître n'ayant pas dit l'heure, ils tâchent de se tenir toujours prêts à cette grande persécution.

Le ministre produit encore deux passages de saint Bernard [3], mais il en corrompt tout le sens avec une extrême imprudence : « L'Eglise romaine, dit-il, s'est quelquefois séparée de ses papes; et saint Bernard a bien osé dire que de son temps la bête de l'A-

---

[1] Serm. XXXIII *in Cant.*, n. 14. — [2] « Pax à paganis, pax ab hæreticis, sed non profectò à filiis. » Serm. XXXIII *in Cant.*, n. 16.— [3] Ep. CXXIV et CXXV.

pocalypse avoit occupé le siége de saint Pierre [1]. » Grande hardiesse de saint Bernard ! Mais s'il parle d'un antipape qui avoit occupé le siége au préjudice d'une élection canonique, et qui avoit chassé par force de Rome le pape légitime Innocent II [2]; si bien loin de dire dans cette Epître que le Pape étoit la bête de l'*Apocalypse,* comme le ministre veut qu'on l'entende, il dit que celui qui ne se joint pas au pape Innocent est à l'Antechrist, ou l'Antechrist même [3], quelle est l'infidélité du ministre qui abuse de ce passage contre les véritables Pontifes; et quelle estime pouvons-nous faire de son *Catéchisme,* après une tromperie si visible qu'il ne faut que lire pour la convaincre?

Mais je m'étonne que les ministres osent bien citer saint Bernard pour autoriser leur réformation, puisqu'il est clair que ce saint docteur l'auroit infiniment détestée, lui qui prie si dévotement la très-sainte Vierge, qui honore avec tant de respect la primauté du souverain Pontife [4]; qui voyant que le diable tâchoit d'introduire quelques articles de la réformation prétendue, en suscitant certains hérétiques qui nioient qu'il fallût prier pour les morts et implorer le secours des saints [5], rejette leur doctrine comme pernicieuse; qui relève si fort l'état monastique, et duquel non-seulement les écrits, mais encore la profession et la vie condamnent la doctrine de nos adversaires.

Et certes il semble que le catéchiste ait fait un choix particulier de ceux qui lui sont le plus opposés entre tous les auteurs ecclésiastiques, et nous lisons sa condamnation presque dans tous les lieux qu'il allègue. « Gerson, dit-il, introduit l'Eglise, demandant au Pape la réformation, et qu'il rétablisse le royaume d'Israël. » C'est au *Sermon* de l'Ascension de Notre-Seigneur que ce grand personnage parle de la sorte [6]. Mais il nous explique lui-même ce qu'il faut faire pour rétablir ce royaume. Il veut que l'on travaille sérieusement à réunir à l'Eglise romaine les peuples qui s'en sont séparés. « Pourquoi n'envoyez-vous pas aux Indiens, dit-il, où la sincérité de la foi peut être facilement corrompue, puisqu'ils ne

---

[1] P. 142. — [2] Ep. cxxv. — [3] Ep. cxxiv, col. 129. — [4] Lib. II *De Consider. ad Eug.,* cap. VIII. — [5] Serm. LXVI, *in Cant.,* n. 1 et seq.— [6] Gerson., édit. 1706, tom. II, part. I, p. 131 et seq.

sont pas unis à l'Eglise romaine, de laquelle se doit tirer la certitude de la foi? » Combien étoit-il éloigné de croire qu'il fallût réformer la foi de l'Eglise, dont il prêche la pureté et la certitude? Si donc il se plaint si souvent des déréglemens de l'Eglise, s'il dit « qu'elle est brutale et charnelle [1]; » que le ministre ne pense pas qu'il prétende taxer sa doctrine. Il parle des abus et des simonies, des sales commerces dans les bénéfices, de l'attachement qu'avoient les plus grands prélats à leur autorité temporelle, qui leur faisoit négliger le salut des ames pour lesquelles Jésus-Christ a donné son sang; il déplore la corruption de son siècle avec un zèle vraiment chrétien, et reprend les mauvaises mœurs avec une liberté tout apostolique. Mais quand il s'agit de la foi, il tient bien un autre langage. Il n'a que des paroles de vénération pour honorer l'autorité de l'Eglise. En son temps quelques hérétiques avoient entrepris de la réformer à la mode des luthériens et des calvinistes, c'est-à-dire qu'ils vouloient corriger sa foi; c'est pourquoi le ministre dit qu'ils « ont fait une partie de la réformation [2]. » Gerson s'y oppose généreusement au concile général de Constance: « Des doctrines pestilentes, dit-il, se sont élevées dans plusieurs provinces illustres; on a tâché de les exterminer par divers moyens, en Angleterre, en Ecosse, à Prague et en France [3]. » Ceux qui sont tant soit peu versés dans l'histoire savent bien qu'il vouloit parler des sectateurs de Viclef, Anglois, et des Bohémiens disciples de Hus, qui en effet furent condamnés à Constance. « Il faut, dit le docte Gerson, que la lumière de ce saint concile, qui jamais ne peut être obscurcie, donne un prompt remède à ces maux [4]; » et après avoir exhorté les Pères à user de l'autorité ecclésiastique dans la censure de ces hérésies : « Elle est telle, dit ce grand homme, qu'aucun ne la pourra mépriser, qui voudra être estimé fidèle. » Quelle personne de sens rassis pourra jamais se persuader qu'un docteur si soumis et si catholique appuie la réformation prétendue, dont il déteste si fort les commencemens?

Le ministre cite en son *Catéchisme* [5] un autre célèbre docteur de Paris, qui a été maître de Gerson; c'est Pierre cardinal de

---

[1] *De Conc. gen. un. obed.* Gerson., édit. 1706, tom. II, p. 24 et seq. — [2] P. 58. — [3] *Serm. coram Conc. Constant.* — [4] *Ibid.* — [5] P. 55.

Cambrai [1], qui prêchant devant le concile de Constance, dit que la bienheureuse Hildegarde, prophétesse des Allemands, appelle le temps qui a commencé en l'an 1100 de Notre-Seigneur un temps infâme où la doctrine des apôtres et cette ardente justice que Dieu avoit établie dans les personnes spirituelles s'étoit ralentie, et qu'ensuite toutes les institutions ecclésiastiques étoient allées en décadence : après quoi ce grand cardinal ayant représenté les désordres qui étoient en l'Eglise, conclut qu'elle a besoin d'être réformée dans la foi et dans les mœurs. Ce sont les paroles de Pierre d'Ailly, lesquelles semblent en apparence favoriser les sentimens de nos adversaires, mais qui les condamneront en effet quand nous en aurons expliqué le sens.

Et premièrement il est remarquable que ce cardinal parloit en un temps où l'Eglise catholique étoit déchirée par le schisme le plus horrible qui peut-être ait jamais troublé son repos. Il y avoit près de quarante ans qu'elle ne connoissoit presque plus quel étoit le légitime Pontife par lequel elle devoit être gouvernée; trois personnes avoient occupé cette place, et toutes les provinces catholiques s'étoient partagées. C'est pourquoi le cardinal de Cambrai après avoir dit que l'Eglise a besoin d'être réformée, ainsi qu'il a été rapporté, ajoute aussitôt après ces paroles : « Mais maintenant les membres de l'Eglise étant séparés de leur chef, et n'y ayant point d'économe et de directeur apostolique, il n'y a pas lieu d'espérer que cette réformation se puisse bien faire. » Il est plus clair que le jour qu'il entend le Pape par ce chef, par ce directeur et cet économe, sans lequel il n'espéroit pas de réformation : ce qui fait connoître que ce docteur demandoit la réformation de l'Eglise par un esprit directement opposé aux réformateurs de ces derniers siècles. Car Luther écrivant à Melanchthon, dit que « la bonne doctrine ne peut subsister tant que l'autorité de Pape sera conservée [2]; » et au contraire ce cardinal croit qu'on ne peut remettre la foi ni la discipline ecclésiastique en son premier lustre, jusqu'à ce qu'on ait établi un Pape comme chef et comme directeur de l'Eglise. Cependant la réformation prétendue ose bien se servir de son nom, et se défendre par son témoignage.

[1] Pierre d'Ailly. — [2] Sleid., lib. VII.

Mais comprenons ce qu'il vouloit dire quand il a prêché à Constance qu'il falloit réformer l'Eglise en la foi. Nous pouvons considérer la foi en deux sens. Quelques-uns professent la foi véritable, qui n'ont point une foi fervente. On peut donc regarder la foi dans sa vérité ou dans sa ferveur. Encore que la vérité de la foi se trouve toujours dans ce que l'Eglise catholique enseigne, néanmoins il est assuré que la ferveur de la foi peut se diminuer tellement par la licence des mauvaises mœurs et par le déréglement de la discipline, qu'il semble quelquefois qu'elle soit éteinte. C'est ce que déplore notre cardinal au sermon cité dans le *Catéchisme* : « La ferveur de la foi, dit-il, et la force de l'espérance, et l'ardeur de la charité est presque entièrement évanouie dans les ministres ecclésiastiques. » Il ne dit pas que leur foi soit fausse, mais il se plaint qu'elle est languissante : il veut qu'on réforme la foi de l'Eglise dans son zèle et dans sa ferveur, mais ce n'est pas son intention de nier la vérité de ses dogmes. Certes quand je m'arrêterois à cette réponse, elle suffiroit pour rendre inutile tout le raisonnement du ministre; mais je ne croirai pas avoir assez fait jusqu'à ce qu'ayant pénétré plus profondément le sens des paroles de Pierre d'Ailly par les circonstances du temps et du lieu, je fasse voir à notre adversaire que sa condamnation y est prononcée, afin que tout le monde connoisse avec quelle négligence il cite les auteurs ecclésiastiques.

Posons pour principe premièrement que du temps de Pierre d'Ailly et du concile général de Constance, les erreurs de Viclef et de Hus commençoient à se répandre en l'Eglise, et que ce fut une des raisons pour lesquelles le concile fut assemblé ; secondement, que condamner ces deux hérésiarques, c'est anathématiser Luther et Calvin, qui ont renouvelé toutes leurs erreurs. Ces choses étant supposées, observons que le concile de Constance use de la même façon de parler que le cardinal de Cambrai, et ordonne dès la session III, que « le concile ne pourra être dissous jusqu'à ce que l'Eglise soit réformée en la foi et aux mœurs. » Il importe de bien connoître quel étoit le sens du concile, parce qu'il ne faut nullement douter que le cardinal Pierre d'Ailly, qui étoit un des plus illustres de ses prélats et qui fut choisi, comme nous verrons, pour être l'interprête de ses sentimens, n'ait parlé dans le même esprit. Le ministre, qui ne s'arrête qu'aux mots, jugeroit d'abord que le concile de Constance, voulant réformer l'Eglise en la foi, déclaroit par ces paroles que la foi de l'Eglise étoit corrompue; mais il n'est rien plus éloigné de son intention. Car en la session VIII les Pères de ce concile et Pierre d'Ailly avec eux, disent que « la sainte Eglise catholique, éclairée en la vérité de la foi par les rayons de la lumière céleste, est toujours demeurée sans tache. » Par conséquent il est plus clair que le jour qu'ils n'estimoient pas qu'il fallût corriger la foi qui étoit reçue en l'Eglise; voyons donc quelle étoit leur pensée.

La suite de leurs décrets nous en instruira pleinement. Car le ministre ne niera pas que cette résolution qu'on prit au concile de réformer l'Eglise en la foi, ne doive être nécessairement rapportée aux décisions de foi que nous y trouvons. Or il n'y a que trois sessions où les matières de la foi soient traitées, la VIII° où les erreurs de Viclef furent censurées, la XV° où l'on condamna celles de Jean Hus, la XIII° où l'on fit le règlement sur la communion des laïques. Donc l'intention de ces Pères, quand ils parlent de réformer l'Eglise en la foi, n'étoit pas de changer la créance qui étoit reçue, puisqu'il n'en paroît rien dans leurs décrets; mais de rejeter la doctrine des prédécesseurs de nos adversaires, que le diable vouloit introduire. C'est là sans doute ce que le concile appeloit réformer l'Eglise en la foi, parce que la foi catholique semble recevoir un nouvel éclat par la condamnation des erreurs, et que c'est une espèce de réformation de retrancher les membres pourris qui se révoltent contre l'Eglise, puisqu'elle demeure plus pure après qu'elle les a séparés. Telle est l'intention du concile.

Venons maintenant à Pierre d'Ailly, et demandons à notre adversaire ce qu'il peut attendre d'un homme qui a prononcé sa condamnation dans un concile si célèbre, où sa doctrine lui avoit acquis tant d'autorité, que nous pouvons dire non-seulement qu'il en a suivi les décrets, mais encore qu'il a été un des prélats qui a autant contribué à les faire? En effet ne voyons-nous pas qu'il est nommé par tout le concile pour instruire les commissaires qui devoient examiner la doctrine de Jean Viclef et de Jean Hus [1], et qu'il est lui-même commis pour enseigner à Hiérôme de Prague, disciple de Hus, les véritables sentimens de l'Eglise et du saint concile [2], comme celui qui en étoit le mieux informé? Ainsi le sermon cité dans le *Catéchisme* ayant été prêché à Constance en présence du concile même, par un homme qui en étoit un des chefs, qui peut douter qu'il ne parle conformément au style de cette assemblée, où il tenoit un rang si considérable? De sorte que cette réformation en la foi, que le ministre tire inconsidérément à son avantage, enferme effectivement sa condamnation avec celle de Viclef et de Hus. N'est-ce pas une marque visible d'une lecture excessivement précipitée, et d'un dessein prémédité d'éblouir les simples par de vaines apparences?

C'est encore dans le même dessein qu'il s'efforce de prouver la nécessité de la réformation prétendue par saint Bonaventure, « qui récite, dit-il, que Jésus-Christ appela saint François d'Assise par la bouche d'un crucifix pour redresser son Eglise qui étoit, comme il voyoit, toute détruite [3]. » Mais premièrement il rapporte mal cette histoire. Car le crucifix ne commande pas à saint François qu'il redresse l'Eglise qui est toute détruite, mais qu'il répare l'Eglise qui se détruit toute. Or il y a grande différence de relever une maison toute ruinée, et de la soutenir quand elle est penchante. Ainsi le ministre corrompt les paroles de saint Bonaventure. Après il n'oseroit dire lui-même que l'Eglise fût toute détruite dès le temps du grand saint François, puisqu'il avoue qu'en l'an 1543 on se pouvoit sauver en sa communion. Enfin il ne sauroit montrer que ni saint François ni aucun de ses disciples aient jamais eu la moindre pensée de corriger la foi de l'Eglise. Quand donc ils se sont proposé le glorieux dessein de réparer l'Eglise qui se détruisoit, c'est qu'ils vouloient travailler de toutes leurs forces à rallumer la charité refroidie, et à faire revivre en l'Eglise l'esprit de mortification et de pénitence que l'amour du monde avoit presque éteint. Je ne comprends pas ce que le ministre peut conclure de là contre nous, et je m'étonne qu'un homme de lettres s'arrête à des réflexions si peu sérieuses.

[1] Sess. VI. — [2] Sess. XIX. — [3] *De Vitâ S. Francisc*, lib. I.

Mais il croit avoir appuyé fortement sa cause par le long récit qu'il nous fait de ce qui se passa à Ausbourg en l'an 1548, « où enfin, dit-il, la réformation fut reconnue nécessaire par l'empereur Charles V et par les Etats de l'Empire; en fut composé un formulaire par des théologiens choisis de l'une et de l'autre religion, et plusieurs articles y furent accordés selon le sentiment des réformés, le Pape même n'y résistant pas[1]. » Toutes ces choses semblent favorables à la réformation prétendue; mais la vérité de l'histoire nous fera connoître que le ministre dit en ce lieu presque autant de faussetés que de mots, et je veux le convaincre par Sleidan même dont la foi ne lui peut être suspecte, puisque c'est un historien protestant.

Premièrement le catéchiste se trompe en ce qu'il confond le formulaire de réformation, que l'Empereur donna aux évêques, qui ne contenoit que des règlemens sur le sujet de la discipline ecclésiastique, avec la déclaration qu'il fit publier sur les points de la religion et que l'on appeloit l'*Interim,* comme nous verrons tout à l'heure. Toutefois il est certain que Sleidan distingue nettement ces deux choses[2], et nous ne voyons point dans l'histoire que le livre de l'*Interim* ait porté le titre de réformation. Si donc le ministre ne le distingue pas d'avec le formulaire de réformation, c'est une marque très-évidente qu'il ne se donne pas le loisir de digérer sérieusement ce qu'il dit, et qu'il précipite son jugement sans beaucoup de réflexion. Mais voyons les autres faussetés qu'il prêche si affirmativement à son peuple : « On jugea, dit-il, la réformation nécessaire. » Je demande quelle sorte de réformation : ce n'est pas une réformation dans la foi, comme le ministre voudroit faire croire. Car s'il avoit bien lu dans Sleidan les chefs de ce formulaire de réformation[3], il auroit vu qu'ils ne regardent que la discipline : et le même Sleidan remarque qu'il y étoit expressément ordonné d'interroger ceux qui se présentent aux ordres, « s'ils ne croient pas tout ce que croit la sainte Eglise romaine, catholique et apostolique. » Donc ce formulaire n'étoit pas dressé pour corriger la foi de l'Eglise romaine, mais plutôt pour la confirmer. Où est la sincérité du ministre, qui tire cette pièce

[1] P. 58. — [2] Lib. XX, *Hist.* — [3] Sleid., *ibid.*

à son avantage? Est-il donc absolument résolu de n'en produire aucune qui ne le condamne?

<small>Faussetés visibles prêchées par le ministre sur le sujet de l'*Interim* de l'empereur Charles V.</small>

Il n'a pas été plus fidèle dans les réflexions qu'il a faites sur le livre de l'*Interim*, et nous le connoîtrons sans difficulté par la vérité de l'histoire qu'il nous a étrangement déguisée. L'Empereur voulant apaiser les mouvemens de l'Allemagne sur le sujet de la religion, fit publier à la diète d'Ausbourg de l'an 1548, une déclaration solennelle sur ce qu'il vouloit être observé jusqu'à la définition du concile général, et c'est ce que l'on nomma l'*Interim*. La doctrine des protestans y étoit condamnée ; seulement on leur accorda que ceux qui avoient pratiqué la communion sous les deux espèces pourroient retenir cet usage jusqu'à la détermination du concile, à condition qu'ils ne blâmeroient pas les autres qui se contentoient d'une seule espèce : et parce que plusieurs prêtres s'étoient mariés, et que leurs mariages ne pouvoient être rompus sans beaucoup de troubles, on résolut qu'il falloit attendre ce que le concile en ordonneroit[1]. Quoique le Pape ne voulût pas approuver ce livre, dans lequel la foi catholique n'étoit pas expliquée assez nettement, toutefois il ne résista pas au dessein qu'avoit Charles V de le faire recevoir dans l'Empire, parce qu'il remettoit tout au concile, et qu'il condamnoit les luthériens. Aussi les protestans s'opposèrent-ils à cette déclaration de l'Empereur, et ceux de Magdebourg dirent hautement « qu'elle rétablissoit tout le papisme ; » et encore qu'il n'y eût rien dans la doctrine qu'elle proposoit qui ne pût recevoir aisément une interprétation catholique, les fidèles furent offensés de quelques façons de parler douteuses qui flattoient les luthériens : tellement que plusieurs catholiques donnèrent un mauvais sens à ce livre, qui enfin fut rejeté par les deux partis[2]. C'est ce que tous ceux qui sauront lire verront si nettement dans l'histoire, qu'il est impossible de le nier. A quoi pense donc le ministre, d'entretenir son peuple de si vains discours? Quel fondement peut-il faire sur une chose universellement improuvée? D'ailleurs quand je lui aurois accordé, ce qui

---

[1] Voy. Sleidan, liv. XX, et l'*Interim* entièrement rapporté dans les *Opuscules* de Calvin, imprimés à Genève en l'an 1566. — [2] *Hist. del Conc. Trid.*, lib. III; Sleid., lib. XX et XXI.

néanmoins n'est pas véritable, que ce livre de l'*Interim* combat la créance des catholiques, je demande quel droit avoit l'Empereur de prononcer sur des points de foi, de son autorité particulière? Mais enfin que résulte-t-il de ce livre, sinon la condamnation du ministre? Il veut faire croire que le dessein de Charles V étoit de réformer la foi de l'Eglise. Il se trompe, ou il veut tromper. Car au contraire l'Empereur parlant aux Etats et leur proposant l'*Interim,* dit que « pourvu qu'on l'entende bien, il n'a rien de contraire à la religion catholique; il conjure ceux qui ont retenu les lois et les coutumes de l'Eglise catholique, de demeurer fermes en cette pensée; et ceux qui ont introduit des nouveautés en la religion, de reprendre celle que le reste de l'Empire professe[1], » c'est-à-dire la catholique. Donc il ne la juge pas corrompue, puisqu'il exhorte d'y retourner. Mais écoutons parler le ministre, et nous verrons bien d'autres faussetés. « On accorda, dit-il, ces articles selon les sentimens des réformés touchant la convoitise ès régénérés[2]; » — il n'y a rien sur ce point dans l'*Interim* qui ne puisse avoir un sens catholique : — « la justification par les mérites de Jésus-Christ seul; » — il a tort de rapporter cet article comme un dogme particulier de la réformation prétendue, nous croyons de tout notre cœur cette vérité ; — « la justification obtenue par la foi sans aucun doute et avec toute certitude de confiance; » — l'*Interim* dit expressément que « nous sommes justifiés en tant que la charité se joint à la foi et à l'espérance. » Pour ce qui regarde une certitude *sans aucun doute*, le livre de l'Empereur enseigne le contraire : « L'homme, dit-il, ne peut croire que ses péchés lui soient remis sans quelque doute de sa propre infirmité et indisposition. » Faut-il ainsi abuser le monde par des faussetés si visibles? Mais passons aux autres articles. La récompense des bonnes œuvres y est, dit le ministre, enseignée, « sans opinion de mérite; » que signifient donc ces paroles qui sont écrites dans l'*Interim* au chapitre de la *Mémoire et Invocation des saints :* « Les saints ont puisé leurs mérites par lesquels eux-mêmes ont été sauvés et parlent pour nous, de cette même source de tout salut et de tout mérite, à savoir la passion de Jésus-Christ? » — Est-il rien

[1] Sleid., lib. XX et XXI. — [2] P. 59.

de plus formel ni de plus précis? — « La nature de la vraie Eglise, invisible; » — ces paroles, ni ce sens ne se trouvent pas dans le livre de l'Empereur : — « les deux marques d'icelle, à savoir la saine doctrine et le droit usage des sacremens; » — il est vrai que ces deux marques y sont rapportées pour distinguer l'Eglise chrétienne d'avec les sociétés infidèles; mais l'unité, l'universalité, la succession y sont ajoutées pour la discerner des troupeaux hérétiques et schismatiques : — « Sans aucune sujétion au Pape que pour l'ordre et pour éviter les schismes; » — mais cela bien entendu comprend tout, et l'*Interim* attribue au Pape « le droit de gouverner l'Eglise universelle par la même puissance que saint Pierre a reçue de Jésus-Christ. » — « La communion, dit-il, de la coupe est octroyée à tous; » — mais on y met la condition de ne blâmer point ceux qui communient d'une autre manière, « parce que le corps et le sang de Jésus-Christ est contenu sous chacune des deux espèces [1] ; » ainsi la foi de l'Eglise demeure entière. « Le mariage est accordé aux gens d'Eglise; » — il est faux qu'on l'accorde à tous indifféremment, mais on tolère jusqu'au concile, dans le ministère ecclésiastique, les prêtres qui s'étoient mariés; ce qui ne touche point la doctrine. Je me lasse de rapporter tant de faussetés du ministre; et toutefois la charité chrétienne m'oblige à lui donner encore un avis sur le sacrifice de nos autels. Il étoit, dit-il, proposé dans le livre de l'Empereur «sans aucune propitiation.» Il est vrai qu'il n'use pas de ce mot : mais puisqu'il ne dit rien de contraire, le ministre a-t-il droit de dire que « cet article y ait été accordé selon la pensée des réformés [2]? » D'ailleurs nous lisons en ce livre que Jésus-Christ a offert deux sacrifices, l'un en la croix et l'autre en la cène, et que le dernier est institué pour honorer la mémoire du sacrifice sanglant de la croix, et pour nous en appliquer le fruit. C'est en substance ce que nous croyons du sacrifice de l'Eucharistie ; et c'est pour cela seulement que nous l'appelons propitiatoire, parce que nous l'offrons à Dieu pour la rémission des péchés; non afin qu'elle nous y soit méritée, car nous savons bien que c'est à la croix que le sang de Notre-Seigneur Jésus-Christ nous a mérité cette grace, mais afin qu'elle nous y soit ap-

---

[1] Sleid., lib. XX. — [2] P. 58.

pliquée comme un des fruits de sa passion. Au reste il n'est pas nouveau dans l'Eglise de dire que le sacrifice de l'Eucharistie soit une propitiation même pour les morts; saint Augustin l'enseigne en termes formels : « Lors, dit-il, que l'on offre pour les fidèles trépassés les sacrifices de l'autel ou celui des aumônes, pour ceux qui sont très-bons, ce sont des actions de graces; pour ceux qui ne sont pas extrêmement mauvais, ce sont des propitiations; et à l'égard de ceux qui sont très-mauvais, quoiqu'ils ne servent de rien aux morts, ce sont des consolations des vivans [1]. » Il est à noter que saint Augustin nomme les aumônes des sacrifices; mais afin que nous entendions qu'il y a un sacrifice spécial en l'Eglise à qui ce nom convient proprement, il l'appelle singulièrement *sacrifice de l'autel*, et il reconnoît qu'il est propitiatoire. Que répondra ici le ministre, puisqu'il dit que la religion de saint Augustin n'est pas opposée à la sienne? Mais ce n'est pas mon intention d'entrer maintenant en cette matière, qui mériteroit un discours plus ample, et qui ne conviendroit pas à ce lieu.

Si je me suis arrêté si longtemps sur l'*Interim* de l'empereur Charles V, ce n'est pas que l'autorité de ce livre me paroisse fort considérable, ni que j'approuve ses façons de parler obscures, qui enseignent tellement la bonne doctrine, qu'elles ne laissent pas de flatter l'erreur. Mais je m'étonne que le ministre ait pris tant de soin de tirer ce livre à son avantage; et il faut bien croire que l'hérésie se plaît fort aux déguisemens, puisqu'elle se donne la peine de les employer dans des choses qui lui seroient inutiles, quand on lui auroit accordé qu'elles se sont passées comme elle récite.

Je puis dire encore le même des articles qui avoient été accordés au colloque de Ratisbonne en l'an 1541. Car outre qu'il n'est pas juste que trois députés nommés par l'Empereur règlent des difficultés de cette importance, Sleidan, que le catéchiste rapporte en la marge, nous assure que l'ordre des princes et particulièrement

---

[1] « Cùm ergo sacrificia sive altaris, sive quarumcumque eleemosynarum pro baptizatis defunctis omnibus offeruntur, pro valdè bonis gratiarum actiones sunt; pro non valdè malis, propitiationes sunt; pro valdè malis, etsi nulla sunt adjumenta mortuorum, aliquæ vivorum consolationes sunt. » August., *Enchirid. ad Laurent.*, cap. cx.

les évêques empêchoient qu'on ne les reçût, disant qu'on y avoit mis plusieurs choses qui devoient être adoucies et corrigées, et que les sentimens des députés catholiques méritoient quelque censure [1]. Eckius, l'un des députés pour la conférence, déclara aux Etats qu'il n'approuvoit point ce qui avoit été arrêté; le légat du Pape écrivit qu'il n'y pouvoit pas consentir; l'Empereur lui-même ne résolut rien, et remit le tout au concile : quelle force peut avoir cette conférence? Cependant le ministre s'y appuie beaucoup; et quoiqu'il soit très-indubitable qu'Eckius ne donna pas son consentement, il dit que l'article de la justification « passa sans débat entre les députés de l'une et de l'autre religion [2]. » C'est ainsi qu'il lit les auteurs, c'est ainsi qu'il catéchise son peuple, voilà les merveilleux témoignages par lesquels il prouve la nécessité de la réformation prétendue. Et còmme si cette cause se devoit juger par l'autorité des puissances, il joint à l'empereur Charles V la reine Catherine de Médicis, et quelques articles de réformation proposés au Pape de la part de quelques-uns de nos rois [3]. Mais ne sait-on pas que tous ces conseils venoient de l'esprit d'une reine, qui selon sa politique ordinaire tâchoit de contenter tous les deux partis pour maintenir son autorité? Et certes ceux qui l'avoient instruite lui avoient donné d'excellens mémoires et bien conformes à l'esprit de l'Eglise, puisque le second point de réformation étoit d'abolir et les exorcismes et toutes les cérémonies du baptême, dont la plupart sont si anciennes que Calvin même confesse qu'elles avoient été reçues presque dans les commencemens de l'Evangile [4] : « Je n'ignore pas, dit-il, combien ces choses sont anciennes; » et un peu après : « Ces impostures de Satan furent reçues sans peine presque dès les commencemens de l'Evangile par la sotte crédulité du monde [5]. » Je n'ai point de paroles assez énergiques pour exprimer l'impudence de cet hérésiarque; et néanmoins la reine surprise vouloit que l'on suivît ses maximes plutôt que celles de l'antiquité : quel étrange moyen de réformation!

---

[1] Sleidan., lib. XIV. — [2] P. 95. — [3] P. 134 et 135. — [4] Voyez saint Augustin, à la fin de l'épître CV, ed. Bened. CXCIV, n. 46, tom. II, col. 729. — [5] Lib. IV, cap. XV.

CONCLUSION.

Exhortation à nos adversaires de retourner à l'unité de l'Eglise.

Après vous avoir proposé ces choses en toute sincérité et candeur, je vous laisse maintenant juger, nos chers Frères, ce que vous devez croire de votre ministre, qui non-seulement vous entretient de si vains discours; mais, ce qui est encore plus insupportable, qui vous débite tant de faussetés sous le titre de *Catéchisme*. Rappelez en votre mémoire que l'ordre de son discours exigeant de lui qu'il tâchât de mettre quelque différence entre nos ancêtres et nous, il a entrepris de prouver que nous ruinions le fondement du salut : et nous avons fait voir sans difficulté que la vérité lui manquant, il a eu recours à la calomnie. Si telle est la sainteté de notre doctrine, qu'il faille la déguiser nécessairement quand on veut la rendre odieuse, avouez que les reproches de votre ministre sont la justification de notre innocence. Je ne vous apporterai point en ce lieu des témoignages qui vous soient suspects; vous pouvez apprendre dans son *Catéchisme* que c'est la haine et la passion qui produit les invectives sanglantes par lesquelles vos prédicans tâchent de décrier notre foi. Ne vous dit-on pas tous les jours que vos pères ont quitté l'Eglise romaine comme la Babylone maudite dont il est parlé dans l'*Apocalypse*[1]? Et cependant votre catéchiste, qui nous fait le même reproche, confesse qu'elle engendroit les enfans de Dieu; et par conséquent il ne peut nier qu'elle ne fût une vraie Eglise. Quel aveuglement ou quelle fureur de détester comme Babylone la mère et la nourrice des enfans de Dieu! Combien de fois vous a-t-on prêché que c'est une idolâtrie de prier les saints! Certes si c'est une idolâtrie, c'est le plus damnable de tous les crimes; toutefois le ministre avoue, et il vous enseigne dans un *Catéchisme*, que cette prière n'empêche pas le salut, et n'en détruit pas les fondemens[2]. Donc c'est une horrible infidélité de la qualifier une idolâtrie, et d'accuser les chrétiens innocens d'un crime si noir et si exécrable. Ne

---

[1] Voyez ci-dessus, seconde Vérité, chap. I. — [2] Voyez, première Vérité, sect. I, chap. V.

devez-vous pas craindre justement que les autres points de notre créance ne vous soient proposés dans la même aigreur; et êtes-vous si peu soigneux de votre salut, que vous ne vouliez pas donner quelque temps à vous faire éclaircir de la vérité? Souvenez-vous par quelles injures et par combien de titres infâmes on déchire parmi vous l'Eglise romaine. Néanmoins si vous raisonnez selon les principes de votre ministre, vous trouverez qu'elle a retenu tous les fondemens de la foi [1], et ainsi que selon vos propres maximes, elle mérite le titre d'Eglise. Car vous l'accordez par acte public à la secte luthérienne, quoique vous la croyiez infectée d'erreur, parce que vous jugez qu'elle a conservé les principes essentiels du christianisme. Si donc ils sont entiers en l'Eglise romaine, si ensuite elle est une vraie Eglise, comment pouvez-vous soutenir les injures dont vous la chargez? Et d'ailleurs si les catholiques possèdent l'Eglise, puisqu'il seroit ridicule de s'imaginer que vous fassiez un même corps avec nous, ne paroît-il pas clairement que n'étant pas en notre unité, vous ne pouvez pas être en l'Eglise, et que votre perte est indubitable? Que reste-t-il donc, nos chers Frères, sinon que vous retourniez à l'Eglise en laquelle on vous a prêché que nos ancêtres faisoient leur salut jusqu'au milieu du siècle passé, et à laquelle on ne peut montrer qu'elle ait depuis ce temps-là changé sa doctrine [2]? De sorte que si vous étiez en son unité, quoi que l'on objectât contre votre foi, vous auriez la consolation de voir que nos adversaires ne pourroient nier que plusieurs des enfans de Dieu ne soient morts en cette créance, et que Jésus-Christ n'ait reçu en son paradis des chrétiens qui le servoient comme nous. Vous auriez la consolation d'être en la société d'une Eglise à laquelle on ne peut reprocher qu'elle soit nouvellement établie, à laquelle, quoi qu'on puisse dire, du moins n'oseroit-on dénier que depuis le temps des apôtres jusqu'à nos jours, elle n'ait confessé sans interruption, et la Trinité adorable, et le nom de Notre-Seigneur Jésus-Christ, et la rédemption par son sang, et les mystères de son Evangile, et les fondemens du christianisme. Votre nouveauté s'égalera-t-elle à cette antiquité vénérable, à cette constance de

---

[1] Voyez la seconde Vérité, chap. IV. — [2] Ci-dessus, première Vérité, sect. I.

tant de siècles et à cette majesté de l'Eglise? Qui êtes-vous, et d'où venez-vous? A qui avez-vous succédé, et où étoit l'Eglise de Dieu, lorsque vous êtes tout d'un coup parus dans le monde? Et ne recourez plus désormais à ce vain asile d'église invisible, réfuté par votre ministre; mais recherchez les antiquités chrétiennes, lisez les historiens et les saints docteurs; montrez-nous que depuis l'origine du christianisme, aucune Eglise vraiment chrétienne se soit établie en se séparant de toutes les autres[1]. Si jamais les orthodoxes ne l'ont pratiqué, si tous les hérétiques l'ont fait, si vous êtes venus par la même voie, regardez à qui vous êtes semblables, et craignez la peine de ceux dont vous imitez les mauvais exemples. Vous vous plaignez de nos abus et de nos désordres; êtes-vous si étrangement aveuglés que vous croyiez qu'il n'y en ait point parmi vous? Toutefois je ne m'arrête point à vous les décrire; car cette dispute seroit inutile, et je tranche en un mot la difficulté : s'il y a des abus en l'Eglise, sachez que nous les déplorons tous les jours, mais nous détestons les mauvais desseins de ceux qui les ont voulu réformer par le sacrilége du schisme. C'est là le triomphe de la charité, d'aimer l'unité catholique malgré les troubles, malgré les scandales, malgré les déréglemens de la discipline qui paroissent quelquefois dans l'Eglise; et celui-là entend véritablement ce que c'est que la fraternité chrétienne, qui croit qu'il n'y a aucune raison pour laquelle elle puisse être violée. Dieu saura bien, quand il lui plaira, susciter des pasteurs fidèles qui réformeront les mœurs du troupeau, qui rétabliront l'Eglise en son ancien lustre, qui ne sortiront pas dehors pour la détruire, comme ont fait vos prédécesseurs, mais qui agiront au dedans pour l'édifier. C'est pourquoi nous vous conjurons que vous fassiez enfin pénitence de cette pernicieuse entreprise de nous réformer en nous divisant, et d'avoir ajouté le malheur du schisme à tous les autres maux de l'Eglise. « Et ne vous persuadez pas, ce sont les paroles de saint Cyprien, que vous défendiez l'Evangile de Jésus-Christ, lorsque vous vous séparez de son troupeau, et de sa paix et de sa concorde, étant plus convenable à de bons soldats de demeurer dans

[1] Voyez ci-dessus, sect. II, chap. II.

le camp de leur capitaine, et là de pourvoir d'un commun avis aux choses qui seront nécessaires. Car puisque l'unité chrétienne ne doit pas être déchirée, et que d'ailleurs il n'est pas possible que nous quittions l'Eglise pour aller à vous, nous vous prions de tout notre cœur que vous reveniez à l'Eglise, qui est votre mère, et à notre fraternité [1], » afin que les nations infidèles, que nos divisions ont scandalisées, soient édifiées par notre concorde.

[1] Cypr., epist. XXIX, nunc XLIV, p. 58.

FIN DE LA RÉFUTATION DU CATÉCHISME DE PAUL FERRY.

CONFÉRENCE

AVEC M. CLAUDE,

MINISTRE DE CHARENTON,

SUR LA MATIÈRE DE L'ÉGLISE

AVERTISSEMENT.

Je n'avois pas dessein de mettre au jour cette Conférence, non plus que les Instructions dont elle fut accompagnée. La Conférence et les Instructions avoient pour objet la conversion d'une personne particulière; et ayant eu leur effet, rien n'obligeoit à en faire davantage de bruit. Mais comme je n'affectois pas d'en publier le récit, je n'affectois pas non plus de le tenir caché. J'en donnai un exemplaire à mademoiselle de Duras, qui le souhaita : il étoit juste. Je consentis sans peine qu'on le communiquât à quelques-uns de Messieurs de la religion prétendue réformée, qui désirèrent de le voir (a), parce qu'on crut qu'il seroit utile à leur instruction. Ce même motif m'a porté à le communiquer à quelques autres de ces Messieurs, ou par moi-même, ou par des amis interposés. Ainsi il a passé en plusieurs mains : il s'en est fait des copies sans que je le susse; elles se sont répandues; elles se sont altérées : quelques-uns ont abrégé le récit que j'avois fait, ou l'ont tourné à leur mode : enfin on l'a imprimé à Toulouse sur une mauvaise copie; et je ne puis plus m'empêcher de le donner tel que je l'ai rédigé moi-même avec beaucoup de fidélité et de religion.

Au sortir de la Conférence, je la racontai tout entière à M. le

(a) 1re édit. : Désirèrent le voir.

duc de Richelieu et à madame la duchesse sa femme en présence de M. l'abbé Testu. Le zèle particulier qu'ils avoient pour la conversion de mademoiselle de Duras le leur fit ainsi désirer. Je leur avois déjà récité les conversations précédentes. Le lendemain, je fis le même récit à quelques-uns de mes amis particuliers, du nombre desquels étoit M. l'évêque de Mirepoix. J'étois plein de la chose, et je la racontai naturellement. Tous ces Messieurs m'exhortèrent à la mettre par écrit pendant que j'en avois la mémoire fraîche, et me firent voir par plusieurs raisons que ce soin ne seroit pas inutile. Je les crus. On me vit écrire avec la rapidité qui paroît lorsqu'on écrit des faits qu'on a présens, sans se mettre en peine du style; et ces Messieurs remarquèrent dans la narration écrite la même simplicité qu'ils avoient tous ressentie dans le récit de vive voix. Mademoiselle de Duras reconnut dans mon discours la vérité toute pure; et j'espère que ceux qui le liront sans prévention en auront la même pensée.

Après que mon récit se fut répandu, comme je l'ai dit, il en tomba une copie entre les mains de M. Claude, ainsi qu'il le témoigne lui-même; et il répandit de son côté, avec une Réponse aux Instructions que j'avois données en particulier à mademoiselle de Duras, une Relation de notre Conférence fort différente de celle-ci. A dire franchement ce que je pense, cette Relation ne fait honneur ni à lui ni à moi : nous y tenons tour à tour de longs discours assez languissans, assez traînans, assez peu suivis. Dans la Relation de M. Claude on revient souvent d'où on est parti, sans qu'on voie par où on y rentre. Ce n'est pas ainsi que nous agîmes, et notre dispute fut suivie et assez serrée. Dans ces sortes de disputes, on s'échauffe naturellement comme dans une espèce de lutte : ainsi la suite est plus animée que ne sont les commencemens. On se tâte, pour ainsi dire l'un l'autre, dans les premiers coups qu'on se porte : quand on s'est un peu expliqué, quand on croit avoir découvert où chacun met la difficulté, et avoir, pour ainsi parler, senti le foible, tout ce qui suit est plus vif et plus pressant. Si tout cela se trouve aussi naturel dans le récit de M. Claude que dans le mien, le lecteur en jugera. De la manière que le sien est tourné, plusieurs auront peine à croire qu'il n'ait pas été du moins rajusté et raccommodé sur la lecture du mien. Mais je ne veux point m'arrêter à ces réflexions. Tout le monde ne sait pas sentir dans les discours, non plus que dans les tableaux, ce qu'il y a d'original, et pour ainsi dire, de la première main. Je ne veux non plus employer ici le reproche odieux de mauvaise foi. On ne se souvient pas toujours si exactement ni des choses qui ont été dites, ni de l'ordre dont elles l'ont été : souvent on confond dans son esprit ce qu'on a pensé depuis, avec ce qu'on a dit en effet dans la dispute; et sans dessein de mentir il se trouve qu'on altère la vérité. Ce que je dirai de M. Claude, il le pourra dire de moi. Notre conversation s'est faite en particulier, et aucun de nous ne peut produire des témoins indifférens : ainsi chacun jugera de la vérité de nos récits suivant ses préventions. Je ne prétends point tirer avantage du succès de la Conférence, qui fut suivie de la conversion de mademoiselle de Duras : c'est l'œuvre de Dieu dont il faut lui rendre graces; c'est un exemple pour ceux qui se trouvent bien disposés, mais ce n'est pas un argument pour des opiniâtres. Les catholiques regarderont ce changement d'une façon, et les prétendus réformés d'une autre. Ainsi quand nous nous mettrons, M. Claude et moi, à soutenir chacun son récit, il n'en résultera qu'une dispute dont le public n'a que faire. Et qu'importe au fond, dira le lecteur, qui des deux ait eu l'avantage? La cause ne réside pas dans ces deux hommes, qui se montreroient trop vains, et par là même trop peu croyables, s'ils vouloient que tout le monde, et leurs amis aussi bien que leurs adversaires, les en crussent également sur leur parole. Dans ces altercations, ce que le sage lecteur peut faire de mieux, c'est de s'attacher au fond des choses; et sans se soucier des faits personnels, considérer la doctrine que chacun avance.

La matière qui est traitée dans tout ce récit est aussi claire qu'elle est importante. C'est la matière de l'Eglise. Nos adversaires font peu de cas de cette dispute, et on leur entend toujours dire qu'il en faut venir au fond, en laissant à part, comme une formalité peu nécessaire, tous les préjugés qu'on tire de l'autorité de l'Eglise : comme si ce n'étoit pas une partie essentielle du fond d'examiner par quelle autorité et par quel moyen Jésus-Christ a voulu que les chrétiens se résolussent sur les disputes qui devoient naître dans son Eglise. Les catholiques prétendent que ce moyen, c'est d'écouter l'Eglise même. Ils prétendent qu'un particulier ne se doit résoudre qu'avec tout le corps, et qu'il hasarde tout quand il se résout par une autre voie. Ils prétendent que pour savoir en quelle Eglise il faut demeurer, il ne faut que savoir quelle est celle qu'on ne peut jamais accuser de s'être formée en se séparant, celle qu'on trouve avant toutes les séparations, celle dont toutes les autres se sont séparées. Sans sortir de notre maison, nos parents mêmes nous montreront cette Eglise. « Interrogez votre père, et il vous le dira; demandez à vos ancêtres, et ils vous l'annonceront [1]. » Selon cette règle, quiconque peut montrer à toute une Eglise, à toute une société de pasteurs et de peuple, le commencement de son être, et un temps quel qu'il soit durant lequel elle n'étoit pas, l'a convaincue dès là de n'être pas une Eglise vraiment chrétienne. Voilà notre prétention; et nous ne prétendons pas que dans cette question il s'agisse d'une simple formalité. Nous soutenons qu'il s'agit d'un article fondamental contenu dans ces paroles du Symbole : « Je crois l'Eglise catholique : » article d'ailleurs de telle importance, qu'il emporte la décision de tous les autres. Mais autant que ce point est décisif, autant est-il clair, et on n'en peut pas parler longtemps sans que le foible paroisse bientôt de part ou d'autre. Disons mieux : lorsqu'un catholique tant soit peu instruit entreprend un protestant sur ce point, ce protestant, quelque habile et quelque subtil qu'il soit, se trouvera infailliblement réduit, non pas toujours à se

[1] *Deuter.*, XXXII, 7.

taire, mais ce qui n'est pas moins fort que le silence, à ne dire, quand il voudra parler, que de visibles absurdités.

C'est ce qui est ici arrivé à M. Claude par le seul défaut de sa cause : car on verra qu'il l'a défendue avec toute l'habileté possible, et si subtilement que je craignois pour ceux qui écoutoient; car je sais ce qu'écrit saint Paul de tels discours. Mais enfin, il le faut dire à pleine bouche : la vérité a remporté une victoire manifeste. Ce que M. Claude avoue ruine sa cause : les endroits où M. Claude est demeuré sans réponse, sont des endroits qui en effet n'en souffrent point.

Et afin qu'on ne dise pas que j'avance ce que je veux ; ou que je veux maintenant, contre ce que je viens de déclarer, qu'on m'en croie sur ma parole : deux choses vont faire voir, quelque opinion qu'on veuille avoir de moi, qu'en ce point il faut me croire nécessairement.

La première, c'est qu'appuyé sur la force de la vérité et sur la promesse de celui qui dit, « qu'il nous donnera une bouche et une parole à laquelle nos adversaires ne pourront pas résister [1], » partout où M. Claude dira qu'il n'a pas avoué ce que je lui fais avouer dans le récit de la Conférence, je m'engage, dans une seconde Conférence, à tirer de lui encore le même aveu ; et partout où il dira qu'il n'est pas demeuré sans réponse, je le forcerai, sans autre argument que ceux qu'il a déjà ouïs, à des réponses si visiblement absurdes, que tout homme de bon sens avouera qu'il valoit encore mieux se taire que de s'en être servi.

Et de peur qu'on ne dise, car dans une affaire où il s'agit du salut des ames il faut autant qu'on peut tout prévenir : de peur donc, encore une fois, qu'on ne dise que M. Claude peut-être aura pris un mauvais tour, par lequel il se sera engagé dans des inconvéniens, je soutiens au contraire que cet avantage est tellement dans notre cause, que tout ministre, tout docteur, tout homme vivant succombera de la même sorte à de pareils argumens.

[1] *Luc.*, XXI, 15.

Ceux qui voudront faire cette épreuve, verront que ma promesse n'est pas vaine. Que si on dit que je présume de mes forces, maintenant que je m'examine moi-même devant Dieu, si cette présomption m'avoit fait parler, je désavouerois tout ce ce que j'ai dit. Au lieu de me promettre aucun avantage, je me tiendrois pour vaincu en ne me fiant qu'à mon bras et en mes armes ; et loin de défier les forts, à l'exemple de David [1], je me rangerois avec ceux dont le même David a chanté que « les flèches des enfans les ont percés, et que leur propre langue, trop foible pour les défendre, s'est enfin tournée contre eux-mêmes [2]. »

L'Instruction que j'offre en général aux prétendus réformés, je l'offre en particulier à ceux du diocèse de Meaux, que je dois porter plus que tous les autres dans mes entrailles. Ceux qui refuseront cette Instruction chrétienne, pacifique, fraternelle et paternelle autant que concluante et décisive, je leur dirai, comme saint Paul avec douleur et gémissement, car on ne se console pas de la perte de ses enfans et de ses frères : « Je suis net du sang d'eux tous [3]. »

Voilà la première chose qui fera voir que je n'impute rien à M. Claude pour me donner de l'avantage. La seconde, c'est que M. Claude lui-même, au milieu de ce qu'il m'oppose, et parmi tous les tours qu'il donne à notre dispute, avoue encore au fond ce dont il s'agissoit entre nous, ou le tourne d'une manière à faire voir qu'il ne peut pas entièrement le désavouer. Mais tout ceci s'entendra mieux quand après les Instructions et la Conférence on lira encore les Réflexions que je ferai sur l'écrit de M. Claude.

Il faut de l'attention pour prendre toute la suite de ces Instructions : car quelque facilité qu'il ait plu à Dieu vous (*a*) faire trouver dans une matière où il montre aux plus ignorans comme aux plus habiles la voie du salut ouverte, il n'a voulu décharger personne de l'attention dont il est capable ; et comme les entre-

---

[1] *I Reg.*, XVII, 45. — [2] *Psal.* LXIII, 8, 9. — [3] *Act.*, XX, 29.

(*a*) 1ʳᵉ édit. : Nous.

tiens qu'on va voir sont nés à l'occasion des articles xix et xx de mon Traité de l'*Exposition*, la lecture de ces deux articles, qui ne coûtera qu'un demi-quart d'heure, facilitera l'intelligence de tout cet ouvrage, quoique j'espère d'ailleurs qu'il se soutiendra par lui-même.

Au reste cette lecture ne sera pas inutile aux catholiques : ordinairement ils négligent trop les livres de controverse. Appuyés sur la foi de l'Eglise, ils ne sont pas assez soigneux de s'instruire dans les ouvrages où leur foi seroit confirmée, et où ils trouveroient les moyens de ramener les errans. On n'en usoit pas ainsi dans les premiers siècles de l'Eglise : les traités de controverse que faisoient les Pères étoient recherchés par tous les fidèles. Comme la conversation est un des moyens que le Saint-Esprit nous propose pour attirer les infidèles et ramener les errans, chacun travailloit à rendre la sienne fructueuse et édifiante par cette lecture. La vérité s'insinuoit par un moyen si doux; et la conversation attiroit ceux qu'une dispute méditée n'auroit peut-être fait qu'aigrir. Mais afin qu'on lise les ouvrages que nous faisons sur la controverse comme on lisoit ceux des Pères, tâchons comme les Pères de les remplir, non-seulement d'une doctrine exacte et saine, mais encore de piété et de charité; et autant que nous pourrons, corrigeons les sécheresses, pour ne point dire l'aigreur qu'on trouve trop souvent dans de tels livres.

CONFÉRENCE

AVEC M. CLAUDE,

SUR LA MATIÈRE DE L'ÉGLISE.

I. — Préparation à la Conférence, et Instruction particulière.

Mademoiselle de Duras ayant quelque doute sur sa religion, m'avoit fait demander par diverses personnes de qualité, si je voudrois bien conférer en sa présence avec M. Claude. Je répondis que je le ferois de bon cœur si je voyois que cette Conférence fût nécessaire à son salut. Ensuite elle se servit de l'entremise de M. le duc de Richelieu pour m'inviter à me rendre à Paris le mardi dernier février 1678, et à entrer en conférence le lendemain avec ce ministre sur la matière dont elle me parleroit. C'étoit pour me l'indiquer qu'elle souhaita de me voir avant la Conférence. Comme je me fus rendu chez elle au jour marqué, elle me fit connoître que le point sur lequel elle désiroit s'éclaircir avec son ministre étoit celui de l'autorité de l'Eglise, qui lui sembloit renfermer toute la controverse. Il me parut qu'elle n'étoit pas en état de se résoudre sans cette Conférence, si bien que je la jugeai absolument nécessaire.

Je lui dis que ce n'étoit pas sans raison qu'elle s'attachoit principalement, et même uniquement, à ce point qui renfermoit en effet la décision de tout le reste, comme elle l'avoit remarqué; et sur cela je tâchai de lui faire encore mieux entendre l'importance de cet article.

C'est une chose, lui dis-je, assez ordinaire à vos ministres, de se glorifier que la créance des fondemens de la foi ne leur peut être contestée. Ils disent que nous croyons tout ce qu'ils croient, mais qu'ils ne croient pas tout ce que nous croyons. Ils veulent dire par là qu'ils ont retenu tous les fondemens de la foi, et qu'ils n'ont rejeté que ce que nous y avons ajouté. Ils tirent de là un grand avantage, et prétendent que leur doctrine est sûre et incontestable. Mademoiselle de Duras se souvint fort bien de leur avoir souvent ouï tenir de tels discours. Je ne veux sur cela, poursuivis-je, leur faire qu'une remarque; c'est que loin de leur accorder qu'ils croient tous les fondemens de la foi, au contraire nous leur faisons voir qu'il y a un article du Symbole qu'ils ne croient pas, et c'est celui de l'Eglise universelle. Il est vrai qu'ils disent de bouche : « Je crois l'Eglise catholique ou universelle, » mais comme les ariens, les macédoniens et les sociniens disent de bouche : « Je crois en Jésus-Christ et au Saint-Esprit. » Mais comme on a raison d'accuser ceux-ci de ne croire pas ces articles, parce qu'ils ne les croient pas comme il faut, ni selon leur véritable intelligence : si on montre aux prétendus réformés qu'ils ne croient pas comme il faut l'article de l'Eglise catholique, il sera vrai qu'ils rejetteront en effet un article si important du Symbole.

Mademoiselle de Duras avoit lu mon traité de l'*Exposition*, et me fit connoître qu'elle se souvenoit d'y avoir vu quelque chose qui revenoit à peu près à ce que je lui disois : mais j'ajoutai qu'en ce Traité j'avois voulu dire les choses fort brièvement, et qu'il étoit à propos qu'elle les vît un peu plus au long.

Il faut donc savoir, lui dis-je, ce qu'on entend par ce mot d'*Eglise catholique* ou *universelle;* et sur cela je posai pour fondement que dans le Symbole où il s'agissoit d'exposer la foi simplement, il falloit prendre ce terme de la manière la plus propre, la plus naturelle et la plus usitée parmi les chrétiens. Or ce que tous les chrétiens entendent par le nom d'*Eglise,* c'est une société qui fait profession de croire la doctrine de Jésus-Christ, et de se gouverner par sa parole. Si cette société fait cette profession, par conséquent elle est visible.

Que cette signification du nom d'*Eglise* fût la propre et la naturelle signification de ce nom, celle en un mot qui étoit connue de tout le monde et usitée dans le discours ordinaire, je n'en demandois pas d'autres témoins que les prétendus réformés eux-mêmes.

Quand ils parlent de leurs prières ecclésiastiques, de la discipline de l'Eglise, de la foi de l'Eglise, des pasteurs et des diacres de l'Eglise, ils n'entendent point que ce soient les prières des prédestinés, ni leur discipline, ni leur foi ; mais les prières, la foi et la discipline de tous les fidèles assemblés dans la société extérieure du peuple de Dieu.

Quand ils disent qu'un homme édifie l'Eglise, ou qu'il scandalise l'Eglise, ou qu'ils reçoivent quelqu'un dans l'Eglise, ou qu'ils excluent quelqu'un de l'Eglise, tout cela s'entend sans doute de la société extérieure du peuple de Dieu.

Ils l'expliquent ainsi dans la forme du baptême lorsqu'ils disent qu'ils vont recevoir l'enfant « en la compagnie de l'Eglise chrétienne; » et pour cela qu'ils obligent « les parrains et marraines de l'instruire en la doctrine, laquelle est reçue du peuple de Dieu, comme elle est, disent-ils, sommairement comprise en la Confession de foi que nous avons tous : » et encore lorsqu'ils demandent à Dieu dans leurs prières ecclésiastiques de « délivrer toutes ses Eglises de la gueule des loups ravissans; » et encore plus expressément dans la Confession de foi, article xxv, quand ils disent « que l'ordre de l'Eglise, qui a été établi de l'autorité de Jésus-Christ, doit être sacré, et pourtant que l'Eglise ne peut consister, sinon qu'il y ait des pasteurs qui aient la charge d'enseigner; » et dans l'article xxvi « que nul ne se doit retirer à part, mais que tous ensemble doivent garder et entretenir l'unité de l'Eglise, se soumettant à l'instruction commune ; » et enfin, dans l'article xxvii, « qu'il faut discerner soigneusement quelle est la vraie Eglise, et que c'est la compagnie des fidèles qui s'accordent à suivre la parole de Dieu et la pure religion qui en dépend. » D'où ils concluent, article xxviii, « qu'où la parole de Dieu n'est pas reçue, et qu'on ne fait nulle profession de s'assujettir à icelle, et où il n'y a nul usage des sacremens, à parler proprement, on ne peut juger qu'il y ait aucune Eglise. »

On voit par tous ces passages, et par l'usage commun des prétendus réformés, que la signification du mot d'*Eglise* propre, naturelle et usitée de tout le monde, est de la prendre pour la société extérieure du peuple de Dieu, parmi lequel, quoiqu'il se trouve des « hypocrites et réprouvés, leur malice, disent-ils, ne peut effacer le titre d'Eglise, » article xxvII. C'est-à-dire que les hypocrites mêlés à la société extérieure du peuple de Dieu ne lui peuvent ôter le titre de vraie Eglise, pourvu qu'elle soit toujours revêtue de ces marques extérieures de faire profession de la parole de Dieu et de l'usage des sacremens, comme porte l'article xxvIII.

Voilà comme on prend l'Eglise lorsqu'on en parle simplement, naturellement, proprement, sans contention ni dispute; et si c'est la manière ordinaire de prendre ce mot, nous avons raison de dire que c'est celle que les apôtres ont employée dans leur Symbole, où il falloit parler de la manière la plus ordinaire et la plus simple, parce qu'il s'agissoit de renfermer en peu de paroles la confession des fondemens de la foi.

En effet il a passé dans le discours commun de tous les chrétiens de prendre le mot d'*Eglise* pour cette société extérieure du peuple de Dieu. Quand on veut entendre par le mot d'*Eglise* la société des prédestinés, on l'exprime et on dit l'*Eglise des prédestinés*. Quand on veut entendre par ce mot « l'assemblée et Eglise des premiers-nés qui sont écrits dans le ciel, » on l'exprime nommément comme fait saint Paul [1]. Il prend ici le mot d'*Eglise* dans une signification moins usitée, « pour la cité du Dieu vivant, la Jérusalem céleste, où sont plusieurs milliers d'anges et les esprits des justes sanctifiés, » c'est-à-dire pour le ciel où sont recueillies les ames saintes. C'est pourquoi il ajoute un mot pour désigner cette Eglise ; c'est « l'Eglise des premiers nés, » qui ont précédé leurs frères dans la gloire. Mais quand on emploie simplement le mot d'*Eglise* sans rien ajouter, l'usage commun de tous les chrétiens, sans en excepter les prétendus réformés, est de le prendre pour signifier l'assemblée, la société, la communion de ceux qui confessent la vraie doctrine de Jésus-Christ. Et d'où vient cet usage de tous les chrétiens, sinon de l'Ecriture sainte, où nous voyons en effet le mot d'*Eglise* pris communément en ce sens, en sorte qu'on ne peut nier que ce ne soit la signification ordinaire et naturelle de ce mot?

Le mot d'*Eglise* dans son origine signifie assemblée, et s'attri-

[1] *Hebr.*, xII, 23.

buoit principalement aux assemblées que tenoient autrefois les peuples pour entendre parler des affaires publiques. Et ce mot est employé en ce sens aux *Actes*, XIX, lorsque le peuple d'Ephèse s'assembla en fureur contre saint Paul : « L'assemblée et l'Eglise étoit confuse. » Et encore : « Si vous demandez quelque chose, cela se pourra conclure dans une assemblée ou Eglise dûment convoquée. » Et enfin : « Quand il eut dit ces choses, il renvoya l'Eglise ou l'assemblée [1]. »

Voilà l'usage du mot d'*Eglise* parmi les Grecs et dans la gentilité. Les Juifs et les chrétiens se sont depuis servis de ce mot pour signifier l'assemblée, la société, la communauté du peuple de Dieu, qui fait profession de le servir. Il n'y a personne qui ne connoisse cette fameuse version des Septante, qui ont traduit en grec l'Ancien Testament quelques siècles avant Jésus-Christ : de plus de cinquante passges où ce terme se trouve employé dans leur version, il n'y en a pas un seul où il ne se prenne pour quelque assemblée visible; et il n'y en a que très-peu où il ne se prenne pour la société extérieure du peuple de Dieu. C'est aussi le sens où l'emploie saint Etienne, lorsqu'il dit que « Moïse fut en l'Eglise ou dans l'assemblée au désert avec l'ange qui parloit à lui [2], » appelant du mot d'*Eglise*, selon l'usage reçu par les Juifs, la société visible du peuple de Dieu.

Les chrétiens ont pris ce mot des Juifs, et ils lui ont conservé la même signification, l'employant à signifier l'assemblée de ceux qui confessoient Jésus-Christ, et faisoient profession de sa doctrine.

Voilà ce qui s'appelle simplement *Eglise*, ou l'Eglise de Dieu et de Jésus-Christ : et de plus de cent passages où ce mot est employé dans le Nouveau Testament, à peine y en a-t-il deux ou trois où cette signification lui soit contestée par les ministres; et même dans les endroits où ils la contestent, il est clair que c'est sans raison.

Par exemple, ils ne veulent pas que ce passage de saint Paul où il est dit que Jésus-Christ « s'est fait une Eglise glorieuse, qui n'a ni tache, ni ride, ni rien de semblable, mais qu'elle est sainte et sans tache [3]; » ils ne veulent, dis-je, pas que ce passage puisse

[1] *Act.*, XIX, 32, 39, 40. — [2] *Act.*, VII, 38. — [3] *Ephes.*, V, 27.

être entendu de l'Eglise visible, ni même de l'Eglise sur la terre, parce que l'Eglise ainsi regardée, loin d'être sans tache, a besoin de dire tous les jours : « Pardonnez-nous nos péchés. » Et moi je dis au contraire, que c'est parler manifestement contre l'Apôtre, que de dire que cette Eglise glorieuse et sans tache ne soit pas l'Eglise visible. Car voyez de quelle Eglise parle saint Paul : c'est de « celle que Jésus-Christ a aimée, pour laquelle il s'est donné afin de la sanctifier, la purifiant dans l'eau où elle est lavée par la parole de vie [1]. » Cette Eglise lavée dans l'eau et purifiée par le baptême, cette Eglise sanctifiée par la parole de vie, soit par celle de la prédication, soit par celle qui est employée dans les sacremens, cette Eglise est sans doute l'Eglise visible. La sainte société des prédestinés n'en est pas exclue, à Dieu ne plaise; ils en sont la plus noble partie : mais ils sont compris dans ce tout. Ils y sont instruits par la parole, ils y sont purifiés par le baptême; et souvent même des réprouvés sont employés à ces ministères. Il les faut donc regarder dans ce passage, non comme faisant un corps à part, mais comme faisant la plus belle et la plus noble partie de cette société extérieure. C'est cette société que l'Apôtre appelle l'*Eglise*. Jésus-Christ l'aime sans doute : car il lui a donné le baptême; il a répandu son sang pour l'assembler; il n'y a ni appelé, ni justifié, ni baptisé dans cette Eglise, qui ne soit appelé, justifié et baptisé au nom et par les mérites de Jésus-Christ crucifié. Cette Eglise est glorieuse, parce qu'elle glorifie Dieu publiquement, parce qu'elle annonce à toute la terre la gloire de l'Evangile et de la croix de Jésus-Christ. Cette Eglise est sainte, parce qu'elle enseigne toujours constamment et sans varier la sainte doctrine, qui enfante continuellement des saints dans son unité. Cette Eglise n'a ni tache ni ride, parce qu'elle n'a ni erreur, ni aucune mauvaise maxime; et encore parce qu'elle instruit et contient en son sein les élus de Dieu, qui quoique pécheurs sur la terre, trouvent dans sa communion des moyens extérieurs de se purifier, en sorte qu'ils viendront un jour en un état très-parfait devant Jésus-Christ.

Voilà peut-être le seul passage où l'on puisse dire avec quel-

[1] *Ephes.*, v, 26.

que sorte d'apparence que le mot d'*Eglise* pris simplement, signifie autre chose que la société extérieure du peuple de Dieu; et vous voyez cependant combien il est clair qu'il se doit entendre comme tous les autres.

Mais quand ainsi seroit que ce passage et deux ou trois autres auroient une signification ou douteuse ou même éloignée de celle-ci, tous les autres passages y sont conformes. Car qu'y a-t-il de plus fréquent que les passages où il est dit qu'il faut édifier l'Eglise, qu'on a persécuté l'Eglise, qu'on loue Dieu au milieu de l'Eglise, qu'on la salue, qu'on la visite, qu'on y établit des pasteurs et des évêques pour la régir, et autres semblables dont le nombre est infini?

Ainsi on ne peut nier que cette signification du mot d'*Eglise* ne soit la signification ordinaire, et celle par conséquent qui devoit être suivie dans une Confession de foi aussi simple qu'est le Symbole des apôtres.

C'est dans ce sens que l'a prise tout un grand concile, le premier et le plus saint de tous les conciles universels, lorsque condamnant Arius, il prononce ainsi : « Tous ceux qui disent que le Fils de Dieu a été tiré du néant, la sainte Eglise catholique et apostolique les anathématise [1]. »

C'est Jésus-Christ lui-même qui nous a appris à croire l'Eglise en ce sens. Car pour fonder cette Eglise, il est sorti du sein invisible de son Père, et s'est rendu visible aux hommes; il a assemblé autour de lui une société d'hommes qui le reconnoissoit pour maître : voilà ce qu'il a appelé son Eglise. C'est à cette Eglise primitive que les fidèles qui ont cru depuis se sont agrégés, et c'est de là qu'est née l'Eglise que le Symbole appelle *universelle*.

Jésus-Christ a employé le mot d'*Eglise* pour signifier cette société visible, lorsqu'il a dit lui-même qu'il falloit écouter l'Eglise : « Dites-le à l'Eglise [2]; » et encore lorsqu'il a dit: « Tu es Pierre, et sur cette pierre je bâtirai mon Eglise, et les portes d'enfer n'auront point de force contre elle [3]. »

Pourquoi, disois-je, Mademoiselle, pourquoi ceux de votre religion ne veulent-ils pas entendre ici par le mot d'*Eglise* la so-

[1] *Conc. Nic., post. Symb.* — [2] *Matth.*, XVIII, 17. — [3] *Matth.*, XVI, 18.

ciété de ceux qui font profession de croire en Jésus-Christ et en l'Evangile, puisqu'il est certain que cette société est en effet la vraie Eglise, contre laquelle l'enfer n'a jamais eu de force, ni lorsqu'il a employé les tyrans pour la persécuter, ni lorsqu'il a employé les faux docteurs pour la corrompre?

L'enfer ne prévaudra pas contre les prédestinés ; il est certain : car s'il n'a point de force contre cette société extérieure, à plus forte raison n'en aura-t-il pas contre les élus de Dieu, qui sont la partie la plus pure et la plus spirituelle de cette Eglise. Mais par la même raison qu'il ne peut pas prévaloir contre les élus, il ne peut pas prévaloir contre l'Eglise qui les enseigne, où ils confessent l'Evangile et où ils reçoivent les sacremens.

C'étoit cette société extérieure où les élus servent Dieu qu'il falloit entendre par le mot d'*Eglise,* et admirer en même temps la force invincible des promesses de Jésus-Christ, qui a tellement affermi la société de son peuple, quoique foible à comparaison des infidèles qui l'environnoient au dehors, quoique déchirée par les hérétiques qui la divisoient au dedans, qu'il n'y a pas eu un seul moment où cette Eglise n'ait été vue par toute la terre.

Mais les prétendus réformés n'ont pas osé soutenir ce sens naturel de l'Evangile. Car ils on tété forcés, pour s'établir, de dire dans leur propre *Confession de foi,* article xxxi : « que l'état de l'Eglise a été interrompu, et qu'il l'a fallu dresser de nouveau, parce qu'elle étoit en ruine et désolation. »

Et en effet leur église, quand elle s'est établie, n'est entrée en communion avec aucune autre église qui fût alors sur la terre ; mais s'est formée en rompant avec toutes les églises chrétiennes qui étoient au monde.

Ils n'ont donc pas la consolation qu'ont les catholiques de voir la promesse de Jésus-Christ s'accomplir visiblement, et se soutenir durant tant de siècles. Ils ne peuvent montrer une église qui ait toujours été depuis que Jésus-Christ est venu pour la bâtir sur la pierre ; et pour sauver sa parole, ils sont obligés d'avoir recours à une église des prédestinés, que ni eux ni personne ne peuvent montrer.

Or Jésus-Christ a voulu montrer quelque chose d'illustre et de clair, quand il a dit que son Eglise, malgré les enfers, seroit toujours invincible : il a, dis-je, voulu montrer quelque chose de clair et d'éclatant qui pût servir dans tous les siècles d'assurance sensible et palpable de la certitude immuable de ses promesses.

Et en effet regardons quand il a dit cette parole : « Tu es Pierre, et sur cette pierre je bâtirai mon Eglise, et les portes d'enfer ne prévaudront point contre elle[1]. » C'est lorsqu'ayant demandé à ses apôtres : « Qui dites-vous que je suis ? » Pierre répondit au nom de tous : « Vous êtes le Christ, le Fils du Dieu vivant. »

C'est sur cette illustre confession de foi, que la chair et le sang n'avoit point dictée, mais que le Père céleste avoit révélée à Pierre ; c'est, dis-je, sur cette illustre confession de foi qu'est fondée, et la dignité de saint Pierre, et la fermeté inébranlable de l'Eglise. Cette Eglise, qui confesse que Jésus-Christ est le vrai Fils de Dieu, est celle contre qui l'enfer n'aura jamais de force, qui subsistera sans interruption malgré les efforts et les artifices du diable.

Il paroît donc clairement que l'Eglise dont parle ici Jésus-Christ, est une Eglise confessante, une Eglise qui publie la foi, une Eglise par conséquent extérieure et visible. Et voyez aussi ce qu'il ajoute : « Et je te donnerai les clefs du royaume des cieux ; et tout ce que tu auras lié dans la terre sera lié dans le ciel, et ce que tu auras délié en terre sera délié aux cieux[2]. »

Quelque chose qu'il faille entendre par ces mots, soit la prédication, soit les censures ecclésiastiques, ou le ministère des prêtres dans le sacrement de pénitence comme l'entendent les catholiques, toujours est-il assuré que voilà un ministère extérieur donné à cette Eglise : c'est donc cette Eglise qui confesse la foi, et la confesse principalement par la bouche de saint Pierre ; c'est cette Eglise qui use du ministère des clefs ; c'est elle qui sera toujours sur la terre, sans que l'enfer puisse jamais prévaloir contre elle.

Et parce que Jésus-Christ vouloit qu'elle fût toujours visiblement subsistante, il l'a revêtue de marques sensibles qui doivent toujours durer. Car voici comme il envoie ses apôtres, et ce qu'il leur dit en montant aux cieux : « Allez, et enseignez toutes les

[1] *Matth.*, XVI, 18. — [2] *Ibid.*, 19.

nations, les baptisant au nom du Père, du Fils et du Saint-Esprit, et leur apprenant à garder tout ce que je vous ai commandé. Et voici, je suis toujours avec vous, jusqu'à la fin du monde[1] : » avec vous enseignant, avec vous baptisant, avec vous apprenant à mes fidèles à garder tout ce que je vous ai commandé, avec vous par conséquent exerçant dans mon Eglise un ministère extérieur : c'est avec vous, c'est avec ceux qui vous succéderont, c'est avec la société assemblée sous leur conduite que je serai dès maintenant jusqu'à ce que le monde finisse ; toujours, sans interruption : car il n'y aura pas un seul moment où je vous délaisse, et quoiqu'absent de corps, je serai toujours présent par mon Saint-Esprit.

En conséquence de cette parole, saint Paul nous dit aussi que le ministère ecclésiastique durera sans discontinuer jusqu'à la résurrection générale. « Celui qui est descendu, c'est le même qui est monté au-dessus de tous les cieux, afin qu'il remplît toutes choses. Lui-même donc a établi les uns pour être apôtres, les autres pour être prophètes, les autres pour être évangélistes, les autres pour être pasteurs et docteurs, pour l'assemblage des saints, pour l'œuvre du ministère, pour l'édification du corps de Christ, jusqu'à ce que nous nous rencontrions tous dans l'unité de la foi et de la connoissance du Fils de Dieu, en homme parfait à la mesure de la parfaite stature de Jésus-Christ[2] ; » c'est-à-dire jusqu'à ce nous ayons atteint la perfection de Jésus-Christ ; glorifiés en corps et en ame : voilà le terme que Dieu a donné au ministère ecclésiastique.

Les prétendus réformés ne veulent pas que l'Eglise visible soit celle qui s'appelle le corps de Jésus-Christ ; quel est donc ce corps, « où Dieu a établi les uns apôtres, les autres prophètes, les autres pasteurs et docteurs [3] ? » Quel est ce corps où Dieu a établi plusieurs membres et diverses graces, « la grace du ministère, la grace de la doctrine, la grace de l'exhortation et de la consolation, la grace du gouvernement ? » Quel est, dis-je, ce corps, si ce n'est l'Eglise visible ?

Mais ce qui fait que les prétendus réformés ne veulent pas avouer

[1] *Matth.*, XXVIII, 19, 20. — [2] *Ephes.*, IV, 10, 11, etc. — [3] *Rom.*, XII, 4, etc.

que ce corps de Jésus-Christ, tant recommandé dans l'Ecriture, puisse être l'Eglise visible, c'est qu'ils sont contraints de dire que l'Eglise visible cesse quelquefois d'être sur la terre; et ils ont horreur de dire que le corps de Jésus-Christ ne soit pas toujours, de peur de faire mourir Jésus-Christ encore une fois.

C'est donc sans difficulté cette assemblée de pasteurs et de peuples; c'est cette Eglise composée de tant de membres divers, par lesquels s'exercent extérieurement tant de saints ministères; c'est celle-là qui est appelée le corps de Jésus-Christ; c'est à ce corps assemblé sous le ministère des pasteurs, qu'il a dit en montant aux cieux : « Voici, je suis avec vous jusqu'à la consommation des siècles. » Celui donc qui est descendu, c'est le même qui est monté, afin qu'il remplît toutes choses, le ciel par sa personne et par sa présence visible, la terre par son esprit et par son assistance invisible, l'un et l'autre par sa vérité et par sa parole. Et c'est pour continuer en montant aux cieux cette assistance promise à son Eglise, qu'il y a mis les uns apôtres, les autres évangélistes, les autres pasteurs et docteurs : chose qui doit durer jusqu'à ce que l'œuvre de Dieu soit entièrement accomplie, que nous soyons tous hommes parfaits, et que tout le corps de l'Eglise soit arrivé à la plénitude et à la perfection de Jésus-Christ.

Ainsi l'ouvrage de Jésus-Christ est éternel sur la terre. L'Eglise fondée sur la confession de la foi, sera toujours, et confessera toujours la foi : son ministère sera éternel : elle liera et déliera jusqu'à la fin du monde, sans que l'enfer l'en puisse empêcher; elle ne discontinuera jamais d'enseigner les nations : les sacremens, c'est-à-dire les livrées extérieures dont elle est revêtue dureront toujours. « Enseignez, et baptisez les nations, et je serai toujours avec vous[1]. Toutes les fois que vous mangerez de ce pain, et que vous boirez de cette coupe, vous annoncerez la mort du Seigneur jusqu'à ce qu'il vienne[2]. » Avec la Cène durera et la confession de la foi, et le ministère ecclésiastique, et la communion extérieure et intérieure des fidèles avec Jésus-Christ, et des fidèles entre eux, jusqu'à ce que Jésus-Christ vienne. La durée de l'Eglise et du ministère ecclésiastique n'a point d'autres bornes.

[1] *Matth.*, XXVIII, 19, 20. — [2] 1 *Cor.*, XI, 26.

Ce n'est donc pas seulement la société des prédestinés qui subsistera à jamais, c'est le corps visible où sont renfermés les prédestinés qui les prêche, qui les enseigne, qui les régénère par le baptême, qui les nourrit par l'Eucharistie, qui leur administre les clefs, qui les gouverne et les tient unis sous la discipline, qui forme en eux Jésus-Christ : c'est ce corps visible qui subsistera éternellement.

Et c'est pourquoi dans le Symbole des apôtres, où l'on nous propose à croire les fondemens de la foi, on nous dit en même temps de croire au Père, et au Fils, et au Saint-Esprit, et de croire la sainte Eglise catholique et la communion des saints : communion intérieure par la charité, et dans le Saint-Esprit qui nous anime, je l'avoue ; mais en même temps communion extérieure dans les sacremens, dans la confession de la foi, et dans tout le ministère extérieur de l'Eglise.

Et tout ce que nous venons de dire est renfermé dans cette parole : « Je crois l'Eglise universelle. » On la croit dans tous les temps ; elle est donc toujours : on la croit dans tous les temps ; elle enseigne donc toujours la vérité.

Vos ministres veulent que nous croyions que c'est autre chose de croire l'Eglise, c'est-à-dire croire qu'elle soit ; autre chose de croire à l'Eglise, c'est-à-dire croire à toutes ses décisions. Mais cette distinction est frivole. Qui croit que l'Eglise est toujours, croit qu'elle est toujours confessant et enseignant la vérité. C'est à l'Eglise qui confesse la vérité que Jésus-Christ a promis que l'enfer n'auroit point de force contre elle. Jamais donc la vérité ne cessera d'y être confessée ; et par conséquent en croyant qu'elle est, on assure qu'elle est toujours croyable.

En effet, il ne suffit pas, pour conserver le nom d'*Eglise*, de retenir quelques points de la doctrine de Jésus-Christ : autrement les ariens, les pélagiens, les donatistes, les anabaptistes et les sociniens seroient de l'Eglise. Ils n'en sont pas toutefois : à Dieu ne plaise que nous appelions du nom d'*Eglise* cette confusion ! Il ne faut donc pas seulement que l'Eglise conserve quelque vérité : il faut qu'elle conserve, et qu'elle enseigne toute vérité ; autrement elle n'est pas l'Eglise.

Et il ne sert de rien de distinguer les articles fondamentaux d'avec les autres. Car tout ce que Dieu a révélé doit être retenu. Il ne nous a rien révélé qui ne soit très-important pour notre salut. « Je suis le Seigneur qui t'enseigne des choses utiles [1]. » Il faut donc trouver dans la foi que l'Eglise enseigne la plénitude des vérités révélées de Dieu : autrement ce n'est plus l'Eglise que Jésus-Christ a fondée.

Que les particuliers puissent ignorer quelques articles, je le confesse aisément : mais l'Eglise ne tait rien de ce que Jésus-Christ a révélé; et c'est pourquoi les fidèles qui ignorent certains articles en particulier, les confessent néanmoins tous en général, quand ils disent : « Je crois l'Eglise universelle. »

Voilà cette Eglise, disois-je, que vos ministres ne connoissent pas. Ils vous enseignent que cette Eglise visible et extérieure peut cesser d'être sur la terre; ils vous enseignent que cette Eglise peut errer dans ses décisions; ils vous enseignent que croire à cette Eglise, c'est croire à des hommes : mais ce n'est pas ainsi que l'Eglise nous est proposée dans le Symbole. On nous y propose de la croire, comme nous croyons au Père, au Fils, et au Saint-Esprit; et c'est pourquoi la foi de l'Eglise est jointe à la foi des trois Personnes divines.

Ces choses ayant été dites à diverses reprises, mais à peu près dans cette suite, j'ajoutai que notre doctrine étoit si véritable sur ce point, que les prétendus réformés, qui la nioient, n'ont pu la nier tout à fait : c'est-à-dire que leurs synodes agissent d'une manière à faire entendre qu'ils exigent, aussi bien que nous, une soumission absolue à l'autorité et aux décrets de l'Eglise.

Là je fis voir à mademoiselle de Duras les quatre actes de Messieurs de la religion prétendue réformée, que j'ai marqués dans l'*Exposition*, article xx. Elle les y avoit vus; mais je les lui fis lire dans le livre même de la *Discipline*.

Le premier est tiré du chapitre v, titre *des Consistoires*, article xxxi, où il est porté « que les débats pour la doctrine seroient terminés par la parole de Dieu, s'il se peut, dans le consistoire; sinon que l'affaire seroit portée au colloque, de là au synode pro-

---

[1] *Isa.*, XLVIII, 17.

vincial, et enfin au national, où l'entière et finale résolution se feroit par la parole de Dieu, à laquelle, si on refusoit d'acquiescer de point en point et avec exprès désaveu de ses erreurs, on seroit retranché de l'Eglise. »

Ce n'est donc pas, disois-je, à la seule parole de Dieu précisément, comme telle, qu'appartient l'entière et finale résolution, puisqu'après qu'elle est proposée, l'appel est permis ; mais à la parole de Dieu, en tant qu'expliquée et interprétée par le dernier jugement de l'Eglise.

Le second acte est tiré du synode de Vitré, rapporté dans le livre de la *Discipline*. Il contient la lettre d'envoi que font toutes les églises quand elles députent au synode national; en voici les termes : « Nous promettons devant Dieu de nous soumettre à tout ce qui sera résolu en votre sainte assemblée, persuadés que nous sommes que Dieu y présidera, et vous conduira par son Saint-Esprit en toute vérité et équité par la règle de sa parole. » Cette persuasion, disois-je, si elle est seulement fondée sur une présomption humaine, ne peut pas être la matière d'un serment si solennel par lequel on jure de se soumettre à une résolution qu'on ne sait pas encore : elle ne peut donc être fondée que sur une promesse expresse que le Saint-Esprit présidera dans le dernier jugement de l'Eglise; et les catholiques n'en disent pas davantage.

Le troisième acte, qui se trouve encore dans le même livre de la *Discipline,* est la condamnation des indépendans, sur ce qu'ils disoient que chaque église se devoit gouverner elle-même « sans aucune dépendance de personne en matières ecclésiastiques. » Cette proposition fut déclarée au synode de Charenton, « autant préjudiciable à l'Etat qu'à l'Eglise. » On y jugea « qu'elle ouvriroit la porte à toute sorte d'irrégularités et d'extravagances, en ôtoit tous les remèdes, et donnoit lieu à former autant de religions que de paroisses. » Mais, disois-je, quelques synodes qu'on tienne, si on ne se croit pas obligé à y soumettre son jugement, on n'évite pas les inconvéniens des indépendans, et on laisse la porte ouverte à établir autant de religions, je ne dis pas qu'il y a de paroisses, mais qu'il y a de têtes. On en vient donc par nécessité à cette obligation de soumettre son jugement à ce que l'Eglise catholique enseigne.

Ces trois actes sont tirés du livre de la *Discipline*, imprimé à Charenton l'an 1667.

Le quatrième se trouve dans un livre de M. Blondel intitulé : *Actes authentiques,* imprimé à Amsterdam par Blaeu l'an 1655.

C'est une résolution du synode national de Sainte-Foi en 1578 (*a*), qui nomme quatre ministres pour se trouver à une assemblée où se devoit traiter la réunion avec les luthériens, en dressant *un Formulaire de profession de foi commune.* On donne pouvoir à ces ministres « de décider tout point de doctrine et autres qui seront mis en délibération, et de consentir à cette confession de foi sans même en communiquer davantage aux Eglises, si le temps ne permet pas de le faire. » De cet acte je concluois deux choses : l'une, que tout le synode compromet de sa foi entre les mains de quatre particuliers, chose bien plus extraordinaire que de voir des particuliers se soumettre à toute l'Eglise; l'autre, que l'église prétendue réformée est encore peu assurée de sa confession de foi, puisqu'elle consent qu'on la change, et cela dans des points aussi importans que sont ceux qui font la dispute avec les luthériens, dont l'un est la réalité. Si les prétendus réformés espéroient que les luthériens revinssent à eux, il n'y avoit nul besoin d'une nouvelle confession de foi. Ainsi ce qu'on prétendoit, c'est que les uns et les autres demeurant dans leur sentiment, on fît une confession de foi dont les deux partis pussent convenir; ce qui ne se pouvoit faire sans ajouter ou sans supprimer quelque chose d'essentiel dans une confession de foi qu'on nous donne comme n'enseignant que la pure parole de Dieu.

Mademoiselle de Duras m'avoua qu'ayant vu dans mon Traité ces actes et mes réflexions, qui sont les mêmes que celles que je venois de lui faire, elle ne savoit qu'y répondre; et que pour cela elle souhaitoit d'entendre ce que répondroit M. Claude tant sur ces actes que sur les autres difficultés qui regardent l'autorité de l'Eglise.

(*a*) 1ʳᵉ édit. : De Sainte-Foi, 1578.

Je lui dis qu'encore que ceux de sa religion agissent comme tenant l'autorité de l'Eglise infaillible et incontestable, il étoit vrai qu'ils nioient cette infaillibilité; et j'ajoutai que c'étoit une maxime constante dans sa religion, que tous les particuliers pour ignorans qu'ils fussent, étoient obligés de croire qu'ils pouvoient mieux entendre l'Ecriture sainte que tous les conciles et que tout le reste de l'Eglise ensemble. Elle parut étonnée de cette proposition. Mais j'ajoutai qu'on croyoit encore dans sa religion quelque chose de bien plus étrange, qui étoit qu'il y a un point où un chrétien est obligé de douter si l'Ecriture est inspirée de Dieu; si l'Evangile est une vérité ou une fable; si Jésus-Christ est un trompeur ou le docteur de la vérité. Comme elle parut encore plus étonnée de cette proposition, je l'assurai que tant celle-là que l'autre que je venois de lui dire, étoient des suites nécessaires de la doctrine reçue dans leur religion sur l'autorité de l'Eglise, et que je ne doutois point que je ne pusse forcer M. Claude à les avouer.

Je lui expliquai les raisons de ce que j'avois avancé, et lui fis voir en même temps quelle marque de fausseté c'étoit parmi eux, de voir que d'un côté ils niassent qu'il fallût croire sans examiner ce que l'Eglise décidoit, et que de l'autre ils fussent forcés pour établir l'ordre, d'attribuer à l'Eglise l'autorité qu'ils lui auroient déniée.

Elle me fit connoître qu'elle entendoit ce raisonnement, et qu'elle se souvenoit de l'avoir lu dans mon livre; mais qu'encore qu'elle ne vît rien à y répondre, elle avoit peine à croire qu'on n'y répondît pas dans sa religion.

Madame la comtesse de Roye vint dire que M. Claude, qui avoit promis de se trouver avec moi le lendemain, avoit reçu défense de le faire, et ne le pouvoit plus. Mademoiselle de Duras témoigna être fort mécontente de ce procédé. Je voulus me retirer, et la laisser avec madame sa sœur : mais elle me pria de lui dire ce que je venois de lui représenter. Je le fis en peu de mots, et répondis à quelques objections qui me furent faites.

Le lendemain matin mademoiselle de Duras vint en mon logis avec un honnête homme de sa religion, que je connoissois, nommé M. Coton. Elle s'étoit servie de lui pour engager M. Claude à la conférence, et il lui avoit rapporté que M. Claude l'avoit acceptée. Elle me pria de redire ce que j'avois dit la veille. Je le fis, et M. Coton avoua qu'il ne savoit que répondre, et qu'il avoit grande passion d'entendre M. Claude sur cela. Lui et mademoiselle de Duras me firent quelques objections sur les révoltes fréquentes du peuple d'Israël, qui avoit si souvent abandonné Dieu, « les rois et tout le peuple, » comme parle la sainte Ecriture ; pendant quoi le culte public étoit tellement éteint, qu'Elie croyoit être le seul serviteur de Dieu, et qu'il n'apprit que de Dieu même « qu'il s'étoit réservé sept mille hommes qui n'avoient point fléchi le genou (a) devant Baal[1]. »

A cela je répondis que, pour ce qui regardoit Elie, il n'y avoit aucune difficulté, puisqu'il paroît par les termes mêmes qu'il ne s'agissoit que d'Israël où Elie prophétisoit, et que le culte divin, loin d'être éteint en Juda dans ce temps-là, y étoit sous le règne de Josaphat dans le plus grand lustre où il eût été depuis Salomon. La chose passa pour constante, et je remarquai seulement combien peu de bonne foi il y avoit aux ministres de produire toujours ce passage, après que le cardinal du Perron y avoit donné une réponse si décisive.

Quant à ce qui étoit arrivé dans Juda même, je dis que je voulois faire l'objection encore plus forte qu'on ne me la faisoit, en considérant l'état du peuple de Dieu sous Achaz, qui ferma le temple, fit sacrifier aux idoles par Urie prêtre du Seigneur, et remplit Jérusalem d'abominations[2], et ensuite sous Manassès, qui enchérit sur les impiétés d'Achaz[3]. Mais pour montrer que tout cela ne faisoit rien à la question, je priai seulement qu'on remarquât qu'Isaïe, qui avoit vécu durant tout le règne d'Achaz, pour toutes ces abominations du roi, du prêtre Urie et presque de tout le peuple, ne s'étoit jamais séparé de la communion de Juda, non plus que les autres prophètes qui avoient vécu en ce temps et dans tous les autres : ce qui montre qu'il y a toujours un peuple

---

[1] III *Reg.*, xix, 13. — [2] IV *Reg.*, xvi ; II *Paralip.*, xxviii. — [3] IV *Reg.*, xxi ; II *Paralip.*, xxxiii.

(a) Littéral : *genouil*, d'où *s'agenouiller*.

de Dieu, de la communion duquel il n'est jamais permis de se séparer.

Il est écrit aussi que du temps de Manassès, Dieu parla par la bouche de tous ses prophètes, et menaçoit ce roi impie et tout le peuple[1]. Mais ces prophètes qui reprenoient et détestoient les impiétés de ce peuple, ne se séparoient pas de la communion.

Et pour voir la chose à fond, il faut, disois-je, considérer la constitution de l'ancien peuple. Il avoit cela de propre qu'il se multiplioit par la génération charnelle, et que c'étoit par là que s'en faisoit la succession aussi bien que celle du sacerdoce; que ce peuple portoit en sa chair la marque de l'alliance, c'est-à-dire la circoncision, que nous ne lisons point avoir jamais été discontinuée, et qu'ainsi quand les pontifes et presque tout le peuple auroient prévariqué, l'état du peuple de Dieu subsistoit toujours dans sa forme extérieure, bon gré malgré qu'ils en eussent. Il ne pouvoit non plus arriver aucune interruption dans le sacerdoce que Dieu avoit attaché à la famille d'Aaron. Mais il n'en est pas de même dans le nouveau peuple, dont la forme extérieure ne consistoit en autre chose qu'en la profession de la doctrine de Jésus-Christ : de sorte que si la confession de la vraie foi étoit éteinte un seul moment, l'Eglise qui n'avoit de succession que par la continuation de cette profession, seroit tout à fait éteinte, sans pouvoir jamais ressusciter dans son peuple, ou dans ses pasteurs que par une nouvelle mission.

J'ajoutai au reste que je ne voulois pas dire que la vraie foi et le vrai culte de Dieu pût être tout à fait aboli dans le peuple d'Israël, en sorte que Dieu n'eût plus de vrais serviteurs sur la terre. Mais je trouvois au contraire, premièrement, qu'il étoit clair que, malgré la corruption, Dieu se réservoit toujours un assez grand nombre de serviteurs qui ne participoient pas à l'idolâtrie. Car si cela étoit en Israël schismatique et séparé du peuple de Dieu, comme Dieu même le déclare à Elie : à plus forte raison en Juda, que Dieu s'étoit réservé pour perpétuer son peuple et son royaume jusqu'au temps du Messie. Lors donc qu'il étoit écrit que le roi et tout le peuple avoient abandonné la loi de Dieu, il

[1] IV *Reg.*, XXI, 10.

falloit entendre, non tout le peuple sans exception, mais une grande partie, et si l'on veut la plus grande partie du peuple; ce que les ministres ne nioient pas. 2° Qu'il ne falloit pas s'imaginer que les serviteurs de Dieu et la vraie foi se conservassent seulement en secret; mais que dans toute la succession de l'ancien peuple, la vraie doctrine avoit toujours éclaté. Car il y a eu une continuelle succession de prophètes, qui loin d'adhérer aux erreurs du peuple ou de les dissimuler, s'élevoit contre avec force; et cette succession étoit si continuelle, que le Saint-Esprit ne craint point de dire « que Dieu se relevoit de nuit et dès le matin, et avertissoit tous les jours son peuple par la bouche de ses prophètes[1] : » expression la plus puissante qui se puisse imaginer pour faire voir que la vraie foi n'a jamais été un seul moment sans publication, ni le peuple sans avertissement. Qu'ainsi ne soit, nous venons de voir que dans tout le règne d'Achaz, Isaïe n'avoit cessé de prophétiser : et sous Manassès, où il semble que l'abomination fût montée au comble, puisque ni la pénitence de ce roi, ni la sainteté de Josias son petit-fils ne purent faire rétracter la sentence donnée contre ce peuple, Dieu se souvenant toujours des abominations de Manassès : dans ce temps, dis-je, nous avons vu que Dieu faisoit parler ses prophètes; et qu'une grande partie du peuple les ait suivis publiquement, il paroît en ce que ce prince impie « fit regorger Jérusalem de sang innocent[2], » marque certaine qu'il trouva une grande résistance à ses idolâtries. On tient même qu'il fit mourir Isaïe, comme ses prédécesseurs avoient fait mourir les autres prophètes qui les reprenoient; et cette histoire s'est conservée dans l'ancienne tradition conforme à la parole de Notre-Seigneur, qui reproche aux Juifs « d'avoir fait mourir les prophètes[3], » et au discours de saint Etienne qui dit, « qu'il n'y a aucun prophète qu'ils n'aient persécuté[4]. »

Ces prophètes faisoient partie du peuple de Dieu; ces prophètes retenoient dans le devoir une partie considérable et des prêtres et du peuple même; ces prophètes, qui confirmoient leur mission

---

[1] II *Paralip.*, XXXVI, 15; *Jerem.*, XI, 7; XXV, 3, 4. — [2] IV *Reg.*, XXI, 16. — [3] *Matth.*, XXIII, 31, 37. — [4] *Act.*, VII, 52.

par des miracles visibles, empêchoient que la corruption ne gagnât tout; et pendant qu'une effroyable multitude, et peut-être le gros de la Synagogue étoit entraîné dans l'idolâtrie, ils conservoient la tradition de la vérité dans le peuple d'Israël.

Ezéchiel, qui parut un peu après, nous le fait voir lorsqu'il parle « des prêtres et des lévites, enfans de Sadoc, qui dans le temps de l'égarement des enfans d'Israël ont toujours observé les cérémonies du sanctuaire[1]. Ceux-là, poursuit-il, me serviront, et paroîtront devant moi pour m'offrir des victimes, dit le Seigneur. » La succession, non-seulement celle de la chair, mais encore celle de la foi et du ministère, s'étoit conservée dans ces prêtres et dans ces lévites, que la grace de Dieu et la prédication des prophètes avoient retenus dans le service.

Et il faut remarquer que Dieu n'a jamais fait plus éclater ce ministère des prophètes, que lorsque l'impiété sembloit avoir pris le dessus; en sorte que dans le temps où le moyen ordinaire d'instruire le peuple étoit non pas détruit, mais obscurci, Dieu préparoit les moyens extraordinaires et miraculeux.

A cela on peut ajouter que ce moyen extraordinaire, c'est-à-dire le ministère prophétique, avant la captivité, étoit comme ordinaire au peuple de Dieu, où les prophètes faisoient comme un ordre toujours subsistant, d'où Dieu tiroit continuellement des hommes divins, par la bouche desquels il parloit lui-même hautement et publiquement à tout son peuple.

Depuis le retour de la captivité jusqu'à Jésus-Christ, il n'y eut plus d'idolâtrie publique et durable. On sait ce qui arriva sous Antiochus l'Illustre; mais on sait aussi le zèle de Mathathias, et le grand nombre de vrais fidèles qui se joignit à sa maison, et les victoires éclatantes de Judas le Machabée et de ses frères : sous eux et leurs successeurs, la profession de la vraie foi dura jusqu'à Jésus-Christ. A la fin les pharisiens introduisoient dans la religion et dans leur culte beaucoup de superstitions. Comme la corruption alloit prévaloir, Jésus-Christ parut au monde.

. Jusqu'à lui la religion s'étoit conservée. Les docteurs de la loi avoient beaucoup de maximes et de pratiques pernicieuses, qui

[1] *Ezech.*, XLIV, 15.

gagnoient et s'établissoient peu à peu : elles devenoient communes, mais elles n'étoient pas passées en dogmes de la Synagogue. C'est pourquoi Jésus-Christ disoit encore : « Les scribes et les pharisiens sont assis sur la chaire de Moïse ; faites donc tout ce qu'ils vous disent, mais ne faites pas selon leurs œuvres [1]. » Il ne cessa d'honorer le ministère des prêtres : il leur renvoya les lépreux selon les termes de la loi : il fréquenta le temple ; et en reprenant les abus, il demeura toujours attaché à la communion du peuple de Dieu, et à l'ordre du ministère public.

On en vint enfin au point de la chute et de la réprobation de l'ancien peuple marquée par les Ecritures et par les prophètes, lorsque la synagogue condamna Jésus-Christ et sa doctrine. Mais alors Jésus-Christ avoit paru ; il avoit commencé dans le sein de la Synagogue à assembler son Eglise, qui devoit subsister éternellement.

Il est donc constant, premièrement qu'il y a toujours eu un corps visible du peuple de Dieu, continué par une succession non interrompue, de la communion duquel il n'a jamais été permis de se séparer ; 2°, toujours une succession de pontifes et de prêtres descendus d'Aaron, et de lévites sortis de Lévi, sans que jamais on ait eu besoin que Dieu suscitât des gens d'une façon extraordinaire ; 3°, il n'est pas moins constant que la vraie foi a toujours été publiquement déclarée, sans qu'on puisse alléguer un seul moment où la profession n'en ait été aussi claire que la lumière du soleil : chose qui fait voir combien on se trompe quand on croit que pour maintenir l'état extérieur de l'Eglise, il suffit de pouvoir nommer de temps en temps de prétendus docteurs de la vérité. Car s'il y a quelque temps où la profession de la foi ait cessé dans l'Eglise, son état est pire que celui de la Synagogue, d'autant plus que dès là elle perd la succession, ainsi que je viens de dire.

Après que j'eus dit ces choses, on employa quelque temps à les repasser ; et cependant madame la comtesse de Roye vint dire que M. Claude consentoit à la Conférence qui seroit, si je l'agréois, chez elle sur les trois heures.

[1] *Matth.*, XXIII, 23.

II. La conférence.

Je fus au rendez-vous, où je rencontrai M. Claude. On commença par des honnêtetés réciproques, et il témoigna de sa part un grand respect. Après cela j'entrai en matière, en demandant l'explication des quatre actes transcrits dans mon livre, et mentionnés ci-dessus.

Après que j'eus expliqué la difficulté en peu de mots, telle qu'elle est proposée dans l'*Exposition*, et que je l'avois répétée à mademoiselle de Duras, j'ajoutai que M. Claude devoit être d'autant plus prêt à y répondre, que je ne lui disois rien de nouveau, puisqu'apparemment le Traité de l'*Exposition* étoit tombé entre ses mains; et que c'étoit une grande satisfaction, que dans un entretien de la nature de celui-ci, on pût s'assurer qu'il n'y auroit point de surprise.

M. Claude prit la parole, et après avoir réitéré toutes les honnêtetés qu'il avoit faites, en termes encore plus civils, il déclara d'abord que tout ce que j'avois objecté de leur discipline et de leurs synodes dans mon Traité, et encore à présent, étoit rapporté de très-bonne foi, sans rien altérer dans les paroles : mais que pour le sens il me prioit de trouver bon qu'il me dît qu'encore qu'il y eût, ainsi que je l'avois remarqué, comme divers degrés de juridiction établis dans leur discipline, la force de la décision devoit être rapportée partout à la seule parole de Dieu. Quant à ce que j'objectois, que la parole de Dieu avoit été proposée dans le consistoire, dont on pouvoit appeler; d'où il s'ensuivoit, avois-je inféré, que la décision dernière, dont il n'y a plus d'appel, appartenoit à la parole de Dieu, non prise en elle-même, mais en tant que déclarée par le dernier jugement de l'Eglise : ce n'étoit pas là leur pensée; car ils tenoient que la décision étoit attachée tout entière à la pure parole de Dieu, dont l'Eglise dans ses assemblées premières et dernières ne faisoit que l'indication : mais que ces divers degrés avoient été établis pour donner le loisir à ceux qui erroient, de se reconnoître. C'est pourquoi on ne procédoit pas d'abord par excommunication, le consistoire espérant qu'une plus grande assemblée, telle que seroit le colloque, et ensuite le synode provincial composé d'un plus grand nombre de personnes, peut-être plus respectées, et en tout cas moins suspectes au contredisant, le disposeroient à entendre la vérité. Que le colloque et le synode provincial usoient de pareille modération par la même raison de charité : mais qu'après que le synode national avoit parlé, comme c'étoit le dernier remède humain, il n'y avoit plus rien à espérer, et qu'on procédoit aussi à la dernière sentence, en usant de l'excommunication, comme du dernier effort de la puissance ecclésiastique. Que de là il ne falloit pas conclure que le synode national se tînt infaillible, non plus que les précédentes assemblées; mais seulement qu'après avoir tout tenté, on venoit au dernier remède.

Pour la promesse qu'on faisoit avant le synode national, qu'elle n'étoit fondée que sur l'espérance qu'on avoit que l'assemblée suivroit la parole de Dieu, et que le Saint-Esprit y présideroit, ce qui ne marquoit pas qu'on en eût une entière certitude ; et au reste que le terme : *Persuadés que*, étoit une manière honnête d'exprimer une condition sans blesser la révérence d'une si grande assemblée, ni la présomption favorable qu'on devoit avoir pour son procédé.

Quant à la condamnation des indépendans, il me pria d'observer que sur l'autorité de l'Eglise et de ses assemblées, il y avoit quelque chose dont ceux de sa religion convenoient avec nous et quelque chose dont ils convenoient avec les indépendans : avec nous, que les assemblées ecclésiastiques étoient nécessaires et utiles, et qu'il falloit établir quelque subordination; avec les indépendans, que ces assemblées pour nombreuses qu'elles fussent, n'étoient pas pour cela infaillibles. Cela étant, qu'ils avoient dû condamner les indépendans, qui non-seulement nioient l'infaillibilité, mais encore l'utilité et la nécessité de ces assemblées et de cette subordination. C'est en cela, disoit-il, que consiste l'indépendantisme, si on peut user de ce mot.

Il ajouta que le soutenir, c'étoit en effet renverser l'ordre, et donner lieu à autant de religions qu'il y avoit de paroisses, parce qu'on ôtoit par là tous les moyens de convenir. D'où il concluoit qu'encore qu'on fût d'accord que les assemblées ecclésiastiques n'étoient pas moyens infaillibles, c'étoit assez pour les maintenir et condamner les indépendans, que ce fussent moyens utiles.

Pour le synode de Sainte-Foi, qu'il s'agissoit ou de rendre les luthériens plus dociles en les faisant, disoit-il, rapprocher de nous, ou en tout cas d'établir une tolérance mutuelle ; ce qui n'obligeoit pas de rien supprimer ou ajouter dans la confession de foi, qui fut toujours tenue pour inébranlable. Et qu'au reste, quoiqu'on eût donné plein pouvoir à quatre ministres, je savois bien que tels actes étoient toujours sujets à ratification, en cas que les procureurs eussent outrepassé leurs instructions : témoin les ratifications nécessaires dans les traités accordés par les plénipotentiaires des princes, et autres exemples semblables, où il y a toujours une condition d'obtenir du prince la ratification ; condition qui sans être exprimée, est attachée naturellement à de telles procurations.

Après avoir dit ces choses par un discours assez long, fort net et fort composé, il ajouta qu'il croyoit, équitable comme j'étois, que je voudrois bien lui avouer que de même que dans les choses où j'aurois à lui expliquer nos sentimens et nos conciles, par exemple celui de Trente, il étoit juste qu'il s'en rapportât à ce que je lui en dirois ; aussi étoit-il juste que je m'en rapportasse à lui dans l'application qu'il nous donnoit des articles de leur discipline et des sentimens de leur religion, étant certain qu'il n'y en avoit point d'autres parmi eux que ceux qu'il me venoit d'exposer.

Je repris sur ce dernier mot que ce qu'il disoit seroit véritable, s'il s'agissoit simplement d'expliquer leurs rites, si on pouvoit user de ce mot, et la manière d'administrer la parole ou les sacremens, ou de tenir les synodes ; qu'en cela je le croirois, comme mieux instruit : mais qu'ici je prétendois qu'il leur étoit arrivé comme à tous ceux qui sont dans l'erreur ; c'est de tomber en contradiction, et d'être forcés à établir ce qu'ils avoient nié. Que je savois qu'ils nioient qu'il fallût se soumettre, sans examiner, au jugement de l'Eglise ; mais qu'en même temps je prétendois cette infaillibilité de l'Eglise si nécessaire, que ceux mêmes qui la nioient en spéculation ne pouvoient s'empêcher de l'établir dans la pratique, s'ils vouloient conserver quelque ordre parmi eux. Au reste, que s'il s'agissoit ici de montrer quelque contradiction dans les sentimens de l'Eglise catholique, je ne prétendrois pas l'obliger à recevoir l'explication que je lui donnerois de ses sentimens et de ses conciles, et qu'alors il lui seroit libre de tirer de leurs paroles telle induction qu'il lui plairoit ; qu'aussi ne pensois-je pas qu'il m'en refusât autant : de quoi il convint sans difficulté.

Je n'avois pas dessein de m'arrêter beaucoup sur le synode de Sainte-Foi, qui m'eût, ce me sembloit, jeté trop loin des deux propositions dont je voulois tirer l'aveu. Je répondis donc seulement que je me rendois à la raison qu'il alléguoit sur la nécessité d'une ratification, quoiqu'en matière de foi tels pouvoirs et tels compromis fussent un peu extraordinaires ; et qu'au reste je voulois bien croire que le dessein du synode n'avoit pas été que les députés renversassent tout. Mais que ce qui me touchoit, et à quoi il ne sembloit pas qu'il eût répondu, c'est que le synode avoit douté de sa confession de foi, puisqu'il permettoit d'en faire une autre ; et que je ne voyois pas comment cela s'accordoit avec ce qu'on nous dit encore, que cette confession de foi ne contenoit autre chose que la pure parole de Dieu, à laquelle tout le monde sait qu'il n'y a rien à changer. Quant à ce qu'il avoit dit, qu'il s'agissoit ou de ramener les luthériens à des sentimens plus équitables, ou en tout cas d'établir une tolérance mutuelle, deux choses y résistoient : 1°, qu'il étoit parlé d'un pouvoir de décider tout point de doctrine : ce qui regardoit manifestement la réalité, dont les luthériens n'avoient jamais voulu se relâcher. 2°, que pour établir une tolérance mutuelle, il ne falloit pas dresser une confession de foi commune, mais seulement établir cette tolérance par un décret synodal, comme on avoit fait à Charenton.

M. Claude répondit que le point de doctrine à décider étoit, si on pouvoit établir une tolérance mutuelle, et que la confession de foi commune n'eût fait autre chose qu'énoncer cette tolérance : ce qu'il ne nioit pas pouvoir être fait dans un synode, comme il falloit que je convinsse qu'il pouvoit se faire aussi par une confession de foi, où il y en auroit un article exprès.

Je lui répondis que cela ne s'appelleroit jamais une confession de foi commune, et lui demandai s'il croyoit que les luthériens, ou eux, dussent retrancher quelque chose de ce que disoient les uns pour la réalité, et les autres contre. Il dit que non. Et de là, disois-je, chacun demeureroit dans les termes de sa confession de foi, sans qu'il y eût rien de commun que l'article de la tolérance. Il y avoit, dit-il, beaucoup d'autres points dont nous convenions. D'accord, répondis-je; mais ce n'étoit plus sur ces points qu'il y avoit à s'accorder : il s'agissoit du point de la réalité et de quelques autres, sur quoi on ne pouvoit faire de confession de foi commune, sans que l'un des partis changeât, ou que tous les deux convinssent d'expressions ambiguës, que chacun tireroit à ses sentimens : chose tentée plusieurs fois, comme M. Claude lui-même en conviendroit de bonne foi. Il en demeura d'accord, et rapporta même l'assemblée de Marbourg, et quelques autres tenues pour ce sujet. Je conclus donc que j'avois raison de croire que le synode de Sainte-Foi avoit un pareil dessein, et que c'eût été se moquer du monde, que d'appeler confession de foi commune celle qui eût fait paroître de si manifestes oppositions sur des points si importans de la doctrine chrétienne. A quoi j'ajoutai encore qu'il étoit d'autant plus certain, qu'il s'agissoit en effet d'une confession de foi, comme je disois, que les luthériens s'étant déjà expliqués plusieurs fois contre la tolérance, il n'y avoit rien à espérer d'eux que par le moyen dont je parlois. La chose en demeura là; et je dis seulement qu'après cela chacun n'avoit qu'à penser ce qu'il devoit croire en sa conscience d'une confession de foi que tout un synode national avoit consenti de changer.

Lorsque M. Claude avoit dit que le serment de se soumettre au synode national enfermoit une condition, j'avois interrompu par un petit mot. Oui, disois-je, ils espéroient bien du synode, sans certitude toutefois; et en attendant l'événement, ils ne laissoient pas de jurer de se soumettre. M. Claude m'ayant ici averti que je l'avois interrompu, et me priant de lui permettre de dire tout, je me tus. Mais après avoir discuté l'affaire de Sainte-Foi, je lui dis qu'il me sembloit nécessaire avant que de passer outre, que je lui disse en peu de mots ce que j'avois conçu de sa doctrine, afin que nous ne parlassions point en l'air. Je lui dis donc : Vous dites, Monsieur, que ces mots : « Persuadés que nous sommes, que Dieu y présidera, et vous conduira par son Saint-Esprit en toute vérité et équité par la règle de sa parole, » sont une manière honnête de proposer une condition. Il en convint. Réduisons donc, repris-je, la proposition en conditionnelle, et nous verrons quel en sera le sens. Je jure de me soumettre à tout ce que vous déciderez, supposé ou à condition que ce que vous déciderez sera conforme à la parole de Dieu. Un tel serment n'est autre chose qu'une illusion manifeste, puisqu'en soi il ne dit rien, et que je le pourrois faire à M. Claude comme lui à moi. Mais en cela il n'y auroit rien de sérieux; et marque qu'on veut quelque chose de plus particulier, c'est qu'on ne fait ce serment qu'au synode où l'on prononce en dernier ressort, quoiqu'au sens de M. Claude il y eût autant de raison de le faire dès le consistoire, à qui on doit se soumettre aussi bien qu'au synode, supposé qu'il ait la parole de Dieu pour guide.

En cet endroit je me tus un peu de temps; et voyant qu'on ne disoit mot, je repris ainsi : Mais enfin donc, Monsieur, si j'ai bien compris votre doctrine, vous croyez qu'un particulier peut douter du jugement de l'Eglise, lors même qu'elle prononce en dernier ressort? Non, Monsieur, repartit M. Claude : il ne faut pas dire qu'on puisse douter; il y a toutes les apparences du monde que l'Eglise jugera bien. Qui dit apparence, Monsieur, repris-je aussitôt, dit un doute manifeste. Mais, dit M. Claude, il y a plus; car Jésus-Christ ayant promis que tous ceux qui chercheroient, trouveroient, comme on doit présumer qu'on cherchera bien, on doit croire qu'on jugera bien, et il y a dans cette assurance quelque chose d'indubitable. Mais quand on verra dans les conciles des cabales, des factions, des intérêts différens, on peut douter avec raison si dans une telle assemblée il ne se mêlera point quelque chose d'humain et de douteux. Je vous prie, Monsieur, repartis-je, laissons à part tout ce qui n'est bon qu'à jeter de la poudre aux yeux. Tout ce que vous venez de dire de cabales, de factions, d'intérêts, est absolument inutile, et ne sert par conséquent qu'à embarrasser. Il n'y a rien, dit M. Claude, de moins inutile. Et moi je soutiens, lui dis-je, que vous allez convenir qu'il n'y a rien de plus inutile. Car je vous demande, Monsieur, supposé qu'il ne parût dans le concile ni factions ni cabales, supposé même qu'on fût assuré qu'il n'y en eût point, et que tout se passât dans l'ordre, faudroit-il recevoir la décision sans examiner? Il fallut dire que non. D'où je conclus aussitôt : J'avois donc raison de dire que tout ce que vous avez dit comme fort considérable de factions et de cabales, n'est au fond qu'un amusement; et enfin qu'un particulier, une femme, un ignorant, quel qu'il soit, peut croire, et doit croire qu'il lui peut arriver d'entendre mieux la parole de Dieu que tout un concile, fût-il assemblé des quatre parties du monde et du milieu, et que tout le reste de l'Eglise. Oui, dit-il, il est ainsi. Je répétai deux ou trois fois la proposition accordée, ajoutant toujours quelque circonstance plus forte, mais évidemment contenue dans ce qui étoit accordé. Quoi ? mieux, disois-je, que tout le reste de l'Eglise ensemble et que toutes ses assemblées, fussent-elles composées de ce qu'il y a de plus saint et de plus éclairé dans l'univers? Car tout cela après tout, ce n'est que des hommes, après lesquels, selon vous, chacun doit encore examiner. Un particulier croira qu'il pourra avoir plus de raison, plus de grace, plus de lumière, plus enfin le Saint-Esprit que tout le reste de l'Eglise! Il fallut que tout cela passât; et je pouvois ajouter plus que tous les Pères, plus que tous les siècles passés, à reprendre immédiatement depuis les apôtres. Mais, poursuivis-je, s'il est ainsi, comment évitez-vous les inconvéniens des indépendans, et quel moyen reste à l'Eglise d'empêcher qu'il n'y ait autant de religions, je ne dis pas qu'il y a de paroisses, mais qu'il y a de têtes? Nous avons, dit-il, des synodes, qui sont des moyens d'empêcher de si grands maux ; moyens non pas infaillibles, mais néanmoins utiles, ainsi que j'ai dit. Car encore qu'un pasteur qui prêche ne soit pas infaillible, son ministère ne laisse pas d'être utile, parce qu'il indique la vérité. Or une grande assemblée composée de plus de personnes et plus doctes fera encore mieux cette indication. Il me semble, Monsieur, repartis-je, que vous rapportez tout à l'instruction : or ce n'est pas précisément l'intention ni l'institution des synodes ; car souvent un particulier savant donnera plus d'instruction que tout un synode ensemble. Ce qu'il faut donc attendre d'un synode n'est pas tant l'instruction, qu'une décision par autorité, à laquelle il faille céder ; car c'est de quoi ont besoin et les ignorans qui doutent, et les superbes qui contredisent. Un particulier ignorant, si vous le remettez à lui-même, vous avouera qu'il ne sait à quoi se résoudre ; et loin d'abattre l'orgueil dans un synode, vous le portez à son plus haut point, puisque vous obligez un particulier à croire qu'il peut mieux entendre l'Ecriture que tout le synode et tout le reste de l'Eglise : et le synode lui-même, fût-il assemblé de toute l'Eglise, interrogé par celui dont il examine la foi, s'il n'est pas encore obligé à examiner après le synode, et s'il ne peut pas arriver que lui particulier entende mieux l'Ecriture que tous les pasteurs assemblés, le synode même universel, selon vous, lui doit déclarer qu'il le peut sans doute. La présomption, Monsieur, ne peut pas aller plus loin. Et remarquez, s'il vous plaît, que ces assemblées que vous proposez comme moyens utiles, ne sont plus moyens utiles dès que chacun peut croire qu'il en aura un meilleur, et le seul qui puisse être sûr, c'est-à-dire celui d'examiner par soi-même, et n'en croire que son jugement. Voilà, Monsieur, l'indépendantisme tout entier : car enfin les indépendans ne refusent, ni de tenir des synodes pour s'éclaircir mutuellement par la conférence, ni de recevoir ces synodes, quand ils trouveront que ces synodes auront bien dit. Ils en ont tenu, vous le savez. Il avoua qu'ils en avoient tenu un pour dresser leur confession de foi. Un ou plusieurs, il ne m'importe, repartis-je : ils ne les rejettent donc pas absolument, et ils n'y rejettent précisément que ce que vous y rejetez, qui est l'obligation de s'y soumettre sans examiner. Et sur cela, pour me réduire en peu de paroles, voici quel fut mon raisonnement. Les indépendans veulent bien les assemblées ecclésiastiques pour l'instruction ; tout ce qu'ils ne veulent pas, c'est la décision par autorité que vous ne voulez non plus qu'eux : vous êtes donc en tout point conformes, et vous n'avez pas dû les condamner. Vous ne voyez donc pas, Monsieur, reprit M. Claude, que nous ne nions pas qu'il n'y ait une autorité dans les synodes, telle que l'autorité paternelle, telle que l'autorité des magistrats, telle que l'autorité qu'a un maître sur ses disciples, et un pasteur sur son troupeau ; et toutes ces autorités (*a*) ont leur usage, et ne doivent pas être rejetées sous prétexte que les pères et les magistrats et les maîtres peuvent se tromper : il en sera donc de même de l'autorité de l'Eglise. Mais, Monsieur, répondis-je, les indépendans ne nient pas l'autorité paternelle, ni l'autorité des magistrats, ni l'autorité des maîtres sur leurs disciples, ou celle des pasteurs sur les troupeaux. Ils ont des pasteurs, Monsieur, pour qui ils veulent, aussi bien que vous, qu'on ait quelque déférence ; et à plus forte raison ne nieront-ils pas qu'il n'en faille avoir pour tout un synode ? Si donc vous les accusez de nier l'autorité des synodes, il faut ajouter quelque chose à ce qu'ils en croient, et il n'y a rien à y ajouter que ce que nous en croyons, qui est qu'il s'y faut soumettre sans examiner.

Après cela on fut peu de temps à ne répéter de part et d'autre que les mêmes choses. Ce qu'ayant fait observer à M. Claude, je lui dis : Enfin, Monsieur, on disputeroit sans fin ; chacun n'a plus qu'à examiner en sa conscience et devant Dieu, s'il se sent capable de mieux entendre l'Ecriture que tous les conciles et que tout le reste de l'Eglise, et comment un tel sentiment peut s'accorder avec la docilité et avec l'humilité des enfans de Dieu. J'inculquois en peu de mots quel orgueil c'étoit de croire qu'on pût mieux entendre la parole de Dieu que tout le reste de l'Eglise, et que rien n'empêchoit après cela qu'il n'y eût autant de religions que de têtes.

M. Claude me dit ici qu'il s'étonnoit que cette proposition me parût si étrange, qu'un particulier pût croire qu'il lui pouvoit arriver de mieux entendre l'Ecriture sainte que toute l'Eglise assemblée : que le cas étoit arrivé ; et qu'il pouvoit m'en donner beaucoup d'exemples : le premier dans le concile de Rimini, où le mot de *consubstantiel* fut rejeté, et l'arianisme établi. J'interrompis, pour lui dire : Où nous jetez-vous, Monsieur ? Du concile de Rimini, vous nous mènerez au faux concile d'Ephèse, au concile de Constance, à celui de Bâle, à celui de Trente : quand aurons-nous achevé, s'il faut faire ici passer tous les conciles ? Je

(*a*) 1ʳᵉ édit. : Toutes ces autorités.

vous déclare que je ne veux point me jeter dans cette discussion, puisque même notre question peut être vidée par quelque chose de plus précis. Mais puisque vous avez parlé du concile de Rimini, dites-moi, je vous prie, Monsieur, si les Pères de ce concile demeurèrent longtemps dans leur décision erronée [1]? Hé! je crois, dit-il, Monsieur, qu'ils en revinrent bientôt. Dites, dites, lui repartis-je, qu'aussitôt après que l'empereur Constance, protecteur déclaré des ariens et persécuteur des fidèles, leur eut permis de se retirer, ces évêques réclamèrent hautement contre la violence et la surprise qui leur avoit été faite. Ne m'obligez pas, Monsieur, à raconter cette histoire, que vous savez aussi bien que moi, et avouez qu'il est injuste de comparer un concile qui étoit un brigandage manifeste, aux assemblées tenues canoniquement et selon l'ordre. Hé! Monsieur, ne disons-nous pas, reprit M. Claude, que le concile de Trente n'a été ni libre ni canonique? Vous le dites, Monsieur, et nous le nions; et il n'est pas question ici de cette dispute. Il est question de savoir si vous pouvez éviter l'indépendantisme, pour me servir de votre terme que je trouve fort bon; et s'il y a dans votre doctrine quelque remède contre cette insupportable présomption d'un particulier qui doit croire, selon vos principes, qu'il peut mieux entendre l'Ecriture que les conciles universels les mieux assemblés et les mieux tenus, et que tout le reste de l'Eglise ensemble. Laissons donc, si vous le voulez, reprit M. Claude, le concile de Rimini; voici un autre exemple incontestable : c'est le jugement de la Synagogue, lorsqu'elle condamna Jésus-Christ, et déclara par conséquent qu'il n'étoit point le Messie promis par les prophètes. Dites-moi, Monsieur, un particulier qui eût cru alors que Notre-Seigneur étoit le vrai Christ, n'eût-il pas mieux jugé que tout le reste de la synagogue ensemble? Voilà donc un cas indubitable où l'on peut sans présomption faire ce que vous trouvez si présomptueux. En effet, poursuivit-il, ce n'est pas une présomption de ne pas donner à l'Eglise ce qui n'appartient qu'à Dieu seul. On ne lui peut rien donner de plus grand que de le croire à l'aveugle, comme vous voulez qu'on croie l'Eglise. Mais vous savez que saint Paul, pour

---

[1] Je devois dire *équivoque et imparfaite* plutôt qu'*erronée*.

le moins autant inspiré que l'Eglise, ne laisse pas de déclarer aux Corinthiens « qu'il ne veut point dominer sur leur foi [1]. » L'Eglise le doit encore moins faire que lui. Il ne faut donc pas croire simplement sur sa parole; il faut examiner après elle; et se servir de sa raison, comme firent ceux de Béroé, qui examinoient les Ecritures [2] pour voir si les choses y étoient comme saint Paul les avoit prêchées.

Quand M. Claude se fut tu : Voilà, dis-je, bien des choses : mais il faut premièrement reprendre cet exemple incontestable que vous nous avez promis. Sur cela je lui remontrai que l'Eglise chrétienne avoit de grands priviléges au-dessus de la Synagogue, même à considérer la Synagogue dans le temps de sa plus grande gloire : mais sans parler de cela, que c'étoit une étrange chose de comparer la Synagogue tombante, au point où son endurcissement et sa réprobation étoit marquée clairement par les prophètes, avec l'Eglise chrétienne, qui ne doit jamais tomber. Mais enfin, Monsieur, reprit-il, on eût pu faire alors à ce particulier le même argument que vous nous faites. Alléguer les prophéties, ce n'étoit rien; car c'étoit de l'application de ces prophéties à Jésus-Christ que la Synagogue doutoit. Ainsi un particulier ne pouvoit plus croire en Jésus-Christ, sans croire en même temps qu'il entendoit mieux l'Ecriture que toute la Synagogue; et voilà l'argument que vous nous faites.

Il y avoit peu de monde dans la conférence, et tous étoient huguenots, excepté madame la maréchale de Lorge. Je vis deux de ces Messieurs se regarder en cet endroit l'un l'autre avec complaisance. Je fus touché qu'un raisonnement si visiblement mauvais fît une telle impression sur ces esprits; et je priai Dieu de me faire la grace de détruire par quelque chose de net la comparaison odieuse qu'on faisoit de son Eglise toujours bien-aimée avec la Synagogue infidèle, dans le moment qu'il avoit marqué pour la répudier.

Vous dites donc, Monsieur, dis-je à M. Claude, que l'argument que je fais peut autoriser l'erreur des particuliers qui condamnoient Jésus-Christ sur la foi de la Synagogue, et au contraire

[1] II *Cor.*, I, 23. — [2] *Act.*, XVII, 11.

condamner de présomption ceux qui crurent Jésus-Christ seul plutôt que la Synagogue tout entière. Oui, Monsieur, la chose est ainsi; et il répéta de nouveau son raisonnement. Voyons, dis-je, si mon argument a cette malheureuse conséquence. Il consiste à dire, Monsieur, qu'en niant l'autorité de l'Eglise, il n'y a plus de moyen extérieur dont Dieu se puisse servir pour dissiper les doutes des ignorans, et inspirer aux fidèles l'humilité nécessaire. Afin qu'on pût faire un tel argument du temps que Jésus-Christ fut condamné, il faudroit dire qu'il n'y avoit alors aucun moyen extérieur, aucune autorité certaine à laquelle on dût nécessairement céder. Or, Monsieur, qui le peut dire, puisque Jésus-Christ étoit sur la terre, c'est-à-dire la vérité même qui paroissoit visiblement au milieu des hommes, le Fils éternel de Dieu, à qui une voix d'en haut rendit témoignage devant tout le peuple : « C'est ici mon Fils bien-aimé, écoutez-le [1]; » qui pour confirmer sa mission, ressuscitoit les morts, guérissoit les aveugles-nés, et faisoit tant de miracles, que les Juifs confessoient eux-mêmes que jamais homme n'en avoit tant fait? Il y avoit donc, Monsieur, un moyen extérieur, une autorité visible. — Mais elle étoit contestée. — Il est vrai, mais elle étoit infaillible. Je ne prétends pas, Monsieur, que l'autorité de l'Eglise ne soit jamais contestée; je vous écoute, vous, Monsieur, qui la contestez : mais je dis qu'elle ne doit pas l'être par les chrétiens. Je dis qu'elle est infaillible; je dis qu'il n'y eut jamais aucun temps où il n'y ait eu sur la terre une autorité visible et parlante à qui il faille céder. Avant Jésus-Christ nous avions la Synagogue; au point que la Synagogue devoit défaillir, Jésus-Christ parut lui-même; quand Jésus-Christ s'est retiré, il a laissé son Eglise à qui il a envoyé son Saint-Esprit. Faites revenir Jésus-Christ enseignant, prêchant, faisant des miracles, je n'ai plus besoin de l'Eglise : mais aussi ôtez-moi l'Eglise, il me faut Jésus-Christ en personne parlant, prêchant, décidant avec des miracles et une autorité infaillible. — Mais vous avez sa parole. — Oui, sans doute, nous avons une parole sainte et adorable, mais qui se laisse expliquer et manier comme on veut, et qui ne réplique rien à ceux qui l'entendent mal. Je dis qu'il faut un moyen

---

[1] *Matth.*, III, 17.

extérieur de se résoudre sur les doutes, et que ce moyen soit certain. Et sans recommencer les raisons déjà alléguées, maintenant qu'il ne s'agit que de répondre à votre objection sur l'erreur de la Synagogue qui condamnoit Jésus-Christ, je dis que tant s'en faut que vous puissiez dire qu'il n'y eût point alors de moyen extérieur assuré, ni d'autorité parlante à laquelle il fallût soumettre son jugement, il y en avoit une, la plus haute et la plus infaillible qui fût jamais, qui est celle de Jésus-Christ; et ainsi qu'il n'y eut jamais de temps où l'on pût moins faire l'argument dont je me servois contre les protestans, qui est qu'ils manquent d'un moyen extérieur infaillible pour terminer les doutes sur les Ecritures.

Après que j'eus dit ces choses, je sentis qu'il n'y avoit rien à me répliquer. En effet on ne me dit mot sur tout cela, quoique je me tusse pour écouter ce qu'on auroit à répondre.

Je ne veux pas dire par là que M. Claude soit demeuré muet. C'est un effet qu'il ne faut guère attendre dans les conférences de cette nature. Il répéta quelque chose de ce qu'il avoit déjà dit, et insista de nouveau sur ce que l'Apôtre lui-même avoit déclaré, qu'il ne dominoit pas sur les consciences.

Je fus ravi qu'il revînt à ce passage que j'avois eu dessein d'expliquer d'abord; mais il fallut aller au plus pressé, qui étoit L'exemple de la Synagogue. Cela étant fait, je demandai seulement à M. Claude si, quand l'Apôtre avoit dit aux Corinthiens : « Nous ne dominons pas sur votre foi, » il vouloit dire qu'il falloit examiner après lui. Il vit bien que non, et l'avoua. Je conclus : l'Eglise, Monsieur, ne prétend non plus dominer à la foi, quand elle veut qu'on l'en croie dans ses décisions, parce qu'elle ne se donne pas cette autorité par elle-même, non plus que saint Paul, mais au Saint-Esprit qui l'inspire. — Vous égalez donc, dit M. Claude, à saint Paul auteur de révélation, l'Eglise qui n'en est que simple interprète. — Non, Monsieur, repartis-je, je n'égale pas l'Eglise à saint Paul; mais je dis que prétendre qu'on en doive être cru sans examiner, quand on croit agir seulement comme un instrument dont le Saint-Esprit se sert, ce n'est pas dominer sur la conscience, comme l'exemple de saint Paul le démontre. Au reste je ne prétends pas égaler l'autorité de l'Eglise à l'autorité apostolique. Les apôtres étoient auteurs de révélation, comme vous l'avez fort bien dit, c'est-à-dire qu'ils avoient reçu les premiers les vérités qu'il plaisoit à Dieu de révéler de nouveau : l'Eglise n'est qu'interprète et dépositaire. Mais en sauvant cette différence essentielle entre les apôtres et l'Eglise, je dis que l'Eglise est autant inspirée pour interpréter que les apôtres pour établir; et que tenant la grace d'interpréter du même Esprit qui a donné la première révélation aux apôtres, elle ne domine non plus sur les consciences en interprétant que les apôtres en établissant : mais que les uns et les autres y font dominer le Saint-Esprit, selon la mesure qui est donnée à chacun. — Il faudroit prouver, dit M. Claude, que l'Eglise a reçu une pareille grace. Il ne faut point prouver, repris-je aussitôt; il faut seulement montrer que le passage que vous alléguez ne conclut pas.

A cela il ne fut rien dit. Mais, si je m'en souviens bien, M. Claude exagéra un peu, combien il étoit étrange que nous voulussions obliger les hommes à croire l'Eglise comme Dieu même sur sa simple parole, sans se servir pour interpréter l'Ecriture sainte de la raison que Dieu même nous avoit donnée; que ce n'étoit pas ainsi qu'avoient fait ceux de Béroé; et que l'Apôtre, selon nous, auroit eu grand tort de leur laisser examiner ses prédications.

Je répondis qu'il y avoit une extrême différence entre les fidèles déjà enfans de l'Eglise et soumis à son autorité, et ceux qui doutoient encore s'ils entreroient dans son sein : que ceux de Béroé étoient dans ce dernier état, et que l'Apôtre n'auroit eu garde de leur proposer l'autorité de l'Eglise dont ils doutoient : mais que ce n'étoit pas de la même sorte qu'on avoit instruit les fidèles après le concile de Jérusalem. Là les apôtres décident par l'autorité du Saint-Esprit : « Il a semblé bon, disent-ils, au Saint-Esprit et à nous [1]. » Que font après cela Paul et Silas porteurs de la lettre du concile? « Ils parcouroient les Eglises, » comme il est écrit dans les *Actes* [2]. Quoi? pour y faire examiner le décret du concile de Jérusalem? C'eût été examiner après le Saint-Esprit même. Quoi donc? « Ils parcouroient les Eglises, leur enseignant

---

[1] *Act.*, xv, 28. — [2] *Act.*, xvi, 4.

de garder ce qui avoit été jugé par les apôtres et les anciens dans Jérusalem. » Voilà l'ordre : l'examen dans le concile ; l'obéissance sans examiner après la décision ; l'examen à ceux de Béroé, c'est-à-dire à ceux qui n'étant point dans l'Eglise, n'ont point encore d'autorité qui les règle ; soumission sans examiner à ceux qui étant déjà dans l'Eglise, n'ont qu'à écouter ses décrets. C'est là leur bonheur d'être dans un corps qui conduit par le Saint-Esprit, ne se puisse jamais tromper, et d'être délivrés par là du péril d'un examen dont la fin seroit peut-être l'erreur.

Il y avoit déjà près de quatre heures que la conférence duroit. J'avois déjà de l'aveu de M. Claude, une des propositions que je voulois lui faire confesser, c'est-à-dire que chaque particulier doit croire qu'il peut mieux entendre l'Ecriture sainte que les conciles universels et que tout le reste de l'Eglise. Il falloit encore qu'il avouât l'autre proposition non moins importante ; et voici comme Dieu l'y conduisit.

Comme il avoit beaucoup parlé de cette domination de l'Eglise sur les consciences, répétant trois ou quatre fois que nous lui rendions le respect qui n'étoit dû qu'à Dieu seul, quand nous la croyions sans examiner, je dis qu'il ne falloit point trouver si étrange une chose qu'ils faisoient aussi bien que nous ; et sur cela je demandai si un fidèle qui recevoit la première fois des mains de l'Eglise l'Ecriture sainte, étoit obligé à douter, et ensuite à examiner si le livre qu'elle lui mettoit en main étoit véritablement inspiré de Dieu ou non. Si ce fidèle examine et doute, il renonce à la foi, et il commence la lecture de l'Evangile par un acte d'infidélité ; et s'il ne doute pas, il reçoit donc sans examiner l'autorité de l'Eglise qui lui présente l'Evangile.

A cela voici la réponse de M. Claude. Le fidèle que vous supposez qui n'a pas lu l'Ecriture sainte, et à qui on la met en main, à proprement parler ne doute pas, il ignore : il ne sait ce que c'est que cette Ecriture qu'on lui dit être inspirée de Dieu. Il a ouï dire à son père et à ceux qui l'ont instruit, qu'elle étoit divinement inspirée : il ne connoît encore d'autre autorité que celle-là ; et pour ce qui est de l'Ecriture, il ne sait ce que c'est. Ainsi on ne peut pas dire qu'il soit infidèle ni incrédule. Et je vous prie,

Monsieur, dit-il, que je vous fasse sur l'Eglise le même argument que vous me faites sur l'Ecriture. Le fidèle à qui on propose l'autorité de l'Eglise, ou il la croit sans examiner, ou il en doute. S'il doute, il est infidèle : s'il ne doute pas, par quelle autre autorité est-il assuré? L'autorité de l'Eglise, est-ce une chose évidente par elle-même, et ne faut-il pas la trouver par quelque examen? Voilà votre difficulté que vous avez à résoudre, aussi bien que moi : ou quittons-la tous deux, ou la résolvons tous deux ensemble. Je vous déclare pour moi, que je répondrai pour l'Ecriture ce que vous me répondrez pour l'Eglise.

— Je vous entends, répondis-je : mais avant que je vous explique comment le chrétien croit à l'Eglise, il faut bien établir le fait dont il s'agit. N'est-il pas constant, Monsieur, parmi vous aussi bien que parmi nous, que lorsqu'on montre l'Ecriture sainte aux enfans qu'on élève dans l'Eglise, on la leur montre comme un livre inspiré de Dieu; et je demande s'ils ne peuvent pas quand on leur en fait lire quelque chose, avant que de commencer, faire cet acte de foi : « Je crois certainement que ce que je m'en vas lire est la parole de Dieu? » M. Claude répondit ici, que ceux dont je lui parlois n'avoient point encore de foi divine sur l'autorité de l'Ecriture, mais une simple persuasion humaine fondée sur la déférence qu'ils avoient pour leurs parens, et qu'ils n'étoient que catéchumènes. — Catéchumènes, Monsieur? Il ne faut pas, s'il vous plaît, parler ainsi. Ils sont chrétiens, ils sont baptisés; ils ont en eux le Saint-Esprit et la foi infuse; ils sont dans l'alliance, selon vous; ils ont reçu le baptême comme un sceau de l'alliance à laquelle ils sont admis; et comme l'alliance est scellée en eux par ce sceau extérieur du baptême, le Saint-Esprit la scelle intérieurement dans leurs cœurs. Reconnoissez votre doctrine. — Sur cela, dit M. Claude, vous savez qu'on pourroit contester; mais j'avoue ce que vous dites. — Eh bien donc! s'il est ainsi, repartis-je, ils sont par la grace du Saint-Esprit et la foi infuse, en état de faire un acte de foi quand la foi leur sera prêchée; et je demande si quand on leur montre l'Ecriture reconnue par toute l'Eglise pour la parole inspirée de Dieu, ils ne sont pas en état de faire avec toute l'Eglise cet acte de foi :

« Je crois que cette Ecriture est la parole de Dieu, comme je crois que Dieu est. » M. Claude ne voulut jamais avouer cela, et il répondit toujours qu'ils n'avoient encore sur l'Ecriture qu'une persuasion humaine, et que la foi divine ne leur en viendroit que lorsqu'ils l'auroient lue. — S'ils n'ont, dis-je, qu'une persuasion humaine, ils n'ont qu'une persuasion douteuse ; et par conséquent ils doutent de ce qui est selon vous tout le fondement de la foi : en un mot, ils sont infidèles. — Non, dit-il, ils sont simplement ignorans ; et il faut bien que vous en disiez autant de la foi qu'on a en l'Eglise : car ce n'est pas une affaire de petite discussion, de discerner quelle est la vraie Eglise ; et avant qu'on soit en état de le savoir par soi-même, on l'ignore, ou l'on n'en a tout au plus qu'une simple persuasion humaine sur la foi de ses parens. Ainsi encore une fois ce que vous direz sur l'Eglise, je vous le dirai sur l'Ecriture. — Voyons, Monsieur, repris-je, si vous le direz, ou si vous aurez raison de le dire. Vous m'avouez donc qu'un chrétien baptisé, qui n'a pas lu ni entendu lire l'Ecriture sainte, n'est pas en état de faire cet acte de foi : « Je crois que cette Ecriture est la parole de Dieu, comme je crois que Dieu est. » Voilà un terrible inconvénient, qu'un fidèle ne puisse pas faire un acte de foi si essentiel. Cela n'est point parmi nous : car le fidèle qui reçoit l'Ecriture sainte des mains de l'Eglise, fait avec toute l'Eglise cet acte de foi : « Je crois, comme je crois que Dieu est, que cette Ecriture est la parole de celui en qui je crois. » Et je dis qu'il ne peut faire cet acte de foi, que par la foi qu'il a déjà à l'autorité de l'Eglise qui lui présente l'Ecriture. Il faut ici, poursuivis-je, expliquer à fond, mais simplement toutefois, dans quel ordre sont instruits les chrétiens de la vérité de l'Ecriture. Je ne parle pas des infidèles, je parle des chrétiens baptisés ; et je vous prie qu'on remarque bien cette distinction. Il y a deux choses ici à considérer. L'une est qui nous inspire l'acte de foi par lequel nous croyons l'Ecriture sainte comme parole de Dieu ; et nous convenons que c'est le Saint-Esprit : sur cela nous sommes d'accord. L'autre chose à considérer, c'est de quel moyen extérieur le Saint-Esprit se sert pour nous faire croire l'Ecriture sainte ; et je dis que c'est l'Eglise. Qu'ainsi ne soit, il n'y a qu'à voir le Symbole des apôtres, c'est-à-dire la première instruction que le fidèle reçoit : il n'a pas lu l'Ecriture sainte, et déjà il croit en Dieu, et en Jésus-Christ, et au Saint-Esprit, et l'Eglise universelle. On ne lui parle point de l'Ecriture : mais on lui propose de croire l'Eglise universelle aussitôt qu'on lui propose de croire au Saint-Esprit. Ces deux articles entrent ensemble dans son cœur, le Saint-Esprit et l'Eglise, parce que qui croit au Saint-Esprit croit aussi nécessairement l'Eglise universelle, que le Saint-Esprit dirige. Je dis donc que le premier acte de foi que le Saint-Esprit met dans le cœur des chrétiens baptisés, c'est de croire avec le Père, le Fils, et le Saint-Esprit, l'Eglise universelle; et que c'est là le moyen extérieur par lequel le Saint-Esprit insinue dans les cœurs la foi de l'Ecriture sainte. Si ce moyen n'est pas certain, la foi en l'Ecriture sera par conséquent douteuse. Mais comme le catholique a toujours trouvé ce moyen certain, il n'y a aucun moment où il n'ait pu dire : « Je crois, comme je crois que Dieu est, que Dieu a parlé aux hommes, et que cette Ecriture est sa parole. » Et la raison pour laquelle il peut faire d'abord cet acte de foi, c'est qu'il n'a jamais douté de l'autorité de l'Eglise, et que c'est la première chose que le Saint-Esprit lui a mise dans le cœur avec la foi en Dieu et en Jésus-Christ.

Quant à ce que vous me demandez, comment il croit à l'Eglise, ce n'est pas là précisément notre question : il suffit que nous voyions qu'il y croit toujours, puisque c'est la première chose que le Saint-Esprit lui met dans le cœur, et que c'est le moyen extérieur par lequel il lui fait croire l'Ecriture sainte; Ecriture dont il n'a garde de douter jamais, puisqu'il n'a jamais douté de l'Eglise qui la lui présente. Voilà, Monsieur, notre doctrine; et parce que cette doctrine n'est pas la vôtre, vous tombez nécessairement dans l'inconvénient que j'ai marqué : parce que vous ne croyez pas l'autorité de l'Eglise comme une chose qui ne peut manquer, on vous marque un point où vous ne pouvez faire un acte de foi sur l'Ecriture, et où par conséquent vous cessez d'être fidèle.

M. Claude me dit ici que l'enfant qui récitoit le Symbole parloit comme un perroquet, sans entendre ce qu'il disoit, et qu'ainsi il ne falloit pas insister beaucoup sur cela : et qu'au reste j'avançois gratuitement que croire l'Eglise universelle fût le premier acte de foi que le Saint-Esprit mettoit dans le cœur du chrétien baptisé, pour lui insinuer par ce moyen la foi en l'Ecriture sainte : enfin que je ne répondois pas à ce qu'il me demandoit sur l'Eglise, ni comment nous commencions à y croire; car, dit-il, le Saint-Esprit est le principe de croire, et non le motif de croire : qu'il falloit donc que j'expliquasse comment nous croyions à l'Eglise, et par quel motif; et que de la manière dont j'en parlois, il sembloit qu'on y crût par enthousiasme et sans aucune raison qui nous induisît à le faire.

Je répondis sur cela que je ne prétendois pas qu'on crût à l'Eglise par enthousiasme; qu'il y avoit pour la reconnoître divers motifs de crédibilité que le Saint-Esprit suggéroit à ses fidèles comme il lui plaisoit; qu'il ne les ignoroit pas, mais qu'il n'étoit pas question d'en parler ici. Il s'agit de savoir, disois-je, si le moyen extérieur, dont le Saint-Esprit se sert pour nous faire croire l'Ecriture sainte, n'est pas l'autorité de l'Eglise. Je ne parle pas gratuitement, quand je dis que c'est la première chose que le Saint-Esprit met dans le cœur des chrétiens baptisés ; car dès le Symbole on leur parle de l'Eglise universelle, et on la leur propose à croire, sans leur parler de l'Ecriture. Il ne sert de rien de dire que les enfans répètent d'abord comme des perroquets et le Symbole et le nom de l'Eglise universelle. Laissons, disois-je, le perroquet, qui ne parle que par mémoire : venons au point où le chrétien a l'usage de la raison, et où il peut faire un acte de foi. Par où commencera-t-il, si ce n'est par où on a commencé de l'instruire ? Il croit donc l'Eglise universelle, avant que de croire l'Ecriture. En effet faites lire, je ne dis pas à un enfant, mais à quelque homme que ce soit, le *Cantique des cantiques,* où il n'est parlé de Dieu ni en bien ni en mal : de bonne foi, il ne croit ce livre inspiré de Dieu qu'à cause de la tradition, premièrement de la Synagogue, et secondement de l'Eglise chrétienne, c'est-à-dire en un mot, par l'autorité de l'Eglise universelle. Mais tenons-nous à notre point. Regardons le chrétien au moment qu'on lui propose l'Ecriture sainte comme parole de Dieu. C'est le Saint-Esprit qui le lui fait croire; nous sommes d'accord de ce point :

mais nous disputons du moyen extérieur dont le Saint-Esprit se sert. Je dis que c'est l'Eglise, puisque c'est elle en effet qui lui propose l'Ecriture sainte, puisqu'il a cru l'Eglise devant que d'ouïr l'Ecriture; puisqu'en ouvrant l'Ecriture, il est en état de dire : « Je crois cette Ecriture comme je crois que Dieu est. » Vous dites qu'il ne peut pas faire cet acte de foi : il n'est donc pas fidèle, et son baptême ne lui sert de rien. Il faut l'instruire comme un infidèle, en lui disant : « Voilà l'Ecriture que je crois inspirée de Dieu; lis, mon enfant, examine, vois si c'est la vérité même ou une fable. L'Eglise la croit inspirée de Dieu; mais l'Eglise se peut tromper, et tu n'es pas en état de faire avec elle cet acte de foi : Je crois, comme je crois que Dieu est, que c'est lui-même qui a inspiré cette Ecriture. » Si cette manière d'instruire fait horreur aux chrétiens, et mène manifestement à l'impiété, il faut que le chrétien puisse faire d'abord un acte de foi sur l'Ecriture que l'Eglise lui propose; il faut par conséquent qu'il croie que l'Eglise ne se trompe pas en lui donnant cette Ecriture. Comme il reçoit d'elle l'Ecriture, il en reçoit d'elle-même l'interprétation; et elle ne domine non plus sur les consciences, en obligant ses enfans à croire ses interprétations sans examiner, qu'elle y domine en les obligeant à croire sans examiner l'Ecriture même.

Par cet argument, Monsieur, reprit M. Claude, vous feriez conclure chacun en faveur de son Eglise. Les Grecs, les Arméniens, les Ethiopiens, nous-mêmes que vous croyez dans l'erreur, nous sommes néanmoins baptisés; nous avons par le baptême, et le Saint-Esprit, et cette foi infuse dont vous venez de parler. Chacun de nous a reçu l'Ecriture sainte de l'Eglise où il a été baptisé : chacun la croit la vraie Eglise énoncée dans le Symbole : et dans les commencemens on n'en connoît pas même d'autre. Que si comme nous avons reçu sans examiner l'Ecriture sainte de la main de cette Eglise où nous sommes, il nous en faut aussi, comme vous dites, recevoir à l'aveugle toutes les intreprétations, c'est un argument pour conclure que chacun doit demeurer comme il est, et que toute religion est bonne.

C'étoit en vérité ce qui se pouvoit objecter de plus fort; et quoique la solution de ce doute me parût claire, j'étois en peine comment je pourrois la rendre claire à ceux qui m'écoutoient. Je ne parlois qu'en tremblant, voyant qu'il s'agissoit du salut d'une ame ; et je priois Dieu qui me faisoit voir si clairement la vérité, qu'il me donnât des paroles pour la mettre dans son jour : car j'avois à faire à un homme qui écoutoit patiemment, qui parloit avec netteté et avec force, et qui enfin poussoit les difficultés aux dernières précisions.

Je lui dis que premièrement il falloit distinguer leur cause d'avec celle des Grecs, des Arméniens et des autres qu'il avoit nommés, qui errent à la vérité en ce qu'ils prennent une fausse église pour la vraie Eglise ; mais qui croient du moins comme indubitable, qu'il faut croire à la vraie Eglise, quelle qu'elle soit, et qu'elle ne trompe jamais ses enfans. Vous êtes, lui disois-je, bien plus à l'écart ; car je vous puis reprocher, non-seulement que comme les Grecs et les Ethiopiens vous prenez une fausse église pour la vraie ; mais, ce qui est incontestable et ce que vous nous avouez, que vous ne voulez pas même qu'on en croie la vraie. Après cette distinction qui m'a semblé nécessaire, venons à votre difficulté. Distinguons dans la croyance des Grecs et des autres fausses églises, ce qu'il y a de vrai, ce qu'elles ont de commun avec la vraie Eglise universelle, en un mot ce qui vient de Dieu d'avec ce qui vient de la prévention humaine. Dieu met par son Saint-Esprit, dans le cœur de ceux qui sont baptisés dans ces églises, qu'il y a un Dieu et un Jésus-Christ, et un Saint-Esprit. Jusqu'ici l'erreur n'y est pas ; tout cela est de Dieu : n'est-il pas vrai ? Il en convint. Ils croient qu'il y a aussi une Eglise universelle : n'ont-ils pas raison en cela, et n'est-ce pas une vérité révélée de Dieu qu'il y en a une en effet ? J'attendis l'aveu ; et après qu'il eut été donné, j'ajoutai que les Grecs et les Ethiopiens étoient disposés à croire sans examiner tout ce que la vraie Eglise leur proposoit. C'est ce que vous n'approuvez pas, Monsieur : en cela vous vous éloignez de tous les autres chrétiens, qui croient unanimement qu'il y a une vraie Eglise qui ne trompe jamais ses enfans. Moi qui crois cela avec eux, je compte cette croyance parmi les choses qui viennent de Dieu : mais voici où commencent les préventions humaines. C'est que ce baptisé séduit par ses parens et par ses pasteurs, croit que l'Eglise où il est, est la véritable, et il attribue en particulier à cette fausse église tout ce que Dieu lui fait croire en général de la vraie. Ce n'est pas le Saint-Esprit qui lui met cela dans le cœur : n'est-il pas vrai? — Il est vrai, sans doute. — En cet endroit il commence à croire mal. Ici donc commence l'erreur; ici la foi divine infuse par le baptême, commence à périr. Heureux ceux en qui les préjugés humains sont joints à la vraie croyance que le Saint-Esprit met dans le cœur! Ils sont exempts d'une grande tentation et de la peine terrible qu'il y a à distinguer ce qui est de Dieu dans la foi de leur Eglise, d'avec ce qui est des hommes. Mais quelque peine qu'aient les hommes à distinguer ces choses, Dieu les connoît et les distingue; et il y aura une éternelle différence entre ce que son Saint-Esprit met dans le cœur des baptisés quand il les dispose intérieurement à croire la vraie Eglise, et ce que les préventions humaines y ont ajouté en attachant leur esprit à une fausse église. Comment ces baptisés pourront démêler ces choses dans la suite, et par quels moyens ils pourront sortir de la prévention qui leur a fait confondre l'idée de la fausse église où ils sont, avec la foi de la vraie Eglise que le Saint-Esprit leur a mise dans le cœur avec le Symbole, ce n'est pas de quoi il s'agit; et il suffit que nous ayons vu dans tous les baptisés une croyance de l'Eglise qui leur vient de Dieu, distinguée de la pensée qui leur vient des hommes. Cela étant, je soutiens qu'à cette croyance de l'Eglise que le Saint-Esprit nous met dans le cœur avec le Symbole, est attachée une ferme foi : qu'il faut croire cette Eglise aussi certainement que le Saint-Esprit, à qui le Symbole même la joint immédiatement; et que c'est à cause de cette foi à l'Eglise que le fidèle ne doute jamais de l'Ecriture.

Je m'arrêtai un moment pour demander si on m'entendoit. M. Claude répondit qu'il m'entendoit parfaitement. Et si cela est, lui dis-je, vous devez voir l'inconvénient où vous jette votre croyance, et vous devez voir aussi que je n'y suis pas dans la mienne. Vous dites que non-seulement il ne faut pas croire la fausse église, mais qu'il ne faut pas même croire la vraie sans examiner ce qu'elle dit; et vous parlez en cela contre tout le reste des chrétiens. Mademoiselle de Duras interrompit en ce lieu : Voilà, dit-elle, à quoi il faudroit répondre par oui et par non. Je le dis en effet, reprit M. Claude, et je n'ai point hésité à le dire d'abord. Tant mieux, repartis-je : on va bientôt voir qui a raison de nous deux, et en l'état de clarté où les choses ont été mises par nos discours réciproques, le foible paroîtra bientôt de part ou d'autre. Dès que vous posez pour certain que l'Eglise, même la vraie, nous peut tromper, le fidèle ne peut pas croire sur la seule foi de l'Eglise que l'Ecriture est la parole de Dieu. Il le peut croire d'une foi humaine, reprit M. Claude, mais non pas d'une foi divine. Or la foi humaine, repris-je, est toujours fautive et douteuse : il doute donc si cette Ecriture est inspirée de Dieu ou non. M. Claude me pria ici de me souvenir de ce qu'il m'avoit déjà dit, qu'il n'étoit pas dans le doute, mais dans l'ignorance. Comme un homme, dit-il, qui ne se connoît pas en diamans, qu'on lui demande, en lui en montrant quelqu'un, s'il croit ce diamant bon ou mauvais ; il n'en sait rien, et ce qu'il a n'est pas un doute, mais une ignorance. De même, quand un maître enseigne quelque opinion de philosophie, le disciple qui ne sait pas encore ce qu'il veut dire, n'a pas de doute formel ; il est dans une simple ignorance. Ainsi en est-il de ceux à qui on donne la première fois l'Ecriture sainte. Et moi, dis-je, je soutiens qu'il doute, et que celui qui ne se connoît pas en diamans doute si celui qu'on lui présente est bon ou mauvais, et que le disciple doute avec raison de tout ce que lui dit son maître de philosophie jusqu'à ce qu'il y voie clair, parce qu'il ne croit pas son maître infaillible ; et que par la même raison, celui qui ne croit pas l'Eglise infaillible doute de la vérité de la parole de Dieu qu'elle lui propose. Cela s'appelle ignorance, et non pas doute, disoit toujours M. Claude ; et moi je fis cet argument. Douter, c'est ne savoir pas si une chose est ou non : le chrétien dont nous parlons ne sait si l'Ecriture est véritable ou non ; il en doute donc. Dites-moi, qu'est-ce que douter, si ce n'est ne savoir pas si une chose est ou non? A cela nulle réponse, sinon que ce chrétien ne doutoit en aucune sorte de l'Ecriture, mais qu'il l'ignoroit seulement. Mais, disois-je, il n'est pas comme un infidèle qui n'en a peut-être jamais ouï parler. Il sait que l'Evangile de saint Matthieu et les Epîtres de saint Paul sont lues dans l'Eglise comme parole de Dieu, et que tous les fidèles n'en doutent pas. Peut-il croire avec eux aussi certainement qu'il croit que Dieu est, que cette parole est inspirée de Dieu? Vous avez dit qu'il ne peut pas faire cet acte de foi : qui ne peut faire un acte de foi sur un article qu'on lui propose, fait du moins pour ainsi parler un acte de doute. M. Claude répondoit toujours qu'il étoit dans une pure ignorance. Hé bien, laissons là les mots : il n'en doute pas si vous voulez; mais il ne sait si cette Ecriture est une vérité ou une fable; il ne sait si l'Evangile est une histoire inspirée de Dieu, ou un conte inventé par les hommes. Il ne peut donc pas sur ce point faire un acte de foi divine, ni dire : Je crois, comme Dieu est, que l'Evangile est de Dieu même. N'avouez-vous pas qu'il ne peut faire cet acte, et qu'il n'a autre chose qu'une foi humaine? Il avoua encore franchement qu'il n'y connoissoit autre chose. Hé bien, Monsieur, c'est assez. Enfin donc il y a un point où tout chrétien baptisé ne sait pas si l'Evangile n'est pas une fable : on lui donne cela à examiner : voilà où il en faut venir quand on donne à examiner après l'Eglise. On peut discourir sans fin : nous avons tout dit de part et d'autre, et on ne feroit plus que recommencer. C'est à chacun à examiner en sa conscience comment il peut soutenir qu'un chrétien baptisé doive avoir été un moment sans savoir si l'Evangile est une vérité ou une fable, et qu'il faille entre les autres questions qu'on peut faire dans la vie, lui donner encore celle-là à examiner. Il me parut à la contenance de mademoiselle de Duras qu'elle m'avoit entendu : j'attendis pourtant un peu ; et M. Claude se leva.

Mademoiselle de Duras se leva avec nous, et nous dit en s'approchant : Mais je voudrois bien avant qu'on se retirât, qu'on dît quelque chose sur la séparation. La chose est faite, lui repartis-je. Du moment qu'il est certain qu'on ne peut examiner après l'Eglise sans tomber dans un orgueil insupportable, et sans douter de l'Evangile, il n'y a plus rien à dire. Chacun n'a plus qu'à considérer s'il veut qu'on doute un seul moment de l'Evangile, et encore s'il se sent capable de mieux entendre l'Ecriture que tous les synodes du monde, et que tout le reste de l'Eglise universelle.

Mais puisque Mademoiselle souhaite quelque particulier éclaircissement sur la séparation, je vous prie, dis-je à M. Claude, donnez-moi encore un moment. Je vous vas proposer des faits essentiels dont il faudra, si je ne me trompe, que vous conveniez bientôt. Je vous demande, Monsieur, si les ariens se sont séparés de l'Eglise et si leur secte, quand elle parut, n'étoit pas nouvelle? Ils ne se sont pas, dit-il, séparés de l'Eglise; ils l'ont corrompue. Il se mit à représenter avec beaucoup d'exagération comment ils avoient entraîné toute l'Eglise. Cela n'est pas ainsi, Monsieur, vous savez que saint Athanase, saint Basile, saint Grégoire de Nazianze, tant d'autres saints évêques tenoient pour la vérité, et qu'un grand peuple les suivoit. Vous savez que tout l'Occident et Rome même, malgré la chute de Libérius, étoit orthodoxe. Mais laissons tout cela, lui dis-je; en quelque nombre qu'ils se soient séparés, il y avoit une Eglise devant eux avec qui ils ont rompu, et contre qui ils ont fait une autre église. Non, dit-il, ils l'ont corrompue. Hé! Monsieur, quelle difficulté est-ce là? Tous les hérétiques ne se sont jamais séparés qu'en corrompant quelques-uns des enfans de l'Eglise, et se séparant avec eux de l'Eglise où ils avoient tous été baptisés. Mais enfin, dites-moi, Monsieur, la secte des ariens, et cette église qu'on nomme arienne, n'étoit-elle pas nouvelle? Si vous voulez dire, Monsieur, me repartit-il, qu'Arius ait parlé le premier contre la divinité du Fils de Dieu, il n'est pas vrai. Origène devant lui et Justin martyr, avoient dit la même chose. Ha! Monsieur, qu'un martyr ait nié la divinité du Fils de Dieu, je n'en croirai jamais rien. Pour Origène, vous savez qu'on l'a allégué pour et contre; c'est un auteur ambigu et suspect. Mais, Monsieur, laissons les faits incertains; tâchons de trouver un fait dont vous et moi convenions. Cette secte, qui après la condamnation prononcée contre Arius, se joignit à ce prêtre excommunié, et forma une église contre l'église, n'étoit-elle pas nouvelle? Il fallut bien l'avouer. Pour lui prouver sa nouveauté, falloit-il remonter jusqu'aux apôtres, et ne pouvoit-on pas lui dire : « Eglise séparée de cette autre Eglise où Arius est né et où il a reçu le baptême, vous n'étiez pas hier ni avant-hier? » — Oui, dit M. Claude. N'en peut-on pas dire autant de l'église macédonienne, qui nioit la divinité du Saint-Esprit; des nestoriens, qui séparoient la personne de Jésus-Christ; des eutychiens, qui confondoient ses deux natures; et des pélagiens, qui nioient le péché originel et la grace de Jésus-Christ? Ne pouvoit-on pas leur dire sans remonter aux apôtres : « Quand vous êtes venus au monde, vous avez trouvé l'Eglise baptisant les petits enfans en rémission des péchés, et demandant la conversion des pécheurs et des infidèles? » Donc ce qu'ont combattu tous ces hérétiques et tous les autres que vous et nous connoissons, étoit cru non-seulement du temps des apôtres, mais hier et avant-hier, et dans les temps où les hérésiarques sont venus, et ils trouvoient l'Eglise dans cette créance. — Mais, répondit M. Claude, il y a deux manières d'établir l'erreur : l'une découverte, et l'autre cachée et insensible. — Arrêtons là, Monsieur, lui dis-je : nous devons proposer des faits constans dont les deux partis conviennent; je ne conviens point de cette manière insensible d'établir l'erreur. — Hé! dit-il, la prière des saints et le purgatoire, voulez-vous dire, Monsieur, que vous les trouverez du temps des apôtres? — Non, Monsieur, repris-je : je ne veux rien dire là-dessus, car vous n'en conviendriez pas; et je veux dire des choses dont vous conveniez. Usez-en de même avec moi. Celui qui tirera plus d'avantage solide des faits avoués par son adversaire aura un grand argument que la vérité est pour lui : car le propre de la vérité est de se soutenir partout, et de condamner l'erreur par les faits mêmes que l'erreur avoue. Et puisque vous me parlez de la prière des saints : vous êtes de bonne foi; n'est-il pas vrai que M. Daillé nous accorde treize cents ans d'antiquité? — Treize cents ans, Monsieur, répondit-il, ce n'est pas tous les temps de l'Eglise. — J'en conviens, lui dis-je : mais enfin l'adversaire me donne déjà treize cents ans; il me donne saint Grégoire de Nazianze, saint Basile, saint Ambroise, saint Jérôme, saint Chrysostome, saint Augustin. — Tout cela, dit M. Claude, des hommes. — Des hommes tant qu'il vous plaira : mais enfin nous avons treize cents ans de l'aveu de notre adversaire pour la prière des saints et pour l'honneur des reliques; car ces deux choses ont été jointes ensemble, selon M. Daillé, vous le savez. Et pour la prière des morts, combien nous a donné M. Blondel? — Il est vrai, dit M. Claude, que c'est la plus ancienne erreur de l'Eglise. — Quatorze cents ans d'antiquité, Monsieur, c'est, lui dis-je, ce que nous accorde M. Blondel. Je ne dis pas ceci pour faire préjuger la vérité de notre doctrine; ce n'est pas de quoi il s'agit : mais je le dis pour montrer que nous ne sommes pas sans défense sur ces exemples d'erreurs insensiblement répandues, puisque déjà nous avons de votre consentement treize et quatorze cents ans. Venons donc à des faits constans dont je puisse convenir. Car pour vous, vous convenez que les ariens, les nestoriens, les pélagiens, et en un mot tous les hérétiques se sont établis comme j'ai dit. Ils n'ont point trouvé d'Eglise à laquelle ils se soient unis. Ils en ont érigé une autre qui s'est séparée de toutes les autres églises qui étoient alors. Cela est certain : n'est-il pas constant? J'attendis : M. Claude ne contredit pas; je ne crus pas le devoir presser davantage sur une chose constante et déjà avouée. Maintenant, lui dis-je, comment se sont établies les églises orthodoxes? Quand les particuliers et les peuples, par exemple les Indiens, se sont convertis, n'ont-ils pas trouvé une Eglise déjà établie à laquelle ils se sont unis? Il l'avoua. En avez-vous trouvé une dans toute la terre à laquelle vous vous soyez unis? Est-ce l'église grecque, ou arménienne, ou éthiopique que vous avez embrassée en quittant l'Eglise romaine? Ne peut-on pas vous marquer la date précise de vos églises, et dire à toute cette église, à toute cette société extérieure dans laquelle vous êtes ministre : « Vous n'étiez pas hier? » — Mais, dit ici M. Claude, n'étions-nous pas de cette Eglise? Nous n'en sommes pas sortis, on nous a chassés. On nous a excommuniés dans le concile de Trente. Ainsi nous sommes sortis : mais nous avons emporté l'Eglise avec nous. — Quel discours, Monsieur, lui dis-je! Si on ne vous en eût pas chassés, y fussiez-vous demeurés? A quoi sert donc ce commandement tant répété parmi vous : « Sortez de Babylone, mon peuple? » De bonne foi, dites-moi, fussiez-vous demeurés dans l'Eglise, si elle ne vous eût pas chassés? — Non, Monsieur, assurément, dit M. Claude. — Que sert donc, repris-je, de dire ici qu'on vous a chassés? — C'est, dit-il, que c'est un fait véritable. — Hé bien, Monsieur, poursuivis-je, il est véritable : cela vous est commun (ne vous fâchez pas du mot que je vais dire), cela, dis-je, vous est commun avec tous les hérétiques. L'Eglise où ils avoient reçu le baptême les a chassés, les a excommuniés. Ils eussent peut-être bien voulu y demeurer pour corrompre et pour séduire; mais l'Eglise les a retranchés. Et quant à ce que vous dites, que vous étiez dans cette Eglise qui vous a chassés, et que vous avez emporté l'Eglise avec vous, quel hérétique n'en peut pas dire autant? Ce n'est pas des païens que les anciens hérétiques ont composé leur église; c'est des chrétiens nourris dans l'Eglise. Aussi n'avez-vous pas formé la vôtre en amassant des mahométans; j'en conviens: mais en cela vous ne sortez pas des exemples des anciens hérétiques; et ils ont tous pu dire, aussi bien que vous, qu'ils ont été condamnés par leurs parties. Car on ne les a pas fait asseoir au nombre des juges, quand on a condamné leur nouveauté. — Mais, Monsieur, reprit M. Claude, nous ne convenons pas de cette nouveauté. Ce qui est dans l'Ecriture n'est pas nouveau. — Patience, Monsieur, je vous prie, lui répondis-je : aucun des anciens hérétiques n'est convenu de la nouveauté de sa doctrine; ils ont tous allégué pour eux l'Ecriture sainte : mais il y avoit une nouveauté qu'ils ne pouvoient contester; c'est que le corps de leur église n'étoit pas hier, et vous en êtes demeuré d'accord. — Hé bien, dit enfin M. Claude, si les ariens, si les nestoriens, si les pélagiens avoient eu raison dans le fond, ils n'eussent point eu tort dans la procédure. — Tort ou non, lui dis-je, Monsieur, c'est le fond de la question : mais toujours demeure-t-il pour constant que vous avez le même procédé qu'eux, la même conduite, les mêmes défenses; en un mot, qu'en formant votre église vous avez fait comme ont fait tous les hérétiques, et que nous faisons tout ce qu'ont fait les orthodoxes. Chacun peut juger en sa conscience à qui il aime mieux ressembler, et je n'ai plus rien à dire.

M. Claude ne se tut pas en cette occasion, et il me dit que cet argument étoit excellent en faveur des Juifs et des païens, et qu'ils pouvoient soutenir leur cause par la raison dont je me servois. Voyons, lui dis-je, Monsieur, et souvenez-vous que vous nous promettez le même argument. — Le même, reprit-il, sans doute. Les Juifs et les païens ont reproché aux chrétiens, leur nouveauté, vous le savez; les écrits de Celse en font foi, et tant d'autres. — J'en conviens, lui dis-je, mais est-ce là tout? Et il étoit vrai, poursuivit-il, que le christianisme étoit nouveau, à le regarder dans l'état immédiatement précédent. — Quoi! lui dis-je, quand Jésus-Christ commença sa prédication, on lui pouvoit dire, comme je vous dis, que dans l'Eglise où il étoit né, on ne parloit pas hier de lui ni de sa venue? Et qu'étoit-ce donc que ce saint Jean-Baptiste, et Anne la prophétesse, et Siméon, et les Mages, et les pontifes consultés par Hérode, lorsqu'ils répondirent que le lieu de sa naissance étoit Bethléem? Falloit-il remonter jusqu'à Abraham pour prouver l'antiquité des promesses? Y a-t-il eu un seul moment où le Christ n'ait pas été attendu dans l'Eglise où il est né; si bien attendu que les Juifs l'attendent encore? Il est bien vrai, Monsieur, qu'il falloit voir arriver une fois cette nouveauté, et ce changement du Christ attendu au Christ venu. Mais Jésus-Christ pour cela n'est pas nouveau : « Il étoit hier, il est aujourd'hui, et sera aux siècles des siècles[1]. » — Il est vrai, repartit M. Claude, mais la Synagogue ne convenoit pas que ce Jésus fût le Christ. Mais, repris-je, la Synagogue n'a point condamné saint Jean-Baptiste; mais la Synagogue a ouï, sans rien dire, et les Mages, et Siméon, et Anne. Jésus-Christ a recueilli dans la Synagogue, vraie Eglise alors, les enfans de Dieu qu'elle contenoit. La Synagogue à la fin l'a condamné. Mais Jésus-Christ avoit déjà fondé son Eglise. Il lui donne sa dernière forme aussitôt après sa mort, et le nouveau peuple a suivi l'ancien sans interruption : voilà des vérités incontestables. Et pour ce qui est du paganisme, il est vrai que les païens ont reproché aux chrétiens leur nouveauté. Mais qu'ont répondu les chrétiens? N'ont-ils pas fait voir clairement que les Juifs avoient toujours cru le même Dieu que les chrétiens adoroient et attendu le même Christ; que les Juifs croyoient tout cela hier, et avant-hier, et toujours sans interruption? — Mais, Monsieur, encore une fois, dit M. Claude, les Gentils ne convenoient pas de tout cela? — Quoi! repris-je, y avoit-il parmi eux quelqu'un assez déraisonnable pour dire qu'il n'y eût jamais eu de Juifs, ou que ce peuple n'eût pas attendu un

[1] *Hebr.*, XIII, 8.

Christ, et n'eût pas adoré un seul Dieu, Créateur du ciel et de la terre? Ne faisoit-on pas voir aux païens le commencement manifeste de leurs opinions et la date, je ne dis pas des auteurs de leurs sentimens, mais de leurs dieux mêmes, et cela par leurs propres histoires, par leurs propres auteurs, par leur propre chronologie? Croyez-vous qu'un païen eût pu faire avouer à un chrétien que la religion d'un chrétien étoit nouvelle, et qu'il n'y avoit jamais eu de société qui eût eu la même croyance que les chrétiens avoient alors, comme je vous fais avouer que tous les hérétiques que vous et moi reconnoissons pour tels, sont venus de cette sorte, et que vous avez fait comme eux? Voilà, Monsieur, comme vous prouvez que les Juifs et les païens pouvoient soutenir leur cause par le même argument dont je me sers : personne ne le pourra jamais, et personne ne pourra jamais nier le fait constant que j'avance qui est que nous faisons comme tous les orthodoxes, et vous comme tous les hérétiques.

Là finit la conversation. Elle avoit duré cinq heures avec une grande attention de toute l'assemblée. On s'étoit écouté l'un l'autre paisiblement : on parloit de part et d'autre assez serré; et à la réserve du commencement où M. Claude étendoit un peu son discours, dans tout le reste il alloit au fait, et se présentoit à la difficulté sans reculer. Il est vrai qu'il tendoit plutôt à m'envelopper dans les inconvéniens où je l'engageois, qu'à montrer comme il en pouvoit sortir lui-même; mais enfin tout cela étoit de la cause; et il a dit assurément tout ce que la sienne pouvoit fournir dans le point où nous nous étions renfermés.

Pour moi, je n'avois garde d'en sortir, puisque c'étoit celui sur lequel mademoiselle de Duras demandoit éclaircissement. Elle me parut touchée : je me retirai toutefois en tremblant, et craignant toujours que ma foiblesse n'eût mis son ame en péril et la vérité en doute.

III. — Suite de la conférence.

Je la vis le lendemain. Je fus consolé de voir qu'elle avoit parfaitement entendu tout ce que j'avois dit. C'est ce que je lui avois promis. Je lui avois représenté que parmi les difficultés immenses que faisoit naître parmi les hommes l'esprit de chicane et la profondeur de la doctrine chrétienne, Dieu vouloit que ses enfans eussent un moyen aisé de se résoudre en ce qui regardoit leur salut; que ce moyen étoit l'autorité de l'Eglise; que ce moyen étoit aisé à établir, aisé à entendre, aisé à suivre; si aisé, disois-je, et si clair, que quand vous n'entendrez pas ce que je dirai sur cela, je consens que vous croyiez que j'ai tort. Cela, en effet, doit être ainsi, quand la matière est bien traitée : mais je n'osois pas me promettre de l'avoir dignement traitée. Je reconnus avec joie et avec action de graces, que Dieu avoit tout tourné à bien. Les endroits qui devoient frapper, frappèrent. Mademoiselle de Duras ne pouvoit comprendre qu'un particulier ignorant pût croire sans un orgueil insupportable, qu'il lui pouvoit arriver de mieux entendre l'Ecriture que tous les conciles universels et que tout le reste de l'Eglise. Elle avoit vu, aussi bien que moi, combien étoit foible l'exemple de la Synagogue, quand elle condamna Jésus-Christ, et combien il y avoit peu de raison de dire que les particuliers qui croyoient bien manquassent, pour se résoudre, d'une autorité extérieure, lorsqu'ils avoient en la personne de Jésus-Christ la plus grande et la plus visible autorité qu'il soit possible d'imaginer. Je repassai sur le doute où il falloit être touchant l'Ecriture, si on doutoit de l'Eglise. Elle dit qu'elle n'avoit jamais seulement songé qu'un chrétien pût douter un moment de l'Ecriture; et au reste elle entendit parfaitement que rejetant le nom de doute, M. Claude avoit reconnu la chose en d'autres termes : ce qui ne servoit qu'à faire paroître combien cette chose étoit dure, et à penser et à dire, puisque forcé de l'avouer, il n'avoit pas cru le devoir faire en termes simples. Car enfin ne savoir pas si une chose est ou non, si ce n'est douter, ce n'est rien. Il parut donc clairement que les deux propositions dont il s'agissoit étoient établies; et je fis voir en peu de mots à mademoiselle de Duras, que son église en croyant deux choses aussi étranges, avoit changé tout l'ordre d'instruire les enfans de Dieu, pratiqué de tout temps dans l'Eglise chrétienne.

Il ne falloit pour cela que lui répéter en peu de mots ce qu'elle m'avoit ouï dire, et ce qu'elle avoit ouï accorder à M. Claude.

Dieu me mit pourtant dans le cœur quelque chose de plus expliqué ; et voici ce que je lui dis.

L'ordre d'instruire les enfans de Dieu, est de leur apprendre avant toutes choses le Symbole des apôtres : « Je crois en Dieu le Père, et en Jésus-Christ, et au Saint-Esprit, la sainte Eglise universelle, la communion des saints, la rémission des péchés, » et le reste. Autant que le fidèle croit en Dieu le Père, et en son Fils Jésus-Christ, et au Saint-Esprit, autant croit-il l'Eglise universelle, où le Père, où le Fils, où le Saint-Esprit est adoré. Autant, dis-je, qu'il croit le Père, autant croit-il l'Eglise, qui fait profession de croire que Dieu, Père de Jésus-Christ, a adopté des enfans qu'il a unis à son Fils. Autant qu'il croit au Fils, autant croit-il l'Eglise qu'il a assemblée par son sang, qu'il a établie par sa doctrine, qu'il a fondée sur la pierre, et contre qui il a promis que les portes d'enfer ne prévaudroient point. Autant qu'il croit au Saint-Esprit, autant croit-il cette Eglise à qui le Saint-Esprit a été donné pour docteur. Et celui qui dit : « Je crois en Dieu, en Jésus-Christ, et au Saint-Esprit, » quand il dit : « Je crois, » il professe : « il croit de cœur pour la justice, et il confesse de bouche pour le salut, » comme dit saint Paul [1], et il sait que la foi qu'il a n'est pas un sentiment particulier. Il y a une Eglise, une société d'hommes, qui croit comme lui : c'est l'Eglise universelle qui n'est pas ici, ni là, ni en ce temps, ni en un autre. Elle n'est pas renfermée dans une seule contrée comme l'ancienne Eglise judaïque : elle ne doit point finir comme elle ; et « son royaume ne doit point passer à un autre peuple, » comme il est écrit dans Daniel [2]. Elle est de tous les temps et de tous les lieux, et tellement répandue, que quiconque veut venir à elle le peut. Elle n'a point d'interruption dans sa suite : car il n'y a point de temps où on n'ait pu dire : « Je crois l'Eglise universelle, » comme il n'y en a point où on n'ait pu dire : « Je crois en Dieu le Père, et en son Fils, et au Saint-Esprit. » Cette Eglise est sainte, parce que tout ce qu'elle enseigne est saint ; parce qu'elle enseigne toute la doctrine qui fait les saints, c'est-à-dire toute la doctrine de Jésus-Christ ; parce qu'elle enferme tous les saints dans son unité.

[1] *Rom.*, X, 9, 10. — [2] *Dan.*, II, 44 ; VII, 14.

Et ces saints ne doivent pas être seulement unis en esprit : ils sont unis extérieurement dans la communion de cette Eglise; et c'est là ce que veut dire la communion des saints. Dans cette Eglise universelle, dans cette communion des saints, est la rémission des péchés. Là est le baptême, par lequel les péchés sont remis; là est le ministère des clefs, par lesquelles « ce qui est remis ou retenu sur la terre, est remis ou retenu dans le ciel[1]. » Voilà donc dans cette Eglise un ministère extérieur, et qui dure autant que l'Eglise, c'est-à-dire toujours, puisqu'on croit cette Eglise en tous les temps, non comme une chose qui ait été ou qui doive être, mais comme une chose qui est actuellement. Voyez donc à quoi cette Eglise est attachée, et ce qui est attaché à cette Eglise. Elle est attachée immédiatement au Saint-Esprit qui la gouverne : « Je crois au Saint-Esprit, la sainte Eglise universelle. » A cette Eglise est attachée la communion des saints, la rémission des péchés, la résurrection de la chair, la vie éternelle. Hors de cette Eglise il n'y a ni communion des saints, ni rémission des péchés, ni résurrection pour la vie éternelle. Voilà la foi de l'Eglise établie dans le Symbole. Il ne parle point de l'Ecriture. Est-ce qu'il la méprise? A Dieu ne plaise! Vous la recevrez des mains de l'Eglise; et parce que jamais vous n'avez douté de l'Eglise, jamais vous ne douterez de l'Ecriture, que l'Eglise a reçue de Dieu, de Jésus-Christ et des apôtres, qu'elle conserve toujours comme venant de cette source, qu'elle met dans les mains de tous les fidèles.

Il me sembla que cette doctrine vraiment sainte et apostolique, faisoit l'effet qu'elle devoit faire : mais il y a, dis-je, encore un mot. C'est ce que je disois à M. Claude, et je le réduis maintenant à ce raisonnement très-simple, que tout le monde peut également entendre, je veux dire le savant comme l'ignorant, et le particulier comme le pasteur. Le chrétien baptisé, avant que de lire l'Ecriture sainte, ou peut faire cet acte de foi : « Je crois que cette parole est inspirée de Dieu, comme je crois que Dieu est, » ou il ne le peut pas faire. S'il ne le peut pas faire, il en doute donc; il est réduit à examiner si l'Evangile n'est pas une fable :

[1] *Matth.*, XVI, 19; *Joan.*, XX, 23.

mais s'il le peut faire, par quel moyen le fera-t-il? — Le Saint-Esprit le lui mettra dans le cœur. — Ce n'est pas répondre ; car on est d'accord que la foi en l'Ecriture vient du Saint-Esprit. Il est question du moyen extérieur dont le Saint-Esprit se sert, et il ne peut y en avoir d'autre que l'autorité de l'Eglise. Ainsi chaque chrétien reçoit de l'Eglise, sans examiner, cette Ecriture comme Ecriture inspirée de Dieu.

Passons encore plus avant. L'Eglise nous donne-t-elle seulement l'Ecriture en papier, l'écorce de la parole, le corps de la lettre ? Non sans doute ; elle nous donne l'esprit, c'est-à-dire le sens de l'Ecriture : car nous donner l'Ecriture sans le sens, c'est nous donner un corps sans ame, et une lettre qui tue. L'Ecriture sans sa légitime interprétation, l'Ecriture destituée de son sens naturel, c'est un couteau pour nous égorger. L'arien s'est coupé la gorge par cette Ecriture mal entendue ; le nestorien se l'est coupée ; le pélagien se l'est coupée. A Dieu ne plaise donc que l'Eglise nous donne seulement l'Ecriture, sans nous en donner le sens. Elle a reçu l'un et l'autre ensemble. Quand elle a reçu l'Evangile de saint Matthieu et l'*Epître aux Romains*, et les autres, elle les a entendues : ce sens qu'elle a reçu avec l'Ecriture, s'est conservé avec l'Ecriture ; et le même moyen extérieur dont le Saint-Esprit se sert pour nous faire recevoir l'Ecriture sainte, il s'en sert pour nous en donner le sens véritable. Tout cela vient du même principe ; tout cela est de la suite du même dessein. Comme donc il n'y a rien à examiner après l'Eglise, quand elle nous donne l'Ecriture sainte : il n'y a rien à examiner quand elle l'interprète, et qu'elle en propose le sens véritable. Et c'est pourquoi vous avez vu qu'après le concile de Jérusalem, Paul et Silas ne disent pas : « Examinez ce décret ; » mais ils enseignent aux Eglises à observer ce qu'avoient jugé les apôtres.

Voilà comme a toujours procédé l'Eglise. « Je ne croirois pas l'Evangile, dit saint Augustin, si je n'étois touché de l'autorité de l'Eglise catholique. » Et un peu après : « Ceux à qui j'ai cru quand ils m'ont dit : « Croyez à l'Evangile, » je les crois encore quand ils me disent : « Ne croyez pas à Manichée [1]. » Cette société

---

[1] *Cont. Ep. fundam. Manich.*, n. 6.

de pasteurs établie par Jésus-Christ et continuée jusqu'à nous, en me donnant l'Evangile, m'a dit aussi qu'il falloit détester les hérétiques et les mauvaises doctrines; je crois l'un et l'autre ensemble, et par la même autorité.

C'est la manière dont les chrétiens ont été instruits dès les premiers temps, dans lesquels on a soutenu aux hérétiques qu'ils n'étoient pas recevables à disputer de l'Ecriture, « parce que sans Ecriture on leur peut montrer que l'Ecriture n'est point à eux [1], » qu'il n'y a rien de commun entre eux et l'Ecriture.

Et remarquez, s'il vous plaît, que toutes les sociétés chrétiennes, excepté les églises nouvellement réformées, ont conservé cette manière d'instruire. Nous disions, M. Claude et moi, que l'église grecque, l'éthiopienne, l'arménienne, et les autres, se trompoient à la vérité en se croyant la vraie Eglise; mais toutes croient du moins qu'il n'y a rien à examiner après la vraie Eglise.

Il n'y a point d'autre manière d'enseigner les fidèles. Si on leur dit qu'ils peuvent mieux entendre l'Ecriture sainte que tout le reste de l'Eglise ensemble, on nourrit l'orgueil, on ôte la docilité. Nul ne le dit que les églises qui se disent réformées. Partout ailleurs on dit, comme nous faisons, qu'il y a une vraie Eglise, qu'il faut croire sans examiner après elle. Cela est cru, non-seulement dans la vraie Eglise, mais dans celles qui imitent la vraie Eglise.

L'église prétendue réformée est la seule qui ne le dit pas. Si la vraie Eglise, quelle qu'elle soit, le dit, l'église prétendue réformée n'est donc pas la vraie Eglise, puisqu'elle ne le dit pas.

Qu'on ne nous dise pas : L'éthiopienne le dit, la grecque le dit, l'arménienne le dit, la romaine le dit : à qui croirai-je ?

Si votre doute consistoit à choisir entre la romaine et la grecque, il faudroit entrer dans cet examen. Mais maintenant on convient dans votre religion que l'église grecque, que l'église éthiopienne et les autres ont tort contre la romaine; et si elles étoient vraies églises, en quittant la romaine, qui selon vous ne l'étoit pas, vous eussiez dû rechercher leur communion.

Elles ne sont donc pas la vraie Eglise. Vous ne l'êtes pas non plus : car la vraie Eglise croit qu'il faut croire sans examen ce

[1] Tertull., *De Præscript. adv. hæret.*, n. 18, 37.

qu'enseigne la vraie Eglise. Vous enseignez le contraire. Vous, vous dites la vraie Eglise, et vous dites en même temps qu'il faut examiner après vous, c'est-à-dire qu'on peut se damner en vous croyant. Vous renoncez donc dès là à l'avantage de la vraie Eglise. Vous n'êtes pas la vraie Eglise : il vous faut quitter : c'est par là qu'il faut commencer. Si quelqu'un est tenté en vous quittant de s'unir à l'église grecque, on lui répondra.

Mademoiselle de Duras ayant entendu ces choses, il me sembla qu'après cela rien ne la pouvoit troubler que l'habitude contractée dès l'enfance, et la crainte d'affliger madame sa mère, pour qui je savois qu'elle avoit toute la tendresse et tout le respect qu'une mère de cette sorte mérite. Je vis même qu'elle étoit peinée des reproches qu'on lui faisoit, d'avoir des desseins humains, et surtout d'avoir attendu à douter de sa religion, après une donation que madame sa mère lui avoit faite. Vous savez bien, lui dis-je, en votre conscience en quel état vous étiez quand cette donation vous a été faite; si vous aviez quelque doute, et si vous l'avez supprimé dans la vue de vous procurer cet avantage.—Je n'y songeois pas seulement, répondit-elle.—Vous savez donc bien, lui dis-je, que ce motif n'a aucune part à ce que vous faites. Ainsi demeurez en paix; pourvoyez à votre salut, et laissez dire les hommes : car cette appréhension qu'on ne vous impute des vues humaines, est une sorte de vue humaine des plus délicates et des plus à craindre.

Elle souhaita que je répétasse en présence de M. Coton ce qui avoit été dit, par un désir qu'elle avoit qu'il s'instruisît avec elle. On le fit venir; on convint des faits. M. Coton me fit avec une extrême douceur quelques objections sur la doctrine que j'avois expliquée. J'y répondis. Il me dit qu'il n'étoit pas exercé dans la dispute, ni versé dans ces matières. Il disoit vrai; il se remettoit à M. Claude. Je priai Dieu de l'éclairer, et je partis pour revenir à mon devoir.

Après une conversation que nous eûmes encore à Saint-Germain, mademoiselle de Duras et moi dans l'appartement de madame la duchesse de Richelieu, elle me dit qu'elle se croyoit en état de prendre dans peu sa résolution, et qu'il ne lui restoit qu'à prier Dieu de la bien conduire. Le succès fut tel que nous le souhaitions. Le 22 mars je retournai à Paris pour recevoir son abjuration. Elle la fit dans l'église des RR. PP. de la doctrine chrétienne. L'exhortation que je lui fis ne tendoit qu'à lui représenter qu'elle rentroit dans l'Eglise que ses pères avoient quittée, qu'elle ne se croiroit pas dorénavant plus capable que l'Eglise, plus éclairée que l'Eglise, plus pleine du Saint-Esprit que l'Eglise ; qu'elle recevroit de l'Eglise, sans examiner, le vrai sens de l'Ecriture, comme elle en recevoit l'Ecriture même; qu'elle alloit dorénavant bâtir sur la pierre, et qu'il falloit que sa foi fructifiât en bonnes œuvres. Elle sentit la consolation du Saint-Esprit, et l'assistance fut édifiée de son bon exemple.

RÉFLEXIONS

SUR UN ÉCRIT DE M. CLAUDE.

On a vu dans l'*Avertissement* qui est à la tête de ce livre, qu'après que M. Claude eut lu mon récit, il fit une réponse à l'instruction que j'avois donnée à mademoiselle de Duras, et qu'il y joignit une Relation de notre Conférence, qu'il avoit faite, à ce qu'il marque dans cet écrit même, « dès le lendemain de notre entrevue. »

J'ai reçu de divers endroits, et même des provinces les plus éloignées, cet écrit de M. Claude avec sa Relation : mais la copie la plus entière et la plus correcte que j'en aie vue m'a été communiquée par M. le duc de Chevreuse, qui l'avoit eue d'une dame de qualité de la religion prétendue réformée. J'ai vu aussi entre les mains de M. de Chevreuse une déclaration signée de M. Claude, où il avoue tout l'écrit ; de sorte qu'on ne peut douter qu'il ne soit de lui.

Je trouve beaucoup de choses dans cet écrit, qui confirment manifestement tout ce qu'on vient de lire dans le mien. Je ne prétends pas relever ici toutes ces choses, ni répondre à celles où M. Claude me paroît, par le défaut de sa cause, aussi peu d'accord avec lui-même qu'avec nous. Pour faire de telles remarques, il faut qu'un écrit soit entre les mains de tout le monde, et que chacun puisse voir si on en rapporte bien les passages, et si on en prend bien le sens et la suite ; il faut, en un mot, qu'il soit public. Il le sera quand il plaira à M. Claude. Je ferai, en attendant, quelques réflexions sur des choses dont je ne crois pas qu'il puisse disconvenir, et qui peuvent beaucoup aider les prétendus réformés à prendre une bonne résolution sur la matière que nous avons traitée.

Ire Réflexion sur la réponse de M. Claude aux Actes tirés de la discipline des prétendus réformés.

Ma première réflexion est sur la réponse que fait M. Claude aux Actes tirés de la discipline de ses églises. Je me suis servi de ces Actes pour montrer qu'il étoit si nécessaire à tous les particuliers, dans les questions de la foi, de se soumettre à l'autorité infaillible de l'Eglise, que les prétendus réformés, qui la rejetoient dans la spéculation, se trouvoient forcés en même temps à la reconnoître dans la pratique. Ce qu'il y a de plus pressant dans ces Actes, c'est qu'au seul synode national, à l'exclusion des consistoires, colloques et synodes provinciaux, est attribuée « la dernière et finale résolution par la parole de Dieu [1]. » Mais parce que c'est « la dernière et finale résolution, » les églises et les provinces, en députant à ce synode, jurent solennellement « de se soumettre à tout ce qui sera conclu dans cette assemblée, persuadées que Dieu y présidera par son Saint-Esprit et par sa parole [2]. » Ainsi parce qu'on croit devoir une soumission entière à cette sentence suprême quand elle sera prononcée, on jure de s'y soumettre avant même qu'elle l'ait été ; c'est agir conséquemment. Mais si après une promesse confirmée par un serment si solennel, on prétend se laisser encore la liberté d'examiner, j'avoue que je ne sais plus ce que les paroles signifient ; et il n'y

---

[1] *Discip.*, chap. v, art. 31 ; vid. sup., p. 519. — [2] *Discip.*, chap. IX, art. 3 ; *Observ.*, p. 144 ; vid. sup., p. 519.

eut jamais d'évasion mentale si pleine d'illusion et d'équivoque.

On peut bien croire, sans que je le dise, que les ministres se sentent pressés par un raisonnement si clair : dans de telles occasions où la vérité se découvre avec tant d'évidence, plus on a d'esprit, plus on sent la difficulté, et plus on se trouve embarrassé. Aussi n'y a-t-il rien de plus visible que l'embarras qui paroît dans la réponse de M. Claude, je dis même dans sa réponse telle qu'il la marque dans sa propre Relation.

Elle se réduit à dire qu'on fait ce serment, parce qu'on doit bien présumer d'une telle assemblée ; et au surplus que ces paroles : « Nous jurons de nous soumettre à votre assemblée, persuadés que Dieu y présidera, » enferment une condition sans laquelle la promesse ainsi jurée n'a point son effet. C'est tout ce qu'on peut répondre. L'anonyme, qui a dédié son livre à M. Conrart, m'a fait le premier cette réponse [1]. Un autre anonyme, dont le livre est intitulé : *Le déguisement démasqué,* l'a faite après lui [2]. M. Noguier [3] et M. de Brueis, autre auteur qui a répondu à l'*Exposition* [4], n'ont eu que cela à dire. M. Jurieu s'en est tenu à cette réponse dans son *Préservatif ;* et seulement il explique plus simplement que les autres que toute cette persuasion, qui sert de fondement au serment, « est une clause de civilité des termes de laquelle il ne faut point abuser [5]. » M. Claude n'a point eu d'autre réplique, et c'est la seule qui paroît encore dans sa Relation.

Ainsi ce serment si sérieux et si solennel de tous nos réformés et de leurs églises en corps, à leur synode national se réduit à cette proposition, qui ne seroit au fond qu'un inutile compliment : « Nous jurons devant Dieu de nous soumettre à tout ce que vous déciderez, si vous décidez par sa parole comme nous le présumons et nous l'espérons. »

Mais pourquoi donc ne pas énoncer ce grand serment en ces termes, si ce n'est qu'on a bien vu qu'en se réduisant à ces termes on ne disoit rien, et qu'on a voulu dire ou sembler dire quelque chose ?

[1] I *Rép.*, p. 344. — [2] Chap. xxxv, p. 192. — [3] Nog., II part., chap. xxiii, p. 447. — [4] P. 298. — [5] *Préserv.*, art. 15, p. 286.

Pour moi, plus je considère ce qui se trouve dans la discipline des prétendus réformés sur ce serment de leurs églises, plus je le trouve éloigné du sens qu'on y veut donner.

Je trouve premièrement, comme je l'ai remarqué dans la Conférence, que ce serment ne se fait que pour le synode national, c'est-à-dire pour celui « où se doit faire la dernière et finale résolution par la parole de Dieu [1]; » et le synode national de Castres a déclaré « qu'on n'useroit point ès lettres d'envoi portées par les députés des églises particulières aux colloques et synodes provinciaux, de clauses de soumission *si absolues* que celles qui sont insérées ès lettres des provinces aux synodes nationaux. » Pourquoi, si ce n'est pour faire voir la différence qu'il y a entre la dernière décision et toutes les autres ?

En effet quand j'ai recherché en quoi consistoit cette différence, j'ai trouvé une autre sorte de soumission pour les colloques et pour les synodes provinciaux. C'est que ceux qui sont accusés d'altérer la saine doctrine sont obligés « préalablement de faire promesse expresse de ne rien semer de leurs opinions avant la convocation du colloque, ou du synode provincial [2]. » C'est un règlement de discipline et de police. Mais quand on vient au synode où se doit faire « cette dernière et finale résolution, » les particuliers à la vérité réitèrent la même promesse; mais on ne s'en tient pas là, et les églises en corps y ajoutent ce grand serment de se soumettre en tout et partout à la décision, persuadées que Dieu même en sera l'auteur.

Une simple *présomption humaine,* comme l'appelle M. Claude, *une clause de civilité,* comme la nomme M. Jurieu, ne peut pas être la matière et le fondement d'un serment : aussi voyons-nous que, non-seulement les particuliers, mais les consistoires et les provinces entières sentirent dans ce serment quelque chose de plus fort qu'on ne veut présentement nous y faire entendre; en sorte qu'elles y firent une grande résistance, qui ne put être vaincue que par un long temps, et par les décrets réitérés des synodes nationaux.

Je vois durer cette résistance jusqu'à l'an 1631. En cette année

[1] *Discip.*, chap. IX, art. 3; *Observ.*, p. 144. — [2] *Discip.*, chap. V, art. 31.

et au-dessus, je trouve presque toujours dans les synodes nationaux des provinces entières censurées, parce que leur députation ou, comme ils parlent, *leur envoi*, ne contenoit pas cette clause de soumission [1]. Les églises avoient de la peine à faire un serment si peu convenable à la doctrine qu'on leur avoit inspirée, et à jurer contre les principes de la nouvelle Réforme, une telle soumission à une assemblée qui après tout, quelque nom qu'on lui donnât, n'étoit qu'une assemblée d'hommes toujours, selon ces principes, sujets à faillir : mais il y fallut passer. On vit qu'on ne faisoit rien, si à la fin on n'obligeoit les hommes à une soumission absolue; et que leur laisser l'examen libre après la dernière et finale résolution, c'étoit nourrir l'orgueil, la dissension et le schisme.

Ainsi contre les principes de la réformation prétendue, il fallut donner d'autres idées; et on résolut de s'attacher immuablement à la soumission et au serment dans les termes que nous avons marqués.

La raison dont on se servit au synode de la Rochelle pour obliger les provinces à « cette clause de soumission aux choses qui seroient résolues dans le synode national, » c'est qu'elle étoit « nécessaire à la validité des conclusions de l'assemblée [2]. » En général pour valider les actes d'une assemblée, il suffiroit que ceux dont elle seroit composée eussent un pouvoir d'y porter les suffrages de ceux qui les auroient envoyés; et les députés tant des colloques que des synodes provinciaux venoient toujours munis de tels pouvoirs. Mais il falloit quelque chose de plus fort au synode national; et comme il s'y agissoit *de la dernière résolution,* pour valider un tel acte et lui donner toute sa force, on jugea qu'il devoit être précédé d'une soumission aussi absolue que la résolution en devoit paroître irrévocable.

A cette décision du synode de la Rochelle, celui de Tonneins ajouta que « la soumission seroit promise en propres termes à tout ce qui seroit conclu et arrêté *sans condition et modification* [3]. » Maintenant ce n'est plus qu'une *clause de civilité*, et une promesse conditionnelle qu'on feroit, si on vouloit, non-seulement

---

[1] *Discip.*, chap. IX, art. 3; *Observ.*, p. 143, 144. — [2] *Ibid.* — [3] *Ibid.*

au synode provincial, et au colloque, et au consistoire, mais encore à tout ministre particulier. On ne la fait néanmoins ni à ces ministres particuliers, ni à ce consistoire, ni à ces colloques, ni à ces synodes provinciaux : pourquoi, si ce n'est pour réserver quelque chose de particulier et de propre à l'assemblée où se devoit faire *la finale résolution*, après laquelle il n'y a plus qu'à obéir? Mais si tout ce qu'il y a ici de particulier et de propre, au fond n'est que des paroles, étoit-ce de quoi occuper les églises de la nouvelle Réforme et cinq ou six de leurs synodes nationaux?

C'est ce qu'il falloit expliquer, si on vouloit dire quelque chose : c'est sur quoi on ne dit mot, quoique cette difficulté, par manière de dire, saute aux yeux, et que je l'aie expressément relevée.

Enfin pour réduire mon raisonnement en peu de mots, tout serment doit être fondé sur une vérité certaine et connue. Or cette promesse faite au synode national et confirmée par le serment solennel de toutes les églises prétendues réformées : « Nous jurons et promettons de suivre vos décisions, persuadés que vous jugerez bien; » cette promesse, dis-je, de quelque manière qu'on la tourne, n'a de certitude que dans l'un de ces deux sens. Le premier : « Nous jurons et promettons de suivre vos décisions, si nous trouvons que vous jugiez bien : » chose à la vérité très-certaine, mais en même temps illusoire, puisqu'il n'y a personne sur la terre à qui on n'en puisse dire autant; et comme je l'ai remarqué dans la Conférence, M. Claude me le peut dire aussi bien que moi à lui. Le second : « Nous sommes si persuadés que vous jugerez bien, que nous jurons et promettons de suivre vos décisions; » auquel cas le serment est faux, si on n'est entièrement assuré que l'assemblée à qui on le fait ne peut mal juger.

Les prétendus réformés n'ont maintenant qu'à choisir entre ces deux sens, dont l'un est une illusion manifeste, et l'autre qui paroît aussi le seul naturel, suppose clairement l'infaillibilité de l'Eglise.

Et il ne faut pas répondre ici que cette soumission ne regarde que l'ordre public et la discipline, car en matière de foi, une décision n'oblige à rien moins qu'à ce qu'a dit l'apôtre saint Paul, c'est-à-dire « à croire de cœur et à confesser de bouche [1]. » Et nos réformés eux-mêmes l'entendent ainsi, lorsqu'ils déclarent dans leur Discipline que l'effet de la décision *dernière et finale* du synode national, c'est « qu'on y acquiesce de point en point, avec exprès désaveu de la doctrine contraire [2]. » Celui donc qui jure de se soumettre à la décision qu'on fera dans une assemblée, jure de croire de cœur, et de confesser de bouche la doctrine qu'on y aura décidée.

Mais pour faire cette promesse et la confirmer par serment, il faut que l'assemblée à qui on la fait ait une promesse divine de l'assistance du Saint-Esprit, c'est-à-dire qu'elle soit infaillible.

M. Claude insinua dans la conférence qu'il y avoit en effet une promesse divine, que « ceux qui chercheroient, trouveroient; » et que le serment de ses églises pouvoit avoir son fondement dans cette assurance. Mais jamais il ne sortira par cette réponse de l'embarras où il est. Car afin de rendre le serment conforme à la promesse, il doit être conditionnel, comme la promesse l'est: et comme Jésus-Christ a dit : « Si vous cherchez bien, vous trouverez, » le sens du serment seroit aussi : « Si vous faites votre devoir, nous vous en croirons, » ce qui seroit retomber dans la pitoyable illusion que nous avons rejetée.

Afin donc de pouvoir faire sans témérité le serment dont il s'agit, il faut être fondé sur une promesse absolue de Dieu, sur une promesse qui nous assure même contre les infidélités des hommes, enfin sur une promesse telle que Jésus-Christ la fait à son Eglise, lorsqu'il l'assure indéfiniment et absolument que « les portes d'enfer ne prévaudront point contre elle [3]. »

Tant que nos réformés s'obstineront à nier que l'autorité des décisions de l'Eglise soit fondée sur cette promesse, leur serment sera toujours une illusion ou une témérité manifeste; et ils se trouveront forcés, ou à déférer plus qu'ils ne veulent à l'autorité de l'Eglise, ou à reconnoître qu'ils ont imposé par de magnifiques paroles à la crédulité des peuples, puisqu'après avoir distingué de toute autre decision la dernière décision de l'Eglise par un caractère si marqué et par la protestation d'une soumission si particu-

[1] *Rom.*, x, 10. — [2] Vid. sup., p. 518. — [3] *Matth.*, xvi, 18.

lière, au fond il se trouvera qu'une telle soumission, confirmée par un serment si singulier, n'est pas d'une autre nature ni d'un autre genre que celle qu'on doit naturellement à toute assemblée ecclésiastique, et à tout pasteur légitime; c'est-à-dire qu'on pourra toujours en venir à de nouveaux doutes, et toujours examiner *après la dernière résolution*, comme on feroit après toutes les autres.

Il est ainsi en effet, selon les principes de la nouvelle Réforme : mais les principes de la nouvelle Réforme n'ont pu changer la condition nécessaire de l'humanité, qui demande, pour empêcher les divisions et mettre les esprits en repos, une décision finale et indépendante de tout nouvel examen général et particulier.

L'Eglise chrétienne n'est pas exempte de cette loi; et plus elle est ordonnée, plus sa constitution dépend d'une entière soumission de l'esprit, plus elle a besoin d'une semblable autorité. C'est pourquoi dès l'origine du christianisme, Dieu même a mis dans le cœur de tous les vrais chrétiens qu'il ne faut plus chercher ni examiner après l'Eglise. Cette inviolable tradition a fait son effet dans nos réformés, malgré leurs principes. Je ne m'en étonne pas. Saint Basile a dit très-sagement et très-véritablement que la tradition faisoit dire aux hommes plus qu'ils ne vouloient, et leur inspiroit des choses contraires à leurs sentimens [1]. Et si nos réformés ne veulent pas devoir à la tradition cette résolution dernière et finale, ni cette soumission si solennellement jurée : c'est donc la nécessité et l'expérience qui les y aura forcés; c'est qu'il faut pouvoir mettre fin aux doutes et à l'examen des particuliers par une autorité absolue, si on veut avoir la paix et entretenir l'humilité ; c'est que si on n'a pas, ou si on n'exerce pas cette autorité, il faut faire semblant de l'avoir et de l'exercer, et du moins en donner l'idée; c'est en un mot qu'on peut discourir et répondre du moins de paroles à des argumens, mais que l'ignorance, l'infirmité et l'orgueil naturel à l'esprit humain demande d'autres remèdes.

[1] Basil., *De Spir. sancto*, 29.

IIᵉ Réflexion sur une des propositions avouées par M. Claude dans la Conférence, et sur l'examen qu'il prescrit après le jugement de l'Eglise.

J'ai prétendu faire voir dans la Conférence, qu'en niant l'autorité infaillible de l'Eglise, on tombe dans ces deux inconvéniens; et je ne dis pas dans l'un des deux, mais dans tous les deux inévitablement. Le premier est, qu'on oblige chaque particulier, pour ignorant qu'il puisse être, à croire qu'avec cela il peut mieux entendre la parole de Dieu que les synodes les plus universels, et que tout le reste de l'Eglise ensemble. Le second, qu'il y a temps où un chrétien baptisé n'est pas en état de faire un acte de foi sur l'Ecriture sainte; mais que, malgré qu'il en ait, il se trouvera obligé de douter si elle est inspirée de Dieu.

Je n'ai vu aucun des prétendus réformés, à qui ces deux propositions n'aient fait horreur et qui ne m'ait dit, que non-seulement il ne les croiroit jamais, mais qu'il détesteroit ceux qui les croient. Voyons donc comme il demeure établi par la Conférence, qu'elles sont des suites de la doctrine des prétendus réformés, et des suites si manifestes qu'elles sont avouées par les ministres.

Et déjà, sans sortir de la Relation de M. Claude, lui-même y tranche le mot : qu'après toute assemblée ecclésiastique, chaque particulier doit examiner si elle a bien entendu la parole de Dieu, ou non. Comme il avoit parlé des intérêts humains, qui souvent, disoit-il, offusquent la vérité dans les assemblées les plus authentiques et les plus universelles de l'Eglise : pour détruire cette réponse et montrer au fond que ce n'étoit qu'une chicane, je lui avois demandé si tout se passant dans l'ordre et sans qu'il parût aucun intérêt humain dans les délibérations, il ne faudroit pas encore que chaque particulier examinât. Il avoit avoué qu'il le falloit; et il l'avoue encore dans sa propre Relation, soutenant qu'il n'y a nulle absurdité, ni nul orgueil à un particulier, de croire qu'il puisse mieux entendre la parole de Dieu que toutes les assemblées ecclésiastiques, quelque bon ordre qu'on y garde et de quelques personnes qu'elles puissent être composées.

Voilà une proposition et une doctrine qui paroîtra affreuse à tout esprit docile. Mais afin que la chose soit plus sensible, faisons l'application de cette doctrine à un exemple particulier.

L'église calvinienne, depuis six à sept vingts ans qu'elle a commencé de s'établir, n'a tenu aucune assemblée plus authentique ni plus solennelle que le synode de Dordrecht. Outre toutes les églises des Pays-Bas, toutes les autres de même croyance, celles d'Angleterre, celle de Genève, celles du Palatinat, celles de Hesse et celles de Suisse, celle de Brême et les autres de langue allemande, s'y sont trouvées par leurs députés et l'ont reçu; et afin que rien n'y manquât, si les églises prétendues réformées de ce royaume furent empêchées de s'y trouver, elles en adoptèrent toute la doctrine au synode national de Charenton en 1631, où tous les articles de Dordrecht, traduits de mot à mot, furent embrassés et jurés par tout le synode, et ensuite par toutes les provinces et toutes les églises particulières. Depuis ce temps aucun des prétendus réformés ne réclame contre ce synode. Il n'y a que les arminiens, qu'on y condamna, qui en blâment la doctrine, et en racontent les cabales et la part qu'y a eue la politique et les intérêts de la maison d'Orange. Tout le reste a ployé; et s'il y a quelque chose qu'on puisse dire reçu d'un consentement unanime par toutes les églises de la réformation prétendue, c'est sans doute les décrets de ce synode. Et néanmoins je soutiens à M. Claude, qu'interrogé si un particulier, quel qu'il soit, de son église, peut se reposer sur une autorité aussi grande parmi les siens que celle-là, sans examiner davantage : si on le presse de répondre par oui ou par non dans une question si précise et dans un fait si bien articulé, il faudra qu'il dise que non, et qu'enfin, malgré tout cela, ce n'est que des hommes, quelque habiles, quelque éclairés, quelque saints qu'on les imagine, toujours sujets à faillir, dont si on suivoit les sentimens à l'aveugle et sans examen, on égaleroit les hommes à Dieu. Ainsi, selon les maximes de la nouvelle Réforme, tout particulier, et jusqu'aux femmes les plus ignorantes, doivent croire qu'elles pourront mieux entendre l'Ecriture sainte qu'une assemblée composée de tout ce qu'il y a de plus grand dans toute l'Eglise, qu'il reconnoît pour la seule où Dieu est servi purement; et non-seulement de cette assemblée, mais de tout le reste de l'Eglise et de tout ce qu'il en connoît dans tout l'univers.

Voilà ce que M. Claude m'a avoué ; voilà en substance ce qu'il dit encore dans sa propre Relation ; et voilà ce que tout ministre, bon gré malgré qu'il en ait, avouera dans une conférence, en présence de qui on voudra, à moins qu'il ne s'obstine à ne vouloir point parler précisément : auquel cas on verra qu'il biaise ; et cette tergiversation sera plus forte qu'un aveu, puisqu'outre qu'elle fera voir que l'aveu est inévitable, elle fera voir de plus qu'on en sent les pernicieuses conséquences.

Et ce que je dis du synode de Dordrecht, on forcera M. Claude et tout autre ministre à le dire du concile de Nicée, du concile de Constantinople, de celui d'Ephèse, de celui de Chalcédoine et des autres que nous recevons eux et nous d'un commun accord : et quand ils le diront, ils ne diront rien de nouveau, ni qui soit inusité dans leur religion. Calvin l'a dit en termes formels, lorsqu'en parlant en général des conciles de tous les siècles précédens, il a écrit ces paroles : « Je ne prétends pas en ce lieu qu'il faille condamner tous les conciles, et casser tous leurs décrets. Toutefois, poursuit-il, vous m'objecterez que je les range tellement dans l'ordre, que je permets à tout le monde indifféremment de recevoir ou de rejeter ce que les conciles auront établi ; nullement, ce n'est pas là ma pensée[1]. » Vous diriez qu'il s'en éloigne beaucoup. La majesté des conciles et l'autorité d'un si grand nom le frappe d'abord ; mais la suite de sa doctrine lui fait bientôt oublier ce qu'il sembloit vouloir dire à leur avantage : car voici comme il conclut : « Lors, dit-il, que l'on allègue l'autorité d'un concile, je désire premièrement que l'on considère en quel temps et pour quel sujet il a été assemblé, et quelles personnes y ont assisté ; après, que l'on examine le point principal selon la règle de l'Ecriture, de sorte que la définition du concile ait son poids, et qu'elle soit comme un préjugé, mais qu'elle n'empêche pas l'examen. » C'est à quoi aboutit enfin cette soigneuse recherche du temps, du sujet et des personnes, à faire qu'en quelque temps que se soit tenu un concile, quelque matière qu'on y ait traitée, et de quelques personnes qu'il ait été composé, « tout le monde indifféremment, » car c'est de quoi il s'agit, en examine le point principal par la

[1] *Institut.*, Lib. IV cap. IX.

parole de Dieu, et croie qu'il peut mieux entendre cette divine parole que tous les conciles.

Voilà jusqu'où ces Messieurs poussent l'examen : ils le poussent même bien plus avant, puisqu'ils veulent qu'on examine après les apôtres. Ce n'est pas une conséquence que je tire de leur doctrine; c'est leur propre proposition et leur doctrine en termes formels, et celle de M. Claude en particulier. Car sur ce que j'ai dit dans l'*Exposition* [1], qu'après le concile de Jérusalem et la décision des apôtres, où ils dirent : « Il a semblé bon au Saint-Esprit et à nous [2], » personne n'avoit plus rien à examiner; et qu'en effet « Paul et Barnabé avec Silas; » comme il est écrit dans les Actes [3], « alloient parcourant les églises, et leur enseignant, » non point à examiner ce qu'avoient fait les apôtres, mais « à suivre leurs ordonnances : » parce que j'ai conclu de là qu'ils donnoient la forme à tous les siècles suivans, et nous apprenoient comme en tous les temps les fidèles devoient, sans examiner, se soumettre aux décisions de l'Eglise; après diverses réponses toutes vaines, il a fallu à la fin me répondre nettement, qu'on devoit encore examiner après le concile des apôtres. C'est l'Anonyme, c'est le premier qui a répondu à l'*Exposition,* qui l'a écrit en ces termes : « On ne voit pas que les apôtres publient leur décision avec un ordre absolu d'y obéir : mais ils envoient Paul, Barnabas et Silas pour instruire les fidèles de garder cette ordonnance, c'est-à-dire évidemment pour leur en persuader les motifs et les fondemens, ce qui ne dit pas qu'on leur défendît d'examiner. »

C'est ce que dit l'Anonyme : l'endroit est remarquable ; on le trouvera dans l'article XIX de la première Réponse, dans la quatrième et dernière remarque qu'il fait sur le concile des apôtres, en la page 328. Ce n'est pas un sentiment particulier de cet auteur, puisqu'on a mis à la tête l'approbation des quatre ministres de Charenton, où M. Claude se trouve nommé, afin qu'il ne dise pas que je lui impute une doctrine étrangère, en lui imputant celle de cet anonyme.

Ainsi ce n'est pas les Juifs et les Gentils incrédules : c'est les fidèles et les églises chrétiennes qui doivent examiner après les

[1] *Exposit.*, art. 19. — [2] *Act.*, XV, 18. — [3] *Act.*, XVI, 4.

apôtres, et après les apôtres assemblés, et après qu'ils ont prononcé : « Il a semblé bon au Saint-Esprit et à nous : » et ce prodige de doctrine est enseigné dans une église qui se vante de n'écouter que les pures paroles des apôtres. Voilà jusqu'où les ministres et les prétendus réformés, et M. Claude en particulier, sont forcés par leur croyance à pousser la nécessité de l'examen.

Il ne restoit plus qu'à dire qu'il falloit encore examiner après Jésus-Christ, et qu'avec tous ses miracles et toute l'autorité que son Père lui avoit donnée, il n'en avoit pas assez pour obliger les hommes à le suivre sans examen et sur sa parole : M. Claude l'a dit dans notre Conférence, et le dit encore dans sa Relation.

Je prie le sage lecteur de croire que dans une matière de cette importance je ne veux ni imposer ni exagérer : qu'il me suive seulement avec attention, et il verra la vérité manifeste.

On a vu que j'objectois dans la Conférence, qu'à moins de reconnoître une autorité vivante et parlante, à laquelle tout particulier fût obligé de se soumettre sans examiner, on réduisoit les particuliers à la présomption de croire qu'ils pouvoient mieux entendre l'Ecriture sainte que tous les conciles ensemble et que tout le reste de l'Eglise. Pour me prouver qu'en cela il n'y avoit rien de si orgueilleux, ni de si absurde, M. Claude me répondit que du temps que Jésus-Christ étoit sur la terre, le cas étoit arrivé où un particulier devoit élever son jugement au-dessus de la Synagogue assemblée, qui condamnoit Jésus-Christ : ce qui loin d'être un sentiment d'orgueil, étoit l'acte d'une foi parfaite.

Cette réponse, je l'avoue, me fit horreur : car afin de la soutenir, il falloit dire que du temps que la Synagogue jugeoit Jésus-Christ, et qu'il étoit lui-même sur la terre, il n'y avoit point sur la terre d'autorité vivante et parlante à laquelle il fallût céder sans examen; de sorte que l'on devoit examiner après Jésus-Christ, et qu'il n'étoit pas permis de l'en croire sur sa parole. Je fis cette réponse à M. Claude, et lui montrai que loin qu'il fallût alors que chacun se déterminât par un examen particulier, et s'élevât au-dessus de toute autorité vivante et parlante, il y en avoit une alors, la plus grande qui fût jamais ou qui puisse être, qui est celle de Jésus-Christ et de la Vérité même; à qui le Père rendoit publiquement témoignage par une voix venue du ciel, par les miracles les plus grands et les plus visibles qu'on eût jamais faits, et enfin par les moyens les plus éclatans aussi bien que les plus certains que la Toute-Puissance divine ait pu pratiquer.

Si je remarque dans la Conférence qu'il n'y eut point de réponse à ce raisonnement, on sent bien que c'est qu'en effet il n'y en doit point avoir. M. Claude dit néanmoins dans sa Relation qu'il me répondit que les miracles de Jésus-Christ faisoient un des sujets de la question; qu'il y a de faux miracles, dont Moïse au *Deutéronome* avoit averti les Israélites de se donner garde; que la Synagogue avoit jugé que les miracles de Jésus-Christ étoient faits au nom de Béelzébub ; « qu'enfin une autorité ne décide rien que premièrement elle ne soit reçue, et que celle de Jésus-Christ ne l'étoit pas encore, puisqu'il s'agissoit de la recevoir ou de la rejeter. » Je suis obligé d'observer qu'assurément je n'entendis rien de tout cela dans la Conférence; et on va voir qu'en effet il vaut mieux se taire que de dire de telles choses. Mais puisque M. Claude veut les avoir dites, il faut donc qu'il dise encore qu'à cause que les miracles de Jésus-Christ étoient rejetés comme des signes trompeurs par des envieux, par des opiniâtres, en un mot par les ennemis déclarés de la vérité, ces miracles n'étoient pas assez convaincans pour pouvoir obliger les hommes à en croire Jésus-Christ sur sa parole sans examiner davantage; et qu'après par exemple qu'il eut ressuscité le Lazare en témoignage exprès « que Dieu l'avoit envoyé[1], » ceux qui virent de leurs propres yeux un si grand miracle étoient, je ne dis pas recevables, mais expressément obligés à examiner si Jésus-Christ étoit vraiment envoyé de Dieu. Il faut, dis-je, pousser jusqu'à cet excès la nécessité de l'examen : autrement il sera vrai, comme je l'ai dit, qu'il y avoit alors une autorité visible et palpable, à laquelle tout devoit céder sans examiner; de sorte qu'il n'y eut jamais de temps où l'on fût moins exposé à la tentation de l'orgueil, en s'élevant au-dessus de toute autorité vivante et parlante, puisque celle de Jésus-Christ, la plus vivante et la plus parlante, aussi bien que la plus grande et la plus infaillible qui fût jamais, étoit alors sur la terre, et qu'on ne s'éle-

[1] *Joan.*, XI, 42.

voit au-dessus de la Synagogue qu'en se soumettant à Jésus-Christ, dont les miracles, comme il dit lui-même, « ôtoient toute excuse » à ceux qui ne croyoient pas en lui[1] : ce que l'assemblée qui le condamna reconnut si bien, que refusant obstinément de croire en Jésus-Christ, elle ne trouva ni d'autre réponse à ses miracles, ni d'autres moyens de lui résister que de s'en défaire[2], et de se défaire avec lui de Lazare même[3], pour étouffer, si elle eût pu par un même coup, avec les miracles qu'elle avoit vus, la mémoire de celui qui les avoit faits.

Il ne faut donc plus ici éblouir le monde par de frivoles réponses, ni faire perdre aux lecteurs la suite d'un raisonnement en introduisant des questions inutiles. Je veux dire qu'il ne sert de rien d'émouvoir ici la question des signes trompeurs, ni de répondre que la Synagogue doutoit de la vérité des miracles de Jésus-Christ. Il s'agit uniquement de savoir si ce doute n'étoit pas l'effet d'une malice évidente, et enfin s'il n'est pas certain parmi les chrétiens qu'il y avoit dans les miracles de Jésus-Christ une si pleine démonstration de la puissance divine, et une si claire confirmation de la mission de Jésus-Christ, que tout esprit raisonnable fût obligé de céder sans examiner davantage ; en sorte qu'il y eût alors une autorité vivante et parlante, à laquelle il n'y eût rien à opposer qu'une malice grossière et une manifeste obstination. Voilà de quoi il s'agit; et si après cette explication de la question on croit se sauver encore, en disant avec M. Claude que « l'autorité de Jésus-Christ n'étoit pas reçue, » il faut aller plus loin, et dire à Jésus-Christ même avec les Juifs : « Vous vous rendez témoignage à vous-même; votre témoignage n'est pas recevable[4]. » Alors nous répondrons avec Jésus-Christ : « Quoique je me rende témoignage à moi-même, mon témoignage est véritable. » Et encore : « Je ne suis pas seul, mais mon Père qui m'a envoyé rend aussi témoignage de moi[5]. » Et encore : « Les miracles que mon Père m'a donné de faire, ces miracles rendent témoignage que mon Père m'a envoyé[6]. » Et enfin : « Leur péché n'a plus d'excuse : si je n'avois pas fait au milieu d'eux des mi-

---

[1] *Joan.*, XV, 22-24. — [2] *Joan.*, XI, 47, 53. — [3] *Joan.*, XII, 10. — [4] *Joan.*, VIII, 13. — [5] *Joan.*, VIII, 14, 16. — [6] *Joan.*, V, 36.

racles que nul autre n'a faits, ils n'auroient point de péché; et maintenant ils les ont vus, et ils haïssent et moi et mon Père[1]. » C'est-à-dire que les miracles sont clairs, que l'autorité est incontestable, et que la résistance ne peut plus avoir de fondement qu'une haine aveugle.

J'attends qu'on réponde encore que Jésus-Christ ajoute après tout cela : « Sondez les Ecritures, elles-mêmes rendent aussi témoignage de moi[2]; » et qu'on ose conclure de là qu'on pouvoit et qu'on devoit examiner après Jésus-Christ : en sorte que cette parole qu'il a prononcée nous démontre, non pas dans les Ecritures une surabondance de conviction, mais dans la personne de Jésus-Christ une insuffisance d'autorité. Si on fait encore cette objection, il n'y aura plus qu'à se taire, et à laisser Jésus-Christ défendre sa cause.

En attendant, nous conclurons que c'est l'autorité même de Jésus-Christ que nous révérons dans son Eglise. Si nous disons qu'il faut croire l'Eglise sans examiner, c'est à cause que Jésus-Christ, qui l'enseigne et qui la conduit, est au-dessus de tout examen. Nous ne laisserons pas, en imitant Jésus-Christ, de dire encore pour comble de conviction à tous les ennemis de l'Eglise : « Sondez les Ecritures : » nous les confondrons par cette Ecriture à laquelle ils disent qu'ils croient, et nous les verrons succomber encore dans cet examen; mais ce sera après les avoir forcés à reconnoître qu'il se faut soumettre, sans examiner, à l'autorité de l'Eglise, dans laquelle cet Esprit que Jésus-Christ a envoyé pour tenir sa place, parle toujours.

Il n'y a donc rien de moins à propos que l'exemple de la Synagogue : et nos prétendus réformés destitués de cet exemple qui faisoit leur fort, demeurent seuls à se croire, chacun en particulier, capables de mieux entendre l'Ecriture sainte que tout ce qui a dans l'univers l'autorité de l'interpréter et de juger de la doctrine, et que tout ce qui leur paroît de fidèles dans le monde : ce qui est l'erreur précise des indépendans, ou quelque chose de pis.

On dira que ce particulier qui examine après l'Eglise, sera toujours bien assuré de n'être pas seul de son sentiment, puisque

[1] *Joan.*, xv, 22, 24. — [2] *Joan.*, v, 39.

toujours il restera quelque élu caché qui pensera comme lui : comme si sans réfuter cette vision, ce n'étoit pas un orgueil assez détestable de se mettre seul au-dessus de tout ce qu'on voit et de tout ce qu'on entend parler dans tout le reste de l'Eglise. On dira encore : Ce n'est point orgueil de se croire éclairé par le Saint-Esprit. Mais au contraire, c'est le comble de l'orgueil que des particuliers osent croire que le Saint-Esprit les instruise, et abandonne à l'erreur tout ce qui paroît de fidèles dans le reste de l'Eglise. Et il ne sert de rien de répondre, comme fait M. Claude dans sa Relation, « que l'Esprit souffle où il veut [1] : » car il faudroit montrer que cet Esprit, qui se repose sur les humbles, ne laisse pas de souffler sur ceux qui se croient eux seuls plus capables d'entendre l'Ecriture sainte que tout le reste de l'Eglise, puisqu'ils examinent après elle ; et non-seulement de souffler sur eux, mais encore de leur inspirer lui-même cette superbe pensée. Mais enfin, quoi qu'il en soit, et sans disputer davantage, puisque ce n'en est pas ici le lieu, nous avons montré que c'est un dogme avoué dans la nouvelle Réforme, que tout particulier doit examiner après l'Eglise, et par conséquent doit croire qu'il se peut faire qu'il entende mieux l'Ecriture qu'elle et toutes ses assemblées. Ceux à qui cette présomption fait horreur, ou qui en s'examinant ne trouvent point en eux-mêmes cette fausse capacité, n'ont qu'à chercher leur salut dans une autre église que dans celle où l'on professe un dogme si prodigieux.

IIIe Réflexion, sur une autre proposition avouée par M. Claude dans la Conférence : explication de la manière d'instruire les chrétiens, et que l'autorité infaillible de l'Eglise est nécessaire pour reconnoître et entendre l'Ecriture.

La seconde absurdité que j'ai promis de faire avouer à M. Claude et à tout bon protestant, c'est qu'à moins de reconnoître dans l'Eglise une autorité après laquelle il ne faille plus examiner ni douter, on est forcé à mettre un point où le fidèle en âge de raison ne puisse pas faire un acte de foi sur l'Ecriture, et où par conséquent il faille douter si elle est véritable ou fausse. J'ai assi-

[1] *Joan.*, III, 8.

gné pour ce point de doute tout le temps où un chrétien, par quelque cause que ce soit, n'a pas lu l'Ecriture sainte. M. Claude se récrie ici contre une si détestable proposition ; et moi je persiste à dire, non-seulement qu'il l'a avouée dans la Conférence, mais même qu'en quelque manière qu'il ait ici tâché de tourner les choses, il n'a pu si bien faire qu'il ne l'avouât encore dans sa Relation.

A la vérité, c'est ici un des endroits où je reconnois le moins nos véritables discours. Mais il y en a encore assez pour le convaincre, puisque si cette Relation devient publique, tout le monde verra qu'il y reconnoît en termes formels, « que celui qui n'a pas lu encore l'Ecriture sainte la croit parole de Dieu de foi humaine, parce que son père le lui a dit, ce qui est un état de catéchumène; et que lorsqu'il a lu lui-même ce Livre, et qu'il en a senti l'efficace, il la croit parole de Dieu, non plus de foi humaine, parce que son père le lui a dit, mais de foi divine, parce qu'il en a senti lui-même immédiatement la divinité, et c'est là l'état de fidèle. »

Il est donc vrai qu'il a reconnu ce temps que j'entreprends de faire voir, où un chrétien baptisé n'est pas en état de faire un acte de foi surnaturelle et divine sur l'Ecriture sainte, puisqu'il ne la croit parole de Dieu que de foi humaine, et que la foi divine ne peut venir qu'après la lecture.

De quelque manière qu'il tourne cette foi humaine, c'est une proposition qui fait horreur, qu'un chrétien baptisé et en âge de raison ne puisse pas faire sur l'Ecriture un acte de cette foi par laquelle nous sommes chrétiens. Car de là il s'ensuit que le chrétien qui va lire la première fois l'Ecriture sainte ne doit, ni se porter de lui-même, ni être induit par personne à dire en l'ouvrant : « Je crois, comme je crois que Dieu est, que l'Ecriture que je m'en vas lire est sa parole. » Il faut au contraire lui faire dire : « Je m'en vas examiner si dorénavant et dans le reste de ma vie je dois lire cette Ecriture avec une telle foi. » C'est renverser tout l'ordre de l'instruction ; c'est perdre le fruit du baptême ; c'est réduire les chrétiens à instruire leurs enfans baptisés comme s'ils ne l'étoient pas, et qu'ils eussent encore à délibérer de quelle religion ils doivent être.

Et ce que dit M. Claude sur l'Ecriture, il faut qu'il le dise sur la foi de la Trinité, sur celle de l'incarnation, sur celle de la mission de Jésus-Christ et de la rédemption du genre humain. Car ce qui force M. Claude et tout protestant à dire que le fidèle qui n'a pas lu l'Ecriture sainte ne peut croire que de foi humaine qu'elle soit inspirée de Dieu, c'est qu'autrement il faudroit reconnoître un acte de foi divine sur la seule autorité de l'Eglise : ce qui seroit reconnoître cette autorité comme infaillible, et renverser par les fondemens toute la nouvelle Réforme. Mais le même argument revient sur tous les articles de notre foi; et si le fidèle peut croire d'une foi divine et la Trinité et l'incarnation et la mission de Jésus-Christ, sur la seule autorité de l'Eglise et avant que d'avoir lu l'Ecriture sainte, je conclurai toujours avec une pareille certitude que l'autorité de l'Eglise sera infaillible. Il faut donc par la conséquence du principe de M. Claude et de tous les protestans, il faut, dis-je, en réduisant les chrétiens qui vont lire l'Ecriture sainte à une simple foi humaine sur cette Ecriture, les y réduire tout d'un coup sur les points les plus essentiels de notre croyance.

Ce n'est pas là la méthode de nos pères ; ce n'est pas ainsi qu'ils ont appris aux chrétiens à instruire leurs enfans. Quand ils les ont baptisés dans leur bas âge, on a dit en leur nom : *Credo,* « Je crois. » N'importe que nos réformés aient changé cette formule; elle est de la première antiquité, et sera toujours sainte et vénérable malgré eux. Mais cette formule dont on use envers les enfans, nous fait voir que lorsqu'ils auront l'usage de la raison, il faudra d'abord leur apprendre à faire un acte de foi, et ne point perdre de temps à les y exciter. Ils en seront donc capables : ils pourront dire le même *Credo* qu'ils auroient dit si on les avoit baptisés en âge de connoissance ; et les réduire à une foi simplement humaine, c'est leur ôter la grace de leur baptême, et justifier la pratique aussi bien que la doctrine des anabaptistes.

Et je conjure Messieurs de la religion prétendue réformée de ne croire pas que je leur allègue ici les anabaptistes par une manière d'exagération, ou pour les rendre odieux : ces manières ne sont pas dignes de chrétiens. Je soutiens au pied de la lettre que la doctrine qu'enseigne ici M. Claude, et que tous les protestans doivent enseigner avec lui, introduit l'anabaptisme. Car s'il faut tenir en suspens les actes de foi divine jusqu'à ce qu'on ait lu l'Ecriture sainte et qu'on soit instruit par soi-même; si tous les actes qui précèdent cette instruction ne sont pas des actes de chrétien, puisqu'ils n'ont pour fondement qu'une foi humaine : il faut par la même raison différer le baptême jusqu'à ce temps, et ne pas faire des chrétiens qui dans l'âge de raison soient incapables de produire des actes de leur religion.

IVe Réflexion sur ce que M. Claude nous fait sur l'Eglise la même difficulté que nous lui faisons sur l'Ecriture.

C'est en vain que M. Claude nous répond qu'il nous fera pour l'Eglise le même argument que nous lui faisons pour l'Ecriture ; car il faudroit pour cela, que comme nous lui montrons un certain point, qui même dans l'usage de la raison précède nécessairement la lecture de l'Ecriture, il pût aussi nous en montrer un qui précédât les enseignemens de l'Eglise : mais c'est ce qu'il ne trouvera jamais. Quoi qu'il fasse, nous lui marquerons toujours avant la lecture de l'Ecriture un certain point, qui est celui où l'Eglise nous la met en main : mais avant l'Eglise il n'y a rien ; elle prévient tous nos doutes par ses instructions.

C'est une erreur de s'imaginer qu'il faille toujours examiner avant que de croire. Le bonheur de ceux qui naissent pour ainsi dire dans le sein de la vraie Eglise, c'est que Dieu lui ait donné une telle autorité, qu'on croit d'abord ce qu'elle propose, et que la foi précède ou plutôt exclut l'examen.

De demander maintenant par quel motif Dieu nous fait sentir l'autorité de son Eglise, c'est sortir visiblement de la question. Il ne manque pas de motifs pour attacher ses enfans à son Eglise, à laquelle il a donné des caractères si particuliers et si éclatans. Cela même, qu'elle est la seule de toutes les sociétés qui sont au monde, à laquelle nul ne peut montrer son commencement ni aucune interruption de son état visible et extérieur par aucun fait avéré, pendant qu'elle le montre à toutes les autres sociétés qui l'environnent par des faits qu'elles-mêmes ne peuvent nier : cela même est un caractère sensible, qui donne une inviolable autorité à la vraie Eglise. Dieu ne manque pas de motifs pour faire sentir à ses enfans ce caractère si particulier de son Eglise. Mais quels que soient ces motifs, et sans vouloir ici les étaler parce que ce n'en est pas le lieu, il est certain qu'il y en a, puisqu'enfin il faut pouvoir croire sur la parole de l'Eglise avant que d'avoir lu l'Ecriture sainte, et que dans la première instruction que nous recevons, sans nous parler de l'Ecriture, on nous apprend à dire comme un acte fondamental de notre foi : « Je crois l'Eglise catholique. »

M. Claude nous dit que pour autoriser la méthode par laquelle nous prétendons mettre la foi de l'Eglise comme le fondement de tout le reste, il faudroit dans le Symbole avoir commencé par dire : « Je crois l'Eglise, » au lieu qu'on y commence par dire : « Je crois en Dieu le Père, et en Jésus-Christ, et au Saint-Esprit. » Et il ne songe pas que c'est l'Eglise elle-même qui nous apprend tout le Symbole; c'est sur sa parole que nous disons : « Je crois en Dieu le Père, et en Jésus-Christ son Fils unique, » et le reste ; ce que nous ne pouvons dire avec une ferme foi, sans que Dieu nous mette en même temps dans le cœur que l'Eglise qui nous l'enseigne ne nous trompe pas. Après donc que nous avons dit sur sa parole : « Je crois au Père, et au Fils, et au Saint-Esprit, » et que nous avons commencé notre profession de foi par les Personnes divines que leur majesté met au-dessus de tout, nous y ajoutons une sainte réflexion sur l'Eglise qui nous propose cette créance, et nous disons : « Je crois l'Eglise catholique. » A quoi nous joignons aussitôt après toutes les graces que nous recevons par son ministère, « la communion des saints, la rémission des péchés, la bienheureuse résurrection, et enfin la vie éternelle. »

V° Réflexion sur ce que M. Claude nous allègue ici l'église grecque et les autres semblables : que c'est vouloir embrouiller la matière, et non pas résoudre la difficulté.

C'est vouloir embrouiller les choses que de nous alléguer ici avec M. Claude l'église grecque, l'arménienne, l'égyptienne, ou l'éthiopique et celle des Cophtes, et tant d'autres qui ne se vantent pas moins d'être l'Eglise véritable que fait l'Eglise romaine. Ceux, dit-on, qui sont élevés dans ces églises en révèrent l'autorité : chacune de ces églises a des sectateurs aussi zélés que la nôtre. Le zèle véritable et pur n'a point de marque sensible : chacun attribue le sien, comme nous faisons, à la grace du Saint-Esprit; et se reposant sur l'autorité de l'Eglise où il se trouve, il dit que le Saint-Esprit se sert de cette autorité pour le conduire à la foi de l'Ecriture et à toutes les vérités du christianisme.

C'est à peu près l'objection de M. Claude ; et c'est ainsi quelquefois que lorsqu'on ne peut se débarrasser, on croit se sauver en tâchant de jeter les autres dans un embarras semblable au sien. Mais il ne gagnera rien par cette adresse, car enfin pour quelle cause prétend-il combattre? Est-ce pour l'indifférence des religions? Veut-il dire avec les impies, qu'il n'y a pas une Eglise véritable où l'on agisse en effet par des mouvemens divins? Et sous prétexte que le démon, ou si l'on veut la nature, savent imiter, ou pour mieux dire contrefaire ces mouvemens, soutiendra-t-il que ces mouvemens sont partout imaginaires? A Dieu ne plaise : nous voulons tous deux éviter cet écueil. Il avouera donc avec moi qu'il y a une vraie Eglise, quelle qu'elle soit, où le Saint-Esprit agit, encore qu'à ne regarder que le dehors, on ne puisse pas toujours si aisément discerner qui sont ceux où il habite. Jusqu'ici nous sommes d'accord ; voyons jusqu'où nous pourrons marcher ensemble. Nous convenons qu'il y a une vraie Eglise où le Saint-Esprit agit : nous convenons qu'il se sert de moyens extérieurs pour nous mettre la vérité dans le cœur : nous convenons qu'il se sert de l'Eglise et de l'Ecriture. Notre question est de savoir par où il commence, si c'est par l'Ecriture ou par l'Eglise; si c'est, dis-je, par l'Ecriture qu'il nous fait croire à l'Eglise, ou si c'est plutôt par l'Eglise qu'il nous fait croire à l'Ecriture. Je dis que c'est par l'Eglise que le Saint-Esprit commence; et il faut bien qu'il soit ainsi, puisque constamment c'est l'Eglise qui nous met en main l'Ecriture. M. Claude néanmoins me quitte ici, et commence à marcher tout seul : mais il tombe dès le premier pas dans le précipice. Car la peur qu'il a de reconnoître dans la vraie Eglise une infaillible autorité, et de croire que sur la parole de l'Eglise, même véritable, on puisse faire un acte de foi divine et surnaturelle sur la vérité de l'Ecriture, l'oblige à dire qu'il n'est pas possible de commencer la lecture de l'Ecriture sainte par un tel acte de foi, et que tout acte de foi qui précède cette lecture est un acte de foi humaine. Voilà l'état déplorable où il met le chrétien qui va lire l'Ecriture sainte pour la première fois. M. Claude ne peut sortir de cet abime sans revenir à l'endroit où il a commencé de me quitter, et dire ensuite avec moi qu'il y a une vraie Eglise, quelle qu'elle soit, dont le Saint-Esprit inspire d'abord la vénération aux vrais fidèles; que par cette vénération qu'il leur met d'abord dans le cœur, il les attache à l'Ecriture que cette Eglise leur présente ; que cette Eglise exige aussi de tous ceux qu'elle peut instruire, qu'ils adorent sur sa parole l'infaillible vérité de cette Ecriture, et ne reconnoît pas pour ses enfans ceux qui n'ont pour cette Ecriture qu'une foi humaine.

Mais, dit-on, l'Eglise romaine n'est pas la seule à s'attribuer cette autorité : l'église grecque et d'autres églises veulent aussi qu'on les en croie sur leur parole, et enseignent que c'est le moyen de lire l'Ecriture sainte avec une soumission de foi divine. Hé bien, s'il est ainsi, il ne reste plus qu'à choisir entre ses églises. Mais dès là et du premier coup l'église calvinienne est tombée : elle se dégrade elle-même pour ainsi parler du titre d'*Eglise*, puisqu'elle ne se sent pas assez d'autorité pour faire faire à tous ceux qu'elle commence à instruire un acte de chrétien et un acte de foi divine, pas même sur la vérité de l'Ecriture, d'où on suppose qu'elle doit apprendre toutes les autres.

Mais M. Claude demande comment on choisira entre ces églises. Sera-ce par enthousiasme? Ce seroit par enthousiasme, comme je l'ai remarqué dans la Conférence, si l'Eglise véritable n'avoit pas ses caractères particuliers qui la distinguent des autres. Elle a sans aller plus loin ni approfondir davantage, sa succession où personne ne lui montrera par aucun fait positif aucune interruption, aucune innovation, aucun changement. C'est de quoi nulle fausse église ne se glorifiera jamais aussi clairement que la véritable, parce que s'en glorifiant elle se condamneroit visiblement elle-même. Il y aura donc toujours dans l'instruction que l'Eglise véritable donnera à ses enfans sur son état, quelque chose que nulle autre secte ne pourra ni n'osera dire. C'est par là que nous convaincrions, s'il en étoit question, les Grecs, les Ethiopiens, les Arméniens et les autres sectes qui semblent à cet égard plus décevantes à cause de l'apparence de succession qu'elles montrent, qui aussi leur donne lieu de s'attribuer avec un peu plus de fondement l'autorité de l'Eglise. Mais pour l'église calvinienne, c'est fait d'abord, puisqu'elle n'a pas même une succession apparente et colorée, et qu'elle n'ose elle-même, comme nous venons de le voir par l'aveu de M. Claude, s'attribuer cette autorité, sans laquelle il ne peut y avoir ni d'instruction certaine, ni de fondement assuré d'une foi divine, ni enfin d'église.

Ce seroit donc bien en vain que nous perdrions ici le temps à disputer aux Egyptiens et aux Grecs la succession dont ils se vantent. Ce ne seroit pas un grand travail de leur marquer le point manifeste de leur innovation. Les prétendus réformés le savent aussi bien que nous, et eux-mêmes quand ils veulent ils le leur montrent. Ainsi quand ils nous pressent de le faire, ce n'est pas qu'ils croient nous engager à une chose impossible, ou même obscure et difficile : mais c'est en un mot que dans une cause si mauvaise c'est toujours gagner quelque chose que de se jeter à l'écart, et faire perdre la suite d'un raisonnement.

Ainsi j'ai eu raison de dire à mademoiselle de Duras dans une des instructions de ce livre, que si quelqu'un dégoûté de l'église calvinienne, étoit tenté d'embrasser la religion des Cophtes ou celle des Grecs, il seroit temps alors de leur montrer dans ces églises ce point inévitable de leur nouveauté, qu'elles ne peuvent nier non plus que les autres sectes : mais que comme les calvinistes, à qui nous avons à faire, en convenoient, et que personne ne songeoit à les quitter que pour venir à nous : quand nous obligions à les quitter, en montrant, de l'aveu de leur ministre, les énormes absurdités de leur doctrine, l'ouvrage étoit consommé, et tout le reste en cette occasion étoit inutile.

Et afin qu'on entende bien la méthode de la Conférence et l'état de la question qui y est traitée, il ne s'y agissoit pas directement d'établir l'Eglise romaine, mais de montrer seulement qu'il y a une vraie Eglise, quelle qu'elle soit, à laquelle il faut se soumettre sans examiner : et au reste que cette Eglise ne peut pas être la calvinienne, puisqu'elle-même veut qu'on examine après elle ; ce qui lui fait avouer les absurdités que nous avons remarquées, et perdre par cet aveu le titre d'*Eglise*.

Cela fait, il ne s'agit plus de prêcher l'Eglise romaine, c'est-à-dire ce corps d'Eglise dont Rome est le chef, puisqu'à celui qui veut choisir entre deux églises, en exclure l'une, c'est établir l'autre, sans qu'il soit besoin pour cela de disputer davantage. Outre que l'Eglise romaine porte si évidemment ces beaux caractères de la vraie Eglise, qu'il n'y a guère d'homme de bon sens, même parmi nos réformés, qui ne convienne que, s'il y a au monde une autorité à laquelle il faille céder, c'est celle de cette Eglise.

Mais en tout cas, quand on voit les absurdités qu'on est forcé d'avouer dans le calvinisme faute d'avoir reconnu dans l'autorité de l'Eglise les véritables principes de l'instruction chrétienne, on se retire bientôt d'une église dont la méthode et l'instruction est si manifestement défectueuse ; et on est assez sollicité par le reste de christianisme, qu'on sent en son fond, à retourner à l'Eglise d'où on est sorti.

VIᵉ Réflexion sur ce que M. Claude réduit, autant qu'il peut, cette dispute à l'instruction des enfans.

On voit dans les discours de M. Claude, que pressé par ce défaut d'autorité qui ruine toute l'instruction dans son église, il affecte de réduire notre dispute à l'instruction des enfans, et qu'il croit trouver quelque avantage à faire dépendre cette instruction des parens et des nourrices que l'on connoît plus dans cet âge que l'Eglise et ses ministres. Par ce moyen il croit nous cacher l'autorité de l'Eglise dans les premiers exercices et les premiers actes que nous faisons de la foi avant que d'avoir lu l'Ecriture sainte. Mais il falloit songer premièrement, que l'argument que je lui faisois ne regardoit pas seulement les enfans : les enfans ne sont pas les seuls chrétiens qui n'ont pas lu l'Ecriture. M. Claude n'ignore pas qu'il n'y ait eu au commencement du christianisme, non pas des hommes particuliers, mais des nations entières, qui au rapport de saint Irénée, n'avoient point l'Ecriture sainte, et sans la lire ne laissoient pas d'être de parfaits chrétiens[1]. Il s'agit donc entre nous, en général, de tous ceux qui n'ont pas lu l'Ecriture sainte, en quelque âge qu'ils soient, et de quelque manière qu'il soit arrivé qu'ils n'auront pas fait cette lecture. Car c'est de ceux-là et, si l'on veut, c'est de ceux dont parle saint Irénée ou de leurs semblables, que je demande sur la foi de qui ils croient l'Ecriture, et se préparent à la lire comme étant inspirée de Dieu. S'ils n'ont qu'une foi humaine, comme le dit M. Claude, ils ne sont pas chrétiens; et s'ils ont une foi divine, comme il le faut avouer à moins que de tomber dans une absurdité qui fait horreur, il est donc vrai que la foi divine, sans qu'on ait lu l'Ecriture, suit immédiatement la doctrine de l'Eglise, et en établit l'infaillible autorité. C'est sur cette autorité que tout chrétien qui prend en main l'Ecriture, commence par croire d'une ferme foi que tout ce qu'il y va lire est divin : et il n'attend pas qu'il ait tout lu pour croire la vérité de cette Ecriture; il croit le premier chapitre avant que d'avoir lu le second, et il croit le tout avant que d'avoir vu la première lettre, et que d'avoir seulement ouvert le livre. Il ne forme donc pas sa foi par la lecture de l'Ecriture : cette lecture trouve la foi déjà formée; cette lecture ne fait que confirmer à un chrétien tout ce qu'il croyoit déjà, et tout ce qu'il avoit déjà trouvé dans la créance de l'Eglise. Il a donc cru avant toutes choses que l'Eglise ne le trompoit pas, et c'est par là qu'il a commencé à faire des actes de chrétien. Les enfans ne sont pas instruits par une autre voie. Quand ils écoutent leurs parens, c'est l'Eglise qu'ils écoutent, puisque nos parens ne sont nos premiers docteurs que comme enfans de l'Eglise. C'est pour cela que le Saint-Esprit nous renvoie à eux : « Interrogez votre père, et il vous l'annoncera; demandez à vos ancêtres, et ils vous le diront [2]. » Saint Basile, un si grand théologien, se justifie et tout ensemble il confond les hérétiques, en leur alléguant la foi de sa mère et de son aïeule sainte Macrine [3]; et il imite saint Paul, qui loue Timothée d'avoir « une foi sincère, telle qu'elle s'étoit trouvée, premièrement dans sa mère Eunice et dans Loïde son aïeule [4]. »

---

[1] Iren., lib. III, cap. IV, p. 178. — [2] *Deuter.*, XXXII, 7. — [3] Epist. LXXIX, nunc CCXXIII. — [4] II *Timoth.*, I, 5.

C'est-à-dire que la doctrine doit toujours venir de main en main, et qu'il y aura toujours une vraie Eglise, à laquelle jamais personne ne pourra montrer son commencement, ni trouver dans son état ces marques d'interruption et de nouveauté que toutes les autres sectes portent sur leur front. Les parens chrétiens attachés à cette Eglise, y attachent leurs enfans, et les mettent aux pieds de ses ministres pour y être instruits.

Il ne faut pas s'imaginer que les enfans en qui la raison commence à paroître, pour ne savoir pas arranger leurs raisonnemens, soient incapables de ressentir l'impression de la vérité. On les voit apprendre à parler dans un âge plus infirme encore : de quelle sorte ils l'apprennent, par où ils font le discernement entre le nom et le verbe, le substantif et l'adjectif, ni ils ne le savent, ni nous, qui avons appris par cette méthode, ne le pouvons bien expliquer; tant elle est profonde et cachée. Nous apprenons à peu près de même le langage de l'Eglise. Une secrète lumière nous conduit dans un état comme dans l'autre; là c'est la raison, et ici la foi. La raison se développe peu à peu, et la foi infuse par le baptême en fait de même. Il faut des motifs pour nous attacher à l'autorité de l'Eglise; Dieu les sait, et nous les savons en général : de quelle sorte il les arrange, et comment il les fait sentir à ces ames innocentes, c'est le secret de son Saint-Esprit. Tant y a que cela se fait, et il est certain que c'est par là qu'il commence. Comme c'est là le premier acte de chrétien que nous faisons, et que c'est sur ce fondement que tout est bâti, c'est aussi ce qui subsiste toujours. Viendra le temps que nous saurons plus distinctement pourquoi nous croyons; et l'autorité de l'Eglise de jour en jour deviendra plus ferme dans notre esprit. L'Ecriture même fortifiera les liens qui nous y attachent : mais il en faudra toujours revenir à l'origine, c'est-à-dire à croire sur l'autorité de l'Eglise. En quelque âge que l'on soit, c'est par là que l'on commence à croire l'Ecriture : on continue aussi sur le même fondement; et saint Augustin étoit déjà consommé dans la science ecclésiastique, quand il a dit « qu'il ne croiroit pas à l'Evangile, si l'autorité de l'Eglise catholique ne l'y obligeoit[1]. » Je pourrois

[1] *Cont. Ep. fundam. Man.*, n. 6.

s'il en étoit question, montrer le même sentiment dans les autres Pères. C'est qu'il faut toujours remonter au premier principe, et c'est ce premier principe qui nous attache à l'Eglise. Qu'on ne nous reproche point ce cercle vicieux : l'Eglise nous fait croire l'Ecriture, l'Ecriture nous fait croire l'Eglise. Cela est vrai de part et d'autre à divers égards. L'Eglise et l'Ecriture sont tellement faites l'une pour l'autre, et s'assortissent l'une avec l'autre si parfaitement, qu'elles s'entre-soutiennent comme les pierres d'une voûte et d'un édifice se tiennent mutuellement en état. Tout est plein dans la nature de pareils exemples. Je porte le bâton sur lequel je m'appuie : les chairs lient et couvrent les os qui les soutiennent; et tout s'aide mutuellement dans l'univers. Il en est ainsi de l'Eglise et de l'Ecriture. Il n'y avoit qu'une Eglise, telle que Jésus-Christ l'a fondée, à qui on pût adresser une Ecriture telle que nous l'avons; c'est-à-dire qui osât promettre à l'Eglise où cette Ecriture avoit été faite, une éternelle durée. Si quelqu'un reçoit l'Ecriture, par l'Ecriture je lui prouverai l'Eglise; qu'il reconnoisse l'Eglise, par l'Eglise je lui prouverai l'Ecriture : mais comme il faut commencer de quelque côté, j'ai fait voir assez clairement par l'aveu de M. Claude, que si on ne commence par l'Eglise, la divinité de l'Ecriture et la foi qu'on y doit avoir est en péril. C'est pourquoi le Saint-Esprit commence notre instruction par nous attacher à l'Eglise : « Je crois l'Eglise catholique. » Parmi nos adversaires il faut tout examiner avant que de croire; et il faut examiner avant toutes choses l'Ecriture, par laquelle on examine tout le reste. Ce n'est pas assez d'en avoir lu quelques versets détachés, quelques chapitres, quelques livres : jusqu'à ce qu'on ait tout lu, tout conféré, tout examiné, la foi demeure en suspens, puisque c'est par cet examen qu'elle se forme. Parmi les vrais chrétiens on croit d'abord : « Ta foi t'a sauvé, » dit Jésus-Christ. « Ta foi, » remarque Tertullien dans ce divin ouvrage des *Prescriptions*, « et non pas d'être exercé dans les Ecritures[1]. » Il n'est pas besoin de passer par des opinions, par des doutes, par les incertitudes d'une foi humaine. « Je n'ai jamais changé, dit saint Basile : ce que j'ai cru dès l'enfance n'a fait que se fortifier dans la

---

[1] Tertull., *De Præs.*, n. 14.

suite de l'âge. Sans passer d'un sentiment à un autre, je n'ai fait que perfectionner ce qui m'a été donné d'abord par mes parens. Comme un grain qu'on sème de petit qu'il étoit devient grand, mais demeure toujours le même en soi, et sans changer de nature, il ne fait que prendre de l'accroissement : ainsi ma foi s'est accrue :... et cela n'est pas un changement où l'on passe de ce qui est pis au meilleur, mais un accomplissement de l'ouvrage déjà commencé, et la confirmation de la foi par la connoissance [1]. » De cette sorte on ne passe pas, comme parmi nos réformés, d'un état de doute à un état de certitude; ou, comme M. Claude aime mieux le dire, d'une foi humaine à une foi divine. La foi divine se déclare d'abord dès les premières instructions de l'Eglise; et cela ne seroit jamais, n'étoit que son infaillible autorité prévient tous nos doutes et tout examen.

C'est ainsi, comme dit saint Augustin, c'est ainsi, dis-je, que croient « ceux qui, ne pouvant parvenir à l'intelligence, mettent leur salut en sûreté par la simplicité de leur foi [2]. » S'il falloit toujours examiner avant que de croire, il faudroit commencer par examiner si Dieu est, et écouter durant quelque temps avec une espèce de suspension d'esprit, les raisonnemens des impies, c'est-à-dire qu'il faudroit passer à la croyance de la Divinité par l'athéisme, puisque l'examen et le doute en est une espèce. Mais non : Dieu a mis sa marque dans le monde, qui est l'œuvre de ses mains, et par cette marque divine il imprime avant tous les doutes le sentiment de la Divinité dans les ames. De même il a mis sa marque dans son Eglise, ouvrage le plus parfait de sa sagesse. A cette marque le Saint-Esprit fait reconnoître la vraie Eglise aux enfans de Dieu; et ce caractère si particulier qui la distingue de toute autre assemblée lui donne une si grande autorité, qu'avant tous les doutes et toutes les opinions, on admet sans hésiter sur sa parole, non-seulement l'Ecriture sainte, mais encore toute la saine doctrine. C'est ainsi que sont instruits les enfans de la vraie Eglise : ceux qui ont été élevés dans une église étrangère, dès qu'ils sentent qu'elle vacille en quelque partie que ce soit de son instruction, doivent tendre les bras à

[1] Ep. LXXIX, vid. sup. — [2] *Cont. Ep. Man.*, n. 5, col. 153.

l'Eglise, qui a raison de ne vaciller jamais, parce qu'elle n'a jamais ni varié, ni vacillé; et ils sentent qu'il y faut rentrer, parce qu'il n'en falloit jamais sortir.

VIIe Réflexion sur ce que M. Claude a dit, dans sa Relation, que j'avois paru embarrassé en cet endroit de la dispute.

On peut juger maintenant si j'ai dû être embarrassé de la promesse que j'avois faite à mademoiselle de Duras de faire reconnoître à M. Claude un moment, où par les principes de sa religion un chrétien n'avoit qu'une foi humaine sur la vérité de l'Ecriture. Comment pourrois-je être embarrassé d'une chose que M. Claude avoua dans la Conférence, et qu'il avoue encore dans sa Relation, quoiqu'il ait affoibli et ma preuve et son aveu? Il est vrai qu'il ne veut pas lâcher le mot de *doute :* mais je n'ai pas prétendu faire former à sa langue ces deux syllabes; l'équivalent me suffit. C'est un assez grand excès de réduire le chrétien qui va lire l'Ecriture sainte, à être incapable d'une foi divine : se contenter en cet état d'une foi humaine, c'est toujours trop évidemment renoncer au christianisme. J'ai donc manifestement ce que je voulois, de l'aveu de M. Claude. Que s'il dit que la foi humaine qu'il nous vante ici exclut le doute, et ressemble à celle qui nous fait croire qu'il y a une ville de Constantinople, ou qu'il y a eu autrefois un Alexandre, quoique nous ne le sachions que par des hommes : à la vérité, ce n'est pas assez pour un chrétien qui doit agir par le motif d'une foi divine; mais c'en est toujours assez pour confondre M. Claude, puisque selon cette réponse, l'Eglise auroit toujours une autorité égale à celle qu'a pour ainsi dire tout le genre humain, quand il dépose unanimement d'un fait sensible. Ainsi de quelque manière que M. Claude nous explique sa foi humaine, la victoire de la vérité que je soutenois, demeurera assurée de son aveu, puisque s'il dit que sa foi humaine exclut tout doute, il y suppose une vérité infaillible; et s'il dit qu'elle laisse un doute, il aura enfin proféré ces fatales syllabes qu'il évitoit. Dans une cause si assurée, si j'ai tremblé pour autre chose que pour le péril de ceux à qui je craignois de ne pouvoir, ou par ma foiblesse, ou par leur préoccupation, faire entrer la vérité assez avant dans le cœur, j'ai mal entendu la vérité que je défendois. Cependant, parce que j'ai dit dans le récit de la Conférence qu'à l'endroit où M. Claude m'objecta l'église grecque, et les autres, je tremblai dans l'appréhension qu'une objection proposée avec tant d'adresse et d'éloquence ne mît une ame en péril : M. Claude a pris ce moment pour me faire paroître abattu. « Ici, dit-il, on peut dire avec vérité qu'on vit que l'esprit de M. de Condom n'étoit pas dans son état ordinaire, et que cette liberté qui lui est si naturelle, diminua sensiblement. » Je veux bien dire à mon tour que mon tremblement, d'où on tire cet avantage, fut intérieur; et j'ai peine à croire que M. Claude eût pu s'en apercevoir, si je ne l'avois raconté moi-même de bonne foi dans mon récit. Mais qu'importe quel ait été ni l'effet ni le sujet de ma crainte? On dira, si l'on veut, que déconcerté par l'objection de M. Claude, j'ai voulu couvrir le désordre où je suis tombé visiblement par le tremblement que je feins d'avoir pour le salut d'une ame qui attendoit son instruction de mon secours. Je l'avouerai, si l'on veut, ou plutôt pour ne point mentir, je le laisserai passer sans opposition. Je veux bien avoir tremblé devant M. Claude, pourvu que même en tremblant j'aie dit la vérité. Je l'ai dite : il n'y a qu'à voir quelles ont été mes réponses, et si j'en ai moins tiré de la bouche de M. Claude l'aveu que j'en prétendois. Après cela plus j'aurai tremblé et plus j'aurai été foible, et plus il sera assuré que c'est la vérité qui me soutenoit.

VIIIe Réflexion sur une autre proposition, que M. Claude avoua dans la Conférence, où est exposée la manière dont toutes les fausses églises se sont établies.

Il y a un endroit de la Conférence que M. Claude passe en quatre mots. C'est celui où je lui fis voir l'horrible état de son église, qui s'établit à l'exemple de toutes les fausses églises, en se séparant de tout ce qu'il y avoit d'églises chrétiennes dans l'univers, et sans trouver aucune église qui pensât comme elle dans le temps qu'elle s'établit : de sorte qu'elle ne tenoit par aucune continuité, ni au temps qui précédoit, ni à aucune église chrétienne qui parût alors dans le monde. Ce fait passa pour constant; et quelque court qu'ait été M. Claude dans le récit de cet endroit, il en dit assez pour faire voir qu'en avouant ce fait important, il a tâché seulement de couvrir la honte d'un tel état par l'exemple des apôtres lorsqu'ils se séparèrent de la Synagogue.

Je ne répéterai pas ce que je dis sur ce sujet : on l'a vu dans la Conférence; et M. Claude, qui n'en rapporte qu'un mot, ne m'oblige à aucun nouvel éclaircissement. Mais je dirai seulement qu'il donne une idée bien fausse de cet endroit de la dispute. « La compagnie se leva, dit-il, et la conversation, qui continua encore quelque temps, devint beaucoup plus confuse et il y fut parlé de diverses choses. » Je ne sais pourquoi M. Claude veut que notre conversation ait été confuse : elle ne le fut en aucun endroit, et le fut moins, s'il se peut, dans celui-ci que dans tous les autres. Il est vrai qu'on s'étoit levé, et qu'une partie des assistans s'étoient retirés; mais nous demeurâmes de pied ferme M. Claude et moi, l'un devant l'autre. Mademoiselle de Duras parut avoir redoublé son attention, et après tant de principes exposés, la dispute devint plus vive et plus concluante que jamais. Si on parla de diverses choses, ce ne fut pas vaguement et tout tendoit au même but. On le peut voir en lisant; et si on ne veut pas m'en croire, quand M. Claude fera paroître sa Relation, on verra que ce peu qu'il dit demande naturellement tout ce que je récite. Tant y a, qu'il fut avéré que les prétendus réformés, en établissant leur église, avoient fait tout le contraire de ce qu'ont toujours fait les orthodoxes, et précisément ce qu'ont fait tous les hérétiques; et M. Claude pressé sur cette matière, ne put dans toute l'histoire du christianisme marquer une seule Eglise vraiment chrétienne fondée comme les églises de la nouvelle Réforme.

On peut juger maintenant quelle apparence il y a que ce qu'ont fait tous les hérétiques contre la pratique de tous les orthodoxes, puisse jamais être autorisé par l'exemple des apôtres lorsqu'ils se séparèrent de la Synagogue. Mais comme M. Claude met le fort de sa défense dans cet exemple, je le prie d'ajouter aux faits constans que je lui ai allégués sur ce sujet ces courtes réflexions :

qu'encore que Jésus-Christ, autorisé de lui-même, n'eût besoin d'aucune suite pour se faire croire, néanmoins pour nous inculquer combien il est nécessaire à la véritable religion d'avoir une suite toujours manifeste, il a voulu en venant au monde y trouver une Eglise actuellement subsistante dans tout son état : qu'il est né, et qu'il a vécu dans cette Eglise actuellement subsistante, c'est-à-dire dans la Synagogue ; et qu'il a tellement voulu former son Eglise au milieu d'elle, que même les saints apôtres après son ascension et la descente du Saint-Esprit, ont persisté publiquement dans le service du temple, qui étoit alors la marque la plus authentique de communion : qu'on ne voit pas en effet, quoi qu'on pût ordonner contre eux, qu'ils s'en soient jamais retirés, tant que le temple a subsisté, et que la Synagogue a pu conserver ou sa forme extérieure, ou même quelque apparence de son état ancien : que Dieu, qui vouloit enfin que les siens fussent entièrement séparés d'avec les Juifs, avoit auparavant éteint dans ce peuple ingrat, par une manifeste réprobation, avec le sacrifice et le sacerdoce, toutes les marques d'église, en sorte qu'il parut que la Synagogue tomboit plutôt en ruine avec son temple que les enfans de Dieu ne s'en éloignoient : que loin de laisser alors aucune espérance à ce peuple, comme il avoit fait autrefois dans l'ancienne transmigration et à la ruine du premier temple, il avoit donné au contraire toutes les marques possibles d'une implacable fureur : qu'afin qu'une telle chute du peuple autrefois élu, et le divorce déclaré à la Synagogue autrefois épouse, ne pût donner le moindre prétexte de soupçonner à l'avenir aucun événement semblable, il avoit fait dénoncer par tous ses prophètes cette chute et ce divorce futur comme un exemple unique de sa colère, et avoit protesté en même temps que rien de tel n'arriveroit à cette Eglise avec laquelle il faisoit une alliance éternelle : qu'avec tout cela, et encore que la réprobation de la Synagogue fût clairement expliquée dans l'Ecriture, et même que les apôtres, sans rien innover dans la doctrine, ne fissent que suivre celui que jusqu'à eux sans aucune interruption on avoit toujours attendu : néanmoins, parce qu'il y avoit quelque rupture avec la Synagogue autrefois Eglise véritable, pour les autoriser dans cette action, il n'avoit rien fallu de moins que Jésus-Christ présent sur la terre avec toute l'autorité du Père éternel : en un mot, que pour s'éloigner des sentimens de la Synagogue, quoique d'ailleurs convaincue par les Ecritures, il fallut que Jésus-Christ, la pierre angulaire, en qui tout devoit être uni, parût visiblement avec les marques incontestables de sa mission. Je laisse maintenant à considérer si un exemple de cette nature peut donner quelque occasion de se séparer jamais de l'Eglise de Jésus-Christ, ou de dire que cette Eglise fondée sur la pierre dût tomber, ou que la succession dont Jésus-Christ est la source pût souffrir quelque interruption, et si tout ne crie pas plutôt ici contre une telle entreprise.

IXe Réflexion sur la visibilité de l'Eglise : que M. Claude ne combat la doctrine que j'ai expliquée qu'après s'en être formé une fausse idée.

Jusqu'ici nous avons vu ce qui regarde la Conférence, et la manière dont M. Claude la raconte. Il faut maintenant considérer ce qu'il oppose aux instructions qui l'ont précédée.

Il y répond amplement dans l'écrit dont nous avons déjà parlé[1]. Cet écrit n'a aucun titre, et il est fait en forme de lettre. Pour nous faire mieux entendre, donnons-lui un nom, et appelons-le *la Réponse manuscrite de M. Claude*. Comme on a vu que la Conférence fut précédée de ma part de deux Instructions[2], dont la première établit la perpétuelle visibilité de l'Eglise, et la seconde éclaircit quelques objections tirées du livre des Rois[3], M. Claude a suivi cette division. Il divise aussi sa Réponse en deux parties : la première est subdivisée en quatre questions. Dans la première, il traite de l'Eglise universelle, dont il est parlé dans le Symbole, et me blâme de n'y avoir pas compris avec tous les bienheureux esprits, les saints qui naîtront jusqu'à la fin du monde. Dans la seconde, il examine si l'Eglise peut être définie par sa communion extérieure, comme il suppose que je l'ai fait. Il parle dans la troisième de la perpétuelle visibilité de l'Eglise ; et recherche dans la quatrième à quelle Eglise appartiennent les promesses de Jésus-Christ, si c'est à celle que j'ai posée ou à celle qu'il a établie. Il tire ensuite onze conséquences de la doctrine qu'il a expliquée ; et

---

[1] *Sup. Avert. et Réf.*, p. 563 et suiv. — [2] *Sup.*, p. 507. — [3] *Sup.*, p. 522.

passe à la seconde partie, où il soutient les passages du *Livre des Rois*. Voilà l'idée de son ouvrage.

C'est dans ces quatre questions et dans ces onze conséquences qu'il attaque de toute sa force la doctrine que j'ai enseignée sur la perpétuelle visibilité de l'Eglise : mais on va voir qu'il ne l'a pu faire qu'après s'en être formé une fausse idée.

Pour montrer que l'Eglise dont il est parlé dans le Symbole devoit être toujours visible, j'ai dit que « tous les chrétiens entendoient par le nom d'*Eglise* une société qui fait profession de croire la doctrine de Jésus-Christ, et de se gouverner par sa parole; d'où il s'ensuit qu'elle est visible [1], » et liée par une communion sensible et extérieure. Voilà comme j'ai d'abord posé ma thèse, et c'est aussi ce que j'avois à établir.

Il ne s'agissoit pas, comme M. Claude le suppose, de donner une parfaite définition de l'Eglise, ni d'en établir l'union intérieure par le Saint-Esprit, par la foi, par la charité : c'est une chose (a) dont nous convenons; et la question n'étant que des marques extérieures de cette union, j'avois tout fait en montrant que ces marques extérieures sont inséparables de l'Eglise, et par conséquent qu'elle est toujours visible.

Cependant sur ce que j'ai dit, qu'on entend par le mot d'*Eglise* « une société qui fait profession de croire la doctrine de Jésus-Christ, » M. Claude me veut faire accroire dans toute sa *Réponse manuscrite*, mais principalement dans la deuxième et quatrième question, que je regarde l'Eglise comme une société « simplement extérieure, » constituée en son essence par « une simple profession de croire, » sans croire en effet, « dont toute la nature et l'essence consiste en de simples dehors, et en des apparences sans réalité; » dont l'unité « n'est qu'une unité de profession, une unité extérieure, en sorte que l'intérieur n'y soit que par accident; et que quand il n'y auroit ni fidèles ni justes, et qu'elle fût toute composée d'hypocrites, elle ne laisseroit pas d'être la vraie Eglise de Jésus-Christ. »

Voilà en effet une affreuse idée de l'Eglise, et je ne m'étonne pas

[1] *Vid. sup.*, p. 507 et suiv.
(a) 1re édit. : C'est chose.

que M. Claude en ait horreur : aussi est-elle autant éloignée de mon esprit et de l'esprit de tous les catholiques, que le ciel l'est des enfers, et je ne sais comment M. Claude a pu lire mes Instructions sans y voir tout le contraire de ce qu'il m'impose.

Puisque le lecteur a maintenant ces Instructions devant les yeux, je le prie de les repasser dans cet imprimé. Il y trouvera, à la vérité, qu'il est de l'essence de l'Eglise d'être visible par la prédication et par les sacremens : mais il y trouvera aussi « que les élus et les saints en sont la plus noble partie; qu'ils y sont sanctifiés, qu'ils y sont régénérés, souvent même par le ministère des réprouvés; qu'il ne les faut pas considérer comme faisant dans l'Eglise un corps à part, mais comme en faisant la plus belle et la plus noble partie [1]. »

On y trouvera qu'il est de l'essence de l'Eglise, « parce qu'elle est sainte, d'enseigner toujours constamment et sans varier une sainte doctrine; » mais on trouvera aussi « que cette sainte doctrine, qu'elle ne cesse d'enseigner, enfante continuellement des saints dans son unité, et que c'est par cette doctrine qu'elle instruit et entretient dans son sein les élus de Dieu [2]. » Est-ce là ce qu'on appelle une simple profession de la doctrine de Jésus-Christ sans réalité, et un pur amas d'hypocrites?

On y trouvera que l'enfer ne peut prévaloir contre la société visible et extérieure de l'Eglise : mais on y trouvera aussi que c'est à cause « qu'il ne peut pas prévaloir contre les élus, qui sont la partie la plus pure et la plus spirituelle de cette Eglise [3]. » C'est, dis-je, pour cela « que ne pouvant prévaloir contre les élus, il ne peut non plus prévaloir contre l'Eglise qui les enseigne, où ils confessent l'Evangile et où ils reçoivent les sacremens. » Ainsi loin qu'on puisse croire que cette Eglise, qui subsiste éternellement, puisse selon nos principes subsister sans les élus : on voit au contraire que nous regardons les élus comme faisant la partie la plus essentielle et la force de cette Eglise.

On y trouvera qu'il est de l'essence de l'Eglise jusqu'à la résurrection générale, d'avoir le ministère ecclésiastique qui la rend visible [4] : mais on y trouvera aussi que l'effet de ce ministère est

[1] *Vid. sup.*, p. 511. — [2] *Vid. sup., ibid.* et seq.— [3] *Sup.*, p. 513. — [4] *Sup.*, p. 515.

d'amener les enfans de Dieu à la parfaite stature de Jésus-Christ, c'est-à-dire à la perfection, qui après les avoir rendus saints, les rendra glorieux en corps et en ame.

Enfin on y trouvera « la communion extérieure et intérieure des fidèles avec Jésus-Christ, et des fidèles entre eux : communion intérieure par la charité et dans le Saint-Esprit qui nous anime; mais en même temps extérieure dans les sacremens, dans la confession de la foi et dans tout le ministère extérieur de l'Eglise[1]. »

De là je conclus que « ce n'est pas seulement la société des prédestinés qui subsistera à jamais; mais que c'est le corps visible où sont renfermés les prédestinés, qui les prêche, qui les enseigne, qui les régénère par le baptême, qui les nourrit par l'Eucharistie, qui leur administre les clefs, qui les gouverne et les tient unis par la discipline, *qui forme en eux Jésus-Christ :* c'est ce corps visible qui subsistera éternellement. »

On voit par là que, loin de faire une Eglise dont la communion soit purement extérieure de sa nature, et « intérieure seulement par accident, » le fond de l'Eglise est au contraire la communion intérieure, dont la communion extérieure est la marque, et que l'effet de cette marque est de désigner que les enfans de Dieu sont gardés et renfermés sous ce sceau. On voit aussi que les élus sont la fin dernière pour laquelle tout se fait dans l'Eglise, et ceux à qui doit servir principalement tout son ministère : de sorte qu'ils font la partie la plus essentielle, et pour ainsi dire le fond même de l'Eglise.

Si donc j'ai plus parlé de la communion extérieure que de la communion intérieure de l'Eglise, on voit bien que ce ne peut être que pour la raison que j'ai dite; c'est-à-dire que les prétendus réformés demeurant d'accord avec nous que le fond, pour ainsi parler, de l'Eglise étoit son union intérieure, je n'avois à établir que l'extérieure, dont ces Messieurs nous contestent la nécessité.

Ainsi lorsque j'ai dit d'abord dans mon Instruction que l'Eglise étoit la société qui confessoit la vraie foi, M. Claude devoit entendre que cette confession de la bouche n'excluoit pas la créance du cœur, mais la supposoit plutôt dans la partie vivante et essen-

[1] *Sup.*, p. 516 et 517.

tielle de l'Eglise, dont je ne parlois pas alors, parce que ce n'étoit pas la question que j'avois à proposer et à résoudre. Conclure de ce silence que je n'admets point d'autre union essentielle au corps de l'Eglise, que cette union extérieure, c'est de même que si quelqu'un, ayant entrepris d'expliquer seulement ces ligatures extérieures qui tiennent le corps humain uni au dehors, et renferment pour ainsi parler dans une même continence avec les membres vivans les ongles, les cheveux, les humeurs peccantes et même les membres morts qui ne seroient pas encore retranchés du corps, on lui faisoit accroire qu'il ne connoît dans le corps humain aucun autre principe d'union; et dire sous ce prétexte, que selon les principes de cet homme il pourroit y avoir un corps humain qui ne seroit que cheveux, et ongles, et membres pourris, et humeurs peccantes, sans qu'il y eût en effet rien de vivant : c'est ce que fait M. Claude lorsqu'il conclut de mon discours, que l'Eglise de Jésus-Christ pourroit n'être qu'un amas de méchans et d'hypocrites.

Mais ceci s'éclaircira davantage dans la suite par les propres principes de M. Claude : il me suffit en cet endroit de lui faire voir que cette Eglise purement extérieure, qu'il appelle l'*Eglise des cardinaux Bellarmin et du Perron et de M. de Condom* est une Eglise qui ne subsiste que dans sa pensée ; et on peut croire par la manière dont il a jugé de mes sentimens, qu'il n'a pas mieux entendu ceux de ces illustres cardinaux.

X° Réflexion sur ce que la *Confession de foi* des prétendus réformés ne reconnoît point d'église qui ne soit visible, et sur ce que M. Claude répond à cette difficulté.

Pour montrer que le mot d'*Eglise* signifie dans le Symbole des apôtres une Eglise visible, j'ai posé pour fondement que dans une confession de foi telle qu'étoit ce Symbole, les mots étoient employés en leur signification la plus naturelle et la plus simple; et j'ai ajouté que le mot d'*Eglise* signifioit si naturellement l'Eglise visible, que les prétendus réformés, auteurs de la chimère d'Eglise invisible, dans toute leur *Confession de foi* n'employoient jamais en ce sens le mot d'*Eglise*, mais seulement pour exprimer l'Eglise visible revêtue des sacremens et de la parole et de tout le ministère public. On peut voir les passages de cette *Confession de foi* que j'ai rapportés [1], avec les conséquences que j'en ai tirées.

Ce n'est pas moi qui ai fait le premier cette remarque : elle est d'un synode national des prétendus réformés. Ces Messieurs, qui avoient tant prêché l'Eglise invisible, et qui pressés sur la succession, avoient appuyé sur ce fondement l'invisible succession dont ils se servoient, furent étonnés de n'en avoir pas dit un seul mot dans leur *Confession de foi*, où au contraire le mot d'*Eglise* se prend toujours pour l'Eglise visible. Surpris de ce langage si naturel aux chrétiens, mais si peu conforme aux principes de leur Réforme, ils firent ce décret en 1603, dans le synode de Gap, au chapitre qui a pour titre : *Sur la Confession de foi* [2]. C'est par où commencent tous les synodes ; et la première chose qu'on y fait, est de revoir cette *Confession de foi ;* ce qui donnoit lieu aux imprimeurs de la réimprimer avec ce titre défendu dans les synodes [3] : *Confession de foi des Eglises réformées, revue et corrigée par le synode national.* Mais venons au décret de Gap ; en voici les termes : « Les provinces seront exhortées de peser aux synodes provinciaux en quels termes l'article xxv de la *Confession de foi* doit être couché, d'autant qu'ayant à exprimer ce que nous croyons touchant l'Eglise catholique, dont il est fait mention au Symbole, il n'y a rien en ladite *Confession* qui se puisse prendre que pour l'Eglise militante et visible ; comme aussi au xxixe article, elles verront s'il est bon d'ajouter le mot *pure* à celui de *vraie Eglise,* qui est audit article : et en général tous viendront préparés sur les matières de l'Eglise. »

Nous avons rapporté la substance de cet article xxv [4]. On peut voir dans le même endroit les articles xxvi, xxvii et xxviii. Et pour l'article xxix, il porte que « la vraie Eglise doit être gouvernée selon la police que Notre-Seigneur Jésus-Christ a établie ; c'est qu'il y ait des pasteurs, des surveillans et des diacres, afin que la pure doctrine ait son cours, et que les assemblées se fassent au nom de Dieu. »

---

[1] *Vide sup.*, p. 508 et suiv. — [2] *Syn. de Gap, sur la Conf. de foi*, art. 3. — [3] *Syn. de Privas*, 1612. — [4] *Sup.*, p. 508 et suiv.

L'addition du mot de *pure Eglise*, qu'on délibéroit d'ajouter à celui de *vraie*, est fondée sur une doctrine des prétendus réformés, qui dit qu'une *vraie Eglise* peut n'être pas *pure*, parce qu'avec les vérités essentielles elle peut avoir des erreurs mêlées, je dis même des erreurs grossières et considérables contre la foi. Et c'est un des mystères de la nouvelle Réforme, que M. Claude nous expliquera bientôt : mais ce n'est pas ici de quoi il s'agit. Ce qu'il y a d'important, c'est que ces gens, qui se disent envoyés de Dieu pour ressusciter la pure doctrine de l'Evangile ayant à expliquer, comme ils le déclarent eux-mêmes dans leur *Confession de foi*, « l'Eglise dont il est fait mention dans le Symbole, » n'avoient néanmoins parlé que de « l'Eglise militante et visible. » J'en dirois bien la raison : c'est que « cette Eglise, dont il est fait mention dans le Symbole, » est en effet l'Eglise visible ; c'est que le mot d'*Eglise* naturellement emporte cette visibilité, et que le mot de *catholique*, bien loin d'y déroger, la suppose ; c'est que dans une confession de foi il arrive souvent de parler suivant les idées naturelles que les mots portent avec eux, plutôt que selon les raffinemens et les détours qu'on invente pour se tirer de quelque difficulté. Ainsi l'Eglise invisible ne se présenta point du tout à nos réformés lorsqu'ils dressèrent leur *Confession de foi ;* le sens d'Eglise visible y parut seul : on ne vit rien en cela que de naturel jusqu'en 1603. En 1603 on se réveilla ; on commença à trouver étrange qu'une église qui fondoit sa succession sur l'idée d'église invisible et d'église des prédestinés, n'en eût pas dit un seul mot dans sa *Confession de foi*, et eût laissé pour constant que la signification naturelle du mot d'*Eglise* emportoit toujours une société visible ; de sorte qu'à bien parler on ne pouvoit plus montrer la suite de l'Eglise sans montrer la suite de sa visibilité : chose entièrement impossible à la nouvelle Réforme. C'est ce qui portoit tout le synode à vouloir retoucher à cet article, et à exhorter les provinces à venir « prêtes sur les matières de l'Eglise, » qu'on n'avoit jamais bien entendues parmi les nouveaux réformés, qu'on n'y entend pas encore, et qui feront catholiques tous ceux qui sauront les bien entendre.

Mais c'étoit une affaire bien délicate de retoucher à cet article.

C'étoit réveiller tous les esprits ; c'étoit trop visiblement marquer le défaut ; et donner lieu aux imprimeurs de mettre plus que jamais : *Confession revue et corrigée*. Ainsi en 1607, au synode de la Rochelle, « on résolut de ne rien ajouter ou diminuer aux articles xxv et xxix, et ne toucher de nouveau à la matière de l'Eglise. » Par la décision de ce synode, la seule Eglise visible paroît dans la Confession de foi des prétendus réformés : l'Eglise invisible n'y a point de part, et on se tire comme on peut des conséquences.

Celle que je tire est fâcheuse [1] : car si l'Eglise ne paroît que comme visible dans la *Confession de foi* des prétendus réformés, et que d'ailleurs ils nous vantent cette *Confession de foi* comme conforme en tout point à l'Ecriture, il faut qu'ils nous disent que cette manière d'expliquer l'Eglise vient de l'Ecriture, et que c'est de l'Ecriture qu'elle a passé naturellement dans le langage ordinaire des chrétiens, dans les *Confessions de foi,* et par conséquent dans le Symbole, qui de toutes les confessions de foi, n'est pas seulement la plus autorisée, mais encore la plus simple.

M. Claude nous répond « que l'usage change ; que par la suite des temps les noms s'éloignent souvent de leur première et naturelle signification ; » et qu'au reste quand il seroit vrai, comme je l'ai dit, que « le mot d'*Eglise* pris simplement, » signifieroit l'*Eglise visible,* le mot d'*universelle* changeroit cette signification [2]. Mais il ne nous échappera pas par ce subterfuge : car il nous demeure toujours un raisonnement accablant pour toute la Réformation prétendue. Le voici, tiré des propres principes qu'elle pose. Le mot d'*Eglise* doit se prendre dans la *Confession de foi* de l'église prétendue réformée, comme il se prend naturellement dans l'Ecriture : autrement dans un article fondamental de la religion chrétienne, cette *Confession de foi* ne se seroit point conformée, comme elle s'en vante, à l'Ecriture sainte. Or, dans cette *Confession de foi* le mot d'*Eglise* se prend pour une société visible : cette proposition est avouée dans le synode de Gap, comme nous venons de le voir. C'est donc ainsi que le mot d'*Eglise* se prend naturellement dans l'Ecriture. Mais il se prend dans le Symbole

---

[1] *Vid. sup.*, p. 507-510. — [2] *Rép. man.*, q. 1.

au même sens qu'il se prend dans l'Ecriture ; M. Claude et les protestans ne le nieront pas : il se prend donc également et dans l'Ecriture et dans le Symbole pour une Eglise visible; et le terme de *catholique* ou d'*universelle* mis dans le Symbole, comme M. Claude l'avoue [1], pour distinguer tout le corps de l'Eglise vraiment chrétienne, répandue par toute la terre, « de toutes les fausses églises, et de toutes les églises particulières, » loin de rendre l'Eglise invisible, la rend d'autant plus visible, qu'elle la sépare plus visiblement de toutes les fausses églises, et met expressément dans son sein toutes les églises particulières si visibles et si marquées par leur commune profession de foi, et par leur commun gouvernement.

XIe Réflexion sur ce que M. Claude reconnoît lui-même la perpétuelle visibilité de l'Eglise : doctrine surprenante de ce ministre.

Mais sans disputer davantage, nous n'avons qu'à écouter M. Claude, et entendre ce qu'il nous accorde dans sa *Réponse manuscrite* sur la perpétuelle visibilité de l'Eglise. Et plût à Dieu que je pusse ici transcrire tout cet ouvrage ! On y verroit bien des choses favorables à notre doctrine, que je ne puis bien faire entendre que lorsqu'il sera public. Mais ce n'est pas à moi à le publier, et je me suis contenté de transcrire au long, autant qu'il a été nécessaire, les passages que l'on va voir, tels que je les ai trouvés dans le manuscrit de M. le duc de Chevreuse, avoué, comme je l'ai dit, par M. Claude lui-même.

Que si l'on trouve qu'il parle de l'Eglise d'une manière nouvelle dans la réformation prétendue, il ne faut point sur cela faire d'incident pour deux raisons. La première, parce qu'il est vrai qu'il a enseigné à peu près la même doctrine dans ses autres livres, quoiqu'il l'ait ici expliquée plus à fond et avec plus d'ordre que jamais. La seconde, c'est qu'il prétend ne rien dire de nouveau; chose dont nous devons nous réjouir, n'y ayant rien de plus désirable que de voir accroître le nombre des principes et des articles dont nous convenons (a).

[1] *Rép. man.*, q. 1.
(a) 1re édit. : Dont nous pouvons convenir.

ONZIÈME RÉFLEXION.

Entrons donc de tout notre cœur dans ce dessein charitable : voyons de quoi M. Claude convient avec nous, et rapportons sa doctrine dans le même ordre dont il la propose dans sa troisième et quatrième question, et ensuite dans ses onze conséquences.

Ce que je trouve d'abord est, « qu'il est constant qu'encore que la vraie Eglise soit mêlée avec les méchans dans une même confession, elle ne laisse pas d'être visible dans le mélange, comme le bon froment avec l'ivraie dans un même champ, et comme les bons poissons le sont avec les mauvais dans un même rets. » Cela va bien, poursuivons : « Ce mélange empêche bien le discernement juste des personnes; mais il n'empêche pas le discernement ou la distinction des ordres des personnes, même avec certitude. Nous ne savons pas certainement quels sont en particulier les vrais fidèles, ni quels sont les hypocrites : mais nous savons certainement qu'il y a de vrais fidèles, comme il y a des hypocrites; ce qui suffit pour faire la visibilité de la vraie Eglise. » J'écoute ceci avec joie : assurément nous avancerons. M. Claude nous donne déjà *pour constant* qu'il y aura toujours un corps visible, dont on pourra dire : « Là sont les vrais fidèles. »

Je continue à lire sa *Réponse*, et je trouve qu'il me reprend d'imputer aux prétendus réformés qu'ils ne croient pas que le corps où Dieu a mis, selon saint Paul, « les uns apôtres, les autres docteurs, les autres pasteurs, » et le reste, soit l'Eglise de Jésus-Christ. Que je suis aise d'être repris, pourvu que nous avancions! Tant y a qu'il est constant que le corps de Jésus-Christ, qui est l'Eglise, sera toujours composé de pasteurs, de docteurs, de prédicateurs et aussi de peuple : il est donc par conséquent toujours très-visible, et la suite des pasteurs aussi bien que celle du peuple y doit être manifeste.

M. Claude confirme ici son discours par un passage de M. Mestresat, qui décide « qu'il ne faut pas chercher l'Eglise de Dieu hors de l'état visible du ministère et de la parole. » Tant mieux, et je suis ravi que M. Claude trouve dans son église beaucoup de sectateurs de cette doctrine.

J'avois eu peur que les ministres ne voulussent pas trouver l'Eglise visible dans ce passage de saint Paul *aux Ephésiens,* où l'Eglise nous est proposée « sans ride et sans tache [1]; » et je m'étois mis en peine de prouver que cette Eglise marquée par saint Paul, « étoit visible, » puisqu'elle étoit « lavée par le baptême et par la parole. » M. Claude entre d'abord dans mon sentiment. Il dit que dans ce passage il faut entendre à la vérité « l'Eglise qui est déjà au ciel, mais aussi l'Eglise visible qui est sur la terre, » comme ne faisant ensemble « qu'un même corps, » et il cite encore ici M. Mestresat. Je reçois cette doctrine; et si quelqu'un de nos réformés, fût-ce M. Claude lui-même, m'objecte jamais qu'il ne faut pas tant appuyer sur la visibilité de l'Eglise, puisqu'il y a du moins une partie de cette Eglise qui est invisible, c'est-à-dire celle qui est dans le ciel, je répondrai que cela ne doit point nous embarrasser, puisqu'enfin par cette doctrine de M. Mestresat et de M. Claude, étant en communion avec la partie visible de l'Eglise, je suis assuré d'y être aussi avec la partie invisible qui est déjà dans le ciel avec Jésus-Christ; de sorte qu'il est bien certain que tout se réduit enfin à la visibilité.

M. Claude passe de là aux objections qu'on peut faire, et il décide d'abord « que la visibilité de l'Eglise est une visibilité de ministère. » Il faudra donc à la fin que, comme il reconnoît dans l'Eglise une perpétuelle visibilité, il en vienne à nous montrer une succession dans le ministère, et en un mot une suite de légitimes pasteurs.

Il s'objecte « que le ministère est commun aux bons et aux méchans, » d'où il semble qu'on pourroit conclure contre sa doctrine que les bons et les méchans composent l'Eglise. Et il répond « que si dans l'usage le ministère est commun aux bons et aux méchans, ce n'est que par accident et par la fraude de l'ennemi; que de droit il n'appartient qu'aux vrais fidèles, et que la surnaturelle destination n'est que pour eux. » Tout cela est clair, excepté ce mot : « Le ministère n'appartient de droit qu'aux vrais fidèles. » Car comme on pourroit entendre par là qu'il n'y a que les vrais fidèles qui soient pasteurs légitimes, on tomberoit dans l'inconvénient d'avoir à examiner chacun en particulier si les pasteurs en effet sont de vrais fidèles, et de croire qu'ils cessent d'être pas-

---

[1] *Ephes.*, v, 27.

teurs quand ils cessent d'être gens de bien, fût-ce sans scandale : pernicieuse doctrine de Viclef, qui mettroit toute l'Eglise en confusion ! En éloignant ce mauvais sens, qui ne peut pas être de l'esprit de M. Claude, je lui avoue tout ce qu'il avance; car sans doute il n'est pas du premier dessein de Jésus-Christ qu'il y ait des ministres trompeurs : cela n'arrive que par la malice de l'ennemi. La destination du ministère est pour les vrais fidèles; Jésus-Christ ne l'a pas établi pour appeler dans l'Eglise des trompeurs et des hypocrites; qui en doute ? Mais néanmoins ces trompeurs et ces hypocrites peuvent être assez de l'Eglise pour y être pasteurs légitimes : et les vrais fidèles ayant à vivre jusqu'à la fin des siècles sous l'autorité de ce ministère mêlé, il faudra donc, sans examiner si les ministres sont bons ou mauvais, nous en montrer une suite toujours manifeste, sous laquelle se soit conservé le peuple de Dieu.

Plus je continue ma lecture, plus je trouve cette vérité évidemment déclarée. Car entrant dans la quatrième question, je remarque bien que M. Claude y prétend montrer que les passages où Jésus-Christ promet à l'Eglise de la conserver toujours sur la terre, regardent uniquement la société des vrais fidèles : mais il ne laisse pas d'avouer toujours également que cette Eglise ne cesse jamais d'être visible, et que Jésus-Christ l'a ainsi promis.

J'ai prétendu démontrer l'Eglise visible dans ces paroles : « Tu es Pierre, et sur cette pierre j'établirai mon Eglise, et les portes d'enfer ne prévaudront point contre elle [1]. » On a pu voir les raisons dont je me suis servi pour le prouver [2]. M. Claude reçoit cette doctrine avec ses preuves, et il avoue que « l'Eglise dont il est parlé dans ce passage est en effet une Eglise confessante, une Eglise qui publie la foi, une Eglise à qui Jésus-Christ a donné un ministère extérieur, une Eglise qui use du ministère des clefs, et qui lie et délie, une Eglise par conséquent qui a un extérieur et une visibilité. » C'est une telle Eglise que Jésus-Christ a promis en cet endroit de conserver toujours sur la terre; M. Claude ne peut pas souffrir qu'on lui dise « qu'elle cesse d'être, » et ainsi elle est toujours avec tout ce ministère, qui lui est essentiel : ce qui

---

[1] *Matth.*, XVI, 18. — [2] *Vid. sup.*, p .512-515.

fait que M. Claude conclut avec moi, « que le ministère ecclésiastique durera, sans discontinuer, jusqu'à la résurrection générale [1]; » et qu'il avoue sans peine que cette promesse de Jésus-Christ : « Je serai toujours avec vous [2], » regarde la perpétuité du ministère ecclésiastique. « Jésus-Christ promet, dit-il, d'être avec l'Eglise, de baptiser avec elle, et *d'enseigner avec elle, sans interruption, jusqu'à la fin du monde.* » Il y aura donc toujours des docteurs avec lesquels Jésus-Christ enseignera, et la vraie prédication ne cessera jamais dans son Eglise.

Mais ce ministère durera-t-il toujours si pur, que personne n'y soit admis que des gens de bien? Nous avons vu que M. Claude ne le prétend pas. En effet il n'y a point de promesse de cette perpétuelle pureté : la promesse est que quelles que soient les mœurs de ces ministres, Jésus-Christ agira toujours, baptisera toujours, ENSEIGNERA TOUJOURS avec eux; et l'effet de ce ministère, quoique mêlé, sera tel que sous son autorité « l'Eglise sera toujours visible, non pas à la vérité, dit M. Claude, d'une vue distincte, qui aille jusqu'à dire avec certitude : Tels et tels personnellement sont vrais fidèles; mais d'une vue indistincte, qui est pourtant CERTAINE, et qui va jusqu'à dire : Les vrais fidèles de Jésus-Christ sont là, savoir, DANS CETTE PROFESSION EXTÉRIEURE. »

N'appelons pas, si l'on veut, du nom d'*Eglise* « toute cette profession extérieure; » abstenons-nous de ce nom, puisque M. Claude y répugne; et comme de vrais chrétiens raisonnables et pacifiques, tâchons de convenir de la chose. « Cette profession extérieure, » qu'on peut toujours désigner et pour ainsi dire montrer au doigt, est mêlée de bons et de mauvais; le ministère qui la gouverne est mêlé aussi. M. Claude convient de tout cela : on peut dire néanmoins : Sous ce ministère et « dans cette profession extérieure sont les vrais fidèles : » c'est ce que nous venons d'entendre de la bouche du même ministre. Si donc selon sa doctrine, la société des vrais fidèles subsiste toujours, et toujours demeure visible sur la terre; si on la peut toujours montrer dans une profession extérieure, et que ce soit là seulement qu'elle soit visible, comme M. Claude le dit : il s'ensuit non-seulement que les vrais

---

[1] *Vid. sup.*, p. 516, 517. — [2] *Matth.*, XXVIII, 19, 20.

fidèles seront toujours sur la terre, mais que cette profession mêlée de bons et de mauvais, où on trouve ces vrais fidèles, où on les montre, où on les désigne, sera toujours aussi ; c'est de quoi nous convenons avec M. Claude. Mais comme tous ces passages sont dispersés deçà et delà dans sa *Réponse,* en voici un où il a pris soin de tout ramasser.

C'est après sa quatrième question et dans sa septième conséquence, que ce ministre tâchant d'expliquer l'article XXXI de la *Confession de foi,* où il est dit que « de nos jours, » et avant la réformation, « l'état de l'Eglise étoit interrompu, » il distingue l'état de l'Eglise, *interrompu* pour un temps d'avec l'Eglise, qui jamais n'est interrompue selon ses principes, et il définit ainsi l'Eglise : « L'Eglise, dit-il, c'est les vrais fidèles qui font profession de la vérité chrétienne, de la piété et d'une véritable sainteté, sous un ministère qui lui fournit les alimens nécessaires pour la vie spirituelle sans lui en soustraire aucun. » Nous découvrirons en son lieu le secret de ces alimens spirituels. En attendant convenons avec M. Claude que l'Eglise subsiste toujours, et subsiste toujours visible, puisque par sa définition elle n'est autre chose « que les vrais fidèles qui FONT PROFESSION DE LA VÉRITÉ CHRÉTIENNE sous le ministère ecclésiastique. » Voilà un fondement inébranlable. Voyons ce que nous pourrons bâtir dessus : mais avant que de bâtir, nous allons voir tomber les objections.

XIIe Réflexion sur deux principales objections de M. Claude, résolues par sa doctrine.

M. Claude m'objecte premièrement qu'en vain je veux établir ma société composée de bons et de mauvais, et son éternelle durée, sur ces promesses inviolables de Jésus-Christ : « Tu es Pierre ; » et « : Je suis toujours avec vous. » Ce n'est point, dit-il, « des méchans qu'il peut être dit que l'enfer ne prévaudra point contre eux ; » ce n'est point « avec des méchans et des hypocrites que Jésus-Christ a promis d'être toujours[1] ; » et ces promesses ne regardent que les vrais fidèles. Ajoutons selon les principes de M. Claude, que si ces promesses ne regardent que les vrais fidèles,

[1] *Rép. man.,* IIIe quest.

elles les regardent du moins dans ce ministère et dans cette profession extérieure : l'objection en même temps sera résolue. Car enfin si les vrais fidèles doivent toujours être démontrés et toujours être visibles, selon M. Claude, dans cette profession extérieure où les bons sont mêlés avec les méchans, il s'ensuit que ce composé, de quelque nom qu'on l'appelle, paroîtra toujours sur la terre. Or nul ne peut s'assurer qu'une société subsiste toujours, et toujours dans un état visible, si Dieu ne l'a promis. Ses promesses regardent donc même ce mélange ; et non-seulement les vrais fidèles, mais avec eux toute la société où ils doivent, selon ses décrets, toujours paroître. Par conséquent il nous faut entendre ces promesses de Jésus-Christ autrement que M. Claude ne l'enseigne. Les promesses de Jésus-Christ ne regardent pas les méchans tout seuls, ni ne sont seulement pour l'amour d'eux (a) : s'il ne disoit que cela, il auroit raison ; mais ces promesses, que Jésus-Christ fait à ses fidèles, enferment aussi les méchans qui sont mêlés avec eux. Quand Dieu promettoit par ses prophètes à l'ancien peuple de lui donner des moissons abondantes, avec le grain il promettoit aussi la paille, et conserver la moisson, c'est conserver la paille avec le grain. Ainsi promettre l'Eglise et son éternelle durée, c'est promettre avec les élus les méchans, au milieu desquels Dieu les enferme. Les méchans même dans l'Eglise sont pour les justes, comme la paille dans la moisson est pour le grain, et comme Dieu ne promet la paille ni seule, ni pour elle-même, il ne promet les méchans ni seuls ni pour eux-mêmes. Mais néanmoins tout ce composé subsistera en vertu de la promesse divine jusqu'à la dernière séparation, où les méchans, comme la paille, seront jetés dans ce feu qui ne s'éteindra jamais. Jésus-Christ sera toujours en attendant avec tout le composé, y conservant dans tout le dehors la saine doctrine qu'il sait porter au dedans jusque dans le cœur de ceux qui vivent ; de même que la nourriture présentée à tout notre corps par la même voie, ne vivifie que les membres qui sont disposés à la recevoir.

Une seconde objection de M. Claude va tomber par le même principe.

(a) 1re édit. : Ni pour l'amour d'eux.

Il m'objecte qu'en définissant l'Eglise catholique, dont il est parlé dans le Symbole, je ne parle que de l'Eglise qui est actuellement sur la terre, au lieu d'y comprendre tous les élus qui ont été, qui sont et qui seront, et enfin avec les saints anges toute la Jérusalem céleste[1]. Je lui ai déjà répondu que je n'ai voulu ni dû définir l'Eglise que par rapport à notre sujet, et à sa visibilité. Mais j'ajoute qu'en disant cela, selon les propres principes de M. Claude, j'ai tout dit : car selon lui, « dans la profession extérieure, » c'est-à-dire dans ce qui rend l'Eglise visible, on peut désigner les vrais fidèles, avec lesquels tous les saints, en quelque temps et en quelque lieu qu'ils puissent être, sans en excepter les saints anges, sont unis. « L'Eglise qui est sur la terre, dit M. Claude, est une avec celle qui est déjà recueillie au ciel, et avec celle que Dieu fera naître jusqu'à la fin des générations, qui toutes trois ensemble n'en font qu'une, qu'on appelle l'Eglise universelle[2]. » Dieu soit loué : quand j'aurai trouvé la profession extérieure qui rend l'Eglise visible, M. Claude nous a déjà dit que j'aurai trouvé les vrais fidèles, c'est-à-dire, selon lui, la vraie Eglise actuellement présente sur la terre ; et il nous dit maintenant qu'avec cette Eglise, j'aurai trouvé par même moyen et celle qui est déjà dans le ciel, et celle que Dieu fera naître dans tous les siècles suivans. Nous n'avons donc qu'à nous enquérir de l'Eglise qui est sur la terre et de la profession extérieure qui nous la démontre, assurés d'y avoir trouvé, sans nous enquérir davantage, la parfaite communion des saints et la société de tous les élus.

Au reste quand j'ai entendu sous le nom d'*Eglise catholique* l'Eglise qui est sur la terre, j'ai parlé avec tous les Pères. Ils joignent ordinairement au titre d'*Eglise catholique* celui de *répandue par toute la terre, toto orbe diffusa*. A ce titre de *catholique* ils joignent aussi le titre d'*apostolique* ; et c'est ainsi qu'il est mis dans le Symbole de Nicée, où se voit la plus authentique aussi bien que la plus parfaite interprétation du Symbole des apôtres. Ce titre d'*apostolique* fait partie de la catholicité de l'Eglise ; et nous montre entre autres choses qu'elle est descendue des apôtres par la perpétuelle succession de ses pasteurs, et par

---

[1] *Rép. man.*, 1ère quest. — [2] *Rép. man.*, IVᵉ quest.

les chaires épiscopales établies par toute la terre. Tous les saints, dont les ames bienheureuses sont avec Dieu, ont été conçus dans cette Eglise; tous ceux qui viendront y seront pareillement régénérés : de sorte qu'il n'y en aura jamais aucun qui n'ait fait une partie essentielle de ce corps dont Jésus-Christ est le Chef. Pour les anges, à ne regarder que la directe signification des mots, ils n'ont jamais fait partie de cette Eglise fondée par les apôtres et répandue par toute la terre, où elle doit faire son pèlerinage; et encore que Jésus-Christ soit leur Chef, il l'est d'une façon plus particulière des fidèles lavés dans son sang et renouvelés par sa parole. Mais les anges, quoiqu'unis à Jésus-Christ d'une autre sorte, sont nos frères, et ne sont pas étrangers à l'Eglise catholique, dont au contraire ils sont établis à leur manière coopérateurs et ministres. C'est une vérité constante, mais dont je n'avois que faire en ce lieu : il suffisoit de marquer dans le Symbole ce que nos Pères y ont trouvé expressément et immédiatement désigné par le mot d'*Eglise catholique*, en y ajoutant le titre d'*apostolique* si naturel à la catholicité, et l'éloge d'être répandue par toute la terre. Connoître la doctrine de cette Eglise, c'est connoître la doctrine de tous les élus. On ne voit dans le ciel et dans les splendeurs des saints, que ce qu'on croit dans cette Eglise; et les saints anges, qui, comme dit l'apôtre saint Paul, ont appris par l'Eglise de si hauts secrets de la sagesse divine[1], en respectent la créance. Ainsi tout se réduisant, comme je l'ai déjà dit, à la visibilité, M. Claude ne veut que me faire perdre le temps et me jeter à l'écart, quand il veut que je traite ici autre chose, pour faire connoître cette Eglise catholique qui est confessée dans le Symbole.

XIIIe et dernière Réflexion : que la doctrine de M. Claude montre à Messieurs de la religion prétendue réformée, qu'il n'y a de salut pour eux que dans l'Eglise romaine.

Il ne me reste maintenant qu'à exhorter Messieurs de la religion prétendue réformée et M. Claude lui-même, s'il me le permet, à tirer les conséquences manifestes des principes qu'il a posés : alors ils ne pourront plus résister à la vérité, et demeu-

---

[1] *Ephes.*, III, 10.

reront convaincus qu'il n'y a de salut pour eux qu'en retournant au sein de l'Eglise romaine.

Nous avons vu que, pour vérifier les promesses de l'Evangile, M. Claude s'est obligé à reconnoître une Eglise toujours visible [1], puisque l'église qui n'est pas visible n'est pas église; et que selon la définition qu'il nous a donnée, « l'Eglise c'est les vrais fidèles qui font profession de la vérité chrétienne sous un ministère qui lui fournit les alimens nécessaires pour la vie spirituelle [2]. » Ces fidèles ne sont donc pas un corps en l'air, puisqu'ils font « PROFESSION DE LA VÉRITÉ, sous un ministère ecclésiastique » toujours subsistant ; et que, comme nous l'avons vu, il doit y avoir sans aucune interruption, une profession extérieure dont on ait pu dire : « Là sont les vrais fidèles. »

Ainsi il ne suffit pas de nous alléguer vaguement des fidèles cachés : on s'oblige à nous montrer sans interruption, premièrement une société visible dont on ait pu dire : « Ils sont là ; » c'est là qu'ils servent Dieu en esprit et en vérité ; c'est là qu'ils confessent l'Evangile.

Et ce ne sera pas assez qu'on nous montre ces fidèles dispersés : il faut secondement qu'on nous les montre recueillis sous l'autorité du ministère ecclésiastique, avec la prédication de la parole, avec l'administration des sacremens, avec l'usage des clefs et tout le gouvernement ecclésiastique.

Par conséquent ce qu'on nous doit montrer est une société de pasteurs et de peuples : d'où il s'ensuit en troisième lieu qu'on doit pouvoir nous nommer ces pasteurs, puisque la suite en est manifeste.

De chercher tout cela dans l'église prétendue réformée, telle qu'elle est maintenant séparée de l'Eglise romaine, c'est-à-dire de ce corps d'Eglise qui reconnoît l'Eglise romaine et le Pape pour son Chef, c'est à quoi M. Claude ne songe seulement pas : il lui suffit que jusqu'au temps de la séparation des prétendus réformés, il trouve tout cela dans l'Eglise romaine même. Les vrais fidèles y étoient, tant que ceux qui ont composé la réformation prétendue y étoient : quand ils en sont sortis, ou qu'ils en ont été chassés,

[1] *Vid. sup.*, XI; *Réfl.*, p. 605, etc. — [2] *Sup.*, p. 609.

ils ont emporté l'Eglise avec eux, comme M. Claude l'a dit dans la Conférence [1].

Ce discours plus semblable à une raillerie qu'à un discours sérieux, est néanmoins celui qu'on tient sérieusement dans la nouvelle Réforme. Jusqu'à la séparation de ces nouveaux réformés, la suite des vrais fidèles, c'est-à-dire, selon M. Claude, de la vraie Eglise visible, se perpétuoit dans l'Eglise romaine, et ce n'est que depuis leur séparation qu'elle a cessé de les contenir. Telle est la suite de l'Eglise visible que M. Claude établit dans sa *Réponse manuscrite* [2] *:* jusqu'à la séparation les vrais fidèles que contenoit l'Eglise romaine, depuis la séparation les prétendus réformés qui sont sortis de son sein.

Mais leurs pasteurs d'où sont-ils venus? Se sont-ils aussi détachés avec ces prétendus fidèles du corps de l'Eglise romaine, pour perpétuer dans l'Eglise ainsi réformée le ministère ecclésiastique? Nullement : ce n'est pas ainsi que M. Claude l'entend [3]. Les fidèles, détachés de l'Eglise romaine, ont tout d'un coup déposé tous les pasteurs qui étoient auparavant, c'est-à-dire qu'auparavant les évêques et les prêtres catholiques avec le Pape à leur tête, étoient les pasteurs établis par Jésus-Christ; car il en falloit de tels *aux vrais fidèles* qu'ils contenoient dans leur unité : au moment que la Réforme a paru, les voilà tout d'un coup déposés, et le ministère se retire de leurs mains.

Mais quel droit ont eu des particuliers de déposséder ainsi tout d'un coup et en un moment tous leurs pasteurs? C'est que ce sont « les vrais fidèles à qui le ministère appartient de droit [4], » qui ont pu par conséquent en disposer, l'ôter aux uns et le donner aux autres. Il ne faut point, dit M. Claude, s'imaginer la succession des pasteurs « dans cette ordinaire transmission que les ministres en font de l'un à l'autre, et qu'on appelle la succession extérieure et personnelle : il s'agit de savoir s'il ne peut pas arriver quelquefois que l'Eglise (c'est-à-dire les vrais fidèles) ôtera son ministère de la main de ceux qui en ont trop visiblement abusé, et qu'elle le donnera à d'autres [5]. »

---

[1] *Vid. sup.*, p. 553. — [2] *Rép. man.*, quest. IV et seq. — [3] *Ibid.* — [4] *Ibid.* — [5] *Ibid.*, sur la fin.

Voilà la question en général, comme la propose M. Claude; et l'application qu'il en fait en particulier, c'est « que les prélats latins qui occupoient le ministère ecclésiastique du temps de nos Pères, et qui se sont assemblés au concile de Trente, ayant fait des décisions de foi incompatibles avec le salut, et ayant prononcé des anathèmes contre ceux qui ne s'y soumettroient pas, les prétendus réformés ont eu raison de regarder ces prélats comme des ministres qui s'étoient eux-mêmes dépouillés du ministère, et de le donner à d'autres personnes [1]. »

Il falloit donc du moins selon ces principes, attendre les décisions de Trente; et puisqu'avant ces décisions tant d'églises séparées de Rome s'étoient déjà donné des pasteurs, la Réformation aura commencé par un attentat manifeste. Mais ne pressons pas tant M. Claude, et sans insister rigoureusement sur le concile de Trente, prions-le seulement de nous marquer quelque jour à peu près le temps où il permettra aux vrais fidèles d'être demeurés sous le ministère de l'Eglise romaine. En attendant, contentons-nous d'observer cette nouvelle doctrine : qu'il peut arriver que tous les pasteurs de l'Eglise dépossédés tout d'un coup, deviennent en un moment des particuliers, et que sans qu'ils établissent d'autres pasteurs pour leur succéder, *les vrais fidèles*, nullement pasteurs, mais des particuliers séparés de toute Eglise actuellement existante, de leur seule autorité confèrent leur ministère à d'autres, les établissent, les ordonnent, les installent. C'est ce que M. Claude explique encore dans la suite par ces mots, que ces pasteurs, auparavant seuls en fonction, « sont privés de droit, et le ministère revenu de droit à cette partie de la société dans laquelle se sont trouvés les vrais fidèles [2], » c'est-à-dire les prétendus réformés séparés de l'Eglise romaine et de toute l'Eglise subsistante alors dans le monde. Que la séparation donne d'autorité et de privilége!

Telle est la doctrine de M. Claude : si j'altère, si j'exagère, si je diminue, qu'il publie sans différer son écrit pour me confondre. Mais si c'est là sa doctrine, je conjure nos réformés de considérer quels prodiges de doctrine il faut enseigner pour défendre leur Réforme.

[1] *Conséq.* 8-10. — [2] *Conséq.* 10.

Car premièrement où me lira-t-on, dans quel Evangile, dans quelle Epître, dans quelle Ecriture de l'Ancien ou du Nouveau Testament, que tous les pasteurs de l'Eglise dussent en un moment tomber de leur chaire, et devenir des particuliers auxquels on pût et on dût désobéir impunément?

Jésus-Christ nous a-t-il caché ce grand mystère, et ne nous aura-t-il pas précautionnés contre cette horrible tentation de son Eglise? Mais ce n'est pas tout : après nous avoir montré dans l'Ecriture cette chute universelle de tous les pasteurs, il y faut trouver encore *ce ministère revenu de droit* aux particuliers, qui jamais n'en ont été revêtus. Et comment l'entend M. Claude? Est-ce que ces particuliers *de droit* deviennent ministres, sans que personne les ait ordonnés; ou que sans être ministres, ils aient le droit d'établir de leur seule autorité des ministres dans l'Eglise? Qu'on le montre dans l'Ecriture, ou qu'on renonce pour jamais à la prétention de n'avoir que l'Ecriture pour guide.

Je trouve dans l'Ecriture que Jésus-Christ dit à ses apôtres : « Comme mon Père m'a envoyé, ainsi je vous envoie [1]. » Je trouve dans l'Ecriture que les apôtres ainsi envoyés en envoient d'autres, et se consacrent des successeurs [2]. Mais que tous leurs successeurs étant tout d'un coup déchus et privés de droit de leur ministère, ce ministère *revienne de droit* aux fidèles, à qui personne ne l'avoit jamais donné, pour en disposer à leur gré : ni l'Ecriture ne l'a dit, ni les siècles suivans ne l'ont imaginé; c'est un monstre dont la naissance étoit réservée au temps de la nouvelle Réforme.

Le ministère, dit-on, appartient de droit à l'Eglise. Sans doute il appartient à l'Eglise, comme les yeux appartiennent au corps. Le ministère n'est pas à lui-même, non plus que les yeux. Le ministère est établi pour être la lumière de l'Eglise, comme les yeux sont la lumière ou, comme les appelle Jésus-Christ, le flambeau du corps. S'ensuit-il que lorsque le corps a perdu ses yeux, il puisse les refaire de lui-même? Non sans doute; il aura besoin de la main qui les a faits la première fois, et il n'y aura jamais qu'une nouvelle création qui puisse réparer l'ouvrage que la première création avoit formé. De cette sorte si l'Eglise catholique

---

[1] *Joan.*, xx, 21. — [2] *Tit.*, I, 5 et seq.

pouvoit, comme on a voulu se l'imaginer dans la nouvelle Réforme, perdre tout d'un coup tous ses ministres, sans qu'ils se fussent donné selon l'ordre de Jésus-Christ des successeurs, il faudroit que Jésus-Christ revînt sur la terre pour rétablir cet ordre sacré par une création nouvelle.

On veut bien trouver dans le sein de l'Eglise romaine ces vrais fidèles dont on compose d'abord l'Eglise réformée : pourquoi ne voudra-t-on pas détacher de même les pasteurs de cette Eglise réformée, des pasteurs qui étoient en charge dans l'Eglise romaine ? Le ministère doit être mêlé comme le peuple, et il doit y avoir toujours de bons pasteurs parmi les mauvais, comme il y a toujours de *vrais fidèles* parmi les faux chrétiens. Pourquoi donc a-t-il fallu dire dans la nouvelle Réforme et dans l'article XXXI de sa *Confession de foi*, que *l'état de l'Eglise étoit interrompu?* Pourquoi a-t-il fallu avoir recours *à ces gens extraordinairement suscités pour dresser de nouveau l'Eglise qui étoit en ruine et désolation?* C'est qu'il a fallu parler, non pas selon ce qui se devoit faire dans l'ordre établi par Jésus-Christ, mais selon ce qui s'est fait contre tout ordre. C'est que la nouvelle Réforme s'est fait des pasteurs qui en effet ne tenoient rien des pasteurs qui étoient en charge auparavant; et c'est pourquoi il a bien fallu, malgré qu'on en eût, leur attribuer quoique sans preuve une vocation extraordinaire. Mais au fond la raison vouloit autre chose : et pourquoi n'a-t-on pas parlé suivant la raison, si ce n'est encore une fois qu'il a fallu accommoder, non pas ce qui se faisoit à la règle, mais la règle à ce qui s'est fait ?

Mais, dira-t-on, si quelque église, par exemple l'église grecque, nous montre la succession de ses pasteurs, la tiendrez-vous vraie Eglise? Nullement, si j'y puis montrer d'autres marques d'innovation qu'elle ne puisse nier, comme je ferois sans beaucoup de peine, s'il en étoit question. Mais avec nos réformés la preuve est faite, puisqu'ils confessent eux-mêmes l'interruption dont il s'agit.

M. Claude pallie, comme il peut, *cet état interrompu de l'Eglise*, reconnu si précisément dans sa *Confession de foi.* « Nous distinguons, dit-il, l'Eglise d'avec son état. L'Eglise, ce sont les vrais fidèles qui font profession de la vérité chrétienne, de la piété et d'une véritable sainteté sous un ministère qui lui fournit les alimens nécessaires pour la vie spirituelle sans lui en soustraire aucun. Son état naturel et légitime est d'être déchargée, autant que la condition de militante le peut permettre, du mélange impur des profanes et des mondains ; de n'être point couverte et comme ensevelie par cette paille et cette zizanie, d'où lui viennent mille maux ; d'avoir un ministère dégagé d'erreurs, de faux cultes, d'usages superstitieux, un ministère possédé par des gens de bien, qui le tiennent par de bonnes voies et qui servent eux-mêmes de bon exemple. C'est cet état que nous croyons avoir été interrompu [1]. » Pourquoi se charger de tant de paroles, et à cause qu'elles sont pompeuses ne prendre pas garde qu'elles sont vaines, pour ne pas dire trompeuses et contraires manifestement à l'Evangile ? Car peut-on plus clairement abuser le monde que d'exagérer, comme on fait ici, « ce ministère possédé par des gens de bien, qui le tiennent par de bonnes voies, et qui servent eux-mêmes de bon exemple? » Est-ce que l'autorité du ministère ecclésiastique dépend de la discussion de la vie et du bon exemple de ceux qui en sont revêtus ; et que quand ils seroient aussi scandaleux et aussi pervers que les scribes et les pharisiens, il ne faudroit pas dire encore, non pas avec Jésus-Christ : « Ils sont sur la chaire de Moïse [2] ; » mais ce qui est bien plus auguste : Ils sont sur la chaire de Jésus-Christ et des apôtres? Laissons néanmoins ces choses, et venons à cet *état interrompu* de l'article XXXI que M. Claude entreprend ici de nous expliquer. Cet état interrompu est allégué pour fonder la nécessité d'une *vocation extraordinaire* dans les prétendus réformateurs ; car écoutons comme parle cet article : « Il a fallu quelquefois et notamment de nos jours, où l'état de l'Eglise étoit interrompu, que Dieu suscitât gens d'une façon extraordinaire pour dresser de nouveau l'Eglise. » Vous le voyez, Messieurs, *cet état interrompu de l'Eglise* est allégué seulement pour fonder *la vocation extraordinaire* de vos premiers réformateurs. Mais pour fonder la nécessité d'une vocation extraordinaire, il ne suffit pas que le ministère soit impur ; il faut que le ministère ait cessé.

[1] Après la IV⁰ quest., 7 Conséq. — [2] *Matth.*, XXIII, 2.

Quand vous êtes venus, Messieurs, ce ministère ecclésiastique avoit-il cessé? Nullement, vous répondra M. Claude; car autrement l'Eglise auroit cessé, puisque l'Eglise selon lui, comme vous venez de l'entendre, n'est autre chose que les *vrais fidèles qui font profession de la vérité* sous un ministère *qui lui fournit les aliment nécessaires*. Et il nous a déjà dit souvent que l'Eglise n'est jamais sans le ministère. C'est pourquoi dans cet endroit, où il tâche à rendre raison de *cet état interrompu*, après avoir expliqué par tant de beaux mots l'impureté qu'il se représente dans le ministère avant la Réformation : « L'Eglise, ajoute-t-il, n'a pas cessé, elle n'a point entièrement perdu sa visibilité ni son ministère, à Dieu ne plaise ! » Voyez comme il se récrie contre cette abomination, de dire que le ministère puisse être perdu dans l'Eglise. Il n'y a donc jamais de nécessité de vocation extraordinaire dans les ministres, puisque pour transmettre le ministère à la façon ordinaire, il n'est pas requis que le ministère soit pur : il suffit qu'il soit. Et quand pour le transmettre on demanderoit, comme parle M. Claude, non-seulement des ministres de bonne doctrine, mais *encore de bonne vie et de bon exemple*, il est aussi assuré qu'il y en aura toujours de tels dans la société du peuple de Dieu, qu'il est assuré qu'il y aura toujours de vrais fidèles, puisque tout, et le ministère autant que le peuple, y doit être mêlé de bien et de mal jusqu'à la dernière séparation et au dernier jugement. Ainsi la vocation extraordinaire de tous côtés est exclue de l'Eglise de Jésus-Christ, et n'y peut être qu'un foible refuge d'une cause déplorée.

Et pour voir quel renversement de l'ordre de Jésus-Christ introduisit ici M. Claude, il n'y a qu'à considérer les promesses de Jésus-Christ, et voir où il lui a plu d'établir principalement la force de son Eglise. Elle est forte, elle est invincible, parce que Jésus-Christ a dit que « l'enfer ne prévaudroit point contre elle[1] : » mais il n'a dit que *l'enfer ne prévaudroit point contre elle*, qu'après avoir dit : « Tu es Pierre, et sur cette pierre je bâtirai mon Eglise ; » et ajoutant aussitôt après : « Je te donnerai les clefs du royaume des cieux. » C'est donc dans le ministère confessant et

[1] *Matth*, XVI, 18.

annonçant Jésus-Christ, et usant de l'autorité des clefs, que Jésus-Christ a établi principalement la force de son Eglise. Et à qui a-t-il dit : « Je suis avec vous jusqu'à la consommation des siècles[1] ; » si ce n'est à ceux à qui il a dit : « Enseignez et baptisez ? » Toute l'Eglise est comprise dans cette promesse : qui ne le sait pas ? Mais c'est que Jésus-Christ a voulu montrer la vérité de cette doctrine si bien expliquée par saint Cyprien : « L'Eglise ne quitte point Jésus-Christ, et c'est là l'Eglise : le peuple uni avec son évêque, et le troupeau attaché à son pasteur[2] : » où il est clair qu'il faut entendre, comme il dit ailleurs, « ce pasteur uni à tous ses collègues, » et à toute l'unité de l'épiscopat, si souvent établie dans ses écrits[3]. C'est donc avec raison que Jésus-Christ a voulu marquer la suite de son Eglise par celle du ministère ; et on voit manifestement que c'est à ceux qui enseignent qu'il a voulu dire : « Je suis toujours avec vous. » Et ce qu'il y a ici de plus admirable, c'est que ces promesses sont si évidentes, que contre les préventions de sa religion, M. Claude a été forcé à les reconnoître telles que je viens de les expliquer[4]. Car nous l'avons entendu nous dire que c'est en effet d'une Eglise confessante, d'une Eglise qui publie la foi, d'une Eglise qui use du ministère, que Jésus-Christ a prononcé que l'enfer ne prévaudroit point contre elle. Et parce que Jésus-Christ après avoir dit : « Enseignez et baptisez ; » ajoute : « Je suis avec vous. » M. Claude conclut comme nous que Jésus-Christ en effet désigne « une Eglise » qu'il assure « d'être avec elle, de baptiser avec elle, et d'enseigner avec elle sans interruption jusqu'à la fin monde[5]. » C'est donc la succession et la perpétuité du ministère qui est comprise principalement dans cette promesse ; c'est là principalement que Jésus-Christ établit la force et l'éternelle durée de son Eglise. Cependant contre tout cet ordre, on nous montre le ministère si foible et tellement délaissé de Jésus-Christ, qu'il tombe tout entier en un moment ; et au contraire les fidèles particuliers si forts, qu'eux seuls rétablissent tout le ministère *extraordinairement suscité*, sans avoir égard à la succession ni à l'autorité de toute l'administration précédente. Qui ne

---

[1] *Matth.*, XXVIII, 20. — [2] Ep. LXIX, *ad Flor. Pup.*, p. 123. — [3] Ep. LIV, *ad Corn. et Tr. de Unit. Eccl.*, etc.— [4] *Vid. sup.*, XI *Refl.*, p. 605 et suiv.— [5] *Ibid.*

voit donc qu'on renverse tout dans la nouvelle Réforme ; et que de dire avec elle, que Dieu a voulu conserver de vrais fidèles dans son Eglise, pour en déposer par leur moyen tous les pasteurs, et ensuite en établir d'autres extraordinairement à leur place, pendant qu'il n'a pas voulu conserver de bons pasteurs pour transmettre le ministère par les voies communes établies dans sa parole, et toujours observées dans son Eglise : c'est dire qu'il a voulu former une Eglise d'une manière contraire à celle qu'il a révélée et qu'il a toujours fait suivre à son Eglise? Ou plutôt, c'est dire qu'il a voulu que cette église formée d'une manière si nouvelle parmi les chrétiens, portât dans son origine, sans le pouvoir effacer jamais, le caractère manifeste de sa fausseté.

Mais venons à ces *vrais fidèles* que M. Claude nous vante. Je ne me contente pas de leur contester le pouvoir qu'il leur a donné de déposer tous leurs pasteurs et d'en faire d'autres : je dis que ces vrais fidèles n'ont jamais été. Il faut pourtant bien, selon ce ministre, qu'ils aient été vrais fidèles, même dans le sein de l'Eglise romaine : car puisque selon sa doctrine, il faut reconnoître sans aucune interruption un ministère ecclésiastique et une profession extérieure dont on ait pu dire : « Là sont les vrais fidèles, » ils étoient vrais fidèles sous ce ministère et dans cette profession d'où ils sont sortis. Je demande : Communiquoient-ils au sacrifice où on prie les saints, où on honore leurs reliques et leurs images, où on nomme le Pape comme le chef des orthodoxes, où on adore Jésus-Christ comme présent en corps et en ame, où on l'offre, où on reçoit le Saint-Sacrement sous une espèce? Ne communiquer pas à ce sacrifice et refuser d'y recevoir l'Eucharistie, c'étoit se séparer manifestement, et on suppose qu'ils ne le faisoient pas encore : mais s'ils y communiquoient en demeurant *vrais fidèles*, dans quelle erreur sont maintenant tous nos réformés, qui ne se croient *vrais fidèles* que depuis qu'ils ont cessé d'y communiquer ?

Ainsi ces vrais fidèles sont des gens en l'air : ces *sept mille* [1] tant vantés dans la nouvelle Réforme, et par M. Claude [2], non-seulement ne paroissent pas, mais ne sont pas, puisque devant la sé-

[1] III *Reg.*, xix.— [2] *Rép. man.*, II⁰ part.

paration il n'y a personne qui ne communique au sacrifice et à l'hostie que nos réformés regardent comme le Baal devant lequel il ne falloit point courber le genou [1].

On dit que ces *vrais fidèles*, qui par leur actuelle séparation ont composé la Réforme, étoient auparavant séparés de cœur de l'idolâtrie publique. Mais premièrement cela ne suffit pas : secondement cela n'est pas.

Cela ne suffit pas selon M. Claude, puisqu'il veut une Eglise toujours visible ; puisqu'il nous a tout à l'heure défini l'Eglise, « les vrais fidèles *qui font profession de la vérité*, de la piété, de la sainteté véritable. » Donc où manque la profession, il n'y a ni de *vrais fidèles,* ni de vraie Eglise.

Mais de plus, visiblement cela n'est pas : autrement quand Luther parut et que Zuingle innova, il faudroit que leurs disciples eussent fait cette déclaration : « Voilà ce que nous avons toujours cru; nous avons toujours eu le cœur éloigné de la foi romaine, et du Pape, et des évêques, et de la présence réelle, et de la messe, et de la confession, et de la communion sous une espèce, et des reliques, et des images, et de la prière des saints, et du mérite des œuvres. » Où sont ceux qui ont parlé de cette sorte ? M. Claude en pourra-t-il nommer un seul ? Au contraire ne voit-on pas tous ces réformés à toutes les pages de leurs livres parler comme retirés nouvellement des ténèbres de la papauté, et Luther se glorifier à leur tête d'avoir été le premier à annoncer l'Evangile ; tous ces réformés lui applaudir à la réserve de Zuingle qui lui disputoit cet honneur ; lui cependant reconnoître qu'il avoit été le moine de la meilleure foi, le prêtre le plus attaché à son sacrifice, et en un mot « le plus zélé de tous les papaux. » Les autres ne tiennent-ils pas le même langage ? Où sont-ils donc *ces vrais fidèles* de M. Claude, qui non-seulement n'osoient déclarer leur foi tant qu'ils étoient dans le sein de l'Eglise romaine, mais qui après en être sortis, n'ont osé dire qu'ils avoient toujours tenu dans leur cœur la même foi ?

Mais voici la ruine entière de la nouvelle Réforme. Dans la définition que M. Claude vient de nous donner de la vraie Eglise :

[1] III *Reg.,* XIX, 18.

« C'est, dit-il, les vrais fidèles qui font profession de la vérité chrétienne, sous un ministère qui lui fournit les alimens nécessaires sans lui en soustraire aucun. » Si avant la réformation il n'y avoit point de telle Eglise, la vraie Eglise n'étoit plus contre la supposition de M. Claude ; et s'il y avoit une telle Eglise, où « on fît *profession de la vérité*, et qui donnât par son ministère aux enfans de Dieu les alimens nécessaires *sans leur en soustraire aucun,* » à quoi étoit nécessaire la séparation des prétendus réformés ?

Est-ce peut-être qu'on s'est avisé tout d'un coup de dire la messe, et d'enseigner toutes les doctrines que nos réformés ont alléguées pour cause de leur rupture ? Le penser seulement, ce seroit l'absurdité des absurdités. Mais peut-être qu'en enseignant toutes ces doctrines, on n'avoit pas encore songé à excommunier ceux qui s'y opposoient. D'où viennent donc tant d'anathèmes contre Béranger, contre les Vaudois et les Albigeois, contre Jean Viclef et Jean Hus, et tant d'autres que nos réformés veulent compter parmi leurs ancêtres ? Quoi donc ! ceux qui avant la Réformation prétendue, faisoient *profession de la vérité chrétienne*, c'est-à-dire selon M. Claude de la doctrine réformée, n'avoient-ils pas encore trouvé l'invention de faire schisme, et tout le monde étoit-il d'accord de les souffrir ? Mais quand tout cela seroit véritable, les affaires de la Réforme n'en iroient pas mieux, puisque toujours, avant qu'elle fût, il faudroit reconnoître un ministère, où sans enseigner ni que le pécheur fût justifié par la seule foi et la seule imputation de la justice de Jésus-Christ, ni que Dieu dans le Nouveau Testament eût horreur des sacrifices célébrés dans une matière sensible, ni qu'il voulût être prié seul à l'exclusion de cette prière inférieure et subordonnée qu'on adresse aux saints, ni enfin aucun des articles qui distinguent nos réformés d'avec nous, encore qu'ils y mettent leur salut : on ne laissât pas *de fournir aux enfans de Dieu tous les alimens nécessaires à la vie spirituelle,* SANS LEUR EN SOUSTRAIRE AUCUN. Qu'a opéré la Réforme, si toutes ces choses ne sont pas des alimens nécessaires, si même la coupe sacrée et par conséquent la Cène, qui selon les prétendus réformés ne peut subsister sans la communication de cette coupe, n'est pas de ces alimens nécessaires à la foi du chrétien? Qu'on s'est tourmenté en vain, mais qu'on a mal à propos causé tant de troubles et répandu tant de sang, si ces choses ne sont pas nécessaires !

Peut-être qu'il faut réduire ces alimens nécessaires au Symbole des apôtres, ou en général à l'Ecriture. Mais l'église socinienne retient ce Symbole et cette Ecriture; de sorte que le ministère d'une église socinienne eût fourni, selon cette règle, *aux enfans de Dieu tous les alimens nécessaires sans leur en soustraire aucun.* Que sera-ce donc à la fin que ces alimens nécessaires? Et si on les fournit sans en soustraire aucun seulement en proposant le Symbole et l'Ecriture, quoi qu'on enseigne d'ailleurs, dans quelle hérésie ont-ils manqué ?

Plus M. Claude fait ici d'efforts pour se dégager, plus il s'embarrasse. Car après avoir établi comme une vérité fondamentale, que « Dieu conserve toujours dans le ministère tout ce qui est nécessaire pour y nourrir les vrais fidèles, et les conduire au salut, » il dit qu'il ne s'ensuit pas de là « que le ministère soit exempt de toute erreur, » même dans ses décisions; mais que soit qu'elles « n'intéressent pas sensiblement la conscience, » ou même « qu'elles intéressent le salut, on use de la liberté de la conscience pour rejeter le mal, et pour conserver la pureté [1]. » Ainsi tout se réduiroit à la liberté de conscience; et quelque erreur qu'on enseigne dans le ministère, pourvu qu'on ne force pas à en suivre les décisions et qu'on y souffre toutes les doctrines contraires, bonnes ou mauvaises, c'en est assez pour faire dire à M. Claude que *le ministère fournit tous les alimens nécessaires aux enfans de Dieu, sans leur en soustraire aucun.* Mais selon cette prétention, il n'y auroit point de société dont le ministère fournît davantage tous les sentimens nécessaires qu'une société de sociniens, qui se glorifie de ne vouloir damner personne. Si on dit parmi nos réformés qu'une église socinienne renverse le fondement en niant la divinité de Jésus-Christ, on y dit aussi qu'on ne le renverseroit pas moins avant leur Réformation par les idolâtries, qui selon eux régnoient partout. Et si on veut enfin s'imaginer

---

[1] *Rép. man.,* IVe quest.

qu'il est plus dangereux de détruire le fondement par soustraction avec les sociniens qu'avec l'Eglise romaine par ces additions prétendues qu'on traite d'idolâtrie : outre toutes les soustractions que nous y venons de montrer selon les principes de nos réformés et même avant leur réformation, ce seroit une extravagance inouïe de croire qu'il fût plus aisé à ces *vrais fidèles*, qui devoient faire le discernement des doctrines sous un ministère plein d'erreurs, de retrancher ce qui excède que de suppléer à ce qui manque ; ou qu'on renverse plus certainement le fondement de la foi en diminuant qu'en ajoutant, l'Ecriture ayant tant de fois compris sous une commune malédiction tant ceux qui diminuent que ceux qui ajoutent.

Il vaudroit donc mieux pour M. Claude laisser là tout ce ministère et la perpétuelle visibilité de l'Eglise, pour dire qu'il suffit enfin, toute cette visibilité étant renversée, que Dieu ait gardé l'Ecriture sainte où les fidèles, soit cachés, soit découverts, soit dispersés, soit réunis, soit toujours subsistans, soit quelquefois tout à fait éteints, trouveront clairement selon ses principes, sans aucun besoin du ministère, tous les alimens nécessaires. Car aussi à quoi leur est bon un ministère où l'erreur domine ? Et l'Ecriture ne leur seroit-elle pas plus commode et plus instructive toute seule ? Voilà ce que devroient dire les protestans, pour éviter les inconvéniens où nous les jetons. Mais M. Claude n'a osé le faire et ne l'osera jamais, parce qu'il y trouveroit des inconvéniens encore plus insupportables et plus visibles. C'est en un mot qu'il a senti qu'à force de pousser indépendamment de tout ministère ecclésiastique, l'autorité et la suffisance pour ainsi parler de l'Ecriture, à la fin il faudroit détruire l'Ecriture même.

En effet il a trouvé dans l'Ecriture que l'Ecriture ne devoit pas être, comme la philosophie de Platon, la règle d'une république en idée, mais d'un peuple toujours subsistant que cette Ecriture appelle *Eglise*. Il a trouvé que ce peuple devoit être toujours visible sur la terre, puisqu'il devoit « non-seulement croire de cœur, mais encore confesser de bouche [1] ; » et pour user de ses termes, « faire profession de la vérité chrétienne [2]. » Il a trouvé que l'E-

[1] *Rom.*, x, 10. — [2] Vid. sup., p. 609.

criture avoit été mise en dépôt entre les mains d'un tel peuple pour en être la règle immuable; qu'elle y auroit toujours des interprètes établis de Dieu, auteur de cette Ecriture, aussi bien que fondateur de ce peuple; et qu'ainsi le ministère destiné de Dieu à cette interprétation étoit éternel autant que l'Eglise même.

S'il écrit ces grandes paroles, « Dieu conserve toujours dans le ministère public tout ce qui est nécessaire pour conduire les vrais fidèles au salut [1], » il ne peut fonder cette assurance sur aucune industrie humaine. Que Dieu laisse le ministère ecclésiastique à lui-même, il faut qu'il tombe. Si donc on est assuré que *Dieu y conservera toujours tout ce qui est nécessaire au salut,* il faut que Dieu même l'ait promis, et l'éternité du ministère ne peut être fondée que sur cette promesse. M. Claude la trouve aussi dans ces paroles : « Tu es Pierre [2], » et le reste. C'est de là qu'il conclut avec nous, que Jésus-Christ, en parlant à *une Eglise qui confesse,* et confesse sans difficulté par ses principaux ministres, puisque c'est par saint Pierre au nom des apôtres ; à une Eglise attachée *à un ministère extérieur, et usant de la puissance des clefs*, lui a promis que *l'enfer ne prévaudroit point contre elle; contre elle,* par conséquent soutenue par ce ministère : et c'est pourquoi il assure que *Dieu conserve toujours dans le ministère public tout ce qui est nécessaire au salut des enfans de Dieu.*

Une autre promesse de Jésus-Christ adressée « à ceux qui baptisent et à ceux qui enseignent, » et conclue par ces puissantes paroles : « Je serai toujours avec vous jusqu'à la consommation des siècles [3], » fait dire à M. Claude, aussi bien qu'à nous, que Jésus-Christ promet à l'Eglise « d'être avec elle, de baptiser avec elle, et *d'enseigner avec elle sans interruption jusqu'à la fin du monde.* » Ainsi selon ce ministre, cette promesse regarde l'Eglise comme attachée au ministère ecclésiastique; ce qui aussi lui fait conclure que Jésus-Christ ne permet jamais que la corruption soit telle dans le ministère, qu'il n'y ait encore suffisamment de quoi entretenir *la vraie foi* de ses élus *jusqu'à la fin du monde.* »

Enfin, un troisième passage, et c'est celui de saint Paul aux

[1] *Rép. man.,* IVe quest. — [2] *Matth.,* XVI, 18. — [3] *Matth.,* XXVIII, 20.

Ephésiens [1], lui fait conclure avec nous « que le ministère durera jusqu'à la fin *des siècles, et durera dans un degré* et dans un état suffisant pour édifier le corps de Christ, et *pour amener tous les élus à la perfection* dont parle saint Paul [2]. » Il faudra donc que Dieu s'en mêle; et sans son secours toujours présent, on ne pourroit espérer une telle stabilité ni une telle intégrité dans le ministère.

Après avoir ainsi commencé à croire, il falloit achever l'ouvrage, et donner gloire à Dieu jusqu'au bout. M. Claude n'étoit pas loin du royaume de Dieu, quand il disoit que Dieu se rendoit assez supérieur à l'infirmité humaine, pour conserver toujours malgré les efforts de l'enfer une Eglise qui confesseroit la vérité, et un ministère extérieur qui fourniroit aux vrais fidèles les alimens nécessaires au salut. Il devoit donc achever et croire que la même main, qui empêcheroit l'enfer de prévaloir contre le ministère jusqu'à en ôter ces alimens nécessaires, l'empêcheroit aussi de prévaloir jusqu'à y faire dominer aucune erreur; d'autant plus que ce qu'il a cru enferme manifestement ce qui reste à croire. Car s'il a cru sur la foi de la promesse divine qu'il y auroit toujours une Eglise avec laquelle Jésus-Christ ne cesseroit d'enseigner, c'est-à-dire sans difficulté, qu'il ne cesseroit d'enseigner avec les docteurs de cette Eglise : il falloit croire par même moyen qu'il y enseigneroit toute vérité, Jésus-Christ n'étant pas venu et n'ayant pas envoyé son Saint-Esprit à ses apôtres pour leur enseigner quelques vérités, mais pour leur enseigner *toute vérité*, comme lui-même l'a déclaré dans son Evangile [3].

Et il ne serviroit de rien de dire que M. Claude promet seulement dans le ministère des alimens suffisans; ce qui pourroit ne comprendre que les fondemens de la foi à la manière dont nos réformés les trouvent parmi les luthériens. Car la doctrine de Jésus-Christ ne contenant rien qui ne soit utile, conformément à cette parole : « Je suis le Seigneur qui t'enseigne des choses utiles [4], » si on ne trouve dans le ministère la doctrine de Jésus-Christ tout entière, on n'y trouvera jamais *ce degré* requis par

---

[1] *Ephes.*, IV, 12. — [2] *Rép. man., ibid.* — [3] *Joan.*, XVI, 13. — [4] *Isa.*, XLVIII, 17.

M. Claude, ni *cet état* suffisant *pour amener tous les élus* a la perfection *dont parle saint Paul.*

Ce seroit donc quelque chose de croire que par la promesse Dieu conserveroit sans interruption dans le ministère ecclésiastique toutes les vérités essentielles : car ce seroit reconnoître dans l'Eglise avec laquelle Jésus-Christ enseigne, un commencement d'autorité infaillible, en reconnoissant cette autorité du moins à l'égard de ces premières vérités du christianisme. Mais pour achever l'ouvrage et ne pas croire à demi, il faut croire encore que Jésus-Christ, en enseignant, enseigne tout et confesser dans son Eglise une infaillibilité absolue.

Ainsi il ne faut pas dire avec les ministres et leur troupeau incrédule : Ce ministère ecclésiastique, c'est des hommes sujets à faillir ; on peut douter après eux : car cela, c'est succomber à la tentation et ne plus croire à la promesse. Il faut dire : « C'est des hommes avec qui Jésus-Christ promet d'être et d'enseigner toujours : alors malgré la foiblesse humaine et tous les efforts de l'enfer, on croit « contre l'espérance en espérance[1] » qu'on trouvera éternellement dans leur commune prédication, non pas quelques vérités ou seulement les vérités principales, mais l'entière plénitude des vérités chrétiennes. Quoi qu'on dise, ce n'est pas croire à l'aveugle que de croire ainsi, ou c'est croire à l'aveugle comme Abraham, sur la parole de Dieu même et sur la foi de ses promesses.

Combien donc est insupportable la doctrine de M. Claude, qui, après avoir reconnu tant de magnifiques promesses de Jésus-Christ en faveur de ce ministère sacré, replongé tout d'un coup, je ne sais comment, dans les ténèbres de sa secte d'où il commençoit à sortir, nous montre le ministère si abandonné de Jésus-Christ, qu'il n'y a plus de remède à ses erreurs qu'en déposant tout d'un coup tous ceux qui sont dans la chaire ! Quel rapport de ces promesses si bien reconnues avec une corruption si universelle ?

M. Claude n'auroit donc qu'à s'écouter un peu lui-même pour venir à nous : après avoir reconnu en vertu de la promesse divine l'éternité du ministère ecclésiastique dans cet état suffisant qu'il nous représente, pour y trouver toujours toute vérité, il n'auroit

[1] *Rom.*, IV, 18.

plus qu'à penser que cette assistance imparfaite, et pour ainsi dire ce demi-secours de Jésus-Christ envers son Eglise, n'est digne ni de sa sagesse ni de sa puissance; étant assuré d'ailleurs qu'il n'y a de vraie suffisance dans le ministère que par la pleine manifestation de la vérité révélée de Dieu, conformément à cette parole de l'Apôtre : « Nous nous faisons approuver devant Dieu à toute bonne conscience par la manifestation de la vérité[1]. » D'où il conclut aussitôt après, « que si notre Evangile, » c'est-à-dire très-certainement notre prédication, « est couverte encore, ce n'est que pour ceux qui périssent, » afin de nous faire entendre que la prédication, toujours claire et toujours sincère dans l'Eglise catholique, n'a d'obscurité que dans les rebelles, dont le démon, « le dieu de ce siècle, » et l'esprit d'orgueil, « aveugle les entendemens, » comme poursuit le même Apôtre, « afin qu'ils ne voient pas la lumière resplendissante de la prédication de l'Evangile. »

Il est maintenant aisé de voir que toutes les subtilités de M. Claude ne servent qu'à le confondre. Que lui sert en reconnoissant la perpétuelle visibilité de l'Eglise, d'avoir tâché d'éluder les suites de cette doctrine, en réduisant l'Eglise aux vrais fidèles? Je le veux; que partout où il trouve *Eglise,* il entende les vrais fidèles; qu'il explique même, s'il veut, ces paroles : « Dites-le à l'Eglise[2], » dites-le aux vrais fidèles, démêlez-les parmi la troupe et jugez avant le Seigneur : ou parce qu'il s'agit ici trop visiblement, comme lui-même le reconnoît[3], « de l'Eglise représentée par ses pasteurs, » qu'il dise que ces pasteurs représentent les vrais fidèles qu'on ne connoît pas, et agissent en leur nom. Que serviront après tout ces explications, puisqu'enfin selon lui cette vraie Eglise se trouvera toujours visible et ces vrais fidèles toujours sous un ministère public, Jésus-Christ permettant si peu d'en séparer son Eglise, que même après ces paroles : « Dites-le à l'Eglise et s'il n'écoute l'Eglise, qu'il vous soit comme un gentil; » pour montrer combien redoutable est le jugement de l'Eglise, il exprime incontinent l'efficace du ministère par ces mots : « Tout ce que vous lierez sur la terre, sera lié dans le ciel[4], » et le reste

[1] II *Cor.*, IV, 2-4. — [2] *Matth.*, XVIII, 17. — [3] *Rép. man.*, IVe quest. — [4] *Matth.*, XVIII, 18.

que tout le monde sait. Ainsi je conclus toujours également que l'Eglise qu'il nous faut montrer SANS INTERRUPTION, soit que ce soit les seuls vrais fidèles, ou si l'on veut les seuls élus, soit que ce soit en un certain sens les méchans mêlés avec eux et ceux qui croient *pour un temps,* selon l'expression de l'Evangile [1], est une Eglise toujours recueillie sous un ministère visible et un corps toujours subsistant de peuple avec des pasteurs, où la vérité soit prêchée, non pas en cachette, *mais sur les toits* [2]. Qu'on tourne tant qu'on voudra, c'est une Eglise de cette nature et de cette constitution qu'il nous faut montrer dans tous les temps, de l'aveu de M. Claude. La faire disparoître un seul moment, c'est l'anéantir tout à fait, et renverser les promesses de l'Evangile dans ce qu'elles ont de plus sensible et de plus éclatant : la faire paroître toujours, c'est établir invinciblement l'Eglise romaine. Ainsi ce que nous explique M. Claude avec tant de soin, outre qu'il est faux, laisse la difficulté tout entière, et sa cause en aussi mauvais état qu'elle étoit avant ses défenses. Mais afin qu'on ne dise pas que nous nous sommes contenté de le réfuter, disons-lui la vérité en peu de mots.

Le fond de l'Eglise, c'est les vrais fidèles, et ceux-là principalement qui, « persévérant jusqu'à la fin [3], » demeurent éternellement en Jésus-Christ, et Jésus-Christ en eux, c'est-à-dire les élus. Les méchans qui les environnent sont compris à leur manière sous le nom d'*Eglise,* comme les ongles, comme les cheveux, comme un œil crevé et un bras perclus qui peut-être ne reçoit plus de nourriture, est compris sous le nom du corps. Tout est à ces vrais fidèles. Le ministère sous lequel ils vivent est à eux, au sens que saint Paul a dit : « Tout est à vous, soit Paul, soit Apollo ou Céphas [4]. » Non que la puissance de leurs pasteurs vienne d'eux, ou qu'ils puissent seuls les établir et les déposer, à Dieu ne plaise : cette puissance pastorale et apostolique vient de celui qui a dit : « Comme mon Père m'a envoyé, ainsi je vous envoie [5]. » C'est ce qui a fait dire à saint Paul dans le même lieu : « Qu'est-ce qu'Apollo, et qu'est-ce que Paul? Les ministres de celui à qui

---

[1] *Matth.,* XIII, 21. — [2] *Matth.,* X, 2 7.— [3] *Ibid.,* 22. — [4] I *Cor.,* III, 22. — [5] *Joan.,* XX, 21.

vous avez cru, et chacun selon que Dieu lui a donné¹; » à vous d'être fidèles, et à nous d'être pasteurs. C'est pourquoi il ajoute encore : « Nous sommes ouvriers, » ou pour mieux dire, « coopérateurs de Dieu². » Ces ministres et ces ouvriers établis de Dieu sont aussi ministres des fidèles, et en ce sens sont à eux, parce qu'ils sont « leurs serviteurs en Jésus-Christ³, » établis dans la chaire, non pas pour eux-mêmes, car pour eux il leur suffiroit d'être de simples fidèles, mais pour édifier les saints. Qui désire d'être dans la communion de ces saints, n'a que faire de se tourmenter à les discerner d'avec les autres : car encore qu'ils ne soient connus et parfaitement discernés que de Dieu seul, on est assuré de les trouver sous le ministère public et dans la profession extérieure de l'Eglise catholique. Il n'y a donc qu'à y demeurer pour être assuré de trouver les saints, parce que cette profession et la parole des prédicateurs toujours féconde, qui ne manque jamais d'en engendrer, les tient toujours inséparablement unis à la sainte société où ils l'ont reçue. C'est pourquoi quand Jésus-Christ promet d'enseigner toujours avec son Eglise, il comprend tout dans cette parole; et rendant par la vertu de cette promesse l'Eglise infaillible au dehors dans la manifestation de la vérité, il la rend dans l'intérieur toujours féconde. Si les prédicateurs de la vérité sont par leur vie corrompue indignes de leur ministère, Dieu ne laisse pas de s'en servir pour sanctifier ses fidèles : car il est puissant pour vivifier, même par les morts, et un bras pourri peut devenir agissant entre ses mains. Au reste ces vrais fidèles connus de Dieu seul, animent tout le ministère ecclésiastique : un petit nombre de ces saints cachés suffit souvent à rendre efficaces les prières de toute une Eglise; la conversion des pécheurs sera souvent aussitôt l'effet de leurs gémissemens secrets que le fruit des prédications les plus éclatantes. C'est pourquoi saint Augustin attribue les salutaires effets du ministère à ces bonnes ames, pour lesquelles et par lesquelles le Saint-Esprit est pleinement dans l'Eglise. Mais que la puissance ecclésiastique pour cela dépende d'eux, c'est ce que saint Augustin ni aucun des saints docteurs n'a jamais pensé; et M. Claude, qui les cite, ne les entend pas. On le

¹ 1 *Cor.*, III, 4, 5. — ² *Ibid.*, 9. — ³ II *Cor.*, IV, 5.

verra pleinement quand il publiera son écrit : il nous suffit en attendant, d'avoir montré qu'il est de ceux, et Dieu veuille qu'il n'en soit pas jusqu'à la fin, qu'il est, dis-je, de ceux dont parle saint Paul, « qui se condamnent eux-mêmes [1]. »

C'est en effet selon cet Apôtre le vrai caractère de toutes les hérésies; et aucune société n'a jamais porté plus visiblement ce caractère marqué par saint Paul, que l'Eglise prétendue réformée.

Elle se condamne elle-même, lorsque n'osant assurer qu'elle soit infaillible, elle se voit néanmoins contrainte d'agir comme si elle l'étoit, et de rendre témoignage à l'Eglise catholique en l'imitant.

Elle se condamne elle-même, lorsqu'elle élève tous les particuliers qu'elle enseigne au-dessus de son propre jugement; et les forçant, quelque ignorans qu'ils se sentent, à examiner après elle, sans les rendre capables, elle les rend seulement indociles et présomptueux.

Elle se condamne elle-même, puisqu'en vantant les Ecritures, elle ne se sent pas assez d'autorité pour les faire recevoir à ses sectateurs sur sa parole; et laisse ses propres enfans, à qui elle les présente à lire, dans les incertitudes d'une foi humaine.

Elle se condamne elle-même, lorsque forcée d'avouer qu'elle ne s'est établie qu'en rompant avec tout ce qu'il y avoit d'églises chrétiennes dans le monde, elle se donne le propre caractère de toutes les fausses églises.

Enfin elle se condamne elle-même, lorsque forcée à reconnoître la perpétuelle visibilité de l'Eglise dans l'indéfectibilité du ministère, elle ne peut se soutenir sans reconnoître d'ailleurs dans le ministère une corruption universelle, et sans autoriser les particuliers contre toute la succession de l'ordre apostolique.

Que si elle se condamne elle-même en tant de sortes, qu'il lui seroit salutaire de se condamner enfin elle-même, en retournant dans le sein de l'Eglise catholique, qui ne cesse de la rappeler à son unité!

Que ces Messieurs ne nous parlent plus des abus qui nous font gémir. C'est mal remédier aux maux de l'Eglise que d'y ajouter

---

[1] *Tit.*, III, 11.

celui du schisme. Sont-ils si heureux ou, pour mieux dire, si orgueilleux et si aveugles, qu'ils ne sentent rien à déplorer parmi eux? Et veulent-ils autoriser tant de sectes sorties de leur sein, qui en se plaignant de leurs désordres dans ce même esprit de chagrin superbe avec lequel ils ont autrefois tant exagéré les nôtres, font tous les jours schisme avec eux, comme ils l'ont fait avec nous? Que n'écoutent-ils plutôt la charité même, l'unité même, et l'Eglise catholique, qui leur dit par la bouche de saint Cyprien : « Ne vous persuadez pas, nos chers frères et nos chers enfans, que vous puissiez jamais défendre l'Evangile de Jésus-Christ en vous séparant de son troupeau, de son unité et de sa paix. De bons soldats, qui se plaignent des désordres qu'ils voient dans l'armée, doivent demeurer dans le camp pour y remédier d'un commun avis sous l'autorité du capitaine, » et non pas en sortir pour exposer l'armée ainsi désunie aux invasions de l'ennemi. « Puis donc que l'unité ecclésiastique ne doit point être déchirée, et que d'ailleurs nous ne pouvons pas quitter l'Eglise pour aller à vous, revenez, revenez plutôt à l'Eglise votre Mère et à notre fraternité : c'est à quoi nous vous exhortons avec tout l'effort d'un amour vraiment fraternel[1]. » Amen, amen.

[1] Cypr., ep. XLIII, *ad Confess.*; ed. Baluz., ép. XLIV, p. 58.

FIN DES RÉFLEXIONS ET DU TREIZIÈME VOLUME.

TABLE

DES MATIÈRES CONTENUES DANS LE TREIZIÈME VOLUME.

REMARQUES HISTORIQUES. . . . . ɪ
AVERTISSEMENT de la deuxième édition. 1
AVERTISSEMENT des éditions publiées après 1689. 30
APPROBATIONS de Messeigneurs les Archevêques et Evêques. 33
LETTRE de Monseigneur le Cardinal Bona, à Monseigneur le Cardinal de Bouillon. 35
LETTRE de Monseigneur le Cardinal Sigismond Chigi, à M. l'abbé Dangeau. 35
LETTRE du Révérendissime Père Hyacinthe Libelli, à Monseigneur le Cardinal Sigismond Chigi. 37
LETTRE de Monseigneur l'Evêque et Prince de Paderborn, à l'Auteur. . . 39
LETTRE du Révérendissime Père Raimond Capisucchi, à l'Auteur. . . . 41
APPROBATION de M. Michel-Ange Ricci, Secrétaire de la sacrée Congrégation des Indulgences, etc. 41
APPROBATION du P. M. Laurent Brancati de Laurea, des Congrégations Consist. des Indulg., etc. 43
APPROBATION de M. l'abbé Etienne Gradi. 43
BREF de notre saint Père le Pape Innocent XI. 45
IIᵉ BREF de notre saint Père le Pape Innocent XI. 49
EXTRAIT des Actes de l'Assemblée générale du Clergé de France de 1682, concernant la religion. 50

EXPOSITION

DE LA DOCTRINE DE L'EGLISE CATHOLIQUE,

SUR LES MATIÈRES DE CONTROVERSE.

I. Dessein de ce Traité. 51
II. Ceux de la religion prétendue réformée avouent que l'Eglise catholique reçoit tous les articles fondamentaux de la religion chrétienne. . . . 52
III. Le culte religieux se termine à Dieu seul. 54
IV. L'invocation des Saints. 55
V. Les images et les reliques. 59

VI. La justification. 62
VII. Le mérite des œuvres. 64
VIII. Les satisfactions, le Purgatoire, et les Indulgences. 67
IX. Les Sacremens. 70
X. Doctrine de l'Eglise touchant la présence réelle du corps et du sang de Jésus-Christ dans l'Eucharistie, et manière dont l'Eglise entend ces paroles : *Ceci est mon corps.* 74
XI. Explication des paroles : *Faites ceci en mémoire de moi.* 77
XII. Exposition de la doctrine des Calvinistes sur la réalité. 79
XIII. De la transsubstantiation, de l'adoration et en quel sens l'Eucharistie est un signe. 86
XIV. Le sacrifice de la messe. 87
XV. L'Epître aux Hébreux. 90
XVI. Réflexion sur la doctrine précédente. 92
XVII. La communion sous les deux espèces. 94
XVIII. La parole écrite et la parole non écrite. 96
XIX. L'autorité de l'Eglise. 97
XX. Sentimens de MM. de la religion prétendue réformée sur l'autorité de l'Eglise. 99
XXI. L'autorité du Saint-Siége et l'Episcopat. 103
XXII. Conclusion de ce Traité. 104

LETTRES RELATIVES A L'EXPOSITION.

LETTRE sur une difficulté proposée par un protestant en faveur de sa religion. 105
LETTRE du P. Shirburne, bénédictin anglais, à Bossuet, pour lui demander des éclaircissemens au sujet du livre de l'*Exposition.* 110
COPIE d'une Lettre du P. Johnston, bénédictin anglais, sur les allégations des protestans contre l'*Exposition.* 110
Réponse de Bossuet au P. Shirburne. 112
LETTRE du P. Johnston, sur d'autres difficultés des protestans. . . . 116
Réponse à la lettre précédente. 118

FRAGMENS

SUR DIVERSES MATIÈRES DE CONTROVERSE.

PREMIER FRAGMENT. — DU CULTE QUI EST DU A DIEU. 121
I. Doctrine des catholiques sur la majesté de Dieu, et la condition de la créature. 121
II. Erreurs des idolâtres et des philosophes païens. 122
III. Autres espèces d'idolâtres à qui les prétendus réformés comparent les catholiques : manichéens, ariens, et ceux qui servoient les anges. . . 123
IV. Origine du faux culte des anges, condamné par l'apôtre saint Paul, par les anciens docteurs et par le concile de Laodicée. 127
V. Dans la doctrine catholique, selon laquelle on croit tout ce qu'il faut

croire sur la nature divine et la création, il n'y peut avoir aucun sentiment qui ressente l'idolâtrie 132
VI. Fausses imputations du ministre Daillé, sur les honneurs que les catholiques rendent aux saints. 133
VII. Examen des actes intérieurs et extérieurs par lesquels on rend hommage à Dieu. Injustice des prétendus réformés dans les reproches qu'ils font aux catholiques. 135
VIII. Raisons particulières qui mettent les catholiques à couvert des objections des prétendus réformés, prises du sacrifice, qui n'est offert qu'à Dieu seul. 140
IX. Nouvelle chicane des prétendus réformés sur le terme de *culte religieux*. Les auteurs protestans ne sont pas eux-mêmes d'accord sur l'usage de ce terme. Passages de Drelincourt et de Vossius. 142
X. La petite diversité qui se trouve dans les auteurs protestans, sur l'usage du terme de *religion*, se rencontre aussi dans les auteurs catholiques. Mais ceux-ci ont un principe commun, qui accorde cette diversité. 146
XI. Conséquences de la discussion précédente. Vaines chicanes des prétendus réformés. 148
XII. Si on retranchoit des controverses les chicanes de mots et les équivoques, les objections s'évanouiroient tout à coup. Exemples. . . . 151
XIII. Réponses à quelques autres objections, sur la commémoration des saints dans le service divin, et les jours de fêtes consacrés en leur honneur. 158
XIV. Récapitulation des principes établis ci-dessus. Application de ces principes à trois actes particuliers, que les prétendus réformés condamnent comme superstitieux et idolâtres : 1° l'invocation des saints ; 2° la vénération des reliques ; 3° celle des images. 164
SECOND FRAGMENT. — DU CULTE DES IMAGES. 167
I. Le sentiment de l'Eglise et l'état de la question. 168
II. Objections que tirent nos adversaires du Décalogue, où les images et leur culte semblent absolument défendus. 178
TROISIÈME FRAGMENT. — DE LA SATISFACTION DE JÉSUS-CHRIST. . . . 186
QUATRIÈME FRAGMENT. — SUR L'EUCHARISTIE. 200

1.

I. Réflexions préliminaires de l'auteur sur les fragmens suivans. . . . 200
II. Règle générale pour découvrir les mystères de la foi. Application de cette règle à l'Ecriture sainte. 202
III. Malheurs de ceux qui veulent écouter les raisonnemens humains dans les mystères de Dieu, et dans l'explication de son Ecriture. . . . 203
IV. Contradictions des prétendus réformés et de l'Anonyme en particulier. Avantages qu'il donne aux sociniens. 204
V. Conséquences de ce discours : le premier principe qu'il faut poser pour entendre l'Ecriture sainte, c'est qu'il n'y a rien qu'il ne faille croire quand Dieu a parlé. 210
VI. Application de ce principe au mystère de l'Eucharistie. 210

VII. Intention de Jésus-Christ dans l'institution de l'Eucharistie. La loi des sacrifices. 211
VIII. Abus que l'Anonyme fait de cette parole de Jésus-Christ mourant : *Tout est consommé.* 212

II.

I. La doctrine de l'Eglise catholique sur l'Eucharistie, plus intelligible et plus simple, que la doctrine des prétendus réformés. Celle-ci s'accorde avec la raison et les sens, celle-là avec l'Ecriture sainte et les grands principes de la religion. Embarras des hérétiques. 216
II. Les prétendus réformés n'osent nier certaines vérités; mais en voulant les concilier avec leur doctrine, ils se jettent dans des embarras inexplicables. 219
III. Quoique l'union avec Jésus-Christ se trouve et dans la prédication et dans le baptême, et que la vertu de son corps et de son sang nous vivifie dans l'un et dans l'autre : les prétendus réformés n'ont jamais osé dire que ces actions communiquassent la propre substance du corps et du sang de Jésus-Christ, comme ils le disent de l'Eucharistie. Réponses absurdes de l'Anonyme à cette difficulté. 222
IV. La force de la vérité a poussé les prétendus réformés, contre leur dessein, à se servir d'expressions qui favorisent la présence réelle. Quel a été leur véritable motif en conservant ces expressions. 227
V. On ne peut dire que les calvinistes et les luthériens conviennent du fondement dans le point de l'Eucharistie. 230
VI. Autre vérité que les prétendus réformés tâchent vainement de concilier avec leur doctrine : savoir, que nous devons recevoir dans l'Eucharistie le corps de Jésus-Christ d'une façon qui ne convienne qu'à ce sacrement. Raisonnemens absurdes de l'Anonyme à ce sujet. . . . 234
VII. Troisième vérité que les prétendus réformés confessent et qu'ils ne peuvent expliquer selon leurs principes : savoir que l'Eucharistie est instituée pour nous assurer que nous avons part au sacrifice de notre rédemption. Vaines réponses de l'Anonyme. 240
VIII. Double acte de foi que les prétendus réformés imaginent dans la participation à l'Eucharistie. Distinction chimérique et insoutenable. . 244
IX. La présence réelle de Jésus-Christ dans l'Eucharistie, étant éclaircie, le reste de la doctrine sur cette matière n'a plus de difficulté. Transsubstantiation. Aveux et contradictions des prétendus réformés. . . . 248
X. Chicanes de l'Anonyme sur l'*Exposition* : dessein de cet ouvrage. . . 254
XI. Réponses aux objections des prétendus réformés, qui accusent les catholiques de détruire le témoignage des sens, et de faire Dieu trompeur. 256
XII. Comparaison entre la présence de Jésus-Christ dans l'Eucharistie, et ses apparitions après la résurrection. Raisons de la différence de sa conduite dans l'un et dans l'autre mystère. 258
XIII. Conséquences des raisonnemens précédens : ce que les paroles de l'institution doivent opérer dans l'esprit des fidèles. 260
XIV. Utilité qu'on peut tirer des signes sensibles qui demeurent dans l'Eucharistie. 263

XV. L'adoration due à Jésus-Christ dans l'Eucharistie est une suite nécessaire de la doctrine de la présence. Frivoles objections des prétendus réformés. 264
XVI. Le sacrifice est une suite de la réalité. La doctrine de l'*Exposition* sur ce point est incontestable. 268
XVII. Réponses aux difficultés tirées de l'*Epître aux Hébreux*. 270
XVIII. Réponses à quelques autres difficultés sur le sacrifice de l'Eucharistie. 276
XIX. Réflexions sur toute la doctrine de l'Eucharistie. Injustice des prétendus réformés dans l'aigreur qu'ils ont contre l'Eglise catholique, et l'indulgence dont ils usent envers les luthériens. 277
XX. Abus étrange que l'Anonyme fait de l'exemple des manichéens et des idolâtres. C'est la passion des prétendus réformés contre l'Eglise romaine, qui leur bouche les yeux, et qui les précipite en tant de différents écarts. 281

III.

I. Foiblesse des réponses que l'Anonyme prétend faire aux preuves des catholiques. 293
II. Autorité et passage de saint Augustin mal allégués. 294
III. Règle pour l'intelligence de l'Ecriture sainte, mal appliquée. . . . 296
IV. Réponses aux raisonnemens que fait l'Anonyme pour établir le sens figuré des paroles de l'institution. 300
V. Fausseté et absurdité des conséquences que l'Anonyme prétend tirer de la suite des paroles de l'institution contre la doctrine catholique. . 305
VI. Second effort de l'Anonyme. Fausse conséquence qu'il prétend tirer de ces paroles : « Faites ceci en mémoire de moi. » 308
VII. Abus que les prétendus réformés font de ces paroles de Jésus-Christ : « Je ne boirai point de ce fruit de vigne. » 313
VIII. Les exemples et les textes de l'Ecriture sainte, que les prétendus réformés allèguent pour autoriser leurs sens figurés, ne font rien au sujet de l'Eucharistie. 315

IV.

I. La présence réelle du corps et du sang de Jésus-Christ dans l'Eucharistie est un gage de son amour envers nous. Efforts de l'Anonyme pour détruire un principe si évident et si intéressant. 318
II. Les objections du ministre sur ce point favorisent le socinianisme, et vont à détruire tous les mystères du christianisme. 321
III. La perfection et le salut du chrétien consiste dans l'union avec Jésus-Christ, par une foi vive, qui agisse par la charité : mais la nécessité de cette union spirituelle n'exclut pas et ne doit pas faire rejeter les moyens et les motifs que Jésus-Christ veut bien nous donner pour exciter la foi et animer la charité. 323
CINQUIÈME FRAGMENT. — DE LA TRADITION OU DE LA PAROLE NON ÉCRITE. 326

RÉFUTATION DU CATÉCHISME
DU SIEUR PAUL FERRY.

Epître dédicatoire au maréchal de Schomberg. 350
Avertissement. 353
Entrée au discours et proposition du sujet. 355
PREMIÈRE VÉRITÉ. *Que l'on se peut sauver en la communion de l'Eglise romaine.* — Section première, *où cette vérité est prouvée par les principes du ministre.* 363
Chapitre premier. Que selon le sentiment du ministre on pouvoit se sauver en la communion et en la créance de l'Eglise romaine, jusqu'à l'an 1543. 363
Chap. II. Qu'il n'y a aucune difficulté que nous ne soyons dans le même état que nos pères en ce qui regarde la religion. 367
Chap. III. Que cette conformité de créance prouve clairement que nous pouvons nous sauver en l'Eglise romaine avec la même facilité que nos ancêtres; et que le ministre, qui nous condamne, ne s'accorde pas avec lui-même. 372
Que le ministre, qui excuse nos pères sous prétexte de leur ignorance, ne considère pas ce qu'il dit. 373
Chap. IV. Que le ministre, voulant mettre de la différence entre nos ancêtres et nous, établit encore plus solidement la sûreté de notre salut dans l'Eglise romaine. 374
Preuve de cette vérité par trois propositions importantes. 375
I. Proposition : que les erreurs qui ne renversent pas les fondemens essentiels de la foi, ne préjudicient pas au salut, selon le sentiment du ministre et de ses confrères. 376
Cette doctrine est le fondement de l'union des calvinistes avec les luthériens sur le point de l'Eucharistie. 376
Chap. V. Continuation de la même matière. Explication du sentiment du ministre, qui déclare que l'invocation des saints n'empêche pas notre salut. 378
Paroles considérables du ministre, touchant l'invocation de la sainte Vierge. 379
Fuites du ministre, qui tâche d'embarrasser une chose claire. 380
Il est contraint d'avouer que ce n'est pas une erreur damnable de prier les saints. 381
Conclusion, qu'aucunes erreurs ne nous damnent tant que les fondemens de la foi demeurent. 381
Chap. VI. Seconde et troisième propositions qui assurent notre salut dans l'Eglise romaine; que selon les principes du ministre, le fondement essentiel de la foi, lequel étant posé, les erreurs surajoutées ne nous damnent pas, c'est la confiance en Jésus-Christ seul; et que c'est vouloir s'aveugler que de nier que nous ayons cette confiance. 382
Sincère protestation que toute notre espérance est en Jésus-Christ. . . 384
Pourquoi on donne une croix aux mourans selon la tradition de l'Eglise. 384

Exhortation de l'Eglise catholique aux agonisans, pour appuyer leur confiance en Jésus-Christ. 385
Que l'Eglise catholique exige des fidèles mourans cette salutaire confession, qu'ils n'espèrent rien qu'en Jésus-Christ. 386
Exhortation aux Allemands, dans l'*Agende* de M. de Madaure. 387
CHAP. VII. Conclusion et sommaire de tout ce discours. 387
SECTION SECONDE, *où il est prouvé, contre les suppositions du ministre, que la foi du concile de Trente, touchant la justification et le mérite des bonnes œuvres, nous a été enseignée par l'ancienne Eglise, et qu'elle établit très-solidement la confiance du fidèle en Jésus-Christ seul.* 393
CHAPITRE PREMIER. Que l'Eglise catholique enseigne très-purement le mystère de la rédemption du genre humain. 394
CHAP. II. Diverses choses à considérer touchant la justification, et premièrement, qu'elle est gratuite, selon le concile de Trente. 396
CHAP. III. Ce que c'est que la justification selon les principes des adversaires : les fondemens ruineux de leur doctrine. 398
CHAP. IV. Ce que c'est que la justification du pécheur, selon la doctrine de l'Eglise, qui est éclaircie par les Ecritures. 402
Que la grace justifiante ne couvre pas seulement les péchés, mais qu'elle les ôte. 403
Sentiment de saint Augustin sur cette matière, et que la convoitise n'est point péché dans les baptisés. 404
CHAP. V. Que les péchés sont détruits dans les justes, bien qu'il n'y ait point de justes qui ne soient pécheurs. 406
Des péchés véniels. 407
CHAP. VI. Que nous sommes justifiés par l'infusion du don de justice qui nous régénère en Notre-Seigneur : belle doctrine de l'Apôtre très-bien entendue par saint Augustin. 409
Sentimens de saint Augustin. 411
CHAP. VII. Réflexion sur la doctrine précédente; qu'elle relève la gloire de Jésus-Christ, et que nos adversaires la diminuent. 412
CHAP. VIII. De la justification par la foi. 414
Doctrine admirable de l'Apôtre. 416
Deux sortes de justice. 416
La foi met la différence entre la véritable justice et la fausse. 417
La justice de la loi, c'est celle qui ne regarde que les œuvres. 417
Deux raisons de l'Apôtre contre cette justice. 417
De quelle sorte la foi justifie. 419
Preuve par l'Apôtre. 420
CHAP. IX. De la justification par les œuvres. 422
CHAP. X. De l'accomplissement de la loi, et de la vérité de notre justice, à cause du règne de la charité. 426
CHAP. XI. Continuation de la même matière, où il est traité de l'imperfection de notre justice à cause du combat de la convoitise. 429
Deux sortes de péchés, dont les uns ne détruisent pas le règne de la charité, les autres le renversent. 430
Comparaison de notre justice avec celle d'Adam. 421
CHAP. XII. Du mérite des bonnes œuvres. Sentimens de l'ancienne Eglise. 432

TOM. XIII. 41

CHAP. XIII. Que la doctrine du concile de Trente, touchant le mérite des bonnes œuvres, honore la grace de Jésus-Christ, et nous apprend à nous confier en lui seul. 437
Quelle est la nature de notre mérite. 442
Par quelle sorte de justice Dieu nous récompense. 443
Du mérite que l'école appelle de condignité. 444
CHAP. XIV. Conclusion de la seconde section. Injustice du ministre qui nie que nous ayons notre confiance en Jésus-Christ. 447
SECONDE VÉRITÉ. *Qu'il est impossible de se sauver en la réformation prétendue*. 454
CHAPITRE PREMIER. Que, selon les principes du ministre, les premiers auteurs de la réformation prétendue sont des schismatiques ; qu'il se contredit lui-même quand il enseigne que du temps de ses pères l'Eglise romaine étoit la Babylone de l'Apocalypse. 454
CHAP. II. De la durée perpétuelle de l'Eglise visible ; que le ministre la reconnoît ; et que l'Eglise prétendue réformée confesse sa nouveauté, et prononce sa condamnation. 459
Visibilité de l'Eglise 460
CHAP. III. Que, selon les principes du ministre, nos adversaires ne peuvent apporter aucune cause de séparation. 464
De l'invocation des saints. 467
De la prière pour les morts. 468
Que l'Eglise romaine est le centre de l'unité ecclésiastique. 471
CHAP. IV. Que la réformation prétendue est une rébellion contre l'Eglise : de l'infaillibilité de l'Eglise. 473
Que le ministre ne peut nier, selon ses principes, que ses pères ne fussent obligés d'écouter l'Eglise dans le temps qu'ils s'en séparoient. 475
Qu'il faut chercher la vérité dans l'unité. 476
CHAP. V. Que le ministre n'entend pas les auteurs qu'il cite pour justifier la nécessité de la réformation prétendue. 481
Faussetés visibles prêchées par le ministre sur le sujet de l'*Interim* de l'empereur Charles V. 490
CONCLUSION. Exhortation à nos adversaires de retourner à l'unité de l'Eglise. 495

CONFÉRENCE AVEC M. CLAUDE,

SUR LA MATIÈRE DE L'ÉGLISE.

AVERTISSEMENT. 499
I. Préparation à la Conférence, et instruction particulière. 506
II. La Conférence. 527
III. Suite de la Conférence. 556

RÉFLEXIONS SUR UN ÉCRIT DE M. CLAUDE.

Première Réflexion : sur la réponse de M. Claude aux actes tirés de la discipline des prétendus réformés. . . . . . . : 564

IIe Réflexion : sur une des propositions avouées par M. Claude, dans la Conférence, et sur l'examen qu'il prescrit après le jugement de l'Eglise. 571

IIIe Réflexion : sur une autre proposition avouée par M. Claude, dans la Conférence : explication de la manière d'instruire les chrétiens, et que l'autorité infaillible de l'Eglise est nécessaire pour reconnoître et entendre l'Ecriture. 579

IVe Réflexion : sur ce que M. Claude nous fait sur l'Eglise la même difficulté que nous lui faisons sur l'Ecriture. 582

Ve Réflexion : sur ce que M. Claude nous allègue ici l'Eglise grecque, et les autres semblables : que c'est vouloir embrouiller la matière, et non pas résoudre la difficulté. 583

VIe Réflexion : sur ce que M. Claude réduit, autant qu'il peut, cette dispute à l'instruction des enfans. 587

VIIe Réflexion : sur ce que M. Claude a dit dans sa Relation, que j'avois paru embarrassé en cet endroit de la dispute. 592

VIIIe Réflexion : sur une autre proposition, que M. Claude avoua dans la Conférence, où est exposée la manière dont toutes les fausses églises se sont établies. 593

IXe Réflexion : sur la visibilité de l'Eglise : que M. Claude ne combat la doctrine que j'ai expliquée, qu'après s'en être formé une fausse idée. 596

Xe Réflexion : sur ce que la *Confession de foi* des prétendus réformés ne reconnoît point d'église qui ne soit visible, et sur ce que M. Claude répond à cette difficulté. 600

XIe Réflexion : sur ce que M. Claude reconnoît lui-même la perpétuelle visibilité de l'Eglise : doctrine surprenante de ce ministre. 604

XIIe Réflexion. Deux principales objections de M. Claude, résolues par sa doctrine. 609

XIIIe et dernière Réflexion : que la doctrine de M. Claude montre à Messieurs de la religion prétendue réformée, qu'il n'y a de salut pour eux que dans l'Eglise romaine. 612

FIN DE LA TABLE DU TREIZIÈME VOLUME.

HISTOIRE GÉNÉRALE
DES
AUTEURS SACRÉS
ET ECCLÉSIASTIQUES

QUI CONTIENT

LEUR VIE, LE CATALOGUE, LA CRITIQUE, LE JUGEMENT, LA CHRONOLOGIE, L'ANALYSE
ET LE DÉNOMBREMENT DE DIFFÉRENTES ÉDITIONS DE LEURS OUVRAGES;

CE QU'ILS RENFERMENT DE PLUS INTÉRESSANT

sur le dogme, sur la morale et sur la discipline de l'Eglise, l'histoire des conciles
tant généraux que particuliers, et les actes choisis des Martyrs,

Par le R. P. Dom Remy CEILLIER.

NOUVELLE ÉDITION

soigneusement revue, corrigée et augmentée par un Directeur de Séminaire,
avec la collaboration de deux savants professeurs de St.-Sulpice.

15 vol. in-4°. — Prix : 150 francs.

Dix volumes sont en vente. Le paiement devra s'effectuer après livraison du dernier volume.

L'idée de renfermer en un seul corps d'ouvrage l'ensemble de la tradition catholique, à partir des Ecrivains sacrés jusqu'au dernier Concile général de Trente, qui couronne magnifiquement l'œuvre des siècles et résume dans une formule immuable la Révélation divine, est une des plus grandes conceptions du siècle de Louis XIV. On sait avec quelle joie Bossuet accueillit le programme d'une pareille œuvre, et avec quelle douleur il vit plus tard s'évanouir ses espérances, quand le trop fameux docteur de Sorbonne, Ellies Dupin, qui avait entrepris cet immense travail, sembla vouloir empoisonner les sources mêmes de la tradition, et faire de sa *Bibliothèque des auteurs ecclésiastiques* en 58 vol. in-8°, l'arsenal de toutes les hérésies et de toutes les erreurs. L'Evêque de Meaux n'hésita point : il adressa au chancelier de France, et à Mgr. de Harlai, archevêque de Paris, un de ces mémoires où l'érudition le dispute à l'éloquence, et où la doctrine de l'Eglise apparaît dans son radieux éclat, dégagée des perfides insinuations et des critiques calomnieuses de Dupin. Le parlement de Paris s'émut à cette voix que la France et l'Europe admiraient. La *Bibliothèque des auteurs ecclésiastiques* fut supprimée par un arrêt solennel. Son auteur était convaincu d'avoir cherché « à affaiblir la piété des fidèles, en diminuant de la « vénération due à la sainte Vierge; de favoriser le nestorianisme, d'ôter aux preuves de la primauté du Saint-Siège *une partie de leur force;* d'attribuer aux saints Pères des erreurs sur l'immortalité de l'âme, et de parler « d'eux avec trop peu de respect, » etc. Ce sont les termes mêmes de l'arrêt du Parlement de Paris. — Ellies Dupin mourut en 1719, laissant une mémoire flétrie, et une œuvre dont les ennemis de l'Eglise purent seuls se réjouir. Dix ans plus tard, l'idée qu'il avait si malheureusement travestie fut reprise par le savant bénédictin Dom Remy Ceillier, prieur de Flavigny ; et en 1729 le premier volume de l'*Histoire générale des auteurs sacrés et ecclésiastiques* fut publié aux applaudissements du monde catholique. Les 22 suivants parurent sans interruption jusqu'en 1763, date de la mort de Dom Ceillier. Cette longue période du XVIIIe siècle, remplie par les succès éphémères du philosophisme et le retentissement de tant de voix hostiles à l'Eglise, s'écoula pour l'illustre Bénédictin dans l'étude de la science ecclésiastique; et son livre, véritable monument, survécut au triomphe de l'incrédulité, pour attester à notre âge la grandeur, la majesté, la divinité de l'Eglise. L'*Histoire générale des auteurs sacrés et ecclésiastiques* est pour le Clergé ce qu'est pour les littérateurs l'*Histoire littéraire de la France.* Tout ce qui, de près ou de loin, intéresse le dogme, la morale, la liturgie, l'histoire, le droit canonique, se trouve dans cette œuvre d'érudition immense et de gigantesque labeur. Pas un traité des Pères de l'Eglise qui ne soit analysé avec une telle exactitude et une telle sûreté de doctrine qu'on a pu dire que « les analyses de Dom Ceillier peuvent en quelque sorte suppléer la lecture des ouvrages eux-mêmes. » Pas un des livres canoniques de l'ancien et du nouveau Testament dont l'intégrité, l'authenticité, l'inspiration divine ne soient victorieusement démontrées. Tous les livres apocryphes sont analysés avec le même soin, étudiés dans leurs tendances générales, et rapprochés par le savant Bénédictin des époques et des auteurs auxquels ils doivent être attribués. La réputation de Dom Ceillier grandira sans doute à mesure que son magnifique ouvrage sera plus généralement connu ; cependant il n'eut point, durant sa vie, à regretter les suffrages de la postérité. Ceux qui lui furent adressés venaient de trop haut pour qu'ils pussent jamais être dépassés; et quand, dans sa modeste cellule, le Prieur de Flavigny reçut de Benoît XIV, ce Pontife d'immortelle mémoire, deux brefs de félicitation pour son *Histoire des auteurs sacrés,* il dut entendre, dans cette haute approbation, celle de tous les siècles à venir. Il dut prévoir l'immense succès réservé à un ouvrage qui, sans la tourmente révolutionnaire, aurait déjà été réimprimé plusieurs fois et serait maintenant dans toutes les bibliothèques ecclésiastiques.

De nos jours, où l'on revient à l'étude des saints Pères, l'*Histoire générale des auteurs sacrés* est devenue nécessaire, indispensable au Clergé. Nous avons donc répondu à un véritable besoin de notre époque en donnant une nouvelle édition de l'ouvrage de Dom Ceillier, augmentée de tout ce que la science moderne et les récentes découvertes du cardinal Maï ont ajouté à la collection des Pères et des auteurs ecclésiastiques.

BESANÇON.— IMPRIMERIE D'OUTHENIN CHALANDRE FILS.